WADDEN-
EILANDEN

GRONINGEN

● Groningen

FRIESLAND

Leeuwarden

● Assen

DRENTHE

Groningen
Seiten 276–289

Drenthe
Seiten 302–311

● Lelystad

FLEVOLAND

● Zwolle

OVERIJSSEL

● Apeldoorn

GELDERLAND

Utrecht

UTRECHT

● Arnhem

● Nijmegen

's-Hertogenbosch

Overijssel
Seiten 312–321

● Eindhoven

LIMBURG

0 Kilometer   20

● Maastricht

Limburg
Seiten 366–381

Gelderland
Seiten 330–345

Vis-à-Vis

NIEDERLANDE

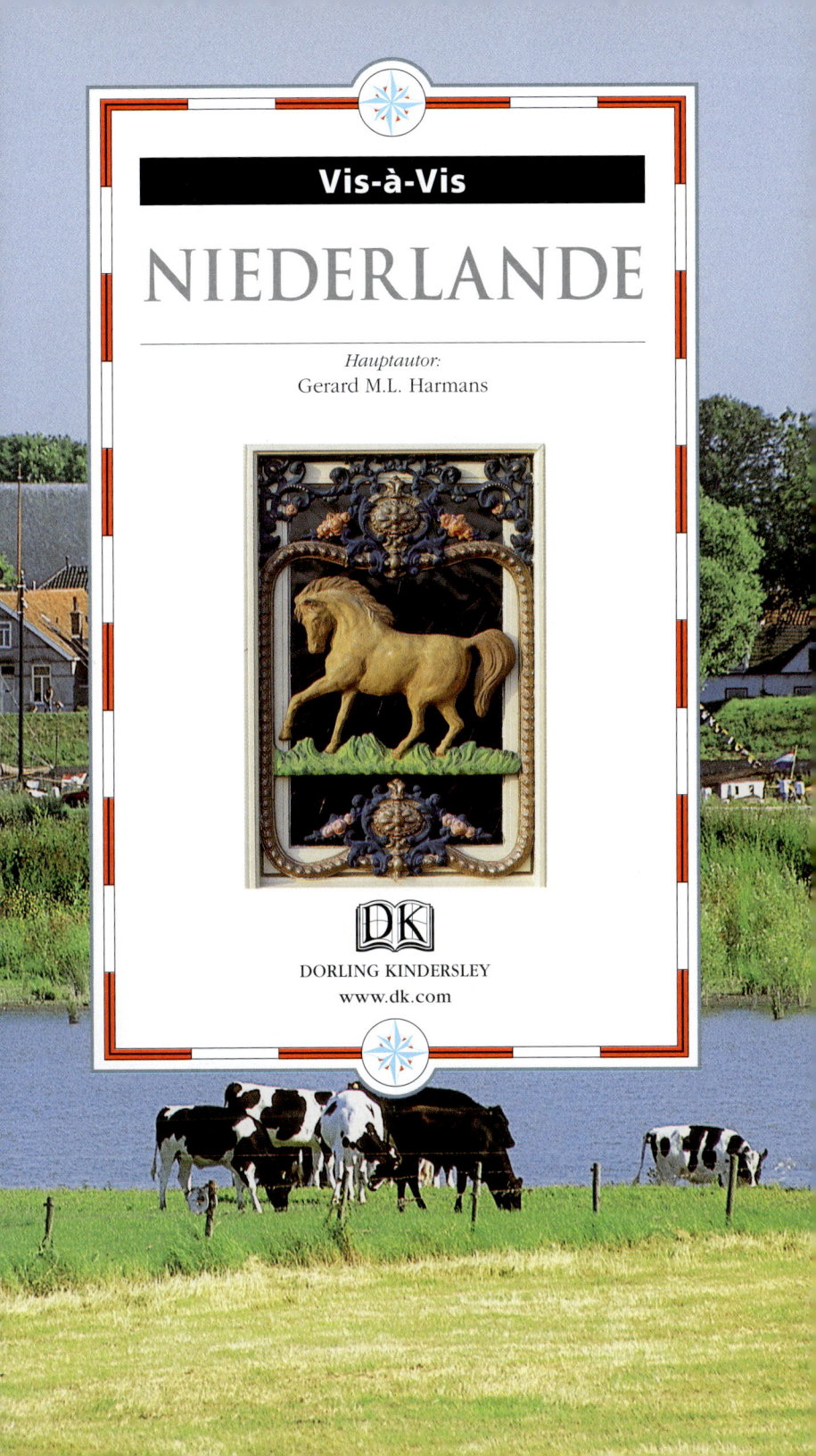

Vis-à-Vis

NIEDERLANDE

Hauptautor:
Gerard M.L. Harmans

DK
DORLING KINDERSLEY
www.dk.com

Ein Dorling Kindersley Buch

www.traveldk.com

Produktion
Van Reemst Uitgeverij / Unieboek bv, Houten, Niederlande

Text Gerard M. L. Harmans, Amsterdam

Fotografien Max Alexander, ANWB Audiovisuele Dienst
(Thijs Tuurenhout), George Burggraaff, Jurjen Drenth,
Rupert Horrox, Kim Sayer, Herman Scholten

Illustrationen Hilbert Bolland, Jan Egas, Gieb van Enckevort,
Nick Gibbard, Mark Jurriëns, Maltings Partnership, Derrick Stone,
Khoobie Verwer, Martin Woodward

Kartografie Jane Hanson, Armand Haye, Lovell Johns Ltd.
(Oxford UK), Phil Rose, Jennifer Skelley, Peter de Vries

Gestaltung und Redaktion
Van Reemst Uitgeverij / Unieboek, Houten: Studio Putto, De Rijp,
Dick Polman, de Redactie, Boekverzorgers, Amsterdam
Dorling Kindersley, London: Douglas Amrine, Helen Townsend,
Jane Ewart, Jason Little, Conrad van Dyke

•

© 2001, 2012 Dorling Kindersley Limited, London
Titel der niederländischen Originalausgabe:
Capitool Reisgidsen *Nederland*
Titel der englischen Originalausgabe:
Eyewitness Travel Guide *The Netherlands*
Zuerst erschienen 2003 in Großbritannien
bei Dorling Kindersley Ltd, London
A Penguin Company

•

Für die deutsche Ausgabe:
© 2001, 2012 Dorling Kindersley Verlag GmbH, München

Aktualisierte Neuauflage 2012 / 2013

•

Programmleitung Dr. Jörg Theilacker, Dorling Kindersley Verlag
Projektleitung Stefanie Franz, Dorling Kindersley Verlag
Übersetzung Karina Erhard und Peter Kreibich
Redaktion Brigitte Maier, München; Dr. Gabriele Rupp, München
Schlussredaktion Philip Anton, Köln
Satz und Produktion Dorling Kindersley Verlag
Lithografie Colourscan, Singapur
Druck L. Rex Printing Co. Ltd., China

ISBN 978-3-8310-2058-4
8 9 10   13 12 11

Dieser Reiseführer wird regelmäßig aktualisiert. Angaben wie
Telefonnummern, Öffnungszeiten, Adressen, Preise und Fahrpläne
können sich jedoch ändern. Der Verlag kann für fehlerhafte oder
veraltete Angaben nicht haftbar gemacht werden. Für Hinweise,
Verbesserungsvorschläge und Korrekturen ist der Verlag dankbar.
Bitte richten Sie Ihr Schreiben an:

Dorling Kindersley Verlag GmbH
Redaktion Reiseführer
Arnulfstraße 124 • 80636 München
travel@dk-germany.de

◁ **Niederländische Landschaft mit Kühen bei Woudrichem**
◁◁ **Umschlag: Tulpenfelder** *(siehe S. 212f)* **mit Windmühlen**

Inhalt

Wappen von Zeeland
(siehe S. 242–255)

Die Niederlande stellen sich vor

Das Mädchen mit der Perle (1665),
Jan Vermeer, Mauritshuis *(s. S. 222f)*

Die Koppelpoort in Amersfoort *(siehe S. 206)*

Niederländische Fußballfans verkleiden sich fantasievoll in Orange

Sint-Jan in 's-Hertogenbosch *(siehe S. 360f)*

Benutzerhinweise

Mit diesem Reiseführer soll Ihr Urlaub in den Niederlanden ein besonders interessantes Erlebnis werden. Der Abschnitt *Die Niederlande stellen sich vor* beschreibt das Land und stellt historische Zusammenhänge her. In den Kapiteln zu Amsterdam, den einzelnen Provinzen und den Waddeneilanden werden die Sehenswürdigkeiten genau beschrieben und mit vielen Fotos und Illustrationen anschaulich gemacht. Empfehlungen zu Hotels, Restaurants, Shopping und Entertainment liefert das Kapitel *Zu Gast in den Niederlanden*. Die *Grundinformationen* helfen mit nützlichen Tipps, sei es bei der Vorbereitung oder vor Ort.

Amsterdam

Amsterdam ist in fünf interessante Gebiete eingeteilt. Am Anfang der jeweiligen Kapitel steht eine Liste mit nummerierten Sehenswürdigkeiten, die Sie auf der *Stadtteilkarte* wiederfinden und die in der gleichen Reihenfolge beschrieben werden.

Sehenswürdigkeiten auf einen Blick
listet das Wichtigste auf: Kirchen und Synagogen, Museen und Sammlungen, historische Gebäude, Straßen und Grachten.

Alle Seiten über Amsterdam haben eine rote Griffmarke.

1 Stadtteilkarte
Die im jeweiligen Kapitel besprochenen Sehenswürdigkeiten sind auf der Karte durchnummeriert und im Stadtplan auf den Seiten 150–159 eingetragen.

Eine Orientierungskarte
zeigt die Lage des Stadtteils, in dem man sich befindet.

Die Routenempfehlung
führt durch die interessantesten Straßen eines Viertels.

2 Detailkarte
Aus der Vogelperspektive wird der Kern des jeweiligen Stadtteils gezeigt.

Sterne markieren Sehenswürdigkeiten, die Sie nicht versäumen sollten.

3 Detaillierte Informationen
Alle Sehenswürdigkeiten werden einzeln beschrieben, mit Adresse, Telefonnummer, Öffnungszeiten sowie Informationen über Eintritt, Führungen, Veranstaltungen, Zugang für Rollstuhlfahrer etc.

1 Einleitung

Hier werden Landschaft, Geschichte und Charakter der einzelnen Provinzen skizziert. Sie erfahren, wie der Landstrich früher ausgesehen hat und was er seinen Gästen heute zu bieten hat.

Die Provinzen der Niederlande

Die Niederlande sind in zwölf Provinzen eingeteilt. Diesen sowie Amsterdam und den Waddeneilanden sind eigene Kapitel gewidmet. Die interessantesten Städte, Dörfer und Sehenswürdigkeiten finden Sie auf der *Regionalkarte.*

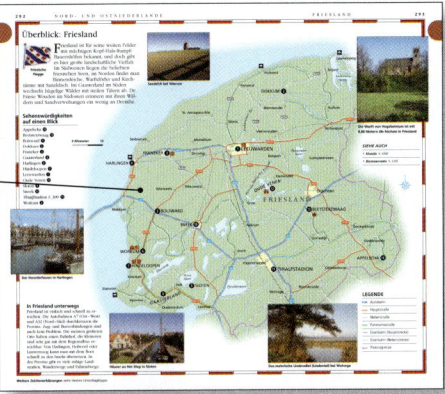

2 Regionalkarte

Diese Karte zeigt eine Übersicht der ganzen Region. Alle Sehenswürdigkeiten sind nummeriert. Die Seite gibt auch Tipps für die Erkundung des Gebiets mit Auto, Bus oder Bahn.

Jede Provinz hat ihre eigene Farbcodierung.

3 Detaillierte Informationen

Die Reihenfolge der Einträge entspricht der Nummerierung auf der Regionalkarte. Zu jedem Ort findet man genaue Informationen über die wichtigsten Sehenswürdigkeiten.

Kästen behandeln besondere Themen und liefern Hintergrundinformationen.

Die Infobox enthält alle praktischen Informationen, die für einen Besuch hilfreich sind.

4 Hauptsehenswürdigkeiten

Den Highlights der Niederlande werden zwei oder mehr Seiten gewidmet. Historische Gebäude kann man sich im Aufriss ansehen. Durch Museen und Sammlungen führen farbig markierte Grundrisse.

Die Niederlande stellen sich vor

Die Niederlande entdecken

Von den Waddeneilanden im Norden bis nach Zeeland im Süden sind es zwar nur rund 300 Kilometer, die jedoch sind voller attraktiver Orte und Sehenswürdigkeiten: weite Sandstrände, malerische Dörfer und Städte mit viel Leben. Bemerkenswert ist, dass ein Drittel des Landes dem Meer

Säbelschnäbler

abgewonnen wurde. Zu Recht sagt ein Sprichwort: »Gott hat die Welt erschaffen, aber die Holländer schufen die Niederlande.« Meer und Handel prägten die Geschicke der Niederlande, und der Besucher wird schnell entdecken, dass die Menschen auch heute noch gut mit beidem umgehen können.

Amsterdam

- Idyllische Grachten
- Häuser aus dem Goldenen Jahrhundert
- Kunst im Rijksmuseum
- Gemütliche »Braune Cafés«

Amsterdam ist mit seinen Kunstschätzen eines der kulturellen Zentren der Welt, geht aber mit diesem Erbe erstaunlich gelassen um. Hauptsächlich wird die Stadt durch die vielen Grachten geprägt. Wunderschöne alte Häuser, die für reiche niederländische Kaufleute und Bankiers erbaut wurden *(siehe S. 62 f)*, und Ulmen säumen die Ufer, unzählige Brücken wölben sich über die Wasserwege. Im 17. Jahrhundert konnte man es sich leisten, Künstlern wie Rembrandt van Rijn Aufträge zu geben. Dessen *Nachtwache* ist im **Rijksmuseum** *(siehe S. 122–125)* zu bewundern, ebenso Meisterwerke von Jan Vermeer, Frans Hals und Jan Steen. Nicht weit vom Rijks-

museum lockt das **Van Gogh Museum** *(siehe S. 126 f)* mit über 200 Exponaten, der weltweit größten Sammlung von Werken van Goghs. Im **Stedelijk Museum** *(siehe S. 128 f)* kann man moderne Kunst entdecken, doch auch sonst gibt es jede Menge Museen, vom **Anne Frank Huis** *(siehe S. 108 f)* bis zu einem, das sich dem Hanf widmet. Architektur fällt einem überall ins Auge, von der schönen **Westerkerk** *(siehe S. 110)* bis zu den modernen Bauten an Het IJ. Seit dem 14. Jahrhundert suchten Seeleute ihr Vergnügen im **Rotlichtviertel** *(siehe S. 74)*, heute herrscht hier eine Mischung aus Bars, Bordellen und Sexshops, auch wenn die Stadtverwaltung ein Sanierungsprogramm initiiert hat. Die Niederländer pflegen eine ausgeprägte Café-Kultur *(siehe S. 68 f)*, am gemütlichsten sind die »Braunen Cafés«, die teilweise über 400 Jahre alt sind. Viele findet man in den Gassen des ehemaligen Arbeiterviertels **Jordaan** *(siehe S. 106 f)*.

Auf dem Käsemarkt von Alkmaar in Noord-Holland *(siehe S. 181)*

Noord-Holland

- Reiches Erbe von Haarlem
- Windmühlen an der Zaanse Schans
- Traditionelle Käsemärkte
- Lebendige Vergangenheit in Enkhuizen

Nicht weit von Amsterdam entfernt wetteifert **Haarlem** mit dem Charme der Hauptstadt: Hier lockt ein gut erhaltenes Altstadtzentrum mit der **Grote Kerk** und mit Gebäuden zwischen Klassizismus und Art déco *(siehe S. 182–185)*. Das Haarlemer **Frans Hals Museum** *(siehe S. 186 f)* ist ein Muss für Kunstliebhaber. Nördlich davon findet man Windmühlen wie aus dem Bilderbuch an der **Zaanse Schans** *(siehe S. 175)*. Die alten Häfen von **Hoorn** *(siehe S. 178)* und **Monnickendam** *(siehe S. 174)* am IJsselmeer zeugen von langem Wohlstand. Auf der

Elegante Häuser säumen Amsterdams Wasserwege

◁ *Ansicht von Delft* (um 1660), ein Meisterwerk von Jan Vermeer (1632–1675)

Bunte Blütenpracht im Keukenhof *(siehe S. 213)*, Zuid-Holland

westfriesischen Halbinsel lässt das **Zuiderzeemuseum** *(siehe S. 176f)* im ehemaligen Fischerdorf Enkhuizen die Vergangenheit lebendig werden. Der berühmteste traditionelle Käsemarkt Hollands findet freitags in **Alkmaar** *(siehe S. 181)* statt.

Utrecht

- **Domtoren und Domkerk**
- **Rietveld Schröderhuis**
- **Hexenwaage in Oudewater**

Die **Vecht** fließt träge durch diese kleine Provinz, in der man viele Schlösser des Landadels und Landsitze reicher Amsterdamer findet *(siehe S. 198)*. Die Bischöfe von **Utrecht** hatten einst enorme Macht, und ihr Einfluss ist bis heute in der Universitätsstadt zu spüren. Der **Domtoren** ist der höchste Turm des Landes *(siehe S. 202)*. Ein Meilenstein der Bewegung De Stijl ist die faszinierende Architektur des **Rietveld Schröderhuis** mit seinen beweglichen Wänden *(siehe S. 204f)*. Im verträumten **Oudewater** kann man eine Hexenwaage besichtigen *(siehe S. 197)*.

Zuid-Holland

- **Bunte Tulpenfelder**
- **Alte Meister im Mauritshuis**
- **Rotterdamer Design**

Die am dichtesten bevölkerte Provinz der Niederlande ist zwar das industrielle Zen-

trum, doch weite Gebiete sind grün und präsentieren sich wie aus dem Bilderbuch mit Windmühlen und weidenden Kühen. Im Frühling weiteifern die **Tulpenfelder** um die leuchtendsten Farben, im **Keukenhof** wird diese Farborgie choreografiert *(siehe S. 212)*. **Leiden** hat die älteste Universität des Landes und den exotischen **Hortus Botanicus** *(siehe S. 216)*. Vornehme Zurückhaltung zeichnet **Den Haag** aus *(siehe S. 218–225)*, das zwar Sitz der Regierung, aber nicht Hauptstadt ist. Im Den Haager **Mauritshuis** hängen die bekanntesten Gemälde Vermeers und anderer holländischer Meister *(siehe S. 222f)*. **Delft** wurde mit Weben und Brauen groß, ist aber überall auf der Welt wegen seiner blau-weißen Keramik bekannt *(siehe S. 229)*. In **Rotterdam**, der zweitgrößten Stadt der Niederlande, findet man herausragende Kunst-

museen wie das **Museum Boijmans Van Beuningen** *(siehe S. 234f)*. Hier kann man sich den größten Hafen Europas ansehen und in der Gegend um den Hafen kühne Architektur entdecken *(siehe S. 230–233)*.

Zeeland

- **Zeeuws Museum in Middelburg**
- **Oosterschelde Stormvloedkering: Flutschutz der Deltawerke**
- **Zierikzees historische Häuser**

Von allen holländischen Provinzen ist Zeeland dem Zorn Neptuns am stärksten ausgesetzt. Inseln und Halbinseln liegen hier isoliert zwischen Nordsee, Flussmündungen und Seen – ein passender Ort für Mönche, wie man in Middelburgs **Zeeuws Museum** *(siehe S. 250)* sehen kann. Heute schützt das Wehr **Oosterschelde Stormvloedkering** vor Sturmfluten *(siehe S. 246f)*. Hunderte denkmalgeschützte Häuser, teils aus dem Mittelalter, kann man in **Zierikzee** *(siehe S. 252)* bewundern.

Waddeneilanden

- **Watt – ein Vogelparadies**
- **Dunkle Wälder auf Texel**
- **Windumtoste Dünen**

Wie eine Perlenkette reihen sich die Waddeneilanden (Westfriesische Inseln) an der

Weißer Sand und Dünenlandschaft auf den Waddeneilanden

Nordseeküste auf. Das Wattenmeer ist Heimat vieler Vogelarten, die hier brüten oder Rast machen *(siehe S. 268 f)*. Nicht nur Besucher lieben *wadlopen* bei Ebbe *(siehe S. 271)*. Die größte Insel der Waddeneilanden ist **Texel** mit seinen weiten Stränden, den Nadelwäldern und verschlafenen Dörfern *(siehe S. 272 f)*. Auf der autofreien Insel **Schiermonnikoog** kann man sich wunderbar zu Fuß oder mit dem Rad bewegen *(siehe S. 275)*. **Vlieland**, die kleinste Insel, besteht nur aus Dünen *(siehe S. 273)*.

Sprietsegelschiffe in Sneek *(siehe S.299)*, Friesland

Groningen

- **Lebhaftes Groningen**
- **Seehundasyl in Pieterburen**
- **Sternförmige Festung Bourtange**

Schon im Mittelalter gründete Groningens Reichtum auf dem Ackerbau und auf den guten Handelsbeziehungen zu den Hansestädten. Landwirtschaft spielt immer noch eine Rolle in dieser Provinz voller Windmühlen, Burgen und *terpen*, Warfthügel, die Schutz vor der Flut boten. Die Provinzhauptstadt **Groningen** ist eine lebhafte Universitätsstadt, das **Groninger Museum** vereint Kunst, Archäologie und Geschichte *(siehe S. 284 f)*. In Pieterburen zieht das **Seehundasyl** Besucher an *(siehe S. 287)*.

Die sternförmige Festung **Bourtange**, unter Willem van Oranje erbaut, ist ein Freilichtmuseum *(siehe S. 289)*.

Friesland

- **Frieslands Hauptstadt Leeuwarden**
- **Eislauf im Thialfstadion**
- **Segelparadies Sneek**

Die Friesen bewahren auch in den Niederlanden ihren besonderen Status – mit einer eigenen Sprache und Sportarten wie *fierljeppen* (Stabweitsprung über Wasserläufe). **Leeuwarden** war die Heimat von Mata Hari. Dass auch einige Vertreter des regierenden Königshauses Oranien-Nassau hier ihre Wurzeln haben, merkt man immer noch an den groß-

zügigen Parks und Höfen *(siehe S. 296)*. Das **Thialfstadion** in Heerenveen *(siehe S. 300)* ist Zentrum der Eisschnellläufer. In **Sneek** treffen sich die Segler, die jedes Jahr auf den Seen Wettbewerbe mit historischen Booten austragen *(siehe S. 299)*.

Drenthe

- **Moorgebiete und Heide**
- **Mysteriöse Hünengräber**

Auf die prähistorischen Wurzeln der Niederlande stößt man in dieser dünn besiedelten Region. Wälder, Heidelandschaft und Torfmoore vermitteln immer noch eine urtümliche Atmosphäre. Die geheimnisvollen **Megalithen**, die einst Grabstätten bildeten *(siehe S. 306 f)*, tragen dazu bei. Die meisten dieser Hünengräber findet man bei **Emmen** *(siehe S. 311)*.

Overijssel

- **Handelsstädte der Hanse**
- **Kanäle von Giethoorn**

In dieser östlichen Provinz kam man schon früh mit verschiedenen Religionen und Sprachen in Kontakt. Der idyllische Flusshafen **Zwolle** gehörte zur Hanse, die vor allem mit England und dem Baltikum Handel trieb *(siehe S. 316)*. Später schlossen sich **Kampen** und **Deventer**, heute zwei hübsche befestigte

Windmühlen prägen das Landschaftsbild Groningens *(siehe S. 276–289)*

Städtchen, an *(siehe S. 316f und 320)*. Seen und eine Vielzahl von Wasserstraßen geben dem Ort **Giethoorn** ein unverwechselbares Gepräge *(siehe S. 318f)*.

Flevoland

- **Fregatte aus dem 17. Jahrhundert:** *Batavia*
- **Alte Fischerdörfer**

Flevoland, die jüngste Provinz der Niederlande, wurde erst 1986 gegründet. Fast das ganze Gebiet entstand durch Trockenlegung. Auf den ehemaligen Inseln **Urk** und **Schokland** stehen noch Fischerhütten *(siehe S. 326)*. Die **Batavia** ist der Nachbau einer Fregatte aus dem 17. Jahrhundert, die bei ihrer Jungfernfahrt als Ostindienfahrer sank *(siehe S. 327)*. Das Sumpfgebiet **Oostvaardersplassen** lockt mit seinem unglaublichen Vogelreichtum *(siehe S. 328)*.

Gelderland

- **Paleis Het Loo**
- **Nationaal Park De Hoge Veluwe**
- **Kröller-Müller Museum**

Das ehemalige Herzogtum ist bekannt für seine mittelalterlichen Bauwerke, Burgen und befestigten Städte. Das heutige Königshaus Oranien baute hier das **Paleis Het Loo**, in dem Königin Wilhelmina bis 1962 lebte *(siehe S. 334f)*. Der **Nationaal Park De Hoge**

Wasserwege in Giethoorn *(siehe S. 318f)*, Overijssel

Veluwe ist der größte der Niederlande. Das **Kröller-Müller Museum** besitzt wichtige Werke van Goghs *(siehe S. 338f)*. Die im Zweiten Weltkrieg schwer zerstörte Stadt **Arnhem** hat einige Monumente wiederaufgebaut und ihnen frühere Pracht zurückgegeben *(siehe S. 340)*.

Noord-Brabant

- **Wohlhabendes 's-Hertogenbosch**
- **Gotische Kathedrale Sint-Jan**
- **Burgen und Bastionen**
- **Nationalparks**

In der südlichen Provinz zeugen viele gut erhaltene mittelalterliche Bauten vom langen Wohlstand, der erst mit dem Achtzigjährigen Krieg zu Ende ging. Die Herzöge von Brabant gründeten **'s-Hertogenbosch** (Den Bosch) an einer Handelsstraße *(siehe S. 358f)*. Hier birgt die Kathedrale **Sint-Jan** zahlreiche religiöse Schätze *(siehe S. 360f)*. In Städten wie **Breda** und **Heeze** *(siehe S. 362f und 365)* kann man mittelalterliche Festungsbauten besichtigen. Landschaftliche Schönheit und ein vielfältiges Tierleben findet man im **Nationaal Park de Biesbosch** und im **Nationaal Park Loonse en Drunense Duinen**.

Limburg

- **Kosmopolitisches Maastricht**
- **Sanfte Hügellandschaft**
- **Befestigtes Valkenburg**

Limburg erstreckt sich als schmaler Streifen zwischen Belgien und Deutschland. Hier ist man vielsprachig, entspannt und lebenslustig. Das kosmopolitische **Maastricht** wurde schon von den Römern gegründet. Hier fin-

Onze-Lieve-Vrouwebasiliek *(siehe S. 377)* in Maastricht

det man schöne Museen wie das **Bonnefantenmuseum**, eine beeindruckende Basilika und einige der besten Restaurants der Niederlande *(siehe S. 372–377)*. Im Gegensatz zur Tiefebene im Norden prägen im **Heuvelland** sanfte Hügel mit Wäldchen und Obstbäumen die Landschaft *(siehe S. 380f)*. Burgruinen sieht man an vielen Stellen. In der alten Festungsstadt **Valkenburg** kann man eine romanische Kirche aus dem 13. Jahrhundert und eine Höhle der Römerzeit besichtigen *(siehe S. 379)*.

Die gotische Kathedrale Sint-Jan *(siehe S. 360f)* in Noord-Brabant

Die Niederlande auf der Karte

Die Niederlande nehmen in Westeuropa eine Fläche von 41 528 Quadratkilometern ein. Sie grenzen im Süden an Belgien, im Osten an Deutschland und im Norden und Westen an die Nordsee. Seit der Vollendung der Deltawerke ist die Küstenlinie des Landes ungefähr 800 Kilometer lang. Dank der großen Flüsse, des guten Straßen- und Eisenbahnnetzes und der günstigen Lage am Meer sind die Niederlande ein wichtiger Güterumschlagplatz für den Rest Europas. Rund 16,5 Millionen Menschen leben in den Niederlanden. Ungefähr ein Sechstel der gesamten Oberfläche des Landes ist von Wasser bedeckt.

Satellitenfoto des nördlichen Teils der Westniederlande und des IJsselmeers

Moorteiche in der Nähe von Utrecht

Weitere Zeichenerklärungen *siehe hintere Umschlagklappe*

LEGENDE

- Großraum Amsterdam
- Land unter Normalnull
- ✈ Internationaler Flughafen
- ⛴ Fährhafen
- —— Autobahn
- —— Hauptstraße
- —— Eisenbahn
- --- Staatsgrenze

Großraum Amsterdam

Amsterdam, Hauptstadt der Niederlande, liegt an der Mündung der Amstel in Het IJ, das über das IJmeer und das Markermeer mit dem IJsselmeer verbunden ist. Die Stadt hat 750 000 Einwohner, ihr Hafen ist der zweitgrößte des Landes. Amsterdam liegt ganz in der Nähe des internationalen Flughafens Schiphol.

Ein Porträt der Niederlande

Von Cadzand in Zeeland bis zur Insel Schiermonnikoog besteht die niederländische Küste aus prächtigem Sandstrand. Dahinter liegen Tulpenfelder, pittoreske Dörfer und wohlhabende Städte mit schönen Museen. Die Deltalandschaft und das Polderland bieten überall weite Ausblicke.

Die Form der Niederlande hat sich in den letzten 2000 Jahren stark verändert. Seit der Römerzeit sind große Stücke des Landes im Meer verschwunden, so zum Beispiel in Zeeland und im Zuider- zee- und Wattengebiet. Auf historischen Karten ist zu sehen, dass die Provinzen Noord- und Zuid-Holland im Mittelalter fast zur Hälfte aus Wasser bestanden. Seither wurden dem Meer große Gebiete wieder abgerungen. Die Niederländer haben die Niederlande erschaffen. Der ewige Kampf gegen das Wasser erreichte mit dem Deltaplan einen vorläufigen Höhe- und Schlusspunkt. Dieses wasserbaukundliche Megaprojekt soll den südwestlichen Teil des Landes vor Überschwemmungen schützen. Begonnen wurde damit nach der Flutkatastrophe von 1953 *(siehe S. 246 f)*, 1997 wurden die Deltawerke fertiggestellt.

Typisches Marker Häuschen

Mit rund 16,5 Millionen Einwohnern hat das Land eine Bevölkerungsdichte von 480 Einwohnern pro Quadratkilometer. Damit ist es nach Monaco und Malta das am dichtesten besiedelte Land Europas. Der Besucher wird davon wenig merken. Ob er von Amsterdam nach Oldenzaal reist oder von Groningen nach Eindhoven: Das flache Land mit seinen schier endlosen Ebenen erweckt keineswegs einen übervollen Eindruck.

Die niederländische Landschaft ist eine Kulturlandschaft. Nirgends ist sie wild oder ungezähmt, vielmehr eher »ordentlich«, lieblich, hier und da ein wenig verträumt. Imposant

Pier von Scheveningen – ein Zentrum des Strandlebens

◁ **Tulpenfeld in der Nähe von Ursem in Noord-Holland**

Dünenlandschaft: natürliche Küstenbefestigung und wichtiges Trinkwasserreservoir

wird sie erst im Zusammenspiel mit dem weiten Himmel. Eine Weide mit Graben und Kopfweiden kann dann ein Ehrfurcht gebietendes Panorama sein, so wie viele niederländische Maler es gemalt haben. Die Tiefmoorlandschaft in Noord- und Zuid-Holland, das Gelderse Stromgebiet, die Moorsiedlungen in Drenthe oder das Limburgische Mergelland sind allesamt das Ergebnis menschlicher Aktivität. Selbst die Dünen, auf den ersten Blick ein völlig natürlicher Schutz gegen das Meer, sind zum Teil von Menschenhand geformt.

Man kann die Niederlande in einen protestantischen nördlichen und einen katholischen südlichen Teil gliedern. Die drei größten Städte sind Amsterdam, Rotterdam und Den Haag, alle liegen im verstädterten Westen, der Randstad *(siehe S. 166f)*. Besonders kosmopolitisch ist die Hauptstadt Amsterdam, Den Haag ist Regierungssitz, Rotterdam mit einem der weltgrößten Häfen das Industriezentrum. Die Rivalität zwischen Amsterdam und Rotterdam erreicht ihren Höhepunkt bei den Fußballspielen zwischen Ajax und Feyenoord.

Gesellschaft und Politik

Das gesellschaftliche Leben der Niederlande war im 20. Jahrhundert zum großen Teil durch *verzuiling* (»Versäulung«) geprägt – so genannt nach den vier weltanschaulichen »Säulen«, auf denen die Gesellschaft ruhte: Protestantismus, Katholizismus, Liberalismus und Sozialismus. Die verschiedenen Bevölkerungsgruppen hatten lange Zeit so gut wie keinen Kontakt miteinander. Ein Katholik wählte die Katholische Volkspartei, wurde Mitglied der katholischen

Hochbetrieb auf dem Albert Cuypmarkt in Amsterdam

Gewerkschaft und katholischer Vereine, seine Kinder gingen in eine katholische Schule. Während die katholische »Säule« eine Einheit bildete, war die protestantische mehrteilig. Die zwei Hauptströmungen (Nederlandse Hervormde Kerk und Gereformeerde Kerken in Nederland) hatten jeweils ihre eigene Partei, Gewerkschaften, Schulen und Vereine. Bei Sozialismus und Liberalismus zeigte sich die »Versäulung« weniger ausgeprägt, aber die Kluft zwischen Arbeitern und Unternehmern war tief.

Blick auf den Yachthafen von Dordrecht

Ein Schritt zur »Entsäulung« wurde 1973 getan, als die drei größten konfessionellen politischen Parteien in der CDA aufgingen, einer christlichdemokratischen Partei, die in den folgenden 20 Jahren die Regierungskoalitionen beherrschte. Die Kluft zwischen den beiden großen nichtkonfessionellen Parteien schloss sich 1994, als die sozialdemo-

Bockwindmühle in der Polderlandschaft

kratische PvdA und die D66 eine Koalition mit der liberalen VVD eingingen. Das sogenannte »lila Kabinett« war sehr erfolgreich, in der ersten Legislaturperiode blühte die Wirtschaft auf. Doch dass in der multikulturellen Gesellschaft nicht alles zum Besten stand, zeigte die Ermordung des rechtspopulistischen Politikers Pim Fortuyn (2002) und des Regisseurs Theo van Gogh (2004). 2002 errang die CDA ihre Position als stärkste Partei zurück; Jan Balkenende wurde Ministerpräsident, doch verschiedene Regierungskoali-

Das Flüsschen Geul bei Epen in Zuid-Limburg

Oranjefans in voller Pracht

tionen zerbrachen. Im November 2006 fanden vorgezogene Neuwahlen statt, bei denen die CDA ihre Mehrheit nur knapp behaupten konnte. Bei den Wahlen 2010 verloren PvdA und CDA viele Sitze. Gewinner waren VVD und Geert Wilders' rechtspopulistische Partij voor de Vrijheid (PVV, Partei für die Freiheit). Nach langen Verhandlungen einigten sich VVD und CDA auf eine Minderheitsregierung unter Duldung der PVV.

Sprache und Kultur

Mehr als 20 Millionen Menschen sprechen Niederländisch. Der niederländische Sprachraum umfasst außer den Niederlanden Flandern, ein kleines Stück Nordfrankreichs und Teile der ehemaligen Kolonien. Das dem Niederländischen

Frisch gezapftes Bier

eng verwandte Afrikaans ist eine selbstständige Sprache. Das Gleiche gilt auch für das Friesische, das von über 400 000 Menschen in der Provinz Friesland gesprochen wird. Im Niederländischen gibt es mehrere Dialekte, die offizielle Sprache, das Hochniederländische, nennt man »Algemeen Beschaafd Nederlands«.

In kultureller Hinsicht können die Niederlande viel bieten. Das Angebot auf Bühnen ist vielfältig. Es gibt mehrere international höchst renommierte Orchester. Auch Ballett und modernes Tanztheater haben internationalen Ruf. Beim Sprechtheater hat sich in jüngster Zeit der Schwerpunkt eher weg vom Experimentellen verlagert.

Die reiche Geschichte der Niederlande findet ihren Ausdruck in den vielen alten Gebäuden und in den zahlreichen großartigen Museen. Das Spektrum reicht von regionalen Sammlungen bis hin zu den weltberühmten Sammlungen holländischer Alter Meister im Amsterdamer Rijksmuseum (siehe S. 122–125) oder im Den Haager Mauritshuis (siehe S. 222f). Spannende zeitgenössische Kunst findet man nicht nur in den großen Museen, sondern auch in vielen Galerien.

Niederländische Lebensart

Zwar hat der deutsche Dichter Heinrich Heine die Niederlande einmal als das Land beschrieben, »in dem alles 50 Jahre später passiert«, bewohnt von behäbigen, obrigkeitstreuen Bürgern, denen bang ist vor Veränderungen. Doch wenn man einen Blick auf die niederländische Drogenpolitik wirft, auf die Gay Games in Amsterdam oder den Widerstand der Bevölkerung gegen die Stationierung von Atomwaffen in ihrem Land, ergibt sich ein ganz anderes Bild. Die fröh-

Heringstand in Amsterdam

lichen Oranjefans, die ihren Idolen zu jedem Sportereignis folgen, liefern noch einen extra Farbtupfer dazu.

In den vergangenen Jahrzehnten hat sich die niederländische Lebensart stark verändert. Genügsamkeit und Sparsamkeit, die zwei klassischen calvinistischen Tugenden, sind nicht mehr so hoch angesehen. Ein eher burgundisches Lebensgefühl macht sich breit.

Ein Dauerbrenner als Musical: *Die Drei Musketiere*

Die Niederländer gehen heute gern und oft aus, an schönen Tagen trifft man sich auf den Terrassen der Cafés, um den Arbeitstag mit einem Bier oder einem Weißwein ausklingen zu lassen. Der Pro-Kopf-Verbrauch an Alkohol hält sich aber im Rahmen. In Europa liegen die Niederlande hinter Ländern wie Portugal, Dänemark, Deutschland, Spanien, Belgien, Frankreich und Italien im Mittelfeld.

Die neue Lust der Niederländer am Genuss folgt einem Trend, der auch in anderen westeuropäischen Ländern festzustellen ist: Eine spaßorientierte Freizeitkultur lässt wenig Zeit für Beschaulichkeit, sondern favorisiert Aktivitäten, Sport und Spektakel. In ihrer Freizeit sind die Niederländer alles andere als Stubenhocker, die Zahl der Ausflugsziele wächst jährlich. Es gibt immer mehr Freizeit- und Themenparks, an allen Ecken werden Fahrrad- und Wandertouren organisiert. Zahllose Festivals, Volksfeste und andere Veranstaltungen stehen auf dem Programm *(siehe S. 32–35)*. Außerdem findet im Umkreis von zehn Kilometern immer irgendwo ein Jahrmarkt oder ein Flohmarkt statt, Veranstaltungen, die zwei niederländische Ureigenschaften ansprechen: Geselligkeit und Handel.

Uferpromenade an der Waal bei Nijmegen

Kampf gegen das Wasser

Die Überschwemmungen im Gebiet der großen Flüsse, vor allem die von 1995, bei der 200 000 Menschen evakuiert werden mussten, haben wie schon so oft gezeigt, welche Bedrohung das Wasser für die Niederlande heute und wohl auch in Zukunft darstellt. Deiche und große Wehre können vielleicht das Meer in Schach halten, für das Zähmen der Flüsse dagegen setzt man heute auf die Taktik der »kontrollierten Überschwemmung«.

Überschwemmtes Gehöft in Gelderland (1995)

Seit dem 11. Jahrhundert *wird in den Niederlanden stetig mehr Land gewonnen. Unzählige Deiche wurden angelegt. Dies geschah jahrhundertelang mit den einfachsten Werkzeugen, mit dem Spaten und der* burrie, *einer Art Tragbahre. Auf diesem Stich wird gerade ein Deichbruch repariert.*

Bei Hoek van Holland wird das Meer nicht wie sonst entlang der holländischen Küste durch Dünen, sondern durch einen Deich begrenzt.

Der tiefste Punkt der Niederlande liegt im Prins Alexanderpolder bei Rotterdam (6,2 m unter dem Meeresspiegel).

Bei Krimpen mündet die IJssel in die Nieuwe Maas.

Die Krimpenerwaard zwischen Hollandse IJssel und Lek besteht aus Futter- und Weideland erster Güte.

Fluss Lek

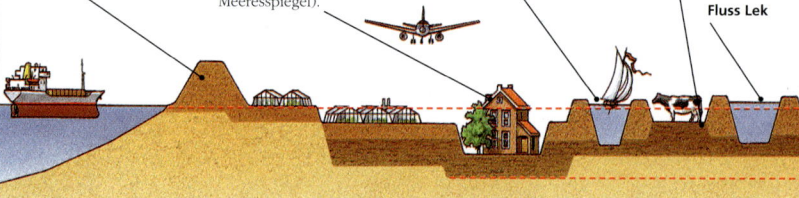

Ein großer Teil der Niederlande *liegt unterhalb des Meeresspiegels. Diese auf der Karte blau dargestellten Gebiete werden »laag Nederland« genannt und sind erst in den letzten 10 000 Jahren entstanden.*

LEGENDE

☐ Über dem Meeresspiegel

☐ Unter dem Meeresspiegel

Schnitt durch die Niederlande

Der Querschnitt durch die Niederlande entlang einer Linie zwischen Hoek van Holland und dem Achterhoek (rote Linie auf der Karte rechts) zeigt, wie tief ein großer Teil des Landes liegt. Erst ungefähr 65 Kilometer landeinwärts, auf Höhe der Neder-Betuwe, steigt das Land über den Meeresspiegel an. Der tiefste Punkt der Niederlande, der Prins Alexanderpolder, liegt über sechs Meter unter dem Meeresspiegel. Ein relativ hoch liegendes Gebiet wie die Betuwe hat vom Meer nichts zu fürchten, aber das heißt nicht, dass hier keine Überschwemmungsgefahr droht: Bei starkem Regen kann die Waal, deren Bett ungefähr parallel zu diesem Querschnitt verläuft, über ihre Ufer treten.

Die Überschwemmungen *1993 und 1995 waren der Anlass für groß angelegte Deichverstärkungen, dem sogenannten »Deltaplan für die großen Flüsse«* (siehe auch S. 246f).

Die Geschichte von Hans Brinker

Die Geschichte vom Jungen, der mit dem Finger ein Loch im Deich abdichtete und so eine Überschwemmung verhinderte, hat ihren Ursprung nicht in den Niederlanden, sondern im 1881 erschienenen Buch der Amerikanerin Mary Mapes Dodge, *Hans Brinker oder Die silbernen Schlittschuhe*. Darin kommt der Sohn eines Schleusenwächters aus Halfweg vor, der »das Meer abwehrte«. Hans und Herman Boerhaave, der Arzt im Roman, sind historische Figuren.

Standbild Hans Brinkers in Spaarndam

Die Neder-Betuwe gilt als das wichtigste Obstanbaugebiet der Niederlande.

Die Over-Betuwe ist ein Gebiet mit Obst- und Gemüseanbau und Viehzucht. Der Name Betuwe stammt vom Wort »Batavi« oder »Bataven«.

Der Pannerdens Kanaal bildet heute die Verbindung zwischen Boven-Rijn und Neder-Rijn.

Montferland ist ein waldreiches Moränengebiet. Die Moränen wurden durch Gletscher geformt.

67,1 m über NN -------

Merwede Kanaal

Meeresspiegel (NN)

6,74 m unter NN

• AMSTERDAM
• ROTTERDAM

MAASTRICHT •

Zur Orientierung

Querschnitt durch einen modernen Flussdeich

Basalttonblöcke schützen den Deich vor dem Wellenschlag des Flusses. Das Wasser sickert nur langsam durch die schwer durchlässige Lehmlage und fließt danach durch den Sand schnell ab. Dadurch bleibt der Deichkörper trocken und stabil.

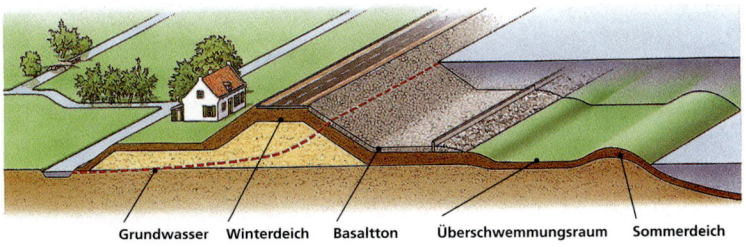

Grundwasser   **Winterdeich**   **Basaltton**   **Überschwemmungsraum**   **Sommerdeich**

Bauernhöfe und Windmühlen

Bauernhöfe liegen in der flachen niederländischen Landschaft oft windgeschützt zwischen Bäumen. Mühlen hingegen müssen genügend Wind bekommen und stehen darum meistens frei. Beide werden wegen ihres malerischen Aussehens sehr geschätzt, man ist allerdings geneigt zu vergessen, dass ihre Architektur eigentlich eine funktionale ist. Wie eine Windmühle funktioniert, wird auf Seite 179 illustriert.

Beim Gulfhaus in Noord-Holland
sind Stall, Tenne und Wohnhaus unter einem Dach.

Dieser Bauernhof in Drenthe
ist eine moderne Version des seit dem Mittelalter bekannten los hoes.

Im Innenhof eines südlimburgischen Bauernhofs tummelten sich früher zahlreiche Haustiere.

Wohnhaus

Stall

Vierseithof in Zuid-Limburg

Beim traditionellen Bauernhof in Zuid-Limburg waren das Wohnhaus und die Ställe im Viereck gebaut. Im Innenhof liefen Ziegen, Hühner und und Ferkel durcheinander, in der Mitte befand sich meist der Misthaufen. Der Hygiene war diese Anordnung nicht besonders zuträglich.

Durch das Tor konnten Gespanne fahren.

Die Mauern wurden aus Mergel gebaut und anschließend verputzt.

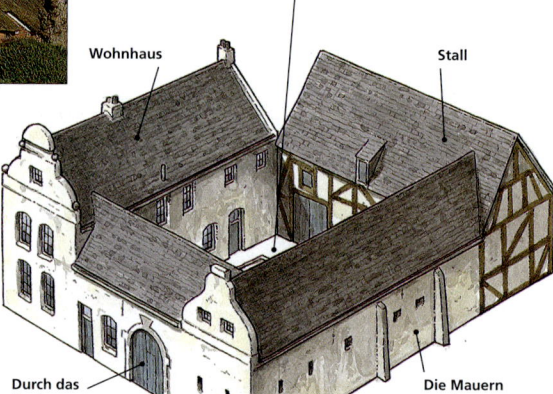

Das Hockerhaus gehört zum Hallenhaustyp. Es besitzt ein quer vor der Scheune stehendes Wohnhaus.

Beim Hallenhaus wird das tief heruntergezogene Dach durch miteinander verbundene Pfosten getragen. Die Wände wurden oft in Fachwerkweise errichtet.

Langgiebel-Bauernhöfe findet man auf den Sandböden Peels und Kempens. Bei diesem Typ sind Wohnhaus und Stallungen längs aneinandergebaut.

Kopf-Hals-Rumpf-Bauernhöfe sieht man vor allem in Friesland. Bei diesem Bauernhof sind die große, oft sehr lang gestreckte Scheune und das Wohnhaus durch ein kleineres Zwischengebäude verbunden.

Paltrokmühle

Die Paltrokmühle wurde um 1600 im Zaan-Gebiet als Sägemühle entwickelt. Der Name kommt von der Ähnlichkeit ihrer Form mit dem *paltrok*, einer in dieser Zeit gebräuchlichen Jacke. Bei dieser Mühle kann der ganze Korpus einschließlich der Säge auf einer runden Laufbahn gedreht werden. Normalerweise wurden in diesen Mühlen längs gespaltene Eichenstämme verarbeitet, sogenannte *wagenschot*.

Mühlenflügel

Unter der Haube setzt die Flügelachse das schwere Oberrad in Bewegung.

Firstsäule

Unter diesem Vordach steht ein Kran, mit dem die Baumstämme aus dem Wasser gehievt werden.

Das Mühlenhaus formt mit den zwei Seitenflügeln eine Einheit.

Zaagvloer

Die *beltmolen* (Bergmühle) *hat wegen der umliegenden Bebauung oder Bäume einen extra hohen Rumpf. Um den unteren Teil ist ein Hügel (»Berg«) aufgeschüttet, damit die Flügel einfach zu erreichen sind.*

Auf dem Drehboden laufen die Rollen, auf denen sich die Mühle dreht.

Turmmühlen *haben einen gemauerten, zylindrischen Rumpf und ein von innen drehbares Dach. Es gibt in den Niederlanden nur noch vier Mühlen mit dieser Bauweise, die älteste steht bei Zeddam im Achterhoek.*

Die Bockmühle ist der älteste Mühlentyp in den Niederlanden. Der ganze hölzerne Mühlenkörper dreht sich um eine hölzerne Achse. Die meisten Bockmühlen sind Kornmühlen.

Die Bockwindmühle ist eine Weiterentwicklung der Bockmühle, entworfen zum Wasserschöpfen. Das verkleinerte Mühlenhaus kann sich auf einem festen, pyramidenförmigen Unterbau drehen.

Die Holländermühle hat, wie die Bergmühle, einen verlängerten Rumpf. Er wird für die Produktion von Farbe, Öl oder Papier gebraucht. Vom Umlauf auf halber Höhe aus kann man die Mühle drehen und die Segel der Flügel einholen.

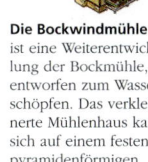

Der *tjasker* wurde zum Regulieren von kleinen Gewässern benutzt. Er besteht aus einer schräg stehenden Achse mit Flügeln an der einen Seite und einer Wasserschnecke an der anderen.

Holländische Meister

Die enorme Blüte der niederländischen Malerei im 17. Jahrhundert hing mit der großen Nachfrage nach Bildern durch die vielen unvermittelt reich gewordenen Bürger zusammen. Durch das Fehlen von großen königlichen oder kirchlichen Auftraggebern entwickelte sich kein offizieller Malstil. Den Künstlern stand es frei, sich auf Historienmalerei, Porträts, Landschaften, Stillleben oder Genrestücke zu spezialisieren.

Willem Heda *(1594–1680) war einer der Großmeister des Stilllebens. Seine Farben sind schlicht und seine Kompositionen einfach.*

Frans Hals *(um 1580–1666) hinterließ ein Œuvre mit ungefähr 200 Porträts und mehr als 50 Genrebildern. Er malte nicht nur Regenten und reiche Bürger, sondern auch Bauern, Soldaten, Fischer, Dirnen und Trinker. Von ihm sind keine Zeichnungen erhalten geblieben, man nimmt an, dass er ohne Vorstudien alla prima auf die Leinwand malte. Das hier gezeigte Bild* Der Narr *entstand um 1623.*

Rembrandt van Rijn

Rembrandt van Rijn ist für viele der größte niederländische Maler aller Zeiten. Er wurde 1606 in Leiden geboren und wohnte von 1632 bis zu seinem Tod 1669 in Amsterdam. Rembrandt war ein Meister im Gebrauch von Licht und Schatten. *Die jüdische Braut* (um 1665) gilt als eines der besten Porträts aus seiner letzten Schaffensperiode.

Jacob van Ruisdael *(1628–1682) war als Landschaftsmaler unerreicht. In der* Ansicht von Haarlem *lässt der niedrige Horizont dem Wolkenhimmel Raum.*

Silberschmiedearbeiten

Der Silberschmied Adam van Vianen (1569–1627) war bekannt für sein Silbergeschirr im kwabstijl, *einem durch fließende Ornamente und den Gebrauch von allerlei fantastischen Elementen gekennzeichneten Stil. Diese Deckelkanne aus vergoldetem Silber ist dafür ein Beispiel. Viele Silberarbeiten aus dieser Zeit sind durch Umschmelzen und Verkauf des Materials verloren gegangen.*

Jan Steen *(1625–1679) war ein ebenso vielseitiger wie fruchtbarer Maler (von ihm sind rund 800 Bilder erhalten). Sein Œuvre umfasste alles, von Altarbildern bis zu Landschaften und mythologischen Darstellungen, aber bekannt ist er vor allem für seine Genregemälde, die ein genaues Bild des niederländischen Lebens im 17. Jahrhundert zeigen. Das oben abgebildete Bild* Familietafereel *(1660) hängt im Amsterdamer Rijksmuseum.*

Gerard van Honthorst *(1590–1656) wurde stark beeinflusst durch Caravaggios Werk. Außer Historienbildern und Porträts malte er auch Genrebilder wie* Der fröhliche Spielmann *(oben). Seine berühmten nächtlichen Szenen bei Kerzenschein trugen ihm in Italien den Beinamen »Gherardo delle Notte« ein.*

Jan Vermeer *(1632–1675) verbrachte sein ganzes Leben in Delft. Man kennt weniger als 40 Bilder von ihm, aber dieses kleine Œuvre nimmt einen wichtigen Platz in der Entwicklung der Malerei ein. Seine ausgewogenen Kompositionen wirken auffallend modern. Lange vor den Impressionisten gelang es Vermeer, Licht durch Farbe auszudrücken. Diese Ansicht von Häusern in Delft (um 1658) ist bekannt als »Die Straße von Vermeer«.*

Keramik und Fliesen

Als um 1620 durch Unruhen in China der Export von chinesischem Porzellan nach Europa zurückging, erkannten holländische Töpfer ihre Chance und brachten in großen Mengen auf chinesische Art gefertigtes Imitatporzellan auf den Markt. Die Qualität dieses blau-weißen Steinguts war ausgezeichnet. Die Stadt Delft entwickelte sich zu einem der wichtigsten Fayence-Zentren in Europa und hatte zwischen 1660 und 1725 ihre große Blütezeit. In der Zeit von Jugendstil und Art déco erwarben sich die niederländischen Keramiker internationalen Ruhm. Der bekannteste unter ihnen war Th. A. C. Colenbrander.

Tulpenvase

Stilisierte Blumen gehen auf die italienische Majolika-Tradition zurück.

Koninklijke Porceleyne Fles *ist die einzige Delfter Fayencefabrik, die nicht im Lauf der Jahrhunderte untergegangen ist. Die Firma wurde 1876 von Joost Thooft gekauft, dessen Initialen noch heute im Firmenzeichen zu sehen sind. Es werden zwar nach wie vor manche der Stücke von Hand bemalt, in der Regel arbeitet man heute jedoch nicht mehr mit den zeitaufwendigen Techniken.*

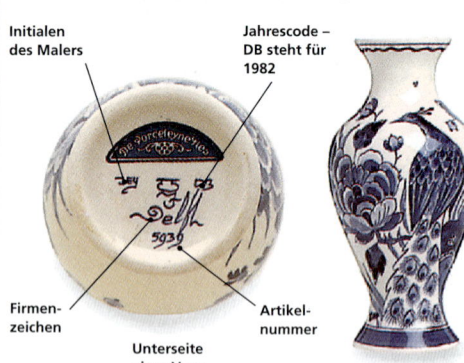

Initialen des Malers

Jahrescode – DB steht für 1982

Firmenzeichen

Artikelnummer

Unterseite einer Vase

Delfter Keramik

Außer in Delft wurde im 17. und 18. Jahrhundert auch anderswo in den Niederlanden bleiglasiertes Steingut hergestellt. »Delfter« wurde zur Bezeichnung für beinahe alles niederländische Steingut aus dieser Zeit. Nach 1650 ist auf den Stücken oft ein Firmenzeichen zu finden, später wurden auch die Initialen des Malers, ein Jahrescode und eine Artikelnummer angebracht.

Dieses Feld aus vier Fliesen *hat ein Muster aus Granatäpfeln, Trauben, Rosetten und Lilien.*

Das erste niederländische Porzellan *wurde ab 1759 in Weesp hergestellt. Es war damals, nach dem Meißner, das beste europäische Porzellan. Die Produktion wurde aber nach zehn Jahren aus Geldmangel eingestellt. 1774 gründete man in Loosdrecht eine neue Fabrik und verlegte sie 1784 nach Ouder-Amstel. Diese große Vase von 1808 ist ein typisches Beispiel für das dort produzierte Amstelporzellan.*

Flügel in Delfter Blau *Der Amsterdamer Künstler Hugo Kaagman schmückte die Heckruder von vier British-Airways-Flugzeugen mit Delfter-Blau-Motiven.*

Fliesen

Majolika-Wandfliesen – Steingut mit Verzierungen auf einem Bleiglasur-Untergrund – wurden in den Niederlanden seit 1600 hergestellt, aber erst im 17. Jahrhundert begann die Produktion zu florieren. Bis 1625 wurden die Fliesen in der Regel polychrom bemalt, später meistens blau-weiß. Bedeutende Produktionsstätten waren Harlingen, Delft, Gouda, Amsterdam, Utrecht, Haarlem und Makkum, wo im 17. Jahrhundert der noch bestehende Familienbetrieb Tichelaar gegründet wurde. Die hier gezeigten Fliesen kommen aus Haarlem.

Die Lilie findet man häufig als Eckmotiv auf niederländischen Fliesen.

Th. A. C. Colenbrander

Einer der bekanntesten Namen auf dem Gebiet der Jugendstilkeramik ist Th. A. C. Colenbrander (1841–1930). Er war eigentlich Architekt, berühmt wurde er jedoch durch seine verspielten, von Blumen inspirierten Entwürfe (Vasen, Wandteller, Möbelverzierungen) für die Den Haager Porzellanfabrik Rozenburg, deren künstlerischer Direktor er 1884–89 war. 1912–13 arbeitete er für die Fayencefabrik Zuid-Holland in Gouda. Außer Keramik entwarf Colenbrander auch Teppiche und arbeitete als Designer und Innenarchitekt.

Kommodenaufsätze von Colenbrander, 1885

Dieser Jugendstilteller *von W. P. Hartgring wurde 1904 hergestellt, im selben Jahr erhielt der Künstler auf der Weltausstellung in St. Louis eine Goldmedaille. Hartgring arbeitete 20 Jahre für die Den Haager Firma Rozenburg, danach zehn Jahre bei der Fayencefabrik Zuid-Holland. Seine Entwürfe erinnern an japanische Motive.*

Blumenland Niederlande

Nicht nur im Westen *kann man Blumenfelder sehen. Diese Rosenfelder liegen bei Lottum, im Norden der Provinz Limburg, wo jedes Jahr ein Blumenkorso stattfindet, der ganz im Zeichen der Rose steht.*

Exportartikel Orchidee

Die niederländische Blumenliebe begann sehr unpoetisch als Mittel gegen den Gestank in den Häusern des 17. Jahrhunderts. Die Ästhetik kam von selbst. Heute sind die Niederlande einer der wichtigsten Blumenproduzenten der Welt. Hier gibt es ein konkurrenzloses Verteilungssystem, wodurch andere Wettbewerber wie Israel, Spanien, Kolumbien, Kenia, Simbabwe und Sambia das Nachsehen haben. Die Position als Blumenzwiebelproduzent ist mit einem Weltmarktanteil von 92 Prozent unangefochten.

Die Tulpe *kam im 17. Jahrhundert aus der Türkei in die Niederlande, wo sie bald zum Objekt eines nie da gewesenen Spekulationshandels wurde: Eine wahre Tulpenmanie brach aus. Heute gilt die Tulpe als typisch niederländisch, zahllose Sorten werden gezüchtet.*

Der jährliche Blumenkorso *in der »Bollenstreek« ist eine spektakuläre Veranstaltung* (siehe S. 32).

Schnittblumen aus niederländischen Gärtnereien

Weil die Konsumenten stets anspruchsvoller werden, wächst auch die Zahl der Varietäten der einzelnen Sorten. Die Wünsche der Kunden sind überall sehr unterschiedlich: In Frankreich liebt man Gladiolen, in England Lilien und Nelken. In Asien und in Deutschland ist man verrückt nach Tulpen. Hier können Sie einen Teil des Angebots sehen.

Die Chrysantheme *(Chrysanthemum)* stammt aus China.

Die Iris *(Iris)* wird als Schnittblume und als Zwiebel exportiert.

Die Sandböden *hinter den holländischen Dünen, die sogenannten* geestgronden, *eignen sich sehr gut zum Blumenzwiebelanbau.*

Nicht alle Narzissenzwiebeln sind winterfest.

Krokuszwiebeln kommen im September in den Boden.

Die Zwiebeln der Hyazinthen sind violett bis weiß.

Tulpenzwiebeln sind kaum anfällig für Krankheiten und Parasiten.

Iriszwiebeln gräbt man nach der Blüte aus.

Blumenstände

Der Blumenstand ist aus dem niederländischen Straßenbild nicht wegzudenken. Selbst in Bahnhofshallen oder Bürohäusern kann man ihn finden. In den meisten Ländern werden Blumen als Luxus gesehen, in den Niederlanden gehören sie sozusagen zu den täglichen Einkäufen. Auch darum sind die Niederlande das Blumenland schlechthin.

Von der Dahlie *(Dahlia)* gibt es 20 000 Varianten.

Flieder *(Syringa)* wird wegen seines Dufts gern gekauft.

Die Nelke *(Dianthus)* ist als Ansteckblume beliebt.

Die Rose *(Rosa)* wird die »Königin der Blumen« genannt.

Das Jahr in den Niederlanden

Das ganze Jahr hindurch finden in den Niederlanden alle möglichen Feste, Festivals und Events statt. Im Sommer ist das Angebot am größten, vor allem auf kulturellem Gebiet. So veranstalten die Städte Amsterdam, Den Haag, Rotterdam und Utrecht im Monat Juni jeweils ihr eigenes Theaterfestival. Einige Feste, etwa das Fest zum 3. Oktober in Leiden, sind histo-

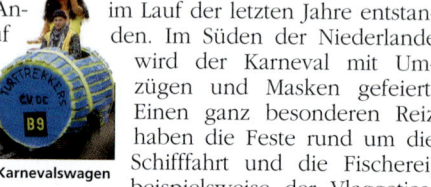

Karnevalswagen

rischen Ursprungs, andere, beispielsweise der multikulturelle Sommerkarneval in Rotterdam, sind erst im Lauf der letzten Jahre entstanden. Im Süden der Niederlande wird der Karneval mit Umzügen und Masken gefeiert. Einen ganz besonderen Reiz haben die Feste rund um die Schifffahrt und die Fischerei, beispielsweise der Vlaggetjesdag in Scheveningen.

Frühling

Der März lässt überall in den Städten und Dörfern die Narzissen und Krokusse sprießen. Ab Mitte April, wenn die Tulpen blühen, bieten die Tulpenfelder entlang der Küste von Noord- und Zuid-Holland einen unvergesslichen Anblick.

März

Foto Biënnale (*Mitte März– Mitte Apr*), Rotterdam. Die internationale Fotografie-Ausstellung findet in Jahren mit ungeraden Zahlen statt.
Meezing Matthäus (*Ostern*), Amsterdam. Konzertbesucher werden bei zahlreichen Auf-

Straßenmusik am Koninginnedag (30. Apr) in Amsterdam

führungen der *Matthäuspassion* von Bach zum Mitsingen eingeladen.
Keukenhof (*Ende März– Mitte Mai*), bei Lisse. Das Schönste, was die Niederlande an Blumen zu bieten haben, kann man ab Ende März in den Beeten dieses 32 Hektar großen Landschaftsgartens bewundern.

Blühender Obstbaum in der Betuwe

April

1-Aprilfeesten (*1. Apr*), Brielle. Jedes Jahr spielen die Bewohner von Brielle (Den Briel), gekleidet in Trachten des 16. Jahrhunderts, die Befreiung von den Spaniern im Jahr 1572 nach.
Bloemencorso (*Ende Apr*), Bollenstreek. Wagen mit Blumenskulpturen fahren einen 40 Kilometer langen Korso, vorbei an Haarlem, Hillegom, Lisse und Noordwijk.
Koninginnedag (*30. Apr*). Der Geburtstag der früheren Königin Juliana wird im ganzen Land mit Festlichkeiten begangen. Am meisten feiert man in Amsterdam.

Mai

Landelijke Fietsmaand (nationaler Fahrradmonat) (*ganzer Mai*). Unterschiedliche Fahrradaktivitäten im ganzen Land.
Nationale Molendag (*zweiter Sa im Mai*). An diesem Tag stehen ca. 600 der 1000 nie-

derländischen Mühlen dem Publikum offen.
Vlaggetjesdag (*meistens dritter Sa im Mai*), Scheveningen. Die Rückkehr der Heringsflotte wird mit Auftritten und Vorführungen alter Fischereiberufe gefeiert.
Aspergerie Primeur (*Christi Himmelfahrt*), Venlo. Den ersten hiesigen Spargel genießen Einheimische und Besucher in festlicher Atmosphäre auf einem nachgebauten alten Dorfplatz.
Keidagen (*um Christi Himmelfahrt*), Lochem. Fünf Tage geht es hoch her mit Musik, Kirmes, Jahrmarkt und Auftritten bekannter Künstler.

Vlaggetjesdag zu Beginn der neuen Heringssaison (Mai)

Sloepenrace. Hunderte von Booten nehmen am Rettungsbootrennen von Harlingen nach Terschelling teil.

Jazz in Duketown *(um Pfingsten)*, 's-Hertogenbosch. Vier Tage lang gibt es Open-Air-Konzerte mit Jazz und Blues überall in der Innenstadt.

Sommer

Sommer in den Niederlanden ist die Zeit der kulturellen Großveranstaltungen, zum Beispiel des Holland Festival in Amsterdam, des Theater an der Werf in Utrecht, der Parade in Rotterdam und des Haagse Zomer in Den Haag. Wer sich nicht für das Theater interessiert, kann alternativ einen Drachenwettbewerb besuchen.

Das beliebte Rettungsbootrennen nach Terschelling *(Mai)*

Juni

Holland Festival *(drei Wochen im Juni)*, Amsterdam und in anderen großen Städten. Viele unterschiedliche Konzerte, Theater-, Opern- und Ballettaufführungen.

Aaltjesdag *(zweiter Sa im Juni)*, Harderwijk. Großes Fischereifest im ehemaligen Zuiderzeehafen.

Oerol Festival *(Mitte Juni)*, Terschelling. Zehn Tage andauerndes alternatives Kulturfestival mit Clowns, Straßentheater, Akrobaten und viel Musik.

Poetry International *(Mitte Juni)*, Rotterdam. Anspruchsvolles Poesiefestival mit internationalem Programm im Viertel De Doelen.

Hering aus der Hand

Pasar Malam Besar *(zweite Junihälfte)*, Den Haag. Das Festival der indonesischen Musik und Tanzkunst mit Wajang-Vorstellungen, Kochkursen und einem farbenfrohen Markt findet auf dem Malieveld von Den Haag statt.

Nationale Vlootdage *(Ende Juni oder Anfang Juli)*, Den Helder. Zu sehen gibt es zahlreiche moderne Fregatten, U-Boote, Torpedoboote und Minenräumer der niederländischen Marine

Karibische Impressionen beim Sommerkarneval in Rotterdam *(Juni)*

sowie spektakuläre Shows des niederländischen Marinekorps mit lautstarker Musikuntermalung.

Juli

Oud Limburgs Schuttersfeest *(erster So im Juli)*. Das jährliche Schützenturnier der Limburger Schützenvereine ist ein traditionell buntes Ereignis, das im Heimatort des jeweiligen Vorjahressiegers stattfindet.

North Sea Jazz *(Mitte Juli)*, Rotterdam. Ein dreitägiges Musikspektakel – wohl das größte Jazzfestival der Welt – mit Auftritten internationaler Jazz-Musiker.

Tilburger Kirmes *(Ende Juli)*. Einer der schönsten und größten Jahrmärkte der Niederlande mit dem schwullesbischen Pink Monday.

Sommerkarneval *(letzter Sa im Juli)*, Rotterdam. Ausgelassenes karibisches Fest, mit exotischer Musik, viel Essen aus aller Herren Länder und einem mitreißenden Karnevalsumzug.

North Sea Jazz, eines der wichtigsten Jazzfestivals der Welt *(Juli)*

Kirmes in Nijmegen *(Sep)*, seit Jahrhunderten eine geliebte Tradition

August

Gay Pride *(erstes Wochenende im Aug)*, Amsterdam. Eine der schönsten Gay Prides der Welt. Höhepunkt ist die Grachtenparade.
Mosselfeesten, Yerseke *(dritter Sa im Aug)* und Philippine *(letztes Augustwochenende)*. Festliche Präsentation der neuen Zeeuwsen Muscheln.
Preuvenemint *(letztes Augustwochenende)*, Maastricht. Burgundisches Ess- und Trinkfest auf dem historischen Vrijthof.
Uitmarkt *(letztes Augustwochenende)*, Amsterdam. Festliche Eröffnung der Theatersaison mit Aufführungen und vielen Informationsständen. Es gibt auch einen Buchmarkt, auf dem sich Literaturverlage mit eigenen Ständen präsentieren.

Kunstwerk aus Früchten
beim Obstkorso in Tiel *(Sep)*

Herbst

Wird es langsam kälter, dann zieht es die Menschen wieder in die Häuser. Im Herbst sind die Museen gut besucht, abends sind die Theater voll. Und doch gibt es auch jetzt noch Veranstaltungen an der freien Luft, die durch die goldene Herbstsonne und den imposanten Wolkenhimmel oft eine ganz besondere Stimmung haben.

September

Monumentendag *(zweiter Sa im Sep)*. Heute kann man historische Monumente besichtigen, die sonst für die Öffentlichkeit geschlossen sind.
Fruitcorso *(zweites Septemberwochenende)*, Tiel. Ein spektakulärer Umzug von Prunkwagen mit Riesenskulpturen aus Früchten.
Vliegerfeest *(Mitte Sep)*, Scheveningen. Über dem Strand kann man zwei Tage lang Hunderte der unglaublichsten Drachenkonstruktionen schweben sehen.
Jordaanfestival *(zweite und dritte Septemberwoche)*, Amsterdam. Kirmes, Talentschuppen und Live-Musik im südlichen Teil des Jordaan.
Prinsjesdag *(dritter Di im Sep)*, Den Haag. Begleitet von Würdenträgern und einer Militäreskorte fährt die Königin in ihrer Kutsche vom Palast Noordeinde zum Binnenhof, wo sie die Thronrede hält. In dieser Rede gibt sie die Regierungspläne für die kommende politische Periode bekannt. Am Prinsjesdag wird auch der Haushaltsplan vorgestellt.

Königin Beatrix während der Thronrede am Prinsjesdag *(Sep)*

Nijmeger Kirmes *(Ende Sep/ Anfang Okt)*. Die Kirmes von Nijmegen findet seit dem 13. Jahrhundert jedes Jahr statt. Wie ein langes Band ziehen sich Stände und Fahrgeschäfte durch die Innenstadt. Montag und Dienstag sind die »Piektage«, an denen Kinder bei allen Fahrgeschäften nur 50 Cent (früher einen Gulden oder *piek*) zahlen.

Oktober

3-Oktoberfeesten, Leiden. Großes Volksfest, bei dem die Befreiung Leidens am 3. Oktober 1574 gefeiert wird. Fester Bestandteil der Feiern sind unter anderem das Austeilen von Hering und Weißbrot an die Bürger der Stadt, ein großer Umzug und der Lunapark.

Leidens Befreiung wird mit viel Weißbrot gefeiert *(3. Okt)*

Eurospoor *(Mitte bis Ende Okt)*, Utrecht. Europas größte Modelleisenbahnmesse findet auf dem Messegelände Jaarbeues statt.

November

St. Martin *(11. Nov)*, West- und Nordniederlande. Bei Dämmerung ziehen die Kinder mit Laternen von Tür zu Tür, singen Lieder und wollen mit Süßigkeiten belohnt werden.
Einzug von Sinterklaas (Nikolaus) *(zweiter oder dritter Sa im Nov)*. In jedem größeren Ort wird Sinterklaas mit dem Zwarte Piet festlich empfangen. Er kommt mit einem Dampfer an und reitet dann auf seinem Schimmel durch die Stadt. Von diesem

Tag bis zum 5. Dezember singen die Kinder jeden Abend Weihnachtslieder und finden am Morgen Süßigkeiten in ihren Schuhen.

Winter

Außer im Dezember finden im Winter nicht so viele Veranstaltungen statt. Nach dem Nikolausabend, Weihnachten und Silvester ist der Januar wohl auch für die umtriebigen Niederländer die richtige Zeit, sich zu erholen.

Dezember

Nikolausabend *(5. Dez)*. Höhepunkt und Ende der Nikolauszeit ist der traditionelle *pakjesavond* (Päckchenabend) am 5. Dezember: Geschenke und Gedichte für Groß und Klein, manchmal vom (angeheuerten) Nikolaus persönlich gebracht.
Cirque d'Hiver *(zwischen Weihnachten und Silvester)*, Roermond. Vier Tage lang kann man Zirkusvorstellungen auf Weltniveau im TheaterHotel De Oranjerie sehen.
Silvesterabend *(31. Dez)*. Den letzten Abend des Jahres begeht man festlich, entweder zu Hause oder bei Freunden. Es gibt *oliebollen* (Schmalzgebäck) und Apfelküchlein, und in vielen Häusern knallen um Mitternacht die Champagnerkorken. Danach geht man auf die Straße, um das neue Jahr mit Feuerwerk zu begrüßen.

Januar

Neujahrstauchen *(1. Jan)*, Scheveningen. Alljährlich erklingt am Neujahrstag um 12 Uhr der Startschuss am Pier. Danach rennen einige Hundert Menschen in Badekleidung über den Strand und tauchen ins eiskalte Wasser.

Neujahrsfeuerwerk

Leidener Jazzwoche *(Mitte Jan)*, Leiden. Auf vielen Bühnen und in vielen Cafés in der alten Innenstadt kann man eine Woche lang alle möglichen Jazzstile hören.

Februar

Hiswa *(Feb oder März)*, Amsterdam. Boote in der RAI *(siehe S. 141)*, von Ruderbooten bis zu Hochseeyachten.

Die neuesten Boote auf der jährlichen Hiswa *(Feb/März)*

Karneval *(Feb oder März)*. Offiziell drei, in Wirklichkeit fünf Tage vor der Fastenzeit steht der katholische Süden auf dem Kopf. Umzüge mit Prunkwagen und fantasievoll Maskierte, die auf den Straßen und in den Cafés singen und tanzen.

Ankunft von Sinterklaas (heiliger Nikolaus) im November

Klima

Die Niederlande haben Meeresklima, das durch kühle Sommer und milde Winter gekennzeichnet ist. Im Sommer bewegt sich die maximale Durchschnittstemperatur um 20 °C, im Winter liegt die minimale Durchschnittstemperatur um den Gefrierpunkt. Südlich der großen Flüsse ist es etwas wärmer als im Norden, an der Küste gibt es mehr Sonnenstunden als im Landesinneren. Wegen des Temperaturunterschieds zwischen Küste und Landesinnerem weht im Sommer an der Küste oft Westwind.

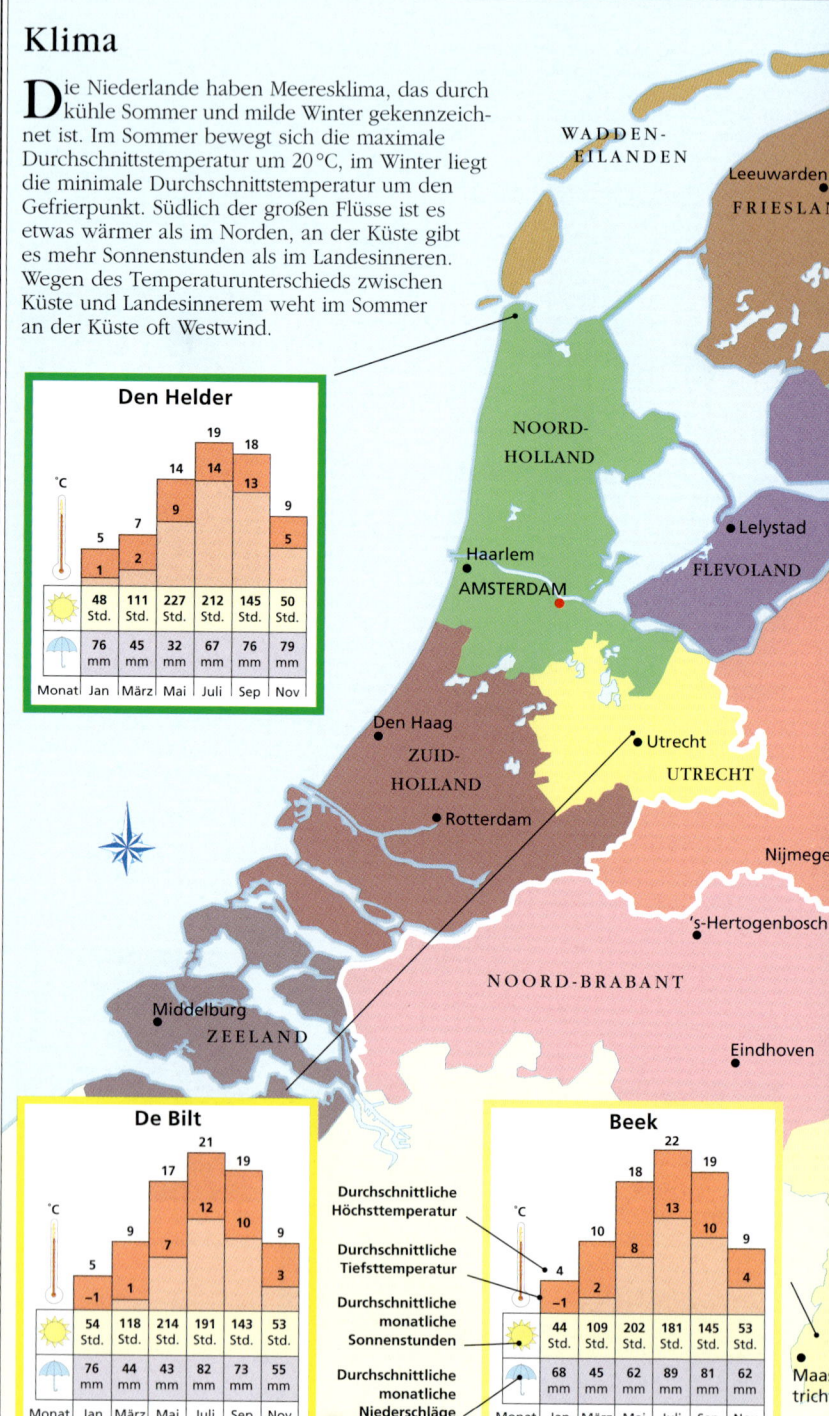

Den Helder

Monat	Jan	März	Mai	Juli	Sep	Nov
°C (max)	5	7	9	19	18	9
°C			14	14	13	
°C (min)	1	2	9			5
☀ Std.	48	111	227	212	145	50
☂ mm	76	45	32	67	76	79

De Bilt

Monat	Jan	März	Mai	Juli	Sep	Nov
°C (max)	5	9	17	21	19	9
°C		7	12		10	
°C (min)	−1	1	7		3	
☀ Std.	54	118	214	191	143	53
☂ mm	76	44	43	82	73	55

Beek

Durchschnittliche Höchsttemperatur

Durchschnittliche Tiefsttemperatur

Durchschnittliche monatliche Sonnenstunden

Durchschnittliche monatliche Niederschläge

Monat	Jan	März	Mai	Juli	Sep	Nov
°C (max)	4	10	18	22	19	9
°C		8	13		10	
°C (min)	−1	2	8		4	
☀ Std.	44	109	202	181	145	53
☂ mm	68	45	62	89	81	62

WADDEN-EILANDEN

Leeuwarden
FRIESLAN

NOORD-HOLLAND

Haarlem
AMSTERDAM

Lelystad
FLEVOLAND

Den Haag
ZUID-HOLLAND

Rotterdam

Utrecht
UTRECHT

Nijmegen

's-Hertogenbosch

NOORD-BRABANT

Middelburg
ZEELAND

Eindhoven

Maastricht

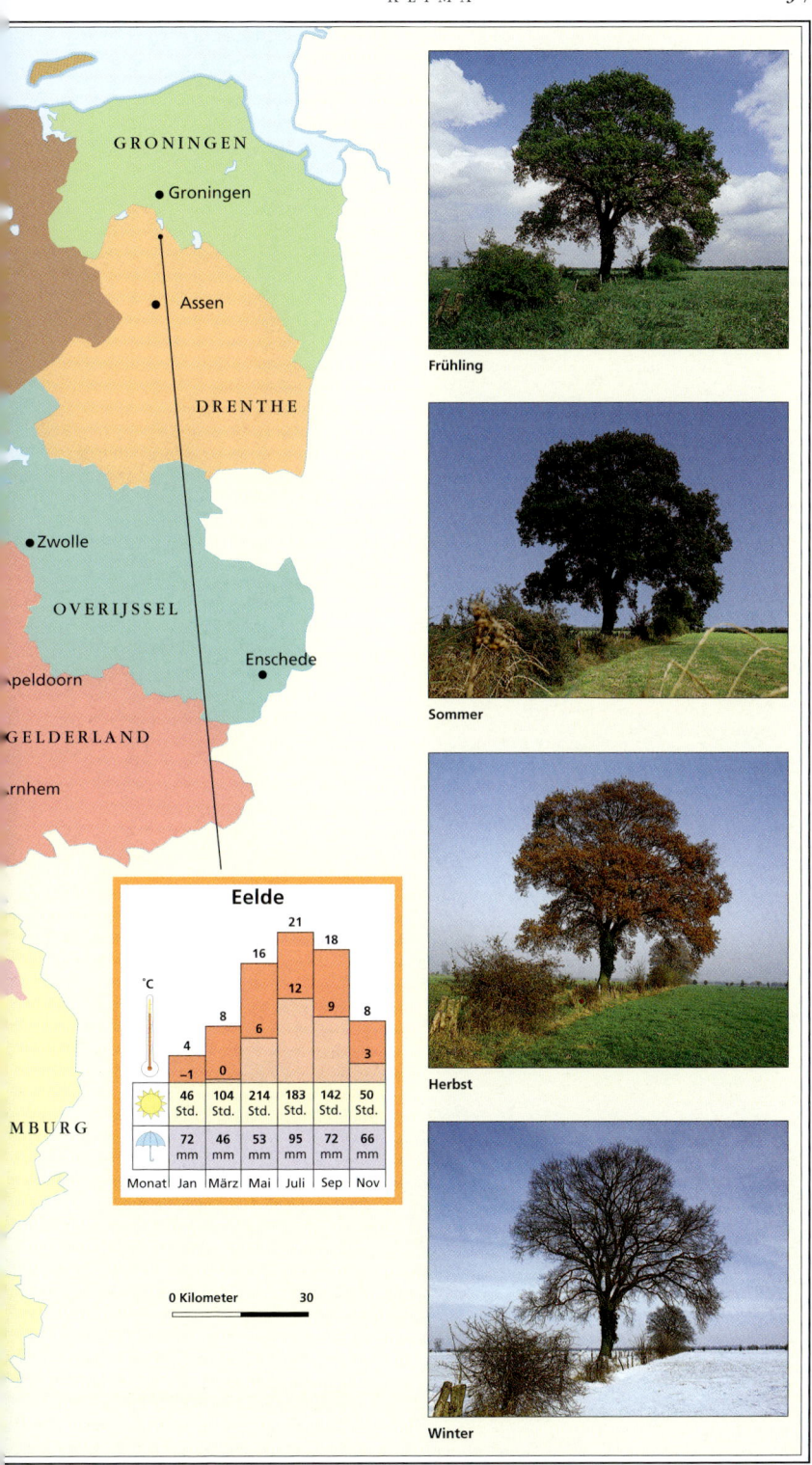

GRONINGEN

● Groningen

● Assen

DRENTHE

● Zwolle

OVERIJSSEL

Enschede

peldoorn

GELDERLAND

rnhem

MBURG

Eelde

Monat	Jan	März	Mai	Juli	Sep	Nov
°C (max)	4	8	16	21	18	8
°C (min)	−1	0	6	12	9	3
☀	46 Std.	104 Std.	214 Std.	183 Std.	142 Std.	50 Std.
☔	72 mm	46 mm	53 mm	95 mm	72 mm	66 mm

0 Kilometer   30

Frühling

Sommer

Herbst

Winter

Die Geschichte der Niederlande

Die Geschichte der Niederlande beginnt im Grunde erst mit der Neuzeit. Davor nämlich waren die Gebiete des heutigen Staats auf verschiedene Reiche verteilt.

Die Römer eroberten das südliche Gebiet 12 v. Chr., um 50 n. Chr. erklärten sie den Rhein zur Nordgrenze ihres Reichs. Gegen Ende des 4. Jahrhunderts zogen sich die Römer endgültig zurück. In der Folgezeit wurde das Gebiet von Friesen, Franken und Sachsen bewohnt. Seit dem 8. Jahrhundert herrschten die Franken allein. Die 695 unter Willibrord begonnene Christianisierung wurde unter Karl dem Großen vollendet.

Nach dem Zerfall des Frankenreichs kam das Gebiet zum Heiligen Römischen Reich. Die Macht lag offiziell bei den Lehensmännern des deutschen Kaisers, doch neben dem Bischof von Utrecht nahmen verschiedene Herzöge und Herrscher von Grafschaften eine starke Position ein. Der größte Teil der heutigen Niederlande und Belgiens wurde unter dem Herzog von Burgund vereinigt.

Modell einer Kogge aus dem 17. Jahrhundert

Im späten 15. Jahrhundert kam das Gebiet durch Erbschaft zur Habsburger Dynastie unter Karl V.

Nachdem die nördlichen Niederlande sich 1579 mit Gründung der Republik der Sieben Vereinigten Niederlande von den Habsburgern losgesagt hatten, erlebte das Land eine wirtschaftliche und kulturelle Blütezeit. Mitte des 17. Jahrhunderts hatten sich die Niederlande zur größten Handelsmacht der Welt entwickelt. Erst im Verlauf des 18. Jahrhunderts kam diese Entwicklung zum Stillstand.

Die bis dahin selbstständigen Gaue der Republik wurden unter Napoléon zu einem einheitlichen Staat umgeformt. 1815 wurde Willem I König der Niederlande. 1830 erfolgte der Zusammenschluss mit Belgien, der jedoch schon 1839 beendet wurde.

Im 20. Jahrhundert blieben die Niederlande im Ersten Weltkrieg neutral, trotzdem wurden sie im Zweiten Weltkrieg von den Deutschen besetzt. Seit Kriegsende entwickelten sich die Niederlande zu einem der wohlhabendsten Länder Europas.

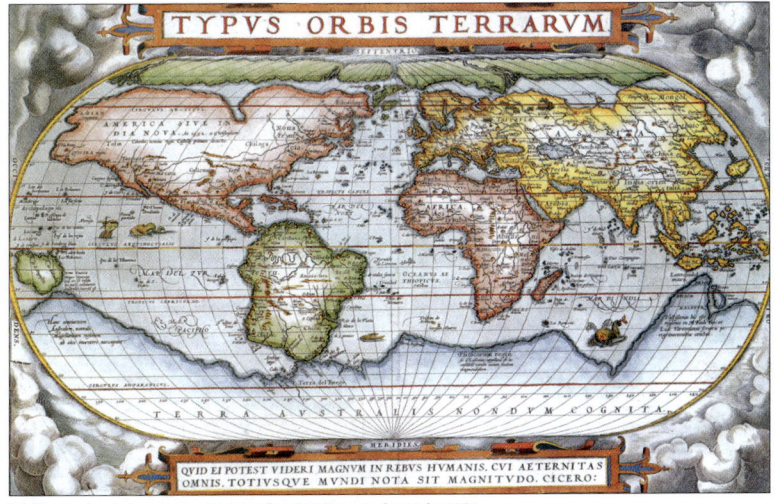

Weltkarte des Antwerpener Kartografen Ortelius aus dem Jahr 1564

◁ *Het IJ vor Amsterdam, vom Muschelsteiger aus gesehen,* 1673 gemalt von Ludolf Bakhuyzen (1630–1708)

Herrscher der Niederlande

Beatrix auf einer alten Gulden-Münze

Feudalfürsten wie die Grafen von Holland und die Bischöfe von Utrecht regierten die Niederlande im Mittelalter. Formell waren sie Lehensmänner des deutschen Königs. Im 15. Jahrhundert fiel das Gebiet durch Heirat an das Haus Burgund und wurde später Teil des Habsburger Reichs, von dem sich die nördlichen Niederlande 1581 lossagten. Seither herrschen Mitglieder des Hauses Oranien – mit wenigen Unterbrechungen – über das Gebiet der heutigen Niederlande, anfangs als Statthalter, ab 1815 als Könige.

1417–1433
Jacoba von Bayern

um 685–719
Radboud,
König der
Friesen

1152–1190
Friedrich Barbarossa
(deutscher Kaiser)

1342–1364
Jan IV van
Arkel, Bischof
von Utrecht

1312–1355
Jan III, Herzog
von Brabant
und Limburg

814–840
Ludwig der
Fromme

**885–
889**
Gerulf,
Graf
von
Holland

1203–1222
Willem I,
Graf von Holland

1404–1417
Willem VI,
Graf von
Holland

700	800	900	1000	1100	1200	1300	1400

700	800	900	1000	1100	1200	1300	1400

936–973
Otto I.
(Kaiser des
Heiligen
Römischen
Reichs)

918–976
Balderik,
Bischof
von Utrecht

1371–1402
Willem I,
Herzog von
Gelre und
Gulik

1345–1354
Margarethe
von Bayern

1069–1090
Ekbert II,
Graf von
Friesland

1271–1326
Reinald I,
Graf von
Gelre

1433–1467
Philipp der Gute
(Haus von Burgund)

1267–1294
Jan I, Herzog
von Brabant (ab
1288 auch Herzog
von Limburg)

1091–1121
Floris II,
Graf von Holland

1234–1256
Willem II,
Graf von Holland

1128–1139
Andries van Kuik,
Bischof von Utrecht

1256–1296
Floris V,
Graf von Holland

768–814
Karl der Große

1585–1625
Maurits

1559–1567 und 1572–1584
Willem van Oranje,
«der Schweiger» (unter
Philipp II. Statthalter
von Holland, Zeeland
und Utrecht bis 1581)

1806–1810
Louis Napoléon,
französischer Vizekönig,
König von Holland

1815–1840
Willem I (König)

1567–1573
Ferdinand, Herzog
von Alba (Landvogt
unter Philipp II.)

1625–1647
Frederik-Hendrik

1467–1477
Karl der Kühne

1647–1650
Willem II van Oranje

1672–1702
Willem III

1477–1482
Maria von Burgund

1687–1711
Johan Willem
Friso, Statthalter
von Friesland
(1696), Prinz von
Oranien (1702)

1898–1948
Wilhelmina

1890–1898
Emma (Regentin)

1482–1506
Philipp der Schöne
(Haus von Habsburg)

1500	1600	1700	1800	1900	2000
HABSBURG	HAUS VON ORANIEN				
1500	1600	1700	1800	1900	2000

1849–1890
Willem III

1840–1849 Willem II

1795–1806 Batavische Republik

1751–1795
Willem V

1948–1980
Juliana

1559–1567
Margarethe von Parma
(Statthalterin unter Philipp II.)

1506–1555
Karl V.

1555–1581
Philipp II.

1747–1751
Willem IV

seit 1980
Beatrix

Niederländische Monarchie

Die niederländische Königsfamilie ist sehr
beliebt. Die gegenwärtige Monarchin Beatrix
ist die vierte Königin in Folge. Wenn die Krone
an ihren Sohn Willem-Alexander übergeht,
wird das Land zum ersten Mal seit 1890
einen männlichen Monarchen haben.

Vorgeschichte und römische Zeit

Niederlande 50 v. Chr.

- Germanen (u. a. Friesen)
- Römisches Gebiet
- — Küstenlinie um 300 v. Chr.

Römischer Dolch

V or ungefähr 13 000 Jahren schmolzen im Gebiet der heutigen Niederlande die Gletscher der letzten Eiszeit. Mit dem Anstieg der Temperatur verwandelte sich die Tundra in eine Landschaft mit Wäldern und Sümpfen, bevölkert von nomadischen Jägern. In der Jungsteinzeit (4500–2000 v. Chr.) entstanden hier und da Ackerbaugemeinschaften. Die bekanntesten dieser ersten sesshaften Bewohner sind die Erbauer der Hünengräber. Um 600 v. Chr. siedelten sich germanische und keltische Stämme in den Niederlanden an. Sie wohnten hier noch, als die Römer den Süden des Landes eroberten. Der Norden wurde nie erobert, und um 50 n. Chr. wurde der Rhein endgültig zur Nordgrenze des Römischen Reiches erklärt.

Hünengrab
Zwischen 3400 und 3200 v. Chr. errichteten die Bewohner des Drenther Plateaus ca. 100 Hünengräber. Davon sind 54 erhalten geblieben (siehe S. 306f). Ursprünglich waren diese beeindruckenden Grabkammern unter einem Sandhügel versteckt.

Urnen aus der Zeit von 1150 bis 800 v. Chr.

Die dunklen Ringe auf diesem Foto sind Gräben, die ursprünglich die Urnenhügel umgaben. Diese Gräben hatten an der Südostseite eine Öffnung. Vielleicht war dies der (symbolische) Eingang zum Grab.

ZEITSKALA

55 000 v. Chr.
Spuren von Neandertalern in der Gegend um Hijken und Hoogersmilde. Es wurden einige Faustbeile und zwei Lagerstätten gefunden

4500 v. Chr.
Auf den Lössböden Südlimburgs siedeln Ackerbauern, die nach ihrem typischen Steingut Bandkeramiker genannt werden

1900 v. Chr.
Beginn der Bronzezeit in den Niederlanden

10 000 v. Chr.	7500 v. Chr.	5000 v. Chr.	2500 v. Chr.	2000 v. Chr.

11 000 v. Chr.
In Drenthe wohnen Rentierjäger der Hamburgerkultur

3400–3200 v. Chr.
Ackerbauern der Trichterbecherkultur bauen Hünengräber in Drenthe, Overijssel und Groningen

Rad, 2700 v. Chr.

Sarkophag von Simpelveld
In den 1930er Jahren wurde im limburgischen Simpelveld ein römischer Sarg gefunden, dessen Innenwände mit Reliefs geschmückt sind. Sie zeigen das Äußere und die Inneneinrichtung eines römischen Hauses.

Prähistorie und Römerzeit

Außer den Drenther Hünengräbern und dem Urnenfeld bei Someren fand man bei Hilversum, Vaassen, Lunteren, Goirle und Rolde prähistorische Grabfelder. In Toterfout/ Halfmijl in Brabant wurden die 16 Grabhügel komplett mit Ringgräbern und Pfahlkränzen restauriert. Das Urnenfeld auf der Bosoverheide, einige Kilometer westlich von Weert, war um 800 v. Chr. einer der größten Friedhöfe in Nordwesteuropa.

Funde aus der Prähistorie und aus der Römerzeit kann man unter anderem im Rijksmuseum van Oudheden in Leiden *(siehe S. 217)* und im Museum Valkhof in Nijmegen *(siehe S. 343)* besichtigen. Spannend, lehrreich und ganz besonders beliebt bei Kindern ist der archäologische Themenpark Archeon in Alphen a/d Rijn *(siehe S. 434).*

Urnenfeld

1991 wurde bei Someren in Brabant ein Urnenfeld aus dem Jahre 600 v. Chr. entdeckt. Das Einäschern von Toten war in den Südniederlanden seit 1500 v. Chr. üblich, seit 1000 v. Chr. auch im Norden. Die Grabhügel von Someren lagen dicht nebeneinander, in jedem befand sich eine Urne.

Römische Maske
Diese Maske wurde in der Gegend von Nijmegen gefunden, wo eine römische Legion stationiert war.

Bauer mit Pflug
Pflüge gab es schon in der Eisenzeit.

Gläserne Rebenflaschen
Diese römischen Flaschen (2. Jh. n. Chr.) wurden bei Heerlen gefunden.

	750–400 v. Chr. Erste Eisenzeit in den Niederlanden		55–10 v. Chr. Bataven siedeln im Gebiet der Flüsse und Cananefaten an der Küste. Im Norden und Nordwesten wohnen die Friesen	
Opfermesser, Bronzezeit		450 v. Chr. Beginn der jüngeren Eisenzeit, auch La-Tène-Zeit		*Römischer Tempel in Elst*
1500 v. Chr.	**1000 v. Chr.**	**750 v. Chr.**	**500 v. Chr.**	**250 v. Chr.**	**0**
1300 v. Chr. Die Halskette von Exloo wird mit Zinnperlen aus England, Bernstein aus dem Ostseegebiet und Porzellanperlen aus Ägypten gefertigt		300–100 v. Chr. Germanen breiten ihre Siedlungen nach Süden über den Rhein hin aus, dabei kommt es zu Kämpfen mit keltischen Stämmen	57 v. Chr. Caesar unterwirft die Belgen, die im heutigen Belgien wohnen	69–70 n. Chr. Aufstand der Bataven, danach Wiederherstellung der römischen Macht

Friesen, Franken und Sachsen

Niederlande 700 n. Chr.

☐ Friesen
☐ Franken
☐ Sachsen

Friesische Mantelspange

A ls sich die Römer Ende des 4. Jahrhunderts zurückzogen, wurden die Niederlande, wie der Rest Europas, zur Bühne einer großen Völkerwanderung. Um 500 hatten die Friesen ihr Gebiet nach Süden bis an die großen Flüsse erweitert, die Sachsen wohnten östlich der IJssel, die Franken siedelten im Gebiet südlich der großen Flüsse. Rund zwei Jahrhunderte später eroberten die Franken das ganze Land bis zur Lauwerszee.

Mit großem Elan verbreiteten sie das Christentum. Unter Karl dem Großen wurde die Christianisierung des ganzen Gebiets vollendet. Nach seinem Tod gehörten die heutigen Niederlande erst zum Mittelreich von Lothar I. und ab 925 zum Heiligen Römischen Reich.

Aus dem Leben des heiligen Bonifatius

Zwei Episoden aus dem Leben des angelsächsischen Missionars Bonifatius, der als »Apostel der Deutschen« gilt: Links sieht man ihn bei der Taufe von Konvertiten, rechts wird sein Martertod gezeigt. In den Jahren 716 und 719 missionierte Bonifatius in Friesland. Danach wurde er Bischof und später Erzbischof in Deutschland. 753 ging er wieder auf Missionsreise nach Friesland, wo er ein Jahr später ermordet wurde.

Widukind
Karl der Große besiegte im Jahr 785 die Sachsen unter ihrem Anführer Widukind. Hierdurch wurden die östlichen Niederlande endgültig seinem Reich einverleibt.

Der Stab ist ein Attribut von Bonifatius. Nach einer Legende ließ er damit eine Quelle entspringen.

Ein Konvertit wird getauft.

Frühmittelalterliches Steingut
Für die Friesen war Steingut neben Vieh und Tuch ein wichtiges Handelsgut.

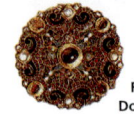

Fibula aus Dorestad

ZEITSKALA

295
Constantius I. Chlorus besiegt die Franken an der Rheinmündung, lässt sie aber in der Betuwe wohnen, wo sie bei der Grenzverteidigung eingesetzt werden

Relief einer römischen Galeere

600–700
Dorestad entwickelt sich zur wichtigen Handelsniederlassung

200 n. Chr.	400	500	550	600	650

350–400
Die Römer verlassen die Niederlande

500 Das friesische Siedlungsgebiet reicht vom Zwin in Zeeuws-Vlaanderen bis an die Mündung der Weser im heutigen Deutschland

Fränkische Denieren

Radboud, König der Friesen

Der Friesenkönig Radboud musste sich 689 bei Dorestad dem fränkischen Hofmeier Pippin II. ergeben. Später eroberte er das verlorene Gebiet wieder zurück und führte sein Heer bis nach Köln. 734 wurden die Friesen unter Herzog Bubo am Fluss Boorne erneut geschlagen. Karl Martell erweiterte die fränkische Herrschaft bis an die Lauwerszee.

Mit dem Evangeliar
versucht Bonifatius das Schwert abzuwehren.

Heidnische Kultaxt

Wikingerschwert
Das »Schwert von Adalfrid« wurde in der Waal gefunden.

Dorestad

Dorestad, am Zusammenfluss von Kromme Rijn und Lek beim heutigen Wijk bij Duurstede *(siehe S. 207)* gelegen, war zu Beginn des Mittelalters die wichtigste Handelsniederlassung in den heutigen nördlichen Niederlanden. Der Ort war im 7. Jahrhundert und danach unter den Merowingern und Karolingern das Zentrum des friesischen Handels. Im 9. Jahrhundert wurde Dorestad mehrmals durch Wikingerbanden, die in ihren Drachenschiffen die Flüsse befuhren, geplündert. Aber nicht sie waren schuld am Untergang der Stadt. Der kam erst durch das Eindämmen des Rheins als Schutz vor Überschwemmungen. Nach dem Jahr 863 wird Dorestad in der Literatur nicht mehr erwähnt. Im 10. Jahrhundert nahmen dann die Städte Tiel, Deventer und Utrecht seinen Platz als Handelszentrum ein.

In Wijk bij Duurstede bekommt man im Museum Dorestad (Tel. 0343-571 448, www.museum dorestad.nl) anhand von Ausgrabungen, Modellen von Hafengebäuden und einer Diashow einen Eindruck vom Leben in einer Stadt im frühen Mittelalter.

689 Pippin II. besiegt den Friesenkönig Radboud bei Dorestad und erobert das Gebiet der großen Flüsse bei Utrecht	**768–814** Herrschaft Karls des Großen. Die Niederlande werden in *pagi* (Gaue) geteilt, jeder durch einen *comes* (Grafen) regiert	**925** Das Gebiet kommt zum Heiligen Römischen Reich	**1007** Letzte Einfälle der Wikinger in den Niederlanden	
700	**750**	**800**	**900**	**1000**
695 Willibrord wird Bischof der Friesen und lässt sich in Utrecht nieder	**754** Bonifatius wird bei Dokkum von heidnischen Plünderern ermordet	**834–837** Dorestad wird mehrere Male von den Wikingern geplündert	*Wikingerschiff*	

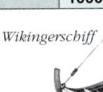

Entstehung der Städte

Pilger-insignie

Die Städte entwickelten sich im 13. Jahrhundert zu wichtigen Wirtschaftszentren. Zu dieser Zeit standen die Niederlande formal noch unter der Herrschaft des deutschen Kaisers, aber tatsächlich hatten niederländische Adlige das Sagen. Im Norden waren die Grafen von Holland am mächtigsten. Ihr Gebiet fiel Mitte des 14. Jahrhunderts an Margarethe von Bayern, eine Tochter von Graf Willem II von Holland. Der Streit mit ihrem Sohn Willem stand am Anfang der *Hoekse en Kabeljauuwse twisten*, die einteinhalb Jahrhunderte die Städte und den Adel entzweiten und das Ende des Feudalsystems einläuteten.

Niederlande um 1300

- Heiliges Römisches Reich
- Frankreich

Tuchmacherei
Im 15. Jahrhundert blühte in Leiden und 's-Hertogenbosch die Tuchmacherei auf. Dieses Bild von I. C. Swanenburgh zeigt Walker und Färber bei der Arbeit. Im Hintergrund rechts kontrollieren die sogenannten Staalmeester die Qualität der Stoffe.

Münzschläger
Das Münzrecht lag nicht nur beim Souverän. Auch regionale Autoritäten, weltliche und kirchliche, ließen Münzen schlagen.

Pilger, die in Santiago de Compostela gewesen waren, trugen an ihrer Mütze eine Jakobsmuschel, das Zeichen des heiligen Jakobus.

Der Schulze, zu erkennen an seinem silbernen Schellenband, war der Statthalter des Landesherrn. An der roten Stange, der »Rute der Justiz«, die der Henker trägt, kann man sehen, dass er unterwegs ist, ein Todesurteil zu vollstrecken.

ZEITSKALA

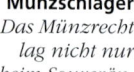

Wappen von 's-Hertogenbosch

um 1050 Die ersten Deiche werden angelegt			**1185** 's-Hertogenbosch erhält Stadtrechte	**1247** Willem II von Holland wird (als Gegenkönig zu Friedrich II.) Herrscher des Hl. Römischen Reichs Deutscher Nation	
1000	1050	1100	1150	1200	1250
1076–1122 Investiturstreit zwischen dem deutschen Kaiser und dem Papst über das Recht, Bischöfe zu ernennen			**1165** Friedrich Barbarossa stellt Friesland unter die gemeinsame Verwaltung des Bischofs von Utrecht und des Grafen von Holland		

Grausame Strafen

Im Mittelalter wurden oft grausame Strafen verhängt. In diesem Bottich an der Waage von Deventer wurde ein Falschmünzer in siedendes Öl getaucht.

Das Getreide, das die Bauern in die Stadt brachten, wurde durch Beamte geprüft. Auch die Waren in der Fleischhalle und auf dem Fischmarkt wurden täglich kontrolliert. Bei diesen Prüfungen wurde zugleich die Lebensmittelsteuer erhoben.

Mittelalterliche Stadt

Durch die Forderungen von Handel und Handwerk bekamen die Städte seit dem 13. Jahrhundert allerlei Privilegien. Oft waren sie für den Fürsten auch wichtige Verbündete gegen den Lehensadel. In den Niederlanden wurden die Städte mangels einer starken Zentralgewalt noch mächtiger als anderswo.

Spätes Mittelalter

Sehenswürdigkeiten aus dieser Zeit sind in Amsterdam die Oude Kerk (14. Jh., *siehe S. 76f*) und der Begijnhof mit dem ältesten Haus der Stadt (1420, *siehe S. 87*), der Domturm (1382) und der Catharijneconvent (15. Jh.) in Utrecht *(siehe S. 202)*, die Onze-Lieve-Vrouwebasiliek (11./12. Jh.) und die St.-Servaasbasiliek (11.–15. Jh.) in Maastricht *(siehe S. 377)*, der Rittersaal aus dem 13. und die Gevangenpoort aus dem 14. Jahrhundert in Den Haag *(siehe S. 220)*, die Pieterskerk (15. Jh.) und der Ringwall der Burg aus dem 12. Jahrhundert in Leiden *(siehe S. 217)*, der Lange Jan (14. Jh., *siehe S. 249*) und die restaurierte Abtei (11.–15. Jh.) in Middelburg *(siehe S. 250)*, das Zentrum Deventers mit dem ältesten Steinhaus der Niederlande *(siehe S. 320)* und der Martiniturm in Groningen (1469, *siehe S. 280*).

Silberner Kelch

Ihren wachsenden Reichtum stellten die Gilden stolz zur Schau. Dieser Kelch zeigt den heiligen Joris (Georg), der eine Jungfrau vor dem Drachen rettet.

Die Schützenmahlzeit (1533)

Das Bild von Cornelis Antoniszoon zeigt eine Schützengilde beim Mahl. Ursprünglich musste jede Gilde ein Stück der Stadtmauer verteidigen, später entstanden die Schützengilden.

1296 Floris V durch Adlige ermordet	*Willem Beukelsz.*	ca. 1380 Willem Beukelsz. entdeckt das Haltbarmachen von Heringen	1421 Entstehung des Biesbosch infolge der St.-Elisabeth-Flut	1477 Durch die Heirat von Maria von Burgund und Maximilian I. von Habsburg fallen Holland und Zeeland an Habsburg	1550 Karl V. belegt alle Formen von Ketzerei mit der Todesstrafe
1300	**1350**	**1400**	**1450**	**1500**	**1550**
1306 Amsterdam erhält Stadtrechte	1345 Beginn der *Hoekse en Kabeljauuse twisten*, ursprünglich über die Nachfolge von Willem IV., der sich zum Streit zwischen den Feudalherren und den Städten ausweitet	1428 Philipp der Gute von Burgund zwingt Jacoba von Bayern zum Verzicht auf Holland, Zeeland und das Hennegau		1517 Luther schlägt seine 95 Thesen an	*Luther*

Niederländisches Handelsreich

Kupferner Kompass

Am Anfang des 17. Jahrhunderts begann in den nördlichen Niederlanden eine Zeit weltweiter Expansion. Innerhalb weniger Jahrzehnte wurden die Levante, die Bucht von Guinea, das karibische Gebiet, Nord- und Südamerika, Ostindien, Persien, Arabien, Japan, Indien und China Stationen auf den holländischen Handelsrouten. Die Kauffahrtsflotte der Republik wurde die größte der ganzen Welt. Die mächtige Vereenigde Oost-Indische Compagnie (VOC, gegründet im Jahr 1602) beherrschte den Handel mit Asien, während die West-Indische Compagnie (1621) in der Neuen Welt und im Sklavenhandel aktiv war.

Kaufmänner in der Börse
Mit seiner Handelsbörse und seiner Wechselbank war Amsterdam das unangefochtene Handelszentrum Europas.

Der Kauf Manhattans
Pieter Minnewit kaufte 1625 die Insel Manhattan von den Delaware-Indianern für 60 Gulden, 10 Gewehre und eine kupferne Bratpfanne.

Holländer auf Desjima
Die niederländische Manufaktur auf der Insel Desjima war bis 1854 Verbindung zwischen Japan und dem Rest der Welt.

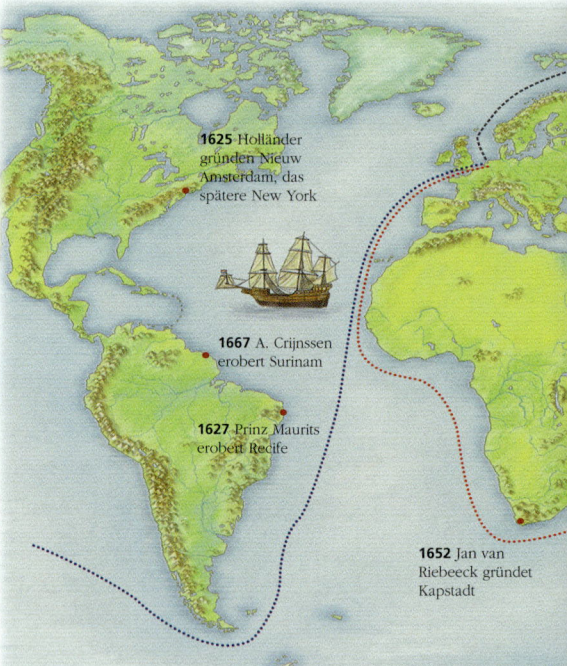

1625 Holländer gründen Nieuw Amsterdam, das spätere New York

1667 A. Crijnssen erobert Surinam

1627 Prinz Maurits erobert Recife

1652 Jan van Riebeeck gründet Kapstadt

LEGENDE

······· **1595–97** De Houtman und Keyzer

-------- **1596–97** Barentsz. und Heemskerck

········ **1616** Le Maire und Schouten

-------- **1642–43** Abel Tasman

VOC-Giebelstein
Die Vereenigde Oost-Indische Compagnie erhielt von der Republik das Alleinrecht zum Handel mit Asien. Sie konnte Verträge mit anderen Mächten schließen und diesen sogar den Krieg erklären.

Die Silberflotte
1628 eroberte Piet Hein die spanische Silberflotte vor der Nordküste Kubas.

Überwinterung auf Nova Zembla (1596–1597)
Beim Versuch, die Nordroute nach Indien zu finden, strandete eine Expedition von W. Barentszoon und J. van Heemskerck an der Küste von Nova Zembla. Die Gruppe überwinterte im »Behouden Huys«, einer aus Schiffsteilen errichteten Hütte.

1596–1597
Überwinterung
auf Nova Zembla

1641 Holländer lassen
sich auf Desjima nieder

1624 Holländer lassen
sich auf Formosa nieder

1658 Holländer
lassen sich auf
Ceylon nieder

1619 J. P. Coen
gründet Batavia

1606 Willem
Janszoon entdeckt
Australien

1642 A. Tasman
entdeckt Tasmanien

Achtzigjähriger Krieg

In der zweiten Hälfte des 16. Jahrhunderts gehörten die Niederlande offiziell zum Besitz der spanischen Habsburger. Als Philipp II. im Jahr 1567 Truppen schickte, um nach protestantischen Unruhen in Flandern Ordnung zu schaffen, führte dies in den nördlichen Niederlanden zu einem Aufstand gegen die Spanier. Dieser Aufstand, der Achtzigjährige Krieg, endete im Jahr 1648 mit dem Westfälischen Frieden.

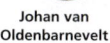

**Johan van
Oldenbarnevelt**

Der Staatsmann Johan van Oldenbarnevelt und der Feldherr Prinz Maurits van Oranje spielten Anfang des 17. Jahrhunderts wichtige Rollen im Konflikt mit den spanischen Herrschern.

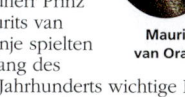

**Maurits
van Oranje**

Flötenschiff
Das niederländische Handelsschiff des 17. Jahrhunderts schlechthin, die Fleute, kam mit kleiner Besatzung aus.

Die Großen Seereisen

Während Willem Barentszoon die nördlichen Weltmeere erkundete, unternahmen de Houtman und Keyzer ihre erste Fahrt nach Java. 1606 entdeckte Willem Janszoon die Nordküste Australiens, 1616 umrundeten Jacob le Maire und Willem Schouten als Erste Kap Hoorn. Abel Tasman entdeckte 1642/43 Tasmanien und Neuseeland.

Goldenes Jahrhundert

Baruch de Spinoza

Auf den Gebieten Handel, Kunst *(siehe S. 26f)* und Wissenschaften erlebten die nördlichen Niederlande im 17. Jahrhundert eine nie da gewesene Blütezeit. Während im Rest Europas die Wirtschaft stagnierte, sorgte die Handelsflotte der Republik für großen Wohlstand vor allem im verstädterten Holland und in Utrecht. Dank der 1609 gegründeten Amsterdamer Wechselbank wurde Amsterdam zum Finanzzentrum der Welt. Der Handel wurde durch eine starke Kriegsflotte beschützt, die unter Michiel de Ruyter große Siege errang.

Niederlande um 1650

- Republik
- Spanischer Besitz
- »Deutsches« Gebiet

Johan de Witt
Während der Ersten Statthalterlosen Periode (1650– 72) beherrschte der Ratspensionär Johan de Witt die politische Bühne. Der brillante und unbestechliche Staatsmann wurde 1672 zusammen mit seinem Bruder Cornelis durch Oranje-Anhänger ermordet.

Gobelins und kostbare Goldledertapeten hingen in den Wohnräumen.

Blick auf die Waage in Haarlem
Holland wurden im 17. Jahrhundert zum Umschlagplatz Europas, mit unübertroffenen logistischen und finanziellen Einrichtungen. Waren aus dem Ostseeraum, Südeuropa, der Levante und Asien fanden hier ihren Weg in die Frachtschiffe von Händlern aus der ganzen Welt.

Asiatische Teppiche waren zu teuer für den Boden und wurden auf Tischen oder Bänken drapiert.

Farbige Stoffe kamen ab Mitte des 17. Jahrhunderts in Mode und waren auch für Porträtmaler ein dankbares Objekt.

ZEITSKALA

1559
Philipp II. ernennt Margarethe von Parma zur Statthalterin der Niederlande

1572
Watergeuzen erobern Den Briel

1574
Leiden wird befreit

Spanischer Eintopfkessel, gefunden nach der Befreiung Leidens

1585
Fall von Antwerpen

1602
Gründung der Vereinigten Ostindischen Compagnie

| 1550 | 1565 | 1580 | 1595 | 1610 |

Karikatur des Papstes: Doppelkopf Papst/Teufel

1566
Bildersturm

1567
Der Herzog von Alba kommt in die Niederlande

1581
Die nördlichen Niederlande erklären ihre Unabhängigkeit von Spanien

1588
Die Allgemeine Ständevertretung ruft die Republik der Sieben Vereinigten Niederlande aus

Aufklärung

Antonie van Leeuwenhoek

Die Aufklärung, das »Zeitalter der Vernunft«, hat ihren Ursprung im 17. Jahrhundert, unter anderem in Werken der niederländischen Naturforscher Swammerdam und van Leeuwenhoek und den Arbeiten Spinozas. Der Jurist Hugo de Groot formulierte als Erster eine rational statt theologisch fundierte Grundlage für das »Naturrecht« (Recht, das immer und überall für alle Menschen gilt), eines der wichtigen Themen im Denken der Aufklärung.

Goldenes Jahrhundert

Beispiele für die Baukunst des 17. Jahrhunderts sind das Trippenhaus in Amsterdam (siehe S. 78), die Lakenhal in Leiden (siehe S. 216) und das Mauritshaus in Den Haag (siehe S. 222f). Vlissingen hat sein Arsenal (siehe S. 251) und Haarlem den Grote Markt (siehe S. 182). Schöne Kaufmannshäuser kann man in den Handelsstädten sehen, etwa in Delft (siehe S. 226–229) und Utrecht, z. B. an der Oudegracht (siehe S. 200).

Vase aus Wan-Li-Porzellan, auch Sprungporzellan genannt, das als Vorbild für das Delfter Blau diente.

Michiel de Ruyter

Der niederländische Flottenführer während des Zweiten und Dritten Englisch-Niederländischen Kriegs war ein großer Taktiker und bei den Besatzungen beliebt. Er bekam den Spitznamen »Bestevaer« («Großvater«).

Muiderkring

Die Künstler und Gelehrten, die sich bei dem Dichter P. C. Hooft im Muiderschloss trafen, zählten zum sogenannten Muiderkring.

Einrichtung einer Patrizierwohnung

Pieter de Hoochs Bild *Musizierende Familie* (1663) zeigt den Reichtum einer Patrizierwohnung in der zweiten Hälfte des 17. Jahrhunderts. Um 1660 fand auch in der Malerei eine Wandlung von der Schlichtheit zum Luxus statt, eine Folge der wirtschaftlichen Blüte in dieser Zeit.

Dichterfürst

Joost van den Vondel (1587–1679), hier von H. G. Pot als Schäfer gemalt, gilt vielen als der größte Dichter der niederländischen Literatur.

Mikroskop aus dem 17. Jahrhundert

Antonie van Leeuwenhoek machte mit seinen selbst gebauten Mikroskopen viele wichtige Entdeckungen.

1625	1640	1655	1670	1685	1700

1642
Rembrandt vollendet *Die Nachtwache*

1650–72
Erste Statthalterlose Periode, da die Stände nach dem Tod von Willem II keinen Nachfolger ernennen

1672–1702
Regierung von Statthalter Willem III

1698
Zar Peter der Große besucht Amsterdam und Zaandam

1625
Frederik-Hendrik wird Statthalter von Holland, Zeeland, Utrecht, Gelderland und Overijssel

1648
Der Westfälische Friede beendet den Achtzigjährigen Krieg

1665–67
Zweiter Englischer Krieg. Michiel Adriaanszoon de Ruyter erringt legendären Sieg (viertägige Seeschlacht, Fahrt nach Chatham)

1689
Willem III van Oranje-Nassau wird König von England

Calvinismus

Johannes Calvin

Der Calvinismus festigte sich in den Niederlanden des ausgehenden 16. Jahrhunderts als Protestbewegung gegen die katholische spanische Herrschaft. Die reformierte Lehre agierte von kleinen Widerstandsgruppen aus und sollte die niederländische Wesensart stark beeinflussen. Strenge und Nüchternheit wurden zu Charakterzügen sowohl von Calvinisten und Katholiken als auch von Agnostikern. Der von Calvin gepredigte Fleiß war ein wichtiger Faktor in der Zeit nach dem Goldenen Jahrhundert.

Mit vereinten Kräften reißen Bilderstürmer eine große Heiligenstatue aus der Mauer.

Gold und Statuen *schmückten früher alle Kirchen.*

Die Staatenbibel *war die von der Synode zu Dordrecht (1618–1619) verordnete Bibelübersetzung. Ihre Sprache vereinheitlichte das Niederländische. Erst 1957 erschien eine neue Übersetzung.*

Die Schäden des Bildersturms *sind mancherorts bis heute sichtbar, etwa bei diesem Utrechter Altaraufsatz.*

Bildersturm

Die illegalen calvinistischen Predigten wiegelten Aufsässige zum Bildersturm (1566) auf, bei dem die niederländischen katholischen Kirchen mit roher Gewalt ihrer Ausschmückungen beraubt wurden. Kirchliche Kunst von unschätzbarem Wert ging dadurch verloren. Das Innere der niederländischen Kirchen erhielt nie mehr das barocke Aussehen, das man von Kirchen in anderen Teilen Europas kennt. Denn: »Du sollst dir kein Bild von mir machen«, sagt Gott in den Geboten, die er Moses offenbarte, und: »Du sollst dich vor diesen nicht beugen noch zu ihnen beten.«

Pieter Saenredam *(1597–1665) schuf unübertroffene Bilder der schlichten calvinistischen Kirchen wie hier die* Innenansicht der St.-Odolphuskerk in Assendelft.

Calvinismus in den Niederlanden

Der strenge Calvinismus lebt teilweise noch in einem *bible belt* von Zeeland und dem südöstlichen Zuid-Holland über die Veluwe bis zum Kop van Overijssel und bis Drenthe fort. Strenge Sonntagsruhe, schwarze Kleidung und Kopfbedeckung beim Kirchgang und die Ablehnung von modernen Errungenschaften (etwa Fernsehen und Impfungen) nehmen aber doch langsam ab. Denken Sie daran, dass man Fotografieren und Autofahren am Sonntag in reformierten Dörfern verurteilt. Es sind geschlossene Gemeinschaften mit starker sozialer Kontrolle und ausgeprägter Nachbarschaftshilfe. Sehenswerte calvinistische Dörfer sind unter anderem Goedereede *(siehe S. 241)* in Zuid-Holland, Staphorst *(siehe S. 320)* in Overijssel und die ehemalige Zuiderzee-Insel Urk *(siehe S. 326)*, wo Ältere die traditionelle Tracht bis heute tragen.

Kostbare Bleiglasfenster wurden Stück für Stück in Scherben geschlagen.

Die Bilderstürmer kamen aus allen Bevölkerungsschichten. Außer überzeugten Calvinisten machten auch bezahlte Helfer und viele Mitläufer mit, von denen sich einige zu Plünderungen hinreißen ließen.

A. Allebé: *Früh zur Kirche*

»Verborgene Kirchen«

Ons' Lieve Heer op Solder

Obwohl 1597 die Union von Utrecht den Calvinismus zur Staatsreligion in Holland und Zeeland erklärte, ließ man andere Glaubensrichtungen mehr oder weniger – und oft gegen Bezahlung – gewähren. In Geheimkirchen, die von außen nicht als solche erkennbar sein durften, übten Katholiken, Remonstranten und Wiedertäufer ihren Glauben aus. Oft waren dies Wohnhäuser in der Stadt, wenngleich später auch spezielle Geheimkirchen erbaut wurden (in Amsterdam z. B. »De Zon« und »De Rode Hoed«). Die St.-Gertrudiskapelle (1645) in Utrecht und »Ons' Lieve Heer op Solder« (1663; seit 1888 ein Museum) in Amsterdam sind die schönsten erhaltenen frühen Beispiele.

Von der Republik zur Monarchie

Niederlande um 1800

☐ Batavische Republik
☐ Französisches Gebiet

Nach dem Tod des Statthalters Willem III im Jahr 1702 spielte die Republik in Europa keine große Rolle mehr. England war jetzt die wichtigste See- und Handelsmacht. Ende des 18. Jahrhunderts wurde der lange Streit zwischen Anhängern des Hauses Oranien und demokratisch gesinnten Patrioten mit der Gründung der Batavischen Republik (1795) zugunsten der Letzteren entschieden. Nach der Napoleonischen Zeit kamen die Oranier wieder an die Macht – diesmal nicht als Statthalter, sondern als Könige. 1839 waren die Grenzen der heutigen Niederlande festgelegt.

Kaufmann im 18. Jahrhundert

Willem I landet bei Scheveningen

Erst 1813, fast 20 Jahre nachdem das Haus Oranien von Patrioten vertrieben worden war, kehrte Prinz Willem in die Niederlande zurück. Er landete am Strand von Scheveningen, wo sich sein Vater 1795 nach England eingeschifft hatte. Zwei Tage später wurde er als Fürstsouverän eingesetzt. 1815 erhob er Ansprüche auf das heutige Belgien und ernannte sich selbst zum König der Niederlande.

An der britischen Flagge kann man sehen, dass Willem an Bord eines englischen Kriegsschiffes, der *Warrior*, in die Niederlande zurückkehrte.

Goejanverwellesluis
1785 ergriffen die Patrioten die Macht, Statthalter Willem V und seine Frau Wilhelmina von Preußen mussten aus Den Haag fliehen. Wilhelmina wollte 1787 zurückkehren, wurde aber bei Goejanverwellesluis aufgehalten. Hierauf beschloss der preußische König, Truppen zu schicken, um die Macht des Statthalters wiederherzustellen.

Der Prinz ging in einem Beiboot von Bord, aber schon bald kam ihm vom Strand aus ein Bauernwagen entgegen, der ihn durch die Brandung an Land brachte.

ZEITSKALA

1702–47 Zweite Statthalterlose Periode	**1747** Willem IV, der »Friesische Statthalter«, wird Erbstatthalter aller Provinzen	**1756–63** Die großen europäischen Mächte sind in den Siebenjährigen Krieg verwickelt. Die Republik bleibt neutral **1791** Ende der Westindischen Compagnie

1700	1720	1740	1760	1780

| **1713** Der Friede von Utrecht markiert das Ende der Republik als Großmacht |  *Das Rathaus von Utrecht, in dem der Friede von Utrecht besiegelt wurde* | **1786** Machtübernahme der Patrioten in mehreren Städten. Die Macht des Statthalters Willem V wird mit preußischer Hilfe wiederhergestellt   **1795–1806** Batavische Republik |

Belagerung von Bergen op Zoom
*Während des österreichischen Erbfolgekrieges be-
setzten die Franzosen die südlichen Niederlande,
die zu den österreichischen Erblanden gehörten.
Um gegenüber der Republik bei den Friedensver-
handlungen eine bessere Ausgangsposition zu
haben, nahmen sie 1747 Zeeuws-Vlaanderen und
die Festungsstadt Bergen op Zoom ein.*

Schulstreit

Der Schulstreit zwischen Liberalen und Konfessionellen im
19. Jahrhundert ging über die
Gleichstellung des konfessionellen und des öffentlichen
Unterrichts. Unter H. J. A. M.
Schaepman und A. Kuyper vereinten Katholiken und Protestanten ihre Kräfte, 1889 wurde
der erste Schritt in Richtung
Staatssubvention für konfessionellen Unterricht getan.

Dr. Schaepman **Abraham Kuyper**

**Im Hinter-
grund** sieht
man die
Kirche des
Fischerdorfs
Scheveningen.

Kinderarbeit
*Die industrielle Revolution führte zu sozialen Miss-
ständen in den Städten. So wurde 1874 das Kin-
dergesetz van Houtens angenommen, das Fabrik-
arbeit von Kindern unter zwölf Jahren verbot.*

Den Haags Bevölkerung geriet durch die Rückkehr des
Prinzen völlig aus dem Häuschen. In der ganzen Stadt
wurde gefeiert. Die Zeit, da das Haus Oranien als eine
»Clique von Tyrannen« galt, war endgültig vorbei.

1806 Ludwig Napoléon, Bruder von Napoléon I., wird König von Holland	1830 Belgische Revolution. Neun Jahre später folgt die Trennung von den Niederlanden	1848 Verfassungs- änderung: Einfüh- rung des parlamen- tarischen Systems	*Domela Nieuwenhuis* 1885 Van Gogh malt *Die Kartoffelesser*	1888 Als erster Sozialist kommt Domela Nieuwenhuis ins Parlament

1800	1820	1840	1860	1880	1900

1798 Ende der Ostindischen Compagnie	1815 Nördliche und südliche Niederlande werden unter König Willem I vereint	1839 Eisenbahnlinie Haarlem– Amsterdam eröffnet *Dampflok*	1863 Abschaffung der Sklaverei	1870 Abschaffung der Todesstrafe	1886 Parlamentarische Enquete bringt die Missstände in Fabriken ans Licht

Kolonialismus

Die koloniale Geschichte der Niederlande begann im 17. Jahrhundert mit der Gründung von Handelsniederlassungen in Asien, Afrika und Amerika. Viele Kolonien gingen im Lauf der Zeit verloren, aber Niederländisch-Indien (Indonesien), Surinam und die Antillen waren noch bis weit ins 20. Jahrhundert niederländisches Hoheitsgebiet. Im Indonesischen Archipel beschränkte sich die Hoheit lange auf Java und die Molukken. Erst nach 1870 begann man, die anderen Inseln zu unterwerfen. Indonesien wurde 1949 selbstständig, Surinam 1975. Die Antillen, Aruba und die Niederlande sind heute gleichrangige Teile des Königreichs.

Tabak-händler

Gefolterter Sklave
Aufstände wurden grausam bestraft.

Jan Pieterszoon Coen
Der 1618 zum General-gouverneur ernannte Jan Pieterszoon Coen verwüstete 1619 die javanische Siedlung Jakarta und gründete am selben Ort das neue Verwaltungszentrum Batavia. Er festigte die Position der VOC auf den Gewürzinseln (Molukken) und gilt als einer der Begründer des niederländischen Kolonialismus.

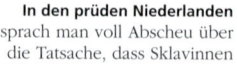

In den prüden Niederlanden
sprach man voll Abscheu über die Tatsache, dass Sklavinnen halb nackt versteigert wurden.

Sitzung des Landrats
Vorsitzender dieses Landrats auf Java war der sogenannte Assistent-Resident. Der Landrat war in Niederländisch-Indien das einfache Gericht für zivilrechtliche Angelegenheiten der Indonesier. Strafsachen wurden hier nur verhandelt, wenn der Angeklagte ein nichteuropäischer Ausländer war.

Sklavenmarkt in Surinam

Insgesamt wurden mehr als 300 000 Sklaven nach Surinam verschifft, um auf den Plantagen zu arbeiten. Ab 1818 wurde der Sklavenhandel verboten, aber erst 1863 schafften die Niederlande, als letzter Staat in Westeuropa, die Sklaverei ab.

Batavia im 17. Jahrhundert
Dieses Bild von Andries Beeckman zeigt den Fischmarkt und im Hintergrund das Kastell, von dem aus die Holländer die Straße von Sunda kontrollierten.

Multatuli
In seinem 1860 erschienenen Roman Max Havelaar verurteilte der Autor Multatuli die Kolonialregierung in Niederländisch-Indien. Im Schlusskapitel wendet er sich direkt an König Willem III, in dessen Namen die indonesische Bevölkerung ausgebeutet wurde.

Gründung von Kapstadt
Im Jahr 1652 errichtete Jan van Riebeeck am Kap der Guten Hoffnung eine Proviantstation für VOC-Schiffe. Bald wuchs sie sich zu einer niederländischen Kolonie aus, bevölkert von Einwanderern aus der Republik und, in geringerer Zahl, aus Frankreich (Hugenotten) und Deutschland. Manche ließen sich tiefer im Landesinneren nieder, die späteren Buren oder Afrikaaner. 1806 fiel die Kapkolonie an die Briten.

Kris aus Java
Viele »Ostindienfahrer« brachten exotische Dinge nach Hause: Kris, Dolche aus Java, waren ein beliebtes Souvenir.

Der Auktionator sitzt schreibend an einem Tisch. Die Sklaven, die er versteigert, sind durch selbstständige Händler geliefert worden. Bis 1734 geschah dies durch die Westindische Compagnie, die das Monopol auf den Sklavenhandel hatte.

Kolonialwaren
Ende des 19. Jahrhunderts begann ein Teil der niederländischen Lebensmittelhändler sich auf »Kolonialwaren« zu spezialisieren. Dies waren Produkte wie Kaffee, Tee, Reis, Zucker sowie allerlei exotische Kräuter und Gewürze.

Die modernen Niederlande

Da die Niederlande im Ersten Weltkrieg neutral blieben, ging es dem Land in den ersten Jahrzehnten des 20. Jahrhunderts relativ gut, aber die Wirtschaftskrise der 1930er Jahre und vor allem der Zweite Weltkrieg trafen das Land schwer. Im Jahr 1957, in der Zeit des Wiederaufbaus, waren die Niederlande eines der sechs Gründungsländer der EWG. Die 1960er und 1970er Jahre waren die Blütezeit des niederländischen Versorgungsstaats. Bei Untersuchungen der Vereinten Nationen 2009 kamen die Niederlande bei den Ländern, in denen es sich am besten lebt, auf den siebten Platz.

Niederlande heute

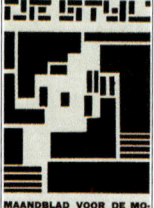

1917
Die Zeitschrift *De Stijl* wird von Theo van Doesburg, Piet Mondriaan, J.J.P. Oud und anderen gegründet

1930–1940
Während der Wirtschaftskrise in den 1930er Jahren sind Hunderttausende auf «Stütze» angewiesen

1949
Die Niederlande erkennen die Unabhängigkeit der ehemaligen Kolonie Indonesien an

1953
Am 1. Februar verursacht eine Sturmflut große Überschwemmungen in Zeeland und Zuid-Holland. Mehr als 1800 Menschen ertrinken

1910	1920	1930	1940	1950	1960

ZEITSKALA

1910	1920	1930	1940	1950	1960

1918
Der deutsche Kaiser Wilhelm II. flüchtet in die Niederlande, wo ihm Asyl gewährt wird

1926
Einführung der Kfz-Steuer. Zu dieser Zeit fahren auf den Straßen 10000 Lkw und 30000 Pkw

1948
Willem Drees sen. wird Ministerpräsident des ersten von vier aufeinanderfolgenden «römisch-roten» Drees-Kabinetten. In dieser Zeit wird die Basis des niederländischen Wohlfahrtsstaats geschaffen

1934
Die KLM gewinnt mit dem Flugzeug *Uiver*, einer DC-2, die Handicapklasse im Rennen London–Melbourne

1962
Durch Jan Vrijmans Film *Die Wirklichkeit von Karel Appel* kann ein großes Publikum dem bekanntesten niederländischen Maler der Nachkriegszeit bei der Arbeit zusehen. Karel Appel (1921–2006) erregte Aufsehen mit der Aussage: «Ik rotzooi maar wat aan.» («Ich mach halt irgendwas!»)

1940
Am 10. Mai marschieren deutsche Truppen in den Niederlanden ein. Am 14. Mai kapituliert Rotterdam, aber die Stadt wird trotzdem bombardiert

2000
Die Niederlande
gewinnen 25 Me-
daillen bei den
Olympischen
Spielen in Sydney,
davon zwölf
Goldmedaillen

1985
Der Beschluss der Regie-
rung, auf niederländi-
schem Boden 48 NATO-
Marschflugkörper zu
stationieren, erregt großen
Widerstand. Ein Protest-
komitee überreicht
Ministerpräsident Lubbers
im Oktober 3,5 Millionen
Unterschriften gegen
diesen Beschluss

1995
Paul Crutzen er-
hält den Nobel-
preis für Chemie
für seine bahn-
brechenden
Forschungs-
arbeiten über die
Ozonschicht

2002
Am 2. Februar heiratet Kronprinz
Willem-Alexander die Argentinierin
Máxima Zorreguieta in Amsterdams
Beurs van Berlage

1975
Unabhängigkeit
der ehemaligen
Kolonie Surinam

2010
Geert Wilders' PVV
wird bei den Wahlen
drittstärkste Kraft

| 1970 | 1980 | 1990 | 2000 | 2010 | 2020 |

| 1970 | 1980 | 1990 | 2000 | 2010 | 2020 |

1980
KVP, ARP und CHU
verschmelzen zur
großen christlich-
demokratischen
Partei CDA

1992
Unter dem Vorsitz
der Niederlande
unterzeichnen die
europäischen
Partner im De-
zember den Ver-
trag von Maast-
richt, wodurch die
Europäische Ge-
meinschaft in die
Europäische
Union übergeht

2004
Am 2. November wird der kontroverse
Filmemacher Theo van Gogh von
einem radikalen Islamisten ermordet,
was eine Debatte über Immigration
anstößt.
Tod von Prinz Bernhard am
1. Dezember

2002
Der rechtsgerichtete Politiker Pym
Fortuyn wird am 6. Mai ermordet.
Tod von Prinz Claus von Amsberg
am 6. Oktober

1980
Die Thronbesteigung von Königin Beatrix am
30. April wird von schweren Kämpfen zwischen der Polizei und antimonarchistischen
Demonstranten und Unruhestiftern begleitet

1971
Mit Johan Cruijff als Starspieler
gewinnt Ajax den Europa-
pokal der Landesmeister im
Londoner Wembley. Der Club
kann diese Trophäe auch
1972 und 1973 erobern

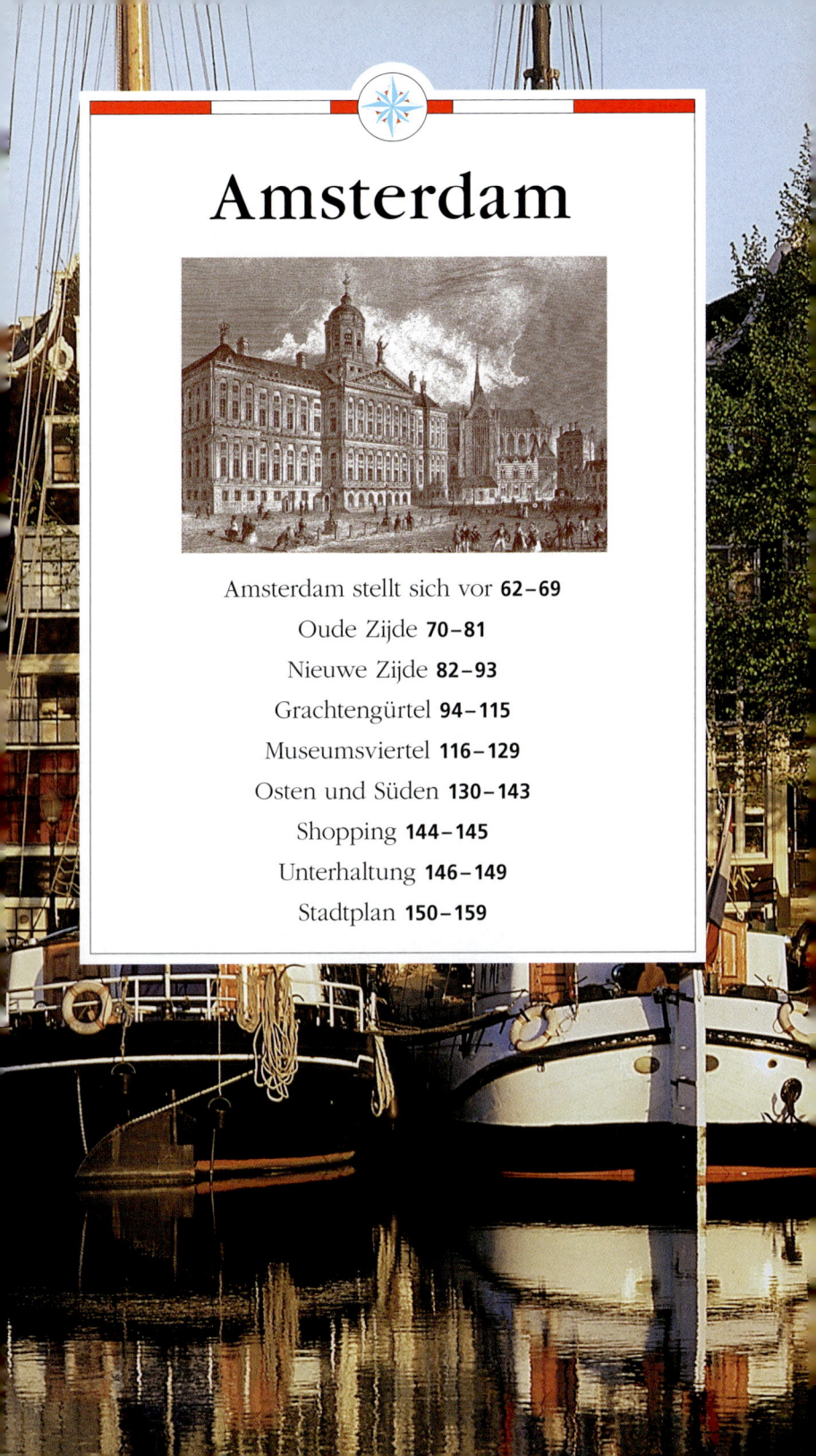

Amsterdam

Highlights: Grachten und Wasserwege

Die Grachten und Wasserwege Amsterdams sind das Herz der Stadt, von der Keizersgracht mit ihren eleganten Herrenhäusern bis zur Brouwersgracht mit ihren umgebauten Speicherhäusern und der ruhigen Reguliersgracht. Über die Wasserwege führen zahlreiche Brücken, darunter die Magere Brug (siehe S. 114f), eine doppelte Zugbrücke über die Amstel. Von den Cafés am Ufer aus kann man in aller Ruhe den vorbeifahrenden Booten zuschauen.

Brouwersgracht
Hausboote, gemütliche Cafés und Speicherhäuser säumen die Ufer dieser reizvollen Gracht.

Bloemgracht
An der baumgesäumten Gracht im Jordaan-Viertel stehen viele interessante Häuser, darunter einige mit Treppengiebel.

Grachtengürtel

Prinsengracht
Vom Fahrrad aus lassen sich die schönen Bauten an der längsten Gracht (17. Jh.) am besten bestaunen.

Museumsviertel

Leidsegracht
Viele einladende Cafés säumen die exklusive Leidsegracht.

Keizersgracht
Jede der Brücken bietet einen schönen Blick, einen Gesamtüberblick über den Grachtengürtel hat man von Metz & Co in der Leidsestraat 34–36 (siehe S. 99).

◁ Häuser aus dem 17. Jahrhundert am Zandhoek auf dem Realeneiland *(siehe S. 111)*

Singel

Das Poezenboot, *ein alter Kahn für streunende Katzen, liegt fest am Singel, der hufeisenförmig um das Zentrum herum verläuft.*

Entrepotdok

Die Speicherhäuser am Entrepotdok (siehe S. 134) wurden in den 1980er Jahren in Wohnungen umgebaut. Am Ufer locken im Sommer Terrassencafés mit Blick auf die Haus- und Ausflugsboote.

Nieuwe Zijde

Oude Zijde

Plantage

Herengracht

Die beiden mit Halsgiebeln versehenen Häuser Nr. 409 und 411, »Zwillinge« genannt, zählen zu den schönsten Häusern aller Grachten.

0 Meter   500

Reguliersgracht

Viele schiefe Backsteinhäuser säumen die hübsche, 1664 angelegte Gracht. Die Storchenstatue (Nr. 92) erinnert an das 1571 erlassene Gesetz zum Schutz dieser Vogelart.

Amstel

Auf der Amstel fahren heute hauptsächlich Ausflugsboote und Ruderer, nur selten Frachtkähne.

Goldenes Zeitalter

Das 17. Jahrhundert war für Amsterdam wahrlich ein Goldenes Zeitalter. Die Einwohnerzahl stieg rapide, drei prächtige Grachten *(siehe S. 95–105)* wurden ringförmig um die Amstel angelegt. Zahllose Maler und Architekten wirkten in der Stadt. Der Reichtum kam und ging. Karitative Einrichtungen, eine absolute Neuerung, nahmen sich der vielen Armen an, die Opfer des frühen Kapitalismus geworden waren. 1648 endete der Krieg gegen Spanien. Es folgten Spannungen zwischen der calvinistischen Stadtregierung Amsterdams und dem etwas weltlicher gesinnten Haus Oranien.

Gewürzhandel
Auf diesem Stich legt ein VOC-Schiff in Bantam an.

Selbstbildnis als Apostel Paulus (1661)
Rembrandt war einer der Künstler, die im 17. Jahrhundert in Amsterdam lebten.

Vieh- und Getreidehandel

Das neue Stadhuis
(heute Koninklijk Paleis) wurde mithilfe eines Holzgerüstes errichtet.

Nieuwe Kerk (1395)

Die Briefleserin (1666)
Genrebilder wie dieses Interieur von Vermeer (1632–1675) kamen mit zunehmendem Reichtum in Mode. Andere berühmte Genremaler waren Jan Steen, Honthorst und ter Borch.

Der Dam 1656

Die unangefochtene Vormachtstellung Amsterdams führte auch zu Erfolgen in Übersee: Indonesien wurde kolonialisiert, der Gewürzhandel füllte die Schatzkiste des Landes. Die Vereenigde Oost-Indische Compagnie (VOC; Niederländische Ostindien-Kompanie) florierte durch ihre großen, schnellen Handelsschiffe, in Amsterdam verdiente man dank der VOC Geld im Überfluss. Jan Lingelbach (1622–1674) malte den Dam als einen geschäftigen Markt mit Händlern aus vielen Ländern.

Delfter Fliesen
Blumen waren im 17. Jahrhundert beliebte Motive auf den Fliesen, die die Häuser betuchter Familien schmückten (siehe S. 28f).

Floras Wagen *(1636)*
Die »Tulpomanie« bot Anlass zu Allegorien. Das Bild von H. G. Pot spielt auf die Spekulanten an, die für seltene Tulpenzwiebeln deren Gewicht in Gold zahlten und die Preise hochtrieben, bis der Markt zusammenbrach.

Wiegen der Waren in der Waage

Segelschiffe auf dem Damrak

Gewürze
Eine Ladung Gewürze war im 17. Jahrhundert ein Vermögen wert. Die VOC brachte viele Gewürze ins Land, darunter Pfeffer, Nelken, Muskat und Zimt. Schon 1611 war das Imperium der weltgrößte Gewürzimporteur.

Kräne laden Frachtgut ab

Türkische Händler

Pfeffer, Muskatnuss, Nelken, Muskatblüte, Zimt

VOC
Im Schifffahrtsmuseum am Hafen ist ein Saal der Niederländischen Ostindien-Kompanie (VOC) gewidmet.

Armenspeisung
Auf diesem Gemälde von Valckerts erhalten die Armen Almosen. Im 17. Jahrhundert wurden Maßnahmen zur sozialen Absicherung eingeführt.

17. Jahrhundert
Der neue Reichtum ermöglichte den Bau vieler öffentlicher Gebäude. Hendrick de Keyser entwarf 1620 die Westerkerk *(siehe S. 110)*, auf deren Spitze die Krone von Maximilian von Habsburg prangt. 1671 errichtete Adriaan Dortsman die erste runde Kirche, die Lutherse Kerk *(siehe S. 90)*. Für die sephardischen Juden erbaute Elias Bouman 1675 die Portugiesisch-Israelitische Synagoge *(siehe S. 80)*.

Apollo *(um 1648)*
Die Statue von Artus Quellinus steht im Koninklijk Paleis auf dem Dam (siehe S. 88f). Der Bau dieses Meisterwerks aus Sandstein von Jacob van Campen begann 1648.

Rembrandthuis *(1606)*
Jacob van Campen entwarf 1636 das Tympanon über dem Eingang (siehe S. 78).

Highlights: Museen

Für eine relativ kleine Stadt besitzt Amsterdam eine erstaunliche Anzahl an Museen und Galerien. Die Sammlungen sind oft in interessanten Gebäuden untergebracht. Das weltberühmte Rijksmuseum mit seiner neogotischen Fassade beherbergt Höhepunkte der niederländischen Kunst bis zum 19. Jahrhundert, das Werk von Rembrandt ist teilweise in seinem eigenen Haus ausgestellt.

Anne Frank Huis
Das tragische Leben von Anne Frank ist im Versteck ihrer Familie dokumentiert (siehe S. 108f).

Amsterdam Museum
Das ehemalige Waisenhaus birgt eine Vielzahl historischer Stücke, so auch die Erzieherinnen des Bürger-Waisenhauses *(1683) von Adriaen Backer (siehe S. 92f).*

Rijksmuseum
Im größten Staatsmuseum des Landes (siehe S. 122–125) *hängen viele niederländische Meister, z. B. Jan van Huysums* Stillleben mit Blumen und Früchten *(um 1730).*

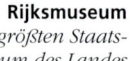

Grachtengürtel

Museumsviertel

Van Gogh Museum
Es ist das meistbesuchte Museum Amsterdams. Der neue Flügel (1999) wurde von Kisho Kurokawa entworfen (siehe S. 126f).

Stedelijk Museum
Gerrit Rietvelds Steltman-Stuhl (1963) ist eines von vielen Exponaten in diesem Museum für moderne und zeitgenössische Kunst (siehe S. 128f).

Koninklijk Paleis
Das ehemalige Rathaus auf dem Dam wurde 1648 von Jacob van Campen entworfen und wird zu offiziellen Anlässen von der Königin benutzt (siehe S. 88f).

Science Center NEMO
In dem Gebäude, dessen Schiffsform 30 Meter über dem Wasser emporragt, dreht sich alles um Wissenschaft und Technik – auch für junge Besucher (siehe S. 136f).

Nieuwe
Zijde

Oude
Zijde

Het Scheepvaartmuseum
Die Reliefs in der Fassade des Schifffahrtsmuseums zeigen die Geschichte der Amsterdamer Seefahrt. Am Steg hinter dem Museum liegt der Nachbau des Ostindienfahrers Amsterdam (siehe S. 132f).

Plantage

0 Meter   500

Joods Historisch Museum
Vier nebeneinanderliegende Synagogen beherbergen dieses beeindruckende Museum (siehe S. 79).

Verzetsmuseum
Das Museum ist im Plancius-Gebäude zu Hause, in der Nähe des Zoos. Es erinnert an die Widerstandsbewegung in der Zeit der deutschen Besetzung während des Zweiten Weltkriegs (siehe S. 141).

Highlights: Cafés und Bars

A msterdam hat etwa 1500 Cafés. Das
Spektrum reicht vom ruhigen, gemütlichen *bruine café*, in dem vor allem
die Bewohner eines Viertels verkehren,
bis zur internationalen Szenebar. Jedes
Lokal ist besonders, jedes hat seine Attraktion: eine unglaublich große Auswahl
an verschiedenen Bieren, Live-Musik,
eine Terrasse mit Grachtenblick, eine
Ausstellung moderner Kunst, Brettspiele,
Billardtische oder einfach die typisch
holländische *gezelligheid*. Kurzum, für
jeden ist das Richtige dabei.

Karpershoek

*Dieses gemütliche Café liegt
nahe dem Hauptbahnhof
und wird vor allem von
Reisenden besucht, die
noch etwas trinken
wollen oder ein wenig
Ruhe nötig haben.*

Café Chris

Das beliebte
bruine café
*im Jordaan-
Viertel wird
hauptsächlich
von Künstlern
und Studenten
bevölkert.*

Odeon

*Chic präsentiert
sich diese Disco.
Im Nachtcafé im
Untergeschoss
stehen moderne
Möbel in Räum-
lichkeiten aus dem
17. Jahrhundert.*

Grachten-
gürtel

Vertigo

*Besonders an Sommer-
tagen ist die Terrasse
des EYE Film Instituut
Nederland im Vondel-
park viel besucht.*

Museums-
viertel

Hoppe

*Am lebendigen Spui ist das
typische* bruine café *vor
allem nach Arbeitsschluss
ein beliebter Treff.*

De Drie Fleschjes

*In einer der ältesten Probier-
stuben (1650) von Amsterdam
gibt es eine Viel-
zahl verschiedener
Jenever zu kosten.*

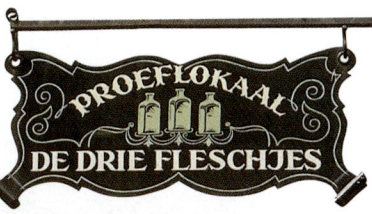

Kapitein Zeppos

*Das Café ist beliebt bei den trendi-
gen Amsterdamern. Sonntags kann
man hier oft Konzerte hören.*

Oude
Zijde

Nieuwe
Zijde

Plantage

De Jaren

*In das Café mit Terrasse
kommen viele Studenten und
genießen den schönen Blick
über die Amstel.*

Grand Café Soccer World

*Im Café der ArenA kann
man die Fußballtrikots der
berühmten Ajax-Spieler
bewundern.*

0 Meter   500

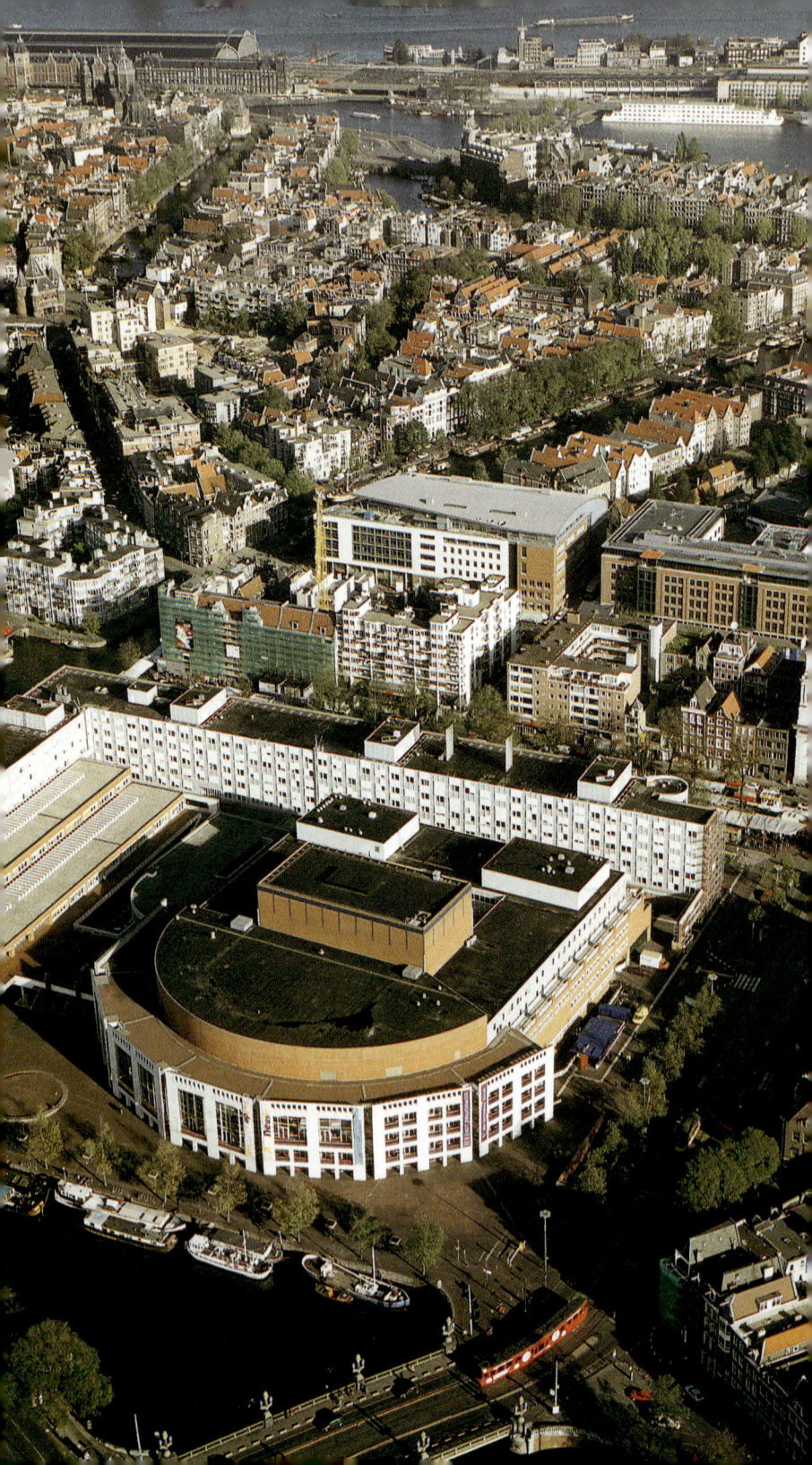

Oude Zijde

**Aaron auf der
Mozes en Aäronkerk**

Oude Zijde (»Alte Seite«) heißt der östliche Teil Amsterdams. Früher bestand dieser Stadtteil aus einem schmalen Streifen am Ostufer der Amstel zwischen Damrak und Oudezijds Voorburgwal. Im Herzen des Viertels entstand die Oude Kerk, die älteste Kirche der Stadt. Vom 15. Jahrhundert bis zum 17. Jahrhundert vergrößerte sich die Oude Zijde nach Osten, unter anderem wegen des Zustroms jüdischer Flüchtlinge aus Portugal. Aus dieser Zeit stammen vier Synagogen, von denen die älteste das Joods Historisch Museum beherbergt. Im Goldenen Jahrhundert *(siehe S. 50f)* herrschte im Viertel reges Treiben. Schiffe konnten damals noch die Geldersekade bis zum Nieuwmarkt hinauffahren, wo die Waren in der Waag gewogen und dann verkauft wurden.

Sehenswürdigkeiten auf einen Blick

**Historische Gebäude
und Denkmäler**
Agnietenkapel ❺
Montelbaanstoren ⓱
Oost-Indisch Huis ❼
Oudemanhuispoort ❻
Pintohuis ⓰
Scheepvaarthuis ⓲
Schreierstoren ⓳
Trippenhuis ❽
Waag ❷

Opernhaus
Stadhuis-Muziektheater ⑪

Museen und Sammlungen
Hash Marihuana &
  Hemp Museum ❹
Joods Historisch Museum ⑭
Rembrandthuis ⑩

Kirchen und Synagogen
Mozes en Aäronkerk ⑬
Oude Kerk S. 76f ㉑
Portugees-Israëlitische
  Synagoge ⑮
Zuiderkerk ❾

Straßen und Märkte
Nieuwmarkt ❸
Rotlichtviertel ❶
Waterlooplein ⑫
Zeedijk ⑳

Anfahrt
Man erreicht die Oude Zijde am besten mit der Tram (4, 9, 14, 16, 24 und 25) zum Dam und geht die Damstraat entlang. Alternativ fährt man mit den Linien 9 oder 14 bis Waterlooplein oder mit der U-Bahn bis Nieuwmarkt.

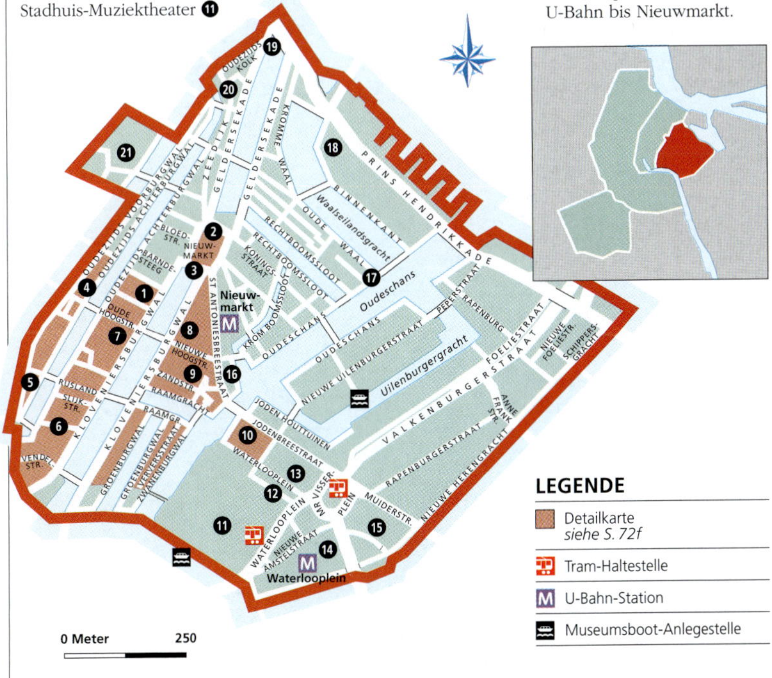

LEGENDE

▨	Detailkarte *siehe S. 72f*
▥	Tram-Haltestelle
Ⓜ	U-Bahn-Station
⛴	Museumsboot-Anlegestelle

0 Meter   250

◁ **Stopera** *(siehe S. 79)*: Kombination von Rathaus *(stadhuis)* und Opernhaus *(opera)*

Im Detail: Universitätsviertel

Die seit 1877 bestehende Universität der Stadt Amsterdam liegt im ruhigen Südwesten der Oude Zijde und geht auf das 1632 in der Agnietenkapel gegründete Athenaeum Illustre zurück. Jenseits der Damstraat grenzen Rotlichtviertel und Nieuwmarkt aneinander. Letzterer steht ganz im Zeichen der mittelalterlichen Waag aus dem 15. Jahrhundert. Ein Stück weiter südlich kommt man zum Rembrandthuis, in dem der bekannteste Künstler der Stadt 20 Jahre seines Lebens verbracht hat.

★ Rotlichtviertel
Das Geschäft mit dem Sex bringt der Stadt jedes Jahr Millionen von Euro. ❶

Hash Marihuana & Hemp Museum
Hier erfährt man alles über »Marihuana im Wandel der Zeiten«. ❹

Agnietenkapel
Wie viele Bauten in diesem Viertel gehört auch die ehemalige Kapelle der Universität der Stadt Amsterdam. ❺

Haus an den Drei Grachten (1610)

Oudemanhuispoort
Die Brille am Portal des ehemaligen Männerheims (17. Jh.) symbolisiert Alter. ❻

NICHT VERSÄUMEN

★ Rembrandthuis

★ Rotlichtviertel

★ Waag

Zugbrücke über den Groenburgwal

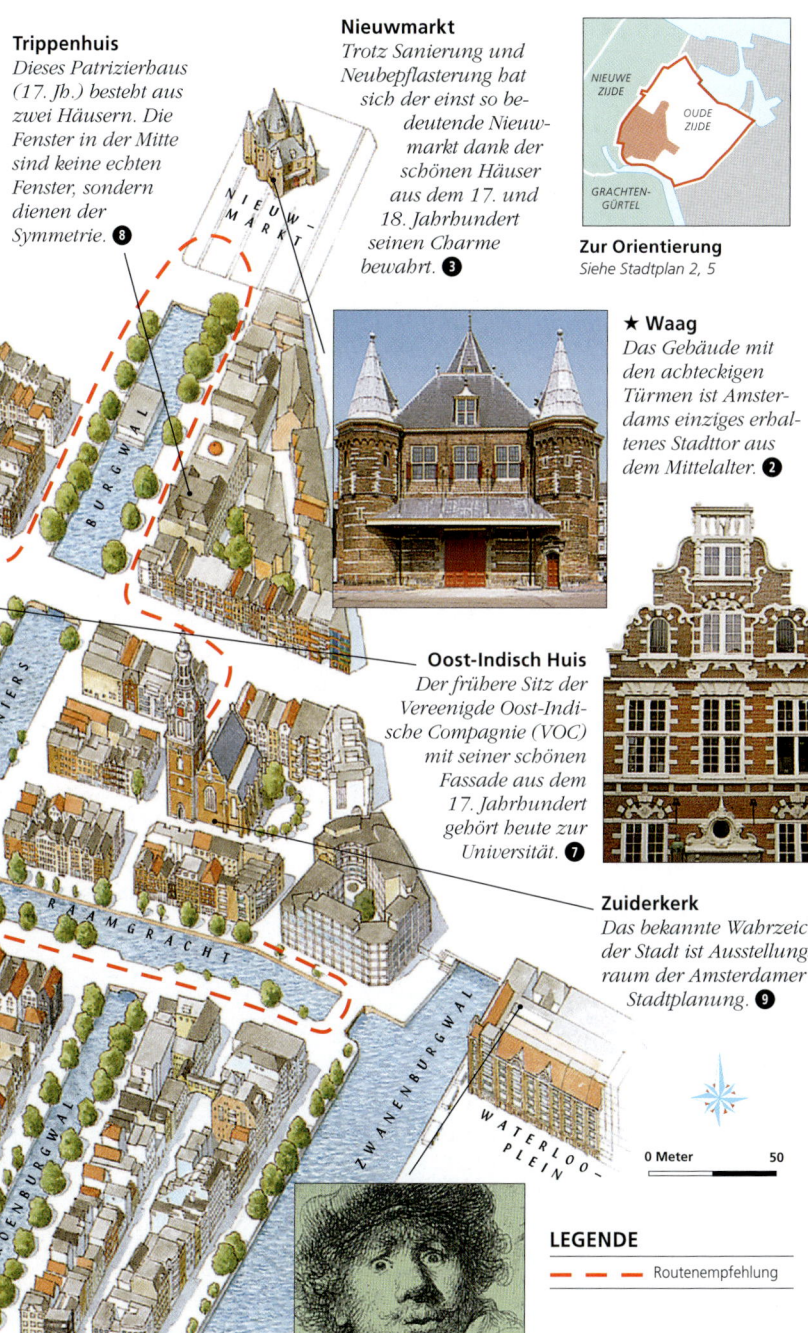

Trippenhuis
Dieses Patrizierhaus (17. Jb.) besteht aus zwei Häusern. Die Fenster in der Mitte sind keine echten Fenster, sondern dienen der Symmetrie. **8**

Nieuwmarkt
Trotz Sanierung und Neubepflasterung hat sich der einst so bedeutende Nieuwmarkt dank der schönen Häuser aus dem 17. und 18. Jahrhundert seinen Charme bewahrt. **3**

Zur Orientierung
Siehe Stadtplan 2, 5

NIEUWE ZIJDE

OUDE ZIJDE

GRACHTEN-GÜRTEL

NIEUW-MARKT

★ **Waag**
Das Gebäude mit den achteckigen Türmen ist Amsterdams einziges erhaltenes Stadttor aus dem Mittelalter. **2**

Oost-Indisch Huis
Der frühere Sitz der Vereenigde Oost-Indische Compagnie (VOC) mit seiner schönen Fassade aus dem 17. Jahrhundert gehört heute zur Universität. **7**

Zuiderkerk
Das bekannte Wahrzeichen der Stadt ist Ausstellungsraum der Amsterdamer Stadtplanung. **9**

BURGWAL

OUVENIERS

RAAMGRACHT

GROENBURGWAL

ZWANENBURGWAL

WATERLOO-PLEIN

0 Meter   50

LEGENDE
– – – – Routenempfehlung

★ **Rembrandthuis**
Hunderte von Radierungen, darunter viele Selbstbildnisse, sind im einstigen Wohnhaus des Künstlers ausgestellt. **10**

Stadtplan Amsterdam siehe Seiten 150–159

Rotlichtviertel ❶

Stadtplan 5 A1.
🚋 4, 9, 14, 16, 24, 25.

Aufreizend gekleidete Prostituierte, die unter Neonlicht in Schaufenstern sitzen und auf Freier warten, gehören zu Amsterdam wie die Grachten. Das Rotlichtviertel – von Einheimischen »de Walletjes« (»die dünnen Wände«) genannt – liegt nahe der Oude Kerk *(siehe S. 76 f.)*, erstreckt sich aber im Westen noch bis zur Warmoesstraat, im Norden bis zum Zeedijk und im Osten bis zum Kloveniersburgwal. Die südliche Grenze bildet die Damstraat.

Die Geschichte der Amsterdamer Prostitution reicht bis zur Entstehung des Hafens im 13. Jahrhundert zurück. Infolge der wachsenden Zahl liebeshungriger Matrosen nahm die Prostitution solche Ausmaße an, dass man 1478 überlegte, ihr Einhalt zu gebieten. Prostituierte, die den »Sperrbezirk« verließen, wurden mit Pfeifen und Trommeln zurückgetrieben.

100 Jahre später, nach der Alteratie, versuchten die Calvinisten, Prostitution zu verbieten, doch Mitte des 17. Jahrhunderts wurde sie wieder toleriert. Um 1850 zählte

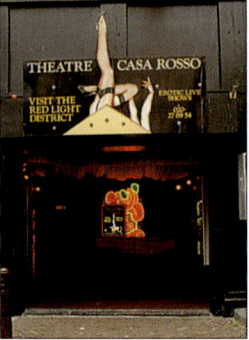

Eingang zu einem Club im Rotlichtviertel

Amsterdam bei 200 000 Einwohnern über 200 Bordelle.

Heute prägen Sexshops und schummrige Clubs das Bild der vielen kleinen Gassen in diesem Viertel, in dem man nachts lieber nicht von den Hauptstraßen abweichen sollte. Tagsüber sorgen die vielen schaulustigen Besucher für regen Betrieb. Sieht man von den zwielichtigen Gestalten ab, gibt es hier auch gemütliche Cafés, Bars, Restaurants und hübsche Grachtenhäuser zu entdecken. Zudem ist die Stadtverwaltung bemüht, das Viertel aufzuwerten, indem sie die schäbigsten Lokale schließt und die Ansiedlung von Nicht-Sex-Gewerbe fördert.

Waag ❷

Nieuwmarkt 4. **Stadtplan** 2 E5. 📞 020-422 7772. 🚋 9, 14. Ⓜ Nieuwmarkt. ⬤ obere Räume für Besucher.

Die 1488 errichtete Waag, damals wie heute auch St. Antoniespoort genannt, ist Amsterdams ältestes noch erhaltenes Stadttor. Früher fanden hier öffentliche Hinrichtungen statt. 1617 wurde aus St. Antoniespoort die offizielle Waage *(waaggebouw)*. Man ließ hier seine Waren wiegen und zahlte entsprechend Steuern.

Verschiedene Gilden zogen in die oberen Räume. Ab 1619 hatten die Chirurgen hier ihre Kammer und ihr »Theatrum Anatomicum«. 1691 fügten sie den mittleren Turm hinzu. Rembrandts *Die Anatomievorlesung des Dr. Nicolaes Tulp*, heute im Mauritshuis *(siehe S. 222 f.)*, und *Die Anatomievorlesung des Dr. Jan Deijman*, heute im Amsterdam Museum *(siehe S. 92 f.)*, entstanden in ihrem Auftrag und hingen damals in der Waag.

Seit dem frühen 19. Jahrhundert wird das Gebäude nicht mehr als Waage genutzt, sondern diente als Feuerwehrstation und Stadtmuseum. Heute befindet sich hier das Restaurant In de Waag.

Der mächtige Bau der Waag beherrscht den Nieuwmarkt, auf dem im Sommer ein Antiquitätenmarkt stattfindet

Hotels und Restaurants in Amsterdam *siehe Seiten 392 – 395 und 410 – 414*

Ein Teil der Fotoausstellung in der Metro-Station Nieuwmarkt

Nieuwmarkt ❸

Stadtplan 2 E5. 🚊 9, 14.
Ⓜ *Nieuwmarkt.* **Antiquitäten-markt** ◯ *Mai–Sep: So 9–17 Uhr.*
🌿 *Biomarkt Sa 9–17 Uhr.*

Der turbulente Nieuwmarkt grenzt im Westen an das Rotlichtviertel und im Norden an die Geldersekade, dem Beginn des Amsterdamer Chinesenviertels. Der Platz wird von der Waag beherrscht, deren Bau im 15. Jahrhundert den Markt entstehen ließ. Seine jetzige Größe bekam der Platz bei der Stadterweiterung im 17. Jahrhundert. Fortan hieß er Nieuwmarkt. Er ist von schönen Patrizierhäusern (17. und 18. Jh.) umgeben. Im Sommer gibt es sonntags einen Antiquitätenmarkt. Vom Nieuwmarkt führt die St. Antoniesbreestraat ins Judenviertel.

In den 1970er Jahren mussten viele Häuser der neuen U-Bahn-Linie weichen, was zu Auseinandersetzungen zwischen Demonstranten und der Polizei führte. Diese Aktionen konnten den Stadtrat dazu bewegen, künftig zu renovieren statt abzureißen. Zur Erinnerung an die »Retter des Stadtgesichts« hängen ihre Fotos in der U-Bahn-Station.

Hash Marihuana & Hemp Museum ❹

Oudezijds Achterburgwal 148.
Stadtplan 2 D5. 📞 020-624 8926.
🚊 4, 9, 14, 16, 24, 25. Ⓜ *Nieuwmarkt.* ◯ *tägl. 10–23 Uhr.* 📷
🌐 www.hashmuseum.com

Dieses Museum ist europaweit das einzige, das über die Geschichte und den Gebrauch von Hanf informiert. Bereits vor 8000 Jahren diente Hanf in Asien zur Herstellung von Kleidungsstücken und Heilmitteln. In einem Herbarium von 1554 heißt es, dass Hanf gegen Ohrenschmerzen hilft. Bis Ende des 19. Jahrhunderts importierte die Schiffbauindustrie Hanf in großen Mengen als Rohstoff für Taue. Besucher erfahren einiges über die Wirkung der Pflanze, über Schmuggel und Rauchmethoden (Letzteres anhand einer Vielzahl von verschiedenen Pfeifen für Haschisch und Marihuana). In einer kleinen Pflanzung wächst unter starkem Kunstlicht sogar echtes Marihuana.

Die Polizei beschlagnahmt ab und an das eine oder andere Ausstellungsstück, daher kann es vorkommen, dass die Sammlung nicht komplett ist.

Agnietenkapel ❺

Oudezijds Voorburgwal 231.
Stadtplan 2 D5. 🚊 4, 9, 14, 16, 24, 25. ◯ *für Besucher.*

Das Agnietenkloster wurde 1578 nach der Alteratie geschlossen, 1632 übernahm das Athenaeum Illustre, ein Vorläufer der Universität, das Kloster. Bis in die 1830er Jahre war hier die Stadtbibliothek untergebracht, später die Historische Sammlung der Universität.

Die Agnietenkapel (1470) ist eine der wenigen gotischen Kapellen, die den Bildersturm von 1566 überstanden. Bei der Restaurierung 1919 kamen architektonische Elemente der Amsterdamer Schule *(siehe S. 142 f)* hinzu. Trotz Veränderungen und Zweckentfremdung blieb der Charakter der Franziskanerkapelle erhalten.

Der Hörsaal im ersten Stock des Klosters ist der älteste der Stadt. Die Decke schmücken Renaissancemotive und ein Porträt der Minerva, der römischen Göttin des Handwerks und der schönen Künste. An den Wänden hängen 40 Porträts europäischer Humanisten, eine Schenkung des Kaufmanns Gerardus van Papenbroeck.

Die Kapelle wurde in ein Konferenzzentrum umgebaut und ist für Besucher leider nicht mehr zugänglich. Die Historische Sammlung der Universität kann jetzt im Gebäude Oude Turfmarkt 129 (neben dem Allard Pierson Museum) besichtigt werden.

Eingang zur Agnietenkapel

Oudemanhuispoort ❻

Zwischen Oudezijds Achterburgwal und Kloveniersburgwal. **Stadtplan** 2 D5. 🚊 4, 9, 14, 16, 24, 25. **Büchermarkt** ◯ *Mo–Sa 10–18 Uhr.*

Die Oudemanhuispoort war einst die Einfahrt zu einem 1754 errichteten Altmännerheim *(Oudemannenhuis).* Heute ist das Gebäude Teil der Universität von Amsterdam. Oberhalb des Portals am Oudezijds Achterburgwal symbolisiert eine Brille das Alter. Seit 1757 wird hier Handel betrieben, noch heute werden jeden Tag im Arkadengang antiquarische Bücher verkauft.

Obwohl das Haus für die Öffentlichkeit nicht zugänglich ist, kann man sich den schönen Hof vom Arkadengang aus ansehen.

Amsterdamer Wappen, Oudemanhuispoort

Oude Kerk ㉑

Die Ursprünge der Oude Kerk gehen auf das frühe 13. Jahrhundert zurück, als auf dem Friedhofsgelände eine hölzerne Kapelle errichtet wurde. Der heutige gotische Bau stammt aus dem 14. Jahrhundert. Die anfangs einschiffige Kirche wurde bald zu einer Basilika ausgebaut, die Händler und Arme gleichermaßen anzog. Bilder und Statuen fielen dem Bildersturm von 1566 zum Opfer, die vergoldete Decke und die Glasfenster blieben erhalten. Die Große Orgel kam 1726 hinzu. Der Kirchenboden wird bis 2012 restauriert, Einschränkungen beim Besuch sind möglich.

Geschnitzte Miserikordie (15. Jh.)

Die Turmspitze wurde 1566 von Joost Bilhamer erbaut. François Hemony schuf 1658 die 47 Glocken des Glockenspiels.

Grab von Rembrandts Frau Saskia *(siehe S. 78)*

Oude Kerk
Die alte Kirche ist trotz ihrer Lage im Herzen des hektischen Rotlichtviertels ein Ort der Besinnung geblieben.

Taufkapelle

Grab von Admiral Abraham van der Hulst (1619–1666)

★ Große Orgel (1726)
Christian Vaters reich mit Statuen verzierte Orgel hat acht Blasebälge und 4000 Pfeifen. Die vorderen sind vergoldet.

ZEITSKALA

1300	1400	1500	1600	1700	1800	1900

1412 Fertigstellung des nördlichen Querschiffs
1330 Kirche dem hl. Nikolaus geweiht
1462 Erste Seitenkapelle weicht dem Querschiff
1552 Liebfrauenkapelle entsteht
1658 Glockenspiel eingebaut
1724–26 Große Orgel eingebaut
1979 Kirche wiedereröffnet
1951 Kirche geschlossen

1300 Bau einer kleinen Steinkirche
1340 Kirchenvergrößerung
1500 Bau der Seitenkapellen
1566 Turm (13. Jh.) bekommt seine Spitze
1578 Calvinisten überfallen Katholiken
Glasfenster mit Wappen, Liebfrauenkapelle
1912–14 Teilrestaurierung des nordwestlichen Teils
1955 Beginn der Komplettrestaurierung

★ Golddecke

Die Deckenmalereien (15. Jh.) hatten einen goldenen Untergrund, der 1755 blau übermalt und erst 1955 wieder freigelegt wurde.

INFOBOX

Oudekerksplein (Südseite).
Stadtplan 2 D4. ☎ 020-625 8284. 🚇 4, 9, 16, 24, 25. **Kirche** ◐ Mo–Sa 11–17, So 13–17 Uhr. ✝ So 11 Uhr. 📷 🚫 ♿ **Turm** ◐ Apr–Sep: Do–Sa 13–17 Uhr. Okt–März: tel. vereinbaren: ☎ 020-689 2565. ⚫ 1. Jan, 30. Apr, 25. Dez. **www**.oudekerk.nl

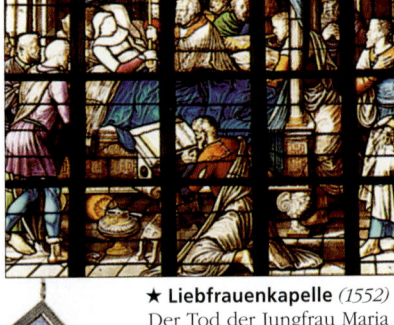

★ Liebfrauenkapelle *(1552)*

Der Tod der Jungfrau Maria von Dirck Crabeth ist das Motiv eines der drei restaurierten Buntglasfenster.

Grab von Admiral Jacob van Heemskerk (1567–1607)

Zierpfeiler

In den Nischen zwischen den Zierpfeilern standen früher Statuen der Apostel, die jedoch 1578 von den Calvinisten zerstört wurden.

Häuser aus dem 17. und 18. Jahrhundert

Ehemalige Sakristei

Rote Tür

Der Türsturz der ehemaligen Sakristei warnte die eintretenden Paare in alten Zeiten unmissverständlich mit der Inschrift: »Schnell getraut, lang bereut.«

NICHT VERSÄUMEN

* ★ Golddecke
* ★ Liebfrauenkapelle
* ★ Große Orgel

Stadtplan Amsterdam *siehe Seiten 150–159*

Oost-Indisch Huis 7

Oude Hoogstraat 24. **Stadtplan**
2 D5. 🚊 *4, 9, 14, 16, 24, 25.*
Ⓜ *Nieuwmarkt.* ◐ *Mi 9–15 Uhr
(außer bei Veranstaltungen).*

Das 1605 errichtete Oost-
Indisch Huis war Sitz der
Vereenigde Oost-Indische
Compagnie *(siehe S. 48 f)* und
diente der Lagerung von Ge-
würzen, Porzellan und Seide
aus Ostindien. 1798 wurde
die VOC aufgehoben, das Gebäude von Zoll und Finanz-
amt genutzt. Heute
gehörte das Haus
zur Universität,
der Versamm-
lungssaal ist
restauriert.

**Dekoration am
Oost-Indisch Huis**

Trippenhuis 8

Kloveniersburgwal 29. **Stadtplan**
2 E5. 🚊 *4, 9, 14, 16, 24, 25.*
Ⓜ *Nieuwmarkt.* ● *für Besucher.*

Das reich verzierte klassizistische Herrenhaus
wurde 1662 von Justus Vingboons entworfen. Hinter der
Fassade mit den acht korinthischen Säulen liegen eigentlich
zwei Häuser. Die Fenster in
der Mitte sind deshalb auch
nur Attrappen. Das Haus
wurde für die Waffenhändler
Lodewijk und Hendrik Trip
erbaut, die Schornsteine
haben die Form von Kano-
nenläufen. Hier befand sich
die städtische Kunstsammlung
vor dem Umzug ins Rijksmuseum *(siehe S. 122–125)*.
Heute ist hier die Königlich
Niederländische Akademie
der Wissenschaften zu Hause.

Zuiderkerk 9

Zuiderkerkhof 72. **Stadtplan** 2 E5.
📞 *020-552 7987.* 🚊 *9, 14.*
Ⓜ *Nieuwmarkt.* ◐ *Mo–Fr 9–17,
Sa 12–16 Uhr.* 🏛 🚻 *Turm* 🔀
Apr–Sep: Mo–Sa 13–15.30 Uhr.
www.zuiderkerk.amsterdam.nl

Die 1603 von Hendrick de
Keyser entworfene Re-
naissancekirche war die erste,
die die Calvinisten nach dem
Bildersturm in Amsterdam
gründeten. Der Turm ist eines
der Wahrzeichen der Stadt.

Turm der Zuiderkerk, eines der Wahrzeichen der Stadt

Seit 1929 wird die Zuiderkerk
nicht mehr als Gotteshaus genutzt. Sie wurde 1988 restauriert, ist für Veranstaltungen
zu mieten und steht inmitten
von modernen Bauten, dar-
unter dem Wohnkomplex
»Pentagon« von Theo Bosch.

Rembrandthuis 10

Jodenbreestraat 4–6. **Stadtplan**
2 E5. 📞 *020-520 0400.* 🚊 *9, 14.*
Ⓜ *Nieuwmarkt.* ◐ *tägl. 10–17 Uhr.*
● *1. Jan.* 🏛 📷 🚻 🔀
www.rembrandthuis.nl

Rembrandt wirkte und lehr-
te in diesem Haus von
1639 bis 1658. Er bewohnte
die Räume im Erdgeschoss
mit seiner Frau Saskia, die jedoch 1642 starb und Rem-
brandt mit seinem kleinen
Sohn Titus zurückließ.
  Viele von Rembrandts bekanntesten Werken entstanden im Atelier im ersten
Stock, obwohl man annimmt,

dass die *Nachtwache* nicht
hier geschaffen wurde. Das
Haus wurde 1907–11 restauriert und als Museum konzipiert. Die Radierungen und
Zeichnungen zeigen Selbstbildnisse des Künstlers, Landschaften, Akte, biblische Szenen und Zeichnungen von
Rembrandts Frau. In einem
neuen Flügel sind auch persönliche Hinterlassenschaften
Rembrandts zu sehen.

**Selbstbildnis Rembrandts mit seiner
Frau Saskia (1636)**

Stadhuis-Muziektheater ⓫

Waterlooplein 22. **Stadtplan** 5 B2. 🚋 9, 14. Ⓜ *Waterlooplein.* **Stadhuis** 📞 020-624 1111. **Büros** ◯ *Mo–Fr 8.30–16 Uhr.* **Muziektheater** 📞 020-625 5455. *Kostenlose Konzerte Sep–Mai: Di 12.30 Uhr. Siehe auch* **Unterhaltung** *S. 146f.* ♿ 🎫 www.hetmuziektheater.nl

Nur wenige Gebäude in Amsterdam waren so umstritten und hart umkämpft wie das neue Rathaus mit Opernhaus. Dem Projekt, »Stopera« genannt, mussten Dutzende mittelalterliche Häuser weichen. Mit ihnen verschwanden auch die letzten Reste des alten jüdischen Viertels, das hier früher stand. Der Koloss aus rotem Backstein, Marmor und Glas wurde 1986/88 vollendet.

Sehenswert ist die Installation des niederländischen Wasserpegels, des »Normaal Amsterdams Peil«, im Säulengang des Komplexes. Das Opernhaus ist Stammbühne des Nationalballetts und der Niederländischen Oper. Sein Zuschauersaal, der größte der Niederlande, hat 1689 Plätze. Das Gebäude kann bei einer Führung besichtigt werden.

Waterlooplein ⓬

Stadtplan 5 B2. 🚋 9, 14. Ⓜ *Waterlooplein.* **Markt** ◯ *Mo–Fr 9–17, Sa 8.30–17 Uhr.*

Der Waterlooplein entstand 1882, als zwei Kanäle für den Markt im Judenviertel zugeschüttet wurden. Davor hieß die Gegend Vlooyenburg. Der Markt verschwand während des Zweiten Weltkriegs, als man die Juden in Konzentrationslager deportierte. Nach dem Krieg entwickelte sich an der Nordseite des Waterlooplein ein Flohmarkt, auf dem bis heute alles Mögliche und Unmögliche angeboten wird.

Mozes en Aäronkerk ⓭

Waterlooplein 205. **Stadtplan** 5 B2. 📞 020-622 1305. 🚋 9, 14. Ⓜ *Waterlooplein.* ◯ *für Besucher, außer bei Ausstellungen.*

Die Mozes en Aäronkerk, 1841 vom flämischen Architekten T. Suys d. Ä. entworfen, steht an der Stelle einer früheren katholischen Geheimkirche, die nach Moses und Aaron benannt war. Deren

Bildnis war auf dem Giebelstein des ursprünglichen Bauwerks, der Stein wurde an der Rückseite des Neubaus wieder eingemauert. Bei der Restaurierung 1990 bemalte man die Holztüren so, dass sie wie aus Sandstein gefertigt aussehen. Heute finden hier Konzerte und Ausstellungen statt.

Der zentrale Raum der Großen Synagoge

Joods Historisch Museum ⓮

Nieuwe Amstelstraat 1. **Stadtplan** 5 B2. 📞 020-531 0310. 🚋 9, 14. Ⓜ *Waterlooplein.* ◯ *tägl. 11–17 Uhr.* ● *Jom Kippur, Jüd. Neujahr.* 📷 🎧 ♿ 🎫 *auf Anfrage, auch für Sehbehinderte.* 🎧 📖 www.jhm.nl

Der Komplex aus vier Synagogen (17. und 18. Jh.) dient seit 1987 als Museum. Die Synagogen waren Mittelpunkt des jüdischen Lebens, bis sie nach den Zerstörungen im Zweiten Weltkrieg leer blieben. In den 1980er Jahren wurden sie restauriert und miteinander verbunden.

Um den zentralen Raum der Großen Synagoge, von Elias Bouman entworfen, läuft ein Balkon. Gitter trennen den Frauenbereich ab. Zu den Highlights gehört der Thora-Schrein (1791) aus Enkhuizen *(siehe S. 178)*. Er enthält zwei silberne Platten und drei Samthüllen sowie die Handschrift von Haggada aus dem Jahr 1734. Eine Thora-Hülle aus dem 18. Jahrhundert ist reich mit Gold- und Silberfäden verziert.

2007 wurde das Museum erweitert. Neu ist das Kindermuseum, ein großer Ausstellungsbereich über jüdische Kultur. Außerdem finden viele Wechselausstellungen statt.

Am Waterloopleinmarkt findet man ausgefallene Waren

Stadtplan Amsterdam *siehe Seiten 150–159*

Portugees-Israëlitische Synagoge ⑮

Mr. Visserplein 3. **Stadtplan** 5 B2.
☎ 020-624 5351. 🚊 9, 14.
Ⓜ Waterlooplein. ◷ So–Fr 10–
16 Uhr (Nov–März: Fr bis bis 14 Uhr).
⬤ jüdische Feiertage, 30. Apr. 📷
♿ 🔲 🔳 🔲 nach Vereinbarung:
☎ 531 0380. **www**.esnoga.nl

Elias Bouman ließ sich beim
Entwurf dieser klassizistischen, 1675 eingeweihten
Synagoge vom Salomontem-
pel in Jerusalem inspirieren.
Auftraggeber war die portu-
giesische Sephardim-Gemein-
de Amsterdams. Der Bau hat
einen rechteckigen Grundriss.
Der Thora-Schrein steht in der
südöstlichen Ecke mit der
Vorderfront Richtung Jerusalem, am anderen Ende des
Raums steht die *tebah*, das
Pult, von dem der Gottes-
dienst geleitet wird.

Das hölzerne Tonnengewöl-
be ruht auf vier ionischen Säulen. Über 1000 Kerzen und
das Licht, das durch 72 Fenster fällt, erhellen den schön
restaurierten Saal.

Fassade des Pintohuis aus dem
17. Jahrhundert

Pintohuis ⑯

Sint Antoniesbreestraat 69. **Stadtplan** 2 E5. ☎ 020-624 3184.
🚊 9, 14. Ⓜ Nieuwmarkt.
◷ Mo 14–20, Mi, Fr 10–17.30,
Sa 11–16 Uhr. **www**.oba.nl

Isaac de Pinto, ein reicher
portugiesischer Kaufmann,
erwarb dieses Haus 1651 für
die stattliche Summe von

30000 Gulden. Zehn Jahre
lang ließ er es nach einem
Entwurf Elias Boumans um-
bauen. So wurde es zu einem
der wenigen Amsterdamer
Wohnhäuser im italieni-
schen Stil. Die cremefarbene Fassade entstand 1675–80. Sie wird
von sechs vorstehenden Pilas-
tern aufgelockert. Die Blend-
balustrade auf dem Gesims
verbirgt das Dach. Im Inneren
ist die Originaldecke mit Vögeln und Cherubim bemalt.

In den 1970er Jahren sollte
das Haus abgerissen werden,
weil es einer geplanten Straße
im Weg stand. Demonstrationen verhinderten den Abriss.
Heute ist das Pintohuis Sitz
einer Filiale der städtischen
Bücherei.

Montelbaans-toren ⑰

Oude Waal/Oudeschans 2.
Stadtplan 5 B1. 🚊 9, 14.
Ⓜ Nieuwmarkt. ⬤ für Besucher.

Der untere Teil des Montelbaanstoren wurde 1512
erbaut und war Teil der mittelalterlichen Stadtbefestigung.
Der Turm stand etwas außerhalb der Stadtmauern und
diente der Verteidigung der
Ufer am neu angelegten
St. Antoniesdijk (heute Oude-
schans) gegen Überfälle aus
Utrecht und Gelderland.

Hendrick de Keyser baute
1606 den achteckigen Oberteil
und die offene Turmspitze an.
Die Spitze ähnelt derjenigen
der Oude Kerk, die von Jost
Bilhamer entworfen und
40 Jahre vorher erbaut wurde
(siehe S. 76f). Schon 1611 begann der Turm abzusacken,
worauf die praktischen
Amsterdamer ein Seil an der
Spitze befestigten und ihn
wieder gerade zogen.

Matrosen der VOC trafen
sich am Montelbaanstoren,
um von hier aus in kleinen
Booten über das IJ zu den
großen Ostindienfahrern
überzusetzen, die dort vor
Anker lagen. Der Turm ist auf
einigen Radierungen von
Rembrandt zu sehen und
immer noch ein beliebtes
Motiv. Heute sind im Montelbaanstoren Büros der Städtischen Wasserbehörde.

Kopf einer Meerjungfrau an der
Fassade des Scheepvaarthuis

Scheepvaarthuis ⑱

Prins Hendrikkade 108. **Stadtplan**
2 E4. 🚊 1, 2, 4, 5, 9, 13, 16, 17, 24,
25. Ⓜ Centraal Station. ☎ 020-
552 0000 (Grand Hôtel Amrâth).
www.amrathamsterdam.com

Das 1916 errichtete »Schiff-
fahrtshaus« ist der älteste
Bau der Amsterdamer Schule
(siehe S. 142f). Piet Kramer
(1881–1961), Johan van der
Mey (1878–1949) und Michel
de Klerk (1884–1923) entwarfen das Gebäude für Reederei-
en, die ihre Geschäfte nicht
am Kai abwickeln wollten.

Der an der Vorderseite spitz-
winklige Bau ist einem Schiffs-
rumpf nachempfunden. Das
Dach des Hauses zieren Statuen von Neptun, dessen Frau
und vier Figuren, welche die
vier Himmelsrichtungen sym-

Der Montelbaanstoren mit seiner
schönen Turmspitze

bolisieren. Am Interieur wurde nicht gespart. Für die Werftarbeiter war das Gebäude geradezu der Inbegriff des Kapitalismus. Türen, Treppen, Fensterrahmen und Wände sind mit maritimen Motiven wie Seepferdchen, Delfinen oder Ankern verziert. Segelschiffe, Kompasse und Karten standen Pate bei der Gestaltung der bunten Oberlichter.

Das Scheepvaarthuis wurde renoviert, 2007 eröffnete darin das Grand Hôtel Amrâth (siehe S. 392). Einen Eindruck von den schönen Räumlichkeiten bekommt man auch bei einem Besuch des Hotelrestaurants Seven Seas.

Schreierstoren ⓳

Prins Hendrikkade 94–95. **Stadtplan** 2 E4. 🚊 1, 2, 4, 5, 9, 13, 16, 17, 24, 25. Ⓜ Centraal Station. ◐ für Besucher. **VOC-Café** 📞 020-428 8291. ◯ tägl. 10–23 Uhr. **www.schreierstoren.nl**

Der Schreierstoren von 1480 war Teil der mittelalterlichen Stadtbefestigung. Er gehört zu den wenigen Befestigungsanlagen, die bei der Ausdehnung des Stadtgebiets im 17. Jahrhundert nicht abgerissen wurden. Heute beherbergt er unten eine Bar, andere Räume kann man für Veranstaltungen buchen.

Es heißt, der Turm sei nach den Seemannsfrauen benannt, die hier beim Abschied ihrer Männer weinten (schreien = weinen). Wahrscheinlich ist der Name jedoch auf die Tatsache zurückzuführen, dass der Turm an einer spitzen Kante oder Ecke (screye oder scherpe) der einstigen Stadtmauer stand. Auch der älteste der vier Giebelsteine (1569) liefert keine Erklärung: Er zeigt eine weinende Frau neben der Inschrift scrayer hovck (»spitzer Winkel«).

Von hier aus segelte 1609 Henry Hudson gen Westen, um eine kürzere Route nach Indien zu entdecken. Stattdessen erreichte er Nordamerika, wo er an der Mündung des nach ihm benannten Hudson River landete. Seit 1927 erinnert eine Bronzetafel an diese geschichtsträchtige Reise.

Schreierstoren, Teil der früheren Stadtbefestigung

Zeedijk ⓴

Stadtplan 2 E4. 🚊 1, 2, 4, 5, 9, 13, 16, 17, 24, 25. Ⓜ Centraal Station.

Der »Seedeich« war neben dem Nieuwendijk und dem Haarlemmerdijk Teil der früheren Stadtbefestigung. Er wurde Anfang des 14. Jahrhunderts angelegt, 30 Jahre nachdem Amsterdam die Stadtrechte erhalten hatte. Den Stadtgraben verstärkte zusätzlich ein Palisadenzaun. Bei der Erweiterung des Stadtgebiets wurden die Gräben zugeschüttet, die Deiche somit nutzlos und die Wege am Fuß der Deiche zu Straßen, die heute noch ihren Namen tragen. Das Haus Nr. 1 ist eines der ältesten erhaltenen Gebäude mit Holzfassade in Amsterdam. Es wurde Mitte des 16. Jahrhunderts als Hospital für Matrosen gebaut, heute findet man darin das Café In 't Aepjen. Gegenüber liegt die nach dem ersten christlichen König Norwegens und Dänemarks benannte St. Olofskapel von 1445.

Um 1600 war die Gegend um den Zeedijk ein Elendsviertel. In den 1970er Jahren war sie wegen Drogenhandel berüchtigt, in den 1990er Jahren wurde der Bezirk saniert, sodass er heute mit seinen Läden und Lokalen wieder einladend und belebt wirkt. Der Architekt Fred Greves errichtete hier den buddhistischen Tempel Fo Kuang Shan. Die Giebel der Häuser erzählen von ihrer früheren Nutzung. So verrät der Stiefel auf Nr. 17, dass hier ein Schuster seine Werkstatt hatte.

Zeedijk, heute wieder eine schöne Straße mit Läden und Lokalen

Stadtplan Amsterdam siehe Seiten 150–159

Nieuwe Zijde

Giebelstein mit Kalb am Begijnhof

Der westliche Teil des mittelalterlichen Amsterdam, die Nieuwe Zijde (»Neue Seite«), bildet zusammen mit der Oude Zijde den Stadtkern. Die belebte Shopping-Meile Nieuwendijk ist eigentlich einer der ältesten Deiche der Stadt. Da die Ausdehnung des Stadtgebiets im Wesentlichen nach Osten erfolgte, verwahrloste die westliche Nieuwe Zijde zusehends. 1452 brannten viele der hiesigen Holzhäuser ab. Beim Wiederaufbau wurde auch ein breiter Kanal, der Singel, angelegt, an dessen Ufern Speicher- und Patrizierhäuser entstanden. Im Amsterdam Museum, das in einem ehemaligen Waisenhaus untergebracht ist, dokumentieren historische Stiche und Karten die Entwicklung der Stadt von damals bis heute. Ein Raum des Museums widmet sich dem Amsterdamer Hostienwunder, dem Ereignis, das die Stadt zum Wallfahrtsort machte und dem Handel in der Nieuwe Zijde großen Aufschwung brachte. Ganz in der Nähe liegt auch die Kalverstraat, die Hauptgeschäftsstraße Amsterdams, und der ruhige, von schmalen Häusern des 17. Jahrhunderts gesäumte Begijnhof. Hier steht auch das älteste noch erhaltene Holzhaus der Stadt.

Sehenswürdigkeiten auf einen Blick

Historische Gebäude, Denkmäler und Brücken

Beurs van Berlage ⑮
Centraal Station ⑫
Koninklijk Paleis S. 88f ❷
Magna Plaza ⑩
Nationaal Monument ❹
Torensluis ❾

Straßen und Plätze

Begijnhof ❼
Nes ❺

Kirchen

Lutherse Kerk ⑪
Nieuwe Kerk ❶
Sint-Nicolaaskerk ⑬

Museen

Allard Pierson Museum ❽
Amsterdam Museum S. 92f ❻
Madame Tussauds Scenerama ❸
Ons' Lieve Heer op Solder ⑭

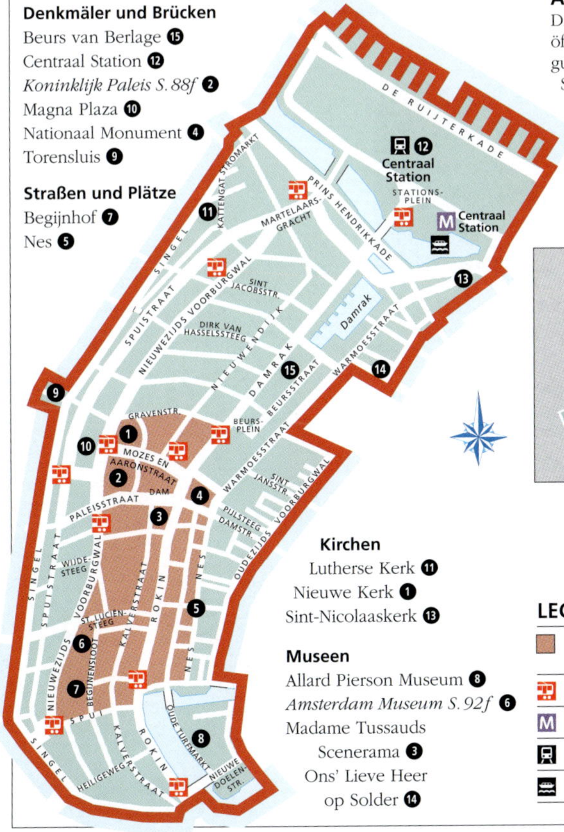

Anfahrt

Die Nieuwe Zijde ist mit den öffentlichen Verkehrsmitteln gut zu erreichen. Die Centraal Station ist Endstation der U-Bahn und vieler Tramlinien. Die Trams 4, 9, 14, 16, 24 und 25 fahren zum Dam, die Trams 1, 2, 5, 13 und 17 zur Magna Plaza.

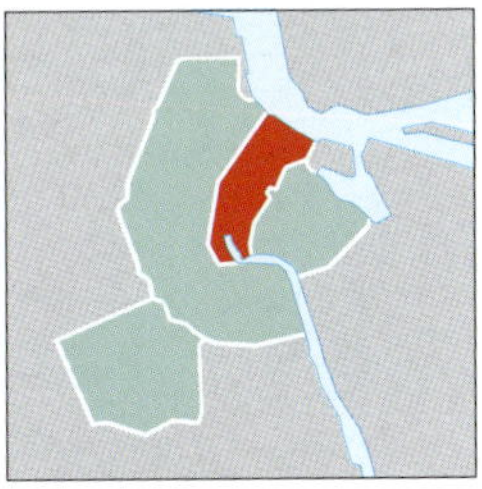

```
DE RUIJTERKADE
STATIONS-PLEIN
Centraal Station ⑫
M Centraal Station
SINGEL
KATTENGAT
STROMARKT
PRINS HENDRIKKADE
MARTELAARS GRACHT
SPUISTRAAT
SINT JACOBSSTR.
NIEUWEZIJDS VOORBURGWAL
DIRK VAN HASSELSSTEEG
NIEUWENDIJK
DAMRAK
Damrak
WARMOESSTRAAT
BEURSSTRAAT
GRAVENSTR.
BEURSPLEIN
MOZES EN AARONSTRAAT
WARMOESSTRAAT
SINT JANSSTR.
PALEISSTRAAT
DAM
PIJLSTEEG
DAMSTR.
OUDEZIJDS VOORBURGWAL
WIJDE STEEG
SPUISTRAAT
VOORBURGWAL
ST LUCIEN-STEEG
ENGE KAPELSTEEG
ROKIN
NIEUWEZIJDS
SINT LUCIENSTEEG
KALVERSTRAAT
HEILIGEWEGSTRAAT
OUDE LIJNMARKT
NIEUWE DOELENSTR.
SINGEL
```

0 Meter   250

LEGENDE

	Detailkarte *siehe S. 84f*
🚊	Tram-Haltestelle
Ⓜ	U-Bahn-Station
🚉	Bahnhof
⛴	Museumsboot-Anlegestelle

◁ *Der Sturz des Ikarus*, eine der vielen klassizistischen Skulpturen, die das Koninklijk Paleis *(siehe S. 88f)* schmücken

Im Detail: Nieuwe Zijde

A uch wenn viele mittelalterliche Bauten der Nieuwe Zijde nicht mehr erhalten sind, gibt es noch genug architektonische Zeugnisse der Vergangenheit zu bewundern. Am Dam stehen nicht nur der Koninklijk Paleis und die Nieuwe Kerk, sondern auch viele andere Häuser aus dem 15. bis 20. Jahrhundert. Die engen Gassen und Straßen in der Umgebung der Kalverstraat folgen dem Muster der alten Deiche und Fußwege. Heute sind hier in den meisten Häusern Cafés oder Geschäfte untergebracht. Am Rokin und am Nes haben sich durch die unmittelbare Nähe zur Börse viele Geldinstitute angesiedelt. Der Nes ist außerdem als Theaterstraße bekannt.

Die Kalverstraat, heute eine beliebte Shopping-Meile, wurde nach dem Viehmarkt benannt (*kalvern* = Kälber), der hier im 15. Jahrhundert stattfand.

★ **Amsterdam Museum**
Reliefmodelle und Karten des mittelalterlichen Stadtgebiets sind in diesem ehemaligen Waisenhaus aus dem 16. Jahrhundert ausgestellt. ❻

★ **Begijnhof**
Zwei Kirchen und eines der wenigen noch erhaltenen Holzhäuser der Stadt zählen zu den Attraktionen der ruhigen, begrünten Anlage. ❼

ST. LUCIËNSTEEG

ROKIN

SPUI

0 Meter 50

LEGENDE

— — — Routenempfehlung

Hotels und Restaurants in Amsterdam *siehe Seiten 392–395 und 410–414*

Nieuwe Kerk
Die geschnitzte und vergoldete Decke des Chors blieb beim Großbrand 1645 verschont. ❶

Zur Orientierung
Siehe Stadtplan 1–2

GRACHTEN-GÜRTEL
NIEUWE ZIJDE
OUDE ZIJDE

DAMRAK

DAM

EISSTRAAT

VERSTRAAT

ROKIN

NES

Sinterklaas,
der heilige Nikolaus, ist der Schutzpatron von Amsterdam. Diese Statue soll aus dem 15. Jahrhundert stammen.

SINTER CLAES

Nationaal Monument
Zwei Steinlöwen bewachen dieses Mahnmal zum Gedenken an die Opfer unter der Bevölkerung während des Zweiten Weltkriegs. ❹

Madame Tussauds Scenerama,
ein Panoptikum, bietet neben Wachsfiguren auch einen schönen Blick auf den Dam. ❸

Der Nes ist eine der ältesten Straßen der Stadt und seit 150 Jahren Zentrum der Theaterwelt. ❺

NICHT VERSÄUMEN

★ Amsterdam Museum

★ Begijnhof

★ Koninklijk Paleis

★ **Koninklijk Paleis**
Die klassizistische Fassade und die Skulpturen waren Ausdruck der Größe und Macht der Stadt und ihrer Regenten. ❷

Stadtplan Amsterdam *siehe Seiten 150–159*

Nieuwe Kerk ❶

Dam. **Stadtplan** 1 C4. 020-638 6909. 1, 2, 4, 5, 9, 13, 14, 16, 17, 24, 25. nur bei Ausstellungen, dann meist tägl. 10–17 Uhr. **www.nieuwekerk.nl**

Szene nach Vermeer in Madame Tussauds Scenerama

Die aus dem 14. Jahrhundert stammende Kirche wurde gebaut, als die wachsende Gemeinde in der Oude Kerk *(siehe S. 76 f)* keinen Platz mehr fand. Im Lauf der Zeit wurde sie mehrere Male durch Brände zerstört und wieder aufgebaut. Während des Bildersturms beraubte man sie all ihres Schmucks. Um 1600 erhielt sie dann ihr heutiges Äußeres. Mittelpunkt des Innenraums ist nicht der Altar, sondern die Kanzel. Sie wurde in 15-jähriger Arbeit von Albert Vinckenbrink handgeschnitzt und ist nach protestantischen Maßstäben sehr prächtig. Das gilt auch für die vergoldeten Cherubim, die die Ecken des hölzernen Rippengewölbes in der Vierung der Kirche unterstützen.

Das bemalte Fenster auf der rechten unteren Seite des südlichen Querschiffs schuf Otto Mengelberg 1898. Es zeigt die Krönung Königin Wilhelminas. In der Apsis steht ein Gedenkstein, den Rombout Verhulst zu Ehren von Admiral Michiel de Ruyter (1607–1676) anfertigte. Zu den Sehenswürdigkeiten zählt auch die Große Orgel (1645), deren vergoldeter Umbau mit Putten, Blumen und Vögeln überaus reich verziert ist.

Detail eines Buntglasfensters in der Nieuwe Kerk

Koninklijk Paleis ❷

Siehe Seiten 88 f.

Madame Tussauds Scenerama ❸

Peek & Cloppenburg-Gebäude, Dam 20. **Stadtplan** 2 D5. 020-522 1010. 4, 9, 14, 16, 24, 25. tägl. 10–18.30 Uhr (Juli, Aug: bis 20.30 Uhr). 30. Apr. **www.madametussauds.nl**

Madame Tussaud zeigt uns ihre Version der Geschichte der Niederlande und riskiert dabei auch einen Blick in die Zukunft. Manche Figuren wie der »Amsterdam Man« mögen etwas eigenartig sein, aber man bekommt beispielsweise auch einen guten Eindruck vom Leben im Goldenen Zeitalter *(siehe S. 64 f).*

Nationaal Monument ❹

Dam. **Stadtplan** 2 D5. 4, 9, 14, 16, 24, 25.

Der 1956 enthüllte Obelisk wurde vom Architekten J.J.P. Oud entworfen und vom Bildhauer John Raedecker aus Travertin gearbeitet. Das 22 Meter hohe Werk erinnert an die Opfer in der niederländischen Bevölkerung während des Zweiten Weltkriegs. In der Mauer hinter der Säule stehen Urnen mit Erde aus den Provinzen und den ehemaligen Kolonien. Der Text auf dem Monument stammt von Adriaan Roland Holst (1888–1976).

Nes ❺

Stadtplan 2 D5. 4, 9, 14, 16, 24, 25.

In der mittelalterlichen Gasse stehen viele Theater. 1614 wurde im Haus Nr. 57 die erste Pfandleihe eröffnet. Daran erinnert eine Gedenktafel, nicht ausgelöste Wertgegenstände sind im Fenster zu sehen. Nachts sollte man im Nes nicht allein unterwegs sein.

Amsterdam Museum ❻

Siehe Seiten 92 f.

Begijnhof ❼

Spui (Zugang: Gedempte Begijnensloot). **Stadtplan** 1 C5. 🚊 *1, 2, 5, 9, 14, 16, 24, 25.* **Tore** ⬜ *tägl. 9–17 Uhr.*

D er Begijnhof wurde 1346 als Stift für die *Begijntjes* (Laienschwestern), die kein Keuschheitsgelübde ablegten, gebaut. Als Gegenleistung für die Unterbringung im Damenstift widmeten sie sich der Pflege von Armen und Kranken. Von der originalen Anlage ist nichts mehr erhalten, doch der Begijnhof wirkt

auch heute noch wie eine Oase der Ruhe und Besinnung. Unter den Häusern rings um den gepflegten begrünten Hof ist auch das älteste Holzhaus Amsterdams (Nr. 34). An der Mauer des Nachbarhauses sieht man eine Giebelsteinsammlung mit biblischen Motiven.

An der Südseite des Hofs steht die Engelse Kerk (Englische Kirche) aus dem 15. Jahrhundert. In der Begijnhof-Kapelle, einer Geheimkirche westlich

davon, hielten die Begijntjes und andere Katholiken ihre Gottesdienste ab, bis 1795 die Glaubensfreiheit wiederhergestellt wurde. Früher waren hier Reliquien des Hostienwunders untergebracht. Vier Buntglasfenster stellen Szenen des Amsterdamer Hostienwunders dar.

Giebelstein Engelse Kerk

Die Bewohner des Begijnhof wollen ihn für die Öffentlichkeit völlig schließen. Offizielle Besichtigungen sind daher leider kaum möglich.

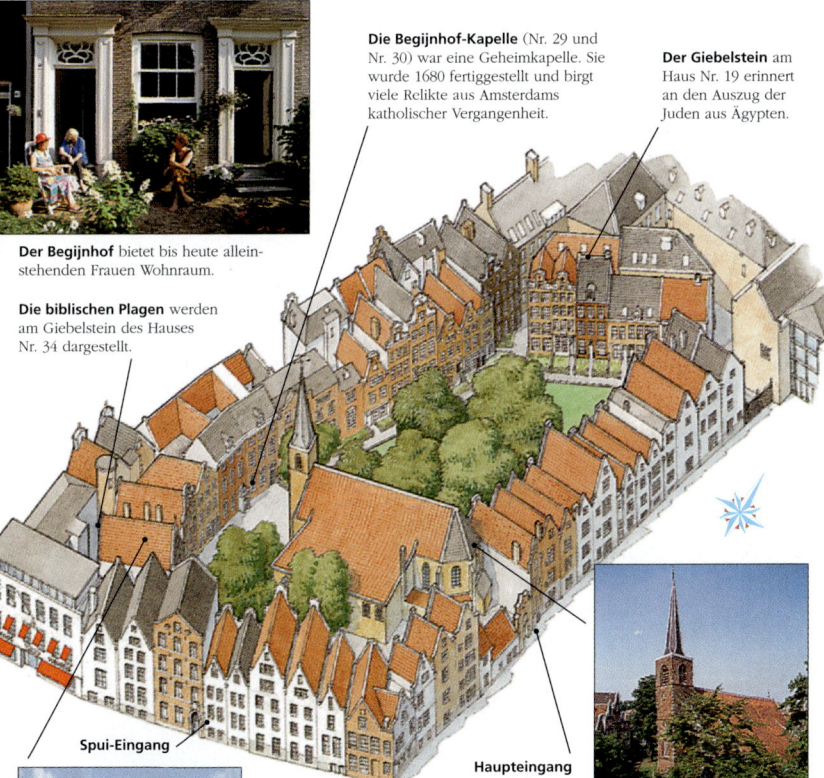

Die Begijnhof-Kapelle (Nr. 29 und Nr. 30) war eine Geheimkapelle. Sie wurde 1680 fertiggestellt und birgt viele Relikte aus Amsterdams katholischer Vergangenheit.

Der Giebelstein am Haus Nr. 19 erinnert an den Auszug der Juden aus Ägypten.

Der Begijnhof bietet bis heute alleinstehenden Frauen Wohnraum.

Die biblischen Plagen werden am Giebelstein des Hauses Nr. 34 dargestellt.

Spui-Eingang

Haupteingang am Gedempte Begijnensloot

Het Houten Huis

Nr. 34 ist Amsterdams ältestes Haus (um 1420). Es gibt nur noch zwei Holzhäuser in ganz Amsterdam, da Holz nach mehreren Großbränden 1521 als Baumaterial verboten wurde. Die heutigen Häuser des Begijnhof wurden überwiegend nach dem 16. Jahrhundert gebaut.

Engelse Kerk

Die Kirche wurde 1419 für die Begijntjes gebaut. Nach der Alteratie 1578 übernahmen die Calvinisten die Kirche und überließen sie 1607 den Presbyterianern. Auch die Pilgerväter sollen hier gebetet haben.

Stadtplan Amsterdam *siehe Seiten 150–159*

Koninklijk Paleis ❷

Das ehemalige Rathaus wird von der Königin
regelmäßig für offizielle Anlässe genutzt. Mit
dem Bau wurde 1648, am Ende des Achtzigjährigen Kriegs *(siehe S. 49)*, begonnen. Die Fundamente des riesigen Sandsteingebäudes ruhen auf
13 600 Rammpfählen. Der stolze, klassizistische
Entwurf von Jacob van Campen (1595–1657) ist
auch ein Ausdruck des Selbstbewusstseins der
Stadt Amsterdam nach dem Sieg über die Spanier.

Zimmer der
Commissarissen
van Kleine Zaken

Innenhof

Südgalerie

Skulpturen

Amtszimmer
des Thesaurie
Ordinaris

Zimmer des
Bürgermeisters

Büro des
Bürgermeisters

Blick auf
den Dam

Justiz-
kammer

Gerichtssaal
(Vierschaar)

Eingang

★ Burgerzaal
*Im Marmorboden des »Bürger-
saals« sieht man Karten der
westlichen und der östlichen
Hemisphäre als Einlege-
arbeiten.*

★ Skulpturen
*Das ganze Palais ist
mit allegorischen
Figuren geschmückt.*

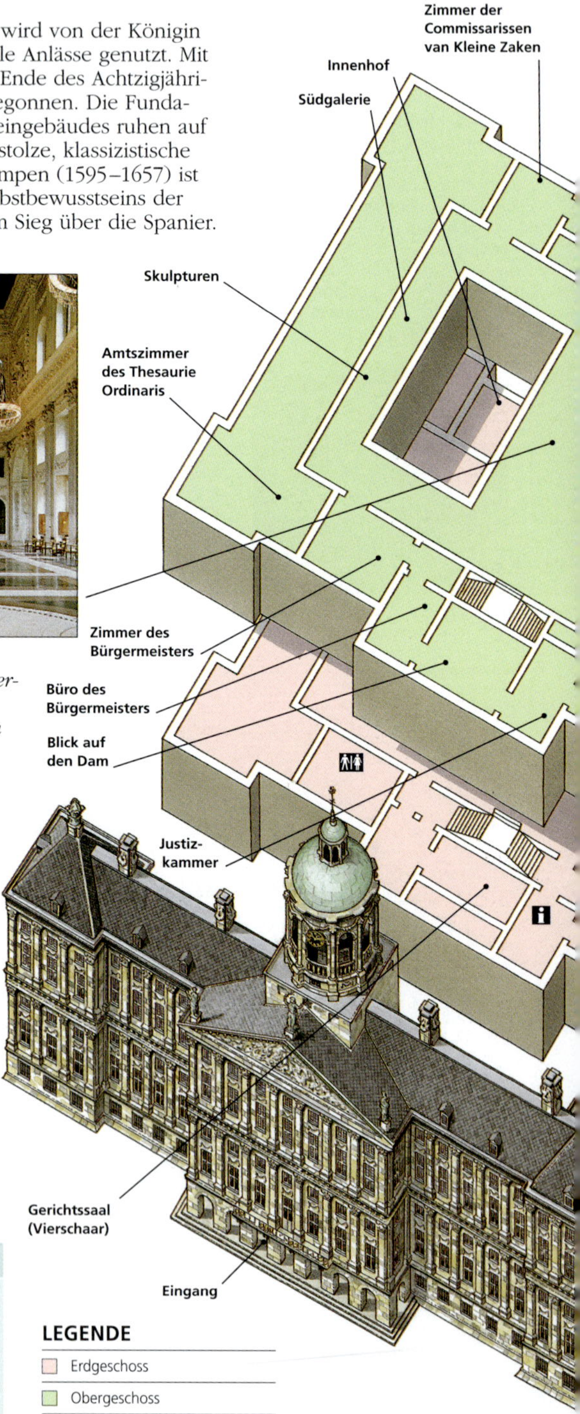

NICHT VERSÄUMEN

★ Burgerzaal

★ Skulpturen

★ Vroedschapszaal

LEGENDE
☐ Erdgeschoss
☐ Obergeschoss

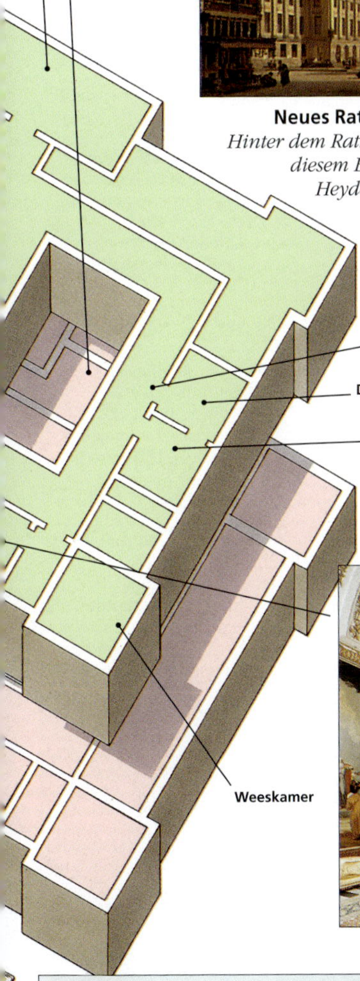

Schöffensaal

Innenhof

Neues Rathaus auf dem Dam
Hinter dem Rathaus kann man auf diesem Bild von Jan van der Heyden (1637–1712) die Nieuwe Kerk (siehe S. 86) sehen.

Nordgalerie

Desolate Boedelkamer

Assurantiekamer

Weeskamer

INFOBOX

Dam. **Stadtplan** 1 C4. 020-620 4060. 1, 2, 4, 5, 9, 13, 14, 16, 17, 20, 24, 25. Juli, Aug: tägl. 11–17 Uhr; Sep–Apr: Di–So 12–17 Uhr. Mai, Juni und bei Anwesenheit der Königin. nach Anmeldung.
www.paleisamsterdam.nl

Ziergitter aus Bronze
Von der Straße musste man eine Treppe hinaufgehen und stand, bevor man den Burgerzaal betreten konnte, vor diesen beeindruckenden Gittern.

★ **Vroedschapszaal**
Im Ratssaal stehen zwei besonders prächtige Kaminsimse mit Aufsätzen von Govert Flinck und Jan van Bronckhorst. Die Grisaille malte Jacob de Wit 1738.

ZEITSKALA

1648 Baubeginn unter Jacob van Campen	**1665** Vollendung des Baus	**1720** Vollendung des Interieurs	**1810** Eingreifende Umbauten im Palais: Galerien werden mit Wänden in Zimmer aufgeteilt; neue Inneneinrichtung im Empirestil

1600	1700	1800	1900	2000

1655 Festliche Einweihung des Gebäudes	**1808** Ludwig Napoléon baut das Rathaus zum Palast um	**1960** Mit mehreren Restaurierungen wird im 20. Jahrhundert der Originalzustand der Zeit vor Ludwig Napoléon wiederhergestellt	**2002** Auf dem Balkon küsst Kronprinz Willem-Alexander seine Braut Máxima

Stadtplan Amsterdam siehe Seiten 150–159

Allard Pierson Museum  ⑧

Oude Turfmarkt 127. **Stadtplan** 5 A2. 📞 020-525 2556. 🚃 4, 9, 14, 16, 24, 25. ⭕ Di–Fr 10–17, Sa, So, Feiertage 13–17 Uhr. ⚫ 1. Jan, Ostersonntag, 30. Apr, Pfingstsonntag, 25. Dez. 🎦 📷 ♿ ✍ **www**.allardpiersonmuseum.com

Detail aus Bentheimer Sandstein am Gebäude des Allard Pierson Museum

Das einzige archäologische Museum der Stadt ist nach dem Theologen und Philosophen Allard Pierson (1831–1896) benannt und seit 1976 in diesem klassizistischen Gebäude beheimatet. Das Museum besitzt griechische, römische, ägyptische, zypriotische und koptische Kunstschätze.

Torensluis ⑨

Singel, zwischen Torensteeg und Oude Leliestraat. **Stadtplan** 1 C4. 🚃 1, 2, 5, 13, 14, 17.

Die Torensluis ist eine der breitesten Brücken Amsterdams. Sie liegt an der Stelle einer Schleuse aus dem 17. Jahrhundert und verdankt ihren Namen den zwei Türmen, die hier bis 1829 zu beiden Seiten des Singel standen. Umrisse sind auf das Pflaster gezeichnet. Unter der Brücke liegen noch alte Kerker.

Magna Plaza ⑩

Nieuwezijds Voorburgwal 182. **Stadtplan** 1 C4. 📞 626 9199. 🚃 1, 2, 5, 13, 14, 17. ⭕ Mo 11–19, Di–Sa 10–19 (Do bis 21), So 12–19 Uhr. ⚫ 1. Jan, 30. Apr, 25., 26. Dez. 📷 ♿ Siehe **Shopping** Seite 144. **www**.magnaplaza.nl

Seit 1748 stand hier ein Postamt. Das heutige Gebäude wurde 1899 von C. P. Peters entworfen und diente zunächst als Post. Seit 1990 beherbergt es Magna Plaza, das erste überdachte Shopping-Center der Stadt.

Lutherse Kerk ⑪

Kattengat 2. **Stadtplan** 2 D3. 📞 020-621 2223. 🚃 1, 2, 5, 13, 17. ⭕ nur bei Konzerten. ♿ mit Hilfe.

Die Kirche wurde 1671 von Adriaan Dortsman (1625–1682) entworfen. Sie war der erste runde protestantische Kirchenbau des Landes – die Idee war, dass alle Gläubigen

die Kanzel gut sehen sollten. Im Jahr 1882 brannte die Kirche beinahe völlig ab, nur die Außenmauern blieben stehen. Beim Wiederaufbau wurden der Innenraum und das Portal nach der damaligen architektonischen Mode umgestaltet. Nach einem weiteren Brand 1893 wurde das Dach durch eine kupferbeschlagene Kuppel ersetzt.

Der Rückgang der Anzahl von Gläubigen führte 1935 zur Schließung der Kirche. Heute wird sie vom Amsterdam Renaissance Hotel als Tagungs- und Bankettsaal genutzt. Am Sonntagnachmittag finden im Winter manchmal Konzerte statt.

Centraal Station ⑫

Stationsplein. **Stadtplan** 2 E3. 📞 0900-9292 (Zugauskunft). 🚃 1, 2, 4, 5, 9, 13, 16, 17, 24, 25. Ⓜ Centraal Station. **Information** ⭕ tägl. 24 Std. 📷 ♿ **www**.ns.nl

Seit seiner Eröffnung 1889 bildet der Hauptbahnhof den Abschluss der Innenstadt zum IJ. Das neogotische Gebäude wurde von P.J.H. Cuypers entworfen, dem Architekten des Rijksmuseum (siehe S. 122–125), und aus rotem Backstein auf einer künstli-

Straßencafé an der Torensluis mit Aussicht über den Singel

Hotels und Restaurants in Amsterdam siehe Seiten 392–395 und 410–414

chen Insel errichtet. Prächtig präsentiert sich die Fassade mit viel Zierrat. Heute nutzen täglich 250 000 Reisende den Bahnhof. Viele Tram- und Busverbindungen enden am Stationsplein. Bis 2015 wird Amsterdam Centraal umgebaut.

Die Neorenaissancefassade der Sint-Nicolaaskerk

Sint-Nicolaaskerk ⓭

Prins Hendrikkade 73. **Stadtplan** 2 E4. ☎ 020-624 8749. 🚋 1, 2, 4, 5, 9, 13, 16, 17, 24, 25. Ⓜ Centraal Station. ⏰ Mo, Sa 12–15, Di–Fr 11–16 Uhr. ✝ Mo–Sa 12.30, So 10.30, 13 Uhr (auf Spanisch). 📷 www.nicholaas-parochie.nl

Sint Nicolaas ist der Schutzheilige der Matrosen. Viele Kirchen in den Niederlanden sind ihm geweiht, und am Abend des 5. Dezember wird ihm zu Ehren der »Sinterklaasavond« gefeiert, ein wichtiger Feiertag in den Niederlanden. Die Sint-Nicolaaskerk wurde von A. C. Bleys (1842–1912) entworfen, 1887 war ihr Bau vollendet. Die Kirche ersetzte die vielen katholischen Geheimkirchen, die in Amsterdams streng protestantischen Jahren entstanden waren.

Von außen wirkt der Bau abweisend, innen beeindruckt die Monumentalität. Die beiden Buntglasfenster wurden unlängst erneuert.

Ons' Lieve Heer op Solder

Ons' Lieve Heer op Solder ⓮

Oudezijds Voorburgwal 40. **Stadtplan** 2 E4. ☎ 020-624 6604. 🚋 4, 9, 16, 24, 25. ⏰ Mo–Sa 10–17, So, Feiertage 13–17 Uhr. ● 1. Jan, 30. Apr. 📷 📷 📷 www.opsolder.nl

Am Rand des Rotlichtviertels steht ein unscheinbares Grachtenhaus, hinter dem sich zwei kleinere Gebäude verbergen. In den verbundenen Dachböden, den *zoldern*, befindet sich die 1663 erbaute katholische Geheimkirche »Unser Lieber Herr auf dem Dachboden«. Die Kirche wurde 1735 erweitert, bis zur Vollendung der Sint-Nicolaaskerk Ende des 19. Jahr-

hunderts fanden hier Messen statt. Zu den Highlights gehört der Altaraufsatz. Über dem Altar hängt *Die Taufe Christi* (1716) von Jacob de Wit. In den unteren Etagen ist seit 1888 ein Museum mit Silberschmiedearbeiten, religiösen Gegenständen und Gemälden. Bis 2012 findet ein Umbau statt, der das Oude Huis mit einem Nieuwe Huis auf der anderen Seite der Gasse verbindet und so mehr Ausstellungsraum schafft.

Beurs van Berlage ⓯

Damrak 2. **Stadtplan** 2 D4. ☎ 020-530 4141. 🚋 4, 9, 16, 24, 25. ⏰ nur für Ausstellungen. 📷 📷 📷 📷 www.beursvanberlage.nl

Die Effektenbörse, entworfen von Hendrik Berlage, war 1903 fertig. Die Geradlinigkeit des Baus bedeutete einen Bruch mit der Architektur des 19. Jahrhunderts und beeinflusste die Amsterdamer Schule (*siehe S. 142f*). Ein Fries zeigt die Evolution des Menschen von Adam bis zum Börsenhändler. Heute dient der Bau für Konzerte und Ausstellungen. Kronprinz Willem-Alexander und Máxima Zorreguieta wurden hier 2002 standesamtlich getraut.

Beurs van Berlage, vom Beursplein aus gesehen

Stadtplan Amsterdam siehe Seiten 150–159

Amsterdam Museum ❻

Das St.-Luciënkloster wurde zwei Jahre nach der Alteratie 1578 als Waisenhaus eröffnet. Der ursprüngliche Bau aus rotem Backstein wurde im Lauf der Jahre mit Anbauten von Hendrick de Keyser und Jacob van Campen erweitert. Das heutige Gebäude mit seinem kopfsteingepflasterten Hof und der klassizistischen Fassade stammt großteils aus dem 18. Jahrhundert. Es beherbergt das 1975 eröffnete Museum zur Stadtgeschichte.

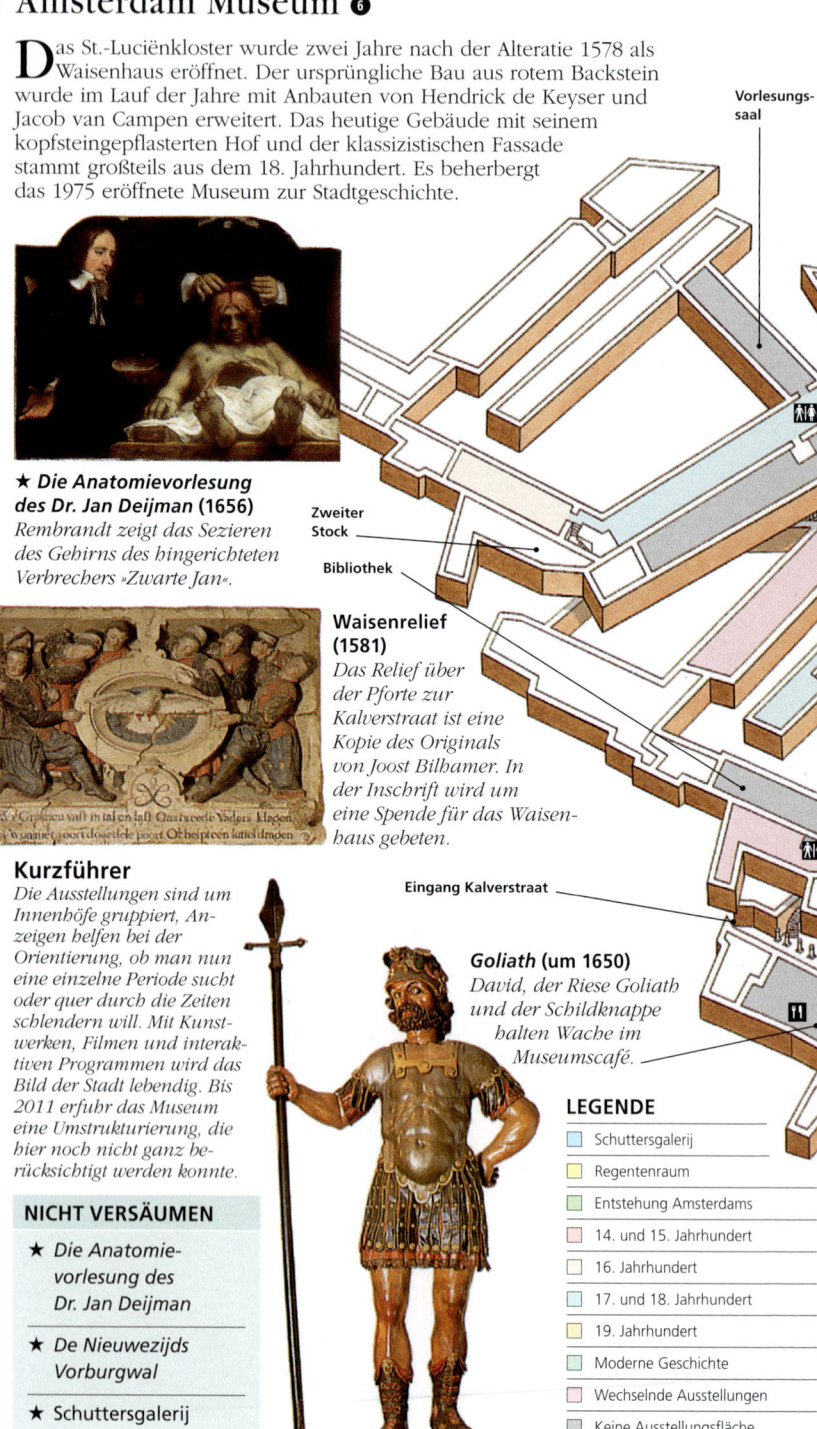

Vorlesungs-saal

★ Die Anatomievorlesung des Dr. Jan Deijman (1656)
Rembrandt zeigt das Sezieren des Gehirns des hingerichteten Verbrechers »Zwarte Jan«.

Zweiter Stock

Bibliothek

Waisenrelief (1581)
Das Relief über der Pforte zur Kalverstraat ist eine Kopie des Originals von Joost Bilhamer. In der Inschrift wird um eine Spende für das Waisenhaus gebeten.

Kurzführer

Die Ausstellungen sind um Innenhöfe gruppiert, Anzeigen helfen bei der Orientierung, ob man nun eine einzelne Periode sucht oder quer durch die Zeiten schlendern will. Mit Kunstwerken, Filmen und interaktiven Programmen wird das Bild der Stadt lebendig. Bis 2011 erfuhr das Museum eine Umstrukturierung, die hier noch nicht ganz berücksichtigt werden konnte.

Eingang Kalverstraat

Goliath (um 1650)
David, der Riese Goliath und der Schildknappe halten Wache im Museumscafé.

NICHT VERSÄUMEN

★ Die Anatomievorlesung des Dr. Jan Deijman

★ De Nieuwezijds Vorburgwal

★ Schuttersgalerij

LEGENDE

▢	Schuttersgalerij
▢	Regentenraum
▢	Entstehung Amsterdams
▢	14. und 15. Jahrhundert
▢	16. Jahrhundert
▢	17. und 18. Jahrhundert
▢	19. Jahrhundert
▢	Moderne Geschichte
▢	Wechselnde Ausstellungen
▢	Keine Ausstellungsfläche

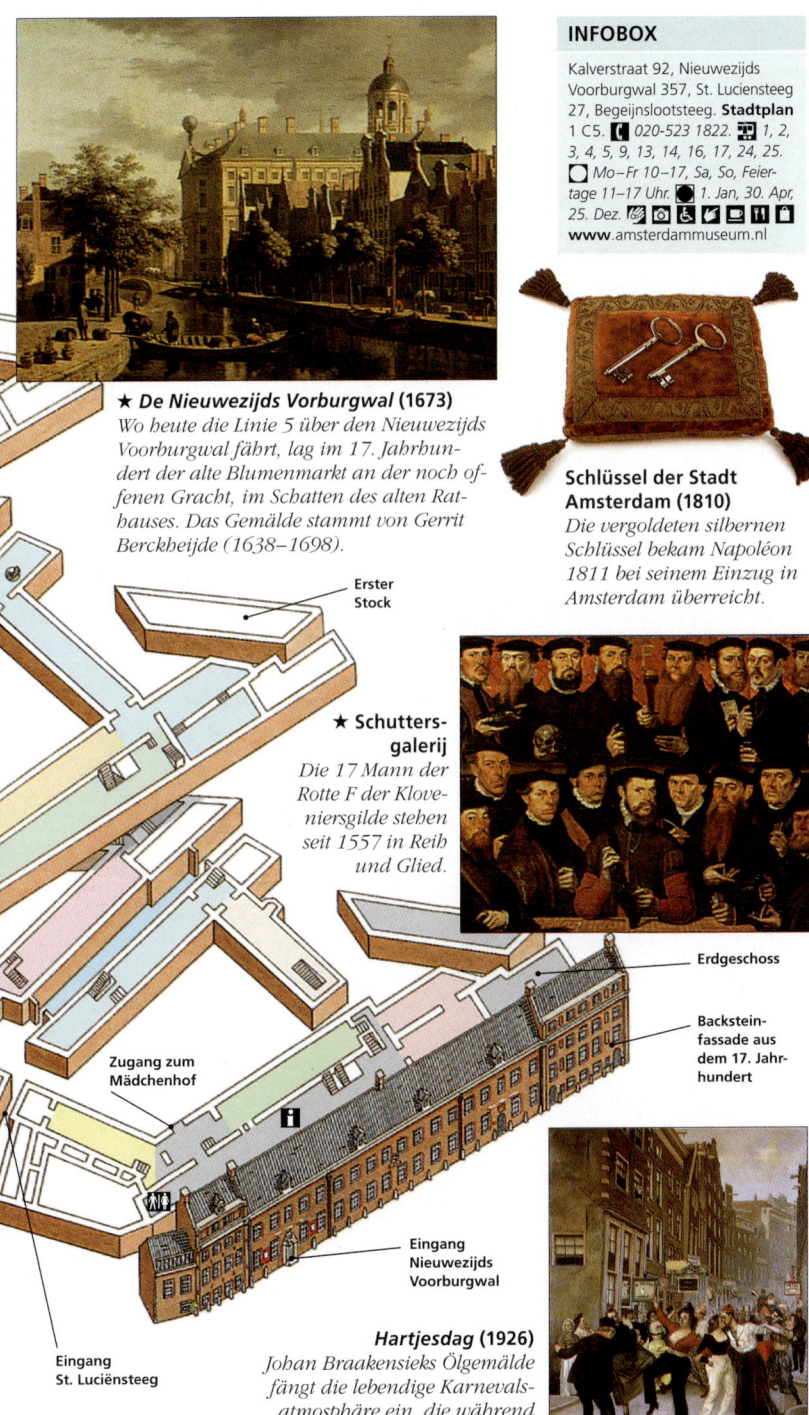

INFOBOX

Kalverstraat 92, Nieuwezijds Voorburgwal 357, St. Luciensteeg 27, Begeijnslootsteeg. **Stadtplan** 1 C5. ☎ 020-523 1822. 🚊 1, 2, 3, 4, 5, 9, 13, 14, 16, 17, 24, 25. 🕐 Mo–Fr 10–17, Sa, So, Feiertage 11–17 Uhr. ⬤ 1. Jan, 30. Apr, 25. Dez. 🅿 www.amsterdammuseum.nl

★ De Nieuwezijds Vorburgwal (1673)

Wo heute die Linie 5 über den Nieuwezijds Voorburgwal fährt, lag im 17. Jahrhundert der alte Blumenmarkt an der noch offenen Gracht, im Schatten des alten Rathauses. Das Gemälde stammt von Gerrit Berckheijde (1638–1698).

Schlüssel der Stadt Amsterdam (1810)

Die vergoldeten silbernen Schlüssel bekam Napoléon 1811 bei seinem Einzug in Amsterdam überreicht.

Erster Stock

★ Schuttersgalerij

Die 17 Mann der Rotte F der Kloveniersgilde stehen seit 1557 in Reih und Glied.

Erdgeschoss

Backsteinfassade aus dem 17. Jahrhundert

Zugang zum Mädchenhof

Eingang Nieuwezijds Voorburgwal

Eingang St. Luciënsteeg

Hartjesdag (1926)

Johan Braakensieks Ölgemälde fängt die lebendige Karnevalsatmosphäre ein, die während des »Herzchentags« im August auf dem Zeedijk herrschte.

Stadtplan Amsterdam siehe Seiten 150–159

Anfahrt

Vom Dam zum Leidseplein sind es nur 15 Minuten zu Fuß. Zum Leidseplein fahren die Trams 1, 2 und 5 sowie 7 und 10, die Richtung Plantage fahren. Jordaan erreicht man vom Dam zu Fuß in fünf Minuten. Die Trams 13, 14 und 17 fahren zur Rozengracht, 3 und 10 zur Haarlemmerpoort. Frederiksplein (4, 7, 10) und Muntplein (4, 9, 14, 16, 24, 25) sind gute Ausgangspunkte, um den östlichen Grachtengürtel zu erkunden.

Sehenswürdigkeiten auf einen Blick

Historische Gebäude und Denkmäler

American Hotel ⑩
Haarlemmerpoort ⑥
Homomonument ②
Huis met de Hoofden ④
Magere Brug ⑱
Munttoren ㉑
Stadsarchief
  Amsterdam ⑮

Museen

Anne Frank Huis S. 108 f ①
Bijbels Museum ⑬
Museum Van Loon ⑲
Museum Willet-Holthuysen ⑰

Kirchen

De Krijtberg ⑫
Noorderkerk ⑤
Westerkerk ③

Märkte

Looier Kunst en Antiek ⑭
Noordermarkt ⑤

Theater

Pathé Tuschinski ⑳
Stadsschouwburg ⑪

Plätze, Viertel und Grachten

Brouwersgracht ⑦
Leidseplein ⑨
Rembrandtplein ⑯
Westelijke Eilanden ⑧

◁ **Radfahrer auf einer Grachtenbrücke**

Grachtengürtel

**Verzierung am
Felix-Meritis-Haus**

Die zu Beginn des 17. Jahrhunderts ausgehobenen drei großen Grachten Amsterdams wurden noch im selben Jahrhundert erweitert. In den 1660er Jahren ließen die Kaufleute vornehme Häuser vor allem an dem Stück der Herengracht errichten, das später die Gouden Bocht (»Goldkurve«) genannt wurde. Heute haben hier vor allem Büros und Kanzleien ihren Sitz. An den westlichen Grachten liegt das Viertel Jordaan, erbaut für Arbeiter und Immigranten und auch für seine *hofjes* berühmt. Architektonische Glanzlichter im Grachtengürtel sind die Westerkerk, das Huis met de Hoofden (»Haus mit den Köpfen«) und das American Hotel am Leidseplein. 2010 wurde der Grachtengürtel UNESCO-Welterbestätte.

LEGENDE

- Detailkarte *siehe S. 106f*
- U-Bahn-Station
- Information
- Museumsboot-Anlegestelle

0 Meter   500

Architektur der Grachtenhäuser

Amsterdam gilt als die Stadt der »zurückhaltenden« Architektur, da der Reiz der Häuser mehr in den Details als in großangelegten Effekten liegt. Seit dem 15. Jahrhundert lassen Bauvorschriften, Grundstücksgröße und der weiche Boden fast nur den gleichen Typ von Häusern zu. Sie sind aus leichten Baumaterialien wie Sandstein oder Backstein errichtet und mit vielen Fenstern versehen, die das Gewicht zusätzlich verringern. Die Besitzer verleihen ihren Häusern im Wesentlichen durch Giebel, Simse, Türeinfassungen und Fensterformen ihre persönliche Note.

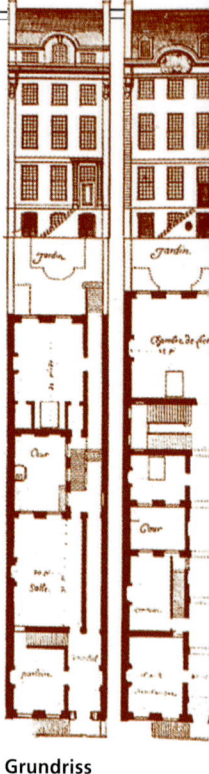

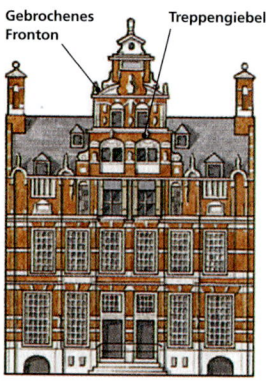

Gebrochenes Fronton

Treppengiebel

Bildhauerwerke im Tympanon symbolisieren Kunst und Wissenschaft.

Bartolotti-Haus *(1617)*
Die Kombination von Backstein und Sandstein, der Treppengiebel und die Voluten sind typisch für Hendrick de Keysers Renaissancehäuser.

Felix-Meritis-Gebäude *(1778)*
Klassizistische Elemente wie die korinthischen Säulen und der Dreiecksgiebel prägen das Erscheinungsbild dieses von Jacob Otten Husly entworfenen Hauses.

Grundriss
Steuern bemaßen sich nach der Fassadenbreite, also baute man die Häuser lang und schmal. Im achterhuis (Hinterhaus) waren Büro und Lager.

Simse
Dekorative Dachsimse wurden ab 1690 sehr beliebt, als Giebel gerade aus der Mode kamen. Im 19. Jahrhundert setzte sich eine schlichte Gestaltung durch.

Louis-XV-Stil mit Rokokobalustrade (1739)

Sims (19. Jh.) mit Mansardendach

Sogenannte Zahnleiste (19. Jh.)

Giebel
Giebel sollten anfänglich nur die Lagerböden unter dem Dach kaschieren. Später wurden sie mehr und mehr mit geschwungenen Ornamenten, Vasen und sogar mit Familienwappen dekoriert.

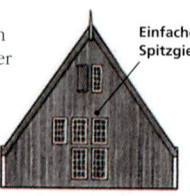

Einfacher Spitzgiebel

Begijnhof Nr. 34 (um 1420) ist eines der noch erhaltenen Holzhäuser.

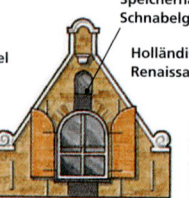

Speicherhaus mit Schnabelgiebel

Holländische Renaissance

Der Schnabelgiebel, Leidsegracht 213 (um 1620), ist typisch für Lagerhäuser.

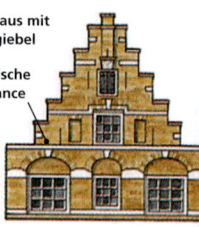

Treppengiebel wie an der Brouwersgracht 2 waren 1600–65 in Mode.

rgeneigte Fassaden

*rgeneigte Fassaden verhin-
rn, dass beim Hochziehen
r Waren in den Speicher die
nster zerstört werden. Seit
565 darf der Neigungswinkel
setzlich maximal 1:25 be-
agen, damit die Häuser
cht »umkippen«.*

Gouden Bocht

Der Teil der Herengracht zwischen der Leidsestraat und
der Vijzelstraat wurde schon seit dem 17. Jahrhundert
Gouden Bocht (»Goldkurve«) genannt, denn hier wohnten die reichen Werftbesitzer, Kaufleute und Politiker.
Die Fassaden bestanden oft aus Sandstein, der teurer als
der gebräuchliche Backstein war und importiert werden
musste. Wunderschön ist das Haus Nr. 412, das 1664 von
Philips Vingboons entworfen wurde. Er konstruierte

auch das Witte Huis
(Herengracht 168) und das
Bijbels Museum (Heren-
gracht 366). Bis ins
18. Jahrhundert wurden
hier noch Häuser gebaut,
meist im Louis-XIV-Stil.
Das Haus Herengracht 475
ist ein gutes Beispiel für
diesen Stil. Es wurde im
Jahr 1730 erbaut und gilt
mit seinen beiden Frauen-
figuren über dem Eingang
und der eleganten Sand-
steinfassade als wahres
Juwel unter all den schö-
nen und vornehmen Häu-
sern an dieser Gracht.

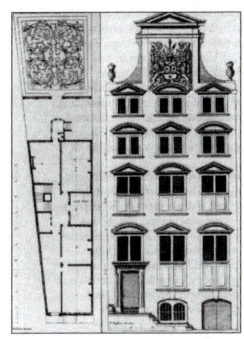

**Grundriss und Ansicht des Witte
Huis, Herengracht 168**

ofjes

*ohltäter ließen im 17. und
3. Jahrhundert im ganzen
nd Armenhäuser (hofjes)
uen. Diese hofjes, in denen
te und Kranke Unterkunft
nden, waren der erste
chritt auf dem Weg zum
zialstaat.*

Giebelstein eines Matrosenheims

Giebelstein eines Milchladens

Arche Noah – Zufluchtsort der Armen

Giebelsteine

Bis zur Einführung der
Hausnummern im
16. Jahrhundert zeigten
behauene und bemalte
Giebelsteine, wer in
dem Haus wohnte und
oft auch dessen Beruf.

**Muschel-
motiv**

**Delfin-
ornament**

**Glocken-
giebel**

**Füllhorn in der
Steinmetzarbeit**

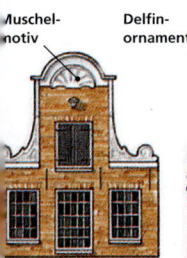

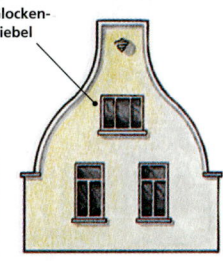

r Halsgiebel, hier an
gel 419, war zwischen
40 und 1840 modern.

**Oudezijds Voorburgwal
119** hat einen reich verzierten Halsgiebel (17. Jh.).

**Das Eckhaus Keizersgracht
und Leliegracht** hat einen
schlichten Glockengiebel.

Der Glockengiebel von
Oudezijds Voorburgwal 298
stammt aus dem 18. Jh.

Vom Dam zur Herengracht 487

Der Spaziergang beginnt am Dam *(siehe S. 84f)*. Folgen Sie der grau gepunkteten Route auf der kleinen Karte rechts zum Koninklijk Paleis *(siehe S. 88f)*, überqueren Sie Nieuwezijds Voorburgwal und Spuistraat, biegen Sie am Ende der Paleisstraat links ab zum linken Singelufer (lila Punkte). Von hier aus folgen Sie der Route unseres Grachtenspaziergangs.

Zur Orientierung

SINGEL ●

Singel 239
A. L. van Gendt entwarf dieses große Bürohaus für den Kaufmann Julius Carle Bunge. Das sogenannte Bungehuis wurde 1934 vollendet.

Das Haus Singel 265
mit der symmetrischen Fassade aus dem 17. Jahrhundert wurde mehrmals umgebaut.

Der Treppengiebel
am Haus Nr. 279 stammt au dem 19. Jahrhundert. Die m ten Häuser am Singel entst den zwischen 1600 und 16(

Die Halsgiebel der Häuser Nr. 353–357 an der Keizersgracht stammen aus dem frühen 18. Jahrhundert.

Huidenstra

Das schmale Haus Keizersgracht 345a teilt sich den Sims mit dem Nachbarhaus.

1708 wurde das Haus Nr. 333 an der Keizersgracht für den Steuereintreiber Jacob de Wilde umgebaut. Heute ist es ein Wohnhaus.

Der Sämann (1888)
Im März 1878 besuchte Vincent van Gogh (siehe S. 126f) seinen Onkel, der eine Buch- und Kunsthandlung (Keizersgracht 453) besaß.

Jan Six II

Bürgermeister und Kunstkenner Jan Six ließ 1739 die Fassade des Hauses Herengracht 495 von Jean Coulon umgestalten und einen Balkon anfügen.

Aufstände 1696

In der Herengracht 507 wohnte Bürgermeister Jacob Boreel. Aus Unmut über die von ihm eingeführte Begräbnissteuer plünderten aufgebrachte Bürger sein Haus.

Vijzelstraat

Die drei Halsgiebelhäuser, Reguliersgracht 17, 19 und 21, sind heute als vornehme Wohnadressen beliebt.

De Nieuwe Amsterdammer

Im Haus Reguliersgracht 19 wurde von 1914 bis 1920 diese Wochenzeitschrift für linksgerichtete Intellektuelle herausgegeben.

e **Speicherhäuser** mit hnabelgiebel *(siehe S. 96 f)* s dem 16. Jahrhundert, guliersgracht 11 und 13, ißen »Sonne« und »Mond«.

Das **Café Marcella,** Prinsengracht 1047a, lädt im Sommer mit Tischen im Freien ein.

Hausboote auf der Prinsengracht

Amtlich registrierte Hausboote haben eine Postadresse und sind ans Stromnetz angeschlossen.

Utrechtsestraat

Keizersgracht

Das von der Leidsegracht aus aufgenommene Foto zeigt die Keizersgracht am Abend mit der Westerkerk (siehe S. 110) im Hintergrund.

Ein Antiquariat befindet sich im Haus Singel 319 mit der Fassade aus dem 18. Jahrhundert.

Wegweiser: Keizersgracht

Am Raamsteg gehen Sie über die Brücke, dann in die Oude Spiegelstraat, über die Herengracht und an der Wolvenstraat entlang zur Keizersgracht.

KEIZERSGRACHT

Keizersgracht 399
wurde 1665 gebaut, die Fassade im 18. Jahrhundert umgestaltet. Das *achterhuis (siehe S. 96)* ist im Originalzustand erhalten.

Keizersgracht 409
Dieses 1671 auf einem dreieckigen Grundstück errichtete Haus hat eine reich verzierte Golddecke.

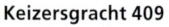

Huis Marseille heißt das Haus Nr. 401, weil eine Tafel an der Fassade den Hafen von Marseille aus der Vogelperspektive zeigt.

Herengracht 469
K. L. Sijmons Büroblock ersetzte 1971 die Originalbebauung aus dem 18. Jahrhundert.

Das einfache Haus mit Schnabelgiebel *(siehe S. 96 f),* Keizersgracht 403, war früher ein Lagerhaus, was in dieser Wohngegend eher selten war.

Das Bürohaus Keizersgracht 313 wurde 1914 von C. N. van Goor gebaut.

Keizersgracht 319 wurde 1639 von Philips Vingboons (1608–1678) gebaut. Es hat eine reich verzierte Fassade mit vielen Voluten, Vasen und Girlanden.

Peter der Große (1716)
Der russische Zar segelte bis zur Keizersgracht 317, dem Haus seines Freundes Christoffel Brants. Es heißt, der Zar habe zu viel getrunken und den Bürgermeister beim Empfang warten lassen.

Leidsegracht
Daniel Stalpaerts Stadterweiterungsplan von 1664 sah als neue Außengrenze diese Gracht vor, die Häuser aus dem 17. und 18. Jahrhundert säumen.

Das Louis-XIV-Haus, Keizersgracht 323, wurde 1728 erbaut. Es hat einen erhöhten Sims und zwei Lastbalken, von denen einer nur aus Gründen der Symmetrie angebracht wurde.

Der Kunstmäzen
Jan Gildemester kaufte 1792 das Jacob Otten Husly zugeschriebene Haus Herengracht 475 mit der reich dekorierten Eingangshalle.

Jan Corver
Der 19-malige Bürgermeister von Amsterdam ließ 1665 das Haus Herengracht 479 bauen.

Fortsetzung des Spaziergangs *siehe Seite 102*

Von der Herengracht 489 zur Amstel

Der zweite Teil des Spaziergangs führt entlang der Heren-, Reguliers- und Prinsengracht, wo im 17. und 18. Jahrhundert reiche Amsterdamer wohnten, an prächtigen Patrizierhäusern vorbei zur Amstel. Viele Grachtenhäuser sind heute der Sitz von Firmen oder Banken.

Zur Orientierung

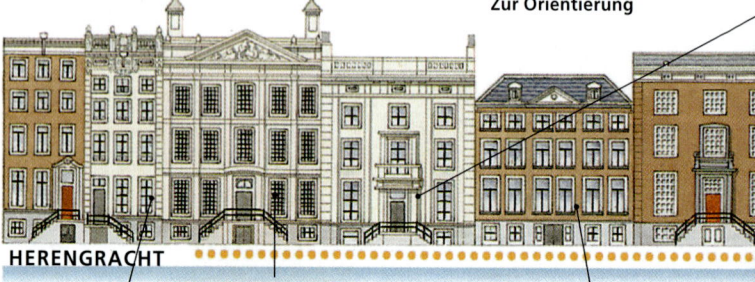

HERENGRACHT

Herengracht 491
wurde 1671 gebaut. Die im 18. Jahrhundert umgestaltete Fassade ist mit Voluten, Vasen und Wappen verziert.

Herengracht 493
Anthony van Hemert setzte vor das Haus aus dem 17. Jahrhundert 1767 eine Louis-XV-Fassade.

Das Kattenkabinet, Herengracht 497, wurde 1984 vom Bankier B. Meijer gegründet.

Wegweiser: Reguliersgracht

Am Thorbeckeplein überqueren Sie die Brücke rechts. Hier beginnt die Reguliersgracht. Gehen Sie am linken Ufer weiter.

REGULIERSGRACHT

Amstelveld im 17. Jahrhundert
Die Radierung zeigt den Bau einer hölzernen Kirche auf dem Amstelveld. Vor der Kirche weiden Schafe.

Restaurant Nel
Die Amstelkerk beherbergt heute Büros und ein Restaurant. Auf dem Platz davor spielen die Kinder des Viertels.

Wegweiser: Prinsengracht

Biegen Sie an der Kirche links ab, folgen Sie dem linken Prinsengrachtufer zur Amstel.

PRINSENGRACHT

Singel 289–293

Die Häuser stehen an einer Gasse, die früher Schoorsteenvegersteeg hieß, weil hier viele eingewanderte Schornsteinfeger wohnten.

Yab Yum

Im Haus Nr. 295 am Singel verbarg sich früher ein Bordell mit prunkvoller Ausstattung.

Das Portal von Keizersgracht 365 stammt von einem *hofje* am Oudezijds Voorburgwal und wurde hier aufgebaut.

Jacob de Wit

Der Künstler kaufte Nr. 383 und 385 an der Keizersgracht. Hier lebte er bis zu seinem Tod 1754.

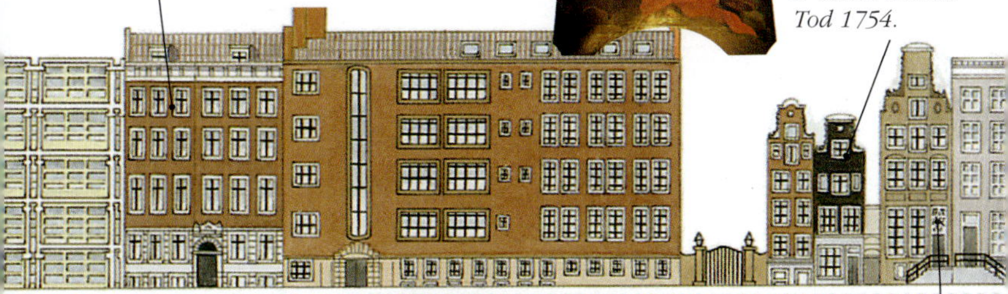

...tz & Co ist ein ...ditionsreiches ...uskaufhaus an der ...dsestraat 34–36, ...e Keizersgracht.

Gerrit Rietveld

Rietveld entwarf die Glaskuppel des Hauses und das schlichte, nicht allzu teure Möbelprogramm von Metz & Co.

De Vergulde Ster
(»Der goldene Stern«) an der Keizersgracht 387 bauten die Steinmetzen der Stadt 1668. Er hat einen länglichen Halsgiebel (siehe S. 96 f) und schmale Fenster.

Wegweiser: Herengracht

Biegen Sie links in die Leidsestraat, gehen Sie zum Koningsplein. Am linken Ufer der Herengracht wenden Sie sich ostwärts zum Thorbeckeplein.

HERENGRACHT

Zar Peter logierte 1716 im Haus Herengracht 527 beim russischen Botschafter, nachdem er die Nacht davor im Haus eines Freundes in der Keizersgracht 317 durchgezecht hatte.

Herengracht (1790)
Das Aquarell von J. Prins zeigt die Herengracht vom Koningsplein aus gesehen.

Das asymmetrische Haus Herengracht 533–537 wurde 1910 erbaut. Davor standen hier vier Häuser. Von 1968 bis 1988 war hier das Standesamt.

Schiefe Häuser
(siehe S. 97), so wie hier Reguliersgracht 37–39, sind manchmal absichtlich so gebaut, manchmal aber auch im weichen Boden abgesackt.

Keizersgracht

Brücken der Reguliersgracht
Sieben Steinbrücken überspannen die Gracht, die eigentlich als Straße geplant wa

Prinsengracht 1059 und 1061 haben ihre Eingänge im Tiefparterre, was im Grachtengürtel, wo hohe Treppen ein Statussymbol waren, sehr selten ist.

Das schlichte Schnabelgiebelhaus Prinsengracht 1075 wurde 1690 als Speicherhaus gebaut.

Meine Mitbewohner (1916)
Der Porträtmalerin Thérèse van Duyl Schwartze (1851–1918) gehörten die Häuser Prinsengracht 1087, 1089 und 1091, die sie mit ihrer Familie bewohnte.

Herengracht (um 1670)

G. A. Berckheijdes Radierung zeigt, dass ein Ufer unbepflanzt war. Die Ulmen wurden erst später zur Festigung des Bodens und zur Sicherung der Fundamente angepflanzt.

Herengracht 543 wurde 1743 unter der Leitung des Besitzers Sibout Bollard erbaut. Das Haus hat eine symmetrische Fassade mit reich verzierter Balustrade und Balkon.

Die kleinen Häuser Ecke Herengracht / Thorbeckeplein heben sich von den größeren Nachbarhäusern ab.

Isaac Gosschalk

entwarf 1879 die Häuser Reguliersgracht 57, 59 und 63 mit ihren schönen Fassaden aus Backstein und Holz.

Regulierskloster

Dieser Stich (1760) von J. Wagenaar zeigt das Kloster, dem die Gracht ihren Namen verdankt.

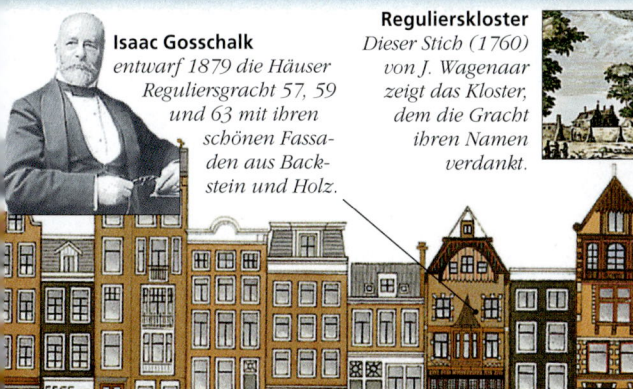

Amstel

Biegen Sie links ab, folgen Sie der Amstel vorbei an der Magere Brug zum Rokin und dann zurück zum Dam, dem Ausgangspunkt des Spaziergangs.

Im Detail: Jordaan-Viertel

Den westlichen Grachtengürtel nimmt das Jordaan-Viertel mit seinen malerischen engen Gassen und Kanälen ein. In den kleinen Arbeiterhäusern aus dem 17. Jahrhundert findet man zahlreiche Läden, die von Designermode bis zum alten Krempel alles verkaufen, außerdem nette Lokale, von denen viele im Sommer Tische ins Freie stellen. Ein Spaziergang an den Grachten des Viertels führt an einigen der schönsten Häuser der Stadt vorbei.

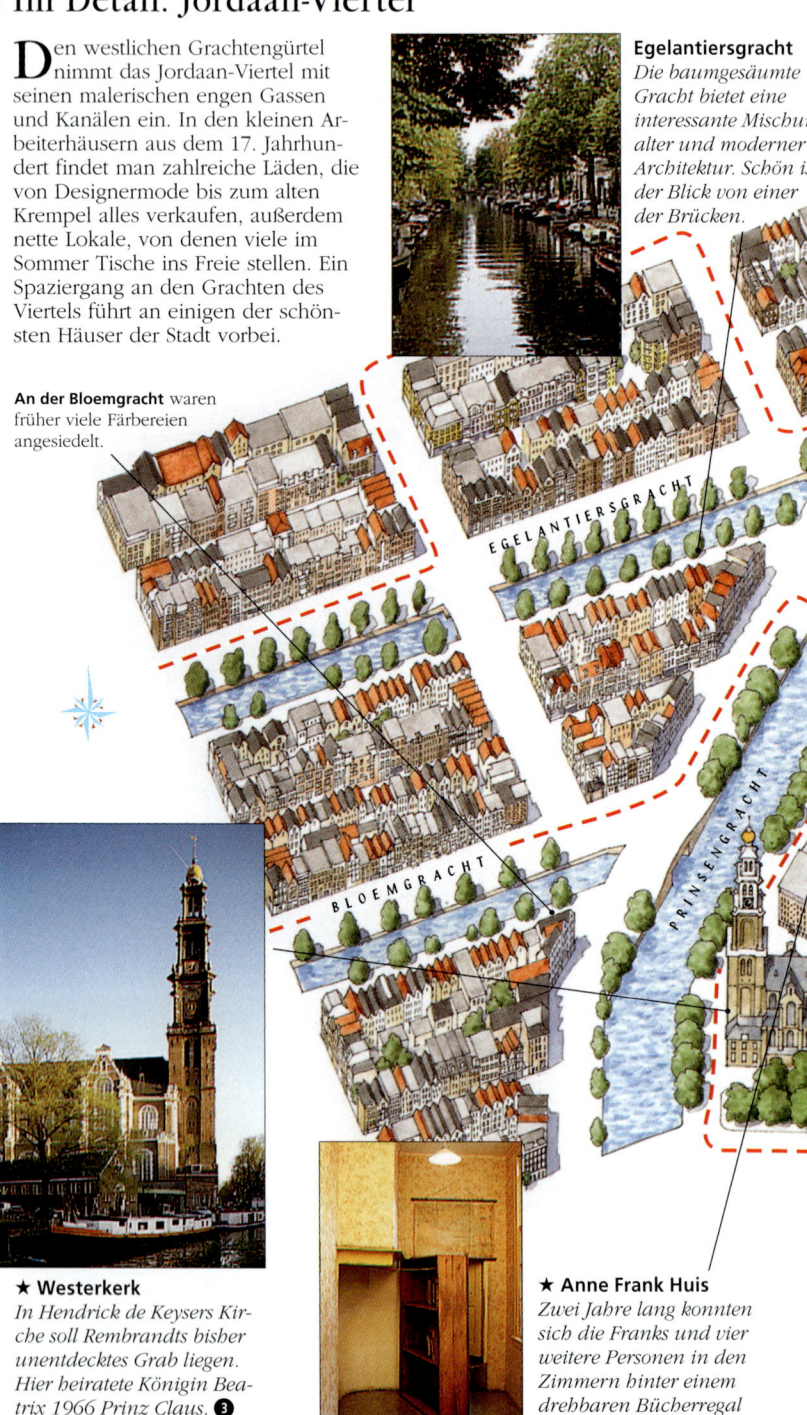

Egelantiersgracht
Die baumgesäumte Gracht bietet eine interessante Mischung alter und moderner Architektur. Schön ist der Blick von einer der Brücken.

An der Bloemgracht waren früher viele Färbereien angesiedelt.

EGELANTIERSGRACHT

BLOEMGRACHT

PRINSENGRACHT

★ Westerkerk
In Hendrick de Keysers Kirche soll Rembrandts bisher unentdecktes Grab liegen. Hier heiratete Königin Beatrix 1966 Prinz Claus. ❸

★ Anne Frank Huis
Zwei Jahre lang konnten sich die Franks und vier weitere Personen in den Zimmern hinter einem drehbaren Bücherregal verstecken. ❶

Huis met de Hoofden

*Der Name »Haus mit den Köpfen«
bezieht sich auf die sechs Büsten
am Eingang. Sie zeigen Apollo,
Ceres, Mars, Minerva,
Bacchus und Diana.* ❹

Zur Orientierung
Siehe Stadtplan 1

0 Meter   75

Das Gebäude der **Eerste Hollandsche
Levensverzekeringsbank** ist ein seltenes Beispiel des holländischen Jugendstils. Gerrit van Arkel entwarf es 1905.

LEGENDE

– – – – Routenempfehlung

NICHT VERSÄUMEN

★ Anne Frank Huis

★ Homomonument

★ Westerkerk

★ Homomonument
*Das 1987 enthüllte
Denkmal am Wester-
markt greift den rosa
Winkel auf, den
Homosexuelle wäh-
rend der deutschen
Besatzung tragen
mussten.* ❷

Stadtplan Amsterdam *siehe Seiten 150–159*

Anne Frank Huis ❶

Niederländischer Judenstern

Um der Verfolgung durch die Nationalsozialisten zu entkommen, zog die Familie Frank am 6. Juli 1942 vom Merwedeplein ins Rückgebäude des Hauses Prinsengracht 263. Hier wohnten Anne, ihre Mutter Edith, Vater Otto und Schwester Margot mit der Familie Pels und Fritz Pfeffer. Hier schrieb Anne ihr berühmtes Tagebuch. Nachdem sie verraten worden waren, wurden alle hier versteckten Menschen am 4. August 1944 von der Gestapo verhaftet und in Vernichtungslager deportiert.

Geheimeingang
Hinter dem Bücherregal liegen die Zimmer, in denen sich die Familie Frank versteckte.

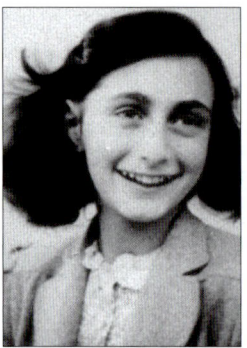

Anne im Mai 1942
Dieses Foto stammt vom Mai 1942. Kurz darauf begann Anne mit ihrem Tagebuch, das sie zu ihrem 13. Geburtstag am 12. Juni 1942 bekam. Einen Monat später musste die Familie Frank im Rückgebäude untertauchen.

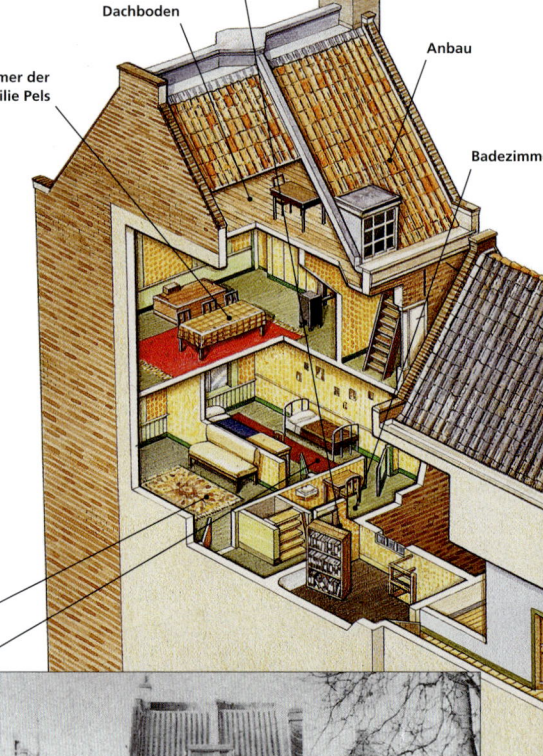

Dachboden

Zimmer der Familie Pels

Anbau

Badezimme

Schlafzimmer der Familie Frank

Annes Schlafzimmer

Rückansicht des Hauses
Das »Achterhuis« liegt an der Rückseite des Büros von Otto Frank an der Prinsengracht. Das Erdgeschoss, in dem das Büro und eine Küche waren, wurde zur Tarnung von den Angestellten wie gewöhnlich weiterbenutzt. Hinter dem linken Fenster im ersten Stock lag Annes Schlafzimmer, daneben das ihrer Eltern. Leider stürzte die Kastanie, die in Annes Tagebuch so oft erwähnt wird, 2010 um.

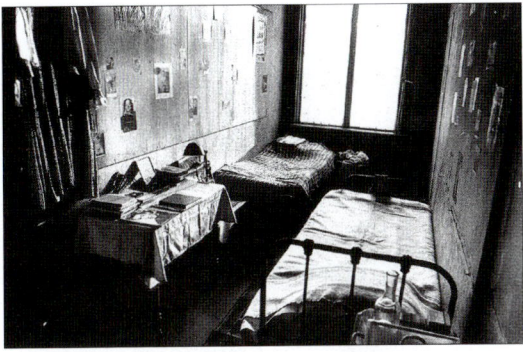

Schlafzimmer von Anne Frank und Fritz Pfeffer

Im ersten Stock lag das Schlafzimmer von Anne und Fritz. An der Wand über Annes Bett hängen die Bilder von Filmstars, die sie sammelte. An dem Tisch schrieb Anne den größten Teil ihres Tagebuchs.

Vorderseite Prinsengracht 263

INFOBOX

Prinsengracht 263–267. **Stadtplan** 1 B4. 📞 020-556 7100. 🚊 13, 17. 🕐 15. März–14. Sep: tägl. 9–21 Uhr (Juli, Aug: bis 22 Uhr); 15. Sep–14. März: tägl. 9–19 Uhr. ⚫ Jom Kippur. 🎫 kann vorher online gebucht werden. 🚫 ♿ 💻 📷 www.annefrank.org

Die Helfer

Die Untergetauchten im Rückgebäude waren zum Überleben auf ihre Helfer angewiesen. Alle waren enge Mitarbeiter von Otto Frank. Von links nach rechts: Miep Gies, Johannes Kleiman, Otto Frank, Victor Kugler und Bep Voskuijl.

Büros im Wohnhaus

Kurzführer

Über die rekonstruierten Büroräume von Otto Frank gelangt man ins Rückgebäude. Im Neubau neben dem Anne Frank Huis zeigt die Anne-Frank-Stiftung Wechselausstellungen. Hier sind auch ein Café und ein Museumsshop zu finden.

Das Tagebuch der Anne Frank

Im Jahr 1945 kehrte Otto Frank zurück nach Amsterdam. Seine ganze Familie war umgekommen: seine Frau Edith in Auschwitz, Anne und Margot in Bergen-Belsen. Miep Gies, eine der Helferinnen in der Prinsengracht, hatte Annes Tagebuch aufbewahrt. 1947 wurde es gedruckt. Das Buch erreichte eine Auflage von 20 Millionen Exemplaren und wurde in 55 Sprachen übersetzt. Für viele wurden Anne und ihr ergreifendes Tagebuch zum Symbol für die sechs Millionen von den Nationalsozialisten ermordeten Juden.

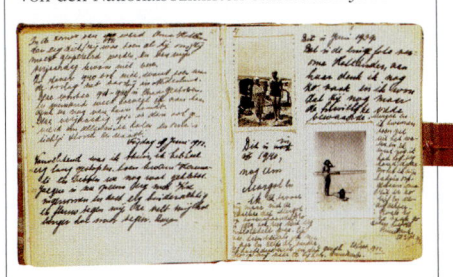

Stadtplan Amsterdam siehe Seiten 150–159

Schulklasse bei der Besichtigung des Homomonument

Homomonument ❷

Westermarkt (zwischen Westerkerk und Keizersgracht). **Stadtplan** 1 B4.
🚊 13, 14, 17. 🚋 *Keizersgracht.*
www.homomonument.nl

Das Denkmal auf dem Westermarkt ist den homosexuellen Männern und Frauen gewidmet, die während der nationalsozialistischen Besatzung ihr Leben verloren. Der rosa Winkel, den sie in Konzentrationslagern tragen mussten, wurde später Emblem der Schwulenbewegung und inspirierte den Entwurf von Karin Daan.

Das 1987 enthüllte Denkmal besteht aus drei großen rosafarbenen Granit-Dreiecken. Auf einem ist eine Inschrift aus einem Gedicht von Jacob Israël de Haan (1881–1924)

zu sehen. Am Bevrijdingsdag, dem »Tag der Befreiung« (5. Mai), legen Politiker, Polizei, Militär und soziale Organisationen zusammen mit Hunderten von Schwulen und Lesben hier Kränze und Blumen nieder.

Westerkerk ❸

Prinsengracht 281. **Stadtplan** 1 B4.
📞 020-624 7766. 🚊 13, 14, 17.
🕐 Ostern–Sep: Mo–Fr 11–15 Uhr.
📷 **Turm** 🕐 Apr–Sep: Mo–Sa 11–18 Uhr (Juli, Aug: bis 20 Uhr) stündlich; Okt, Nov: Mo–Sa 11–16 Uhr (Termin vereinbaren: 📞 020-689 2565).
💻 **www**.westerkerk.nl

Bei der Bebauung des Grachtengürtels entstand diese Kirche mit dem höchsten Turm Amsterdams (85 m).

Auf der Turmspitze prangt die Krone Kaiser Maximilians.

Von allen protestantischen Kirchen Hollands hat die Westerkerk das höchste Mittelschiff. Hendrick de Keyser entwarf den Renaissancebau. Rembrandt soll hier begraben liegen, doch sein Grab wurde nie identifiziert. Gerard de Lairesse bemalte die Flügel der Orgel mit allegorischen Motiven. Den mühsamen Aufstieg belohnt die Aussicht.

Huis met de Hoofden ❹

Keizersgracht 123. **Stadtplan** 1 C4.
🚊 13, 14, 17. ⚫ für Besucher.

Das 1622 erbaute »Haus mit den Köpfen« war eines der größten Doppelhäuser seiner Zeit. Es hat einen schönen Treppengiebel und ist nach den sechs Köpfen auf den Fassadenpilastern benannt. Es heißt, ein Dienstmädchen habe einst hier im Haus sechs Einbrecher auf frischer Tat ertappt, die dann verurteilt und geköpft worden seien. In Wirklichkeit jedoch stellen die Köpfe (von links nach rechts) die römischen Gottheiten Apollo, Ceres, Mars, Minerva, Bacchus und Diana dar.

Westerkerk, im 18. Jahrhundert gemalt von Jan Ekels d. J. (1759–1793)

Hotels und Restaurants in Amsterdam *siehe Seiten 392–395 und 410–414*

Der Entwurf des Hauses wird Pieter de Keyser (1595–1676), dem Sohn des großen Baumeisters Hendrick de Keyser, zugeschrieben.

2006 wurde das Huis mit de Hoofden an den Sammler Joost R. Ritman verkauft, der hier ab 2011 einen Teil seiner Bibliotheca Philosophica Hermetica (23 000 wertvolle Schriften über Alchemie und Mystik) unterbringen will (Infos unter www.ritmanlibrary.nl).

Giebelstein des 1616 vom Tuchhändler Anslo gestifteten *hofje*

Noorderkerk und Noordermarkt ❺

Noordermarkt 44–48. **Stadtplan** 1 C3. 📞 020-626 6436. 🚊 *3, 10, 13, 14, 17.* ⭕ *Mo 10.30–12.30, Sa 11–13 Uhr.* ✝ *So 10, 19 Uhr.*
Flohmarkt ⭕ *Mo 9–13 Uhr.*
Bauernmarkt ⭕ *Sa 9–17 Uhr.*

Die Noorderkerk wurde als ein Gotteshaus für die Armen des Jordaan-Viertels erbaut und war die erste Kirche Amsterdams, deren Grundriss die Form eines koptischen Kreuzes hatte. Für die Gemeinde gut sichtbar steht die Kanzel in der Mitte. Hendrick de Keyser plante die Kirche, starb aber 1621, ein Jahr nach Baubeginn. Am Eingang steht ein Denkmal, das drei gefesselte Frauen zeigt, darunter sieht man die Inschrift »Einheit durch Kraft«. Das Monument erinnert an den Aufstand 1934 im Jordaan-Viertel.

In der Südfassade weist ein Giebelstein auf den Februarstreik gegen die Nationalsozialisten im Jahr 1941 hin. Jedes Jahr am 4. Mai kommen viele Menschen in der Kirche zusammen, um der ermordeten Juden zu gedenken. Eine Restaurierung der Kirche wurde 1999 vollendet.

Seit 1627 wird auf dem Platz um die Noorderkerk Markt gehalten. Früher wurden Töpfe und Pfannen verkauft, nun gibt es hier montags einen Flohmarkt. Jeden Samstagmorgen kann man auf dem *vogeltjesmarkt* Hühner, Tauben, Geflügel und Kaninchen kaufen, ab 9 Uhr werden auf dem *boerenmarkt* frische Produkte aller Art angeboten.

Haarlemmer-poort ❻

Haarlemmerplein 50. **Stadtplan** 1 B1. 🚊 *3.* ⭕ *für Besucher.*

Das alte Stadttor an dieser Stelle stand am Anfang der viel befahrenen Straße von Amsterdam nach Haarlem. Das heutige Bauwerk wurde 1840 als Triumphbogen für König Willem II errichtet. Der offizielle Name lautet Willemspoort.

Der von Cornelis Alewijn (1788–1839) entworfene neoklassizistische Bau diente im 19. Jahrhundert als Zollamt, 1986 wurde er zur Wohnanlage umgebaut. Nach dem Bau einer Brücke über den Westerkanaal fließt der Verkehr jetzt um das Tor herum. Gleich hinter der Haarlemmerpoort liegt der Eingang zum schönen, ruhigen Westerpark.

Brouwersgracht ❼

Stadtplan 1 B2. 🚊 *3.*

Die Gracht verdankt ihren Namen den vielen Brauereien, die es hier früher gab. In den Speicherhäusern wurden Gewürze, Kaffee und Zucker gelagert und verarbeitet. Heute sind diese Lager zu teuren Wohnungen mit prächtigem Ausblick auf die schöne Gracht umgebaut.

Westelijke Eilanden ❽

Stadtplan 1 C1. 🚊 *3.*

Die »Westlichen Inseln« sind drei im 17. Jahrhundert angelegte IJ-Inseln, auf denen Speicherhäuser und Schiffswerften gebaut wurden. Viele Häuser und selbst einige Werften existieren noch, an der Ostseite stehen neue Wohnblöcke. Eine der malerischsten Ecken Amsterdams ist der Zandhoek auf dem Realeneiland. Die Häuser, die der frühere Besitzer Jacobsz Reaal im 17. Jahrhundert hier bauen ließ, grenzen an das Westerdok. Auf der kleinsten Insel, dem Prinseneiland, sind die Speicherhäuser zu Wohnungen umgebaut.

Das Haus mit der schreibenden Hand (um 1630) im Claes Claeszhofje

Niederländische »Hofjes«

Vor dem Bildersturm errichtete die katholische Kirche viele Armenhäuser, vor allem für Frauen. Im 17. und 18. Jahrhundert wurde diese Aufgabe von reichen Kaufleuten und der protestantischen Kirche übernommen. Die Ruhe dieser *hofjes* macht sie zu Oasen inmitten des hektischen Stadttreibens. Manche *hofjes* können besichtigt werden, aber es versteht sich von selbst, dass man bei so einer Besichtigung auf die Bewohner Rücksicht nimmt. Viele *hofjes*, von denen manche bis heute ihren ursprünglichen Zweck erfüllen, findet man im Jordaan-Viertel.

Stadtplan Amsterdam *siehe Seiten 150–159*

Eine Institution: De Melkweg

Leidseplein ❾

Stadtplan 4 E2. 🚋 *1, 2, 5, 7, 10.*

Der belebteste Platz der Stadt ist Knotenpunkt vieler Straßenbahnlinien und der Nachtbusse. Tagsüber unterhalten Feuerschlucker, Musikanten und Straßenkünstler die Passanten, auch bei Taschendieben ist der Platz beliebt. Abends trifft sich hier die Jugend, angezogen von den vielen Kneipen und Kinos. Wenn sich die Spieler des Amsterdamer Fußballvereins Ajax auf dem Balkon der Stadsschouwburg den Fans zeigen, dann platzt der Leidseplein aus allen Nähten.

Der Platz entstand im 17. Jahrhundert als Parkplatz für die Karren der Bauern, die mit ihren Waren nach Amsterdam kamen. Bis 1862 stand hier die Leidsepoort, ein Stadttor auf der Straße nach Leiden. Am Ostrand des Leidseplein liegt der moderne **Max Euweplein** mit vielen Läden und Lokalen. Wer sein Glück versuchen will, der findet hier den Eingang des Amsterdamer Spielcasinos.

American Hotel ❿

Leidsekade 97. **Stadtplan** 4 E2. 📞 *020-556 3000.* 🚋 *1, 2, 5, 7, 10.* 🖥 🍴

Als 1881 am Rand des Leidseplein das American Hotel gebaut wurde, war der Platz schon eines der beliebtesten Ausgehviertel der Stadt. Das Hotel verdankt seinen Namen dem Architekten C. A. A. Steinigeweg, der in den Vereinigten Staaten studiert hatte und seinen neugotischen Entwurf mit einem Adler, hölzernen Indianerfiguren und amerikanischen Landschaften schmückte. Das heutige Hotel wurde von Willem Kromhout (1864–1940) entworfen und 1902 fertiggestellt. Sein Entwurf, eine niederländische Variante des Jugendstils, gilt als einer der Vorläufer der Amsterdamer Schule *(siehe S. 142f)*. Viele Elemente, etwa die Türme und das fantasiereiche Mauerwerk, weisen schon in diese Richtung.

Im Café Americain mit seinem originalen Art-déco-Interieur kann man in nobler Atmosphäre Kaffee trinken.

Stadsschouwburg ⓫

Leidseplein 26. **Stadtplan** 4 E2. 📞 *020-624 2311.* 🚋 *1, 2, 5, 7, 10.* **Kasse** 🕐 *Mo–Sa 12–18 Uhr, So ab zwei Stunden vor Vorstellungsbeginn. Siehe auch* **Unterhaltung** *Seite 147.* 🎭 🚫 ♿ *www.ssba.nl*

Der Neorenaissancebau ist das dritte Stadttheater Amsterdams, seine beiden Vorgänger sind abgebrannt. Der Bau des Theaters war ein Gemeinschaftsprojekt der Architekten Jan Springer, der auch das Frascati-Haus in London entwarf, und A.L. van Gendt, nach dessen Plänen das Concertgebouw *(siehe S. 120)* und Teile der Centraal Station *(siehe S. 90f)* entstanden. Der ursprünglich geplante reiche Fassadenschmuck wurde jedoch aus Sparsamkeit niemals verwirklicht. Wegen der Kritik der Öffentlichkeit an seinem Entwurf gab der desillusionierte Springer seinen Beruf auf.

Bis zur Vollendung des Opernhauses 1986 *(siehe S. 79)* war die Stadsschouwburg die Stammbühne des Nationalballetts und der Staatsoper. Heute bieten hier verschiedene Amsterdamer Theatergruppen einen abwechslungsreichen Spielplan. 2009 eröffnete zwischen Stadsschouwburg und dem Kulturzentrum De Melkweg *(siehe S. 147)* eine neue Bühne, der Rabozaal.

Blick von der Singelgracht auf das American Hotel

De Krijtberg ⑫

Singel 448. **Stadtplan** 4 F1. ☎ 020-
623 1923. 🚊 1, 2, 5. ⬤ Di–Do, So
13.30–17 Uhr. ⬤ Mo–Fr 12.30, 17.45,
Sa 12.30, 17.15, So 9.30, 11, 12.30,
17.15 Uhr. ♿ www.krijtberg.nl

Die mächtige neogotische
Kirche wurde 1884 an
der Stelle einer jesuitischen
Geheimkapelle errichtet. De
Krijtberg heißt offiziell Fran-
ciscus Xaveriuskerk, nach
einem der ersten Mönche des
Jesuitenordens.

Für den Entwurf von Alfred
Tepe mussten drei alte Häuser
weichen, von denen eines
einem Kreidehändler gehört
hatte – so kam die Kirche zu
ihrem Beinamen Krijtberg
(*krijt* = Kreide). Die Fassade
ist sehr schmal, was durch die
zwei besonders hohen Türme
noch betont wird.

Im reich ausgestatteten Innenraum finden sich viele
schöne Beispiele neogotischer
Sakralkunst. Die Buntglasfenster, die in hellen Farben
gehaltenen Wände und der
großzügige Gebrauch von
Gold bilden einen starken
Kontrast zu den sonst eher
nüchternen protestantischen
Kirchen Amsterdams. Links
neben dem Hauptaltar steht
die Statue von Franciscus
Xaverius, rechts die Statue des
heiligen Ignatius, Gründer des
Jesuitenordens.

Neben der Kanzel sieht man
eine Holzskulptur der Unbe-
fleckten Empfängnis aus dem
18. Jahrhundert. Sie zeigt
Maria, die die Schlange unter

ihrem Fuß zertritt.
Dieses Werk
schmückte bereits
die alte Geheim-
kapelle.

Bijbels
Museum ⑬

Herengracht 366–368.
Stadtplan 4 E1. ☎ 020-
624 2436. 🚊 1, 2, 5.
🚊 Herengracht/Leidse-
gracht. ⬤ Mo–Sa 10–17,
So 11–17 Uhr. ⬤ 1. Jan, 30. Apr.
📷 ♿ www.bijbelsmuseum.nl

Das Museum wurde 1860
von Pfarrer Leendert
Schouten gegründet, der seine
Privatsammlung von sakralen
Gegenständen der Öffentlichkeit zugänglich machte. 1975
bezog das Museum das heu-
tige Gebäude. Das »Bibel-
museum« steht voller Vitrinen
mit Gegenständen, außerdem
werden Modelle biblischer
Stätten und archäologische
Funde aus Ägypten gezeigt.

Looier Kunst
en Antiek ⑭

Elandsgracht 109. **Stadtplan** 4 D1.
☎ 020-420 6988. 🚊 7, 10, 17.
⬤ Sa–Do 11–17 Uhr. ⬤ Feiertage.
📷 ♿ www.looier.com

Ein wahres Labyrinth von
Räumen im Erdgeschoss
eines Häuserblocks bildet den
Kunst- und Antiquitätenmarkt
De Looier, der die größte
Sammlung von Kuriosa in den

Fassade des Gemeentearchief (1926)

Niederlanden anbietet. An
72 Ständen findet man allerlei
Seltenes – vom Bierglas bis
zur alten Puppe.

Stadsarchief
Amsterdam ⑮

Vijzelstraat 32. **Stadtplan** 4 F2.
☎ 020-251 1511. 🚊 16, 24, 25.
⬤ Di–Fr 10–17, Sa, So 11–17 Uhr.
⬤ Feiertage. ♿ 📷 Genehmigung.
www.stadsarchief.amsterdam.nl

Vom Amsteldijk ist das
Archiv der Stadt Amster-
dam in dieses Gebäude ge-
zogen, das K.P.C. de Bazel
ursprünglich für die Netherlands Trading Company entworfen hatte. Fertig war der
Bau 1926, nach dem Zweiten
Weltkrieg und in den 1970er
Jahren erfolgten größere Re-
novierungen, und doch sind
viele Originaldetails erhalten.
Den Mosaikboden entwarf
de Bazel selbst. In den Ge-
wölben ist eine sehenswerte
Dauerausstellung mit Schätzen des Archivs zu sehen.

Grachtenfahrten

Einst dienten Amsterdams Kanäle dem Gütertrans-
port. Heute ermöglichen sie vor allem interessante
und überraschende Ansichten der Sehenswürdigkeiten, aber auch des städtischen Alltags. Zahlreiche Unternehmen haben Grachtenfahrten mit Kom-
mentar in mehreren Sprachen im Angebot. Die
wichtigsten Anlegestellen finden Sie gegenüber der
Centraal Station sowie am Ufer von Prins Hendrikkade, Damrak und Rokin. Für eine Grachtenfahrt
bieten sich zudem der Canalbus und das Museumsboot an. Ersterer befährt drei Linien mit elf Haltestellen unweit der wichtigsten Museen, Shopping-
Malls und anderer Attraktionen. Das Museumsboot
fährt so gut wie alle Sehenswürdigkeiten der Stadt
an. Etwas mehr Energie erfordert eine Fahrt mit
einem zwei- oder viersitzigen Tretboot, das man an
vielen Stationen im Stadtzentrum mieten kann.

Stadtplan Amsterdam siehe Seiten 150–159

Rembrandtplein ⑯

Stadtplan 5 A2. 🚊 4, 9, 14.

Der Platz war bis zur Mitte des 19. Jahrhunderts der Buttermarkt. Seinen heutigen Namen verdankt er der Aufstellung der Statue Rembrandts im Jahr 1876. Schon bald entwickelte sich der Rembrandtplein zu einem Magneten für Nachtschwärmer. Das Hotel Mast, heute das Mille Colonnes Hotel, stammt aus dem Jahr 1889, das Schiller Karena und das Café Schiller von 1892. Die Kroon, ein typisches Grandcafé, öffnete seine Pforten 1898. Der Rembrandtplein ist bis heute beliebt, im Sommer sind die Terrassen voller Menschen, die das bunte Treiben an sich vorbeiziehen lassen. Auch am benachbarten **Thorbeckeplein** gibt es viele Cafés, Restaurants und Nachtclubs.

Museum Willet-Holthuysen ⑰

Herengracht 605. **Stadtplan** 5 A2.
📞 020-523 1822. 🚊 4, 9, 14.
🕐 Mo–Fr 10–17, Sa, So 11–17 Uhr.
⬤ 1. Jan, 30. Apr, 25. Dez. 🎟 📷
✍ 🏛 www.willetholthuysen.nl

Das Museum zeigt, wie die reichen Patrizierfamilien am Grachtengürtel wohnten. Das Haus, 1685 erbaut und benannt nach seinen letzten Bewohnern, gehörte seit 1855 dem Kohlemagnaten Pieter Holthuysen (1788–1858), der es seiner Tochter Louisa und ihrem Mann, dem Kunstkenner Abraham Willet, vermachte. Das Paar sammelte leiden-

Museum Willet-Holthuysen

Sehen und gesehen werden am Rembrandtplein

schaftlich Gemälde, Glas, Silber und Porzellan. Als Louisa 1895 kinderlos starb, ging das Haus mitsamt den Kunstschätzen an die Stadt über. Nach und nach werden die Räume restauriert und – wie etwa die Küche – wieder ganz mit Mobiliar und Gegenständen aus dem 18. Jahrhundert eingerichtet. Im Blauen Salon, einem mit blauem Damast verkleideten Raum, steht ein prächtiger Kaminsims von Jacob de Wit.

Sehenswert ist auch das Speisezimmer, in dem eine originalgetreue Kopie der Seidentapete aus dem 18. Jahrhundert die Wände schmückt. Das 275-teilige Meißner Service, mit dem der Tisch gedeckt ist, reichte für 24 Gäste.

Vom Gartenzimmer, in dem den Gästen der Tee gereicht wurde, genießt man die Aussicht auf einen eleganten französischen Ziergarten, wie sie im 18. Jahrhundert modern waren.

Magere Brug ⑱

Amstel. **Stadtplan** 5 B3. 🚊 4.

Unter den rund 1400 Brücken Amsterdams ist die Magere Brug die bekannteste. Schon 1670 wurde an dieser Stelle die erste Zugbrücke errichtet. Ihren Namen verdankt die Brücke wahrscheinlich ihrer schmalen Form, aber es gibt auch eine Theorie, dass sie nach den Schwestern Mager benannt wurde, von

Magere Brug, eine typische doppelte Zugbrücke

Hotels und Restaurants in Amsterdam siehe Seiten 392–395 und 410–414

denen jede an einem anderen Ufer der Amstel wohnte. Die heutige Brücke stammt aus dem Jahr 1969. Sie ist breiter als das Original, aber sonst gleicht sie der alten Brücke. Die Holzkonstruktion kann ungefähr 50 Jahre ohne Erneuerung überdauern.

Alle 20 Minuten lässt der Brückenwächter Schiffe durch. Dann springt er auf sein Rad und öffnet die Brücken an den Amstelschleusen und der Hoge Sluis.

Museum Van Loon 🄆

Keizersgracht 672. **Stadtplan** 5 A3.
🄲 020-624 5255. 🚋 16, 24, 25.
🄾 Mi–Mo 11–17 Uhr. 🄿 Feiertage.
🆉 🄾 🄲 www.museumvanloon.nl

Die Familie van Loon spielte schon im 17. Jahrhundert eine wichtige Rolle in Amsterdam. 1884 zog sie in das Haus an der Keizersgracht 672. Das von Adriaan Dortsman entworfene Gebäude war eines aus einer Reihe von identischen Häusern, die sich der flämische Kaufmann Jeremias van Raey 1672 bauen ließ. 1973 wurde das Haus nach einer elf Jahre dauernden Renovierung als Museum eröffnet.

Die Sammlung umfasst eine Porträtgalerie der Familie van Loon, die bis ins 16. Jahrhundert zurückreicht. Die Salons sind mit schönen Möbeln, Porzellan und Statuen eingerichtet. Im restaurierten Kutschenhaus aus dem 18. Jahrhundert kann man Kutschen jener Zeit sowie Gewänder der Bediensteten der van Loons besichtigen.

Pathé Tuschinski 🄴

Reguliersbreestraat 26–34.
Stadtplan 5 A2. 🄲 0900-1458. 🚋 4, 9, 14. **Kasse**
🄾 tägl. ab ca. 12 Uhr bis ca. 22 Uhr. 🄲 🆉 🄿
www.tuschinski.nl

Die Eröffnung des Film- und Varietétheaters von Abraham Tuschinski im Jahr 1921 war eine Sensation. Bis dahin waren die Kinos schlichte, eher düstere Säle – jetzt eröffnete eine exotische Mischung aus Art déco und Amsterdamer Schule *(siehe S. 142f)*. Der Entwurf von Heyman Louis de Jong stand in einem anrüchigen Viertel, das auch als *Duivelshoek* (»Teufelseck«) bekannt war.

Heute beherbergt der Bau ein Kino mit sechs Sälen. Der Teppich im Foyer ist eine exakte Kopie des Originals. Es werden Führungen angeboten, aber am besten kann man das Ensemble bei einem Kinobesuch genießen.

Blick auf den Munttoren am Rand des Muntplein

Munttoren 🄵

Muntplein. **Stadtplan** 4 F1.
🚋 4, 9, 14, 16, 24, 25. **Turm**
🄿 für Besucher. **Laden**
🄾 Mo–Sa 10–18 Uhr. 🄿 Feiertage.

Der Sockel des Munttoren war Teil der Regulierspoort in der Stadtmauer. Diese brannte 1618 ab, aber ein Teil blieb verschont. Ein Jahr später baute Hendrick de Keyser den Glockenturm. Das Glockenspiel wurde 1699 von François Hemony entworfen und erklingt noch heute jede Viertelstunde.

Magere Brug

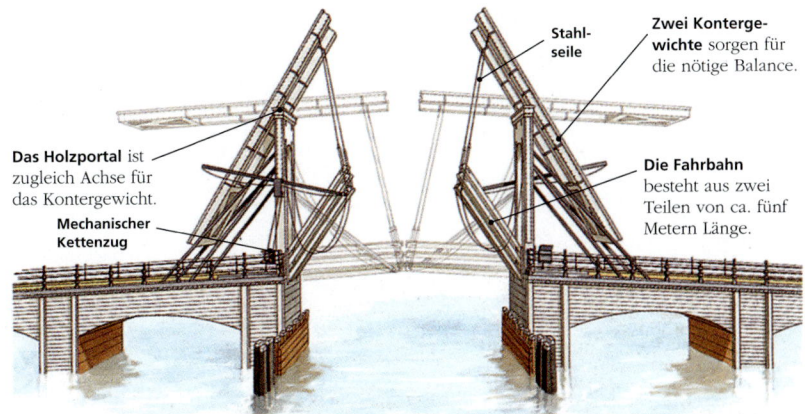

Das Holzportal ist zugleich Achse für das Kontergewicht.

Mechanischer Kettenzug

Stahlseile

Zwei Kontergewichte sorgen für die nötige Balance.

Die Fahrbahn besteht aus zwei Teilen von ca. fünf Metern Länge.

Stadtplan Amsterdam *siehe Seiten 150–159*

Museumsviertel

Bis weit ins 19. Jahrhundert hinein standen in diesem Gebiet nur ein paar Bauernhöfe. Dann beschloss der Stadtrat, dass Kunst und Kultur hier ein Zuhause finden sollten. Darum stehen heute einige der wichtigsten kulturellen Institutionen Amsterdams um den Museumplein: das Rijksmuseum, das Stedelijk Museum und das Concertgebouw. 1973 kam das

Giebelstein »Rusland« in der Roemer Visscherstraat

Van Gogh Museum dazu. Ende der 1990er Jahre gestaltete man den Museumplein neu, legte Terrassen an und baute darunter eine Tiefgarage. 1999 eröffnete der neue Flügel des Van Gogh Museum. Die Nordseite des Museumplein, heute oft Schauplatz von Demonstrationen, wird von Häusern begrenzt, die um 1900 erbaut wurden. Im Westen lädt der Vondelpark zum Spazierengehen ein.

Sehenswürdigkeiten auf einen Blick

Museen und Sammlungen
Coster Diamonds ❷
EYE Film Instituut
  Nederland ❾
Rijksmuseum S. 122–125 ❶
Stedelijk Museum S. 128f ❹
*Van Gogh Museum
  S. 126f* ❸

Konzertsaal
Concertgebouw ❺

Historische Gebäude
De Hollandsche Manege ❼
Vondelkerk ❽

Park
Vondelpark ❻

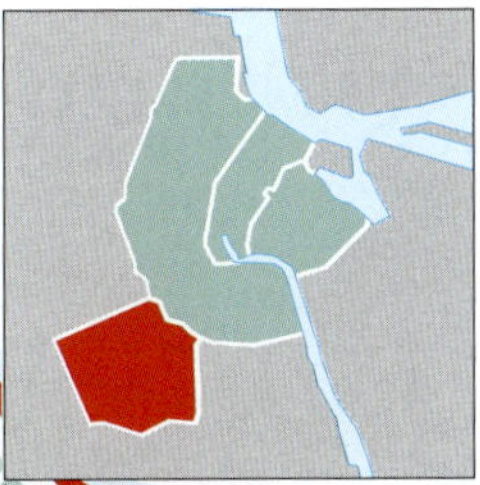

Anfahrt
Die Tramlinien 2 und 5 halten am Rijksmuseum, die Linien 3, 5 und 12 vor dem Concertgebouw. Parkplätze sind selten und teuer, aber man kann das Parkhaus unter dem Museumplein benutzen. Das Museumsboot legt an der Singelgracht auf Höhe des Rijksmuseum an.

LEGENDE

Detailkarte
siehe S. 118f

Tram-Haltestelle

Museumsboot-Anlegestelle

0 Meter   250

◁ **Statue des Malers Thomas de Keyser (1596–1667) an der Fassade des Stedelijk Museum** *(siehe S. 128f)*

Im Detail: Museumsviertel

Teil der Fassade
des Stedelijk
Museum

Bis vor nicht allzu langer Zeit lief »die kürzeste Autobahn Europas« noch mitten über den Museumplein. Bei der Neugestaltung des Platzes verschwand die Straße, unter dem Rasen entstanden eine Tiefgarage und ein Supermarkt. Hier stehen die wichtigsten kulturellen Einrichtungen Amsterdams. Auch eines der teuersten Viertel der Stadt liegt hier, an breiten Straßen sieht man noble alte Häuser. Wer museumsmüde geworden ist, kann in der P. C. Hooftstraat und der Van Baerlestraat shoppen gehen oder bei Coster Diamonds Edelsteine betrachten. Natürlich gibt es hier auch viele hervorragende Restaurants und schöne Cafés.

★ Van Gogh Museum
Der neue Flügel des Van Gogh Museum, entworfen von Kisho Kurokawa für wechselnde Ausstellungen, ist ein faszinierender Bau. ❸

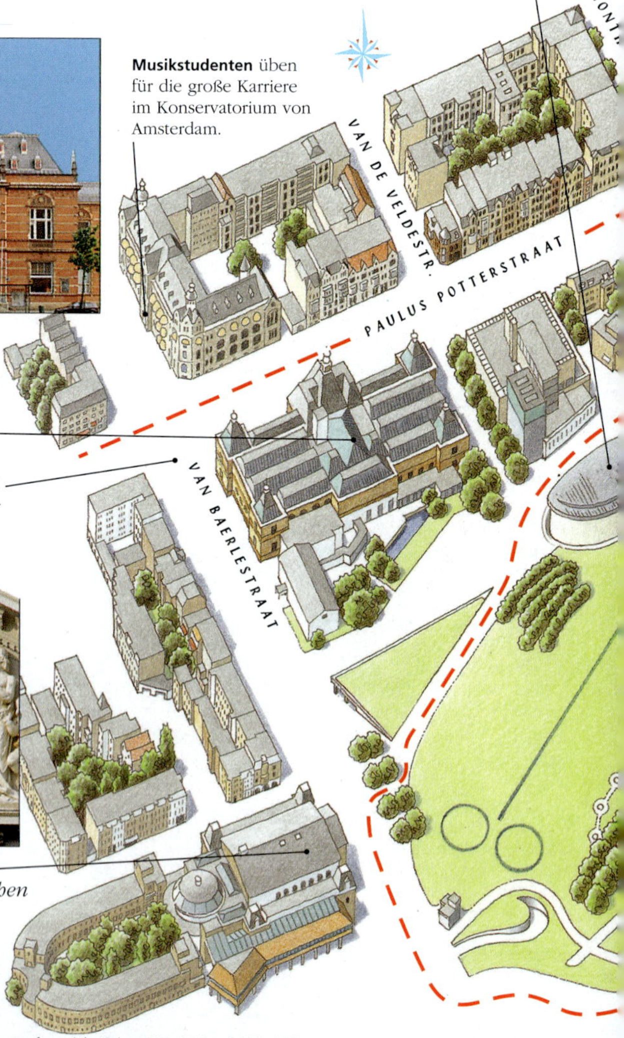

Musikstudenten üben für die große Karriere im Konservatorium von Amsterdam.

★ Stedelijk Museum
Moderne und zeitgenössische Kunst und immer wieder große Ausstellungen. ❹

Die Van Baerlestraat ist eine schicke Shopping-Meile *(siehe S. 144).*

VAN DE VELDESTR.

PAULUS POTTERSTRAAT

VAN BAERLESTRAAT

Concertgebouw
Hinter der klassizistischen Fassade von A.L. van Gendt verbirgt sich ein wunderschöner Konzertsaal mit perfekter Akustik. ❺

Hotels und Restaurants in Amsterdam *siehe Seiten 392–395 und 410–414*

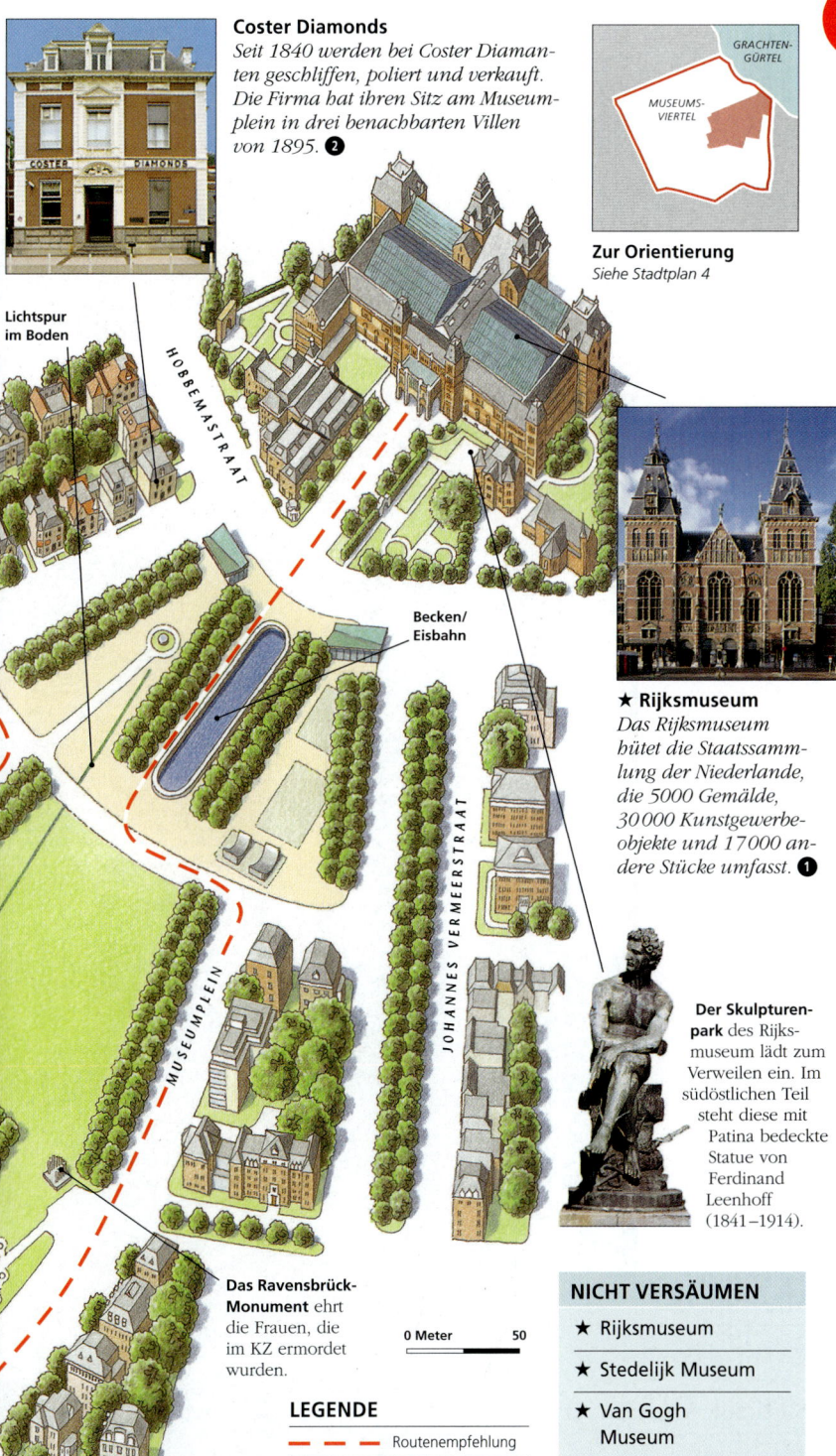

Coster Diamonds
Seit 1840 werden bei Coster Diaman-
ten geschliffen, poliert und verkauft.
Die Firma hat ihren Sitz am Museum-
plein in drei benachbarten Villen
von 1895. ❷

GRACHTEN-
GÜRTEL

MUSEUMS-
VIERTEL

Zur Orientierung
Siehe Stadtplan 4

Lichtspur
im Boden

HOBBEMASTRAAT

Becken/
Eisbahn

★ Rijksmuseum
Das Rijksmuseum
hütet die Staatssamm-
lung der Niederlande,
die 5000 Gemälde,
30 000 Kunstgewerbe-
objekte und 17 000 an-
dere Stücke umfasst. ❶

JOHANNES VERMEERSTRAAT

**Der Skulpturen-
park** des Rijks-
museum lädt zum
Verweilen ein. Im
südöstlichen Teil
steht diese mit
Patina bedeckte
Statue von
Ferdinand
Leenhoff
(1841–1914).

MUSEUMPLEIN

**Das Ravensbrück-
Monument** ehrt
die Frauen, die
im KZ ermordet
wurden.

0 Meter   50

NICHT VERSÄUMEN

★ Rijksmuseum

★ Stedelijk Museum

★ Van Gogh
   Museum

LEGENDE

– – – – Routenempfehlung

Stadtplan Amsterdam *siehe Seiten 150–159*

Rijksmuseum ❶

Siehe Seiten 122–125.

Coster Diamonds ❷

Paulus Potterstraat 2–8. **Stadtplan**
4 E3. 📞 020-305 5555. 🚊 2, 5.
🕐 tägl. 9–17 Uhr. ⬤ 1. Jan,
25. und 26. Dez. 📷 ♿ ▱
www.costerdiamonds.com; **www**.
diamantmuseumamsterdam.nl

Coster Diamonds wurde
1840 gegründet und zählt
zu den ältesten Diamanten-
schleifereien Amsterdams. Im
Jahr 1852 erhielt Coster von
Prinz Albert, dem Mann von
Königin Victoria, den Auftrag,
den riesigen *Koh-i-Noor* zu
schleifen. Dieser blauweiße
Diamant ist mit 108,8 Karat
das Prunkstück der Kronjuwe-
len des englischen Königshauses. In der Empfangshalle
von Coster ist eine Replik der
englischen Krone ausgestellt,
in der eine Kopie des be-
rühmten Edelsteines funkelt.
Über 2000 Besucher kom-
men täglich, um zu erleben,
wie hier Diamanten klassifi-
ziert, geschliffen und poliert
werden. Goldschmiede und
Diamantschleifer der Firma
fertigen Stücke für jeden Geschmack, die man hier auch
kaufen kann. Ein Museum im
Haus Nr. 8 geht auf die Entstehung, Förderung, Verarbeitung von Diamanten und den
Handel damit ein.

**Funkelnde Edelsteine sind das
Geschäft von Coster Diamonds**

Van Gogh
Museum ❸

Siehe Seiten 126f.

Stedelijk Museum ❹

Siehe Seiten 128f.

Fassade des Concertgebouw (1881) von A. L. van Gendt

Concertgebouw ❺

Concertgebouwplein 2–6. **Stadtplan** 4 D4. 📞 0900-671 8345.
🚊 2, 3, 5, 12, 16. **Kasse** 🕐 Mo–Fr
13–19, Sa, So 10–19 Uhr. 📷 ✗
♪ Mo 17, So 12.15 Uhr. ♿ mit Anmeldung. **www**.concertgebouw.nl

Als Gewinner eines 1881
ausgeschriebenen Wettbe-
werbs erhielt A. L. van Gendt
(1835–1901) den Auftrag für
einen neuen, großen Kon-
zertsaal für Amsterdam. Er
entwarf einen Neorenaissancebau mit einem reich verzierten Tympanon und einer Säulenfassade, hinter der zwei
Konzertsäle liegen. Obwohl
van Gendt nur wenig von
Musik verstand, gelang es
ihm, im Großen Saal eine beinahe perfekte Akustik zu
schaffen, für die der Saal auf
der ganzen Welt berühmt ist.
Das Eröffnungskonzert fand
am 11. April 1888 mit 120 Mu-
sikern und einem Chor von
600 Sängern statt. Sieben Monate später wurde das Con-
certgebouw-Orchester ge-
gründet, das sich inzwischen
Weltruhm erspielt hat.
Das Gebäude wurde im
Lauf der Jahre mehrfach renoviert, zuletzt 1983, als der
Untergrund absank und damit
die Fundamente des Bau-
werks gefährdete. Der ge-
samte Oberbau musste ange-
hoben werden: Die alten,
13 Meter langen Stützpfeiler
aus Holz, auf denen das Haus
stand, wurden durch neue,
18 Meter hohe Betonstützen
ersetzt. 1988 fügte Pi de
Bruijn einen Glasanbau und
einen neuen Eingangsbereich
an. Der Haupteingang des
Gebäudes wurde auf die Seite

verlegt. Zwar hat man das
Concertgebouw als reine
Konzerthalle entworfen, genutzt wird es jedoch multi-
funktional: Es ist Schauplatz
von Ausstellungen, Kongres-
sen und sogar Boxkämpfen.

Musikpavillon im Vondelpark

Vondelpark ❻

Stadhouderskade. **Stadtplan** 4 E2.
🚊 1, 2, 3, 5, 12. **Park** 🕐 tägl.
24 Std. **Freilichttheater** 🕐 Anfang
Juni–Ende Aug: Mi–So.

Im Jahr 1864 gründete eine
Gruppe Amsterdamer Bür-
ger ein Komitee zur Errichtung eines Stadtparks. Sie
sammelten Geld, erwarben
acht Hektar Grund und be-
auftragten Vater und Sohn
Zocher, beide Landschaftsarchitekten, mit dem Entwurf
des Parks. Am 15. Juni 1865
wurde der Nieuwe Park eröffnet. Als 1867 ein Standbild
des Dichters Joost van den
Vondel (1587–1679) hier aufgestellt wurde, gab man dem
Park seinen heutigen Namen.
Das Bürgerkomitee wollte
seine Fläche erweitern und
sammelte weiterhin Geld. So
konnte 1877 der Park auf

seine heutige Größe von 47 Hektar gebracht werden. Im Vondelpark wachsen über 100 Pflanzen- und 127 Baumarten. Auch leben hier viele Tiere, darunter Eichhörnchen, Kaninchen, Igel und große Vogelschwärme. Im ruhigeren Teil des Parks grasen auf der Vondelweide Kühe, Schafe, Ziegen und sogar Lamas.

Jährlich besuchen ungefähr acht Millionen Menschen den Park, die hier joggen, Hunde ausführen, musizieren oder einfach an einem der Teiche ausruhen. Im Sommer finden im *openluchttheater* (Freilichttheater) oder am Musikpavillon Gratiskonzerte statt.

De Hollandsche Manege ❼

Vondelstraat 140. **Stadtplan** 3 C2. 📞 020-618 0942. 🚊 1. ⭘ Mo – Fr 9 – 23, Sa, So 9.30 – 18 Uhr. 📷 ♿
www.dehollandschemanege.nl

Die Holländische Reitschule befand sich ursprünglich an der Leidsegracht, zog aber im Jahr 1882 in ein von A. L. van Gendt im Stil der Spanischen Reitschule in Wien entworfenes Gebäude um. Nur ein wahrer Proteststurm der Amsterdamer verhinderte den Abbruch des Baus in den 1980er Jahren. Die Reitschule wurde renoviert und 1986 von Prinz Bernhard in ihrer alten Pracht wiedereröffnet.

Vergoldete Spiegel und steinerne Pferdeköpfe schmücken die neoklassizistische Arena.

Fassade der neoklassizistischen Hollandsche Manege

Einige der gusseisernen Boxen blieben erhalten, wie früher dämpfen Sägespäne das Geräusch der Hufe. Eine Treppe führt zu einem Balkon, der einen Blick auf die Reitbahn bietet. Hier im Obergeschoss ist auch ein Café.

Vondelkerk ❽

Vondelstraat 120. **Stadtplan** 3 C2. 🚊 1, 3, 12. ♿ für Besucher.

Architekt dieser Kirche war P. J. H. Cuypers, der auch die Centraal Station und das Rijksmuseum *(siehe S. 122 – 125)* entwarf. Die Bauarbeiten begannen 1872, doch schon 1873 ging das Geld aus. Mithilfe von Spenden und Lotterie-Einnahmen wurde der Bau 1880 fertiggestellt. 1904 brach Feuer aus – die Feuerwehr konnte nur das Kirchenschiff retten, der Turm stürzte

ein. Der Sohn des Architekten, J. T. Cuypers, errichtete einen neuen Turm. 1979 wurde die Kirche säkularisiert und 1985 in ein Bürogebäude umgewandelt.

EYE Film Instituut Nederland ❾

Vondelpark 3. **Stadtplan** 4 D2. 📞 020-589 1400. 🚊 1, 3, 12. **Bibliothek** ⭘ Mo, Di, Do, Fr 13 – 17 Uhr. ● Feiertage. **Kasse** ⭘ Mo – Fr 9 – 22 Uhr, Sa, So 1 Std. vor der ersten Vorstellung bis 22.15 Uhr. **Vorführungen** tägl. ab 19.30, Mi, So auch 13.45, 15 Uhr (Kinderfilme). 🎬 Kino. ♿ 📷 🍴 www.eyefilm.nl

Den Pavillon des Vondelpark entwarfen Pieter Johannes Hamer (1812–1887) und sein Sohn Willem Hamer (1843–1913). Am 4. Mai 1881 eröffnete hier ein Café und Restaurant. 1991 wurde im Rahmen einer Renovierung die Art-déco-Innenausstattung des Cinema Parisien, des 1910 erbauten ersten Kinos Amsterdams, vollständig wiederaufgebaut.

Das Filmmuseum zeigt jährlich rund 1000 Filme und hat eine Sammlung von Filmpostern sowie eine Filmbibliothek (Vondelstraat 69 – 71). Im Sommer finden gratis Freilicht-Kinovorführungen statt.

Im Frühjahr 2012 bezieht das EYE Film Instituut einen spektakulären Neubau im Badhuisweg (Amsterdam Noord, von der Centraal Station auf der anderen Seite des IJ, Stadtplan 2 E2).

Terrasse des Cafés Vertigo beim EYE Film Instituut im Vondelpark

Stadtplan Amsterdam *siehe Seiten 150 – 159*

Rijksmuseum ❶

Obergeschoss

Das Rijksmuseum, ein Wahrzeichen Amsterdams, besitzt eine unvergleichliche Sammlung niederländischer Kunst. Bei der Eröffnung 1885 stieß der prächtige Bau wegen seines neogotischen, also als katholisch verdächtigen Stils auf Kritik bei den Protestanten. Derzeit wird das Museum umfassend renoviert. Die Wiedereröffnung des Hauptgebäudes ist für 2013 geplant, der Philips-Flügel bleibt jedoch zugänglich.

Winterlandschaft mit Eisläufern (1618)
Der taubstumme Hendrick Avercamp spezialisierte sich auf Winterszenen.

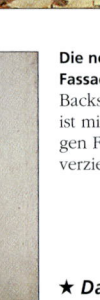

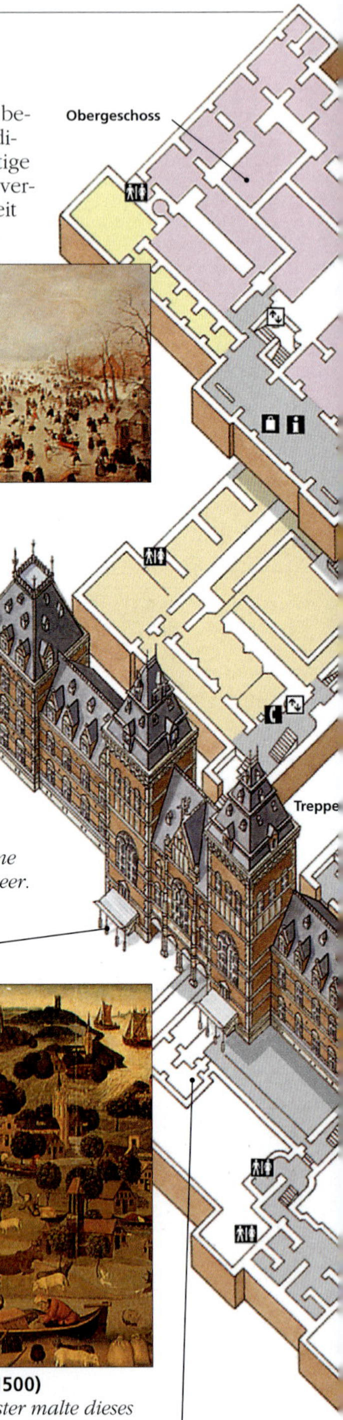

Die neogotische Fassade aus Backsteinen ist mit farbigen Fliesen verziert.

★ Das Küchenmädchen (1658)
Die meisterhafte Beherrschung des Lichts in dieser Szene ist typisch für Vermeer.

Treppe

Eingang

LEGENDE

- ☐ Niederländische Geschichte
- ☐ Frühe Malerei, Ausländ. Schulen
- ☐ Malerei 17. Jahrhundert
- ☐ Malerei 18. und 19. Jahrhundert
- ☐ Haager Schule und Impressionisten
- ☐ Skulpturen und Objekte
- ☐ Stiche und Zeichnungen
- ☐ Asiatische Kunst
- ☐ Keine Ausstellungsfläche

NICHT VERSÄUMEN

- ★ **Das Küchenmädchen** von Vermeer
- ★ **Die Nachtwache** von Rembrandt
- ★ **St.-Elisabethflut**

★ St.-Elisabethflut (1500)
Ein unbekannter Meister malte dieses Altarbild. Es zeigt die verheerende Überschwemmung, die sich im Jahr 1421 ereignete. Damals gingen 22 Dörfer in den Fluten unter.

Studiensammlung

INFOBOX

Jan Luijkenstraat 1 (Philips-Flügel). **Stadtplan** 4 E3. 020-674 7000. 2, 5, 7, 10. Stadhouderskade. tägl. 9–18 Uhr (nur Philips-Flügel). 1. Jan. www.rijksmuseum.nl

★ *Die Nachtwache* (1642)
Rembrandts Meisterwerk wurde als Gruppenporträt einer Militärkompanie in Auftrag gegeben.

Kurzführer
Das Museum unterzieht sich gerade der umfangreichsten Umgestaltung und Renovierung in seiner Geschichte. Während der Renovierung, die bis zur kompletten Wiedereröffnung voraussichtlich bis 2013 dauern soll, werden 400 Meisterwerke des Goldenen Zeitalters im Philips-Flügel gezeigt. Zusätzlich gibt es eine kleine Dependance des Rijksmuseum im Flughafen Schiphol hinter der Passkontrolle.

Philips-Flügel

Erd-geschoss

Philips-Flügel

Unter-geschoss

Heilige Barbara (um 1470)
Die Skulptur des Meisters von Koudewater zeigt die Heilige mit einer Männerfigur unter ihrem Fuß. Es ist ihr Vater Dioscurus, der verhindern wollte, dass sie sich zum Christentum bekennt.

Genremalerei
Die Zeitgenossen Jan Steens (1625–1679) entdeckten in diesem Bild Anspielungen, die uns heute verborgen bleiben. Der Hund steht für die Treue, die roten Strümpfe der Frau sind ein Symbol für Sexualität, wahrscheinlich war sie eine Prostituierte. Oft verstecken sich in diesen Bildern Anzüglichkeiten und beinahe immer eine Moral. Häusliche Szenen von Künstlern wie ter Borch und Honthorst symbolisieren Bordelle, andere Werke Sprichwörter. Symbole wie Kerzen oder Schädel weisen auf die Sterblichkeit hin.

Frau bei der Toilette von Jan Steen, gemalt um 1660

Stadtplan Amsterdam *siehe Seiten 150–159*

Rijksmuseum: Sammlungen

Das Rijksmuseum ist beinahe zu groß, um es an einem Tag zu besichtigen. Es beherbergt der Welt größte und schönste Sammlung holländischer Kunstwerke, von der frühen religiösen Kunst bis zu den Meisterwerken aus dem Goldenen Jahrhundert. Aber auch die Kunstgewerbeabteilung, die Skulpturen und die Exponate asiatischer Kunst sind sehenswert. Während der Renovierung (voraussichtlich bis 2013) ist nur eine Auswahl im Philips-Flügel zu sehen. Diese Meisterwerke, darunter Rembrandts *Nachtwache*, belegen die Größe der niederländischen Kunst im 17. Jahrhundert.

Speisung der Hungrigen (1504) vom Meister von Alkmaar

Geschichte der Niederlande

Hier ist die wechselhafte Geschichte der Niederlande zu sehen. Im ersten Saal hängt das mittelalterliche Altarbild *St.-Elisabethflut*, im mittleren sind Schiffsmodelle aus dem 17. Jahrhundert, aus Wracks geborgene Gegenstände und Gemälde aus der Zeit des niederländischen Weltreichs zu sehen. Jüngere Exponate erinnern an große Seeschlachten und die Besetzung durch Frankreich, die 1815 nach den Napoleonischen Kriegen endete.

Frühe Malerei und ausländische Schulen

In dieser kleinen Sammlung flämischer und italienischer Werke finden sich die ersten echt »holländischen« Gemälde.

Die meisten haben religiöse Themen, zum Beispiel *Die sieben Werke der Barmherzigkeit* (1504) vom Meister von Alkmaar, *Maria Magdalena* (1528) von Jan van Scorel und das Triptychon *Die Anbetung des goldenen Kalbs* (1530) von Lucas van Leyden. Im Lauf des 16. Jahrhunderts kommen stets weltlichere Themen in Mode, deren große Detailfülle und oft verblüffende Genauigkeit zum Markenzeichen der holländischen Malerei dieser Zeit wurden.

Malerei des 17. Jahrhunderts

Nach der Alteratie im Jahr 1578 wurden beinahe keine religiösen Werke mehr gemalt. Realistische Porträts, Landschaften, Stillleben, Seestücke und Genrebilder *(siehe S. 123)* wurden die hauptsächlichen Themen der

Künstler. Rembrandt *(siehe S. 78)* war der bekannteste der vielen Künstler, die damals in Amsterdam wohnten. Von ihm besitzt das Rijksmuseum unter anderem *Rembrandts Sohn in Mönchskutte* (1660), *Selbstporträt als Apostel Paulus* (1661), *Die jüdische Braut (siehe S. 26 f)* und natürlich *Die Nachtwache (siehe S. 123)*. Rembrandt hatte viele Schüler, darunter Nicolaas Maes (1634–1693), dessen düsteres Bild *Alte Frau beim Beten* (1655) so ganz anders wirkt als die lichtdurchfluteten Werke *Das Küchenmädchen* (1658) und *Die Briefleserin* (1662) von Jan Vermeer. Die schönsten Porträts von Frans Hals *(siehe S. 186 f)* sind das *Hochzeitsporträt* und *Der fröhliche Trinker* (1630). Die *Mühle bei Wijk* von Jacob van Ruisdael (1628–1682) ist ein Werk des Künstlers auf dem Höhepunkt seines Schaffens. Außerdem besitzt das Rijksmuseum sehr schöne Bilder von Pieter Saenredam *(siehe S. 53)*, Jan van der Heyden, Jan Steen *(siehe S. 123)* und Gerard ter Borch.

Malerei des 18. und 19. Jahrhunderts

Der Stil des 17. Jahrhunderts fand zu Anfang des 18. Jahrhunderts seine Fortsetzung, zum Beispiel in Werken

Hochzeitsporträt (um 1622) von Frans Hals (1580–1666)

wie *Stillleben mit Blumen und Früchten* von Jan van Huysum (1682–1749). Später kamen satirische Bilder wie die von Adriaan van der Werff (1659–1722) und Cornelis Troost (1696–1750) in Mode. *Die Galerie von Jan Gildemeester Jansz* (1794) von Adriaan de Lelie (1755–1820) zeigt einen Salon aus dem 18. Jahrhundert voller Meisterwerke des 17. Jahrhunderts. Malerei des 18. und 19. Jahrhunderts hängt im neuen Südflügel, den man über einen eigenen Eingang erreicht.

Den Haager Schule und Impressionisten

Die Künstler dieser Schule trafen sich um 1870 in Den Haag. Ihre Landschaftsbilder zeigen das sanfte, stimmungsvoll gedämpfte Licht Hollands. Eine der Kostbarkeiten des Rijksmuseum ist der in sanften Farben gehaltene *Morgenritt am Strand* (1876) von Anton Mauve (1838–1888). Daneben hängen die Polderlandschaften *Landschaft bei der Geestbrug* von Hendrik Weissenbruch (1824–1903), *Mühle am Polderkanal* von Paul Gabriël (1828–1903) und die *Enten* von Willem Maris (1844–1910).

Der Einfluss der Haager Schule schwand mit dem Impressionismus. Ein Werk wie *Die Brücke über den Singel bei der Paleisstraat, Amsterdam* (1890) von George Hendrik Breitner (1857–1923) kann sich mit den französischen Impressionisten messen.

Skulpturen und Kunstgewerbe

Die Abteilung führt von religiösen Skulpturen des Mittelalters zur Pracht der Möbel der Renaissance. Zu den Prunkstücken aus dem Goldenen Jahrhundert gehören die Glassammlung, Delfter Fayencen (siehe *S. 28 f*) und diamantbesetzter Schmuck. Ein zwölfteiliger chinesischer Paravent zeigt auf der einen Seite »exotische« Europäer und auf der anderen einen Phönix. Zwei große

Stillleben mit Blumen und Früchten (um 1730) von Jan van Huysum (1682–1749), eines der vielen Stillleben im Rijksmuseum

Puppenhäuser sind detailgetreue Kopien damaliger Wohnhäuser. Meißener Porzellan (18. Jh.) und Jugendstilglas runden die Sammlung ab.

Stiche und Zeichnungen

Das Rijksmuseum besitzt ungefähr eine Million Stiche und Zeichnungen, darunter viele niederländische Werke wie Radierungen von Rembrandt und seltene Werke von Hercules Seghers (1589–1638), aber auch Stiche von Dürer, Tiepolo, Toulouse-Lautrec, Goya und Watteau sowie bemalte japanische Holzschnitte. Im Erdgeschoss werden kleine Ausstellungen gezeigt. Wer interessiert ist und die Genehmigung dazu erfragt, der kann auch die Schätze der Studiensammlung im Keller besichtigen.

Asiatische Kunst

Diese Abteilung, die durch einen eigenen Eingang an der Rückseite des Museums zugänglich ist, zeigt die Zeugnisse der kolonialen Vergangenheit des Landes. Die ältesten Werke sind zugleich die interessantesten: kleine Bronzestatuen aus der Tang-Dynastie des 7. Jahrhunderts und Granitzeichnungen aus Java aus dem 8. Jahrhundert.

Jüngeren Datums sind eine anzügliche Figur aus Hindustan, *Himmlische Schönheit*, chinesische Pergamente, koreanische Intarsienarbeiten und bemalte Teller aus Vietnam.

Diese Abteilung ist eine Schatzkammer, die die Kunstfertigkeit der Handwerker und der Künstler der frühen fernöstlichen Kulturen zeigt.

Buddhakopf, Kambodscha, 7. Jahrhundert

Van Gogh Museum ❸

Das Van Gogh Museum entstand nach Plänen des De-Stijl-Architekten Gerrit Rietveld *(siehe S. 204 f)*, entworfen kurz vor seinem Tod im Jahr 1963. Das Museum wurde 1973 eröffnet. 1999 kam der neue Flügel von Kisho Kurokawa hinzu. Als Vincent van Gogh 1890 starb, stand er an der Schwelle zum Durchbruch. Sein jüngerer Bruder Theo, Kunsthändler in Paris, sammelte die 200 Gemälde und 500 Zeichnungen, die zusammen mit etwa 850 Briefen van Goghs an Theo den Kern der Sammlung bilden.

LEGENDE

- Werke van Goghs
- Studien und Drucke
- Zeitgenossen van Goghs
- Wechselausstellungen

★ *Schlafzimmer in Arles* (1888)
Eines seiner berühmtesten Bilder malte van Gogh in der kurzen Zeit der Ruhe im Gelben Haus in Arles. Er war mit dem Werk so zufrieden, dass er sogar zwei Versionen davon malte.

★ *Sonnenblumen* (1888)
Das leuchtende Gelb und Grün dieser Version der Sonnenblumen wird mit breiten roten und malvenfarbigen Strichen betont.

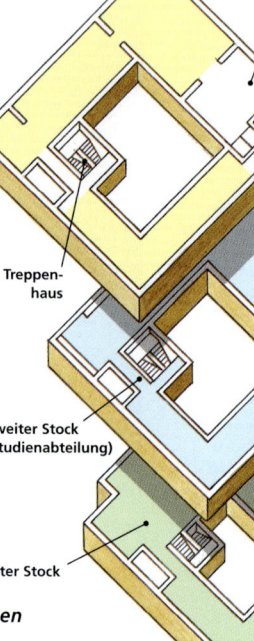

Dritter Stock

Treppenhaus

Zweiter Stock
(Studienabteilung)

Erster Stock

Kunst des 19. Jahrhunderts

Eingang

Erdgeschoss

Museumsshop

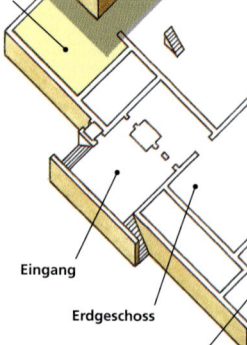

NICHT VERSÄUMEN

- ★ Krähen über dem Kornfeld
- ★ Schlafzimmer in Arles
- ★ Vase mit Sonnenblumen

Kurzführer

Werke aus van Goghs niederländischer Periode sowie seiner Zeit in Paris und in der Provence hängen im ersten Stock. Die Studiensammlung und van Goghs Zeichnungen befinden sich im zweiten Stockwerk. Im Erdgeschoss und im dritten Stock werden Arbeiten anderer Künstler des 19. Jahrhunderts gezeigt. Wechselausstellungen werden im neuen Flügel gezeigt. Freitagabends wird die zentrale Halle in eine Lounge-Bar mit DJ-Musik umfunktioniert.

Künstlerleben

Vincent van Gogh (1853–1890), geboren in Zundert, begann 1880 zu
malen. Fünf Jahre arbeitete er in
den Niederlanden, zog dann nach
Paris und später nach Arles. Nach
einem Streit mit Gauguin schnitt
er sich einen Teil des Ohres ab.
Wegen geistiger Verwirrung kam er
in die Anstalt in Saint-Rémy. In Auvers
schoss er sich in die Brust – zwei
Tage später starb er.

Van Gogh 1871

INFOBOX

Paulus Potterstraat 7. **Stadtplan**
4 E3. ☎ 020-570 5200. 🚊 1, 2,
3, 5, 12. ⊙ tägl. 10–18 Uhr
(Fr bis 22 Uhr). ● 1. Jan.
📷 🚫 ♿ 🎧 🍴 🛍
www.vangoghmuseum.nl

Pietà **(nach Delacroix; 1889)**
*Dieses Werk entstand in der
Heilanstalt von Saint-Rémy.
Man hält die Christusgestalt
für ein Selbstporträt.*

**Erster
Stock**

Lift

Treppe

Lift

Treppe

★ *Krähen über dem Kornfeld* (1890)
*Die Bedrohlichkeit der Krähen und
des Himmels in einem der
letzten Gemälde offen-
baren die tiefe Angst
van Goghs.*

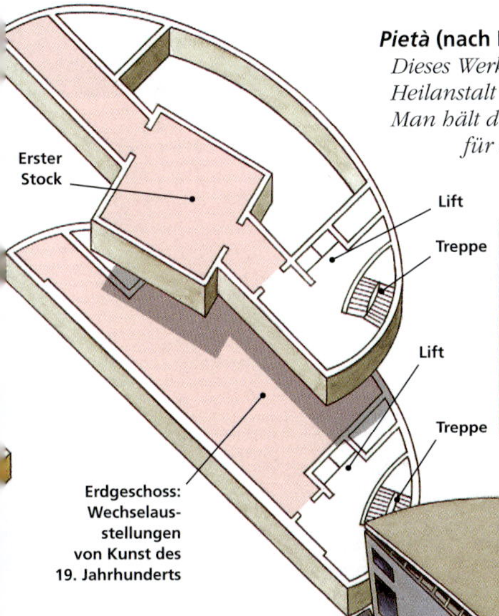

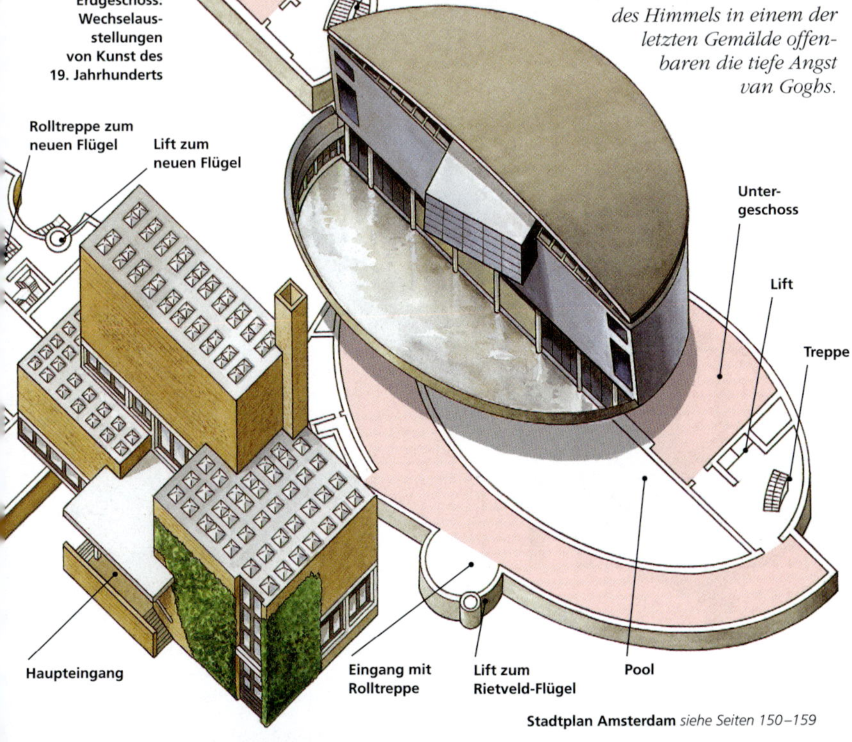

**Erdgeschoss:
Wechselaus-
stellungen
von Kunst des
19. Jahrhunderts**

**Rolltreppe zum
neuen Flügel**

**Lift zum
neuen Flügel**

**Unter-
geschoss**

Lift

Treppe

Haupteingang

**Eingang mit
Rolltreppe**

**Lift zum
Rietveld-Flügel**

Pool

Stadtplan Amsterdam *siehe Seiten 150–159*

Stedelijk Museum ❹

Das Stedelijk Museum wurde 1895 für die Sammlung erbaut, die Sophia de Bruyn der Stadt Amsterdam hinterlassen hatte. Seit 1938 ist es das Nationale Museum für moderne und zeitgenössische Kunst mit Werken von Künstlern wie Picasso, Matisse, Mondriaan, Cézanne und Monet. Über sieben Jahre wurde das Museum renoviert, seit 2011 gibt es einen Eingangsbereich am Museumplein, einen 1100 Quadratmeter großen unterirdischen Ausstellungssaal und ein neues Restaurant mit Terrasse.

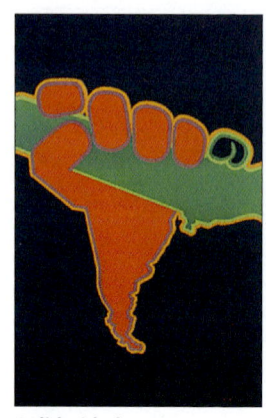

Selbstporträt mit sieben Fingern (1912)
Die sieben Finger in Marc Chagalls Selbstporträt verweisen auf die sieben Tage der Schöpfung und seine jüdische Abstammung. Paris und Rom, die Städte, in denen er lebte, stehen in Hebräisch über seinem Kopf geschrieben.

Solidaridad con América Latina (1970)
Zu den 17 000 seltenen Plakaten der Sammlung gehört auch dieses Werk des kubanischen Menschenrechtsaktivisten Asela Pérez.

Museumsgebäude
Der Neorenaissancebau wurde 1895 von A.W. Weissman (1858–1923) entworfen. In Nischen in der Fassade stehen Statuen von Künstlern und Architekten. Das Äußere des Museums lässt nicht vermuten, dass der Bau innen hochmodern umgebaut wurde.

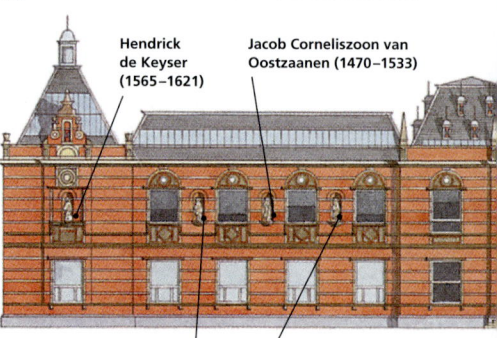

Hendrick de Keyser (1565–1621)

Jacob Corneliszoon van Oostzaanen (1470–1533)

Pieter Aertsen (1509–1575)

Joost Janszoon Bilhamer (1541–1

Rot-Blauer Stuhl (1918), Gerrit Rietveld

★ Mondriaan und De Stijl

Die Kunstströmung *De Stijl* brachte einfache Designs in klaren Farben hervor, die Werke wurden zu Ikonen der abstrakten Kunst des 20. Jahrhunderts. Dazu gehören Gerrit Rietvelds berühmter *Rot-Blauer Stuhl* und Mondriaans *Komposition in Rot, Schwarz, Blau, Gelb und Grau* (1920). Die Bewegung wurde 1917 von einer Gruppe von Künstlern gegründet, die für äußerste Klarheit in Werken der Malerei, Architektur, Bildhauerei, Poesie und auch des Möbeldesigns eintrat. In den 1920er Jahren beeinflusste *De Stijl* die neu entstehenden internationalen Richtungen der Moderne und auch das Bauhaus (siehe S. 204 f).

Komposition in Rot, Schwarz, Blau, Gelb und Grau von Mondriaan

Tanzende (1911)
*Ernst Ludwig Kirchners (1880–1938)
Werke verraten Einflüsse afrikanischer
und asiatischer Kunst. Weibliche Akte
sind ein Hauptmotiv des Expressionisten.*

INFOBOX

Museumplein 10. **Stadtplan**
4 D3. 📞 020-573 2911. 🚊 2, 3,
5, 12. 🕐 Di–So 10–17 Uhr (Do
bis 22 Uhr). 🌑 1. Jan. 🎫 📷 ♿
🍴 💻 www.stedelijk.nl

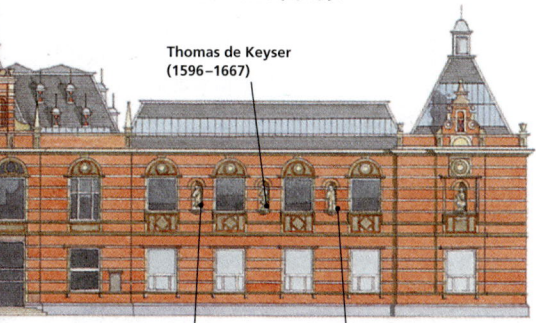

— Glockenturm

★ Cobra-Sammlung
*Karel Appel (1921– 2006), Mitbe-
gründer der Gruppe Cobra, malte
mit der Naivität eines Kindes Mensch
und Tiere (1949).*

★ Kazimir Malevič (1878–1935)

Der russische Künstler
Kazimir Severinovič
Malevič gilt als einer der
Gründerväter der abstrak-
ten Kunst. Er malte, bild-
hauerte und entwarf Mö-
bel, Kostüme und Plakate.
Nach dem Studium des
Futurismus und des Kubis-
mus postulierte er 1915
seine eigene neue Kunst-
richtung, den Suprematis-
mus. Zentrales Element
dieser Theorie war die un-
eingeschränkte Herrschaft
der freien Erfindung im
künstlerischen Prozess.
Bis zum Beginn der
1920er Jahre malte Malevič
abstrakte geometrische
Formen mit dem Quadrat
als »supremem Element«.

Das Stedelijk Museum
besitzt heute die weltweit
größte Sammlung von
Werken aus der supre-
matistischen Periode von
Malevič. Eines der wich-
tigsten Bilder, *Suprema-
tismus 1920–1927*, wurde
1997 von einem Besucher
beschädigt.

1999 kam es zwischen
den Erben des Künstlers
und dem Stedelijk Muse-
um zu einem Streit über
die Eigentumsrechte an
Werken des Malers. 2008
gab das Stedelijk Museum
vier suprematistische Bilder an die Erben zurück.

Thomas de Keyser
(1596–1667)

Jan van der Heyden
(1637–1712)

Jacob van Campen
(1595–1657)

Ohne Titel (1965)
*Jasper Johns (geb. 1930)
lässt die Betrachter seiner
Werke ihre eigenen Schlüsse
ziehen. Die riesige Lein-
wand mit dem Regenbogen
aus roten, gelben und blau-
en Pinselstrichen lädt zum
Nachdenken über die Sym-
bolik der Farben ein.*

NICHT VERSÄUMEN

★ Cobra-Sammlung

★ Kazimir Malevič

★ Mondriaan
   und De Stijl

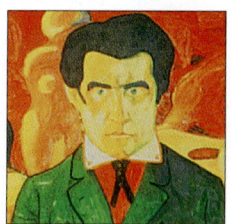

Selbstporträt Malevičs

Stadtplan Amsterdam *siehe Seiten 150–159*

Osten und Süden

Nicht nur die Innenstadt Amsterdams ist ein Beispiel außergewöhnlicher Stadtarchitektur. In Amsterdam Zuid kann man die städtebaulichen Ideen der Amsterdamse School *(siehe S.142f)* betrachten, Beispiele sind etwa der Häuserblock De Dageraad und das Stadionviertel. Die Plantage war früher ein ländliches Gebiet vor den Toren der Stadt, in dem die Amsterdamer schon im 17. Jahrhundert Erholung suchten. Die Straßen um den Artis Zoo sind heute eine beliebte Wohn-

Figur auf dem Brunnen bei Frankendael

gegend. Die Speicherhäuser des Entrepotdok beherbergen Wohnungen, Büros und Cafés. Das Werftmuseum 't Kromhout liegt an der Windmühle De Gooyer aus dem 18. Jahrhundert. Im Scheepvaartmuseum, einem ehemaligen Speicherhaus, ist die maritime Sammlung der Niederlande zu sehen. Ganz in der Nähe fasziniert das Science Center NEMO. Im Nordosten Amsterdams, von der Centraal Station nur durch den IJ getrennt, entsteht derzeit ein neues Viertel mit spannenden Bauten.

Sehenswürdigkeiten auf einen Blick

Historische Monumente, Gebäude und Viertel

Amstelsluizen **8**
Amsterdam RAI **17**
Entrepotdok **2**
Frankendael **11**
Häuserblock De Dageraad **15**
Heineken Experience **14**
Java-eiland und KNSM-eiland **3**
Koninklijk Theater Carré **7**
Muiderpoort **4**
Windmühle De Gooyer **5**

Markt

Albert Cuypmarkt **18**

Museen und Sammlungen

Artis Zoo S. 138f **10**
Hermitage Amsterdam **13**
Het Scheepvaartmuseum S. 132f **1**
Science Center NEMO S. 136f **9**
Tropenmuseum **12**
Verzetsmuseum **16**
Werftmuseum 't Kromhout **6**

LEGENDE

🟩	Oude Zijde
🟧	Nieuwe Zijde
🟥	Grachtengürtel
🟪	Museumsviertel
🟨	Osten und Süden

0 Kilometer   2

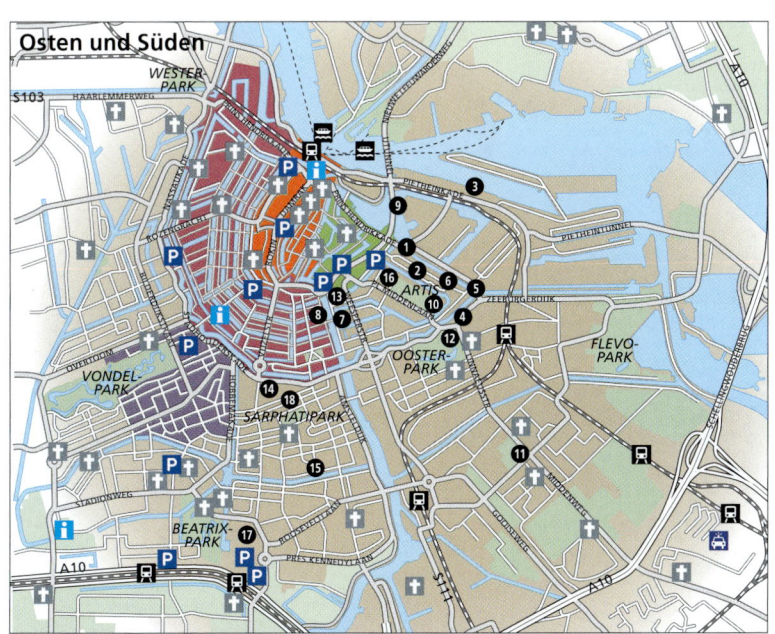

Osten und Süden

◁ Die *Amsterdam*, Nachbau eines Ostindienfahrers, der 1749 vom Stapel lief *(siehe S.132f)*

Het Scheepvaartmuseum ❶

Das Sandsteingebäude des ehemaligen Arsenals wurde 1656 von Daniel Stalpaert errichtet. Der Bau mit seinem großen Innenhof ruht auf 18 000 Pfählen, die in den Boden des Osterdocks gerammt wurden. Bis 1973 wurde das Gebäude von der niederländischen Marine benutzt. Die Sammlungen des Schifffahrtsmuseums bieten eine Übersicht über die Seefahrt der Niederlande. Vier Jahre wurde das Museum renoviert und umgestaltet, jetzt wölbt sich über dem (frei zugänglichen) Innenhof ein Glasdach.

Figur eines Seefahrers, um 1750

★ Goldenes Zeitalter
Sieben Persönlichkeiten begrüßen den Besucher zur Ausstellung über das Zeitalter der Entdeckungen und des Handels im 16. und 17. Jahrhundert.

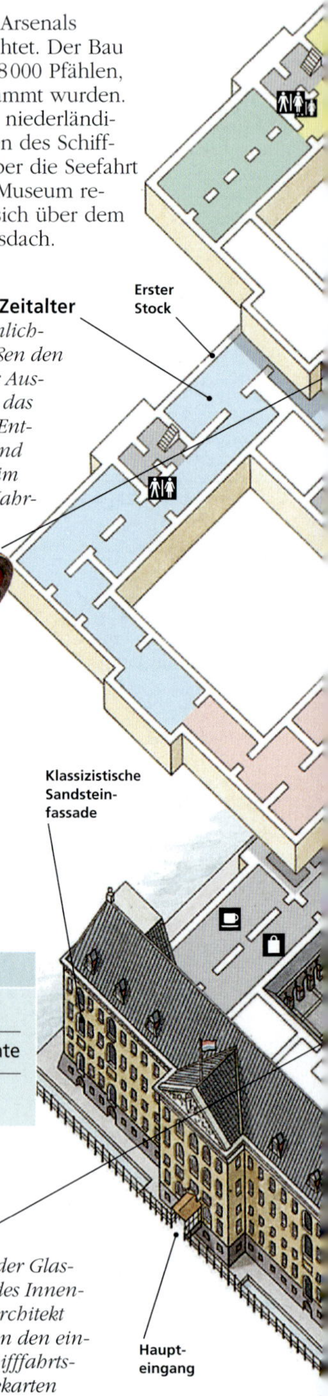

Erster Stock

Ajax
Die Gallionsfigur eines 1832 gebauten Schiffs zeigt Ajax, den tragischen Helden des Trojanischen Krieges.

Kurzführer
Hier erlebt man die Geschichte der Seefahrt hautnah, etwa auf einer virtuellen Reise an Bord des Ostindienfahrers Amsterdam. Andere Abteilungen erzählen über die Geschichte des Walfangs, das Goldene Zeitalter oder den Amsterdamer Hafen. Außerdem präsentiert das Museum seine ausgezeichnete Sammlung von Navigationsinstrumenten, Karten, Globen und Gemälden zur Seefahrt.

Klassizistische Sandsteinfassade

NICHT VERSÄUMEN

- ★ Goldenes Zeitalter
- ★ Nautische Instrumente
- ★ Virtuelle Seereise

Glasdach
Beim Entwurf der Glasüberdachung des Innenhofs ließ sich Architekt Laurent Ney von den eingetragenen Schifffahrtswegen alter Seekarten und Globen inspirieren.

Haupteingang

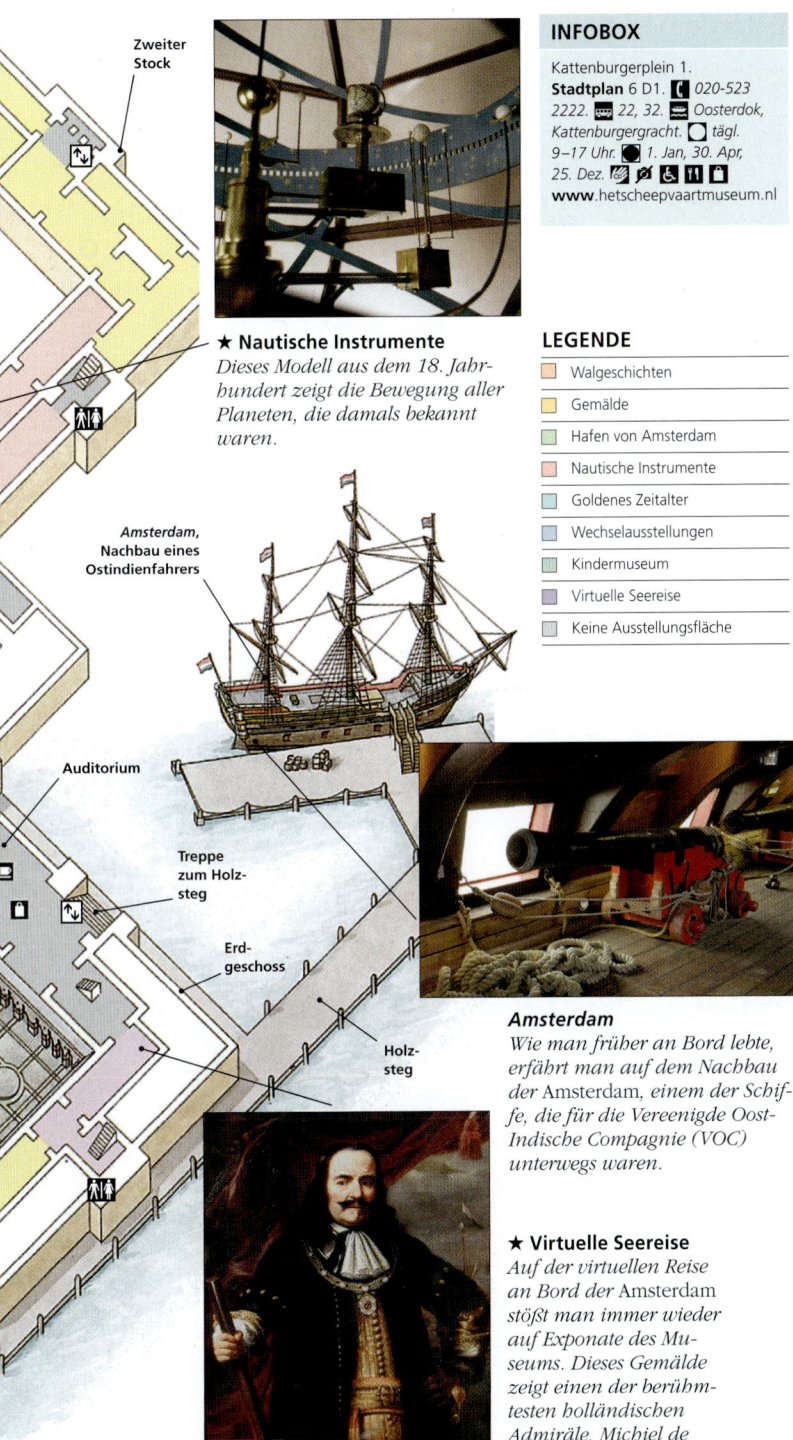

Zweiter Stock

INFOBOX

Kattenburgerplein 1.
Stadtplan 6 D1. 📞 020-523
2222. 🚌 22, 32. 🚢 Oosterdok,
Kattenburgergracht. ⏱ tägl.
9–17 Uhr. 🚫 1. Jan, 30. Apr,
25. Dez. 🎫 🚫 ♿ 🏛 📷
www.hetscheepvaartmuseum.nl

★ Nautische Instrumente

Dieses Modell aus dem 18. Jahrhundert zeigt die Bewegung aller Planeten, die damals bekannt waren.

LEGENDE

- Walgeschichten
- Gemälde
- Hafen von Amsterdam
- Nautische Instrumente
- Goldenes Zeitalter
- Wechselausstellungen
- Kindermuseum
- Virtuelle Seereise
- Keine Ausstellungsfläche

Amsterdam, Nachbau eines Ostindienfahrers

Auditorium

Treppe zum Holzsteg

Erdgeschoss

Holzsteg

Amsterdam

Wie man früher an Bord lebte, erfährt man auf dem Nachbau der Amsterdam, *einem der Schiffe, die für die Vereenigde Oost-Indische Compagnie (VOC) unterwegs waren.*

★ Virtuelle Seereise

Auf der virtuellen Reise an Bord der Amsterdam *stößt man immer wieder auf Exponate des Museums. Dieses Gemälde zeigt einen der berühmtesten holländischen Admiräle, Michiel de Ruyter (1607–1676).*

Stadtplan Amsterdam *siehe Seiten 150–159*

Entrepotdok ❷

Stadtplan 6 D2. 🚊 *9, 14, 32.*
🚌 *22, 43.*

Die Renovierung der Spei-
cherhäuser der Vereenig-
de Oost-Indische Compagnie
brachte frischen Wind in das
Gebiet der alten Docks. 1827
war hier eine zollfreie Zone
für Transitgüter erbaut worden, Mitte des 19. Jahrhunderts war es Europas größter
Speicherkomplex. Die renovierten Gebäude am Kai des
Entrepotdok sind ein Kom-
plex aus Büros, Wohnungen,
Cafés und Restaurants. Einige
Originalfassaden der Lagerhäuser blieben erhalten. Am
Kanal liegen Hausboote.

Java-eiland und KNSM-eiland ❸

Stadtplan 6 D2. 🚊 *10.* 🚌 *41, 42.*

Die beiden künstlichen
Inseln am Ostrand des
Zentrums waren Teil des alten
Hafens der Stadt. Die Bebauung des lang gestreckten
Java-eiland wurde in den
1990er Jahren von Sjoerd
Soeters geplant. Durch die abwechslungsreiche Architektur und die Anlage einiger Quer-
grachten mit ungewöhnlich
kleinen Brücken entstand ein
typisches Amsterdamer Viertel, in dem sich Läden und
Cafés ansiedelten. Jo Coenen
plante das breitere KNSM-

De Gooyer, eine Mühle an der Nieuwe Vaart, dicht beim Zentrum

eiland. Hier wurde in der
Mitte der Insel ein breiter
Boulevard angelegt, an beiden
Seiten entstanden Wohn-
häuser. Vor allem die Südseite
mit ihren Cafés und Restaurants ist einen Besuch wert.

Muiderpoort ❹

Alexanderplein. Stadtplan 6 E3.
🚊 *7, 9, 10, 14.* ⬤ *für Besucher.*

Das ehemalige Stadttor
wurde um 1770 von
Cornelis Rauws entworfen.
Der Mittelbogen des mächtigen klassizistischen Bauwerks

wird von einer Kuppel mit
Glockenturm gekrönt. Über
den dorischen Säulen spannt
sich ein Fronton, in dessen
Tympanon der Bildhauer
A. Ziesenis das Wappen der
Stadt Amsterdam meißelte.

Windmühle De Gooyer ❺

Funenkade 5. Stadtplan 6 F2.
🚊 *10, 14.* ⬤ *für Besucher.*

Von den sechs Mühlen, die
es im Stadtgebiet noch
gibt, steht De Gooyer, auch
die Funenmühle genannt, am
dichtesten beim Stadtzentrum.
Die Mühle an der Nieuwe
Vaart wurde 1725 als Getreidemühle gebaut. Sie war die
erste Mühle in den Niederlanden mit den damals neu-
artigen stromlinienförmigen
Flügeln.
  Früher stand die Mühle
weiter westlich, aber die 1814
erbaute Oranje-Nassaukaserne
nahm ihr den Wind, und so
setzte man sie an die Funenkade um. Der Holzaufbau
wurde auf den Steinsockel
einer alten Wassermühle ge-
setzt, die 1812 abgerissen
worden war. Die Stadt kaufte
die heruntergekommene
Mühle 1925 und ließ sie
restaurieren.
  Der untere Teil ist heute in
Privatbesitz und wird als
Wohnung genutzt, doch
manchmal werden die großen
Segel noch bewegt.

Die ehemaligen Speicherhäuser am Entrepotdok wurden zu Wohnungen umgebaut

Hotels und Restaurants in Amsterdam *siehe Seiten 392–395 und 410–414*

Im Vordergrund KNSM-eiland, ganz hinten im Anschnitt Java-eiland

Direkt neben der Mühle liegt die kleine Brouwerij 't IJ, eine der beiden Brauereien Amsterdams. Zur Brauerei gehört ein Pub, in dem man täglich von 15 bis 20 Uhr vor Ort gebrautes Bier kosten kann.

Werftmuseum 't Kromhout 6

Hoogte Kadijk 147. **Stadtplan** 6 E2.
☎ 020-627 6777. 🚋 9, 10, 14.
🚌 22, 43. ⚓ Oosterdok oder Artis.
◷ Di 10–15 Uhr und für Gruppen nach Vereinbarung. ⬤ Feiertage. 📷
📷 ✔ ♿ www.machinekamer.nl

Die Werft 't Kromhout ist eine der ältesten Werften Amsterdams und zugleich ein Museum. Seit 1757 werden hier Schiffe gebaut. In der zweiten Hälfte des 19. Jahrhunderts, nach der Ära der Segelschiffe, begann hier der Bau von Dampfern. Als Ozeandampfer immer größer wurden, stellte sich die Werft auf kleinere Binnenfahrtschiffe um. Heute werden hier Schiffe repariert, die Werft ist vor allem auf das Restaurieren historischer Boote spezialisiert.

1967 erwarb der Prince Bernhard Fund die Werft und machte sie in Zusammenarbeit mit dem Amsterdam Monuments Fund zu einem Museum. Es widmet sich der Geschichte des Schiffbaus, wobei der Werdegang der Werft 't Kromhout im Mittelpunkt steht. In den alten Werfthallen sind historische Dampfmaschinen ausgestellt, aber auch für den Schiffbau erforderliche Arbeitsgeräte. Fotos, Pläne und Objekte aus der Seefahrt vermitteln einen guten Eindruck. Am Kai liegen einige imposante alte Boote, die man teils auch besichtigen kann.

Werftmuseum 't Kromhout

Koninklijk Theater Carré 7

Amstel 115–125. **Stadtplan** 5 B3.
☎ 0900-252 5255. 🚋 4, 7, 9, 10, 14, 20. Ⓜ Weesperplein. **Kasse**
◷ tägl. 16–21 Uhr. Siehe **Unterhaltung** S. 147. 📷 ✔ Sa 11 Uhr (telefonisch anmelden). 🚫 ♿ ▯
www.theatercarre.nl

Im 19. Jahrhundert freute sich ganz Amsterdam auf das jährliche Gastspiel des Zirkus Carré. 1868 baute Oscar Carré aufgrund der Popularität seiner Truppe am Amstelufer einen Pavillon. Der Stadtrat und die Feuerwehr fanden dies zu gefährlich, doch Carré überzeugte sie von der Notwendigkeit eines festen Spielplatzes in Amsterdam. J. P. F. van Rossem und W. J. Vuyk entwarfen ein Gebäude mit Manege und Bühne, das 1887 eröffnet wurde. In dem reich dekorierten klassizistischen Bau stehen heute Konzerte, Shows und Musicals auf dem Programm, aber die Weihnachtsaufführung des Zirkus bleibt der Höhepunkt der Saison.

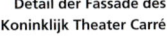

Detail der Fassade des Koninklijk Theater Carré

Amstelsluizen 8

Stadtplan 5 B3. 🚋 4, 7, 9, 10, 14.
Ⓜ Weesperplein.

Die hölzernen Schleusen in der Amstel sind Teil eines ausgeklügelten Systems aus Pumpen und Schleusen, das dafür sorgt, dass das Wasser in den Grachten immer in Bewegung bleibt. Viermal wöchentlich im Sommer (zweimal wöchentlich im Winter) werden die Schleusen geschlossen, danach strömt frisches Wasser in die Grachten Amsterdams. Die Schleusen am Westrand der Stadt werden geöffnet, und das alte Wasser wird Richtung Meer gepumpt. Die Amstelschleusen stammen aus dem Jahr 1673 und wurden bis 1994 noch von Hand bedient.

Stadtplan Amsterdam siehe Seiten 150–159

Science Center NEMO ❾

Das 1997 eröffnete Zentrum für Wissenschaft und Technik ist in einem spektakulären Gebäude zu Hause, entworfen von dem italienischen Architekten Renzo Piano. Der Bau erinnert an ein Schiff und ragt 30 Meter ins Wasser hinein. Die Aussicht von der Dachterrasse ist einzigartig. Auf fünf Stockwerken wechseln die Ausstellungen ständig, es gibt viele interaktive Exponate, Theater, Film und Vorführungen aller Art – interessant für Alt und Jung.

Architektur und Statik
Hier lernt man vieles über Bauwerke und sieht ein Modell der Rotterdamer Erasmusbrücke.

Die Zufahrt zum IJ-Tunnel verläuft direkt unter dem Gebäude.

★ Die Suche nach Leben
Hier lernt man, wie das Leben auf der Erde entstand und welche außerirdischen Lebensformen es geben könnte.

★ Kettenreaktion
Bei dieser unterhaltsamen Show geht es um Ursache und Wirkung, Aktion und Reaktion. Und das Publikum darf kräftig mitmachen.

Im Maschinenpark dreht sich alles um Technik und Technologie.

NICHT VERSÄUMEN

★ Aussicht vom Dach

★ Kettenreaktion

★ Die Suche nach Leben

Seifenblasen
Mit Seifenschaum und Ringen können Besucher sich selbst mit Riesenseifenblasen umhüllen.

Philosophie von Nemo

»Nemo« ist zwar das lateinische Wort für »niemand«, hier aber kann jeder Besucher auf Entdeckungsreisen gehen. Die fantastische Figur Nemo wurde von mehreren berühmten Autoren in der Literatur verwendet. Alle Nemos standen im Spannungsfeld zwischen Realität und Fantasie. In der lateinischen Übersetzung von Homers mythologischem Epos *Odyssee* nimmt Ulixes (Odysseus) den Namen Nemo an und täuscht damit den einäugigen, menschenfressenden Kyklopen Polyphem. In Jules Vernes Roman *20 000 Meilen unter dem Meer* steuert Kapitän Nemo sein U-Boot *Nautilus* durch alle Abenteuer und Schrecken der Meere. Im Jahr 1905 schuf der US-amerikanische Zeichner Winsor McCay die Figur des *Little Nemo*. In den Comic-Geschichten träumt ein Junge in seinem Bett von Abenteuern aller Art, wobei sich Realität, Fantasie und technische Zukunftsvisionen untrennbar vermischen.

INFOBOX

Oosterdok 2. **Stadtplan** 5 C1.
📞 020-531 3233 (Gruppen 020-531 3118). 🚊 1, 2, 4, 5, 9, 13, 14, 16, 17, 24, 25, 26. 🚌 22, 42, 43. 🕐 Di–So 10–17 Uhr (Juni–Aug: tägl. 10–19 Uhr). 🚫 1. Jan, 30. Apr, 25. Dez.
📷🦽🔊🖥🏪🍴🛍
www.e-nemo.nl

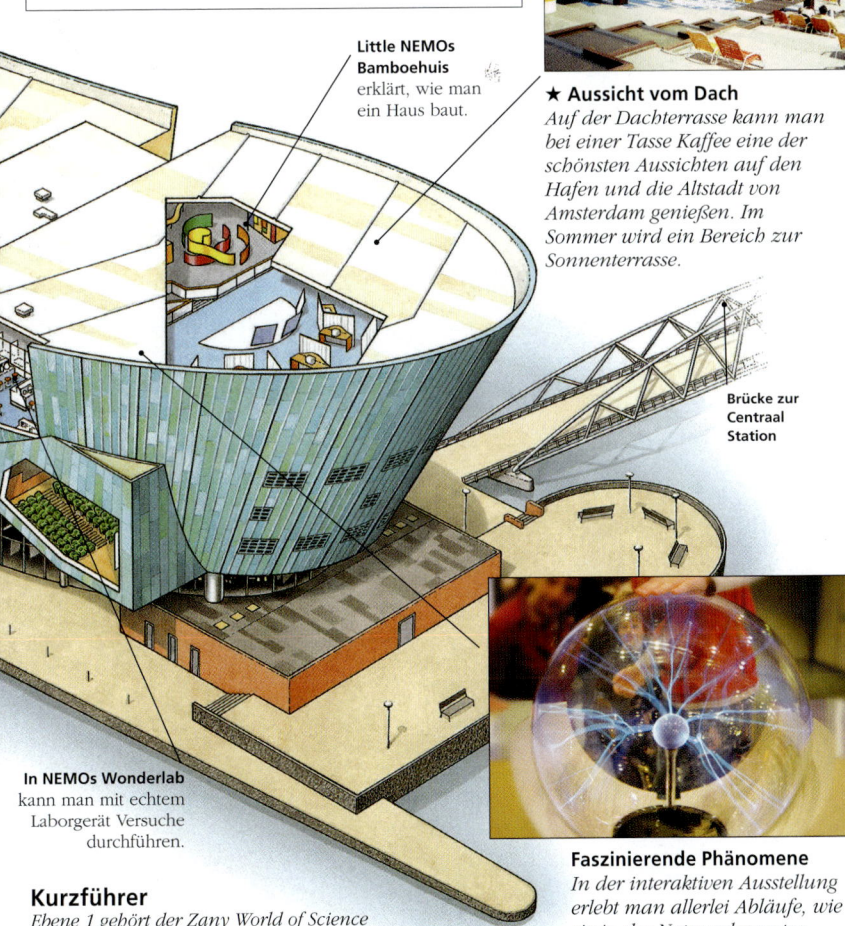

Little NEMOs Bamboehuis erklärt, wie man ein Haus baut.

★ **Aussicht vom Dach**
Auf der Dachterrasse kann man bei einer Tasse Kaffee eine der schönsten Aussichten auf den Hafen und die Altstadt von Amsterdam genießen. Im Sommer wird ein Bereich zur Sonnenterrasse.

Brücke zur Centraal Station

In NEMOs Wonderlab kann man mit echtem Laborgerät Versuche durchführen.

Faszinierende Phänomene
In der interaktiven Ausstellung erlebt man allerlei Abläufe, wie sie in der Natur oder unter Laborbedingungen in der Forschung stattfinden.

Kurzführer

Ebene 1 gehört der Zany World of Science und widmet sich Themen wie Schwerkraft, Licht, Ton und Elektrizität. Auf den Ebenen 2, 3 und 4 findet man den Maschinenpark sowie die Abteilungen »Die Suche nach Leben«, »Wasserwelt« und NEMOs Wonderlab.

Stadtplan Amsterdam *siehe Seiten 150–159*

Artis Zoo ⑩

Elefant in Artis

D er Zoo von Amsterdam wird Artis genannt, eine Abkürzung des alten lateinischen Namens Natura Artis Magistra. Er liegt in der Plantage, einem eleganten Viertel mit baumbestandenen Straßen und schönen alten Häusern. In Artis leben mehr als 900 Tierarten. Zwei stolze vergoldete Adler begrüßen den Besucher seit 1854 im Zoo, der sein historisches Ambiente nicht verloren hat. Im Planetarium kann man einen Blick ins Weltall werfen, im neoklassizistischen Bau des Aquariums tummeln sich alle möglichen Wassertiere, von bunten Tropenfischchen bis zu großen Muränen und Haien.

Der Spielplatz beim Restaurants Two Cheetahs ist bei Kindern der Hit.

★ Planetarium

Im Planetarium erfährt man viel über die Welt der Sterne. Große Sternkarten zeigen den nächtlichen Himmel. In einer interaktiven Ausstellung kann man den Bahnen der Planeten folgen. Vor dem Saal sind Modelle von Raumfahrzeugen aufgestellt. Eine Diashow ist speziell auf Kinder zugeschnitten.

Papageien

Der Zoo ist berühmt für sein Zuchtprogramm seltener Papageienarten, z.B. von Aras, die teilweise auf der Liste bedrohter Arten stehen.

NICHT VERSÄUMEN

★ Afrikanische Savanne

★ Aquarium

★ Planetarium

Tigerpython

Das Weibchen in Artis kann Junge hervorbringen, indem es sich selbst »klont«.

★ **Afrikanische Savanne**

Das Gehege bietet Zebras, Gnus und Gazellen einen natürlichen Lebensraum, in dem sie sich wie zu Hause fühlen können.

INFOBOX

Plantage Kerklaan 38–40. **Stadtplan** 6 D2. 📞 0900-278 4796. 🚋 9, 10, 14. ◯ Apr–Okt: tägl. 9–18 Uhr (Juni–Aug: Sa bis Sonnenuntergang); Nov–März: tägl. 9–17 Uhr. 📷 ♿ 🖥 🍴
www.artis.nl

Der nördliche Teil des Geländes wird zurzeit als Parkplatz genutzt.

Gorillas

Bwana, der Sohn des Gorilla-Weibchens Binti, wurde im Rahmen des Zuchtprogramms im Zoo geboren.

Seelöwen

Einer der Höhepunkte im Artis ist die tägliche Fütterung der Tiere.

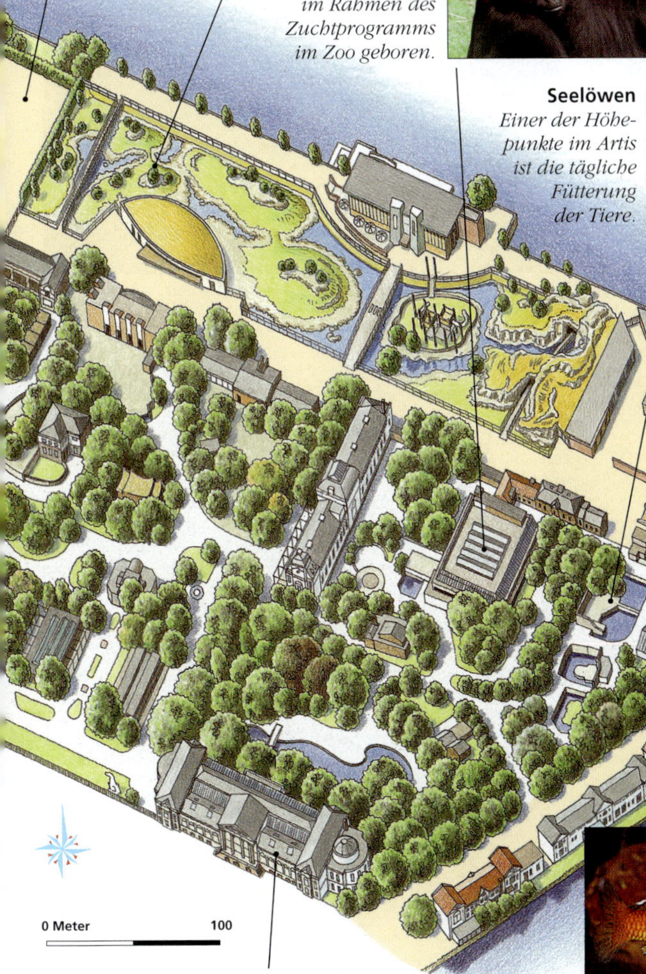

0 Meter   100

★ **Aquarium**

Das neoklassizistische Gebäude von 1882 beherbergt Tausende Fischarten.

Stadtplan Amsterdam siehe Seiten 150–159

Frankendael ⓫

Middenweg 72. **Stadtplan** 6 F5.
🚋 9. 🚌 41, 65, 101, 136 152, 157.
Park ☐ tagsüber.

Zu Beginn des 18. Jahrhunderts ließen sich viele reiche Amsterdamer südlich der Plantage Middenlaan, im Polder Watergraafsmeer, große Landsitze erbauen. Frankendael, errichtet im Louis-XIV-Stil mit Remise und Stallungen, ist der einzige, der die Zeiten überdauert hat.

Das Haus selbst und der davorliegende Garten mit dem schönen, 1714 von Ignatius van Logteren entworfenen Brunnen sind Privatbesitz und können deshalb nicht besichtigt werden, aber vom Middenweg aus hat man einen guten Blick auf das Anwesen. Hier liegt auch eine Pforte, die in den frei zugänglichen, in den letzten Jahren sorgsam nach alten Vorlagen neu angelegten Teil des Parks führt. Gleich hinter dem Haus ist ein formal angelegter Garten, dahinter ein Englischer Garten mit altem Baumbestand. Dahinter liegen Schrebergärten.

Fassade des Frankendael aus dem frühen 18. Jahrhundert

Ignatius van Logterens Brunnen im Park von Frankendael

Tropenmuseum ⓬

Linnaeusstraat 2. **Stadtplan** 6 E3.
🚋 9, 14. **Tropenmuseum** 🕽 020-568 8200. ☐ tägl. 10–17 Uhr; 5., 24. und 31. Dez: 10–15 Uhr.
⬤ 1. Jan, 30. Apr, 5. Mai, 25. Dez.
Tropenmuseum Junior ☐ für Sonderveranstaltungen, etwa Bombaytour: Mi 14.30–16 Uhr. ⬤ wie Tropenmuseum. 🎞 📷 ♿ 🎁 🍴
💻 🖥 www.tropenmuseum.nl

Der 1926 eröffnete Gebäudekomplex wurde von M. A. und J. van Nieuwkerken als Königliches Institut für die Tropen errichtet. Die Fassade ist mit Motiven aus der Kolo-

Balinesisches Tigerkostüm für zwei Personen aus dem Tropenmuseum

nialzeit dekoriert, darunter Steinreliefs mit Reis pflanzenden Bauern.

Nach einem Umbau wurde ein Teil des Gebäudes 1978 als Tropenmuseum wiedereröffnet. Ziel des noch bestehenden Instituts ist heute die Verbesserung der Lebensqualität in tropischen Ländern. Das Museum zeigt in einer großen Halle mit drei Galerien Vergangenheit und Gegenwart der Entwicklungen in anderen Ländern auf wirtschaftlichem, gesellschaftli-

chem und kulturellem Gebiet. Vor allem die Maskensammlung ist beeindruckend.

Hermitage Amsterdam ⓭

Amstel 51. **Stadtplan** 5 B2. 🕽 0900-437 648 243. 🚋 4, 9, 14. Ⓜ Waterlooplein. 🚇 Muziektheater. ☐ tägl. 10–17 Uhr (Mi bis 20 Uhr). 🎫 frei bis 16 Jahre. ⬤ 1. Jan, 30. Apr, 25. Dez.
♿ 🕽 💻 🎁 www.hermitage.nl

Die Staatlichen Museen der Eremitage in Sankt Petersburg wählten in den 1990er Jahren Amsterdam für ihre erste Zweigstelle im Ausland. 2004 eröffnete die Hermitage Amsterdam im Amstelhof (einem Gebäudekomplex von 1681) mit einer spektakulären Ausstellung über die Goldkunst der Griechen. Die Sammlungen des Museums decken ein breites Spektrum ab, das von der Antike bis zur Gegenwartskunst reicht. Etwa halbjährlich wechseln die Ausstellungen. Es gibt auch einen Bereich für Kinder im Flügel an der Nieuwe Herengracht.

Heineken Experience ⑭

Stadhouderskade 78. **Stadtplan** 4 F3.
📞 020-523 9435. 🚊 7, 10, 16, 24,
25. 🕐 tägl. 11–19 Uhr. 🚫 1. Jan,
30. Apr, 25. Dez. ♿ ⚙ 🎬 📷
www.heinekenexperience.com

Gerard Adriaan Heineken kaufte 1864 die Hooi-berg-Brauerei am Nieuwezijds Voorburgwal und machte dar-aus die Brauerei Heineken. Seit 1988 wird in dem Back-steinbau kein Bier mehr ge-braut. 1991 eröffnete das Be-sucherzentrum, das nach der Führung Bier ausschenkt (nur für Besucher über 18 Jahre).

Häuserblock De Dageraad ⑮

Pieter Lodewijk Takstraat.
🚊 4, 12, 25. 🕐 für Besucher.

Das Wohnungsgesetz von 1901 zwang die Stadt zu einer neuen Baupolitik, die Armenviertel konnten die neuen Normen nicht erfüllen. Der für Arbeiterfamilien er-baute Block De Dageraad ist eines der besten Beispiele für die Amsterdamse School (siehe S. 142f). Der Architekt H.P. Berlage entwickelte den Plan für den Süden der Stadt, wo Reich und Arm nebenein-ander wohnen sollten. Nach seinem Tod setzten Piet Kra-mer und Michel de Klerk sein Werk fort. 1918–23 entwarfen sie für die Baugenossenschaft De Dageraad diesen Wohnblock.

In der RAI werden die großen Messen Amsterdams abgehalten

Verzetsmuseum ⑯

Plantage Kerklaan 61. **Stadtplan**
6 D2. 📞 020-620 2535. 🚊 9, 14.
🕐 Di–Fr 10–17, Sa–Mo 11–17 Uhr.
🚫 1. Jan, 30. Apr, 25. Dez. ♿ 📷 ⚙
🎬 📖 🍴 **www**.verzetsmuseum.org

Das Widerstandsmuseum, das im Haus Plancius beim Artis Zoo zu Hause ist, erinnert an den Widerstand in den Niederlanden während des Zweiten Weltkriegs. Es wurde von ehemaligen Widerstandskämpfern gegrün-det und ist dem Mut der 25 000 Menschen gewidmet, die damals in verschiedenen Bewegungen aktiv waren.
Das Museum zeigt gefälsch-te Ausweise, Waffen, illegale Zeitungen und vieles mehr. Am Ende des Krieges waren mehr als 300 000 Niederlän-der untergetaucht, darunter viele Juden. Wie das Verstecken dieser Menschen organisiert wurde, wird anhand von Ein-zelschicksalen gezeigt.

Ein Besuch im Verzetsmuse-um ist eine ideale Ergänzung zum Besuch des Anne Frank Huis (siehe S. 108f).

Amsterdam RAI ⑰

Europaplein. 📞 0900-267 8373.
🚊 4. Ⓜ 🚉 RAI. 🚌 62, 65. 🕐 je
nach Ausstellung/Veranstaltung. **In-formation** 🕐 Mo–Fr 8.30–17.30 Uhr.
♿ 🚫 ⚙ mit Begleitung. **www**.rai.nl

Die RAI ist einer der größ-ten Ausstellungs- und Konferenzkomplexe des Lan-des. Hier werden jedes Jahr mehr als 1000 Veranstaltungen organisiert, von Shows bis zu Springturnieren und Handels-messen. Die erste Messe war 1893 eine Fahrradausstellung. Bald entstand die RAI (Rijwie-len Automobiel-Industrie), die Fahrrad- und Automobil-industriemesse. Der heutige Komplex der Messe wurde 1961 eröffnet.

Albert Cuypmarkt ⑱

Albert Cuypstraat. **Stadtplan** 5 A5.
🚊 4, 16, 24, 25. 🕐 Mo–Sa
9.30–17 Uhr.

Seit 1904 wird der beliebte Markt in der Albert Cuyp-straat abgehalten. An Wochen-tagen kommen meist rund 20 000 Besucher, am Samstag sind es doppelt so viele. An 325 Ständen werden u.a. Fisch, Geflügel, Käse, Gemüse und Obst, aber auch viel preis-günstige Kleidung verkauft.

Häuserblock De Dageraad, ein Beispiel für die Amsterdamse School

Stadtplan Amsterdam siehe Seiten 150–159

Amsterdamse School

A m Ende des 19. Jahrhunderts explodierte als Folge der industriellen Revolution die Bevölkerungszahl der Städte. Die Arbeiter brauchten Wohnungen. In Amsterdam entstanden ganze neue Viertel. Die Architekten der Amsterdamse School (Amsterdamer Schule) versuchten, ihre Ideen auch im Wohnungsbau für die unteren Klassen durchzusetzen. Eines der schönsten Beispiele für ihren ganz besonderen, unverwechselbaren Stil mit detailreichen, oft geschwungenen Fassaden ist das Scheepvaarthuis.

Rundungen *in den Fassaden sind ein charakteristisches Element.*

Das Scheepvaarthuis steht an der Stelle, wo Cornelis Houtman 1595 zu seiner ersten Reise nach Ostindien aufbrach.

In Betondorp, *offiziell Tuindorp Watergraafsmeer genannt, wurde zum ersten Mal mit dem Einsatz von Beton experimentiert. Doch in diesem Viertel stehen auch viele Backsteingebäude im Stil der Amsterdamse School.*

H. P. Berlage (1856–1934)

Berlage studierte von 1875 bis 1878 an der Technischen Hochschule in Zürich, wo er die Ideen der Architekten Semper und Viollet-le-Duc kennenlernte. Aus ihren Theorien entwickelte er seinen eigenen Stil, der zum Ausgangspunkt der Amsterdamse School wurde. Berlage entwarf nicht nur Gebäude, sondern auch Interieurs, Möbel und sogar das Design von Zeitungen. 1896 erhielt er den Auftrag zum Bau eines neuen Gebäudes für die Börse. Es wurde ein nüchterner Bau mit klar sichtbaren Konstruktionselementen. Berlage widmete sich auch der Stadtplanung. Sein Entwurf für den Süden Amsterdams, der sogenannte Plan Zuid, bestand aus großen Wohnblöcken mit dem Hochhaus Wolkenkrabber von J. F. Staal als Mittelpunkt.

Detail eines Fensters an der Zaanstraat

Het Schip *von Michel de Klerk: monumentale Architektur für Arbeiter. Im früheren Postamt ist nun ein Museum der Volkshuisvesting zu finden.*

Fassade und Innenräume sind mit vielfältigen expressionistischen Verzierungen geschmückt.

Verschiedene Zierelemente *in den Fassaden wurden ebenfalls aus Backstein gebaut.*

Skulpturen in der Fassade

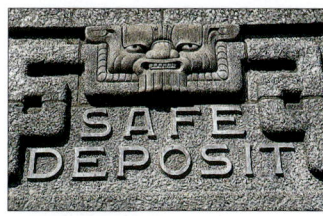

Amsterdamse-School-Typografie

Architektur der Amsterdamse School

Von 1911 bis 1923 bauten die Mitglieder der Amsterdamse School, eine Gruppe idealistischer Architekten, eine Vielzahl markanter Wohn- und Büroblöcke. Zu ihren wichtigsten Gebäuden zählt das Scheepvaarthuis (1913–16 und 1926–28), die heutige Zentrale des GVB. Es war das erste Gebäude im Stil der Amsterdamse School. Die Entwürfe stammen von den Brüdern van Gendt, J. M. van der Meij und Michel de Klerk, der 1921 auch Het Schip (Spaarndammerplantsoen 140, www.hetschip.nl) erbaute.

Michel de Klerk (1884–1923)

Auch die Straßen- »Einrichtung« *wurde von den Architekten der Amsterdamse School gestaltet. Vor allem im Viertel Spaarndammerbuurt sieht man noch viele Beispiele: Feuermelder, Stromkästen und die Briefkästen der Gemeindepostbank.*

Shopping

Die Auswahl an Läden und Märkten in Amsterdam ist riesig. Was immer man sucht, hier wird man es finden. Die meisten Modeläden liegen in der Nieuwe Zijde, vor allem in der Kalverstraat, aber es gibt diverse andere Shopping-Viertel. Vor allem in den kleinen Straßen zwischen den Grachten findet

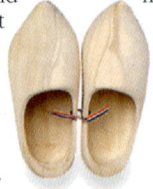

Echt holländisch: Klompen

man viele Boutiquen und Fachgeschäfte, in denen man die ausgefallensten Dinge kaufen kann, von Zahnbürsten über Brillen bis hin zu Modeschmuck. In der P. C. Hooftstraat und der Van Baerlestraat im Süden liegen die schicken und exklusiven Läden. Secondhand-Shops locken fast überall.

An der Nordseite des Waterlooplein liegt der berühmte Flohmarkt

Öffnungszeiten

Die Läden in Amsterdam öffnen meistens zwischen 9 und 10 Uhr, am Montagvormittag bleiben viele geschlossen. Im Zentrum sind die Geschäfte am Donnerstag, dem sogenannten *koopavond*, bis 21 Uhr geöffnet. Die meisten Kaufhäuser und Supermärkte sind täglich bis 20 Uhr offen, aber auch viele kleine Läden in der Innenstadt haben ihre Öffnungszeiten angepasst und oft sogar sonntags geöffnet.

Bezahlung

Natürlich kann man in Amsterdam in fast allen Läden mit Kreditkarte oder girocard (EC-/Maestro-Karte) bezahlen, doch bei Einkäufen auf Straßenmärkten ist fast immer Bargeld vonnöten.

Kaufhäuser und Shopping-Center

Das berühmteste Kaufhaus Amsterdams ist zweifellos **De Bijenkorf**, der Bienenstock. Hier gibt es eine große Par-

fümerieabteilung, in fünf Stockwerken findet man Mode für Jung und Alt und alles Kaufhausübliche. Exklusiver und vor allem auf Mode spezialisiert ist die **Maison de Bonneterie**. Günstiger kauft man bei **Hema**, das vor allem für Haushaltswaren, Kinderkleidung und Unterwäsche unschlagbar ist. In derselben Kategorie liegt das Kaufhaus **Vroom & Dreesmann**.

Die einzigen Shopping-Center mitten in Amsterdam sind Kalvertoren (Kalverstraat, beim Singel) und **Magna Plaza** *(siehe S. 90)*, wo man viele exklusive Shops findet.

Märkte

Amsterdamer lieben es zu handeln. Am deutlichsten wird dies am Koninginnedag *(siehe S. 32)*, wenn sich die ganze Innenstadt in einen einzigen Flohmarkt verwandelt und die Einheimischen mit Leidenschaft Trödel verkaufen – in der Regel aber beim Nachbarn ähnlichen Trödel sofort wieder erhandeln.

Jedes Viertel hat seinen eigenen Markt. Am bekanntesten ist der Albert Cuypmarkt *(siehe S. 141)*, aber es gibt viele Spezialmärkte. Besonders der Bloemenmarkt am Singel ist zu jeder Jahreszeit eine Augenweide. Der Floh-

Hübsches, Verrücktes und Praktisches für die Küche

markt auf dem Waterlooplein *(siehe S. 79)* bietet viel Trödel, Antikes, Secondhand- und

Trendige Mode für Damen und Herren in De Negen Straatjes

Vintage-Kleidung sowie sehr preiswerte aktuelle Mode.

Wer nach wirklichen Antiquitäten sucht und dafür auch ein bisschen mehr ausgeben will, sollte **De Looier Kunst en Antiek** *(siehe S. 113)* besuchen. Hier findet man die ganze Bandbreite von Kunstgegenständen und Gemälden bis hin zu edlen Antiquitäten. Mittwochs und samstags findet auf dem Nieuwezijds Voorburgwal ein Markt für Briefmarken und Münzen statt.

Der **Noordermarkt** *(siehe S. 111)* verwandelt sich samstags in einen Bauernmarkt mit großem Angebot – ein Genuss für die Sinne.

De Beverwijkse Bazaar liegt zwar rund 25 Kilometer vor den Toren Amsterdams (in nordwestlicher Richtung), dafür ist er Europas größter überdachter Flohmarkt mit einem Riesenangebot und unschlagbar günstigen Preisen. Gleich daneben haben sich Händler mit einem asiatischen Warenangebot niedergelassen.

Jenever aus Amsterdam

Fachgeschäfte

Kleine Läden mit einem ganz speziellen Angebot findet man überall in der Stadt. So hat sich die in einem ehemaligen besetzten Haus gelegene **Condomerie Het Gulden Vlies** auf Kondome aus der ganzen Welt spezialisiert. **Christmas Palace** verkauft das ganze Jahr über Weihnachtsschmuck. Im **Party House** findet man allerlei Ausgefallenes an Papierdekorationen. **Capsicum Natuurstoffen** führt eine riesige Auswahl an Seiden- und Leinenstoffen, **Coppenhagen 1001 Kralen** bietet eine Riesenauswahl an Perlen und anderen Schmuckstücken an.

Die windumtosten Niederlande sind ideal, um Drachen steigen zu lassen: Flugdrachen aller Art kann man in **Joe's Vliegerwinkel** erwerben. **Simon Levelt** ist der Spezialist für Tee und Kaffee, bei **Jacob Hooy & Co** bekommt man auch verwirrend viele Kräuter und Gewürze.

Bücher und Zeitschriften

Im Zentrum findet man hervorragende Buchläden. **Selexyz Scheltema** bietet im Megastore am Koningsplein Bücher aus allen Bereichen an. Der **Athenaeum Boekhandel** am Spui führt Zeitschriften und viel Belletristik, **The English Bookshop** Englischsprachiges. Antiquarische Bücher bekommt man bei **De Slegte** oder in einem der zahllosen Antiquariate. Wer nach Comics stöbern möchte, ist bei **Lambiek** richtig.

Groß ist das Angebot des Bauernmarkts auf dem Noordermarkt

AUF EINEN BLICK

Kaufhäuser und Shopping-Center

De Bijenkorf
Dam 1. **Stadtplan** 2 D5.
📞 0900-0919.

Hema
Kalvertoren, Kalverstraat.
Stadtplan 4 F1.
📞 020-422 8988.

Nieuwendijk 174–176.
Stadtplan 2 D4.
📞 020-623 4176.

Magna Plaza
Nieuwezijds Voorburgwal
182. **Stadtplan** 2 D4.
📞 020-626 9199.

Maison de Bonneterie
Rokin 140–142.
Stadtplan 4 F1.
📞 020-531 3400.

Vroom & Dreesmann
Kalverstraat 201.
Stadtplan 4 F1.
📞 0900-235 8363.

Märkte

De Beverwijkse Bazaar
Montageweg 35, Beverwijk.
📞 0251-262 666.

De Looier Kunst en Antiek
Elandsgracht 109.
Stadtplan 4 D1.
🚋 7, 10, 17.
🕐 Sa–Do 11–17 Uhr.

Noordermarkt
Noordermarkt.
Stadtplan 1 C3.
🚋 3, 10, 13, 14, 17.
Bauernmarkt
🕐 Sommer: Sa 9–16 Uhr;
Winter: Sa 9–15 Uhr.

Fachgeschäfte

Capsicum Natuurstoffen
Oude Hoogstraat 1.
Stadtplan 2 D5.
📞 020-623 1016.

Christmas Palace
Singel 508.
Stadtplan 4 F1.
📞 020-421 0155.

Condomerie Het Gulden Vlies
Warmoesstraat 141.
Stadtplan 2 D5.
📞 020-627 4174.

Coppenhagen 1001 Kralen
Rozengracht 54.
Stadtplan 1 B4.
📞 020-624 3681.

Jacob Hooy & Co
Kloveniersburgwal 12.
Stadtplan 2 E5.
📞 020-624 3041.

Joe's Vliegerwinkel
Nieuwe Hoogstraat 19.
Stadtplan 2 E5.
📞 020-625 0139.

Party House
Rozengracht 93a/b.
Stadtplan 1 B4.
📞 020-624 7851.

Simon Levelt
Prinsengracht 180.
Stadtplan 1 B4.
📞 020-624 0823.

Bücher und Zeitschriften

Athenaeum Boekhandel
Spui 14–16. **Stadtplan**
4 F1. 📞 020-514 1460.

The English Bookshop
Lauriergracht 71.
Stadtplan 1 B5.
📞 020-626 4230.

Lambiek
Kerkstraat 132. **Stadtplan**
4 E1. 📞 020-626 7523.

Selexyz Scheltema
Koningsplein 20. **Stadtplan**
4 F1. 📞 020-523 1411.

De Slegte
Kalverstraat 48–52.
Stadtplan 1 C5.
📞 020-622 5933.

Stadtplan Amsterdam *siehe Seiten 150–159*

Unterhaltung

Amsterdam-Besucher erwartet ein vielfältiges Unterhaltungsangebot auf höchstem Niveau. Es gibt hier Hunderte von Bühnen – vom altehrwürdigen Concertgebouw *(siehe S. 120)* über das chic-moderne Muziekgebouw aan 't IJ bis hin zur Westergasfabriek, einem jungen Kulturzentrum am westlichen Rand der Innenstadt. Dazu kommen all die Straßenkünstler, die rund ums Jahr ein kostenloses Programm liefern, und eine Vielzahl von Nachtbars und -cafés, in denen Live-Musiker auftreten. Die meisten großen Festivals wie das Holland Festival und der Uitmarkt *(siehe S. 33 f)* finden im Sommer statt. Discos und Clubs findet man in der Grachtenstadt in Massen, nicht selten legen auch weltbekannte DJs hier auf.

Niederländisches Nationalballett

Säulenfassade des Concertgebouw

Information und Tickets

Amsterdams Tourismusbüros sind ideal, um einen Überblick zu bekommen, was in der Stadt los ist. Hier liegen kostenlose Veranstaltungsmagazine wie *AUB/Uitburo* oder der monatlich erscheinende *Uitkrant* aus – beide erfassen einen Großteil aller Veranstaltungen. Das kostenlose Heft *Time Out Amsterdam* erscheint monatlich in englischer Sprache. Die Amsterdamer Tageszeitung *Het Parool* enthält samstags eine Beilage mit Veranstaltungshinweisen sowie Theater- und Kinoprogramm. Auch *De Volkskrant* und *De Telegraaf* sind gute Informationsquellen.

AUB/Uitburo vertreibt im Ticketshop am Leidseplein 26 Karten und informiert aktuell im Internet. Ein gutes Angebot ist der Last-Minute-Schalter (Mo–Fr 12–19.30, Sa, So 12–18 Uhr), an dem man Tickets für denselben Tag mit bis zu 50 Prozent Ermäßigung erstehen kann.

Klassische Musik, Oper und Tanz

Amsterdam ist das niederländische Zentrum für klassische Musik und Oper. Das musikalische Herz der Stadt schlägt im **Concertgebouw** *(siehe S. 120)*, dem Sitz des Koninklijk Concertgebouworkest (Königliches Concertgebouworchester). Im Großen Saal mit seiner weltberühmten Akustik treten internationale Orchester und Solisten von Weltrang ebenso auf wie das Nederlands Philharmonisch Orkest. Die Robeco Summer Concerts bieten eine Bühne für junge Talente. Das **Muziekgebouw aan 't IJ** ist der richtige Ort für Avantgarde- oder Kammermusik. Auch in der **Beurs van Berlage** *(siehe S. 91)*, ursprünglich die Börse, finden klassische Konzerte statt.

Im Open-Air-Theater im **Vondelpark** *(siehe S. 120 f)* kann man kostenlos Konzerte hören. Während des sommerlichen Grachtenfestivals wird Klassisches auf schwimmenden Bühnen gespielt. Vorstellungen von De Nederlandse Opera finden im **Muziektheater** *(siehe S. 79)* statt, das über ein stattliches klassisches und modernes Repertoire verfügt. Das Muziektheater ist auch die Heimat von Het Nationale Ballet, das sowohl klassische Ballette als auch zeitgenössische Choreografien in seinem Repertoire hat. Das Nederlands Dans Theater (NDT) tanzt vor allem Werke seines künstlerischen Leiters Jiří Kylián. Zu den modernen Ensembles gehören Introdans, das Jazz mit Flamenco und anderen Tanzstilen verbindet, die **Dansgroep Amsterdam**, bei der junge Choreografen arbeiten, und die Gruppe **De Meervaart**, die sich mit experimentellem Tanz einen Namen gemacht hat.

Jazz, Pop und World Music

Unter den Niederländern sind viele begeisterte Jazzfans, und so treten hier

Bourbon Street, eines der Jazzcafés Amsterdams

Disco in der Heineken Music Hall

regelmäßig bekannte Künstler wie Wayne Shorter, Branford Marsalis oder Nicholas Payton auf. Avantgarde-Jazz hört man im **Bimhuis**, einem eigens dafür gebauten Saal des Muziekgebouw, und manchmal auch im Concertgebouw. Gute Jazzcafés findet man am Zeedijk und um den Leidseplein, etwa das **Jazz Café Alto** und **Bourbon Street**.

Um internationalen Rock oder Pop zu hören, geht man in Amsterdam entweder ins **Paradiso**, eine umfunktionierte Kirche, in der schon die Rolling Stones aufgetreten sind, oder in **De Melkweg**, eine ehemalige Molkerei. Beide Veranstaltungsorte haben eine interessante Mischung aus Rock, Pop, Dance, Rap und World Music auf dem Programm.

Megakonzerte finden in der **Amsterdam ArenA** mit ihren 50 000 Plätzen statt, etwas kleinere Veranstaltungen in der **Heineken Music Hall**.

Im multikulturellen Amsterdam spielt natürlich World Music eine große Rolle. Man findet Musik aus Westafrika, Indonesien, Surinam, aus der Karibik oder der Türkei. **Akhnaton** ist ein Kulturzentrum, in dem sich afrikanische, karibische und arabische Stile mischen. In **De Badcuyp** im lebhaften Pijp-Viertel spielt man Salsa und Tango neben afrikanischen Rhythmen und vielen anderen Stilen.

Traditionelle holländische Volksmusik kann man im **Café Nol** und **De Twee Zwaantjes** hören.

Theater und Comedy

Amsterdams Stadttheater, die **Stadsschouwburg** (*siehe S. 112*), ist Sitz der international bekannten Toneelgroep Amsterdam unter der Leitung von Ivo van Hove. In der Stadsschouwburg findet auch jedes Jahr von Ende Mai bis Juni das Holland Festival für Oper, Theater und Tanz statt. Es überlappt sich mit dem International Theatre School Festival, dessen experimentelle Stücke im **De Brakke Grond** und im **Frascati** aufgeführt werden.

Das größte Musicaltheater ist das **Koninklijk Theater Carré** (*siehe S. 135*), in dem immer wieder große Bühnenerfolge gespielt werden. In **De Kleine Komedie**, einem schönen Bau aus dem 17. Jahrhundert an der Amstel, treten oft Kabarettisten auf.

Auch Comedy ist beliebt, eine der Bühnen ist **Boom Chicago** mit seinem englischsprachigen Programm. Experimentelles Theater steht unter anderem auf dem Programm der **Westergasfabriek**. Die Gruppe De Dogtroep spielt vor allem Straßentheater, die Gruppe Hollandia füllt mit ihren Aufführungen oft große Hallen und Flugzeughangars. Die Gruppe Orkater mit ihren von Musik geprägten Stücken tritt oft in der Stadsschouwburg, aber auch im **Bellevue Theater** auf.

Im Sommer findet im Vondelpark (*siehe S. 120f*) Freilichttheater statt, ebenso im Amsterdamse Bos (*siehe S. 189*), einem großen waldähnlichen Park am Stadtrand.

Das Pathé Tuschinski – Kinoerlebnis im Art-déco-Gebäude

Kino

Es gibt mehr als 40 Kinos in Amsterdam. Ausländische Filme werden in der Regel in Originalsprache mit niederländischen Untertiteln gezeigt. Am Donnerstag starten jeweils die neuen Filme. Das aktuelle Programm findet man mittwochs in den Tageszeitungen oder im Internet unter www. filmladder.nl. *De Filmkrant*

Musiker beim Konzert im Vondelpark

ist ein kostenloses Monatsmagazin mit dem kompletten Kinoprogramm.

Das schönste Kino Amsterdams ist das **Pathé Tuschinski**, *(siehe S. 115).* Im **Pathé de Munt** und im **City Theater** laufen Mainstream-Filme, das **Kriterion** macht Programmkino und zeigt am Wochenende Kinderfilme. **Uitkijk** ist ein kuscheliges Kino von 1913, das nur 158 Plätze hat und meist Klassiker spielt.

Der bekannteste niederländische Regisseur ist der in Amsterdam geborene Paul Verhoeven, Regisseur von *Basic Instinct*, der 2005/2006 in den Niederlanden *Black Book (Zwartboek)* drehte.

Clubs und Discos

Amsterdams Clubs sind bekannt für ihre Vielfalt. Das Nachtleben tobt am heftigsten um den Leidseplein, Rembrandtplein und die Reguliersdwarsstraat. Die meisten Clubs öffnen um 23 Uhr, voll wird es gegen 1 Uhr, die Lichter gehen während der Woche um 4 Uhr und freitags/samstags um 5 Uhr aus.

Jimmy Woo ist bekannt für seine strengen Türsteher. Innen orientiert man sich an Fernöstlichem, die Sound-Anlage ist vom Feinsten. Ins **Escape** am Rembrandtplein strömen vor allem junge Menschen, ein weiterer großer, sehr beliebter Club ist hier der **Club Roses**. Auf der gegenüberliegenden Seite des Platzes spielt man im **Rain** Latin und World Music.

Der beste Club, in dem nicht House gespielt wird, ist

Amsterdam ArenA – für Fußball und Konzerte

die **Sugar Factory**, in der man Soul, Funk und Jazz-Dance auflegt. Die anderen Discos um den Leidseplein sind im Wesentlichen Bars mit einer kleinen Tanzfläche.

Im **Odeon** am Spui kann man sich von der Brasserie im Untergeschoss bis zum Dance Palace im dritten Stock vorarbeiten. Amsterdams Studenten haben ihren eigenen Club gegründet, **Dansen Bij Jansen**. Die zwei Tanzflächen sind am Wochenende immer voll. Am Einlass muss man den Studentenausweis vorzeigen. Beliebt bei Studenten ist auch der Club im **Hotel Arena**.

In Amsterdam mischt sich die Schwulenszene locker mit den Normalos, so etwa im **Exit**, wo man vom Balkon die Tanzfläche im Auge haben kann. Praktisch nebenan ist das **ARC**, eine Kombination von Bar und Grandcafé. Hier bekommt man tagsüber gute Drinks, abends wechselt dann die Klientel. Auch das nahe Café **Reality** spielt spätabends Disco. Die beliebteste Disco für Lesben und Schwule ist

der **Club Roque**. Das **Saarein II** dagegen ist eine entspannte Bar in einer kleinen Straße im Jordaan-Viertel. Über aktuelle Schwulentreffs informiert der Pink Point Kiosk neben der Westerkerk, auch im Internet unter www.pinkpoint.org.

Spiel mit Ajax Amsterdam

Sportveranstaltungen

Niederländer sind sportbegeistert, und nichts treibt den Puls höher als Fußball. Drei Teams spielen auch international: Ajax Amsterdam, Feyenoord Rotterdam und PSV Eindhoven *(siehe S. 364).* Manchmal treffen zwei dieser Clubs in der Amsterdam ArenA aufeinander.

Etwas komplett anderes ist Korfbal, das der Amsterdamer Lehrer Nico Broekhuysen vor über 100 Jahren als Mischung von Basketball, Netzball und Volleyball erfand. Spiele der obersten Korfbal League werden im Olympisch Stadion ausgetragen, das für die Spiele 1928 gebaut wurde.

In Amsterdams Clubs kann es recht bunt zugehen

AUF EINEN BLICK

Information und Tickets

AUB Ticketshop
Leidseplein 26.
Stadtplan 4 E2.
📞 0900-0191. www.amsterdamsuitburo.nl

Klassische Musik, Oper und Tanz

Beurs van Berlage
Damrak 243. **Stadtplan** 2 D4. 📞 020-521 7575. www.beursvanberlage.nl

Concertgebouw
Concertgebouwplein 2–6. **Stadtplan** 4 D4. 📞 0900-671 8345. www.concertgebouw.nl

Dansgroep Amsterdam
Luchtvaartstraat 2a. 📞 020-669 5755. www.dansgroep amsterdam.nl

De Meervaart
Meer en Vaart 300. 📞 020-410 7777. www.meervaart.nl

Het Muziektheater
Amstel 3. **Stadtplan** 5 B2. 📞 020-625 5455. www.muziektheater.nl

Muziekgebouw aan 't IJ
Piet Heinkade 1. **Stadtplan** 2 F3. 📞 020-788 2000. www.muziekgebouw.nl

Vondelpark
Stadhouderskade. **Stadtplan** 4 E2. 📞 020-788 2000. www.vondelpark.nl

Jazz, Pop und World Music

Akhnaton
Nieuwezijds Kolk 25. **Stadtplan** 2 D4. 📞 020-624 3396. www.akhnaton.nl

Amsterdam ArenA
ArenA Boulevard 1, Zuid-oost 📞 020-311 1333. www.amsterdamarena.nl

De Badcuyp
Sweelinckstraat 10. **Stadtplan** 5 A5. 📞 020-675 9669. www.badcuyp.nl

Bimhuis
Muziekgebouw aan 't IJ, Piet Heinkade 3. **Stadtplan** 2 F3. 📞 020-788 2188. www.bimhuis.nl

Bourbon Street
Leidsekruisstraat 6–8. **Stadtplan** 4 E2. 📞 020-623 3440. www.bourbonstreet.nl

Café Nol
Westerstraat 109. **Stadtplan** 1 B3. 📞 020-624 5380.

Heineken Music Hall
ArenA Boulevard 590. 📞 0900-687 424 255. www.heineken-music-hall.nl

Jazz Café Alto
Korte Leidsedwarsstraat 115. **Stadtplan** 4 E2. 📞 020-626 3249. www.jazz-cafe-alto.nl

De Melkweg
Lijnbaansgracht 234a. **Stadtplan** 4 E2. 📞 020-531 8181. www.melkweg.nl

Paradiso
Weteringschans 6–8. **Stadtplan** 4 E2. 📞 020-626 4521. www.paradiso.nl

De Twee Zwaantjes
Prinsengracht 114. **Stadtplan** 1 C3. 📞 020-675 2729.

Theater und Comedy

Bellevue Theater
Leidsekade 90. **Stadtplan** 4 D2. 📞 020-530 5301. www.theaterbellevue.nl

Boom Chicago
Leidseplein 12. 📞 020-423 0101. **Stadtplan** 4 E2. www.boomchicago.nl

De Brakke Grond
Vlaams Cultureel Centrum, Nes 45. **Stadtplan** 2 D5. 📞 020-626 6866. www.brakkegrond.nl

Frascati
Nes 63. **Stadtplan** 2 D5. 📞 020-626 6866. www.frascati.nl

De Kleine Komedie
Amstel 56–58. **Stadtplan** 5 B3. 📞 020-624 0534. www.dekleinekomedie.nl

Koninklijk Theater Carré
Amstel 115–125. **Stadtplan** 5 B3. 📞 0900-252 5255. www.theatercarre.nl

Westergasfabriek
Haarlemmerweg 8–10. **Stadtplan** 1 A1. 📞 020-586 0710. www.westergasfabriek.com

Kino

City Theater
Kleine Gartmanplantsoen 15–19. **Stadtplan** 5 C3. 📞 0900-1458.

Kriterion
Roetersstraat 170. **Stadtplan** 5 C3. 📞 020-623 1708.

Pathé de Munt
Vijzelstraat 15. **Stadtplan** 4 F1. 📞 0900-1458.

Pathé Tuschinski
Reguliersbreestraat 24–36. **Stadtplan** 5 A2. 📞 0900-1458.

Uitkijk
Prinsengracht 452. **Stadtplan** 4 E2. 📞 020-623 7460.

Clubs und Discos

ARC
Reguliersdwarsstraat 44. **Stadtplan** 4 F1. 📞 020-689 7070.

Club Roque
Amstel 178. **Stadtplan** 5 A2. www.clubroque.nl

Club Roses
Rozengracht 133. **Stadtplan** 1 A5. 📞 020-416 2211. www.clubroses.nl

Dansen Bij Jansen
Jansen Handboogstraat 11. **Stadtplan** 4 F1. 📞 020-620 1779. www.dansenbijjansen.nl

Escape
Rembrandtplein 11. **Stadtplan** 5 A2. 📞 020-622 1111. www.escape.nl

Exit
Reguliersdwarsstraat 42. **Stadtplan** 4 F1. 📞 020-625 8788.

Hotel Arena
's-Gravesandestraat 51. **Stadtplan** 6 D4. 📞 020-850 2400. www.hotelarena.nl

Jimmy Woo
Korte Leidsedwarsstraat 18. **Stadtplan** 4 E2. 📞 020-626 3150. www.jimmywoo.com

Odeon
Singel 460. **Stadtplan** 4 F1. 📞 020-521 8555. www.odeonamsterdam.nl

Rain
Rembrandtplein 44. **Stadtplan** 5 A2. 📞 020-626 7078. www.rain-amsterdam.com

Reality
Reguliersdwarsstraat 129. **Stadtplan** 5 A2. 📞 020-639 3012.

Saarein II
Elandsstraat 119. **Stadtplan** 1 B5. 📞 020-623 4901. www.saarein.nl

Sugar Factory
Lijnbaansgracht 238. **Stadtplan** 4 E2. 📞 020-627 0008. www.sugarfactory.nl

Sportver-anstaltungen

Olympisch Stadion
Oud Zuid, Olympisch Stadion 21. 📞 020-305 4400. www.olympischstadion.nl

Ajax Amsterdam
📞 0548-377 666. www.ajax.nl

Stadtplan Amsterdam *siehe Seiten 150–159*

Stadtplan

Auf dieser Überblickskarte sehen Sie, welche Teile der Stadt auf welcher Karte des folgenden Stadtplans abgebildet sind. Die Verweise bei den Sehenswürdigkeiten, Hotels, Restaurants und Cafés in Amsterdam helfen Ihnen, die gesuchte Adresse leicht nachzuschlagen. Alle Sehenswürdigkei-ten sind im Stadtplan eingezeichnet, außerdem Servicestellen wie Taxistände, Halte- und Anlegestellen, Post und Polizei. Auf den Seiten 158f finden Sie ein Verzeichnis der Straßennamen. Die Legende unten gibt den Maßstab der Karten an, die Piktogramme helfen beim Auffinden wichtiger Stätten.

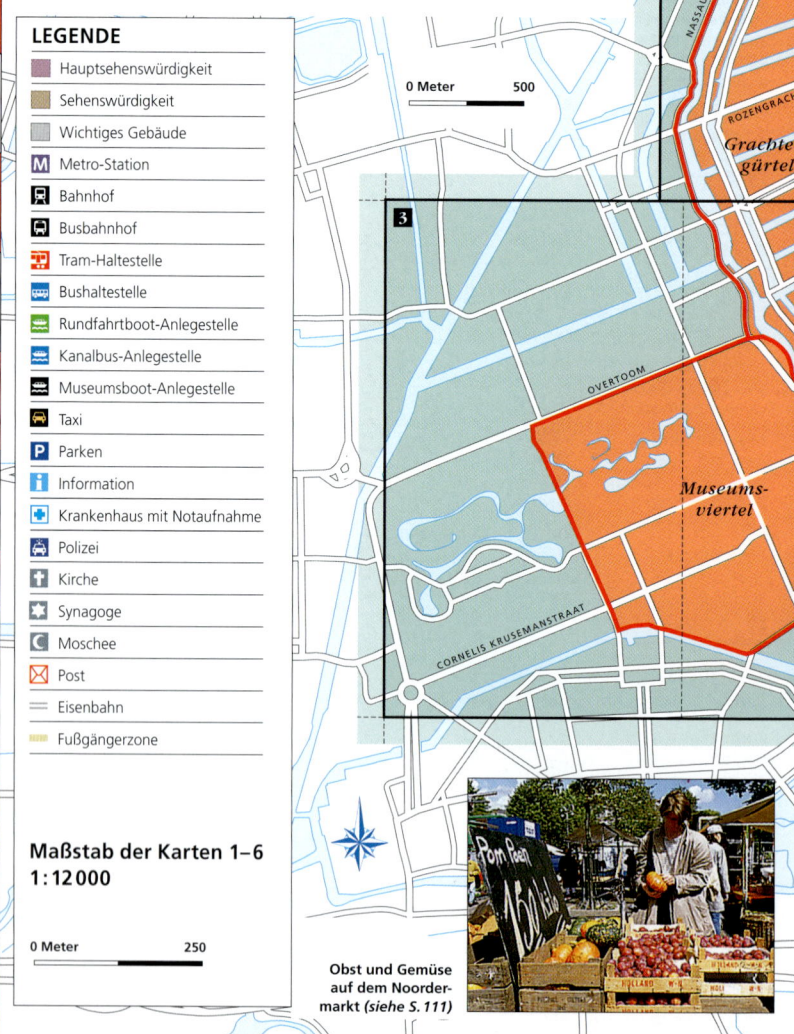

LEGENDE

	Hauptsehenswürdigkeit
	Sehenswürdigkeit
	Wichtiges Gebäude
M	Metro-Station
	Bahnhof
	Busbahnhof
	Tram-Haltestelle
	Bushaltestelle
	Rundfahrtboot-Anlegestelle
	Kanalbus-Anlegestelle
	Museumsboot-Anlegestelle
	Taxi
P	Parken
i	Information
	Krankenhaus mit Notaufnahme
	Polizei
	Kirche
	Synagoge
C	Moschee
	Post
═	Eisenbahn
	Fußgängerzone

**Maßstab der Karten 1–6
1 : 12 000**

0 Meter   250

0 Meter   500

*Grachten-
gürtel*

*Museums-
viertel*

NASSAUKADE

ROZENGRACHT

OVERTOOM

CORNELIS KRUSEMANSTRAAT

**Obst und Gemüse
auf dem Noorder-
markt** *(siehe S. 111)*

Haus mit erhöhtem Halsgiebel
(siehe S. 97) **an der Geldersekade**

Magere Brug,
die bekannteste
Brücke Amsterdams
(siehe S. 114f)

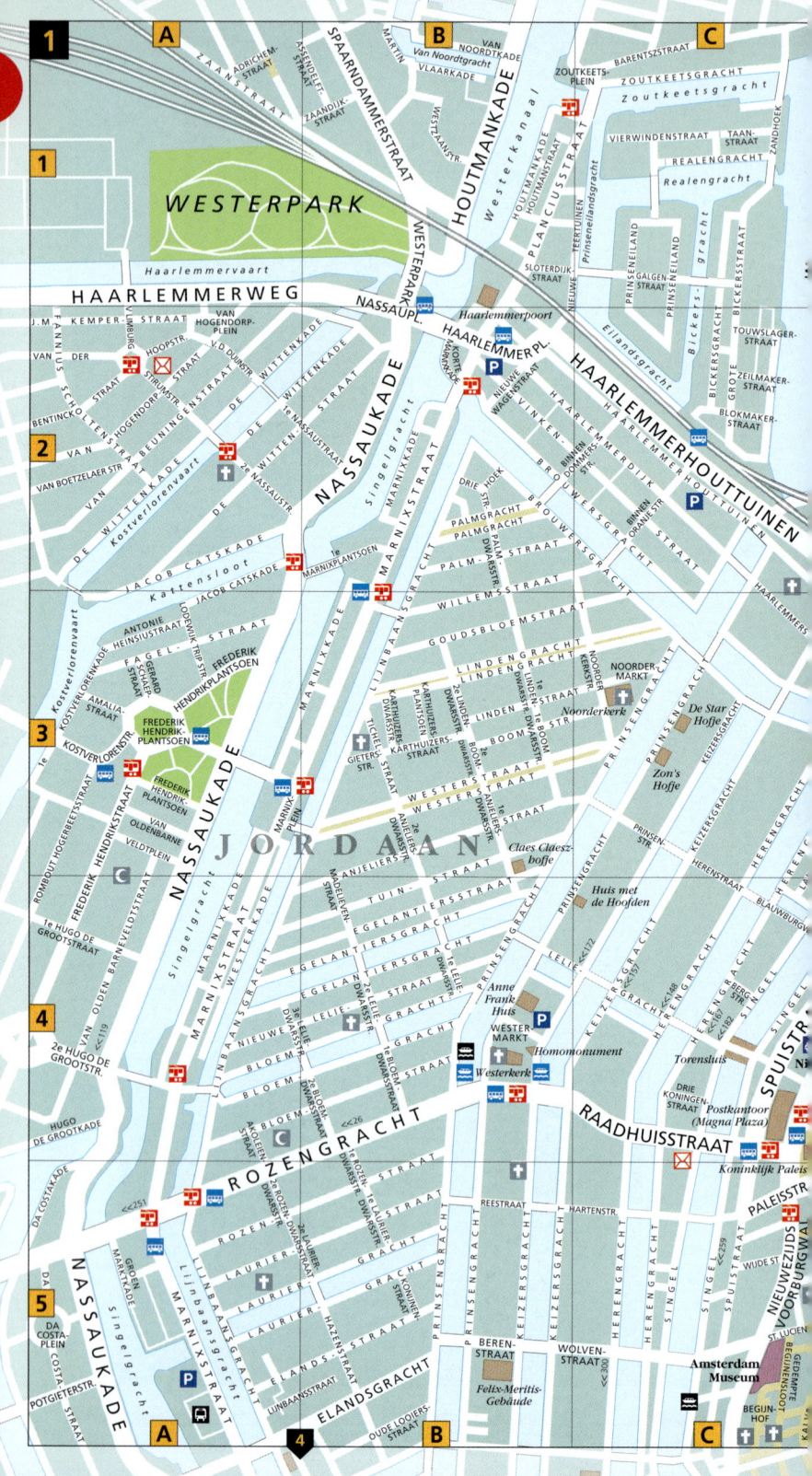

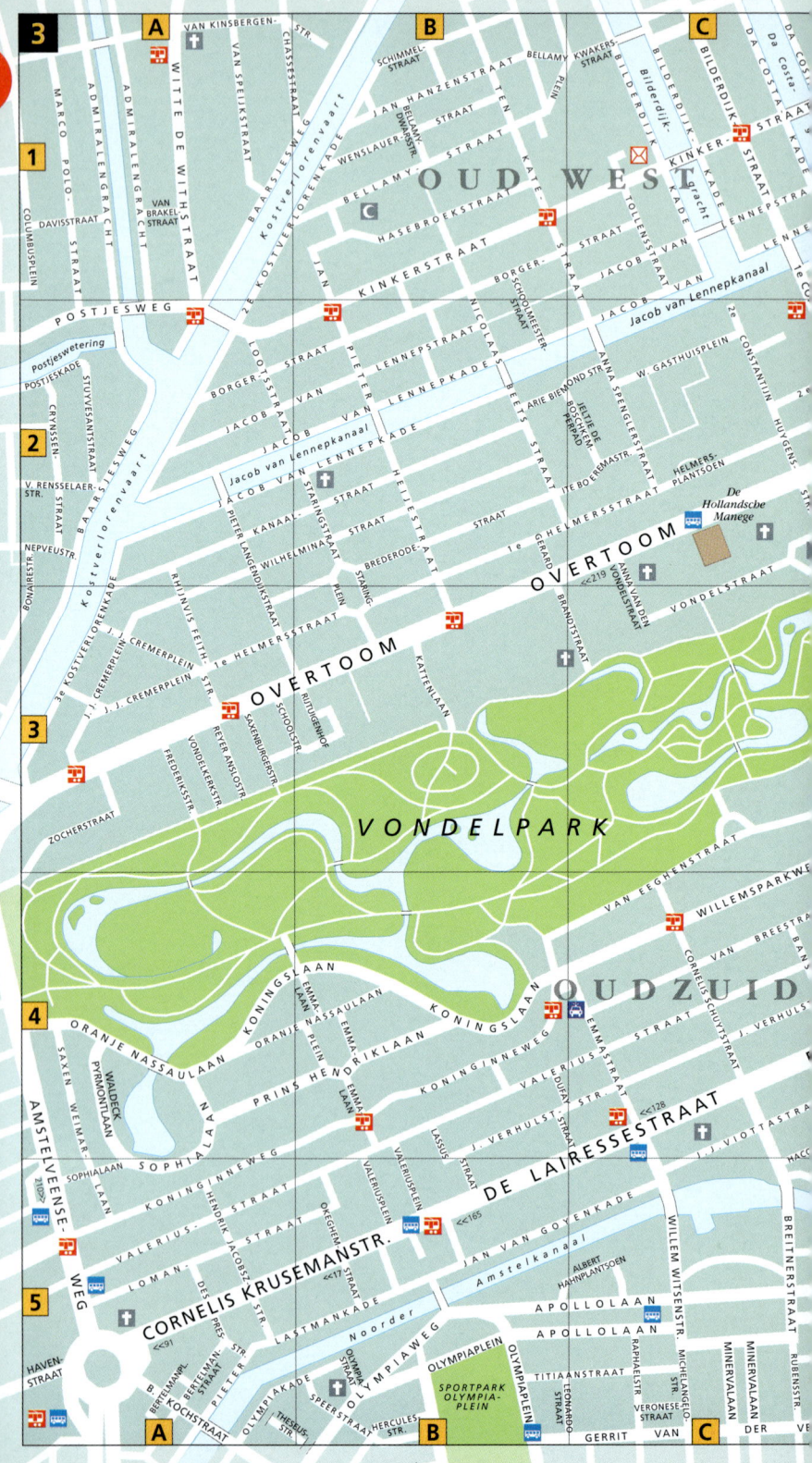

Kartenregister

Westniederlande

Die Westniederlande im Überblick

Das Bild der Westniederlande wird vor allem durch die große Zahl der alten, geschichtsträchtigen Hafen- und Handelsstädte geprägt. Im 20. Jahrhundert sind die wichtigsten zur »Randstad« *(siehe S. 166f)* zusammengewachsen. Aber außerhalb der Städte kann man noch genug Ruhe und Raum finden: im größten Küstendünengebiet Europas mit seiner besonderen Flora und Fauna, entlang der Vecht mit ihren wunderschönen Landsitzen oder an den kleinen Flüssen wie Vlist oder Linge. In Zeeland, auf dem IJsselmeer und in den Moorseegebieten wird viel Wassersport betrieben.

0 Kilometer   20

Die gotische Grote Kerk *in Haarlem (siehe S. 184), offiziell De Grote of St. Bavokerk genannt, wurde zwischen 1400 und 1550 errichtet. Das mächtige Bauwerk dominiert den Grote Markt. In der St. Bavokerk steht eine der schönsten Orgeln Europas, gebaut von Christian Müller.*

Den Ha

Das Mauritshuis *in Den Haag (siehe S. 222f) wurde 1644 im Auftrag von Johan Maurits van Nassau durch Pieter Post im klassizistischen Stil der nördlichen Niederlande erbaut. Es beherbergt seit 1821 das Königliche Bilderkabinett. Die übersichtliche Sammlung umfasst erstklassige Werke von Alten Meistern wie Rembrandt, Jan Steen und Jan Vermeer.*

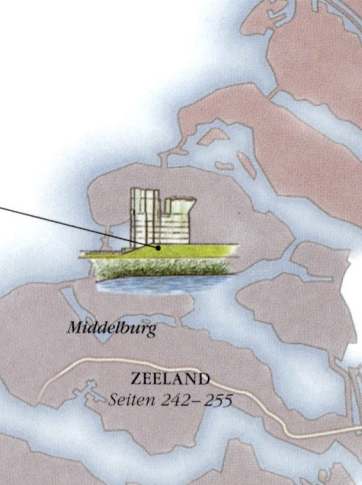

Middelburg

ZEELAND
Seiten 242–255

Bau des Oosterschelde Stormvloedkering *(Wehr; siehe S. 246f) begann nach der Flutkatastrophe von 1953. Im Kampf gegen das Wasser errichtete man einen halb offenen Pfeilerdamm mit 62 Schiebetoren. Das einmalige Schlickgebiet der Oosterschelde blieb so erhalten.*

◁ **Marken** *(siehe S. 174)*, früher eine Zuiderzee-Insel, heute ein viel besuchtes Fischerdorf am IJsselmeer

Das Zuiderzeemuseum *in Enkhuizen (siehe S. 176f) widmet sich der Vergangenheit der Fischerstädtchen an der Zuiderzee. 1932 wurde die Zuiderzee durch den Afsluitdijk (Abschlussdeich) von der Nordsee abgeschlossen. Mit der Eröffnung des Museums und der Umwandlung des Fischereihafens in einen Yachthafen sind für Enkhuizen wieder bessere Zeiten angebrochen.*

NOORD-HOLLAND
Seiten 170–191

Amsterdam

Utrecht

UTRECHT
Seiten 192– 207

ZUID-HOLLAND
Seiten 208– 241

Rotterdam

Gouda (siehe S. 238f) *ist eine der vielen Handelsstädte der Westniederlande, die ihre Blütezeit einer günstigen Lage an den Wasserwegen zu verdanken hatten. Der liberale Geist, der in Gouda im 16. und 17. Jahrhundert herrschte, hat die prächtige St.-Janskerk vor dem Bildersturm bewahrt, sodass die Glasmalerei der »Goudse Glazen« vollkommen intakt erhalten blieb.*

Das Rietveld Schröderhaus *in Utrecht (siehe S. 204f) ist ein Beispiel für das »Nieuwe Bouwen« (»Neues Bauen«). Es war Rietvelds erstes architektonisches Gesamtwerk und verrät noch seine Ausbildung als Tischler. In den 1920er Jahren war dies ein Entwurf von radikaler Modernität. Heute fallen vor allem die Bescheidenheit sowie die menschenfreundlichen Proportionen und Details im Haus auf.*

Landgewinnung

D ie Niederlande werden immer größer. Schon seit dem 11. Jahrhundert wurde mit unterschiedlichen Techniken Land gewonnen. Eine einfache Methode war das Anlegen eines Deiches rund um ein Stück angespültes Land. Später wurden dann die tiefen Seen mit Mühlen trockengelegt. Mit modernster Einpolderungstechnik entstanden nach dem Abschließen der Zuiderzee die riesigen IJsselmeerpolder. Und noch heute strebt man nach Landgewinnung: So entsteht im IJmeer das neue Amsterdamer Wohnviertel IJburg. Bis 2012 wird sich die Stadt um 450 Hektar vergrößern.

Um einen Polder *anzulegen, baggerte man zuerst einen Graben. Das ausgebaggerte Material wurde zum Erhöhen des Deichs benutzt.*

Stufenweise Entwässerung

Um den Höhenunterschied zwischen Polder und Ringkanal zu überwinden, wird das Wasser durch drei hintereinanderstehende Mühlen, dem *driegang*, jeweils um einen Meter nach oben gepumpt.

Weil ein Polder einige Meter unter dem Meeresspiegel liegt, steht das Grundwasser immer sehr hoch, der Polder muss ständig entwässert werden.

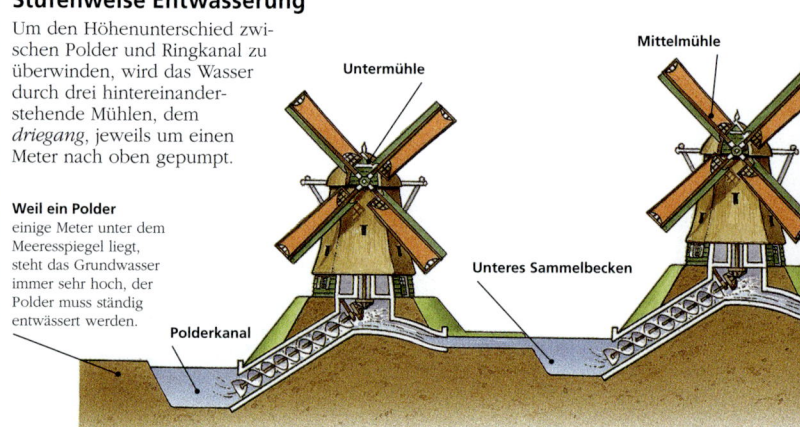

Mittelmühle

Untermühle

Unteres Sammelbecken

Polderkanal

Einpolderung

Vor 3000 Jahren bauten die Menschen ihre Häuser auf *terpen* (künstliche Hügel), damit ihnen die Flut nichts anhaben konnte. Schon im 4. bis 8. Jahrhundert wurden Deiche um Äcker und Häuser angelegt. Seit dem 11. Jahrhundert, als die Bevölkerung stark zunahm, wurde in großem Maßstab Land gewonnen. Im 17. und 18. Jahrhundert wurden tiefere Seen mithilfe von Mühlenreihen trockengelegt. Die Dampfmaschine stand am Beginn einer neuen Phase des Einpolderns. Nun konnte endlich auch das Haarlemmermeer bezwungen werden. Zu Leeghwaters Zeiten wären dafür mindestens 160 Mühlen nötig gewesen. Schon 1891 legte der Ingenieur C. Lely einen Plan zur Eindämmung der Zuiderzee vor. Dies geschah aber erst 1932, als der Afsluitdijk fertiggestellt wurde. Danach konnten die IJsselmeerpolder angelegt werden.

Durch die Erhöhung *der Flussdeiche sind viele charakteristische Deichhäuser vom Abriss bedroht.*

Wegen der begrenzten *Wachstumsmöglichkeit des Flughafens Schiphol wurde vor 2000 erwogen, einen neuen Flughafen auf einer künstlichen Insel in der Nordsee zu bauen. Dieser Plan stieß jedoch auf technische und finanzielle Probleme.*

Der alte Hafen von Schokland *(siehe S. 326)* **liegt jetzt im Landesinneren**

Blick auf den ältesten Polder *in Noord-Holland (anonym, um 1600). Der Westfriesische Ringdeich um Het Grootslag ist 26 Kilometer lang und wurde schon 1250 vollendet. Nördlich des Deichs lag die Grenze Noord-Hollands.*

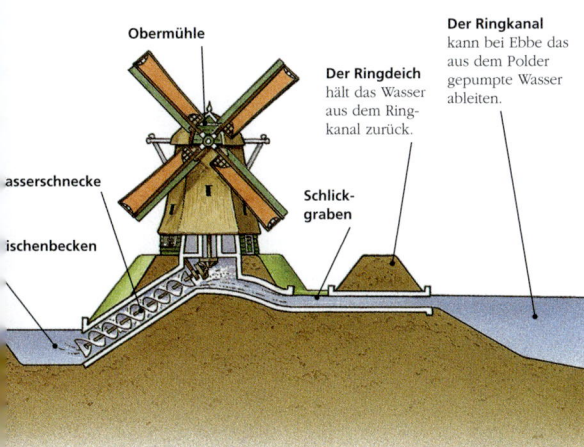

Obermühle

Der Ringdeich hält das Wasser aus dem Ringkanal zurück.

Der Ringkanal kann bei Ebbe das aus dem Polder gepumpte Wasser ableiten.

asserschnecke

Schlickgraben

ischenbecken

Jan Adriaanszoon Leeghwater *erfand im 16. Jahrhundert ein System zur Entwässerung großer Flächen mithilfe von Windmühlen. Indem man erst einen Ringkanal anlegte, war das Wasser einfacher abzuleiten. So konnte man auch tiefere Flächen trockenlegen, es entstand erstes Polderland.*

Dem Meer abgerungenes Land

»Gott erschuf die Welt – außer Holland, denn das schufen die Holländer selbst.« Dieser Satz des französischen Dichters Voltaire trifft die Wahrheit: Seit dem 14. Jahrhundert ist die Fläche der Niederlande durch Einpolderungen und Landgewinnung um rund zehn Prozent gewachsen. Und das Wachstum geht immer weiter, etwa mit der Anlage von IJburg, einem neuen Stadtviertel Amsterdams, das auf einer Insel im IJmeer erbaut wird.

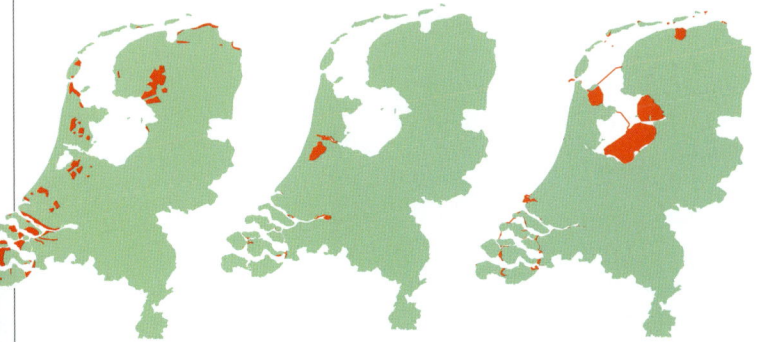

1860 Landentwässerung geschah nur mithilfe von Windmühlen. Entwässerungen waren auf die Oberfläche beschränkt.

1900 Mit der Dampfmaschine konnten auch tiefer gelegene Polder trockengelegt werden, z. B. der Zuidplaspolder (–6,74 m).

2000 Mit modernster Technik wird im IJmeer das neue Amsterdamer Wohnviertel IJburg gebaut.

Randstad

Es war wahrscheinlich Albert Plesman, Direktor der 1919 gegründeten KLM, der den Begriff Randstad prägte. Aus einem seiner Flugzeuge soll er seine Passagiere auf das von oben erkennbare hufeisenförmige Städteband aufmerksam gemacht haben, das aus Utrecht, Amsterdam, Haarlem, Leiden, Den Haag, Rotterdam und Dordrecht besteht. Das relativ leere Mittelgebiet wurde schon bald das Grüne Herz genannt.

Bis 2015 *sollen in der Randstad 600 000 neue Häuser gebaut werden.*

Das Grüne Herz

Das »Groene Hart« (Grünes Herz) ist eine Kulturlandschaft, die im jahrhundertelangen Umgang mit dem Wasser geformt wurde – mit ausgestrecktem Polderland, Moorseen und Flusslandschaften. Wichtigster Landwirtschaftszweig der Region ist die Milchviehzucht, der hier produzierte Käse ist weltberühmt. Umweltschützer setzten sich für den Erhalt und die Entwicklung der historischen und zugleich natürlichen Landschaft ein. Im Moorgebiet, das die Nieuwkoopse und Vinkeveense Moorseen umgibt, wurde ein Projekt gestartet, bei dem sanfte Landwirtschaft, Naturschutz und Freizeitnutzung verbunden werden sollen. Mit solchen Projekten hofft man, ein Gegengewicht zur Verstädterung ringsum schaffen zu können.

Wander- und Radwege *durchziehen das Grüne Herz. Sie führen vorbei an Bauernhöfen, Windmühlen und alten Dörfern. Auskünfte über Ausflugsmöglichkeiten erteilen vor Ort die Tourismusbüros der VVV.*

Volle Straßen *sind ganz normal, besonders während der Rushhour gibt es in der Randstad viele Staus. Die Regierung versucht unter anderem durch Mautgebühren und Verbesserung des öffentlichen Nahverkehrs, die Straßen zu entlasten – bisher leider mit wenig Erfolg. Die Zahl der Autos in der Randstad nimmt stetig zu. Transferparkplätze, an denen Autofahrer auf öffentliche Verkehrsmittel umsteigen können, sollen die alten Stadtkerne entlasten.*

Auch Carsharing *soll die Zahl der Autos verringern. In den letzten Jahren teilten sich jeden Tag rund 75 000 Leute das Auto mit anderen.*

IJburg *ist ein neues Wohnviertel, das im IJmeer im Osten von Amsterdam angelegt wird. Ein anderer Stadtausbreitungsplan im Wasser ist »Nieuw Holland«, eine lang gestreckte künstliche Insel vor der Küste zwischen Scheveningen und Hoek van Holland.*

Entwicklung der Randstad (1900–2000)

Schon Ende des 15. Jahrhunderts war das Gebiet eines der meistverstädterten in Europa, aber erst im 20. Jahrhundert entstand mit dem Verschwimmen der Grenzen zwischen den Städten die Randstad. Heute wohnen hier 6,5 Millionen Menschen.

Randstad um 1900

Randstad um 1950

Randstad um 2000

Das Grüne Herz dagegen hat nur 600 000 Bewohner. Die Hälfte des Bruttosozialprodukts der Niederlande wird in der Randstad erwirtschaftet, vor allem mit Dienstleistungen. Amsterdam ist das Finanzzentrum, Den Haag das Verwaltungszentrum, Hilversum das Zentrum der audiovisuellen Medien. Rotterdam-Rijnmond und Schiphol sind wichtige europäische See- und Lufthäfen.

Der Flughafen Schiphol *war im letzten Jahrzehnt der am schnellsten wachsende Flughafen Europas. Er liegt zentral und hat gute Bahn- und Straßenverbindungen mit den großen Städten. Anwohner und Umweltschützer wehrten sich lange gegen eine Erweiterung des Flughafens, aber nach Prüfung möglicher Alternativen, unter anderem eine künstliche Insel in der Nordsee, ist der Ausbau beschlossen.*

Dünen

Dünen sind typisch für das niederländische Küstengebiet. Diese natürlichen Wasserbarrieren mit einer eigenen Pflanzenwelt wurden früher als Viehweiden benutzt (das sogenannte *oerol, siehe S. 274*), weil nicht genügend Wiesen verfügbar waren. Heute dienen sie vor allem zur Wassersäuberung. Daneben sind die Dünen auch ein beliebtes Freizeitgebiet. Was ist schöner, als im weißen Sand zu spielen, und wer sonnt sich nicht gern im Windschatten einer Dünenpfanne?

Katamaran auf dem Strand

Strandhafer *ist eine starke Pflanze, die mit ihrem langen Wurzelgeflecht junge Dünen zusammenhält. Sie spielt eine wichtige Rolle bei der Entstehung und Erhaltung der Dünen.*

Das Meer spült den Sand an, aus dem die Dünen aufgebaut sind.

Am Strand verweht der trockene Sand und häuft sich auf.

Ein Priel entsteht, wenn das Meer durch die Dünen bricht.

Regenwasser *wird in den Dünen in einer Süßwasserblase festgehalten. Schon seit dem 19. Jahrhundert gewinnt man so in den Dünen Noord- und Zuid-Hollands (hier in Meyendel bei Wassenaar) Trinkwasser, wodurch Seuchen wie die Cholera in den dicht bevölkerten Städten ausgerottet werden konnten.*

Naturgebiete

Die Dünen werden immer weniger zur Wassergewinnung benutzt, wodurch der Grundwasserspiegel wieder steigt und sich die feuchten Dünentäler erholen. Sie werden auch vor Umweltschäden durch Industrie und Bebauung geschützt und sind heute ein wichtiges Naturgebiet, in dem es für Wanderer und Fahrradfahrer viel zu erleben gibt. Die Pflanzenwelt ist mit Sanddorn, Pfaffenkäppchen, Kriechweide und Maidorn vertreten, hier leben Stand- und Zugvögel wie der Brachpieper, der Brachvogel und auch einige Seeadler. Im Zweiten Weltkrieg wurden in den Midden-Heerenduinen (Teil des Nationalparks Kennemerduinen) Panzergräben mit steilen Ufern angelegt, in denen sich heute sogar der seltene Eisvogel zu Hause fühlt.

Sturmschäden an der Küste

Kaninchen *sehen zwar niedlich aus, können mit ihren Bauten die Dünen aber gefährlich untergraben.*

Die erste Dünenreihe erscheint durch ihren Bewuchs gelb und hat auch höhere Kuppen.

Die Dünentäler beheimaten eine ganz eigene Flora.

Entstehung

Das Entstehen einer jungen Düne kann man an einem stürmischen Tag auf einem breiten Sandstrand immer wieder beobachten. Der durchs Meer angespülte Sand trocknet an Land und wird dann durch den Wind wie ein feiner, weißer Schleier über den Strand geweht. Trifft der Sand auf ein Hindernis, bleibt er dahinter liegen und häuft sich weiter auf. Ist das Hindernis eine Pflanze, kann das die Geburt einer Düne sein. Die ersten Pflanzen, die bei der Dünenbildung eine Rolle spielen, heißen Pionierpflanzen. Die bekannteste ist das Binsengras. Später kommt der Strandhafer, der mit seinen starken Wurzeln die junge Düne zusammenhält. Auf diese Art können Dünen bis zu zehn Meter hoch werden. Die Dünen an der niederländischen Küste sind junge Dünen, die nach 1200 entstanden sind. Wo das Meer durch die Reihe der Dünen bricht (wie auf dem Foto links bei Schoorl), entsteht ein sogenannter Priel, eine Art Rinne, um die herum sich eine ganz eigene Pflanzenwelt entwickelt. Auch viele verschiedene Vogelarten fühlen sich hier wohl und werden schnell heimisch.

Blaue Seedistel mit Hummel

Sanddorn

Im Priel sind viele Vogelarten zu Hause.

Der Dünenbewuchs wird landeinwärts vielfältiger, weil der Kalkboden in Humus übergeht.

Blumenzwiebeln *gedeihen auf dem Dünenboden sehr gut. Die kräftigen Farben der Blumenfelder bilden zu den gelbgrauen Dünen einen Kontrast.*

Der Strandräuber *hält bei Camperduin, am Anfang des Hondsbosschen Wehres, Ausschau aufs Meer. Das Wehr wurde angelegt, als im 19. Jahrhundert die Dünen unterspült wurden. Im Haus von Noord-Hollands Noorderkwartier (www.hhnk.nl) erfährt man mehr über die Hintergründe.*

Noord-Holland

Typisch für die Landschaft von Noord-Holland sind die flachen grünen Polder, durchschnitten von zahllosen Gräben und umgeben von Deichen. Man sieht grasende Kühe und meist in der Ferne irgendwo einen Kirchturm. Der nördliche Teil dieser Provinz ist so gut wie leer, der Süden dagegen wirkt völlig zugebaut.

Das Aussehen Noord-Hollands ist durchs Wasser geprägt, nicht umsonst heißt es »Holland – Wasserland«. An drei Seiten grenzt diese Provinz ans Wasser: an die Nordsee, das Wattenmeer und das IJsselmeer (die frühere Zuiderzee). Außerdem laufen quer durch die Provinz der Nordhollandkanal von Zaandam nach Den Helder und der Nordseekanal von Amsterdam nach IJmuiden. Im 14. Jahrhundert begann man mit der Landgewinnung, wodurch viele alte Städte, die früher auf Inseln im Meer lagen, ins Landesinnere rückten.

Die Landschaft ist abwechslungsreich. An der Nordseeküste findet man Dünengebiete mit einer ganz eigenen Flora und Fauna. Im Süden liegt die Bussumerheide, der höchstgelegene Teil der Provinz. Der Norden besteht vor allem aus tief liegenden Poldern mit intensivem Landbau und Blumenzwiebelfeldern.

Noord-Holland ist in wirtschaftlicher Hinsicht schon immer eines der wichtigsten Gebiete der Niederlande gewesen – dank Industrie, Fischerei und Handel. Die Häfen an der Zuiderzee ermöglichten Fahrten nach Südafrika, Asien und Amerika. Kaufleute kamen durch den Handel mit Getreide und tropischen Produkten zu Wohlstand. Sie ließen prächtige Häuser bauen und zu deren Ausschmückung Gemälde malen. Die Zeugnisse dieser Zeit kann man in den Städten und Museen von Noord-Holland bis zum heutigen Tag sehen.

Enkhuizen, ein wunderschöner historischer Fischerort am IJsselmeer

◁ Der Afsluitdijk (Absperrdeich) verwandelte die Zuiderzee ins IJsselmeer *(siehe S. 164)*

Überblick: Noord-Holland

Noord-Holland bietet neben schönen alten Bauten und prächtigen Museen auch eine abwechslungsreiche Landschaft. Man kann die ganze Provinz in Tagestouren von Amsterdam aus erkunden, aber Gebiete wie Westfriesland oder Het Gooi lohnen auch einen längeren Abstecher. Auf jeden Fall sollte man den Besuch der Sehenswürdigkeiten immer wieder mit Wanderungen in Naturgebieten wie den Kennemerduinen bei Zandvoort, einem Sonnenbad an einem der vielen Strände oder einem Segeltörn auf dem IJsselmeer unterbrechen. Auch bei einem Bootsausflug kann man die Provinz gut kennenlernen.

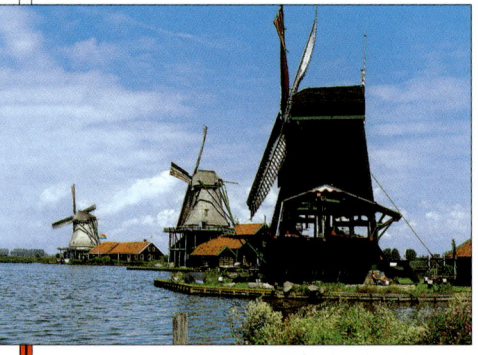

Die Mühlen an der Zaanse Schans sind noch in Betrieb

Julianad
Callantsoog
N9
Schoorl
ALKMAA
EGMOND 17
Heiloo
Uitgeest
HEEMSKERK 18
VELSEN/ IJMUIDEN 19
Santpoort
Bloemendaal
HAARLEM 16
Zwanenb
ZANDVOORT 20
CRUQUIUS 21
Hoofddorp
N208
A4
A44

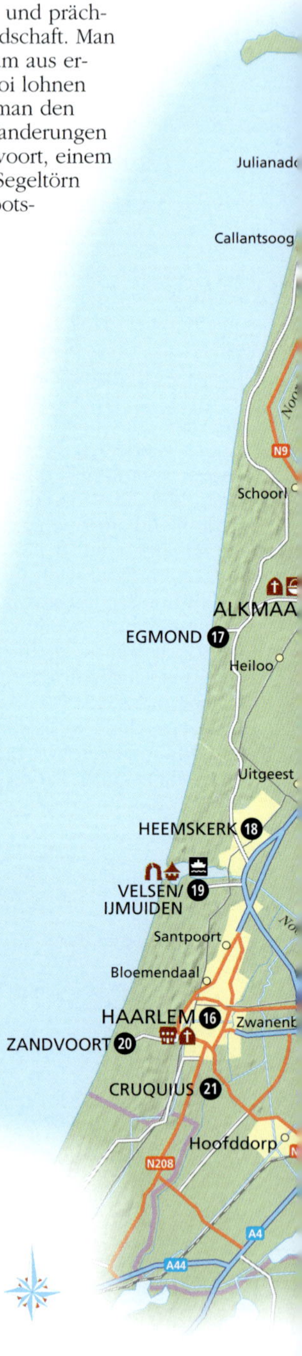

In Noord-Holland unterwegs

In den Stoßzeiten sind die Straßen rund um die großen Städte im Süden überfüllt. Weil es ohnehin in allen größeren Städten Parkplatzprobleme gibt und die Orte gut mit Bus oder Bahn zu erreichen sind, empfiehlt es sich, das Auto stehen zu lassen. Die Städte kann man am besten zu Fuß erkunden. Auch der Norden von Noord-Holland ist mit öffentlichen Verkehrsmitteln oder über die A7 und die A9 gut zu erreichen. Noord-Holland verfügt über zahllose Wander- und Radwege, oft sind die schönen Routen einem speziellen Thema gewidmet. Fahrräder kann man an fast allen Bahnhöfen mieten.

Sehenswürdigkeiten auf einen Blick

Aalsmeer 23
Alkmaar 15
Amstelveen 24
Broek in Waterland 11
De Beemster 7
Den Helder 13
Edam 4
Egmond 17
Enkhuizen 9
's-Graveland 27
Haarlem S. 182–187 16
Heemskerk 18
Hilversum 28
Hoorn 10
Jisp 5
Laren 30
Marken 1
Medemblik 12
Monnickendam 2
Muiden 25
Naarden 26
Naardermeer 29
Ouderkerk aan de Amstel 22
Stoomgemaal De Cruquius 21
Velsen/IJmuiden 19
Volendam 3
Zaanse Schans 6
Zandvoort 20
Zuiderzeemuseum S. 176f 8

Tour

Westfriesland S. 180 14

DEN HELDER

Den Oever

N99

Breezand

Wieringerwerf

N248

Middenmeer

chagen

N239

N242

Abbekerk

Noord-Scharwoude

A7

Wognum

Heerhugowaard

rp

Avenhorn

NOORD-HOLLAND

244

7

DE BEEMSTER

ddenbeemster

Purmerend

5 JISP

A7

6

ZAANSE SCHANS

g aan Zaan

MONNICKENDAM

Zaanstad

11 BROEK IN WATERLAND

al

A10

AMSTERDAM

A10

dhoevedorp

Diemen

A9

AMSTELVEEN

24

22

OUDERKERK AAN DE AMSTEL

ALSMEER

AALSMEER

12 MEDEMBLIK

Andijk

Wervershoof

14

WESTFRIESLAND

N302

Hoogkarspel

10 HOORN

Schellinkhout

Oosthuizen

IJsselmeer

N247

4 EDAM

3 VOLENDAM

1 MARKEN

2

8 ZUIDERZEEMUSEUM

9 ENKHUIZEN

25 MUIDEN

A1

Huizen

NAARDERMEER **29** **26** NAARDEN

Bussum

Blaricum

30 LAREN

's-GRAVELAND **27**

28 HILVERSUM

N201

Koepoort in Enkhuizen, 1649 erbaut

Traditionelles Landhaus in der Region De Beemster

SIEHE AUCH

- *Hotels* S. 395
- *Restaurants* S. 415f

LEGENDE

═══	Autobahn
──	Hauptstraße
═══	Nebenstraße
──	Panoramastraße
┄┄	Eisenbahn (Hauptstrecke)
──	Eisenbahn (Nebenstrecke)
──	Provinzgrenze

0 Kilometer   10

Marken ❶

Straßenkarte C3. 🚶 *2000*. 🚌
🚢 *von Volendam (Apr–Okt)*.
ℹ️ *Havenbuurt 19c (0900-4004 040)*.
www.vvv-waterland.nl

Marken lag beinahe acht Jahrhunderte lang auf einer Insel. 1957 beendete ein Deich zum Festland über Nacht diese Isolation. Das Dorf hat seinen alten Charakter behalten, geprägt durch Holzhäuser, die zum Schutz gegen Überschwemmungen auf Pfählen erbaut sind. Markens Wahrzeichen ist der **Leuchtturm Het Paard**. Das in sechs historischen Häusern untergebrachte **Marker Museum** zeigt das Leben in Marken früher und heute. Außerdem gibt es eine Käserei und einen Klompenmacher.

🏛 **Marker Museum**
Kerkbuurt 44–47. 📞 *0299-601 904*. ⭕ *Apr–Okt: tägl.* 📷 ♿

Monnickendam ❷

Straßenkarte C3. 🚶 *10 000*.
🚌 🚢 *Sa*.

Der alte von Mönchen gegründete Ort an der Gouwzee hat viele Gebäude aus dem 17. und 18. Jahrhundert, etwa das **Rathaus** und die **Waage**. Das **Museum de Speeltoren** ist der Geschichte von Monnickendam gewid-

In Volendam sieht man viele Trachten

met. Es befindet sich im Glockenturm des Rathauses, der eine offene hölzerne Spitze hat. Stündlich erscheint in der Nische an der Südseite eine Reitertruppe.

🏛 **Museum de Speeltoren**
Noordeinde 4. 📞 *0299-652 203*. ⭕ *Wiedereröffnung nach Renovierung voraussichtlich Frühjahr 2012.* 📷 **www.**despeeltoren.nl

Volendam ❸

Straßenkarte C3. 🚶 *21 000*. 🚌
ℹ️ *Zeestraat 37 (0299-363 747)*.
🚢 *Sa.* **www.**vvv-volendam.nl

Das alte Fischerdorf am IJsselmeer ist weltberühmt und deshalb auch immer voller Besucher. Es erstreckt sich am Deich und hat

einen kleinen Hafen, wo man noch immer Fisch kaufen kann. Hauptattraktion sind die Trachten: enge Leibchen, Spitzenhauben und bunt gestreifte Röcke für die Frauen, weite Hosen und Westen für die Männer. Wer will, kann sich darin fotografieren lassen. Hinter dem Deich liegt ein ganz anderes Volendam: ein altes Labyrinth aus Gassen, Holzhäusern und Kanälen.

Edam ❹

Straßenkarte C3. 🚶 *8000*. 🚌
ℹ️ *Damplein 1 (0299-315 125)*.
🚢 *Mi.* **www.**vvv-edam.nl

Edam ist vor allem für seine runden, rot gewachsten Käse bekannt, die in alle Welt exportiert werden. Im Juli und August kann man am Mittwochmorgen beim Käsehandel auf dem **Käsemarkt** zusehen. Die Stadt wurde im 12. Jahrhundert gegründet und hat viele alte Häuser, z.B. die bunt bemalte **Waag**. Die Glasmalereien der Fenster in der **Grote Kerk** (17. Jh.) zählen zu den schönsten des Landes. Das **Edams Museum** ist in einem Kaufmannshaus aus dem 16. Jahrhundert untergebracht, das nichts von seiner Atmosphäre verloren hat. Hier hängen alte Porträts von Edamer Originalen wie Trijntje Kever, die 2,80 Meter groß gewesen sein soll.

🏛 **Edams Museum**
Damplein 8. 📞 *0299-371 817*. ⭕ *Apr–Okt: Di–Sa 10–16.30, So 13–16.30 Uhr.* ⚫ *30. Apr.* 📷

Typische Holzhäuser aus dem 17. Jahrhundert in Marken

Hotels und Restaurants in Noord-Holland *siehe Seiten 395 und 415f*

Eine der typisch holländischen Mühlen an der Zaanse Schans

Jisp ❺

Straßenkarte B3. 🏘 *760.*
🚌 ℹ️ *020-2018 800.*
www.noord-holland.com.

Das alte Walfängerdorf Jisp liegt auf einer der früheren Zuiderzee-Inseln und atmet noch immer den Geist des 17. Jahrhunderts. Vor allem das **Rathaus** und die **Dorfkirche** sind sehenswert. Das Dorf liegt mitten im **Jisperveld**, einem Naturgebiet, in dem viele Vögel wie Kiebitz, Rotschenkel, Kampfläufer und Löffelreiher leben. Hier kann man herrlich Rad fahren, rudern und angeln oder im Sommer an einer Exkursion teilnehmen. Infos hierüber gibt es bei der VVV.

Zaanse Schans ❻

Schansend 7. **Straßenkarte** C3.
🏘 *50.* 🚌 📞 *075-6810 000.*
⭕ *tägl. Einige Häuser sind im Winter wochentags geschlossen.*
www.zaanseschans.nl

Zaanse Schans ist das touristische Herz der Zaanstreek. Im 1960 gegründeten Freilichtmuseum stehen typische Zaanse-Häuser, Mühlen und andere Gebäude. Wenn der Wind weht, kann man die **Mühlen** in Aktion sehen. Die Erzeugnisse (Senf, Öl, Pigmente) sind hier auch zu kaufen. Alle Häuser wurden aus Holz gebaut, Steinhäuser würden in dem weichen Moorboden wegsacken. Außer den Mühlen gibt es ein Bäckereimuseum, eine Käserei und den ersten Laden von **Albert Heijn** aus dem Jahr 1887 – heute ist Albert Heijn die größte Supermarktkette der Niederlande. Das **Zaans Museum** erzählt die Geschichte der Region. An der Senfmühle legen Rundfahrtboote zur Fahrt über die Zaan ab.

🏛 **Zaans Museum**
Schansend 7, Zaandam.
📞 *075-6810 000.* ⭕ *tägl.*
⬤ *1. Jan, 25. Dez.* 📷 ♿

Umgebung: Das **Molenmuseum** in Koog aan de Zaan erzählt alles über die Windmühlen der Zaanstreek. Es liegt in einem Holzhaus aus dem 18. Jahrhundert. **Haaldersbroek** gegenüber von Zaanse Schans ist ein Grachtendorf mit schmalen Kanälen, Klinkerwegen, Zaanse-Häusern und Bauernhöfen.

🏛 **Molenmuseum**
Museumlaan 18, Koog a/d Zaan. 📞
075-628 8968. ⭕ *Di–So.* ⬤ *1. Jan, Ostersonntag, Pfingstsonntag.* 📷

De Beemster ❼

Straßenkarte B3. 🚌
ℹ️ *Beemster (020-2018800).*

De Beemster war einst ein See, der 1612 von Jan Adriaanszoon Leeghwater *(siehe S. 165)* trockengelegt wurde. Diese unzugängliche Region hat sich seit dem 17. Jahrhundert wenig verändert. 1999 wurde sie von der UNESCO zur Welterbestätte erklärt. Im **Museum Betje Wolff** sind historische Gegenstände und Räume im Stil jener Zeit zu besichtigen.

🏛 **Museum Betje Wolff**
Middenweg 178, Middenbeemster.
📞 *0299-681 968.*
⭕ *Mai–Sep: Di–So; Okt–Apr: So.*
⬤ *1. Jan, 30. Apr, 25. Dez.* 📷

Czaar-Peterhuisje

Zar Peter der Große von Russland besuchte Zaandam 1697, um zu lernen, wie die Leute hier Schiffe bauten. Er wohnte bei dem Arbeiter Gerrit Kist, den er noch aus St. Petersburg kannte. 1717 besuchte der Zar das Haus von Kist ein weiteres Mal. 1780 wurde das »Häuschen von Zar Peter« zum ersten Mal in einem offiziellen Schriftstück erwähnt. Später wurde das hölzerne Haus durch einen steinernen Umbau und ein Fundament geschützt. Jedes Jahr kommen viele Besucher hierher, die immer wieder von der Tatsache beeindruckt sind, dass der Zar sich mit der bescheidenen Behausung begnügte. (Krimp 23, Zaandam, 📞 *075-6810 000.* ⭕ Di–So 13–17 Uhr. ⬤ *1. Jan, 25. Dez.)*

Zar Peter war zweimal in Zaandam zu Gast

Zuiderzeemuseum ❽

Enkhuizen war eines der Dörfer an der Bucht der Zuiderzee, deren Einkommen aus dem Fischfang zerstört wurde, als der Bau des Afsluitdijk 1932 den Zugang zur Nordsee blockierte *(siehe S. 164)*. Die Restrukturierung des Fischerei- in einen Yachthafen sowie die Eröffnung des Museumskomplexes war ein Einschnitt in der Geschichte der Dörfer. Das Museum besteht aus einem großen Freilichtbereich in Form eines Museumsparks und einem musealen Bereich mit vielen Räumlichkeiten für permanente und wechselnde Ausstellungen.

★ Urker Häuser
Häuser von der früheren Insel Urk (siehe S. 326) wurden hier wieder aufgebaut. Akteure spielen das Leben Anfang des 20. Jahrhunderts nach.

Räucherei aus Monnickendam

Eingang zum Buitenmuseum

Rekonstruktion des Marker Hafens

VIS Museum für Kinder

★ Schiffshalle
Im Binnenmuseum ist in einer Schiffshalle eine Ausstellung von 14 voll getakelten historischen Schiffen zu sehen. In einem Boot können Kinder ein spannendes Hörspiel anhören.

Fährboote bringen die Besucher vom Bahnhof zum Buitenmuseum.

Segelmacherwerkstatt
Bis Anfang des 20. Jahrhunderts waren die meisten Schiffe und Fischerboote mit Segeln ausgerüstet. Das alte Handwerk wird hier in Ehren gehalten.

Eingang zum Buitenmuseum

Kalköfen
In den flaschenförmigen Kalköfen wurden Muschelschalen gebrannt. Der so gewonnene ungelöschte Kalk wurde als Mörtel bei Maurerarbeiten verwendet. Diese Öfen stammen aus Akersloot in Noord-Holland.

INFOBOX

Wierdijk 12–22, Enkhuizen.
Straßenkarte C2. *Enkhuizen.*
Museumsboote ab Bahnhof.
0228-351 111. **Binnen-
museum** ◯ tägl. 10–17 Uhr.
Buitenmuseum ◯ Apr–Okt:
tägl. 10–17 Uhr. ● 1. Jan,
25. Dez. 🏛️🅿️♿🛍️🍴🏛️
www.zuiderzeemuseum.nl

★ Modernes Delfter Blau
*Hugo Kaagman vereint in seinen Gemälden traditionelle
Delfter Motive mit modernen Sujets: Windmühlen, Tulpen
und Fischer werden mit Porträts von
heutigen Stars kombiniert.*

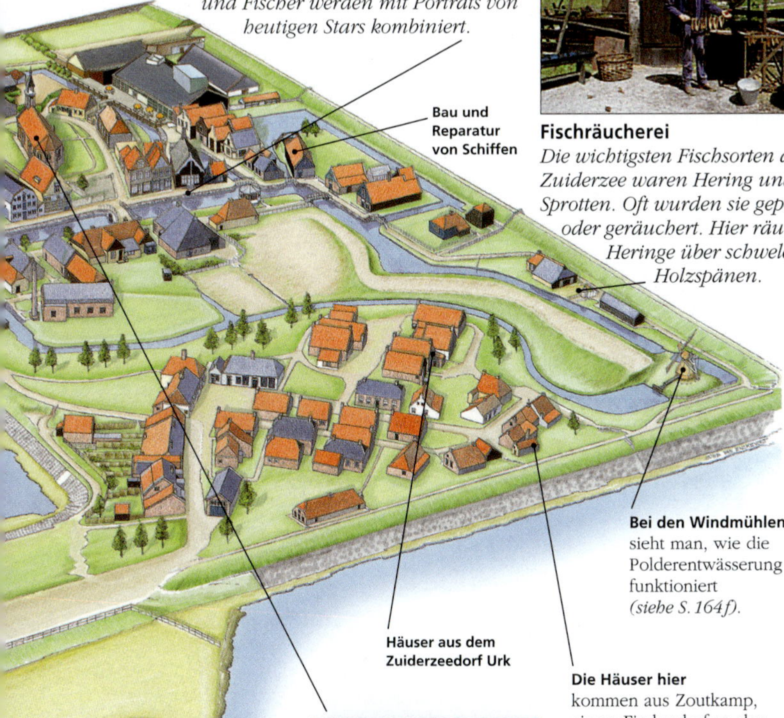

**Bau und
Reparatur
von Schiffen**

Fischräucherei
*Die wichtigsten Fischsorten der
Zuiderzee waren Hering und
Sprotten. Oft wurden sie gepökelt
oder geräuchert. Hier räuchern
Heringe über schwelenden
Holzspänen.*

Bei den Windmühlen
sieht man, wie die
Polderentwässerung
funktioniert
(siehe S. 164f).

**Häuser aus dem
Zuiderzeedorf Urk**

Die Häuser hier
kommen aus Zoutkamp,
einem Fischerdorf an der
früheren Lauwerszee.

0 Meter   50

Kirche
*Die Erbauer dieser Kirche aus
dem 19. Jahrhundert, die Einwohner der Insel Wieringen,
versteckten die Orgel in einem
Schrank, um die damalige
Kirchenorgelsteuer zu umgehen.*

NICHT VERSÄUMEN

★ Modernes
   Delfter Blau

★ Schiffshalle

★ Urker Häuser

Hafen von Hoorn

Enkhuizen ❾

Straßenkarte C2. 🏘 *18 100.* 🚆
🚉 🛈 *Tussen twee havens 1 (0228-313 164).* ⚓ *Mi.*

E nkhuizens Hafen ist noch
immer in Betrieb. Hier hat
das Goldene Jahrhundert mit
vielen prächtigen Gebäuden
seine Spuren hinterlassen. Am
bekanntesten sind der **Drom-
medaris** genannte Bau von
1540, der die Einfahrt des alten Hafens bewacht, und die
Stadtmauer. Es gibt zwei schöne Kirchen, die **Wester-** und
die **Zuiderkerk**, sowie ein Bud-
delschiff-Museum. Im Sommer
kann man von hier aus Boots-
fahrten nach Medemblik, Stavoren oder Urk unternehmen.

Hoorn ❿

Straßenkarte C3. 🏘 *70 000.* 🚆
🚉 🛈 *Veemarkt 4 (0900-403 1055).*
⚓ *Sa; Juni–Aug: Mi.*
www.vvvhoorn.nl

I m geschichtsträchtigen
Hoorn stehen viele schöne
Häuser. Die spätgotische

Oosterkerk und das St. Jans
Gasthuis haben prächtige Re-
naissancefassaden. Im **West-
fries Museum** lernt man die
Geschichte der Stadt und der
Region kennen, das **Museum
Hoorn**, das 2012 umzieht,
widmet sich der jüngeren
Vergangenheit.

🏛 **Westfries Museum**
Roode Steen 1. 📞 *0229-280 028.*
⬜ *Mo–Fr 11–17, Sa, So 13–
17 Uhr.* ⬤ *Nov–März: Mo; 1. Jan,
30. Apr, 25. Dez.* 📠 **www**.wfm.nl

🏛 **Museum Hoorn**
Bierkade 4. 📞 *0229-214 001.*
⬜ *Di–Fr 10–17, Sa, So 12–17 Uhr.*
⬤ *1. Jan, 30. Apr, 25. Dez.* 📠
www.museumhoorn.nl

Broek in
Waterland ⓫

Straßenkarte C3. 🏘 *2350.* 🚆
🛈 *0299-363747.*

B roek in Waterland spielte
im 17. Jahrhundert eine
besondere Rolle: Hierher
zogen die Kapitäne der Oost-
Indische Compagnie, wenn
sie in Ruhestand gingen. Sie
wohnten in pastellfarbenen
Villen, grau dagegen waren
die Häuser der Menschen, die
nicht zur See gefahren waren.
Am **Havenrak**, der Straße, die
am See entlangführt, sieht
man in einigen Gärten noch
kralentuinen, Mosaiken mit
bunten Glassteinen, die Kaufleute aus Asien mitbrachten.
    Wer den Ort aus einer an-
deren Perspektive kennenler-

nen möchte, kann ein Paddel-
oder Motorboot von **Kano &
Electroboot Waterland** (Drs.
J. van Disweg 4, 020-403
3209) mieten.

Medemblik ⓬

Straßenkarte C2. 🏘 *7500.* 🚆
🛈 *Kaasmarkt 1 (0227-542 852).*
⚓ *Mo.* **www**.vvvmedemblik.nl

D as gemütliche alte Städtchen Medemblik hat
noch viele schöne Gebäude
aus dem 17. Jahrhundert vor-
zuweisen, etwa die Hervormde Kerk, die Waag und das
Waisenhaus.
    Kasteel Radboud, 1288 un-
ter Graf Floris V erbaut, beherbergt heute ein Museum.
Am Ortsrand ist in einer alten
Pumpenstation **Het Nederlands Stoommachinemuseum**
untergebracht.

Kasteel Radboud in Medemblik

🏛 **Het Nederlands
Stoommachinemuseum**
Oosterdijk 4. 📞 *0227-544 732.*
⬜ *Ende Feb–Anf. Nov: Di–So.*
www.stoommachinemuseum.nl

Den Helder ⓭

Straßenkarte B2. 🏘 *57 000.*
🚆 🚉 🛈 *Bernhardplein 14 (0223-
625 544).* ⚓ *Juli, Aug: Di.*
www.vvvkopvannoordholland.nl

D en Helder ist Flottenstütz-
punkt. Über die Ge-
schichte der Marine seit 1488
informiert das **Marinemuseum**.
Im Nordsee-Aquarium (Fort
Kijkduin) führt ein Glastunnel
durch die Unterwasserwelt.

🏛 **Marinemuseum**
Hoofdgracht 3. 📞 *0223-657 534.*
⬜ *Mai–Okt: tägl.; Nov–Apr: Di–So.*
📠 📷 **www**.marinemuseum.nl

Idylle am Wasser in Broek in Waterland

Hotels und Restaurants in Noord-Holland *siehe Seiten 395 und 415f*

Windmühlen

Windmühlen sind seit dem 13. Jahrhundert aus der holländischen Landschaft nicht wegzudenken. Sie dienten den unterschiedlichsten Zwecken: Getreidemahlen, Ölpressen und Holzsägen. Am wichtigsten waren sie aber für das Abpumpen von Wasser aus den Poldern *(siehe S. 164f)*. Windmühlen bestehen aus einem Rumpf und einer Haube, an der die Flügel befestigt sind. Die Haube ist drehbar, damit man die Flügel in den Wind

Müller stellen kann, ein Vorgang, der *kruijen* genannt wird.

Dass die drehenden Flügel durchaus gefährlich sind, zeigt die Redewendung »einen Schlag von den Mühlenflügeln bekommen«. Früher gab es Tausende Windmühlen, durch den Siegeszug der Technik sind es heute nur noch etwa 950. Viele Mühlen sind im Einsatz und können besichtigt werden. Details zu Besichtigungen finden Sie unter www.zaanschemolen.nl.

Wassermühle im Polder de Schermer

Lattung und Tuchsegel

Moderne Windturbinen *sind in den Niederlanden weitverbreitet. Sie liefern umweltfreundlichen Strom. Um den Horizont nicht zu sehr zu verschandeln, werden sie zunehmend auf offenem Meer gebaut.*

Poldermühlen *dienen seit dem 17. Jahrhundert zur Entwässerung. Das mit Wasserschnecken hochgepumpte Wasser wurde hierbei in Mühlengruppen von Mühle zu Mühle weiterbefördert.*

Antriebsachse

Wasserschnecke

Mühlenboden

Die Zahnräder *werden durch die Flügel bewegt. Eine Achse setzt ein Zahnrad in Bewegung, wodurch die Wasserpumpe angetrieben wird.*

Getreidemühlen

Getreidemühlen waren mit Reet (Ried) gedeckt und sahen wie riesige Pfeffermühlen aus. Die mit der Flügelachse verbundenen Mühlsteine mahlten Weizen, Gerste und Hafer, damals die Grundnahrungsmittel.

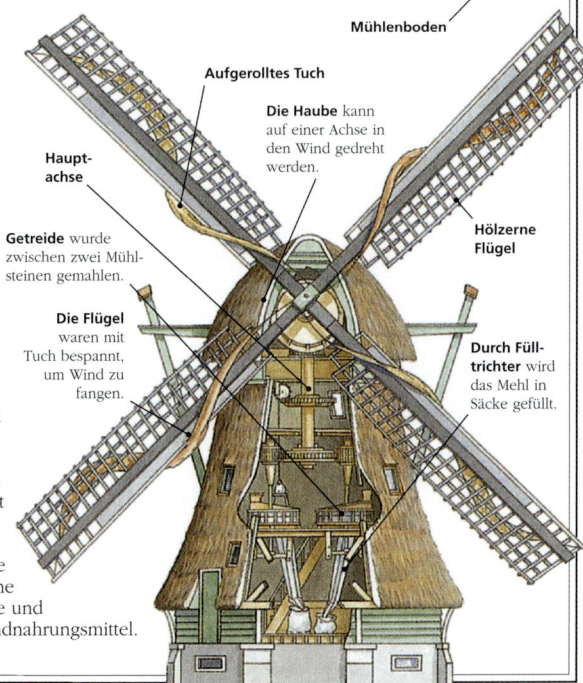

Aufgerolltes Tuch

Haupt-achse

Die Haube kann auf einer Achse in den Wind gedreht werden.

Getreide wurde zwischen zwei Mühlsteinen gemahlen.

Hölzerne Flügel

Die Flügel waren mit Tuch bespannt, um Wind zu fangen.

Durch Fülltrichter wird das Mehl in Säcke gefüllt.

Tour: Westfriesland ⑭

Westfriesland spielte als Zentrum von Handel und Schifffahrt im Goldenen Jahrhundert eine bedeutende wirtschaftliche Rolle in Holland. Heute wird das Landesinnere vor allem landwirtschaftlich genutzt, an der IJsselmeerküste sind Tourismus und Wassersport die wichtigste Einnahmequelle. Wer unsere Route im Frühling fährt, den erwarten blühende Blumenfelder und Obstgärten. Im Sommer ist die IJsselmeerküste gut besucht. Die Route, oder Teile davon, eignet sich auch für Fahrradtouren.

ROUTENINFOS

Länge: 80 km.
Rasten: In allen Dörfern und Städtchen am Weg gibt es Cafés oder Restaurants.
Straßen: Die Straßen in Westfriesland sind gut. Am IJsselmeer fährt man über einen schmalen, kurvigen Deich, auf dem bei schönem Wetter viele Radler und Wanderer unterwegs sind.

Abbekerk: 't Regthuis ④
Dieses Museum besitzt eine Sammlung westfriesischer Trachten, Kuriosa und, vor allem für Kinder, Spielzeug.

Stoommachinemuseum ③
Das alte Dampfschöpfwerk »Vier Noorder Koggen« bei Medemblik besitzt eine einmalige Sammlung von Dampfmaschinen.

Twisk ⑤
In dem lang gezogenen Dorf sind die schönen Bauernhöfe oft nur über eine Brücke zu erreichen.

Schellinkhout ①
Das malerische Dorf nahe Hoorn war schon in prähistorischen Zeiten bewohnt. Früher lag es an einem Priel der Zuiderzee.

LEGENDE

— Routenempfehlung
— Andere Straße
— Eisenbahn
- - - Touristische Eisenbahn
⚜ Aussichtspunkt
🏠 Mühle

West-Friese Omringdijk ②
Im 13. Jahrhundert war Westfriesland zum Schutz vor Überschwemmungen von einem Deich umgeben. Durch Einpolderung liegt der größte Teil davon heute im Landesinneren. Am IJsselmeer gibt es noch zwei alte Wehlen, Spuren von früheren Deichbrüchen.

Weitere Zeichenerklärungen *siehe hintere Umschlagklappe*

Käseträger auf dem traditionellen Käsemarkt in Alkmaar

Alkmaar ⓯

Straßenkarte B3. 👥 94.000. 🚌
🚉 ℹ️ *Waagplein 2 (072-511 4284).*
🗓️ *Sa; Apr–Sep: Fr (Käse).*
www.vvvalkmaar.nl

In der Altstadt von Alkmaar stehen mindestens 400 historische Bauwerke. Es wirkt, als hätte sich die Stadt mit ihren Grachten seit Jahrhunderten kaum verändert. Das **Stedelijk Museum** widmet sich mit Gemälden, Videos und Modellen der Geschichte Alkmaars. Hier hängen auch Gemälde der Bergen School aus den 1920er/1930er Jahren.

Alkmaar ist berühmt für seinen traditionellen **Kaasmarkt** (Käsemarkt), der zwischen Anfang April und Anfang September jeden Freitagvormittag abgehalten wird. Die großen gelben Käselaibe kommen mit dem Schiff an, weiß gekleidete Trägern holen sie dort auf Tragebahren ab. Sie bringen die Laibe erst zum **Waaggebouw** und dann zum Marktplatz, wo sie aufgeschichtet werden. Nach dem ausgiebigen Probieren erfolgt die Versteigerung, das Bieten und Verhandeln. Der Kauf wird immer mit *handjeklap* (Handschlag) besiegelt. Die Käseträger sind in Gilden organisiert, die Farbe des Hutes zeigt an, welcher Gilde sie angehören. Das **Kaasmuseum** im Waaggebouw geht auf die traditionellen und modernen Methoden der Käseproduktion ein.

Nördlich vom Kaasmarkt findet man das **Nationaal Biermuseum De Boom** in einem beeindruckenden 17. Jahrhundert-Gebäude, in dem früher die größte Brauerei der Stadt zu Hause war. Das Museum widmet sich einem Jahrtausend Biergeschichte und illustriert unter anderem auch Alkmaarer Braugeschichte im Mittelalter. Damals stand in der Stadt kein sauberes Trinkwasser zur Verfügung, sodass die Brauer das Wasser per Schiff fassweise aus der Umgebung holen mussten. Unter den Exponaten sind Kupferkessel, Fässer und Flaschen ebenso wie 100 Jahre alte Braugeräte.

Im Biermuseum kann man die verschiedenen Biere verkosten

Zu sehen ist auch modernes Hightech-Equipment, das heute zum Brauen eingesetzt wird. Im Gebäude befindet sich ein rekonstruiertes altes Café, aber auch ein Pub, in dem man aus 86 verschiedenen Bieren wählen kann.

Südlich vom Kaasmarkt, an der Ecke Mient und Verdronkenoord, wurde vom 16. Jahrhundert bis 1998 der **Vismarkt** (Fischmarkt) abgehalten. Die niedrigen Arkaden, die man heute sieht, stammen aus dem 18. Jahrhundert und weisen immer noch die Steinbänke auf, auf denen man damals den Fisch auslegte.

Am Verdronkenoord steht die Laurenskerk oder **Grote Kerk**. Die im Stil der Brabanter Gotik erbaute Kirche stammt aus dem 15. Jahrhundert und hat eine Orgel, die 1639–46 vom deutschen Orgelbaumeister Franz Caspar Schnitger gebaut wurde. Bemerkenswert ist das Fresko, das das Wunder von Alkmaar darstellt: Im Jahr 1429 soll ein junger Priester, während er seine erste Messe las, Rotwein auf dem Altartuch und dem Messgewand verschüttet haben. Der Wein verwandelte sich in Blut, und jeder Versuch, den Stoff wieder reinzuwaschen, misslang. Das Blut erschien immer wieder. Die Reliquie des blutbefleckten Messgewands wird noch heute in der Kirche aufbewahrt.

Renaissancefassade der Stadtwaage

🏛️ **Stedelijk Museum**
Canadaplein 1. 📞 072-548 9789.
🕐 Di–Fr 10–17, Sa, So 13–17 Uhr.
⬤ 1. Jan, 30. Apr, 25. Dez. 📷 ♿
www.stedelijkmuseumalkmaar.nl

🏛️ **Waaggebouw und Kaasmuseum**
Waagplein 2. 📞 072-511 4284.
🕐 Ostern–Okt: Mo–Sa. 📷 ♿

🏛️ **Nationaal Biermuseum De Boom**
Houttil 1. 📞 072-511 3801.
🕐 Mo–Sa. ⬤ Feiertage. ♿
www.biermuseum.nl

⛪ **Grote Kerk**
Koorstraat 2. 📞 072-514 0707.
🕐 Juni–Aug: Di–So und während Ausstellungen.

Hotels und Restaurants in Noord-Holland *siehe Seiten 395 und 415f*

Im Detail: Haarlem ⓰

**Miserikordie
in der Grote Kerk**

Haarlem ist die Hauptstadt der Provinz Noord-Holland und nach Einwohnerzahl die achtgrößte Stadt im Land. Sie ist Zentrum der Druck- und Pharmaindustrie sowie der Blumenzucht, aber in den autofreien Straßen der Innenstadt ist von Industrie nichts zu merken. Alle Sehenswürdigkeiten liegen in der Nähe des Grote Markt, eines belebten Platzes, der von alten Gebäuden, Cafés und Restaurants gesäumt wird. In den umliegenden Straßen findet man viele Buchläden und Antiquitätenhändler.

Am Nieuwe Groenmarkt 31 liegt das interessante Restaurant Ma Brown.

Die Hoofdwacht ist ein Schilderhaus aus dem 17. Jahrhundert.

Statue des Laurens Coster
Der Haarlemer Laurens J. Coster (1370–1440) erfand angeblich 1423, 16 Jahre vor Gutenberg, die Buchdruckkunst. An ihn erinnert diese Statue.

Stadhuis
Die allegorische Statue der Justitia von Lieven de Key steht über dem Haupteingang.

★ Vleeshal (1603)
Die Vleeshal ist Teil des Frans Hals Museum (siehe S. 186f).

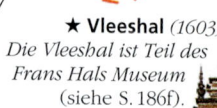

ZIJLSTRAAT   BARTELJORISSTRAAT   S M E D E S T R A A T   KONINGSTRAAT   GR. HOUTSTR.   GROTE MARKT   LEPELSTRAAT

Grote Markt
Unter den Bäumen des großen Platzes stehen die Stühle der Cafés. Der Grote Markt ist ein beliebter Treffpunkt der Haarlemer.

Hotels und Restaurants in Noord-Holland *siehe Seiten 395 und 415f*

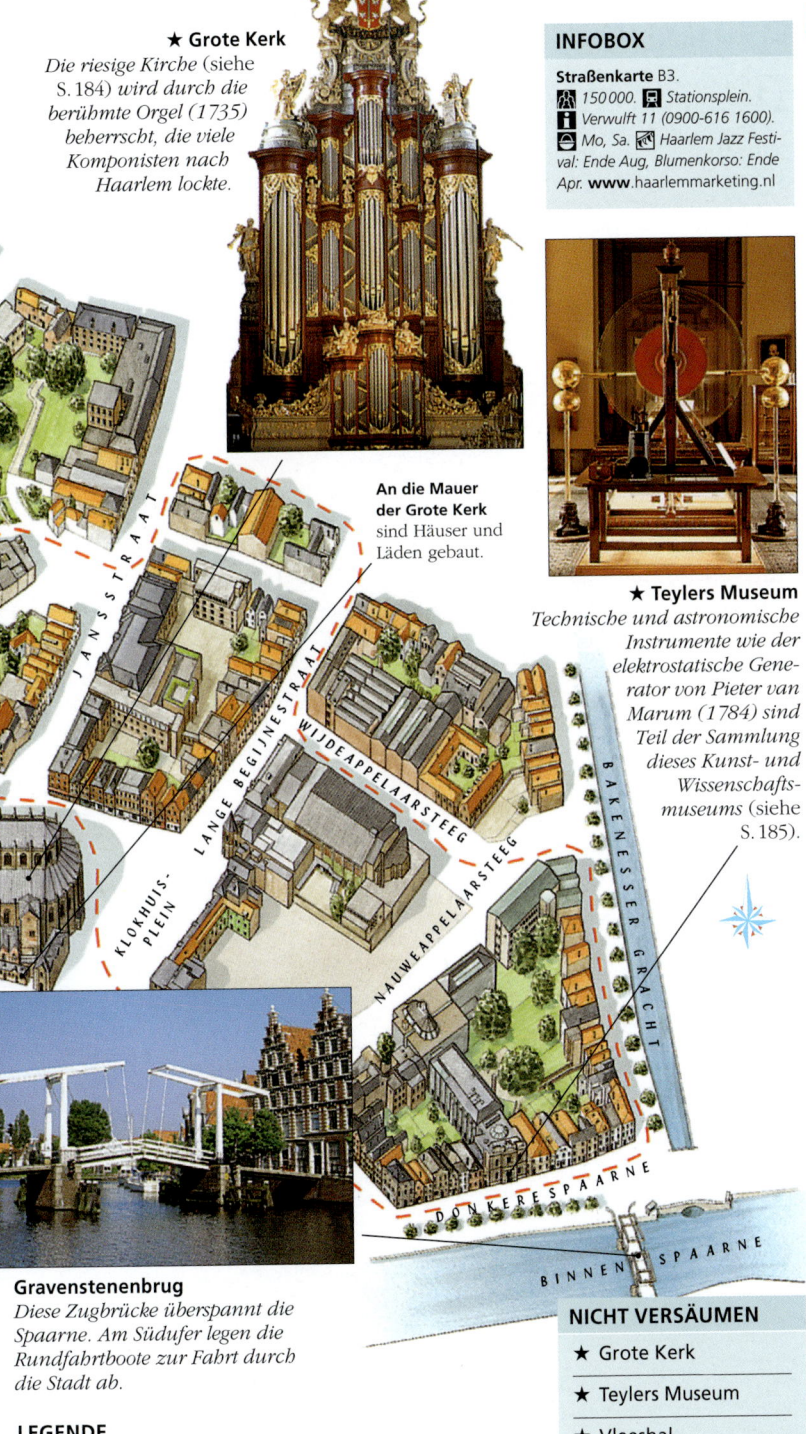

★ Grote Kerk

Die riesige Kirche (siehe S. 184) wird durch die berühmte Orgel (1735) beherrscht, die viele Komponisten nach Haarlem lockte.

INFOBOX

Straßenkarte B3.

150 000. 🚉 Stationsplein.
🛈 Verwulft 11 (0900-616 1600).
🚌 Mo, Sa. 🎺 Haarlem Jazz Festival: Ende Aug, Blumenkorso: Ende Apr. **www**.haarlemmarketing.nl

An die Mauer der Grote Kerk sind Häuser und Läden gebaut.

★ Teylers Museum

Technische und astronomische Instrumente wie der elektrostatische Generator von Pieter van Marum (1784) sind Teil der Sammlung dieses Kunst- und Wissenschafts- museums (siehe S. 185).

JANSSTRAAT

LANGE BEGIJNESTRAAT

WIJDEAPPELAARSTEEG

KLOKHUIS-PLEIN

NAUWEAPPELAARSTEEG

BAKENESSERGRACHT

DONKERESPAARNE

BINNEN SPAARNE

Gravenstenenbrug

Diese Zugbrücke überspannt die Spaarne. Am Südufer legen die Rundfahrtboote zur Fahrt durch die Stadt ab.

NICHT VERSÄUMEN

★ Grote Kerk

★ Teylers Museum

★ Vleeshal

LEGENDE

– – – Routenempfehlung

0 Meter 50

Überblick: Haarlem

Haarlem erhielt 1245 die Stadtrechte und war im 15. Jahrhundert ein blühendes Textilzentrum. Aber die spanische Belagerung 1572–1573 und einige Brände im Jahr 1576 schwächten diese Stellung. Doch wie für Amsterdam war auch für Haarlem das 17. Jahrhundert eine Blütezeit. Lieven de Key (1560–1627) plante den größten Teil des Wiederaufbaus, seine Handschrift prägt die Innenstadt bis heute. Die Grote Kerk überragt noch immer die *hofjes* der Umgebung. Die hübschen gepflasterten Straßen um die Kirche haben sich seit den Zeiten de Keys kaum verändert.

Grote Markt, Haarlem **(um 1668) von Berckheijde, mit der Grote Kerk**

🏛 Frans Hals Museum
Siehe Seiten 186f.

⛪ Grote Kerk
Oude Groenmarkt 23. 📞 023-553 2040. 🕐 Mo–Sa 10–16 Uhr. ● Ostern, Pfingsten, 30. Apr, 5. Mai, 25. Dez–2. Jan. 📷 ♿ **Kostenlose Orgelkonzerte** Mitte Mai–Mitte Okt: Di 20.15 Uhr. **www.bavo.nl**

Die gotische Kirche heißt offiziell De Grote of St. Bavokerk (nicht zu verwechseln mit der katholischen Kathedrale St. Bavo: www.rkbavo.nl). Maler wie Pieter Saenredam (1597–1665) und Gerrit Berckheijde (1639–1698), beide aus der Haarlemer Schule, wählten die 1400–1550 erbaute Kirche oft als Motiv. Die Glockentürme überragen den Grote Markt. An die Südfassade ist eine Häuser- und Ladenreihe aus dem 17. Jahrhundert angebaut. Mit den Mieteinnahmen aus diesen Häuschen wurde der Unterhalt der Kirche bestritten.

Man betritt die Kirche durch einen dieser Läden, danach steht man direkt im Kirchenschiff. Die Decke aus Zedernholz ist mit Intarsien reich verziert. Die oberen Mauern sind weiß, die 28 Säulen grün, rot und golden bemalt. Jan Fyerens fertigte 1510 das Chorgitter und die kupferne Kanzel in Form eines Adlerkopfes an. Die Chorbänke (1575) sind mit Wappen bemalt, in die Lehnen und die Miserikordien (Vorsprünge an den Klappstühlen des Chors) sind Tier- und Menschenfratzen geschnitzt. Gleich daneben liegt, unter einem bescheidenen Grabstein, der berühmteste Maler Haarlems, Frans Hals.

In der Grote Kerk steht eine der schönsten Orgeln Europas, von Christian Müller im Jahr 1735 gebaut. 1738 bespielte Händel das Instrument und war sehr zufrieden. Auch Mozart, der als Kind 1766 darauf spielte, war begeistert. Die Orgel wird für Konzerte und Plattenaufnahmen genutzt.

🏛 Stadhuis
Grote Markt 2. 📞 023-511 5115. 🕐 nur nach Absprache. ♿

Das Rathaus von Haarlem ist eine bunte architektonische Stilmischung, deren älteste Teile aus dem Jahr 1250 stammen. Im mittelalterlichen Bankettsaal kamen die Grafen von Holland zusammen, darum hieß dieser früher Grafensaal. Zwei Brände, 1347 und 1351, vernichteten den ältesten Teil beinahe völlig, aber das Porträt der Grafen aus dem 15. Jahrhundert blieb bewahrt.

Der Teil des Rathauses, der an den Grote Markt grenzt, wurde 1622 von Lieven de Key entworfen. Er ist ein schönes Beispiel holländischer Renaissancearchitektur, mit zierlichen Giebeln, vielen bemalten Details und klassizistischen Elementen, wie den Frontons über den Fenstern. In einer Nische über dem Haupteingang steht eine Statue der Justitia. In den Händen hält sie ein Schwert und eine Waage, voll Mitgefühl schaut sie auf das Treiben zu ihren Füßen. Durch die Koningstraat, links vom Rathaus, kommt man zu einem jahrhundertealten Schulgebäude mit einem Kreuzgang und einer Bibliothek aus dem 13. Jahrhundert.

🏛 De Hallen: Verweyhal und Vleeshal
Grote Markt 16. 📞 023-511 5775. 🕐 tägl. ● 1. Jan, 25. Dez. 📷 **www.dehallen.nl**

Die Verweyhal und die Vleeshal sind historische Gebäude am Grote Markt, die zum Frans Hals Museum *(siehe S.186f)* gehören. In der Verweyhal befindet sich die Sammlung moderner Kunst: Werke von Impressionisten, von Mitgliedern der Gruppe Cobra und zeitgenössischer Künstler. Die Vleeshal westlich der Kirche wurde 1602 von Lieven de Key entworfen. Das Dach wird durch einen Treppengiebel verdeckt. Die Fenster sind mit

Detail der Fassade der Vleeshal

Westseite der 1355 erbauten Amsterdamse Poort

Pfeileraufsätzen, den sogenannten Pinakeln, verziert. Ein auf die Fassade gemalter Ochsenkopf erinnert an eine frühere Funktion des Gebäudes. Die Verweyhal ist nach Kees Verwey (1900–1995) benannt, einem Haarlemer Impressionisten, von dem zahlreiche Werke ausgestellt sind.

🚪 Amsterdamse Poort

Amsterdamsevaart. ⬤ für Besucher.
Das imposante Tor nahe der Spaarne war einmal Teil der Stadtmauer. Früher gab es rund um Haarlem zwölf dieser Stadttore. Das Tor wurde 1355 errichtet, aber viele Verzierungen wurden erst im 15. Jahrhundert angebracht. Als die Spanier 1573 unter Friedrich von Toledo Haarlem belagerten, wurden die Verteidigungsanlagen der Stadt auf die Probe gestellt. Die Regenten der Stadt wollten sich nur unter der Bedingung ergeben, dass Haarlems Bevölkerung verschont bliebe. Die Spanier willigten ein, aber als die Tore geöffnet waren, metzelten sie 2000 Soldaten nieder.

🏛 Teylers Museum

Spaarne 16. ☎ 023-531 9010.
⬤ Di–Sa 10–17, So 12–17 Uhr.
⬤ 1. Jan, 25. Dez. 🔁♿◻🔲🔳
www.teylersmuseum.nl
Dies war das erste große öffentliche Museum der Niederlande. Es wurde 1778 von dem Seidenhändler Pieter Teyler van der Hulst gegründet, der damit die Wissenschaften und die Künste fördern wollte. Die ungewöhnliche Sammlung von Fossilien, Zeichnungen und wissenschaftlichen Apparaten wird in prächtigen klassizistischen Sälen (18. Jh.) ausgestellt. Im Ovalen Saal stehen Glasvitrinen mit einer besonderen Sammlung erschreckender medizinischer Instrumente. Dazu kann man Zeichnungen von niederländischen und italienischen Meistern, darunter Rembrandt und Michelangelo, bewundern.

Fliesen im Bahnhof Haarlem

🏛 Historisch Museum Haarlem

Groot Heiligland 47. ☎ 023-542 2427. ⬤ Di–Sa 12–17, So 13–17 Uhr. ⬤ 1. Jan, Ostern, Pfingsten, 25. Dez. ♿
www.historischmuseumhaarlem.nl

Haarlem ist für seine *hofjes* berühmt, die für Alte und Kranke errichtet wurden *(siehe S. 111)*. Die ersten *hofjes* stammen aus dem 16. Jahrhundert und wurden von Gildemitgliedern verwaltet, die nach der Reformation die vorher von Klöstern erfüllte Aufgabe übernahmen.

Das St.-Elisabeths Gasthuis wurde 1610 um einen schönen Innenhof herum errichtet, gegenüber dem heutigen Frans Hals Museum. Auf dem Stein, der 1612 über die Tür eingemauert wurde, ist ein Kranker zu sehen, der in Begleitung der besorgten Familie ins Krankenhaus gebracht wird. Das *hofje* ist gründlich renoviert und beherbergt heute das wichtigste Geschichtsmuseum von Haarlem und Zuid-Kennemerland.

🚉 Station Haarlem

Stationsplein.
Die erste Bahnlinie der Niederlande wurde 1839 zwischen Amsterdam und Haarlem eröffnet. Der alte Bahnhof von 1842 wurde zwischen 1905 und 1908 im Jugendstil umgebaut. Das großzügige Backsteingebäude hat eine Fassade mit Bogen und eckigen Türmen. Das grün und beige gehaltene Interieur ist mit hellen Fliesen verziert, auf denen Transportmittel abgebildet sind. Sehr sehenswert sind außerdem die Holzarbeiten in den Büros und die prächtigen Schmiedeeisenarbeiten.

Häuser aus dem 17. Jahrhundert an der Spaarne im Zentrum von Haarlem

Haarlem: Frans Hals Museum

Der als erster »moderner« Künstler gefeierte Frans Hals (1580–1666) schenkte der Malerei einen neuen Realismus. Während seine Zeitgenossen nach der perfekten Wiedergabe strebten, fing Hals mit seiner impressionistischen Technik den Charakter seiner Modelle ein. Noch mit über 80 Jahren schuf er so beeindruckende Porträts wie *Die Regentinnen des Oude Mannenhuis in Haarlem* (1664). Das Oude Mannenhuis wurde 1913 das Frans Hals Museum. Hier werden auch andere niederländische Kunstwerke und Exponate zur Geschichte der Stadt gezeigt.

★ Stillleben (1613)
Genaue Details sind das Markenzeichen von Floris Claeszoon van Dyck (1575–1651).

LEGENDE

- ☐ Werke von Frans Hals
- ☐ Renaissancesaal
- ☐ Alte Meister
- ☐ Stadtgeschichte 17. Jahrhundert
- ☐ Keine Ausstellungsfläche

Militärbilder von Frans Hals

★ Banket van de Officieren van de St. Jorisdoelen (1616)
Die charakteristischen Gesichtszüge jedes einzelnen Schützen und der Reichtum ihres Speisesaals sind von Frans Hals in diesem Gruppenbild unnachahmlich festgehalten.

Innenhof

NICHT VERSÄUMEN

- ★ Banket van de Officieren van de St. Jorisdoelen

- ★ Mercurius

- ★ Stillleben

Mutter und Kind
Nach der Reformation (siehe S. 52f) *malten Künstler wie Pieter de Grebber (1600–1653) weltliche Versionen von religiösen Themen. Dieses Bild einer Mutter, die ihr Kind stillt (1622), verweist auf Maria mit dem Jesuskind.*

★ ***Mercurius* (1611)**
Hendrick Goltzius (1558–1617) war berühmt für seine Studien der klassischen Antike. Dieses Werk aus einer Serie von drei Bildern war das Geschenk eines reichen Haarlemer Bürgermeisters.

INFOBOX

Groot Heiligland 62, Haarlem.
023-511 5775. *Haarlem.*
Di–Sa 11–17 Uhr, So, Feiertage 12–17 Uhr. *1. Jan, 25. Dez.*
www.franshalsmuseum.nl

***Der heilige Lukas malt die Madonna* (1532)**
von Maerten Jacobsz van Heemskerck. Der Apostel Lukas war der Schutzpatron der Maler. Einer mittelalterlichen Legende nach soll er Maria und Jesus wirklich porträtiert haben.

Haupt-
eingang

***De Grote Markt in Haarlem* (1669)**
Gerrit Adriaensz Berckheijde schuf das Bild, auf dem man die Grote Kerk von der Westseite sehen kann.

Delfter Teller (1662)
Dieser Porzellanteller von M. Eems zeigt den Grote Markt und die Grote Kerk in Haarlem (siehe S. 184).

Kurzführer

Am besten erkundet man das Museum gegen den Uhrzeigersinn. Ausstellungen mit Werken von Frans Hals, Porträts, Stillleben und Genremalerei sind mehr oder weniger chronologisch angeordnet. In der Verweyhal und der Vleeshal (siehe S. 184f) *finden Wechselausstellungen mit moderner und zeitgenössischer Kunst statt.*

Der Leuchtturm von Egmond ist bei allen Schiffern bekannt

Egmond ⑰

Straßenkarte B3. 👥 11 300. 🚌
ℹ️ *Voorstraat 82a, Egmond aan Zee (072-581 3100).* 🚢 *Do.*
www.vvvegmond.nl

Egmond besteht aus drei Teilen: Egmond aan de Hoef, Egmond-Binnen und dem gemütlichen Familienbadeort Egmond aan Zee.

In Egmond aan de Hoef lebten früher die Grafen von Egmond. Von ihrem **Schloss** kann man aber nur noch die Fundamente besichtigen. Die **Abdij van Egmond** in Egmond-Binnen ist die älteste der zeeuwschen und holländischen Abteien. Das Gebäude (10. Jh.) wurde aber vom Geusenhauptmann Sonoy zerstört. Erst 1934 errichtete man eine neue Abtei, in der noch immer Benediktinermönche wohnen. Das **Abdijmuseum** kann man nach Absprache besichtigen (Tel. 072-506 2786).

Heemskerk ⑱

Straßenkarte B3. 👥 38 500. 🚌
📞 *0251-374 253.* 🚢 *Fr.*
www.vvvijmondnoord.nl

Auf dem Friedhof der **Hervormde Kerk** (17. Jh.) steht eine Säule zu Ehren des Malers Maerten van Heemskerck. **Slot Assumburg** (15. Jh.) ist an der Stelle eines Wehrhauses (13. Jh.) erbaut. **Slot Marquette** ist genauso alt, aber erhielt sein heutiges Aussehen erst vor zwei Jahrhunderten. **Fort Veldhuis** ist Teil der **Stelling van Amsterdam**, einer Verteidigungslinie von 135 Kilometern, die einen Ring um Amsterdam bildete. Heute ist es ein Museum über die Opfer der Piloten im Luftkampf des Zweiten Weltkriegs.

🏛️ **Fort Veldhuis**
Genieweg 1. 📞 *0251-230 670.*
⭕ *Mai–Okt: So.* ♿ ♿

Velsen/IJmuiden ⑲

Straßenkarte B3. 👥 67 600. 🚉
🚌 🚢 ℹ️ *Dudokplein 16, IJmuiden (0255-525 353).* 🚢 *Do.*

Man merkt es gleich am Fischgeruch, der über der ganzen Stadt hängt, und an den vielen Fischrestaurants am Hafen: IJmuiden ist der größte Fischereihafen der Niederlande. Die **Noordersluis** im Nordseekanal ist eine der größten Schleusen der Welt. Wenn man sie überquert, kommt man zu den Hochöfen, von denen aus man mit einer **Dampflok** eine Rundfahrt machen kann.

Archäologische Funde aus der Römerzeit kann man in der **Ruine van Brederode**, einer Burg aus dem 13. Jahrhundert, sehen. Auch die romanische **Engelmunduskerk** entführt uns in die Vergangenheit. **Slot Beeckestijn** ist eines der Landhäuser, das reiche Amsterdamer im 17. und 18. Jahrhundert an der Küste bauen ließen. Man kann nur den Garten besichtigen.

🏰 **Ruine van Brederode**
Velserenderlaan 2, Santpoort.
📞 *023-537 8763.*
⭕ *März–Okt: Mi–So.* ♿

⚓ **Slot Beeckestijn**
Rijksweg 136. ⭕ *Mi–So.*

Zandvoort ⑳

Straßenkarte B3. 👥 15 500.
🚌 ℹ️ *Bakkerstraat 2b (023-571 7947).* 🚢 *Mi.* **www.vvvzandvoort.nl**

Das ehemalige Fischerdorf Zandvoort ist heute ein moderner Badeort, wo im Sommer halb Amsterdam am Strand liegt oder auf den Boulevards flaniert. Im Ortskern stehen noch einige alte Fischerhäuser. Zandvoort ist auch für seine Rennstrecke berühmt, auf der früher Formel-1-Rennen gefahren wurden. Nach einer Renovierung soll das nun wieder möglich sein. Wem es hier zu voll ist, der kann in Ruhe durch die **Amsterdamse Waterleidingduinen** wandern.

🏁 **Circuit Park Zandvoort**
Burg. van Alphenstraat 108.
📞 *023-574 0740.* ⭕ *tägl.* 🏁 *bei Veranstaltungen.* **www.cpz.nl**

Stoomgemaal De Cruquius ㉑

Cruquiusdijk 27. **Straßenkarte** B3.
🚌 📞 *023-528 5704.* ⭕ *März–Okt: tägl.; Nov–Feb: Sa, So.* 🏁 ♿
www.museumdecruquius.nl

Das Dampfschöpfwerk De Cruquius, erbaut 1849, ist eines von dreien, die zur Trockenlegung des **Haarlemmermeer** dienten. 1933 wurde es stillgelegt, heute ist es ein Museum. In der Maschinenhalle steht die original erhal-

Schloss Assumburg in Heemskerk ist seit 1933 eine Jugendherberge

Hotels und Restaurants in Noord-Holland *siehe Seiten 395 und 415f*

Stoomgemaal De Cruquius

tene Dampfmaschine mit acht Pumpen, die durch Balancearme bewegt wurden. Eine Ausstellung erklärt das System der Wasserwirtschaft in den Niederlanden.

Ouderkerk aan de Amstel ㉒

Straßenkarte C3. 🏠 8200.
🚌 *Amstelveen (023-441 5545).*

Die hübsche Ortschaft am Zusammenfluss von Amstel und Bullewijk wird seit dem Mittelalter von den Bewohnern Amsterdams geschätzt. Bis 1330 gab es hier keine Kirche, die Gläubigen mussten zur Ouderkerk aus dem 11. Jahrhundert pilgern, die dem Ort seinen Namen gab. 1674 wurde das alte Gotteshaus bei einem Unwetter zerstört. An seiner Stelle entstand im 18. Jahrhundert eine neue Kirche. Heute kommen vor allem Fahrradfahrer nach Ouderkerk aan de Amstel und genießen die Cafés und Restaurants an der Promenade.

Aalsmeer ㉓

Straßenkarte B3. 🏠 30000.
🚌 🚢 *Di.*

Aalsmeer ist das berühmte Zentrum der niederländischen Blumenindustrie *(siehe S.30f)* und Veranstaltungsort der größten **Bloemenveiling** (Blumenauktion) der Welt. Pro Tag werden rund 20 Millionen Schnittblumen versteigert. Von der Besuchergalerie aus kann man zusehen. Rings um Alsmeer reiht sich ein Gewächshaus an das nächste.

Museumtramlijn

🏛 **Bloemenveiling Flora Holland**
Legmeerdijk 313. ☎ 0297-392 185.
🕐 Mo–Fr 7–11 Uhr. 📷 📷
www.floraholland.nl

Amstelveen ㉔

Straßenkarte B3. 🏠 78800.
🚌 🚢 *Fr.*

In Amstelveen gibt es mehrere Museen für moderne Kunst, darunter das **Museum Van der Togt** mit einer einzigartigen Sammlung von Glasobjekten. Mit der **Electrische Museumtramlijn** (Tel. 020-673 7538) kann man eine nostalgische Fahrt in historischen Fahrzeugen von Amsterdam nach Amstelveen und zurück unternehmen (Apr–Okt: So; Juli, Aug: auch Mi).

Der **Amsterdamse Bos** bietet sich an, um spazieren zu gehen, Sport zu treiben oder zu picknicken. Das **Bosmuseum** widmet sich der Entstehung dieser Waldlandschaft.

Das **Cobra Museum voor Moderne Kunst** zeigt Werke der Gruppe Cobra und verwandter Stilrichtungen. Cobra wurde 1948 von belgischen, niederländischen und dänischen Künstlern gegründet, daher auch der Name – **Co**penhagen, **Br**ussels, **A**msterdam. Während ihres kurzen Bestehens rechnete die Gruppe mit der Nachkriegskunst ab und etablierte die moderne Kunst in den Niederlanden.

🏛 **Museum Van der Togt**
Dorpsstraat 50. ☎ 020–641 5754.
🕐 Mi–So. ⬤ 1. Jan, 30. Apr, 24. Dez. 📷 **www.vdtogt.nl**

🏛 **Cobra Museum voor Moderne Kunst**
Sandbergplein 1–3.
☎ 020-547 5050. 🕐 Di–So.
⬤ 1. Jan, 30. Apr, 24. Dez. 📷 ♿
www.cobra-museum.nl

Frau, Kind, Tiere (1951) von Karel Appel im Cobra Museum voor Moderne Kunst

Das sagenumwobene Muiderslot wurde 1280 erbaut

Muiden 25

Straßenkarte C3. 👣 6700. 🚌

D er schöne Ort Muiden war im Mittelalter ein Vorhafen von Utrecht, später wurde er zusammen mit der **Festungsinsel Pampus** Teil des Verteidigungsrings **Stelling van Amsterdam**.

Seinen Ruhm verdankt der Ort vor allem dem mehr als 700 Jahre alten, unter Floris V erbauten **Muiderslot**. Nach Floris' Tod wurde es abgerissen und später wieder aufgebaut. Der bekannteste Bewohner des Schlosses war im 17. Jahrhundert der Dichter P. C. Hooft. Er gründete den Muiderkring, einen Freundeskreis, der sich der Literatur und der Musik widmete. Die Einrichtung ist im Stil des 17. und 18. Jahrhunderts gehalten. Auch der Park ist im alten Stil wieder angelegt worden. Vom Muiderslot aus fahren Boote zur Insel Pampus.

Ritter-rüstung

🗡 Muiderslot
Herengracht 1. 📞 0294-256 262. 🕐 Apr–Okt: tägl.; Nov–März: Sa, So. 🖼 📷 www.muiderslot.nl

Naarden 26

Straßenkarte C3. 👣 17 000. 🚌 🚉 🚌 Sa.

H inter einer doppelten Reihe von Kanälen und Wällen liegt die malerische Festungsstadt Naarden. Die erste Siedlung wurde hier ver-

mutlich im 10. Jahrhundert gegründet. Nach ihrer Zerstörung wurde sie um 1350 wieder aufgebaut. Im 15. und 16. Jahrhundert war der Ort nacheinander von Spaniern und Franzosen besetzt.

Als Erstes fällt der Turm der **Grote Kerk** ins Auge. Das Gewölbe der Kirche (14. Jh.) ist mit Szenen aus dem Alten und Neuen Testament reich dekoriert. Vor rund 400 Jahren flüchtete der tschechische Freiheitskämpfer Komensky in die Niederlande. Er liegt in der **Waalse Kapel** begraben. Das zur Stadtwaage umgebaute Spaanse Huis beherbergt das **Comenius Museum**, das Leben und Schaffen des tschechischen Gelehrten Johann Amos Comenius (1592–1670) beleuchtet, der hier begraben ist. In einer der sechs wuchtigen Bastionen der Festung ist das **Nederlands Vestingmuseum** untergebracht. Hier ist unter anderem eine Ausstellung

über die bewegte Geschichte der Stadt Naarden zu sehen. Kostümierte Schützen führen regelmäßig die alten Artilleriegeschütze vor.

Auf Fuß- und Fahrradwegen, die entlang den Befestigungsanlagen führen, kann man auf einer schönen Route die ganze Stadt umrunden.

🏛 Comenius Museum
Kloosterstraat 33. 📞 035-694 3045. 🕐 Di–So 12–17 Uhr. ⬤ 1. Jan, 30. Apr, 25., 31. Dez. 🖼 📷 www.comeniusmuseum.nl

🏛 Nederlands Vestingmuseum
Westwalstraat 6. 📞 035-694 5459. 🕐 März–Okt: Di–So; Nov–Feb: So. ⬤ 1. Jan, 25., 31. Dez. 🖼 🚻 📷 www.vestingmuseum.nl

's-Graveland 27

Straßenkarte C3. 👣 9200. 🚌

E in besonderer Ort in Het Gooi ist 's-Graveland. Es entstand im 17. Jahrhundert, als hier neun Landsitze für reiche Amsterdamer gebaut wurden. Gegenüber den Villen stehen die kleinen Häuser der Arbeiter. Heute residieren in den Landsitzen Firmen, ihr Unterhalt wäre für private Besitzer wohl zu teuer. Fünf der Parks gehören dem Bund für Naturmonumente und können besucht werden. Im örtlichen **Bezoekerscentrum** erhalten Sie weitere Informationen.

🏠 Bezoekerscentrum Gooi en Vechtstreek
Noordereinde 54b. 📞 035-656 3080. 🕐 Mi–So. www.natuurmonumenten.nl

Von oben ist die Sternform von Naarden-Vesting gut zu erkennen

Das aus gelbem Backstein errichtete Rathaus von Hilversum

Hilversum 28

Straßenkarte C3. 👤 84 500. 🚌
🚍 🚊 *Mi, Sa.* **www**.hilversum.nl

Das dynamische Zentrum von Het Gooi gilt wegen der vielen hier ansässigen Radiosender und Fernsehproduktionsfirmen als »Medienhauptstadt« der Niederlande.

Hilversum hat neben schönen Geschäftsvierteln auch viele grüne Wohngegenden. Einige der Häuser dort wurden von Willem Dudok (1884–1974), Architekt und Vertreter des »Neuen Bauens«, entworfen. Eines seiner bekanntesten Gebäude ist das **Raadhuis** aus dem Jahr 1931 mit seinem charakteristischen Turm und der einzigartigen Innenausstattung. Im Untergeschoss ist eine Ausstellung über den Architekten zu sehen. Sonntags werden Führungen veranstaltet.

Das **Museum Hilversum** vereint unter seinem Dach das Goois Museum und das Dudok Centrum. Es beleuchtet die Vergangenheit von Het Gooi und besitzt eine archäologische Sammlung.

Auch die neogotische **Sint-Vituskerk** aus dem Jahr 1892 mit ihrem 98 Meter hohen Turm ist in Hilversum einen Besuch wert.

Erfgooiers

Im Mittelalter vereinigten sich die Bauern von Het Gooi zu einer *mark*, einem Bund, der den Gebrauch der Weiden und des Heidelands regelte. Ihre Rechte waren seit 1404 in sogenannten *schaarbrieven* festgelegt. Mitglieder des Bundes waren die *erfgooiers*, im Gooi ansässige Männer, die von diesen Bauern abstammten. Das Nutzungsrecht wandelte sich später zu Gemeineigentum. Die *erfgooiers* mussten ständig für ihre Rechte streiten, denn die Obrigkeit versuchte seit dem 19. Jahrhundert, den Bund aufzulösen. Im Jahr 1932 wurde das Heideland verkauft, 1965 folgten die Weiden. Der Bund der *erfgooiers* löste sich 1971 auf.

De Erfgooiers (1907) von F. Hart Nibbrig (1866–1915)

🏛 **Museum Hilversum**
Kerkbrink 6. 📞 035-629 2826.
⭕ *Di–So.* ⬤ *1. Jan, 30. Apr, 25. Dez.*

Naardermeer 29

Straßenkarte C3. 🔖 *Natuurmonumenten (035-655 99511).* 🎫 ♿
www.natuurmonumenten.nl

Das Naardermeer ist ein pflanzenreiches Sumpf- und Seengebiet. Es ist berühmt für die großen Brutkolonien von Kormoranen und Purpurreihern. Auch andere seltene Vögel wie die Rohrweihe, die Rohrdommel, der Schilfsänger und der Löffelreiher wurden hier gesichtet. Besondere Orchideenarten sowie seltene Moose und Pilze gedeihen hier.

Zusammen mit der Gründung dieses ältesten Naturschutzgebiets der Niederlande wurde auch die Vereniging Natuurmonumenten ins Leben gerufen. Diese Gesellschaft organisiert im Gebiet Wanderexkursionen, von April bis November auch Bootstouren (Buchung unter Tel. 035-655 9955).

Laren 30

Straßenkarte C3. 👤 11 100.
🚌 🚊 *Fr.*

In Laren sieht man neben schönen Villen und Landhäusern viele renovierte alte Bauernhöfe, die noch aus einer Zeit stammen, als Laren ein echtes Bauerndorf war. Im 19. und Anfang des 20. Jahrhunderts ließen sich Landschaftsmaler von der Gegend inspirieren, darunter Mauve, die Israëls und der Amerikaner W. Singer. In Singers ehemaligem Haus zeigt das **Singer Museum** Werke von ihm und anderen Künstlern. Auch ein schöner Skulpturenpark kann besichtigt werden. Auf der Brink findet man viele Restaurants, oberhalb steht die **Sint-Jansbasiliek** von 1925.

🏛 **Singer Museum**
Oude Drift 1. 📞 035-539 3939.
⭕ *Di–So.* ⬤ *1. Jan, 25. Dez.*
📷 ♿ **www**.singerlaren.nl

Utrecht

*D*ie Provinz Utrecht zeichnet sich durch eine besonders abwechslungsreiche Landschaft mit schöner Natur aus, die
zum Wandern und Radfahren einlädt. Man sieht pittoreske
*Dörfer, Mühlen und Bauernhöfe, Burgen und Schlösser. Inmitten
dieser Landschaft liegt die lebendige Universitätsstadt Utrecht.*

In der Provinz Utrecht gibt es drei Bodenarten: Sand, Moor und Lehm. Durch das anhaltende Bevölkerungswachstum ist die ursprüngliche Landschaft aber beinahe verschwunden. Der Torf im Moor wurde abgegraben, das Land urbar gemacht, große Waldgebiete wichen Heideland und Sandverwehungen. Durch ihre zentrale Lage hat die Provinzhauptstadt Utrecht in diesem Landstrich immer eine wichtige Rolle gespielt. Die Stadt entstand an einer Furt am ursprünglichen Flusslauf des Rheins, einer sogenannten *trecht*, an der die Römer 47 n. Chr. ein Heerlager errichteten. Im Jahr 695 ließ Bischof Willibrord sich in Utrecht nieder, um von hier aus das Land zu missionieren. Seit 1060 waren die Bischöfe nicht nur die geistlichen, sondern zugleich auch die weltlichen Herren im Nederstict, der heutigen Provinz Utrecht. In den folgenden unruhigen Jahrhunderten lösten sich abwechselnd die Grafen von Holland, die Herzöge von Burgund, die Spanier und die Franzosen als Machthaber in der Provinz ab.

Das 18. Jahrhundert ließ in Utrecht die Wirtschaft aufblühen, reiche Bürger errichteten sich an der Vecht prächtige Landsitze *(siehe S. 198)*. Im 20. Jahrhundert wuchs, einhergehend mit der unübersehbaren Verstädterung der Provinz, auch ihre Infrastruktur enorm. Gleichzeitig spielt hier der Naturschutz eine immer wichtigere Rolle.

Schloss De Haar in Haarzuilens, ein neogotischer Bau (1892) von Pierre Cuypers

◁ In der Getreidemühle *(siehe S. 25)* in IJsselstein wird noch wie früher gearbeitet

Überblick: Utrecht

Die Stadt Utrecht ist der Mittelpunkt der gleichnamigen Provinz und damit auch die ideale Ausgangsbasis für Besuche der Umgebung. Die Vinkeveense Plassen sind vor allem bei Wassersportlern beliebt, Naturfreunde finden in den Wäldern des Hügellandes um Utrecht alles, was das Herz begehrt. In Amerongen und Wijk bij Duurstede gibt es Schlösser, zahlreiche stattliche Häuser säumen die Vecht. Hin und wieder sieht man in der Landschaft eine Mühle oder einen alten Bauernhof stehen. Die vielen Verteidigungsanlagen, zum Beispiel in Woerden, erinnern an die unruhige Vergangenheit der Provinz, die mehr als einmal im Zentrum heftiger Kämpfe stand.

De Vinkeveense Plassen entstanden durch das Torfstechen

Hexenwaage in Oudewater

In Utrecht unterwegs

Größere Orte haben einen Bahnhof, die kleineren sind mit dem Bus zu erreichen. Utrecht, die Provinzhauptstadt, ist der wichtigste Eisenbahnknotenpunkt der Niederlande, die Zugverbindungen von hier sind hervorragend. Am Bahnhof befindet sich auch der Busbahnhof für die Regionalbusse. Utrecht hat ein dichtes Straßennetz und wird von wichtigen Autobahnen wie der A2 (von Nord nach Süd) und der A12 (von Ost nach West) durchkreuzt. Außerdem gibt es viele Landstraßen, Ausflugsrouten und Fahrradwege.

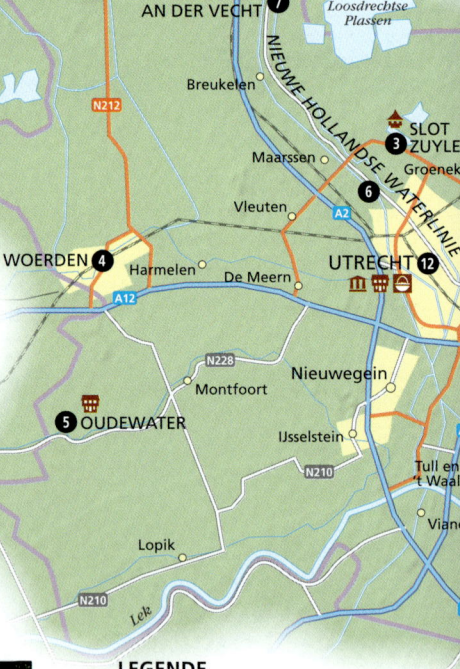

Abcoude

VINKEVEENSE PLASSEN ➊

A2

N201

Mijdrecht   Vinkeveen

LOENEN ➋

Vecht

LANDSITZE AN DER VECHT ➐

Loosdrechtse Plassen

Breukelen

N212

Maarssen

NIEUWE HOLLANDSE WATERLINIE

SLOT ZUYLE ➌

Groenek

➏

Vleuten

A2

WOERDEN ➍   Harmelen   De Meern

UTRECHT ⓬

A12

N228

Nieuwegein

Montfoort

OUDEWATER ➎

IJsselstein

Tull en 't Waal

N210

Lopik

Viane

N210

Lek

LEGENDE

▬▬	Autobahn
▬▬	Hauptstraße
▬▬	Nebenstraße
▬▬	Panoramastraße
▬▬	Eisenbahn (Hauptstrecke)
▬▬	Eisenbahn (Nebenstrecke)
▬▬	Provinzgrenze

Blick auf Rhenen mit dem markanten Cuneraturm

Weitere Zeichenerklärungen *siehe hintere Umschlagklappe*

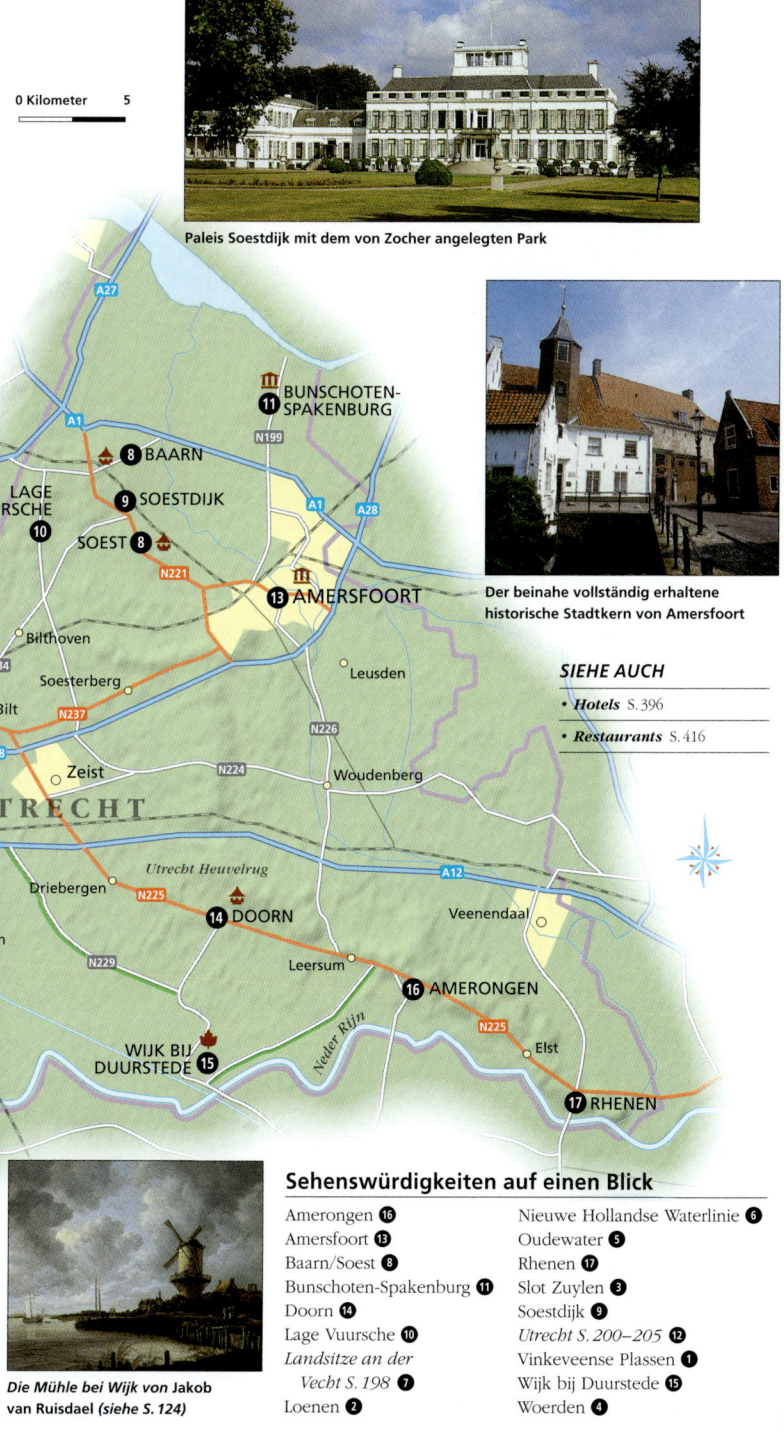

0 Kilometer   5

Paleis Soestdijk mit dem von Zocher angelegten Park

Der beinahe vollständig erhaltene historische Stadtkern von Amersfoort

SIEHE AUCH

- *Hotels* S. 396
- *Restaurants* S. 416

Sehenswürdigkeiten auf einen Blick

Die Mühle bei Wijk von Jakob van Ruisdael *(siehe S. 124)*

Vinkeveense Plassen ❶

Straßenkarte C3. 🚐 🛥️

Die Vinkeveense Plassen, eine Seenplatte, sind Menschenwerk. Früher erstreckte sich an dieser Stelle ein Sumpfgebiet. Die daraus entstandenen dicken Torflagen wurden im Lauf der Jahrhunderte abgegraben, denn in den großen Städten der Umgebung konnte man mit dem Torf gut verdienen. Die fortgesetzte Abgrabung ließ dieses Seengebiet entstehen.

Die Vinkeveense Plassen sind bei Wassersportlern ebenso beliebt wie bei Fahrradfahrern und Wanderern. Außerhalb der Brutsaison kann man mit dem Boot in das Naturgebiet **Botshol** fahren, in dem Sumpf- und Graslandvögel leben.

Loenen ❷

Straßenkarte C3. 🚶 8350. 🚐
🚊 Di vorm.

Im 10. Jahrhundert hieß der Ort Lona, was »Wasser« oder »Schlamm« bedeutet. Loenen gehörte lange zu zwei Gerichtsbezirken, darum gibt es hier auch zwei Gerichtsgebäude, beide vom Anfang des 18. Jahrhunderts. Loenen aan de Vecht ist berühmt für seine ländliche Atmosphäre und für die Schlösser und Landsitze,

In Slot Zuylen wohnte im 18. Jahrhundert Belle van Zuylen

die sich reiche Bürger im Lauf der Jahrhunderte hier errichten ließen, viele davon sind mit Remisen, Teepavillons und Bootshäusern umgeben. Das Ortsbild steht unter Denkmalschutz.

Kasteel Loenersloot am Ufer der Angstel ist einer der ältesten Landsitze. Das Gebäude stammt aus dem 13. Jahrhundert, aber nur der Verteidigungsturm ist aus dieser Zeit erhalten geblieben. Der Rest des Baus wurde im 17. und 18. Jahrhundert errichtet. Das Schloss, das nicht besichtigt werden kann, ist von einem Wassergraben umgeben.

Slot Zuylen ❸

Straßenkarte C3. 🚶 36120. 🚐
Schloss Tournooiveld 1, Oud-Zuilen.
📞 030-244 0255. ⬤ 15. März–
15. Mai, 15. Sep–5. Dez: Sa, So.
15. Mai–15. Sep: Di–Do, Sa, So.
♿ 📷 www.slotzuylen.com

Das ursprünglich u-förmige Schloss wurde auf den Resten eines mittelalterlichen Wohnturms errichtet. Anfang des 16. Jahrhunderts baute man auf dem alten Fundamenten das neue Schloss mit seinem Tor. Bis ins 18. Jahrhundert fanden mehrere große Umbauten im jeweils zeitgenössischen Architekturstil statt.

Die Schriftstellerin Belle van Zuylen (1740–1805) wurde hier geboren und war eine der bekanntesten Bewohnerinnen des Schlosses. Ihr Briefwechsel, in dem sie mit viel Talent ihre oftmals sehr modernen Ansichten vertrat, machte sie international bekannt.

Eine Besonderheit von Slot Zuylen ist die sogenannte Schlangenmauer am Schloss, die durch ihre besondere Form so viel Schutz bietet, dass im kühlen Meeresklima der Niederlande sogar einige hier unübliche Früchte wie zum Beispiel Pfirsiche und Trauben gedeihen.

Loenen an der Vecht ist noch immer ein vornehmer Ort

Woerden ❹

Straßenkarte C4. 🏛 34800. 🚊
ℹ️ *Molenstraat 40 (0348–414 474).*
📅 *Sa vorm.* **www.vvvwoerden.nl**

W oerden entstand auf den Deichen des Rheins und der Lange Linschoten. Der Ort, der 1372 das Stadtrecht erhielt, wurde mehrmals in seiner Geschichte belagert, aber niemals erobert. 1575/76, im Achtzigjährigen Krieg, versuchten die Spanier, Woerden zu stürmen. 1672 bemühten sich die Franzosen, aber keinem der Heere gelang es, die Stadt einzunehmen. Zwischen 1405 und 1415 wurde das wehrhafte **Kasteel van Woerden** erbaut, das 1990 eine gründliche Renovierung erfuhr. Im 18. Jahrhundert wurde die **Oude Hollandse Waterlinie**, eine Verteidigungslinie, ausgebaut und auch Woerden befestigt.

Oudewater ❺

Straßenkarte C4. 🏛 10000. 🚌
ℹ️ *Leeuweringerstraat 10 (0900-468 3288).* 📅 *Mi.* **www.vvvoudewater.nl**

D ieser Ort, dem seine Lage an der Holländischen IJssel und der Linschoten schon früh eine Blütezeit bescherte, erhielt 1265 die Stadtrechte. Holland und die Bischöfe von Utrecht lieferten

Brütende Störche in Oudewater

sich heftige Kämpfe um Oudewater, das Floris V zu einer starken Grenzfestung ausgebaut hatte. 1349 nahm Jan van Arkel, Bischof von Utrecht, den Ort ein. 1572 stellte sich Oudewater hinter den Prinzen von Oranien und wurde deswegen 1575 von den Spaniern besetzt. Sie richteten ein Blutbad unter der Bevölkerung an und brannten die Stadt nieder. Im Goldenen Jahrhundert erblühte Oudewater wieder.

Die bekannteste Sehenswürdigkeit ist die Stadtwaage aus dem 16. Jahrhundert, besser bekannt als **Heksenwaag**. Der Hexerei verdächtige Frauen wurden hier gewogen. Wenn ihr Gewicht ihrem Äußeren entsprach, bekamen sie zum Beweis ihrer Unschuld eine Urkunde. Oudewater war wohl der einzige Ort, in dem

sich vermeintliche Hexen einem »fairen« und öffentlichen Gewichtstest unterziehen konnten.

🏛 Heksenwaag
Leeuweringerstraat 2. 📞 0348-563 400. ⏰ Di–So 11–17 Uhr. 📅 Nov–März. 📷 ♿ Erdgeschoss.

Nieuwe Hollandse Waterlinie ❻

Straßenkarte C3–C4.
www.hollandsewaterlinie.nl

D ie Nieuwe Hollandse Waterlinie wurde zwischen 1815 und 1885, zum Teil sogar bis 1940 angelegt. Von Muiden und Naarden in Noord-Holland bis nach Werkendam in Noord-Brabant reihen sich 68 Festungen und Gebäude aneinander. Die gesamte Anlage wurde 1995 in die UNESCO-Liste der Weltbestätten aufgenommen. Utrecht allein hat 27 Anlagen, mehr als jede andere Provinz.

Die Waterlinie sollte das Land vor einfallenden Armeen schützen: Im Ernstfall wäre ein großer Landstrich einfach geflutet worden, was allerdings nie geschah. Utrechts Erkundungsposten und Geschützstellungen werden instand gehalten. Die Anlagen stehen bei Rijnauwen, Groenekan en Tull und 't Waal.

»Bombensichere« Bunkeranlagen der Nieuwe Hollandse Waterlinie (Fort Rijnauwen, Bunnik)

Landsitze an der Vecht ➐

**Giebelstein
mit Wappen**

Entlang der Vecht, vor allem zwischen Maarssen und Loenen, liegt eine ganze Reihe von Landhäusern mit Pavillons, schmiedeeisernen Zäunen und großen Gärten. Sie wurden im 17. Jahrhundert von reichen Amsterdamern erbaut, die im Sommer vor dem Gestank und dem Lärm aus der Stadt flüchteten. Diese Häuser waren Statussymbole, in denen die Städter sich ihren Leidenschaften, etwa der Jagd, der Malerei oder dem Gartenbau, widmeten.

INFOBOX

Straßenkarte C4. **Apothekenmuseum** Diependaalsedijk 19, Maarssen. ☎ 0346-554 440. ◓ Apr–Okr: Mi–Sa 11–17, So 13–17 Uhr. 🖼️ 📷 ♿ Erdgeschoss.

Goudestein in Maarssen

Goudestein wurde 1628 von Joan Huijdecoper erbaut. Es war einer der ersten Landsitze im Gebiet der Vecht. Das heutige Gebäude von 1775 dient als Gemeindehaus, in der Remise ist ein interessantes Apothekenmuseum untergebracht.

Nijenrode
Im Schloss der Herren von Nijenrode befindet sich heute eine Akademie.

Die Schornsteine
waren zugleich Verzierungen.

Das Wappen
der Familie Huijdecoper schmückt den Giebel.

Eingang
mit imposanter Steintreppe.

Im Haus befindet sich ein monumentales Treppenhaus, von dem aus man die Säle mit Wandmalereien betritt. In einem davon können heute Hochzeiten gefeiert werden.

Vechtvliet
Zwischen Breukelen und Loenen gleicht die Vecht einem Architekturmuseum. Die Landsitze sind meist von wunderschönen alten Parks mit zierlichen Pavillons umgeben.

Baarn/Soest ❽

Straßenkarte C3. 🚗 🚆
🏘 70 000. 🛈 Brinkstraat 12, Baarn (035-541 3226).
🛒 Baarn: Di, Soest: Do.

Im Goldenen Jahrhundert ließen sich Regenten und reiche Kaufleute großzügige Sommersitze in Baarn und Umgebung bauen. Dieser Ort hat seinen ländlich-vornehmen Charakter stets behalten. **Kasteel Groeneveld** (1710) liegt inmitten eines prächtigen Parks. Die Geschichte Soests reicht bis ins 9. Jahrhundert zurück. Im alten Ortskern mit der Kirche aus dem Jahr 1400 hat sich wenig verändert. In der Umgebung findet man schöne Natur mit vielen Erholungsmöglichkeiten.

⛵ **Kasteel Groeneveld**
Groeneveld 2. 📞 035-542 0446.
🕐 Di–So 11–17 Uhr. ♿ 🖥

Soestdijk ❾

Straßenkarte C3. 🛈 Steenhoffstraat 9b (035-601 2075). 🖊

Außerhalb Baarns steht das **Paleis Soestdijk**. Es wurde 1674 als Jagdschloss für den Statthalter Willem III erbaut. 1815 fiel es an den Kronprinzen, den späteren König Willem II, ein Jahr später ließ man die beiden Flügel anbauen. Der Park wurde im 17. Jahrhundert durch den Landschaftsarchitekten Zocher angelegt. Gegenüber steht die **Naald van Waterloo**, die zu Ehren von Willem Frederik, Prinz von Oranje, für seine Verdienste bei der Schlacht von Waterloo errichtet wurde. Das Anwesen wird 2012 wegen Renovierung geschlossen.

Lage Vuursche ❿

Straßenkarte C3. 🏘 250. 🚆
🛈 Brinkstraat 12, Baarn (035-541 3226).

Der Name Furs für Lage Vuursche war schon seit 1200 gebräuchlich, aber das Dorf selbst stammt aus dem 17. Jahrhundert. Der Ort liegt in einer waldreichen Umge-

Bunschoten-Spakenburg ist stolz auf seine Fischereivergangenheit

bung und ist vor allem bei Wanderern beliebt. Bevor sie 1980 den Thron bestieg, wohnte die damalige Kronprinzessin Beatrix in dem kleinen achteckigen Schlösschen **Drakenstein**, das zwischen 1640–43 erbaut wurde.

Bunschoten-Spakenburg ⓫

Straßenkarte C3. 🏘 19 500. 🚆
🛈 Oude Schans 90 (033-298 2156).
🛒 Sa.

Die Ortschaften Spakenburg und Bunschoten sind im Lauf der Jahre zusammengewachsen. In Bunschoten lebte man immer schon von Viehzucht. Einige schöne Bauernhöfe sind erhalten geblieben. Der Ort ist älter als Spakenburg und erhielt 1383 die Stadtrechte.

Spakenburg entstand im 15. Jahrhundert. Früher war es ein wichtiger Fischerhafen. Räuchereien, die historische Werft und die Fischerwochen erinnern noch an diese Zeit. Als die Zuiderzee 1932 eingedämmt wurde, musste man sich einen anderen Broterwerb suchen. Im **Museum Spakenburg** wird der Fischereigeschichte gedacht.

🏛 **Museum Spakenburg**
Oude Schans 47–63. 📞 033-298 3319. 🕐 Apr–Okt: Mo 13.30–17, Di–Sa 10–17 Uhr; Nov–März: Mi–Sa 13–16 Uhr. 📷 ♿
www.museumspakenburg.nl

Rast im Pannekoekenhuis von Lage Vuursche

Im Detail: Utrecht ⓬

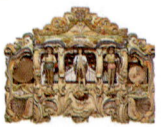

Drehorgel im Museum Speelklok

Südlich des Zentrums ist heute noch zu sehen, wie man früher in Utrecht lebte. Wohlhabende Bürger wohnten in den stattlichen Häusern an der Nieuwegracht mit ihren typisch Utrechter *werven* und ließen Armenhäuser für die weniger begünstigten Mitbürger bauen. Wegen der vielen Museen heißt dieses Viertel heute auch Museumsviertel. Die alten Stadtmauern mussten für einen vom Stadtarchitekten Zocher geplanten Park weichen.

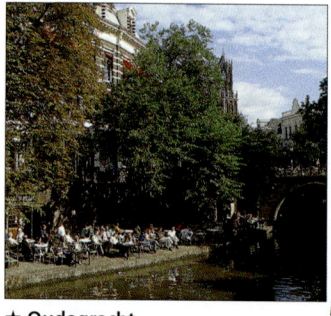

★ Oudegracht
Im 13. Jahrhundert war sie die Lebensader der Stadt. Als der Wasserspiegel sank, wurden entlang der Uferbefestigung Keller gebaut, die als Lager oder Werkstätten dienten. In einigen davon findet man heute Restaurants vor.

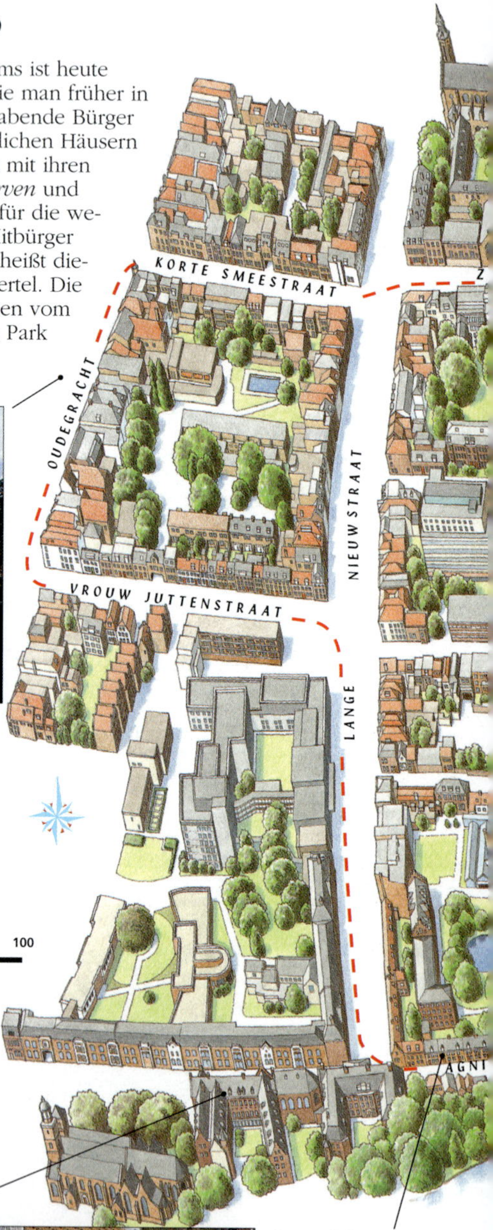

0 Meter 100

NICHT VERSÄUMEN

- ★ Catharijneconvent
- ★ Centraal Museum
- ★ Oudegracht

★ Centraal Museum
Der abwechslungsreiche Bestand des großen Museums reicht von Werken des Malers Jan van Scorel aus dem 16. Jahrhundert bis hin zur weltweit größten Sammlung von Rietveldmöbeln.

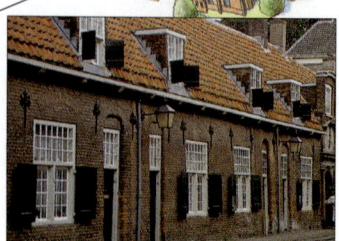

Armenhäuser
1651 ließ Maria Pallaes diese zwölf kleinen Zweizimmerhäuschen bauen. Außer dem kostenlosen Wohnrecht erhielten die Bewohner auf Pallaes' Kosten auch jährlich ein Quantum an Speisen und Getränken.

Hotels und Restaurants in Utrecht *siehe Seiten 396 und 416*

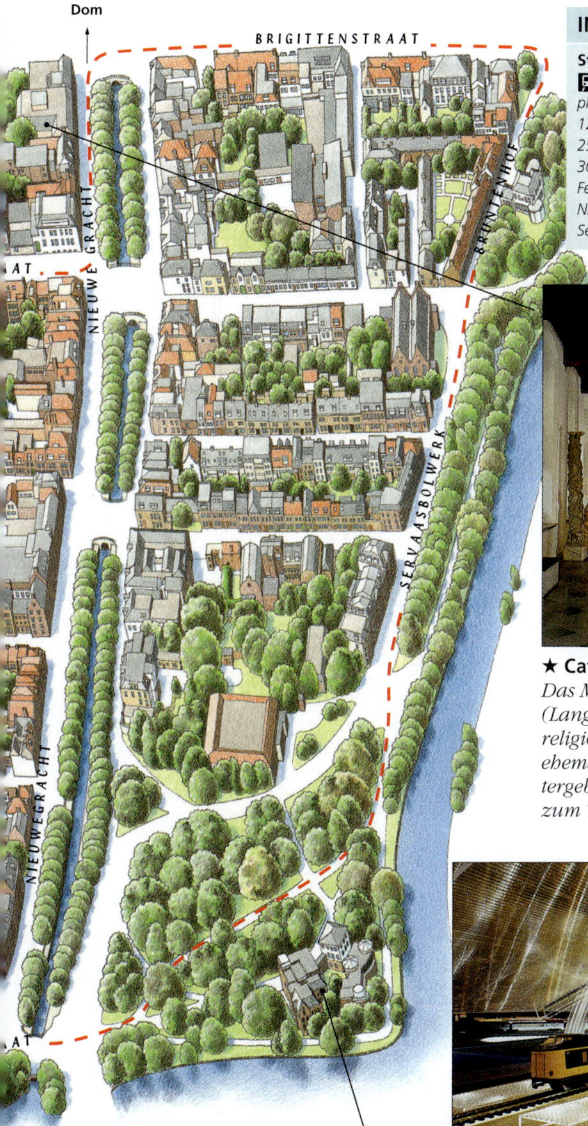

Dom

BRIGITTENSTRAAT

NIEUWE GRACHT

AT

PRENTENHOF

SERVAASBOLWERK

NIEUWEGRACHT

AT

INFOBOX

Straßenkarte C4. 🏛 *311 000.*
🚊 *Stationsplein.* 🚌 *Stations-*
plein. ℹ *Domplein 9–10 (0900-*
128 8732). 🛍 *Sa.* 🎡 *Kirmes:*
25.–30. Apr, Koninginnedag:
30. Apr, Befreiungsfest: 5. Mai,
Festival Alte Musik: Ende Aug,
Niederländische Filmtage: Ende
Sep. www.toerisme-utrecht.nl

★ Catharijneconvent

Das Museum Catharijneconvent
(Lange Nieuwstraat 38) zeigt
religiöse Kunst. Es ist in einem
ehemaligen Kloster von 1468 un-
tergebracht. Die Kirche stammt
zum Teil aus dem Jahr 1529.

LEGENDE

— — — Routenempfehlung

Sonnenborgh

In einem der vier
Bollwerke am Singel
ist die Volksstern-
warte untergebracht.
Bis 1897 hatte das
KNMI (Königlich Nie-
derländisches Meteo-
rologisches Institut)
hier seinen Sitz.

Het Spoorwegmuseum

Im ehemaligen Maliebaan-
Bahnhof aus dem 19. Jahr-
hundert stehen alte
Waggons und (Dampf-)
Lokomotiven, aber auch
Modellzüge und Gemälde.
Die Ausstellung verfolgt die
Geschichte der nieder-
ländischen Eisenbahn.

Überblick: Utrecht

Euromünze aus Utrecht

Die Stadt Utrecht ist seit Jahrhunderten Sitz des Bischofs und auch Universitätsstadt. Ihr lebendiges Flair verdankt die Hauptstadt der gleichnamigen Provinz vor allem ihrer zentralen Lage. Im 16. und 17. Jahrhundert blühten hier der Handel und die Wissenschaften. Aus dieser Zeit stammen auch viele der vornehmen Grachtenhäuser, die noch immer das Bild der Innenstadt prägen. Das kompakte, übersichtliche Zentrum kann man am besten bei einem Spaziergang erkunden.

Der 112 Meter hohe Domturm

⛪ Domtoren und Domkerk

Domplein. 🚾 📞 030-236 0010. ◯ obligatorisch. Apr–Sep: Di–Sa 11–16, So, Mo 12–14 Uhr stündlich; Okt–März: So–Fr 14, 16 Uhr, Sa 11–16 Uhr stündlich. ● 1. Jan, 25. Dez. 🦽📷

Wer sich Utrecht nähert, sieht schon von Weitem den Domturm, das Wahrzeichen der Domstadt. Die Anfänge der Stadt liegen am Domplatz. An dieser Stelle gründeten im 1. Jahrhundert n. Chr. die Römer eine Siedlung. Im Jahr 695 ließ sich Bischof Willibrord hier nieder, 1040 gab Bischof Bernold den Auftrag zum Bau eines »Kreuzes von Kirchen«. Der Mittelpunkt dieses Kreuzes, das aus vier Kirchen bestehen sollte, war die spätere Domkirche. 1254 wurde mit ihrem Bau begonnen, von 1321 bis 1382 der mächtige Turm errichtet.

Stiftskirchen haben normalerweise zwei Türme, aber aus Platzmangel bekam der Dom nur einen. Weil das nahe gelegene Salvatorstift ein Wegerecht über den Platz hatte, wurde am Turm ein Durchgang gelassen. Das Mittelschiff der Kirche stürzte 1674 während eines Orkans ein, seither steht der Domturm frei. Die Ausstattung der Kirche ist sehenswert: Glasmalerei, neogotische Orgel (1831) und prächtiges Chorgestühl. Auch der stille Klosterhof (15. Jh.) neben der Kirche ist einen Besuch wert.

🏛 Aboriginal Art Museum

Oudegracht 176. 🚾 📞 030-238 0100. ◯ Di–Fr 10–17, Sa, So 11–17 Uhr. ● 1. Jan, 30. Apr, 25. Dez. 🦽📷🖥📱 www.aamu.nl

Das Museum widmet sich der traditionellen Kunst der australischen Ureinwohner und ist als solches einzigartig in Europa. 500 Gemälde und Skulpturen wurden hier zusammengetragen.

🏛 Museum Catharijneconvent

Lange Nieuwstraat 38. 🚾 📞 030-231 3835. ◯ Di–Fr 10–17, Sa, Feiertage 11–17 Uhr. ● 1. Jan, 30. Apr. 🦽📷🖥📱 www.catharijneconvent.nl

Ein Teil des Museums ist in einem Grachtenhaus untergebracht, ein anderer in einem Kloster (15. Jh.). Die Sammlung vermittelt ein Bild der christlichen Kultur der Niederlande. Sie umfasst Skulpturen, reich verzierte Bücher, Messgewänder und Altaraufsätze. Auch werden Wechselausstellungen gezeigt. Vom Museum aus kann man die Catharijnekerk (1551) besuchen.

🏛 Centraal Museum

Nicolaaskerkhof 10. 🚾 📞 030-236 2362. ◯ Di–So 11–17 Uhr. ● 1. Jan, 30. Apr, 25. Dez. 🦽📷🖥📱 www.centraalmuseum.nl

Das Centraal Museum ist das älteste städtische Museum der Niederlande. Es besitzt eine umfangreiche Sammlung aus Kunst und Gebrauchsgegenständen, deren älteste Stücke aus dem Mittelalter stammen. Bei der Renovierung 1999 wurden alte und moderne Elemente geschickt miteinander verbunden.

Das Museum besitzt die weltweit größte Kollektion von Möbeln von Gerrit Rietveld, Werke von alten Utrechter Meistern wie van Scorel und Bloemaert und auch eine Sammlung zeitgenössischer Künstler wie Pyke Koch und Dick Bruna, dem Schöpfer der Kinderfigur Nijntje (Miffy). Brunas Arbeiten kann man im Brunahuis auf der anderen Straßenseite besichtigen. Regelmäßig werden Wechselausstellungen über alte und neue Kunst, Mode und historische Kleidung, Kunstgewerbe und Design sowie zur Stadtgeschichte organisiert.

De Koppelaarster von Gerard van Honthorst im Centraal Museum

Hotels und Restaurants in Utrecht siehe Seiten 396 und 416

Klosterhof hinter dem Dom

🏛 Het Spoorwegmuseum

Maliebaanstation. 🚃 📞 030-230 6206. ◯ Di–So 10–17 Uhr (in den Schulferien auch Mo). ● 1. Jan, 30. Apr. 🖼 ♿ 🎫 📷 www.spoorwegmuseum.nl

Passenderweise ist das Eisenbahnmuseum in einem ehemaligen Bahnhof aus dem Jahr 1874 untergebracht, der noch bis 1939 benutzt wurde. An den Bahnsteigen stehen alte Lokomotiven und Waggons. Manche kann man besichtigen und sich ein Bild davon machen, wie man vor 100 Jahren mit der Bahn reiste. Für Kinder fährt eine Miniatur-Eisenbahn. Zur Sammlung gehören alte Plakate und eine Eilpostkutsche.

🏛 Museum Speelklok

Buurkerkhof 10. 🚃 📞 030-231 2789. ◯ Di–So 10–17 Uhr. ● 1. Jan, 30. Apr, 25. Dez. 🖼 ♿ 🎫 📷 www.museumspeelklok.nl

Das Museum »Von der Spieluhr zur Drehorgel« ist in der Buurkerk, einer ehemaligen Kirche, untergebracht und widmet sich der Geschichte der automatischen Musikinstrumente. Hier sieht man Spieldosen, Jahrmarkt- und Drehorgeln *(pierementen)*, Leierkästen, Glockenspiele sowie andere Instrumente mit eingebauten Spielwerken – im Rahmen von Führungen kann man sie auch hören. Highlight ist eine seltene Schellenspieluhr aus dem 15. Jahrhundert.

🏛 Universiteitsmuseum

Lange Nieuwstraat 106. 🚃 📞 030-253 8008. ◯ tägl. 11–17 Uhr. ● 1. Jan, 30. Apr, 25. Dez. 🖼 ♿ 🎫 📷 www.uu.nl

Die Sammlung des Universitätsmuseums dokumentiert den Unterricht seit der Gründung der Universität 1636 mit Mess- und Wiegeapparatur, anatomischem Material, einem Raritätenkabinett und vielem mehr. An der Rückseite des Museums ist der 1753 angelegte botanische Garten der Universität für Besucher geöffnet. Es gibt auch einen medizinischen Kräutergarten.

🔲 Märkte

Mittwochs und samstags findet ein großer Markt auf der Vredenburg statt. Freitags wird hier ein Biomarkt abgehalten. Auch am Janskerkhof gibt es jeden Samstag einen großen Blumen- und Pflanzenmarkt. Auch entlang der Oudegracht werden samstags Blumen angeboten. In der Breedstraat findet, ebenfalls samstags, der Stoffmarkt statt, hier *lapjesmarkt* genannt.

Zentrum von Utrecht

Aboriginal Art
  Museum ③
Domtoren und
  Domkerk ②
Museum Catharijne-
  convent ④
Museum
  Speelklok ①

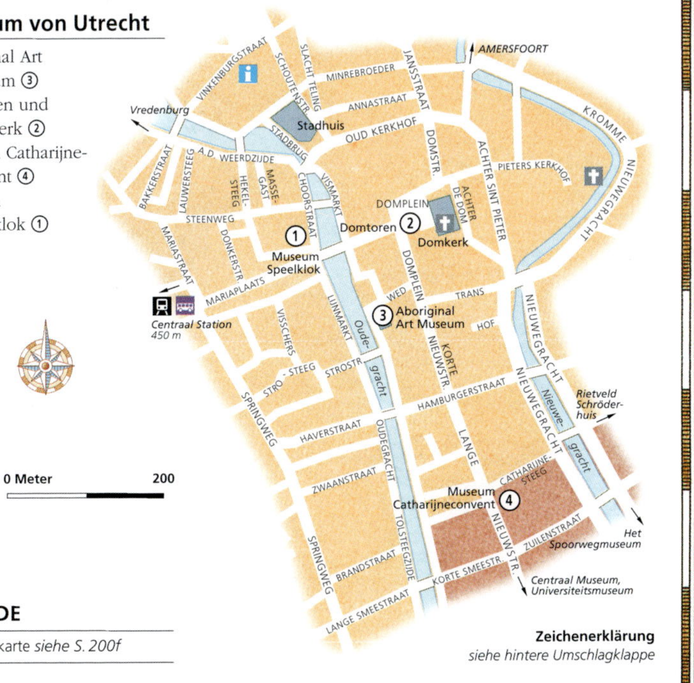

AMERSFOORT

VINKENBURGSTRAAT · SLACHT-TEELING · SCHOTERSTRAAT · MINREBROEDER · JANSSTRAAT · KROMME NIEUWEGRACHT

Vredenburg

ANNASTRAAT · OUD KERKHOF · STADHUIS · Stadhuis

ACHTER SINT PIETER · PIETERS KERKHOF

BAKKERSTRAAT · LAUWERSTEEG · A.D. WEERDZIJDE · MASSE GAST · HEKEL STEEG · CHOORSTRAAT · VISMARKT · DOMSTR. · ACHTER DE DOM

STEENWEG · DOMPLEIN

① Museum Speelklok

Domtoren ② · Domkerk

MARIASTRAAT · DONKERSTR · DOMPLEIN · WED · TRANS

Centraal Station 450 m 🚉

MARIAPLAATS · VISSCHERS · LIJNMARKT · NIEUWSTR · KORTE NIEUWSTR. · HOF

③ Aboriginal Art Museum

0 Meter　　200

SPRINGWEG · STRO-STEEG · STROSTR · Oude gracht · HAMBURGERSTRAAT · LANGE NIEUWEGRACHT · Nieuwe gracht

Rietveld Schröder- huis

HAVERSTRAAT · OUDEGRACHT · ZWAANSTRAAT · LANGE

④ Museum Catharijneconvent

Het Spoorwegmuseum

SPRINGWEG · BRANDSTRAAT · TOLSTEEGZIJDE · KORTE SMEESTR. · NIEUWSTR. · ZUILENSTRAAT · CATHARIJNE STEEG

LANGE SMEESTRAAT

Centraal Museum, Universiteitsmuseum

LEGENDE

🟫 Detailkarte *siehe S. 200f*

Zeichenerklärung
siehe hintere Umschlagklappe

Rietveld Schröderhuis

Gerrit Rietveld mit seinen Mitarbeitern

R ietveld entwarf dieses Haus in enger Zusammenarbeit mit der Auftraggeberin, Frau Schröder, die das Haus von 1924 bis zu ihrem Tod 1985 bewohnte. Es sollte »Modernität« ausstrahlen. Bei seinem Bau wurde mit vielen architektonischen Normen gebrochen, ein Beispiel dafür ist das Obergeschoss, das mit Schiebewänden den jeweiligen Bedürfnissen der Bewohner angepasst werden kann. Das Haus ist heute als Monument der Moderne weltweit bekannt, 2001 erklärte es die UNESCO zum Welterbe.

★ Schiebewände
Mithilfe von Schiebewänden konnte man im Obergeschoss nach Bedarf einzelne Zimmer für die Kinder abteilen.

Telefonstuhl
Das Haus sollte ein Spiegel der modernen Zeit sein, in der es entworfen wurde. Darum bekamen Dinge wie das Telefon oder Steckdosen einen prominenten Platz.

NICHT VERSÄUMEN

★ Eckfenster-
konstruktion

★ Rietveldmöbel

★ Schiebewände

De Stijl

Die Bewegung De Stijl (»Der Stil«), im Jahr 1917 gegründet, wollte Kunst stärker in den Alltag integrieren. Malerei und Architektur sollten auf eine neue Weise miteinander verbunden werden. Der Gebrauch von Farben in der Wohnung beruhte auf diesen Ideen. Rietveld war seit 1919 Mitglied von De Stijl, stand aber nicht hinter allen Ideen, die die Gruppe vertrat.

Theo van Doesburg bevorzugte gerade Linien und klare Farben. Die geometrischen Flächen verweisen nicht auf reale Gegenstände, sondern auf das Universelle.

BOODSCHAPPEN
EERST BELLEN BIJ GEEN GEHOOR SPREEKBUIS

Sprechanlage
Besucher konnten nach dem Klingeln mit den Hausbewohnern sprechen.

Die Hängelampe (ca. 1922) wurde ebenfalls von Rietveld entworfen.

Gerrit Rietveld
Der Architekt benutzte beim Entwerfen von Häusern und Möbeln Maquetten, war aber auch, anders als oft erzählt wird, ein hervorragender Plänezeichner.

INFOBOX

Prins Hendriklaan 50, Utrecht.
Straßenkarte C4. ☎ 030-236 2310. 🚐 ⏱ Mi–So 11–16 Uhr, nur nach tel. Absprache. ⬤ 1. Jan, 30. Apr, 25. Dez. ♿ Ⓟ ✗
www.rietveldschroderhuis.nl

Die Lichtöffnung im Dach über der Treppe sorgt für zusätzliches Tageslicht im Obergeschoss.

★ **Rietveldmöbel**
1918 entstand Rietvelds erster sogenannter Rot-blauer Stuhl. Ursprünglich war er nur mit Klarlack behandelt. Erst 1923 erhielt der Stuhl seine charakteristische Farbgebung.

★ **Eckfensterkonstruktion**
Die Wohn- und Essecke bietet ein blickfreundliches Detail: Beim Öffnen der Fenster verschwindet die ganze Ecke. Früher hatte man von hier eine schöne Aussicht, aber 1939 wurde zu Rietvelds Kummer dicht beim Haus eine Straße angelegt.

Amersfoort ⓭

Straßenkarte C4. 🚶 *144 800.*
🚉 🚌 🏛 *Stationsplein 9–11*
(0900-112 2364). 🛒 *Do, Fr, Sa.*
www.vvvamersfoort.nl

Ein größerer Kontrast als der zwischen dem alten Zentrum von Amersfoort und den neu erbauten Stadtteilen mit ihrer modernen Architektur außerhalb ist schwer vorstellbar. Das Bild der Altstadt wird durch schmale Straßen und alte Häuser mit Gärten geprägt. Auf den Resten der alten Stadtbefestigung wurden die **Muurhuizen** (»Mauerhäuser«) errichtet.

Als Erstes fällt der **Onze Lieve Vrouwetoren**, auch »De Lange Jan« genannt, ins Auge. Im Pflaster sind noch die Umrisse der alten Kapelle zu sehen. Sie diente als Pulverlager und flog 1787 in die Luft. Der **Amersfoortse Kei**, ein großer Findling, liegt seit 1661 in der Stadt. Ein Edelmann hatte gewettet, dass er den Stein von der Leusderheide in die Stadt schleppen lassen könne. Seitdem feiert Amersfoort dieses Ereignis jedes Jahr mit dem Keistadfeest.

Das **Museum Flehite** vermittelt ein Bild der Geschichte Amersfoorts vom Mittelalter bis in moderne Zeiten.

Amersfoort ist der Geburtsort des Malers Piet Mondriaan (1872–1944). Sein Elternhaus wurde zum Museum umgestaltet, dem **Mondriaanhuis voor Constructieve en Concrete Kunst**. Hier sieht man Erinnerungsstücke, aber auch einige Gemälde des Künstlers.

Die wehrhafte Koppelpoort aus dem 15. Jahrhundert

Das **Armando Museum** ist dem 1929 in Amsterdam geborenen Künstler Armando gewidmet. Sein vielseitiges Werk umfasst Malerei, Skulpturen, Filme und Gedichte. Die Kirche, in der sein Werk ausgestellt war, brannte 2007 nieder. Die Stücke, die gerettet wurden, sind bis zur Wiedereröffnung der Elleboogkerk im Rietveldpaviljoen De Zonnehof ausgestellt.

Umgebung: Vier Kilometer außerhalb von Amersfoort, in Leusden, wurde 1941 von den deutschen Besatzern ein Lager eingerichtet. **Kamp Amersfoort** diente als Arbeitserziehungslager der SS. Bis 1945 wurden ca. 32 500 Häftlinge eingewiesen, darunter viele Juden, die von hier weiter in Konzentrationslager deportiert wurden. Kamp Amersfoort ist heute eine Gedenkstätte mit Besucherzentrum und einem Gedenkareal.

🏛 **Museum Flehite**
Westsingel 50. 📞 *033-247 1100.*
🕐 *Di–Fr 11–17, Sa, So 12–17 Uhr.*
🚫 *Feiertage.* ♿
www.museumflehite.nl

🏛 **Mondriaanhuis voor Constructieve en Concrete Kunst**
Kortegracht 11. 📞 *033-460 0170.*
🕐 *Di–So.*

🏛 **Armando Museum**
Zonnehof 8, Amersfoort. 📞 *033-461 4088.* 🕐 *Di–Fr 11–17, Sa, So, Feiertage 12–17 Uhr.* ● *1. Jan, Ostern, 30. Apr, 25. Dez.* ♿
www.armandomuseum.nl

🏛 **Kamp Amersfoort**
Loes van Overeemlaan 13, Leusden.
📞 *033-461 3129.* 🕐 *Di–So.*
www.kampamersfoort.nl

Die Leiter (1990) von Armando

Doorn ⓮

Straßenkarte C4. 🚶 *10 000.* 🚉
🏛 *Kerkplein 6 (0343-412 015).*
🛒 *Do vorm.* **www**.vvvheuvelrug.nl

Doorn, ursprünglich Thorheim (Wohnstatt des Thor), liegt in waldreicher Umgebung. Die größte Sehenswürdigkeit ist **Huis Doorn**, in dem der deutsche Kaiser Wilhelm II. 1920–41 mit seinem Gefolge im Exil lebte. Er war nach dem Ersten Weltkrieg aus Deutschland geflüchtet und wurde in einem Mausoleum im Schlossgarten bestattet.

In den **Kaapse Bossen**, einem Naherholungsgebiet östlich von Doorn, leben Rehe und Raubvögel.

Das **Von Gimborn Arboretum** ist ein 27 Hektar großer botanischer Garten, mit dessen Anlage 1924 begonnen wurde. Ursprünglich war das Gelände in Besitz Max von

Von Gimborn Arboretum, einer der größten Parks der Niederlande

Gimborns, eines leidenschaftlichen Hobbybotanikers, heute gehört es zur Universität Utrecht. Hier stehen zehn Riesenmammutbäume und beeindruckend viele Rhododendren, die im Frühsommer ihr volle Blütenpracht zeigen.

⚓ Huis Doorn
Langbroekerweg 10. ☎ 0343-421 020. ◷ Di–Sa 10–17, So 13–17 Uhr (1. Nov–März: Mi, Sa, So 13–17 Uhr). 📷 obligatorisch. ♿ 🛗 📷 www.huisdoorn.nl

❀ Von Gimborn Arboretum
Velperengh 13. ☎ 0343-412 144. ◷ tägl. www.gimbornarboretum.nl

Wijk bij Duurstede ⑮

Straßenkarte C4. 🏘 23 000. 🚌 🛈 Markt 24 (0343-575 995). 🍴 Mi.

Dorestad war in der Karolingerzeit ein wichtiger Handelsplatz. Plündernde Wikinger und eine Veränderung im Flusslauf des Rheins führten im 9. Jahrhundert zum Untergang der Stadt. Gleich daneben entstand im 13. Jahrhundert Wijk (bij Dorestad), wo sich um 1450 die Utrechter Bischöfe niederließen. In ihrem Gefolge kam der Wohlstand, bis 1528 der Bischof die weltliche Macht verlor. **Kasteel Duurstede** stammt aus dem 13. Jahrhundert. Zur selben Zeit errichtete man einen (um 1500 erweiterten) Wehrturm. Die Bischöfe residierten hier bis 1580. Die Ruine des Kasteel wurde 1852 von dem Landschaftsarchitekten Jan David Zocher in einen Park integriert.

❀ Kasteelpark Duurstede
Langs de Wal 7. ☎ 088-000 1510. ◷ Di–So 10–17 Uhr. Schloss nach Verabredung.

Amerongen ⑯

Straßenkarte C4. 🏘 7000. 🚌 🛈 Burg. Jhr van den Boschstraat 46 (0343-456 500). 🍴 Do.

Am Niederrhein, den man an verschiedenen Stellen mit der Fähre überqueren kann, liegt das malerische Amerongen. Ursprünglich

Schlossturm in Wijk bij Duurstede

befand es sich an der Via Regia, dem »Königlichen Weg« von Utrecht nach Köln. Vom 17. bis ins 19. Jahrhundert wurde hier Tabak angebaut. Die lang gestreckten Scheunen zeugen noch davon. Im **Tabakteelt Museum** kann man einen alten Tabakschuppen besichtigen.

Das **Kasteel Amerongen** wurde 1672 von den Franzosen zerstört und im klassizistischen Stil wieder aufgebaut. 1918 unterschrieb der deutsche Kaiser Wilhelm II. im Kasteel seine Abdankung und wohnte bis 1920 hier als Gast der Familie Bentinck.

🏛 Tabakteelt Museum
Burg. Jhr. van den Boschstraat 46. ☎ 0343-456 500. ◷ Di–So nachm. 📷 ♿

⚓ Kasteel Amerongen
Drostestraat 20. ☎ 0343-454 212. ◷ Di–So 11–17 Uhr. 📷 📷 obligat. www.kasteelamerongen.nl

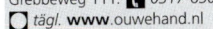

Rhenen ⑰

Straßenkarte C4. 🏘 17 700. 🚉 🚌 🛈 Markt 20 (0317-612333). 🍴 Do.

Am Rhein, an der Grenze zwischen der flachen Betuwe und dem Utrechter Hügelrücken, liegt Rhenen. Das Gebiet hier war schon in der Eisenzeit bewohnt. Im Zweiten Weltkrieg wurden viele historische Bauten zerstört, aber der spätgotische **Cuneratoren**, zwischen 1492 und 1531 erbaut, blieb verschont. Das **Raadhuis** stammt aus dem Mittelalter.

Im Mai 1940 wurde auf dem 53 Meter hohen Grebbeberg, einem seit alters strategisch wichtigen Punkt, heftig gekämpft. Die Gefallenen dieser Schlacht liegen hier auf dem Soldatenfriedhof.

Östlich der Stadt, an der Straße nach Wageningen, liegt der **Ouwehands Dierenpark**. In dem Zoo gibt es neben Affen, Tigern, Elefanten und einem Tropenaquarium eine Besonderheit: Im 20 000 Quadratmeter großen *berenbos* (Bärenwald) laufen Bären und Wölfe frei herum. Für Kinder bietet der Zoo viele Attraktionen an – vom Abenteuerspielplatz RavotAapia mit Dschungelatmosphäre bis zu ganzen Wochenenden, bei denen man im Rahmen von Aktionen alles über eine bestimmte Tierart lernen kann.

❀ Ouwehands Dierenpark
Grebbeweg 111. ☎ 0317-650200. ◷ tägl. www.ouwehand.nl

In der Umgebung von Wijk bij Duurstede stehen prächtige Landsitze

Zuid-Holland

Zuid-Holland (Südholland) ist die am dichtesten bevölkerte Provinz der Niederlande. Von der reichen Vergangenheit der Städte zeugen die vielen Baudenkmäler. Zwischen den Städten und den großen Flüssen erstreckt sich die typisch holländische Landschaft mit weiten Poldern, Deichen, Mühlen und Kopfweiden.

Zur Römerzeit und in den darauf folgenden Jahrhunderten war Zuid-Holland ein unwegsames, dünn besiedeltes Sumpfdelta. Unter den Grafen von Holland (9.–13. Jh.), die in Den Haag ihren Sitz hatten, wuchsen die Siedlungen zu Städten. Der Handel mit Flandern, Spanien, England und Deutschland brachte ab dem 13. Jahrhundert Wohlstand. In Gouda und Delft blühten die Brauereien, in Leiden die Tuchmacherei und in Den Haag die Diplomatie sowie die Politik. Holländische Milchprodukte hatten im 16. Jahrhundert international eine beherrschende Marktposition. Seit dem Goldenen Jahrhundert wurde in der Mitte und im Osten der Provinz in großen Mengen Torf gestochen, der in der Gegend der meistgebrauchte Brennstoff war. So entstanden große Moorseen wie die Nieuwkoopse und die Reeuwijkse Plassen. Durch das Absacken des Bodens stieg der Grundwasserspiegel wieder an. Mit Tausenden Mühlen wurde das Wasser in die höher gelegenen Flüsse gepumpt. Bei Kinderdijk stehen diese Mühlen noch heute.

Rotterdam, das Tor nach Europa, ist der drittgrößte Hafen der Welt. In Den Haag sitzen die Regierung der Niederlande und der Internationale Gerichtshof, hier residiert auch Königin Beatrix. Sowohl Den Haag als auch Rotterdam haben ein großes kulturelles Angebot, darunter zahlreiche herausragende Kunstmuseen.

Am Prinsjesdag, dem dritten Dienstag im September, fährt die Königin in ihrer goldenen Kutsche vor

◁ In der Alblasserwaard hielten viele Mühlen das Land trocken (siehe S. 241)

Überblick: Zuid-Holland

**Huys Dever (14. Jh.)
bei Lisse**

Die farbenfrohen Blumenfelder und der Keukenhof liegen im Norden der Provinz. Südlich davon, in einem Halbkreis entlang der Küste und den
großen Flüssen, findet man die alte Universitätsstadt
Leiden, das vornehme Den Haag, das anheimelnde
Delft und die moderne Hafenstadt Rotterdam. Auf
den Inseln Zuid-Hollands lebt in Hellevoetsluis und
Brielle die Marinevergangenheit fort. Wanderer kommen in den Dünen bei Wassenaar oder in der Flusslandschaft der Linge bei Leerdam auf ihre Kosten.
Linge ist außerdem für seine Glasindustrie bekannt.
Von Gorinchem aus setzt die Personenfähre nach
Slot Loevestein über.

Panorama Mesdag in Den Haag

SIEHE AUCH

- **Hotels** S. 397f
- **Restaurants** S. 417f

Noord
aan

Katw
aan Z

Wassena

SCHEVENINGEN **6**

DEN HAAG **5**

Rijswijk

Monster   Wateringen   **A13**

Hoek van
Holland   **N220**   **DELFT 7**

Europoort   **A4**

Oostvoorne   MAASSLUIS **8**   **A20**   SCHIEDA

BRIELLE **18**   **N15**   Vlaardingen

A15

N57   Spijkenisse   Hoc

Oude Ma

Goeree   **19** HELLEVOETSLUIS

GOEDEREEDE **21**   *Haringvliet*   Oud-Beijerlar

N215   **20** MIDDELHARNIS

Overflakkee

N59

Oude-Tonge

Gewächshäuser im Westland

In Zuid-Holland unterwegs

Zuid-Holland hat ein gutes Straßennetz, und
eigentlich sind sowohl die großen als auch die kleinen
Orte schnell zu erreichen. An Wochentagen muss man
allerdings in den Stoßzeiten überall mit Staus rechnen.
In den Innenstädten parkt man das Auto am besten in
einem Parkhaus oder auf einem bewachten Parkplatz,
andere Plätze sind schwierig zu finden. Mit dem Zug ist
man genauso schnell am Ziel, denn alle Städte sind im
Viertel- oder Halbstundentakt miteinander verbunden.
Nur Lisse und die Blumenfelder, Nieuwpoort und die
Orte auf den Inseln Zuid-Hollands sind ausschließlich
mit Regionalbussen erreichbar. Bei der VVV und beim
ANWB kann man sich über Fahrradrouten informieren.

Kopfweiden im Groene Hart

Sehenswürdigkeiten auf einen Blick

0 Kilometer   10

LEGENDE

Autobahn
Hauptstraße
Nebenstraße
Panoramastraße
Eisenbahn (Hauptstrecke)
Eisenbahn (Nebenstrecke)
Provinzgrenze

Das flämisch-gotische Rathaus von Gouda

Tour durch die Tulpenfelder ●

Die Bollenstreek, ein 30 Kilometer langer Streifen zwischen Haarlem und Leiden, ist das bedeutendste Blumenanbaugebiet der Niederlande. Ab Ende März entfaltet sich in den Poldern eine unglaubliche Farbenpracht. Als Erstes blühen die Krokusse, Mitte April erreicht die Saison mit der Tulpenblüte ihren Höhepunkt. Den Abschluss bildet die Lilienblüte Ende Mai. Wer ohne Auto unterwegs ist, kann sich bei der VVV in Lisse *(siehe S. 213)* über Rundfahrten informieren. An den Bahnhöfen von Haarlem und Heemstede-Aerdenhout gibt es Fahrräder zu leihen.

ROUTENINFOS

Start: Haarlem.
Länge: etwa 30 km.
Rasten: Außer in den unten genannten Orten, in denen es überall Restaurants und Cafés gibt, lohnt sich auch ein Abstecher nach Noordwijk aan Zee. Die lebendige Küstenstadt mit ihrem schönen Strand ist ein idealer Platz für ein Picknick in den Dünen.

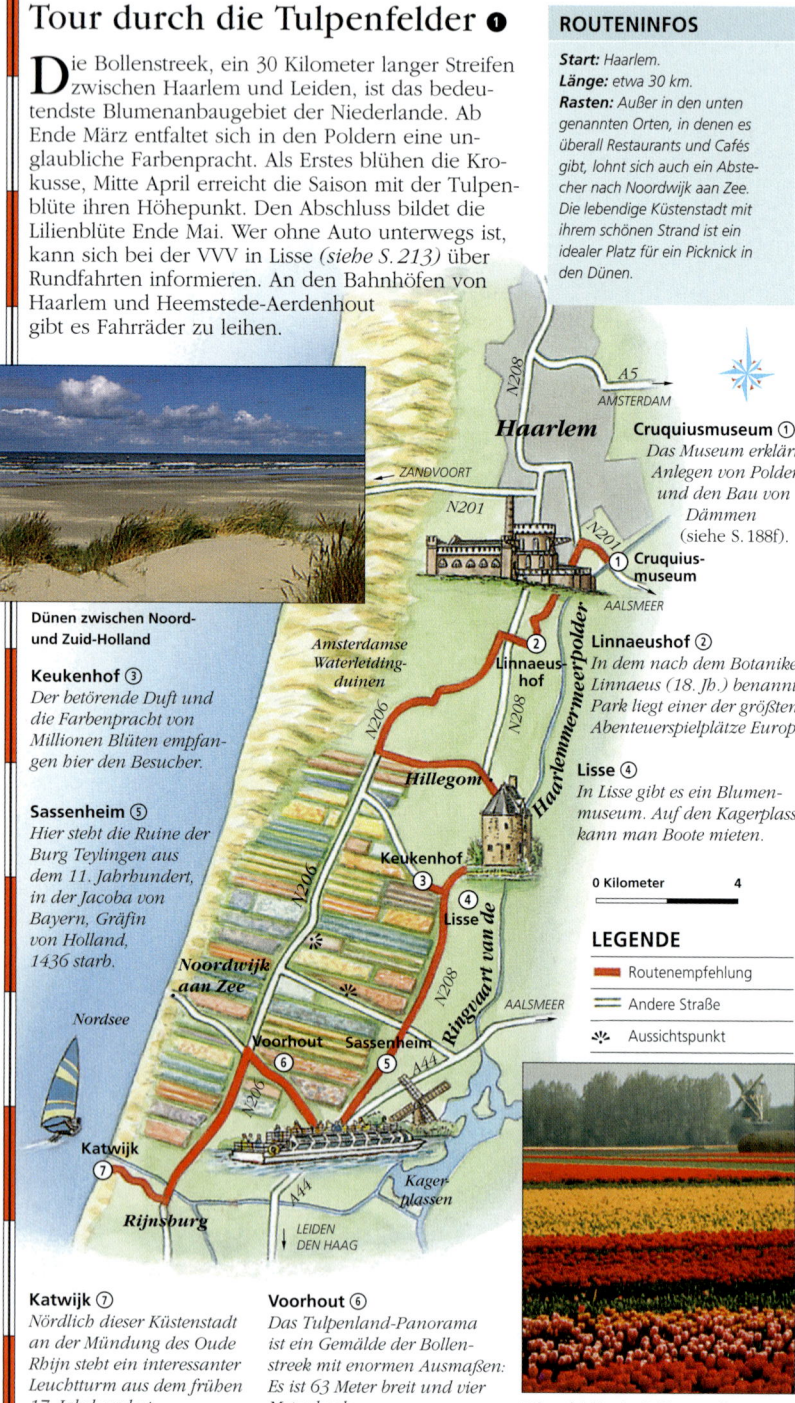

Dünen zwischen Noord- und Zuid-Holland

Cruquiusmuseum ①
Das Museum erklärt da Anlegen von Poldern und den Bau von Dämmen (siehe S. 188f).

Linnaeushof ②
In dem nach dem Botaniker Linnaeus (18. Jb.) benannten Park liegt einer der größten Abenteuerspielplätze Europas.

Lisse ④
In Lisse gibt es ein Blumenmuseum. Auf den Kagerplassen kann man Boote mieten.

Keukenhof ③
Der betörende Duft und die Farbenpracht von Millionen Blüten empfangen hier den Besucher.

Sassenheim ⑤
Hier steht die Ruine der Burg Teylingen aus dem 11. Jahrhundert, in der Jacoba von Bayern, Gräfin von Holland, 1436 starb.

0 Kilometer   4

LEGENDE

▬▬ Routenempfehlung
═══ Andere Straße
✳ Aussichtspunkt

Katwijk ⑦
Nördlich dieser Küstenstadt an der Mündung des Oude Rhijn steht ein interessanter Leuchtturm aus dem frühen 17. Jahrhundert.

Voorhout ⑥
Das Tulpenland-Panorama ist ein Gemälde der Bollenstreek mit enormen Ausmaßen: Es ist 63 Meter breit und vier Meter hoch.

Tulpenfeld in der Bollenstreek

Blumenzwiebeln

In der Bollenstreek werden auch Gladiolen, Lilien, Narzissen, Iris, Krokusse und Dahlien gezüchtet. Am allerwichtigsten aber sind die Tulpen, die ursprünglich aus der Türkei eingeführt und 1593 von Carolus Clusius zum ersten Mal auf niederländischem Boden gezüchtet wurden.

»Aladin«-Tulpen

»China Pink«-Tulpen

»Tahiti«-Narzissen

»Minnow«-Narzissen

»Blue Jacket«-Hyazinthen

Blühende Tulpen im bewaldeten Landschaftspark Keukenhof

Lisse ❷

Straßenkarte B3. 🏯 *22 000.*
🚌 *50 und 51 (aus Leiden und Haarlem), 59 (aus Noordwijkerhout und Schiphol).* 🛈 *Grachtweg 53 (0900-222 2333).*

D ie beste Zeit für einen Besuch in Lisse ist Ende April, die Zeit des farbenfrohen **Bloemencorso**. Eine lange Reihe von Prunkwagen zieht von Noordwijk nach Haarlem, wo sie am Abend festlich beleuchtet werden und auch am Tag darauf noch zu bewundern sind. An den zwei Tagen zuvor kann man in den Hobaho-Hallen in Lisse beim Schmücken der Wagen zusehen.

Das **Museum De Zwarte Tulp** zeigt die Geschichte und erklärt das Wachstum der Zwiebelpflanzen. Hier erfährt man auch etwas über den Tulpenwahnsinn der Jahre 1620–37 *(siehe S. 30 f)*, als Spekulanten das Gewicht von seltenen Tulpenzwiebeln mit Gold aufwogen.

🎨 **Bloemencorso**
📞 *0252-434 710 (Stichting Bloemencorso Bollenstreek).*
🏛 **Museum De Zwarte Tulp**
Grachtweg 2a. 📞 *0252-417900.*
◯ *Di–So 13–17 Uhr.* ⬤ *Feiertage.*
🅰 ♿ 🖥

Umgebung: Gleich hinter der Stadtgrenze von Lisse liegt das **Huys Dever**, ein befestigter Wohnturm aus der zweiten Hälfte des 14. Jahrhunderts. Die Ausstellung erzählt von den Geschlechtern, die hier lebten.

🏰 **Huys Dever**
Heereweg 349a. 📞 *0252-411 430.*
◯ *Di–So 14–17 Uhr.* ⬤ *Feiertage.*
🅰 *nach Absprache.*

Keukenhof ❸

Straßenkarte B3. 🚌 *54 (aus Leiden), 58 (vom Flughafen Schiphol).*
📞 *0252-465 555.* ◯ *Ende März–Mitte Mai: tägl. 8–19.30 Uhr (Kasse schließt um 18 Uhr).* 🅰 ♿ 🍴
www.keukenhof.nl

D er Keukenhof, der in einem 32 Hektar großen Park bei Lisse liegt, ist einer der spektakulärsten Blumenparks der Welt. 1949 wurde der Keukenhof als Ausstellung für Blumenzüchter eingerichtet, momentan sprießen hier sechs Millionen Blumenzwiebeln. Von Ende März bis Ende Mai sind die Felder voller blühender Narzissen, Hyazinthen und Tulpen. In der Frühsaison blühen die japanischen Kirschbäume, später Lilien und Rhododendren.

Im Detail: Leiden ➍

Die Geschichte dieser blühenden Universitätsstadt reicht bis in die Römerzeit zurück. Begünstigt durch die Lage an einem Seitenarm des Rheins, war Leiden schon früh – und ist bis heute – ein wichtiges Wirtschaftszentrum. Mehrere hervorragende Museen erzählen von der bewegten Geschichte der Stadt und natürlich auch vom Goldenen Jahrhundert, als Leiden ein Zentrum des weltweiten Handels war *(siehe S. 48f)*. Rembrandt van Rijn *(siehe S. 26f)* wurde im Juni 1606 im Weddesteeg geboren. Heute ziert ein Gedenkstein sein Geburtshaus.

Standbild der Justitia, Gravensteen

★ Rijksmuseum van Oudheden
Diese Statue eines knienden Mannes ist eines von vielen ägyptischen Objekten im Museum.

LANGEBRUG

PAPENGRACHT

SCHOOLSTEEG

GERECHT

HOUTSTRAAT

RAPENBURG

KLOKSTEEG

NONNENSTEEG

★ Hortus Botanicus
Der Botanische Garten der Universität Leiden (siehe S. 216) *wurde 1590 angelegt – »zur Belehrung aller, welche die Medizin studieren«.*

Rapenburg
Patrizier, Textilfabrikanten und Professoren haben das Bild dieser Gracht geprägt.

Holländischen Klassizismus sieht man an den Universitätsbauten am Rapenburg.

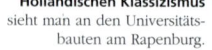

Het Gravensteen
Das ehemalige gräfliche Gefängnis, zwischen 13. und 17. Jahrhundert erbaut, beherbergt heute einen Teil der Juristischen Fakultät.

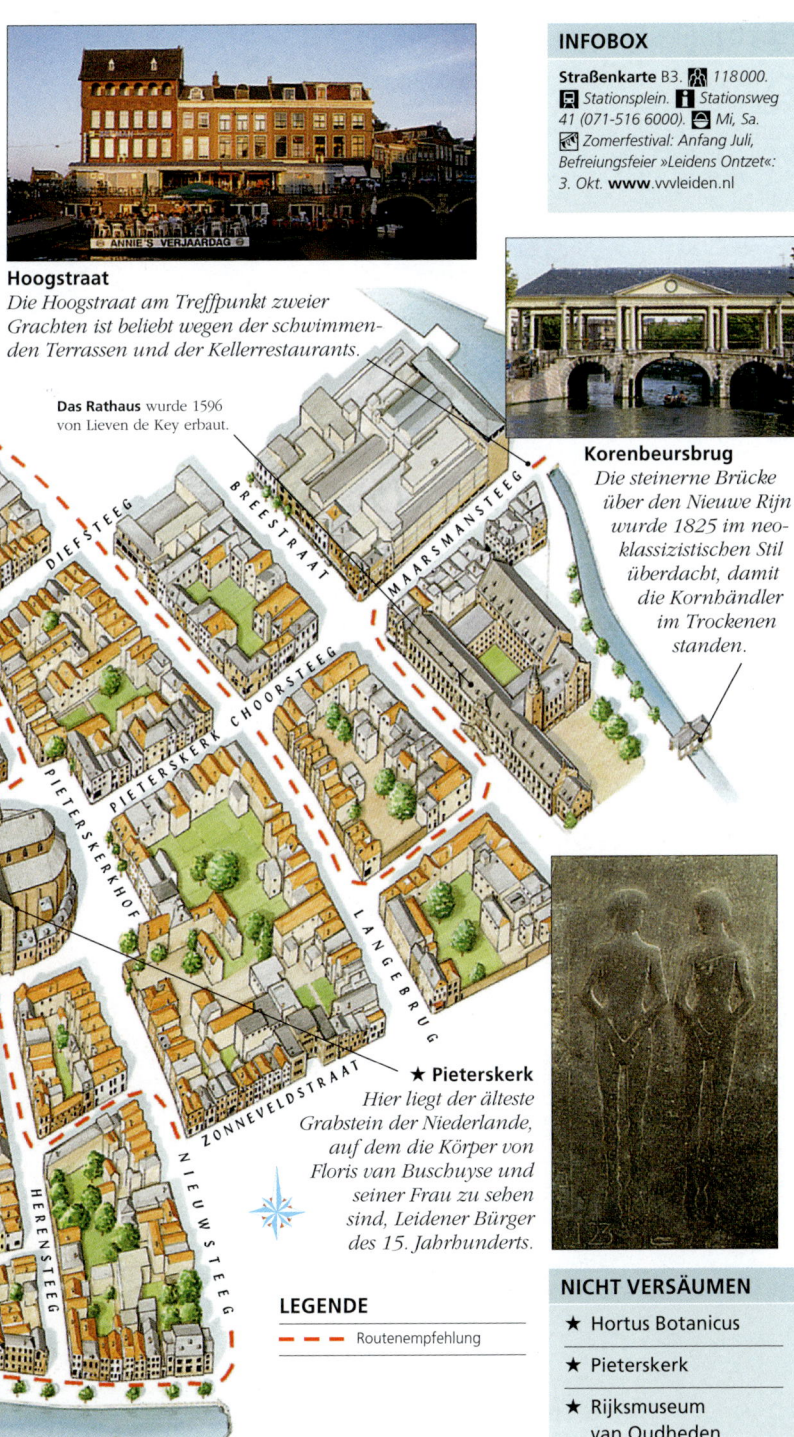

Hoogstraat
Die Hoogstraat am Treffpunkt zweier Grachten ist beliebt wegen der schwimmenden Terrassen und der Kellerrestaurants.

Das Rathaus wurde 1596 von Lieven de Key erbaut.

INFOBOX

Straßenkarte B3. 118 000. Stationsplein. Stationsweg 41 (071-516 6000). Mi, Sa. Zomerfestival: Anfang Juli, Befreiungsfeier »Leidens Ontzet«: 3. Okt. **www**.vvvleiden.nl

Korenbeursbrug
Die steinerne Brücke über den Nieuwe Rijn wurde 1825 im neoklassizistischen Stil überdacht, damit die Kornhändler im Trockenen standen.

★ **Pieterskerk**
Hier liegt der älteste Grabstein der Niederlande, auf dem die Körper von Floris van Buschuyse und seiner Frau zu sehen sind, Leidener Bürger des 15. Jahrhunderts.

LEGENDE

– – – Routenempfehlung

0 Meter   50

NICHT VERSÄUMEN

★ Hortus Botanicus

★ Pieterskerk

★ Rijksmuseum van Oudheden

Überblick: Leiden

Leiden ist vor allem wegen seiner Universität berühmt, der ältesten der Niederlande. Sie wurde 1575 gegründet, ein Jahr nachdem die Watergeuzen *(siehe S. 241)* die Stadt von der langen spanischen Belagerung befreit hatten. Als Lohn für ihre Standhaftigkeit bot Willem van Oranje den Leidenern die Wahl zwischen der Abschaffung der Steuern und einer Universität. Die Bewohner trafen eine kluge Entscheidung, und die Stadt entwickelte sich zu einem Zentrum der Lehre und der Religionsfreiheit. Englische Puritaner durften sich hier im 17. Jahrhundert niederlassen, bevor sie ihre Reise in die Neue Welt antraten.

Einer der 35 *hofjes* in Leiden

🏛 Museum De Lakenhal

Oude Singel 28–32. **☎** *071-516 5360.* **◯** *Di–Fr 10–17 Uhr, Sa, So, 12–17 Uhr.* **●** *1. Jan, 25. Dez.* ♿ 📷 📁 **www**.lakenhal.nl

Die Lakenhal war im 17. Jahrhundert das Zentrum der Tuchmacherei in Leiden. Arent van 's Gravesande entwarf das Gebäude 1640 im Stil des holländischen Klassizismus. Seit 1874 ist hier der Sitz des Museums. Highlight der Sammlung ist *Het Laatste Oordeel* (1526/27), ein Renaissance-Triptychon von Lucas van Leyden, das während der Glaubenskriege 1566 *(siehe S. 52f)* aus der Pieterskerk gerettet wurde. Auch andere Leidener Maler, von Rembrandt bis Theo van Doesburg, werden hier gezeigt. Außerdem umfasst die Sammlung Silber, Glas, Zinn und Fliesen. Man sagt, der große

Bronzekessel sei bei der Befreiung Leidens 1574 von den Spaniern zurückgelassen worden. Der Eintopf, der darin kochte, war der Vorläufer des Leidener *hutspot*, der hier am 3. Oktober gegessen wird.

🌸 Hortus Botanicus Leiden

Rapenburg 73. **☎** *071-527 7249.* **◯** *Apr–Okt: tägl. 10–18 Uhr; Nov–März: Di–So 10–16 Uhr.* **●** *3. Okt, 24. Dez–1. Jan.* 📷 📁 ♿ 📷 📁 **www**.hortusleiden.nl

Der Botanische Garten Leidens wurde 1590 als Teil der Universität angelegt. Einige der Bäume und Sträucher sind sehr alt, etwa der Goldregen aus dem Jahr 1601. Carolus Clusius, der die Tulpe in die Niederlande brachte *(siehe*

S. 30f), wurde 1593 erster Professor der Botanik an der Universität. Im Hortus Botanicus wurde mit dem Clusiustuin ein Teil des von ihm angelegten Gartens rekonstruiert. Andere Attraktionen sind die tropischen Gewächshäuser, das Rosarium und der Von Siebold Gedenktuin im japanischen Stil.

🏛 Museum Boerhaave

Lange St. Agnietenstraat 10. **☎** *071-521 4224.* **◯** *Di–Sa 10–17 (in Schulferien auch Mo), So 12–17 Uhr.* **●** *1. Jan, 3. Okt, 25. Dez.* 📷 📁 ♿ 📷 📁 **www**.museumboerhaave.nl

Das Niederländische Nationalmuseum für die Geschichte der Naturwissenschaften und der Medizin ist im ehemaligen Caecilienhospital im Zentrum von Leiden untergebracht. Seinen Namen verdankt es dem berühmten niederländischen

Das Triptychon *Das Jüngste Gericht* von Lucas van Leyden im Museum De Lakenhal

Hotels und Restaurants in Zuid-Holland *siehe Seiten 397f und 417f*

Medizinprofessor Herman Boerhaave (1668–1738). In seinen Räumen kann man die Entwicklung von Mathematik, Physik, Chemie und natürlich auch Medizin bestaunen. Die Ausstellungsstücke reichen von einem Sternhöhenmesser (15. Jh.) und Pendeluhren von Christiaan Huygens (1629–95) bis zu den chirurgischen Instrumenten und frühen Elektronenmikroskopen.

🏛 Museum Volkenkunde

Steenstraat 1. 📞 071-516 8800.
⭘ Di–So 10–17 Uhr. ● 1. Jan, 30. Apr, 3. Okt, 25. Dez. 🖾 ♿ ▭
🖵 www.volkenkunde.nl

Das 1837 gegründete Völkerkundemuseum besitzt Sammlungen von vielen nichtwestlichen Kulturen, zum Beispiel die Ethnographica, die von Siebold im 19. Jahrhundert aus Japan mitbrachte. Regelmäßig werden Wechselausstellungen gezeigt. Die feste Sammlung widmet sich den Kulturen und ihren Kontakten mit den Niederlanden. Von der Arktis bis Ozeanien kann man hier die ganze Welt »bereisen«.

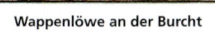

Wappenlöwe an der Burcht

🏛 Naturalis

Darwinweg 2. 📞 071-568 7600.
⭘ tägl. 10–17 Uhr. ● 1. Jan, 30. Apr, 4. Okt, 25. Dez. 🖾 ♿ ⭙
🖵 🖵 www.naturalis.nl

Das Naturhistorische Nationalmuseum konnte schon in seinem Eröffnungsjahr 1998 einen Besucheransturm vermelden. Mit großem Erfolg wird hier mithilfe von Jahrmillionen alten Fossilien, ausgestopften Tieren und Mineralien die Geschichte der Evolution der Erde und ihrer Bewohner erzählt. Für Kinder wurden besondere Ausstellungen eingerichtet.

⛪ Pieterskerk

Pieterskerkhof 1a. 📞 071-512 4319.
⭘ Mo–Fr 10–16, Sa, So 13–16 Uhr.
● 3. Okt und bei Vermietung. ♿
⭙ So 14 Uhr. www.pieterskerk.com

In der Mitte eines schattigen Platzes, auf dem man sich in einer anderen Zeit wähnt,

liegt diese gotische Kreuzkirche, die zum größten Teil aus dem 15. Jahrhundert stammt. Ein Besuch lohnt sich wegen des schlichten Innenraums und der restaurierten Hagerbeer-Orgel (1639–43), einer der wenigen mit Mitteltonstimmung. Auf dem Boden des Kirchenschiffs entdeckt man Grabplatten berühmter Männer des 17. Jahrhunderts, darunter von John Robinson, dem Arzt Herman Boerhaave und dem Maler Jan Steen.

⚜ De Burcht

Burgsteeg. ⭘ tägl.

Die Burcht ist eine Wehranlage aus dem 12. Jahrhundert, deren Ringmauer noch erhalten ist. Den Fuß des zwölf Meter hohen künstlichen Hügels umgibt ein schmiedeeiserner Zaun mit heraldischen Symbolen. Vom Umlauf auf der Ringmauer hat man eine prächtige Aussicht über das Zentrum von Leiden.

🏛 Rijksmuseum van Oudheden

Rapenburg 28. 📞 0900-660 0600.
⭘ Di–So 10–17 Uhr. ● 1. Jan, 30. Apr, 3. Okt, 25. Dez. 🖾 ♿ ⭙
▭ 🖵 www.rmo.nl

Das 1818 gegründete Archäologische Museum der Niederlande ist eine von Leidens Hauptattraktionen. Kern der Sammlung ist der ägyptische Tempel von Taffeh (1. Jh. n.Chr.), der 1978 in der großen Halle zusammengefügt wurde. Die umfangreiche ägyptische Sammlung umfasst einen Großteil der ersten beiden Etagen. Außerdem sind in dem Museum zahlreiche Musikinstrumente, Textilien und Schuhe, etruskische Bronzearbeiten sowie Fragmente römischer Mosaiken und Fresken zu sehen.

Pilgerväter

Im 17. Jahrhundert waren die Niederlande ein Zufluchtsort für englische Puritaner. Der Pfarrer John Robinson (1575–1625) gründete 1609 in Leiden eine Kirche, in der er seine Gemeinde für den Traum von einer neuen Welt begeisterte. Die Pilgerväter verließen Delfshaven 1620 auf der *Speedwell*, die aber nicht hochseetauglich war. Von Plymouth aus überquerten sie dann auf der *Mayflower* den Atlantik. Robinson war krank und blieb zurück. Er starb 1625 in Leiden.

Die *Mayflower* bei ihrer Atlantiküberquerung

Zugbrücke über den Oude Rijn in Leiden

Im Detail: Den Haag ❺

Den Haag (»'s-Gravenhage« oder »Der Haag«) ist Sitz der Regierung der Niederlande sowie des Internationalen Gerichtshofs, der im Vredespaleis tagt. Als Den Haag 1586 Regierungssitz wurde, war es noch eine kleine Stadt um den Binnenhof, die Burg der Grafen von Holland. An der Voorhout sowie am Hofvijver herrscht bis heute diese aristokratische Atmosphäre. Im neuen Spuiviertel liegt das moderne Den Haag mit dem Rathaus von R. Meier und dem Lucent Danstheater von Rem Koolhaas. Den Haags Westen erinnert mit Dünen, Parks und Wäldern noch immer an die Sommerfrische, die er einst für die Grafen von Holland war.

Jantje

★ Escher in Het Paleis
Im Paleis Lange Voorhout, wo einst Königsmutter Emma und ihre Tochter Wilhelmina lebten, widmet sich eine Ausstellung dem Werk des Künstlers und Grafikers M. C. Escher.

Gevangenpoort
Der holländische Löwe prangt auf der Mauer der Gevangenpoort, einst das Haupttor des Schlosses der Grafen von Holland. Seit dem 15. Jahrhundert diente es als Gefängnis.

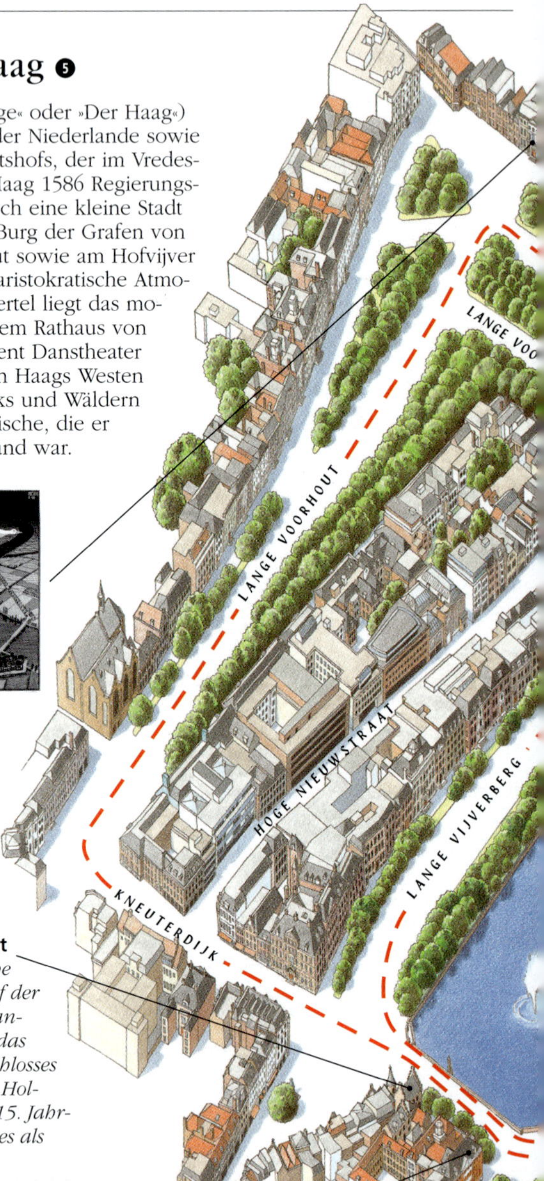

LEGENDE

- - - Routenempfehlung

NICHT VERSÄUMEN

★ Binnenhof

★ Escher
in Het Paleis

★ Mauritshuis

Der Gemäldesaal von Prinz Willem V
Dies war die erste öffentliche Gemäldegalerie der Niederlande.

0 Meter   50

LANGE VOO

LANGE VOORHOUT

HOGE NIEUWSTRAAT

LANGE VIJVERBERG

KNEUTERDIJK

Hotels und Restaurants in Zuid-Holland *siehe Seiten 397f und 417f*

Jantje, bekannt aus dem Kinderlied »In Den Haag daar woont een graaf«, deutet auf den Binnenhof.

Haags Historisch Museum

Hier wird die Geschichte der Stadt vom Mittelalter bis heute gezeigt.

INFOBOX

Straßenkarte B4. 🚶 446 000.
🚆 Centraal Station (CS);
Koningin Julianaplein 10; Hollands
Spoor (HS); Stationsplein 25.
ℹ️ Hofweg 1 (0900-340 3505).
📅 Mo – Fr.
🎉 Sandskulpturenfestival
Scheveningen: Mai, Vlaggetjesdag
Scheveningen: Ende Mai/Anfang
Juni, Parkpop: Ende Juni, Pasar
Malam Besar: Mitte Mai,
Prinsjesdag: dritter Di im Sep.
www.denhaag.com

★ Mauritshuis

Das Museum hat eine auserlesene Sammlung von Meistern des 17. Jahrhunderts, u. a. Werke von Vermeer und Rembrandt.

Die Tweede Kamer

Der neue Sitz der »Tweede Kamer«, der Zweiten Kammer des Parlaments, wurde von Pi de Bruijn entworfen und 1992 bezogen. Das Gebäude ist elegant mit der umliegenden alten Bebauung verbunden, deren Substanz beinahe unangetastet blieb. Plenumsversammlungen werden im Großen Saal im runden Anbau abgehalten.

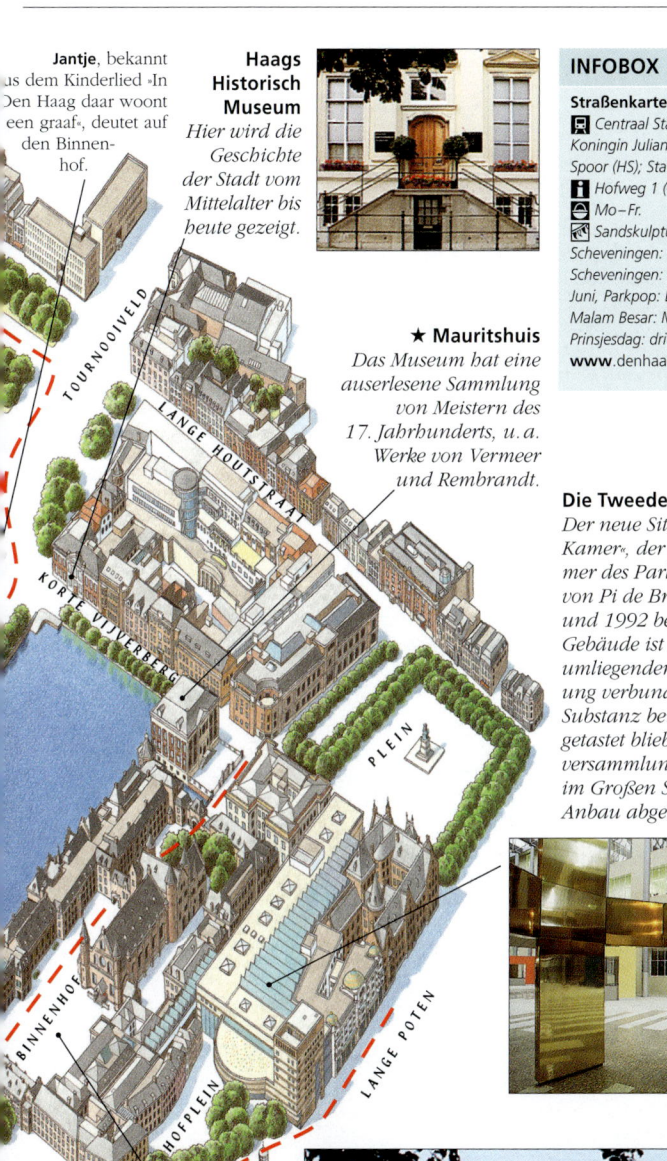

»Den Haag, man klopft daran, und es klingt«, schrieb Gerrit Achterberg in seinem Gedicht *Passage*. Die elegante überdachte Geschäftspassage im Stil der Neorenaissance prägt das Gesicht der Innenstadt.

★ Binnenhof

Der jahrhundertealte Komplex, entstanden aus einem Jagdschloss der Grafen von Holland aus dem 13. Jahrhundert, umfasst heute die Parlaments- und Regierungsgebäude.

Überblick: Den Haag

**Comicfigur
Haagse Harry**

Den Haag hat viele Sehenswürdigkeiten und Museen, darunter so bedeutende wie das Mauritshuis *(siehe S. 222f)* und das Gemeentemuseum *(siehe S. 224)*. Am und um den Denneweg, der in die Lange Voorhout mündet, gibt es viele Buch- und Antiquitätenläden und Cafés, in der Geschäftsstraße beim Palais Noordeinde *(siehe S. 221)* liegen die Luxusboutiquen. Hinter der Mauritskade, im vornehmen Willemspark aus dem 19. Jahrhundert, findet man das Panorama Mesdag *(siehe S. 224)*. Im Park Clingendael *(siehe S. 224f)* kann man sich im Japanischen Garten ausruhen. Das alte Fischerdorf Scheveningen *(siehe S. 225)* hat sich zu einem lebendigen Badeort gemausert, doch in den umliegenden Dünen gibt es noch immer ruhige Plätzchen.

🏛 Binnenhof und Ridderzaal

Binnenhof. 📞 070-364 6144. 🚌 🚊 ⏰ Mo–Sa 10–16 Uhr. 🔴 Feiertage, 3. Di im Sep. 📷 🎫 Anmeldung erbeten. **www**.binnenhofbezoek.nl
Der geschichtsträchtige Binnenhof ist ein Gebäudekomplex, der um das Jagdschloss der Grafen von Holland entstand. Im Jahr 1247 wurde Graf Willem zum römisch-deutschen Gegenkönig (gegen den Staufer Friedrich II.) ausgerufen und ließ den gotischen Rittersaal als Festsaal bauen. Seither diente der Binnenhof als Sitz der Statthalter und Regenten.

Der Hof von Holland sprach seit 1511 im Rolzaal Recht. Mit dem »Plakaat van Verlatinge« sagten sich die nördlichen Niederlande 1581 vom spanischen Joch los und feierten im Ridderzaal Willem van Oranje. Im Goldenen Jahrhundert war der Binnenhof eines der wichtigsten Zentren der europäischen Diplomatie. Aus dieser Zeit stammt auch der reich ausgeschmückte Versammlungssaal der Holländischen Stände, in dem heute die Erste Kammer ihre Versammlungen abhält. Die Zweite Kammer tagte bis 1992 im alten Ballsaal von Willem V, musste aber umziehen.

Führungen beginnen in den Kellern und gestatten, nach dem Besuch des Ridderzaal, auch einen Blick in die Erste oder Zweite Kammer.

🏛 Museum de Gevangenpoort

Buitenhof 33. 📞 070-346 0861. 🚌 🚊 ⏰ Di–Fr 10–17, Sa, So 12–17 Uhr. 🔴 1. Jan, 25. Dez. 📷 🎫 obligatorisch, jede Stunde (letzte Führung 16 Uhr). 🚻
www.gevangenpoort.nl
Das Gebäude (14. Jh.) beherbergt ein beinahe vollständig erhaltenes altes Gefängnis. Cornelis de Witt wurde hier gefangen gehalten und unter Anklage der Verschwörung gegen Prins Maurits gefoltert. Als er und sein Bruder Johan das Gefängnis verließen, wurden sie von der aufgebrachten Menge ermordet (1672).

Zu den Ausstellungsstücken gehört eine umfassende Sammlung von Folterwerkzeugen. Das Museum hat denselben Eingang wie die Galerij Prins Willem V.

🏛 Galerij Prins Willem V

Buitenhof 33. 📞 070-302 3456. 🚌 🚊 ⏰ Di–Sa 10–17, So 11–17 Uhr. 📷 **www**.mauritshuis.nl
Prinz Willem V war ein begeisterter Sammler von Malerei des 17. Jahrhunderts. Seine Privatsammlung wurde 1774 in dieser ehemaligen Herberge der Öffentlichkeit zugänglich gemacht. Die Sammlung umfasst unter anderem Werke von Rembrandt, Jan Steen und Paulus Potter (1625–1654).

Porzellan aus der Sammlung des Museum Bredius

🏛 Museum Bredius

Lange Vijverberg 14. 📞 070-362 0729. 🚌 🚊 ⏰ Di–So 11–17 Uhr. 🔴 1. Jan, 25. Dez. 📷
www.museumbredius.nl
Der Rembrandt-Experte Abraham Bredius (1855–1946) war Kunstsammler und von 1895 bis 1922 Direktor des Mauritshuis *(siehe S. 222f)*. Als er im Jahr 1946 starb, vermachte er seine private Sammlung mit Kunst aus dem 17. und 18. Jahrhundert, darunter Werke von Rembrandt und Jan Steen, der Stadt Den Haag. In dem Patrizierhaus aus dem 18. Jahrhundert werden neben Gemälden auch Zeichnungen, antike Möbel, Silberarbeiten und Porzellan gezeigt.

Landschaft im Dämmerlicht von Albert Cuyp, Museum Bredius

Hotels und Restaurants in Zuid-Holland *siehe Seiten 397f und 417f*

Paleis Noordeinde, das Arbeitspalais von Königin Beatrix

🏛 Escher in Het Paleis

Lange Voorhout 74. 📞 070-427 7730. 🚃 🚊 ⬜ Di–Sa 11–17 Uhr. ⬤ 1. Jan, 25. Dez. 📷
www.escherinhetpaleis.nl
Eine große Auswahl aus dem Werk von M. C. Escher (1898–1972) ist im Paleis Lange Voorhout zu sehen, darunter Arbeiten wie *Tag und Nacht*, *Treppauf–Treppab* und *Belvédère*. Neben Eschers grafischem Werk werden auch Skizzen, persönliche Dokumente, Fotografien und Multimedia-Installationen gezeigt.

🏛 Paleis Noordeinde

Noordeinde. ⬜ nur Palaisgarten, Sonnenauf- bis -untergang.
Statthalter Frederik-Hendrik ließ das alte Haus, in dem seine Mutter gelebt hatte, zu einem klassizistischen Palais umbauen. Seit Willem V (1748–1806) ist es im Besitz der Fürsten von Oranien. Heute dient es als Arbeitspalais von Königin Beatrix.

🏛 Vredespaleis

Carnegieplein 2. 🚃 4, 13. 🚊 1. 📞 070-302 4137. ⬜ Mo–Fr. 📷 obligatorisch. ⬤ Feiertage und bei Sitzungen des Gerichtshofs. 📷 ♿ 🚫
Im Jahr 1899 war Den Haag Schirmherr der Ersten Internationalen Friedenskonferenz. Das neogotische Palais wurde von dem französischen Architekten Louis Cordonnier entworfen und 1913 vollendet. Heutzutage hat hier auch der Internationale Gerichtshof der Vereinten Nationen seinen festen Sitz.

🏛 Passage

Zwischen Spuistraat, Hofweg und dem Buitenhof. 🚃 🚊
In der Passage, der einzigen erhaltenen Ladengalerie aus dem 19. Jahrhundert, findet man viele exklusive Läden. Der Flügel zum Hofweg wurde 1928/29 angebaut. Die Geschäfte in der Passage und in der Innenstadt Den Haags sind auch sonntags geöffnet.

Zentrum von Den Haag

Galerij Prins Willem V ③
Het Paleis ①
Mauritshuis ⑦
Museum Bredius ④
Museum de Gevangenpoort ②
Passage ⑥
Ridderzaal ⑤

Madurodam
SCHEVENINGEN

① Het Paleis

Park Clingendael

KORTE VOORHOUT
LANGE VOORHOUT
SCHOUW-BURGSTRAAT
CASUARISTRAAT
BLEIJENBURG

Paleis Noordeinde
Panorama Mesdag

HOGE NIEUWSTRAAT
④ Museum Bredius
LANGE VIJVERBERG
KORTE VIJVERBERG
KORTE HOUTSTRAAT
HERENSTR.
KORTE POTEN

KREUTERDIJK

Vredespaleis
Gemeentemuseum
Omniversum

PLAATS
② Museum de Gevangenpoort
Hofvijver
⑦ Mauritshuis
PLEIN

Centraal Station
500 m

MOLENSTRAAT
OUDE MOLSTRAAT
③ Galerij Prins Willem V
⑤ Ridderzaal
Binnenhof
Parlament
LANGE POTEN
KORTE POTEN

TORENSTRAAT
PRINSESTRAAT
HOOGSTRAAT
GRAVENSTR.
HOFWEG
⑥ Passage
SPUI
KALVERMARKT

KERKPLEIN
Rotunda
Oude Stadhuis
VENESTRAAT
VLAMINGSTR.
SPUISTRAAT

DELFT
ROTTERDAM

Grote Kerk
RIVIERVISMARKT
VENESTRAAT
GROTE MARKTSTRAAT

JAN HENDRIKSTRAAT
LAAN
GROTE MARKT
VLAMINGSTRAAT

0 Meter   250

LEGENDE

🟧 Detailkarte *siehe S. 218f*

Zeichenerklärung
siehe hintere Umschlagklappe

Den Haag: Mauritshuis

Nachdem er als Kapitän-General aus Brasilien zurückberufen worden war, gab Johan Maurits van Nassau den Bau dieses Hauses in Auftrag. Es wurde 1644 von Pieter Post im nordholländisch-klassizistischen Stil mit Einflüssen der italienischen Renaissance vollendet. Von hier hat man einen prächtigen Blick über den Hofvijver. Nach dem Tod Maurits' 1679 fiel das Haus an den Staat. 1822 zog die Königliche Gemäldegalerie ein. Die Sammlung ist nicht groß, aber besteht fast ausschließlich aus Meisterwerken großer Künstler. Das Mauritshuis wird von Anfang 2012 bis Mitte 2014 umfassend renoviert. Während dieser Zeit sind 70 Werke im Gemeentemuseum ausgestellt.

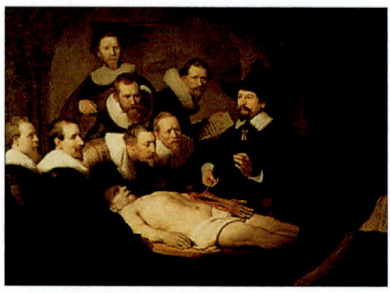

★ Die Anatomievorlesung des Dr. Nicolaes Tulp (1632)
Rembrandts Bild der Ärzte, die eine Leiche untersuchen, spiegelt das Interesse seiner Zeitgenossen an der Wissenschaft wider.

Kurzführer

Die drei Stockwerke des kleinen Mauritshuis hängen von oben bis unten voll mit Bildern. Die Ausstellung wechselt ständig, sodass alle Facetten der Sammlung gezeigt werden können. Die Highlights sind aber immer zu sehen, wenn auch nicht immer am selben Ort. Die Präsentation ist auf angenehme Art ungeordnet, aber alle Bilder sind mit Titel, Künstler und Jahr versehen. Wer Fragen hat, kann sich jederzeit an den Informationsschalter im Goldenen Saal wenden.

Bordellszene (1658)
Ein typisches Genrebild des 17. Jahrhunderts von Frans van Mieris d.Ä. (1635– 1681) mit offensichtlicher Erotik.

Erdgeschoss

Vase mit Blumen (1618)
Ambrosius Bosschaert fing die Schönheit der Sommerblumen ein, aber er fügte auch Fliegen als Erinnerung an unsere Sterblichkeit hinzu.

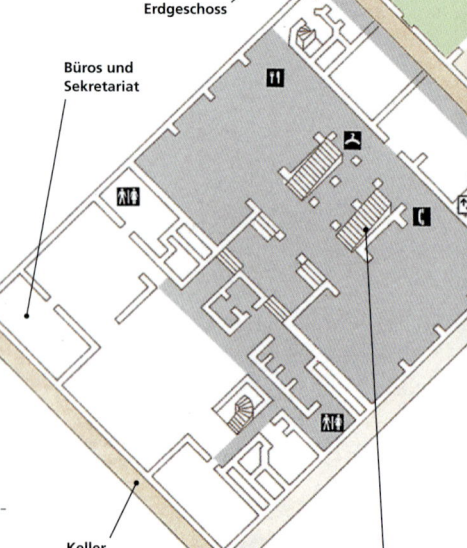

Büros und Sekretariat

Keller

Haupttreppenhaus

Der Stieglitz (1654)
Dieses kleine, aber kunstfertige Bild stammt von Carel Fabritius (1622–1654), einem Lehrling Rembrandts.

INFOBOX

Korte Vijverberg 8, Den Haag.
🚃 *4, 22.* 🚌 *8, 16, 17.*
📞 *070-302 3456.* ⭕ *Di–Sa 10–17 (Apr–Aug: auch Mo), So 11–17 Uhr.* ⬤ *1. Jan, 25. Dez.*
📷 ⦸ ♿ 🎁 📖
www.mauritshuis.nl

LEGENDE

🟩 Porträtgalerie

🟧 15. und frühes 16. Jahrhundert

🟥 Spätes 16. und 17. Jahrhundert

🟨 Goldener Saal

🟦 Malerei des 17. Jahrhunderts

🟪 Flämische Maler 17. Jahrhundert

🟦 Frühes 17. Jahrhundert

⬜ Keine Ausstellungsfläche

Erster Stock

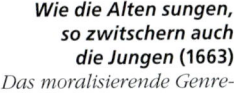

Wie die Alten sungen, so zwitschern auch die Jungen (1663)
Das moralisierende Genre-bild (siehe S. 123) zeigt einen der sprichwörtlichen Haushalte von Jan Steen.

★ Die Läusejagd (1653)
Das Gemälde von Gerard ter Borch zeigt eine häusliche Szene, spottet aber zugleich der damaligen Besessenheit der Holländer von Ordnung, Sauberkeit und Anstand.

Haupteingang

★ Das Mädchen mit der Perle (1665)
Jan Vermeer malte dieses faszinierende Porträt auf dem Höhepunkt seiner Karriere. Über die Identität des Modells kursieren viele Geschichten.

NICHT VERSÄUMEN

★ *Die Anatomievorle-sung* von Rembrandt

★ *Die Läusejagd* von Gerard ter Borch

★ *Das Mädchen mit der Perle*, Vermeer

Das Gemeentemuseum Den Haag gilt als einer der gelungensten Entwürfe von H.P. Berlage

🏛 Panorama Mesdag

Zeestraat 65. 🚃 5, 22, 24. 🚋 1. ☏ 070-364 4544. ◷ Mo–Sa 10–17, So, Feiertage 12–17 Uhr. ● 1. Jan, 25. Dez. 📷 🎧 auf Anfrage. 📷 📷 **www**.panorama-mesdag.com

Panorama Mesdag ist eines der schönsten noch erhaltenen Panoramagemälde aus dem 19. Jahrhundert. Auf der kreisrunden Leinwand mit einem Umfang von 120 Metern ist das alte Fischerdorf Scheveningen abgebildet. Es ist ein besonderes Erlebnis, nach dem Erklimmen der knarzenden Treppe plötzlich ins Tageslicht zu treten und sich inmitten der Dünen- und Meereslandschaft zu wähnen. Der echte Sand und das Treibgut vor dem Bild verstärken diese Illusion noch. Das Bild wurde 1881 von Künstlern der Haager Schule unter Leitung von H.W. Mesdag (1831–1915) und seiner Frau Sientje (1834–1909) gemalt. George Hendrik Breitner (1857–1923) malte die Gruppe Kavalleristen.

🏛 Gemeentemuseum Den Haag en Fotomuseum

Stadhouderslaan 41. 🚃 24. 🚋 17. ☏ 070–338 1111. ◷ Di–So 11–17 Uhr. ● 1. Jan, 25. Dez. 📷 ♿ 📷 📷 **www**.gemeentemuseum.nl

Das Gemeentemuseum ist das letzte Werk von H.P. Berlage, dem Gründer der Amsterdamse School (siehe S. 142f). Das Museum wurde 1935, ein Jahr

nach seinem Tod, vollendet. Es besitzt die weltweit größte Sammlung von Bildern Mondriaans mit Werken aus allen Schaffensperioden und zeigt so ein einmaliges Bild der Entwicklung dieses Künstlers. Eines der Highlights ist das 1998 angekaufte Bild *Victory Boogie Woogie* (1943). Außerdem werden Bilder von J.H. Weissenbruch und den Brüdern Maris und Josef Israëls gezeigt, allesamt Vertreter der Haager Schule, die sich durch die Küstenlandschaft inspirieren ließen.

Highlight der Kunstgewerbeabteilung ist das alte Delfter Steingut und das fernöstliche Porzellan. Eine weitere Attraktion ist die Musikinstrumentensammlung mit Stücken vom 15. bis zum 19. Jahrhundert.

Victory Boogie Woogie

Teil des Gemeentemuseum (der Eingang befindet sich nebenan) ist das Fotomuseum, in dem Wechselausstellungen von niederländischen und internationalen Künstlern gezeigt werden.

🎦 Omniversum

President Kennedylaan 5. 🚃 24. 🚋 17. ☏ 0900-666 4837. ◷ tägl., abhängig vom Programm; Details auf der Website. 📷 ♿ 📷 **www**.omniversum.nl

Das Omniversum neben dem Gemeentemuseum ist eine Mischung aus Planetarium und modernem Kino. Hier gibt es ein hervorragendes Programm von Weltraumreisen, Landschaften, Vulkanausbrüchen und das Leben in den Ozeanen zu sehen.

🌳 Park Clingendael

Eingang Van Alkemadelaan oder Ruychrocklaan. 🚃 18. 📷 **Japanischer Garten** Park Clingendael. ◷ Ende Apr–Mitte Juni: tägl. von Sonnenaufgang bis -untergang. Das alte Landgut stammt aus dem 16. Jahrhundert, als es noch Gärten im französischen Stil hatte. 1830 wurde das Gelände in einen schönen Landschaftspark umgewandelt. Hier gibt es einen altholländischen Garten, ein Rosarium, eine Tierweide, Rhododendren und uralte Buchen. Überwucherte Bunker erinnern an den Zweiten

Der malerische Japanische Garten im Park Clingendael

Weltkrieg, als die deutschen Oberbefehlshaber der besetzten Niederlande in Haus Clingendael ihr Quartier hatten.

Inmitten des Parks liegt der **Japanische Garten**, der 1903 im Auftrag der Baronesse Marguérite Mary angelegt wurde. Das Teehaus sowie alle Steine und Ornamente wurden damals mit dem Schiff aus Japan hierhergebracht.

Madurodam

George Maduroplein 1. 22.
1. 070-416 2400. Apr–Juni: 9–20 Uhr; Juli, Aug: 9–23 Uhr; Sep–März: 9–18 Uhr.
www.madurodam.nl

In Madurodam sieht man die Niederlande im Kleinstformat. Hier stehen Nachbauten von historisch interessanten Gebäuden, etwa der Binnenhof in Den Haag *(siehe S. 220)*, Amsterdamer Grachtenhäuser und der Euromast von Rotterdam *(siehe S. 232)*. Auch Schiphol, Windmühlen, Polder, Tulpenfelder und noch vieles mehr kann man hier sehen. Am Abend werden die Straßen und Gebäude mit 50 000 Lämpchen erleuchtet.

Madurodam wurde 1952 von Königin Juliana eröffnet. J. M. L. Maduro entwarf die Stadt zur Erinnerung an seinen Sohn George, der 1945 in Dachau umkam. Die Einnahmen von Madurodam gehen an gemeinnützige Einrichtungen für Kinder.

Miniaturstadt Madurodam

Scheveningen ❻

Straßenkarte B4. 18 000. 14, 22, 23. 1, 9, 11. Gevers Deijnootweg 1134 (0900-340 3505). Do.

Den Badeort Scheveningen erreicht man in 15 Minuten mit der Tram vom Zentrum Den Haags aus. Wie viele Badeplätze an der Nordsee hatte Scheveningen seine beste Zeit im 19. Jahrhundert. Heute ist dieser Ort eine Mischung verblichener Eleganz und moderner Angeberei. Aber immer noch ist er dank seiner langen Sandstrände und des **Piers** ein beliebter Ferienort. Hier gibt es viele Lokale und Fischrestaurants. Das **Kurhaus** im Empirestil, heute ein Luxushotel, wurde 1885 erbaut, als Scheveningen noch ein wichtiger Kurort war. Nicht weit vom Kurhaus liegt **Sea Life Scheveningen**, in dem man von

durchsichtigen Tunneln aus Stechrochen, Haie und andere Meerestiere beobachten kann. Das **Muzee Scheveningen** widmet sich der Geschichte des Fischerdorfs und Badeorts. Hier kann man auch eine Führung durch den alten Leuchtturm von Scheveningen buchen. Am Strandboulevard liegt, halb verborgen in einer Düne, das von Wim Quist entworfene **Museum Beelden aan Zee**. In den Sälen und auf den Terrassen stehen Skulpturen zeitgenössischer Künstler, die den Menschen zum Thema haben.

Der Badeort hat das ursprüngliche Fischerdorf Scheveningen beinahe verdrängt, obwohl es hier immer noch einen Hafen und eine große Fischversteigerung gibt. Am Südende des Hafens kann man eine Fahrt auf einem Fischerboot buchen.

Sea Life Scheveningen

Strandweg 13. 070-354 2100.
Dez, Jan: tägl. 10–18 Uhr; Feb–Juni, Sep–Nov: 10–19 Uhr; Juli, Aug: 10–20 Uhr. 25. Dez.
www.sealife.nl

Muzee Scheveningen

Neptunusstr. 92. 070-350 0830.
Di–Sa 10–17, So 12–17 Uhr.
1. Jan, 25. Dez.
www.muzee.nl

Museum Beelden aan Zee

Harteveltstr. 1. 070-358 5857.
Di–So 11–17 Uhr.
www.beeldenaanzee.nl

Thsuki-no-hikari (Licht des Mondes) von Igor Mitoraj in den Dünen beim Museum Beelden aan Zee

Im Detail: Delft

Delfter Fliese aus dem 19. Jahrhundert

Die Geschichte Delfts reicht bis ins Jahr 1075 zurück. Der Wohlstand der Bewohner gründete sich auf Webereien und Brauereien. Im Oktober 1654 wurde jedoch ein Großteil der mittelalterlichen Stadt durch die Explosion des Arsenals zerstört. Ende des 17. Jahrhunderts war das Zentrum wieder aufgebaut, seither hat sich in der historischen Innenstadt wenig verändert – an den von Bäumen gesäumten Grachten stehen noch immer die Häuser aus der Gotik und der Renaissance mit ihren malerischen Fassaden. Der Markt mit dem Rathaus und der Nieuwe Kerk ist seit je der lebendige Mittelpunkt der Stadt.

★ Stedelijk Museum Het Prinsenhof
Im Jahr 1584 wurde Willem van Oranje hier im Treppenhaus ermordet.

0 Meter   50

SCHOOLSTRAAT

ST.-AGATHAPLEIN

HIPPOLYTUSBUURT

OUDE DELFT

★ Oude Kerk
Die Oude Kerk aus dem 13. Jahrhundert birgt die Gräber vornehmer Delfter Bürger wie Antonie van Leeuwenhoek, dem Erfinder des Mikroskops.

An Oude Delft
stehen Grachtenhäuser im Renaissancestil.

NIEUWSTRAAT

BOTERBRUG

OUDE DELFT

PEPERSTRA

Sint-Hippolytuskapel
Die schlichte Kapelle (1396) aus Backstein diente während der Reformation (siehe S. 52f) als Munitionslager.

NICHT VERSÄUMEN

★ Nieuwe Kerk

★ Oude Kerk

★ Stedelijk Museum Het Prinsenhof

LEGENDE

- - - - Routenempfehlung

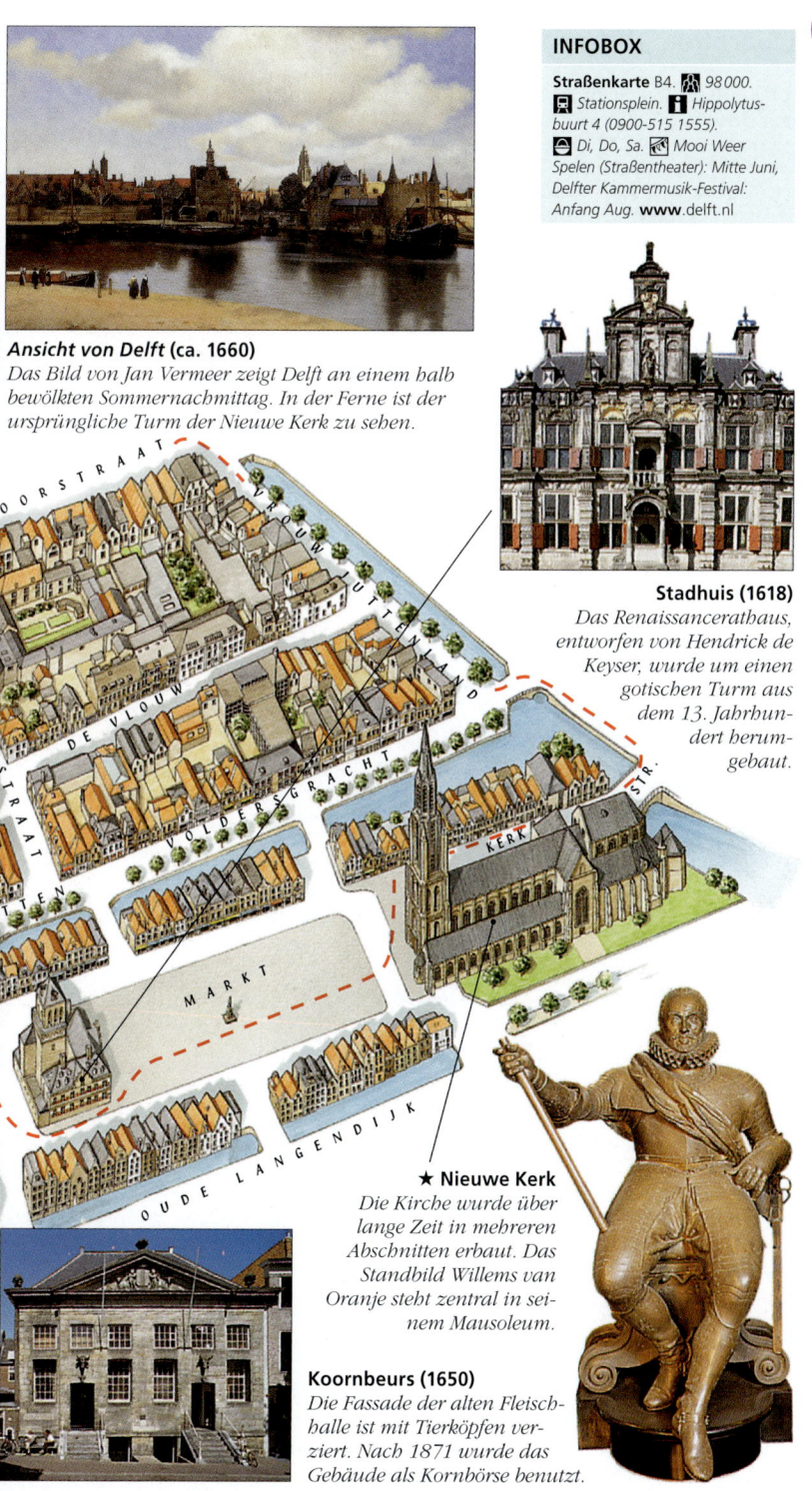

Ansicht von Delft (ca. 1660)
Das Bild von Jan Vermeer zeigt Delft an einem halb bewölkten Sommernachmittag. In der Ferne ist der ursprüngliche Turm der Nieuwe Kerk zu sehen.

INFOBOX

Straßenkarte B4. 🚶 *98 000.*
🚉 *Stationsplein.* 🛈 *Hippolytus-buurt 4 (0900-515 1555).*
🚌 *Di, Do, Sa.* 🎭 *Mooi Weer Spelen (Straßentheater): Mitte Juni, Delfter Kammermusik-Festival: Anfang Aug.* **www**.delft.nl

Stadhuis (1618)
Das Renaissancerathaus, entworfen von Hendrick de Keyser, wurde um einen gotischen Turm aus dem 13. Jahrhundert herumgebaut.

★ Nieuwe Kerk
Die Kirche wurde über lange Zeit in mehreren Abschnitten erbaut. Das Standbild Willems van Oranje steht zentral in seinem Mausoleum.

Koornbeurs (1650)
Die Fassade der alten Fleischhalle ist mit Tierköpfen verziert. Nach 1871 wurde das Gebäude als Kornbörse benutzt.

Überblick: Delft

Die charmante Stadt Delft ist in der ganzen Welt berühmt für ihr blau-weißes Steingut und in den Niederlanden auch deswegen, weil hier Willem van Oranje (1533–1584), der »Vater des Vaterlands«, bestattet ist. Von seinem Hauptquartier in Delft leitete er den Aufstand gegen die spanische Übermacht (Beginn des Achtzigjährigen Kriegs, *siehe S. 49*). Sein Sieg brachte den Niederländern Religionsfreiheit und Unabhängigkeit. Delft war auch der Geburts- und Wohnort des Malers Jan Vermeer (1632–1675).

🔒 Oude Kerk

Heilige Geestkerkhof 25. 📞 *015-212 3015.* ⬛ *Apr–Okt: Mo–Sa 9–18 Uhr; Nov–Jan: Mo–Fr 10–16, Sa 10–17 Uhr; Feb, März: Mo–Fr 10–17 Uhr.* 📷 ♿ www.oudekerk-delft.nl

Seit dem 13. Jahrhundert steht hier eine Kirche, aber der ursprüngliche Bau wurde mehrfach umgestaltet. Der prächtige Glockenturm mit seinem auffallenden Oberbau stammt aus dem 14. Jahrhundert. Das gotische Nordtransept baute Anfang des 16. Jahrhunderts der Brabanter Architekt Anthonis Keldermans an. Prunkstück innen ist die hölzerne Kanzel mit Baldachin. Der Boden ist mit verzierten Grabplatten aus dem 17. Jahrhundert bedeckt, darunter auch denen von Jan Vermeer und Admiral Piet Hein (1577–1629).

Die imposante Renaissancekanzel (1548) in der Oude Kerk

🔒 Nieuwe Kerk

Markt 80. 📞 *015-212 3025.* ⬛ *Apr–Okt: Mo–Sa 9–18 Uhr; Nov–Jan: Mo–Fr 11–16, Sa 11–17 Uhr; Feb, März: Mo–Fr 10–17 Uhr.* ♿ 📷 www.nieuwekerk-delft.nl

Die Nieuwe Kerk wurde 1383–1510 erbaut, aber große Teile mussten nach dem Brand von 1536 und der Explosion des Arsenals 1645 restauriert werden. 1872 fügte P. J. H. Cuypers *(siehe S. 371)* den 100 Meter hohen Turm an die gotische Fassade an.

Innen fällt das Mausoleum von Willem van Oranje ins Auge. Es wurde 1614 von Hendrick de Keyser entworfen. In der Mitte steht ein Standbild von Willem in Rüstung, gleich neben ihm die Statue seines Hundes, der wenige Tage nach ihm starb. Die Gräber der königlichen Familie liegen in der Krypta.

🏛 Stedelijk Museum Het Prinsenhof

St.-Agathaplein 1. 📞 *015-260 2358.* ⬛ *Di–So 11–17 Uhr.* ⬤ *1. Jan, 30. Apr, 25. Dez.* 📷 📷 www.prinsenhof-delft.nl

Das mächtige gotische Bauwerk, ein ehemaliges Kloster, beherbergt heute das Historische Museum, ist aber vor allem bekannt als der Ort, an dem Willem van Oranje ermordet wurde. 1572, während des Aufstands gegen die Spanier, beschlagnahmte Willem das Kloster als Hauptquartier. Balthasar Geraerts, ein fanatischer Katholik, erschoss Willem 1584 im Auftrag von Philipp II. von Spanien.

Die Nieuwe Kerk auf dem Marktplatz von Delft

Delfter Steingut

Das Delfter Steingut *(siehe S. 28f)* hat sich aus der Majolika entwickelt, die im 16. Jahrhundert mit italienischen Einwanderern in die Niederlande kam. Die Italiener ließen sich um Delft und Haarlem nieder und stellten Wandfliesen mit niederländischen Motiven wie Vögeln und Blumen her. In der Folgezeit brachten Händler feines chinesisches Porzellan ins Land, woraufhin der Markt für das gröbere niederländische Steingut zusammenbrach. Ab 1650 wurden die chinesischen Stücke imitiert. Man entwarf elegante Teller, Vasen und Schalen mit Abbildungen niederländischer Landschaften, biblischer Szenen und Bildern des täglichen Lebens. Die Fabrik Koninklijke Porceleyne Fles, gegründet im Jahr 1653, bietet auch Führungen an (www.royaldelft.com).

Handbemalte Delfter Fliesen von 1650

🏛 Legermuseum Delft
Korte Geer 1. 📞 015-215 0500.
🕐 Di–Fr 10–17, Sa, So 12–17 Uhr.
⬛ 1. Jan, 25. Dez. 📷
www.legermuseum.nl

Das Armeemuseum ist im ehemaligen Arsenal der alten Provinzen Westfriesland und Holland untergebracht. Das Waffenmagazin wurde 1692 erbaut und birgt viele historische Waffen, die zusammen mit Uniformen, Modellen und Armeefahrzeugen gezeigt werden. Gezeigt wird die Geschichte der niederländischen Armee seit dem Mittelalter. Das Museum zieht Ende 2012 nach Soesterberg in der Nähe Utrechts um.

Wappen an der Fassade des Armeemuseums

Maassluis ⑧

Straßenkarte B4. 🚹 31 600. 🚆
ℹ Dr Kuyperkade 25 (010-592 3469). 🛒 Di, Fr.

Maassluis entwickelte sich an den Schleusen aus dem Jahr 1367. Der Handel mit Hering brachte der Stadt großen Reichtum. Im historischen Zentrum stehen zum Teil prächtige Gebäude aus dem 17. Jahrhundert, u. a. die **Grote Kerk** mit einer berühmten Orgel und das **Stadhuis** von 1650. Viele Romane von Maarten 't Hart (geb. 1944) spielen im Maassluis seiner Jugendtage.

Schiedam ⑨

Straßenkarte B4. 🚹 75 000. 🚆
ℹ Buitenhavenweg 9 (010-473 3000). 🛒 Di vormittags, Fr.

Schiedam erhielt im Jahr 1275 das Stadtrecht und wurde zu einem Zentrum des Handels und der Fischerei, wurde aber darin bald von Rotterdam überholt. Die Jenever-Herstellung, von der noch heute die **fünf größten Windmühlen der Welt** und die alten Speicherhäuser zeugen, bescherte dem Ort im 18. Jahrhundert eine neue Blüte und prägt die Stadt bis heute. Im **Jenever Museum** wird das alte Handwerk des Jenever-Brauens gezeigt. In der Probierstube kann man das enorme Angebot an Jenever und Likören kosten.

Das **Stedelijk Museum** für zeitgenössische Kunst und Geschichte ist im ehemaligen St.-Jacobs-Hospital untergebracht und veranstaltet viele Wechselausstellungen. Zu den Prunkstücken der Sammlung zählen die Werke der Gruppe Cobra.

🏛 Jenever Museum
Lange Haven 74. 📞 010-246 9676.
🕐 Di–Fr 12–17, Sa, So 13–18 Uhr.
⬛ 1. Jan, Ostermontag, 30. Apr, Pfingsten, 25. Dez. ♿
www.jenevermuseum.nl

🏛 Stedelijk Museum
Hoogstraat 112–114. 📞 010-246 3666. 🕐 Di–So 10–17 Uhr.
⬛ 1. Jan, 25. Dez. ♿ 📷 📷
www.stedelijkmuseumschiedam.nl

Schiedam ist die »Hauptstadt« des Jenever

Im Detail: Rotterdam ❿

Dieser Spaziergang führt durch das im Mai 1940 völlig zerbombte Gebiet im Süden der Innenstadt. Man kommt unter anderem am Witte Huis vorbei, einem der wenigen Gebäude, die das Bombardement überstanden haben. Ansonsten sieht man viel moderne Architektur, zum Beispiel die Würfelwohnungen, »Het Potlood« (Der Bleistift) und das Maritiem Museum, das über die Geschichte der Seefahrt informiert. Vor dem Museum steht das Monument von Zadkine, eines der Wahrzeichen Rotterdams. Die leere Fläche um den Bahnhof Blaak war vor dem Bombardement dicht bebaut.

Leuchtturm, Museumshafen

★ **Schielandhuis**
Das Geschichtsmuseum Rotterdam zeigt Malerei und Textilien sowie eine Ausstellung über das Bombardement.

★ **De Verwoeste Stad**
Das Denkmal Die zerstörte Stadt *des Künstlers Zadkine vor dem Maritiem Museum ist eines der berühmtesten der Niederlande. Es erinnert an die Bombardierung im Mai 1940.*

De Buffel
Das Rammschiff De Buffel *diente lange als Lehrschiff und kann heute besichtigt werden.*

BLAAK

REGENTESSEBRUG

WIJNHAVE

SCHEEPMAKERSHA

BOOMPJ

NICHT VERSÄUMEN

★ Kubus-paalwoningen

★ Schielandhuis

★ De Verwoeste Stad

0 Meter   175

LEGENDE

– – – Routenempfehlung

Hotels und Restaurants in Zuid-Holland *siehe Seiten 397f und 417f*

Erasmusbrug

Die imposante Erasmusbrücke ist schnell zu einem Wahrzeichen der Stadt geworden.

INFOBOX

Straßenkarte B4. 🗺 600 000.
🚉 *Stationsplein*. 🚇 *Stationsplein*.
ℹ️ *Coolsingel 195–197 (0900-403 4065)*. 🎭 *Di–So.* 🎬 *Film-festspiele: Jan, Dunya-Festival: Mai, Metropolis (Popkonzerte): Juli, Zomercarnaval: Ende Juli, Welthafentage: Anfang Sep.*
www.rotterdam.info

Station Blaak ist ein besonderer Zug- und Metrobahnhof, entworfen vom Architekten H. C. H. Reijnders.

BLAAK

Het Potlood (Der Bleistift) beim Bahnhof Blaak, ein auffallender Entwurf vom selben Architekten, der auch die Pfahlhäuser baute.

VERLENGDE WILLEMSBRUG

★ Kubus-paalwoningen

Die Pfahlwohnungen sind die bizarre Schöpfung (1978–84) des Architekten P. Blom. Sie gehören zu den spektakulärsten Gebäuden Rotterdams.

Witte Huis

Das »Weiße Haus« ist eines der wenigen Gebäude, die das Bombardement 1940 überstanden. Das 45 Meter hohe Haus war lange Zeit das höchste Bürogebäude Europas.

Willemswerf

Willemswerf ist eines der höchsten und beeindruckendsten Bürogebäude Rotterdams. Der 1989 vollendete Bau ist ein Entwurf des Architekten W. G. Quist.

Überblick: Rotterdam

Standbild B. Ladage

R otterdam ist nicht nur das Symbol für den Wirtschaftsaufschwung der Niederlande nach dem Zweiten Weltkrieg. Die Stadt hat mehr zu bieten als endlose Hafen- und Industriegebiete. Immer mehr entwickelt sie sich zu einem der kulturellen Zentren der Niederlande. War die Stadt kurz nach dem Krieg noch eine kahle Fläche, so beherbergt sie heute unter anderem eine große Universität, einen Park mit wichtigen Museen und einen großen Zoo.

Grachtenhäuser in einer ruhigen Ecke von Delfshaven

Gorilla mit Jungem in Blijdorp

✖ Blijdorp

Blijdorplaan 49. 🚊 *3, 11.* 🚌 *33, 40, 44.* 📞 *010-443 1495.* ⏱ *Sommer und Schulferien: tägl. 9–18 Uhr; Winter: tägl. 9–17 Uhr.* 🗺 ♿ 🅿 ♿ 🍴 💶 www.rotterdamzoo.nl

Der Zoo von Rotterdam, der Tiergarten Blijdorp, ist in mancher Hinsicht einzigartig. Sein Vorläufer wurde 1857 unter dem Namen »De Rotterdamsche Diergaarde« gegründet und lag im Zentrum der Stadt. 1937 wurde beschlossen, dass der Tiergarten in den Polder Blijdorp umziehen sollte, einem Stück Land außerhalb der Innenstadt. So entstand nach dem Entwurf van Ravesteyns einer der weltweit ersten Zoos, die in ihrer Gesamtheit von einem Architekten geplant wurden. Blijdorp hat als einer der wenigen Zoos in Europa eine Forschungsabteilung. Hier werden seltene und bedrohte Tiere wie der Schwarzfußpinguin gezüchtet.

Seit einiger Zeit wird Blijdorp in einen Zoo der neuen Generation umgewandelt, in dem Tiere in ihrer natürlichen Umgebung leben. So kann man in »Asien« Tiere in nachgebauten Landschaften bewundern. Eine andere Neuerung ist die Gorilla-Insel. Mit der Eröffnung des Ozeaniums hat sich die Gesamtfläche von Blijdorp nahezu verdoppelt.

🏛 Delfshaven

Informatiecentrum Historisch Delfshaven, Voorhaven 3. 🚊 *4.*

Das außerhalb des Zentrums gelegene Delfshaven, vor allem als Geburtsort des Seehelden Piet Hein bekannt, sieht so ganz anders aus als der Rest von Rotterdam. Diese Oase von Geschichte und Kultur besteht aus einigen Straßen mit alten Häusern und einem kleinen Hafen mit alten Segelschiffen. In den ehemaligen Speicherhäusern gibt es Läden mit Antiquitäten, Kunst und antiquarischen Büchern, interessante Museen, eine traditionelle Bierbrauerei und Restaurants. Sehenswert ist u. a. das Sackträgerhäuschen (17. Jh.).

Von Delfshaven aus begannen die Pilgrim Fathers 1620 ihre Reise nach Amerika.

☀ Euromast

Parkhaven 20. 🚊 *8.* Ⓜ *Dijkzicht.* 📞 *010-436 4811.* ⏱ *Apr–Sep: tägl. 9.30–23 Uhr; Okt–März: tägl. 10–23 Uhr.* 🗺 🅿 🍴 ☀ www.euromast.nl

Der Euromast, eines der Wahrzeichen von Rotterdam, ist das höchste Bauwerk der Stadt. Vor seiner Errichtung im Jahr 1960 hatte der damalige Bürgermeister van Walsum geklagt, dass man nur Geld für einen 50 Meter hohen Turm hätte, eine Schande, denn der Turm sollte höher als der Domturm von Utrecht werden, mit 112 Metern damals das höchste Bauwerk der Niederlande. Daraufhin spendeten die reichen Rotterdamer Hafenbarone, sodass der Turm 110 Meter hoch werden konnte. Anlässlich der C'70 Show kam der Spacetower dazu, der Euromast ist damit 185 Meter hoch.

Die Rotterdamer Beurstraverse, auch Koopgoot (»Kaufrinne«) genannt

Hotels und Restaurants in Zuid-Holland *siehe Seiten 397f und 417f*

Lichtkunstwerk von Peter Struycken unter dem NAI

🏛 Kunsthal

Westzeedijk 341, Museumpark.
🚌 8,20. ☎ 010-440 0301. ◐ Di–
Sa 10–17, So, Feiertage 11–17 Uhr.
● 1. Jan, 25. Dez. 📷 🅿 🚻
www.kunsthal.nl
Der strenge und nüchterne
Bau wurde für wechselnde
Kunstausstellungen geplant.
Das vom Architekturbüro
OMA entworfene Gebäude
gilt als revolutionär und hat
statt Treppen nur Rampen.
Die Halle bietet anderen
Museen die Gelegenheit, ih-
re Depotsammlungen auszu-
stellen.

🏛 Kinderkunsthal Villa Zebra

Stieltjesstraat 21. 🚌 20, 23, 25.
🚋 48. Ⓜ D. ☎ 010-241 1717.
◐ Di–So 11–17 Uhr (in den Sommer-
ferien ab 10 Uhr). ● 1. Jan, 30. Apr,
25. Dez. 📷 🅿 🚻 www.villazebra.nl
In dem Kunstzentrum speziell
für Kinder kann der Nach-
wuchs viel über Kunst und
Künstler lernen. Außerdem

gibt es viele Möglichkeiten,
sich mittels Theater und bildender Kunst auszudrücken.

🏛 NAI

Museumpark 25. 🚌 4, 5. 🚋 32.
Ⓜ Eendrachtsplein. ☎ 010-440 1200.
◐ Di–Sa 10–17, So, Feiertage 11–
17 Uhr. ● 1. Jan, Ostern, 30. Apr,
25. Dez. 📷 🅿 🚻 🚻 www.nai.nl
Das Bombardement von 1940
verwandelte die Innenstadt
Rotterdams in eine Wüstenei.
Nach dem Krieg wurde mit
dem Wiederaufbau des Zen-
trums begonnen. Heute gibt
es hier mehr moderne Architektur zu sehen als in jeder
anderen niederländischen
Stadt. Darunter sind international bekannte Bauwerke,
etwa die Pfahlwohnungen
von P. Blom und das Büro-
gebäude der Versicherung
Nationale-Nederlanden.
Das NAI, das Niederländi-
sche Architektur-Institut, hat
seinen Sitz in einem Gebäude, das selbst eine architektonische Sehenswürdigkeit ist.
Es bietet eine Übersicht über
die Entwicklung der Baukunst
in den Niederlanden.

Zentrum von Rotterdam

Euromast ②
Kunsthal ①
Museum Boijmans Van
  Beuningen siehe S. 234f ④
Nederlands Architectuur
  Instituut (NAI) ③

LEGENDE
Detailkarte siehe S. 230f

Zeichenerklärung
siehe hinter Umschlagklappe

Rotterdam: Museum Boijmans Van Beuningen

Das Museum ist nach zwei Kunstkennern, F.J.O. Boijmans und D.G. van Beuningen, benannt, die ihre Sammlungen der Stadt schenkten. Die Kollektion ist eine der schönsten der Niederlande. Anfangs waren die Werke im Schielandhuis untergebracht, aber 1935 siedelten sie in den heutigen Museumsbau über. Obwohl es vor allem für seine Sammlung Alter Meister bekannt ist, zeigt das Museum alle Facetten niederländischer Kunst und Designs, von den mittelalterlichen Werken Jan van Eycks bis hin zu zeitgenössischen Kunstwerken.

Die drei Marien am offenen Grab (1430)
Die Brüder Jan und Hubert van Eyck schufen das farbenprächtige Gemälde mit den drei Marien am Grab von Jesus Christus.

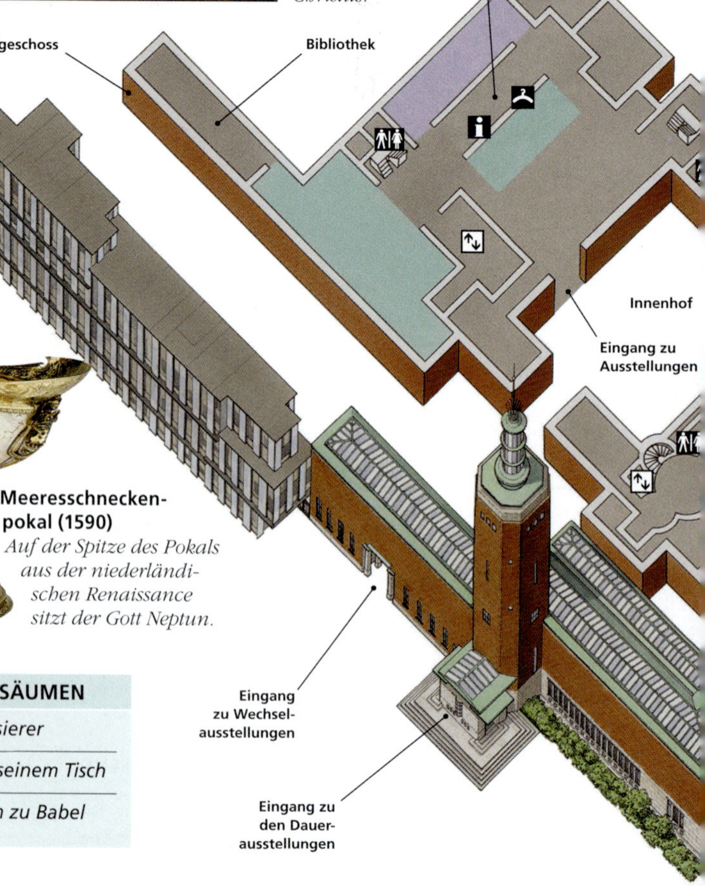

Kartenschalter

Erdgeschoss

Bibliothek

Innenhof

Eingang zu Ausstellungen

Meeresschnecken-pokal (1590)
Auf der Spitze des Pokals aus der niederländischen Renaissance sitzt der Gott Neptun.

Eingang zu Wechsel-ausstellungen

Eingang zu den Dauer-ausstellungen

NICHT VERSÄUMEN

★ *Der Hausierer*

★ *Titus an seinem Tisch*

★ *Der Turm zu Babel*

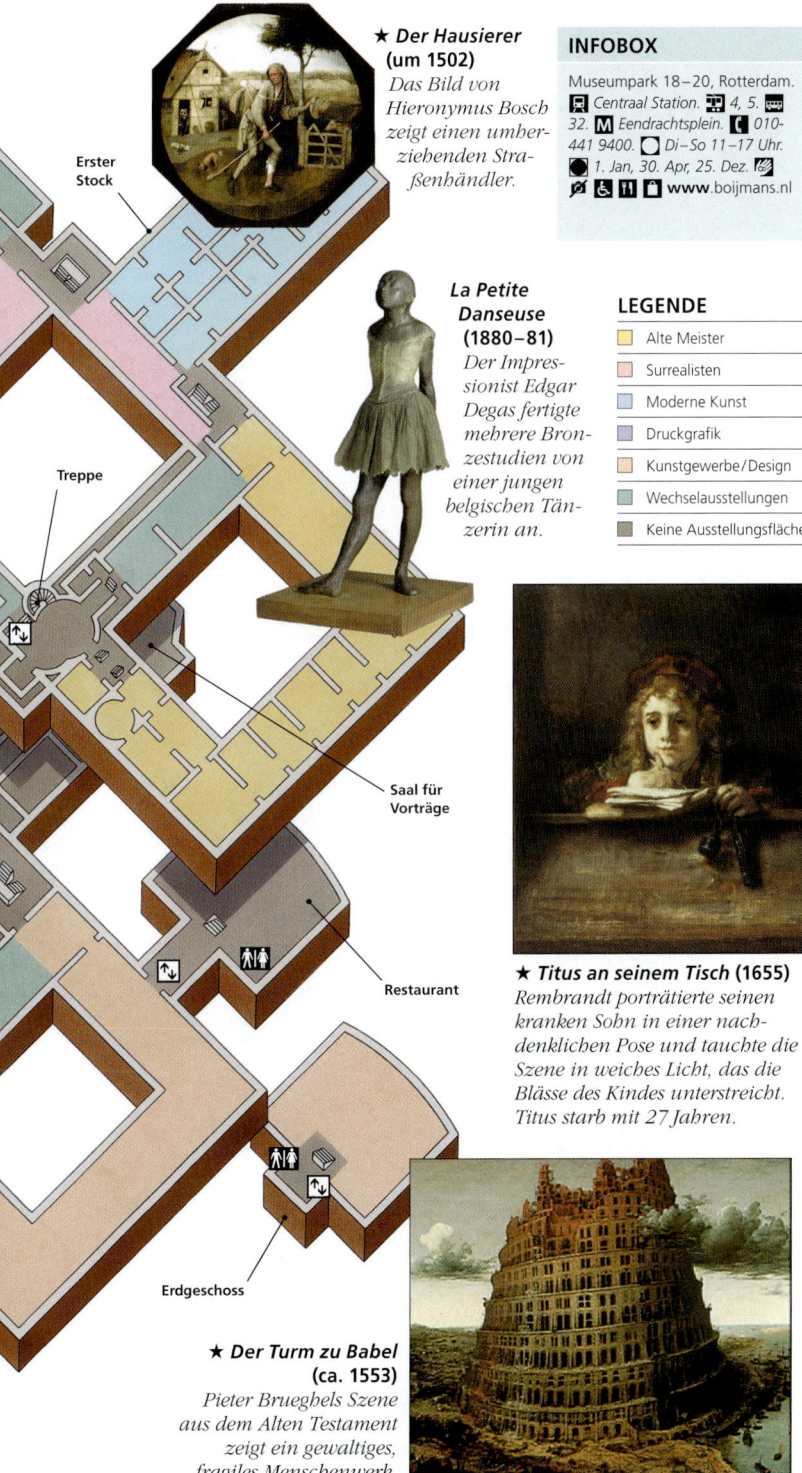

★ **Der Hausierer (um 1502)**
Das Bild von Hieronymus Bosch zeigt einen umherziehenden Straßenhändler.

INFOBOX

Museumpark 18–20, Rotterdam. Centraal Station. 4, 5. 32. Eendrachtsplein. 010-441 9400. Di–So 11–17 Uhr. 1. Jan, 30. Apr, 25. Dez. www.boijmans.nl

Erster Stock

La Petite Danseuse (1880–81)
Der Impressionist Edgar Degas fertigte mehrere Bronzestudien von einer jungen belgischen Tänzerin an.

LEGENDE

▢	Alte Meister
▢	Surrealisten
▢	Moderne Kunst
▢	Druckgrafik
▢	Kunstgewerbe/Design
▢	Wechselausstellungen
▢	Keine Ausstellungsfläche

Treppe

Saal für Vorträge

Restaurant

★ **Titus an seinem Tisch (1655)**
Rembrandt porträtierte seinen kranken Sohn in einer nachdenklichen Pose und tauchte die Szene in weiches Licht, das die Blässe des Kindes unterstreicht. Titus starb mit 27 Jahren.

Erdgeschoss

★ **Der Turm zu Babel (ca. 1553)**
Pieter Brueghels Szene aus dem Alten Testament zeigt ein gewaltiges, fragiles Menschenwerk.

Wasserstadt Rotterdam

Rotterdam liegt im Mündungs-
bereich der Nieuwe Maas,
die – vereinigt mit Rhein und
Waal – in die Nordsee mündet. Eine
der Hauptattraktionen von Rotterdam
ist der Hafen, einer der größten der
Welt. Mehrere Bootslinien bieten täg-
Schiffs- lich Rundfahrten durchs Hafengebiet
junge an. Die Touren führen u. a. entlang
von Containerumschlaghäfen, Schiffswerften
und riesigen Trockendocks. Hier im Hafen
werden Milliarden verdient.

In Rotterdam, dem drittgrößten Hafen der
Welt, herrscht ein reges Kommen und
Gehen von oft riesigen Schiffen, jährlich
rund 30 000 Ozeanriesen. Die umgeschla-
genen Güter stammen oft aus dem Ruhr-
gebiet oder sind dafür bestimmt.

Hafen von Rotterdam

Der Rotterdamer Hafen, von dem auf dieser Karte nur ein Teil zu sehen ist, erstreckt
sich von der Innenstadt bis an die Nordsee und ist in neun Gebiete unterteilt. Von
Ost nach West: Stadhavens, Vierhavens, Merwehaven, Waalhaven, Eemhaven,
Vondelingenplat, Botlek, Europoort (für den Umschlag und die Verarbeitung von
Rohöl) und Maasvlakte. Der Hafen wächst noch immer, wobei vor allem in der
Nordsee nach Erweiterungsmöglichkeiten gesucht wird (www.havenplan2020.nl).

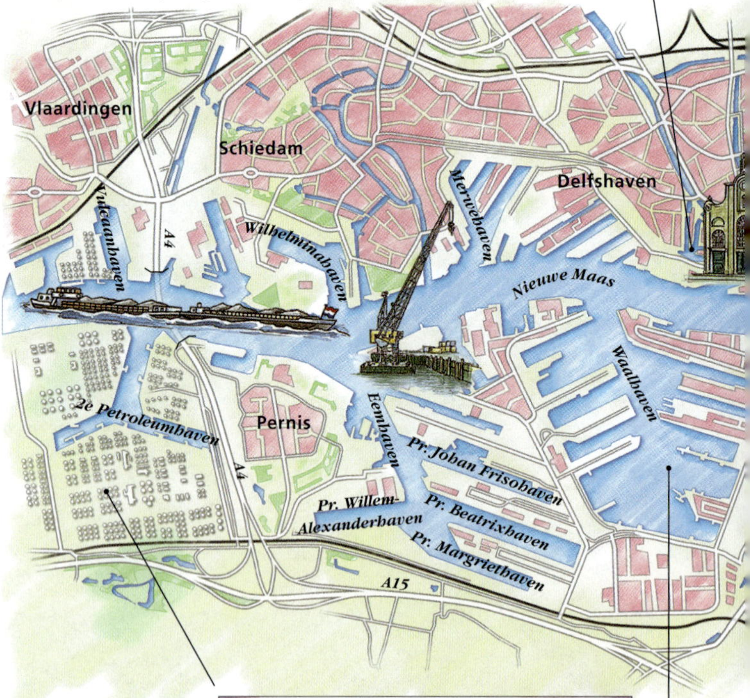

**Alter
Delfshaven**

Vlaardingen

Schiedam

Delfshaven

Vlaardingenhaven

Wilhelminahaven

Merwehaven

Nieuwe Maas

A4

Waalhaven

3e Petroleumhaven

Pernis

Eemhaven

Pr. Johan Frisohaven

A4

Pr. Willem-
Alexanderhaven

Pr. Beatrixhaven

Pr. Margriethaven

A15

Pernis
*In der größten Raffinerie
der Welt wird Tag und
Nacht Rohöl raffiniert.
In der Nacht sehen die
beleuchteten Anlagen von
Pernis gespenstisch aus.*

**Trocken-
docks**

Spido Tour
Hier liegt die Abfahrtsstelle für Hafenrund-
fahrten. Angeboten werden eineinhalbstün-
dige Fahrten durch die Häfen der Innen-
stadt (siehe Karte unten) *sowie Tages-*
fahrten, die bis zur Maasvlakte führen.

Welthafentage
Anfang September locken die Welt-
hafentage Tausende Besucher an,
die die vielen verschiedenen Boots-
typen bewundern möchten.

Hotel New York
Das Hotel befindet sich im wunderschönen
Hauptgebäude der früheren Holland-Amerika-
Linie, erbaut zu Beginn des 20. Jahrhunderts.
Auch die Ankunftshallen in der Nähe sind
eine architektonische Kostbarkeit.

Euromast

Maashaven

Zuiderpark

Filtergebäude
Maastunnel

0 Kilometer   3

LEGENDE

=== Straße

━━ Eisenbahn

Der Hafen als Wirtschaftsfaktor

Rotterdam ist das Tor nach Europa: Im Jahr 2008
hatte der im Rhein-Maas-Delta gelegene Hafen
einen Güterumschlag von 420 Millionen Tonnen.
Mit etwa 100 Quadratkilometer Fläche ist der
Rotterdamer Hafen einer der größten Häfen der
Welt (nur Shanghai und Singapur sind größer)
und einer der wichtigsten Arbeitgeber. Direkt
und indirekt sind rund 320 000 Arbeitsplätze mit
dem Hafen verbunden. Der Gesamtumsatz des
Hafens macht ungefähr zehn Prozent des niederländischen Bruttoinlandsprodukts aus.

Jedes Jahr werden im Rotterdamer Hafen viele Millionen
Container be- und entladen

Gouda: St.-Janskerk

Wappen eines Stifters (1601)

Die ursprünglich katholische Kirche aus dem Jahr 1485 wurde im gotischen Stil wieder aufgebaut, nachdem sie 1552 bei einem Brand zerstört worden war. Von 1555 bis 1571 stifteten viele reiche katholische Wohltäter, darunter auch Philipp II. von Spanien, der Kirche kostbare Glasmalereifenster. Nach der Reformation *(siehe S. 52f)* wurde die Kirche protestantisch, aber auch die fanatischen Bilderstürmer brachten es nicht übers Herz, die Fenster zu zerstören. Selbst prominente Protestanten wie Rotterdams Magistraten spendeten der Kirche bis 1604 weitere Fenster. Die »Goudse Glazen« stecken voll politischer Symbolik. Biblische Geschichten illustrieren den Streit zwischen Katholiken und Protestanten, der zum Achtzigjährigen Krieg führte.

Mittelschiff
Mit seinen 123 Metern ist es das längste in den Niederlanden. Auf dem Boden sieht man Gedenksteine.

Die Ehebrecherin (1601)
Gekleidet als Franziskanermönch bittet Jesus die Menge im Tempel um Gnade für die untreue Ehefrau, die von spanischen Soldaten bewacht wird.

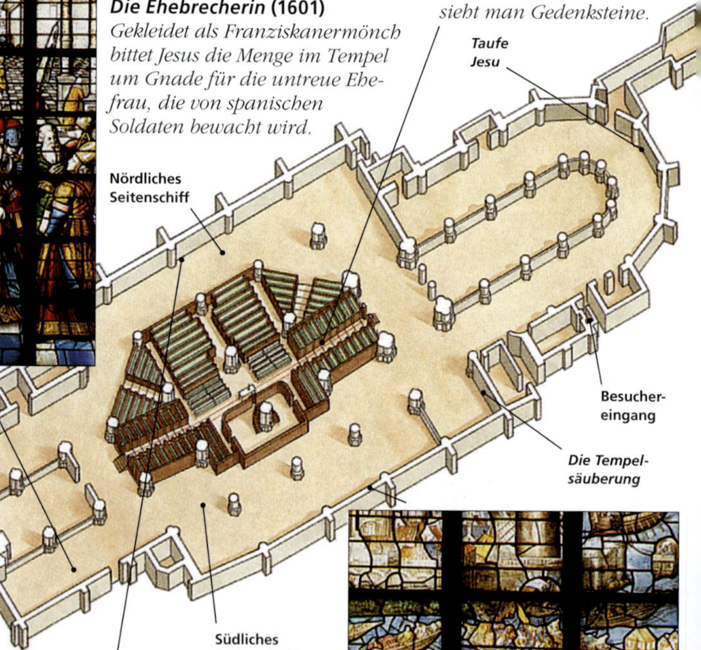

Taufe Jesu

Nördliches Seitenschiff

Besuchereingang

Die Tempelsäuberung

Südliches Seitenschiff

Judith tötet Holofernes
Dies ist ein Detail eines Fensters, das Judith zeigt, wie sie Holofernes tötet. Der Künstler Dirck Crabeth bildet Johannes den Täufer mit einem Lamm ab. Neben ihm kniet Jan de Ligne, Graf von Arenberg, in dessen Auftrag das Fenster angefertigt wurde.

Die Befreiung Leidens (1603)
Willem van Oranje war Führer des Widerstands der Leidener gegen die spanische Belagerung 1574.

INFOBOX

Achter de Kerk 16. ☎ 0182-514 119. ○ *März–Okt: Mo–Sa 9– 17 Uhr; Nov–Feb: Mo–Sa 10– 16 Uhr.* ● *1. Jan, 25., 26. Dez.* ✝ *So 10, 17 Uhr.* 🖼 ♿
www.sintjan.com

Die Tempelsäuberung
Willem van Oranje stiftete dieses Fenster 1567. Die Händler sehen beunruhigt zu, wie Jesus die Wucherer aus dem Tempel vertreibt, eine Anspielung auf den Wunsch, die Spanier zu verjagen.

Taufe Jesu (1555)
Johannes der Täufer tauft Jesus im Jordan. Das Fenster war ein Geschenk des Bischofs von Utrecht.

Das Rathaus von Nieuwpoort überspannt die Stadtgracht

Gouda ⓫

Straßenkarte B4. 👥 *71 000.* 🚉
ℹ️ *Lange Tiendeweg 29–31 (0900-468 3288).* 🛒 *Do vorm., Sa; Termine für Käsemarkt tel. erfragen.*
www.vvvgouda.nl

Im Jahr 1272 verlieh Floris V Gouda das Stadtrecht. Durch ihre günstige Lage an der Gouwe und der Hollandse IJssel entwickelte sich die Stadt im 15. Jahrhundert zu einem blühenden Zentrum der Bierbrauerei und der Tuchmacherei. Während des Achtzigjährigen Kriegs geriet Gouda in wirtschaftliche und politische Isolation. Erst im 17. und Anfang des 18. Jahrhunderts ging es durch den Handel mit Käse, Pfeifen und Kerzen wieder bergauf.

Heute ist Gouda vor allem für seinen Käse und den **Käsemarkt** bekannt. Der Markt wird in den Sommermonaten auf dem großen dreieckigen Platz rund um das **Rathaus** abgehalten. Das mit vielen Ziertürmchen, sogenannten Pinakeln, üppig verzierte **Stadhuis**, 1450 im Stil der flämischen Gotik erbaut, ist eines der ältesten der Niederlande. Im ehemaligen Hospital **Catharina Gasthuis** (Baubeginn im 14. Jh.) ist heute das **Gouda Museum** zu Hause, dessen Sammlung Bilder der Haager Schule und seltene Altaraufsätze aus dem 16. Jahrhundert umfasst.

🏛 Stadhuis
Markt 1. ☎ 0182-588 211. ○ *Mo– Fr 9–17, Sa 11–15 Uhr.* ● *Feiertage.* 🖼 📷 *nach Vereinbarung.*

🏛 Gouda Museum
Achter de Kerk 14. ☎ 0182-331 000. ○ *Di–Fr 11–17, Sa, So 12– 17 Uhr.* ● *1. Jan, 25. Dez.* 🖼 *unter 18 frei.* **www**.museumgouda.nl

Reeuwijkse Plassen ⓬

Straßenkarte B4. ℹ️ *VVV in Gouda.*

Die Reeuwijker Seenplatte entstand durch Torfabtragungen. Schmale Wege führen zwischen den rechteckigen Seen hindurch, deren Form den früheren Parzellen entspricht. Das Dorf **Sluipwijk** scheint beinahe im Wasser zu versinken. Am besten erkundet man die Gegend zu Fuß oder mit dem Rad. Im Sommer kann man auch einen Bootsausflug in der Seenlandschaft unternehmen.

Nieuwpoort ⓭

Straßenkarte C4. 👥 *1400.*
🚌 *90 aus Utrecht oder Rotterdam.*

Die schöne kleine Festungsstadt, die 1283 das Stadtrecht erhielt, steht unter Denkmalschutz. Die Straßenführung aus dem 17. Jahrhundert ist beinahe unverändert, dasselbe gilt für die Stadtmauern, die sowohl Schutz vor den Franzosen als auch vor Hochwasser bieten mussten. Das Rathaus (mit der darunterliegenden Flutungsschleuse) stammt aus dem Jahr 1696, das Arsenal von 1781. Zwischen 1973 und 1998 wurde die Altstadt restauriert.

Gorinchem ⓮

Straßenkarte C4. 🏘 35 000. 🚏
ℹ Grote Markt 17 (0183-631 525).
🎪 Mo vorm. **www**.vvvgorinchem.nl

Im 13. Jahrhundert war Gorinchem, das zwischen Waal und Linge liegt, Eigentum der Herren von Arkel. Sie wurden von Graf Willem VI vertrieben, wodurch die Stadt zu Holland kam. Ende des 16. Jahrhunderts wurden Befestigungsanlagen errichtet, die bis heute teilweise intakt sind und von denen man prächtige Ausblicke über die Waal hat. Von den vier Stadttoren ist nur die **Dalempoort** erhalten geblieben. Der Lingehaven im Herzen der Stadt ist teilweise noch authentisch.

Umgebung: Am anderen Ufer der Waal liegt **Slot Loevestein** aus dem 14. Jahrhundert. Es hat eine höchst wechselvolle Geschichte als Zollschloss, Wehranlage der Hollandse Waterlinie und – im 17. Jahrhundert – sogar als Staatsgefängnis hinter sich. Von Gorinchem aus fährt zwischen Mai und September eine Fußgängerfähre direkt zum Schloss.

🏰 **Slot Loevestein**
Poederoijen. 📞 0183-447 171.
🕐 Mai–Sep: Di–Fr 11–17, Sa, So 13–17 Uhr; Okt–Apr: Sa, So 13–17 Uhr. ● 1. Jan, 25.–31. Dez. 🎫
📷 🎁 ⛴ **www**.slotloevestein.nl

Glasbläser in Leerdam

Leerdam ⓯

Straßenkarte C4. 🏘 20 000. 🚏
ℹ Dr. Reilinghplein 3 (0345-613 057). 🎪 Do vorm., Sa nachm.
www.vvvleerdam.nl

Leerdam ist für seine Glasindustrie bekannt. Die Koninklijke Nederlandse Glasfabriek wurde mit Entwürfen von Berlage, Copier und anderen Künstlern berühmt. Im **Nationaal Glasmuseum** kann man sie bewundern. Bei Royal Leerdam Kristal kann man bei der traditionellen Glasherstellung zusehen. **Fort Asperen** ist eine der besterhaltenen Festungen der Nieuwe Hollandse Waterlinie.

🏛 **Nationaal Glasmuseum**
Lingedijk 28. 📞 0345-614 960.
🕐 Di–Sa 10–17, So 12–17 Uhr. 🎫
🎁 **www**.nationaalglasmuseum.nl

Dordrecht ⓰

Straßenkarte B4. 🏘 118 600. 🚏
ℹ Spuiboulevard 99 (0900-463 6888). 🎪 Di vorm., Fr, Sa.
www.vvvdordrecht.nl

Die älteste Stadt Hollands erhielt 1220 das Stadtrecht und war bis ins 16. Jahrhundert die bedeutendste Hafen- und Handelsstadt der Provinz. Heute ist Dordrecht noch immer ein wichtiger Binnenhafen. Im alten Hafengebiet erinnern Patrizierhäuser, Speicher und *hofjes* an die Vergangenheit. Die **Grote Kerk** (13.–17. Jh.) im Stil der Brabanter Gotik ist reich ausgestattet. In den Salons eines Patrizierhauses aus dem 18. Jahrhundert residiert das **Museum Simon van Gijn** mit seiner Sammlung von alten Stichen, Kleidung und Spielzeug. Der **Hof** (1512) beherbergt den **Statenzaal**, in dem 1572 die Dordrechter Ständeversammlung tagte. Der Hof ist von 2012 bis 2014 wegen Renovierung geschlossen.

🏰 **Grote Kerk**
Lange Geldersekade 2. 📞 078-614 4660. 🕐 Apr–Okt: Di–Sa 10.30–16.30, So 12–16 Uhr; Nov, Dez: Di, Do, Sa 14–16 Uhr.
📷 Do und Sa 14.15 Uhr. 🎫
www.grotekerkdordrecht.nl

🏰 **Hof und Statenzaal**
Hof 12. 📞 078-649 2311.
🕐 Di–Sa 11–17, So 13–15 Uhr.
www.erfgoedcentrumdiep.nl

Bei Kinderdijk entwässerte eine Reihe von Mühlen jahrhundertelang die Alblasserwaard

Hotels und Restaurants in Zuid-Holland siehe Seiten 397f und 417f

Kinderdijk ⏥

Straßenkarte B4. 🚌 *90 ab Rotterdam Akkeroord.* 🏠

Am Zusammenfluss der Lek und der Noord stehen die berühmten **19 Mühlen**, welche die Alblasserwaard in früheren Jahrhunderten trocken hielten. Durch das Absacken des Bodens waren immer wieder neue Mühlen notwendig, um die Höhenunterschiede überwinden zu können.

Brielle ⏥

Straßenkarte B4. 🏙 *16 000.* 🚇 *Metro Rotterdam CS nach Spijkenisse, dann 103.* 🛈 *Turfkade 18 (0181-472 662).* 🎪 *Mo; Juli, Aug: Mi.*

Die schöne historische Hafen- und Festungsstadt Brielle mit ihren zum größten Teil intakten Wehranlagen (18. Jh.) ist denkmalgeschützt. Bis zur Eröffnung des Nieuwe Waterweg (1872) hatte der Geburtsort von Admiral van Tromp eine strategische Lage.

Die Ortsgeschichte und der berühmte Angriff der Watergeuzen im Jahr 1572 *(siehe Kasten)* werden im **Historisch Museum Den Briel** illustriert. Die imposante **St.-Catharijnekerk** aus dem 15. Jahrhundert, im Stil der Brabanter Gotik erbaut, überragt die Stadt.

🏛 Historisch Museum Den Briel
Markt 1. 📞 *0181-475 475.* 🕐 *Apr–Okt: Di–Fr 10–17, Sa 10–16, So 12–16 Uhr; Nov–März: Di–Sa 10–16, So 12–16 Uhr.* 📷 ♿ *www.historischmuseumdenbriel.nl*

Hellevoetsluis ⏥

Straßenkarte B4. 🏙 *40 000.* 🚇 *Metro Rotterdam CS nach Spijkenisse, dann Bus 101.* 🛈 *Oostzanddijk 3 (0181-312 318).* 🎪 *Sa.*

Hellevoetsluis war Ende des 16. Jahrhunderts der Kriegshafen der Generalstaaten von Holland. Im 17. Jahrhundert liefen von hier die Flotten unter Tromp, de Ruyter und Piet Hein zu ihren Seeschlachten aus. Innerhalb der alten Festung erinnern

Die Straße bei Middelharnis **(um 1689) von Meindert Hobbema**

das **Prinsehuis**, in dem die Admiralität von de Maze logierte, das Trockendock und **Fort Haerlem** (19. Jh.) an die maritime Vergangenheit. Alles über Feuer, Brände und das Löschen kann man im **Nationaal Brandweermuseum** erfahren.

🏛 Nationaal Brandweermuseum
Industriehaven 8. 📞 *0181-314 479.* 🕐 *Apr–Okt: Mo–Sa 10–16, So 12–16 Uhr.* ♿ 📷

Middelharnis ⏥

Straßenkarte B4. 🏙 *17 900.* 🚌 *136, 396 ab Rotterdam Zuidplein.* 🛈 *Vingerling 3 (0187-484 870).* 🎪 *Mi.*

Im 16. Jahrhundert überholte Middelharnis seinen Nachbarn Goedereede als Hafenstadt. Die Fischerei blieb bis Ende des 19. Jahrhunderts

die wichtigste Erwerbsquelle. Im Herzen des alten Ortskerns steht die spätgotische Kreuzkirche (15. Jh.). Am Rathaus (1639) hängen Holzblöcke, die Frauen als Strafe für üble Nachrede durch die Stadt tragen mussten.

Goedereede ⏥

Straßenkarte A4. 🏙 *1900.* 🚇 *Metro Rotterdam CS nach Spijkenisse, dann 101 nach Hellevoetsluis, dann 104.* 🛈 *Bosweg 2, Ouddorp (0187-681 789).* 🎪 *Di.*

Im 14. und 15. Jahrhundert war Goedereede eine wichtige Hafenstadt, aber die Versandung läutete den Niedergang des Geburtsortes von Papst Adrianus VI. ein. Die alten Häuser am Hafen scheinen heute wie in einem Dornröschenschlaf gefangen.

Watergeuzen

Die Watergeuzen (»Wassergeusen«) waren eine Gruppe niedriger Adliger, die der Inquisition entflohen waren und als Freibeuter die Nordsee befuhren. Sie plünderten andere Schiffe und sorgten in englischen und deutschen Hafenstädten für viel Unruhe. Im Frühjahr 1572 mussten sie England, wo ein Teil ihrer Flotte lag, verlassen. Ohne klaren Plan überfielen sie unter van Lumey am 1. April 1572 die Stadt Den Briel, die danach »für den Prinzen« besetzt hielten. Andere Städte schlossen sich dem Watergeuzen an oder wurden von ihnen mit Gewalt eingenommen. Damit war der erste Schritt zur Unabhängigkeit der Niederlande von Spanien, mehr oder weniger versehentlich, getan.

Van Lumey

Zeeland

*W**er Zeeland sagt, denkt an Wasser. Bis heute spielt die Nordsee in dieser Provinz eine nicht wegzudenkende Rolle. Noch 1953 wüteten hier verheerende Fluten. Doch seit es durch Sturmflutwehre gezähmt wurde, ist das Meer, nicht zuletzt für die vielen Wassersportler, wieder zum Freund geworden.***

Die jüngste Vergangenheit hat es nicht immer gut gemeint mit Zeeland. Bei der Flutkatastrophe 1953 ging vieles verloren, aber auch die beiden Weltkriege haben ihre Wunden geschlagen. In vielen Orten, vor allem in Zeeuws-Vlaanderen, findet man kaum noch Häuser, die vor den 1950er Jahren gebaut wurden. Überall sieht man Gedenktafeln, die an die vielen Toten der Kriege und der Überschwemmungen erinnern. Aber wer sich mehr Zeit nimmt, der kann hier noch viel Schönes und Altes entdecken. In Städten wie Middelburg, Zierikzee und Veere sowie in Dörfern wie Sint Anna ter Muiden, Dreischor und Nisse sind die alten Ortskerne mit den historischen Häusern teilweise noch erhalten – oder wurden im alten Stil wieder aufgebaut. Schon im 17. Jahrhundert legte das Hochwasser hier Spuren römischer Siedlungen frei.

Heute ist Zeeland vor allem eine Landschaft der Ruhe, des stetig wechselnden Himmels und des weiten Raums, wo der Wind ungehindert weht und viele Vogelarten in Naturschutzgebieten wie dem Zwin und dem Verdronken Land (»Ertrunkenes Land«) van Saeftinge leben.

Im Sommer kommen viele Urlauber, vor allem Surfer, Segler und Taucher, an die Küsten, wo sie im Vordelta große, ideale Wassersportgebiete vorfinden. Naturschutzgebiete sorgen dafür, dass die Gewässer zwischen den Inseln zum größten Teil das Reich der Vögel bleiben.

Das Rathaus aus dem 15. Jahrhundert beherrscht das Stadtbild des historischen Orts Veere

◁ Reihen von mit Muscheln bewachsenen Pfählen sind typisch für die Strände an der Küste Zeelands

Überblick: Zeeland

Giebelstein

Auch bei Reisen in Zeeland spielt das Wasser eine große Rolle: Brücken, Dämme und Fährboote verleihen einer Fahrt oft einen Hauch von Abenteuer. Manchmal führt nur ein schmales Band durchs sturmgepeitschte, fahlgrüne Wasser, dessen weiße Schaumkronen den Himmel beinahe berühren. Die Dämme führen zu den Inseln, deren jede ihre ganz eigene Ausstrahlung hat. Zum Beispiel Tholen: still, fast abweisend und in sich gekehrt. Oder Walcheren mit seiner wunderschönen, unberührten Natur. Immer wieder kommt man durch alte Städte und Dörfer mit eigenem Charakter. Eine Reise in Zeeland ist eine Entdeckungsreise.

In Zeeland unterwegs

Wer alle Inseln besuchen will, der ist auf das Auto angewiesen. Die Straßen sind hervorragend: Die A58 und die N57 führen ins Herz der Provinz, von wo aus kleinere Straßen weiterführen. Mit dem Zug erreicht man Vlissingen und Middelburg von Amsterdam aus in zweieinhalb Stunden. Die anderen Inseln erreicht man mit Regionalbussen, doch das kann Zeit kosten. Es gibt viele Fahrradwege – eine Radtour auf den Deichen ist ein Genuss.

Sehenswürdigkeiten auf einen Blick

Brouwershaven ❾
Bruinisse ❿
Cadzand ⓴
Domburg ❹
Goes ⓮
Haamstede ❽
Hulst ⓱
Middelburg S. 248–250 ❷
Nisse ⓰
Oosterschelde
  Stormvloedkering S. 246 f ❶
Sluis ⓳
St. Annaland ⓫
St. Maartensdijk ⓬
Terneuzen ⓲
Tholen ⓭
Veere ❸
Vlissingen ❺
Westkapelle ❻
Yerseke ⓯
Zierikzee ❼

Ein Zeeuwser Sport: Ringestechen

LEGENDE

═══	Autobahn
───	Hauptstraße
───	Nebenstraße
───	Panoramastraße
───	Eisenbahn (Nebenstrecke)
▬▬▬	Staatsgrenze
▬▬▬	Provinzgrenze

Weitere Zeichenerklärungen *siehe hintere Umschlagklappe*

Taucher bei einem der Binnenseen

9 BROUWERSHAVEN

Serooskerke

Dreischor

Duiveland

N59

N59

BRUINISSE **10**

ZIERIKZEE **7**

Ouwerkerk

St. Philipsland

Colijnsplaat

ST. ANNALAND **11**

Oosterschelde

ortgene

Tholen

N256

12 ST. MAARTENSDIJK

N286

THOLEN **13**

14 GOES

15 YERSEKE

Kapelle

veland

16 NISSE

Kruiningen

Krabbendijke

A58

Z E E L A N D

llewoutsdijk

Kloosterzande

18 TERNEUZEN

Vlaanderen

Zaamslag

Axel

N61

17 HULST

0 Kilometer   10

SIEHE AUCH

• *Hotels* S.398f

• *Restaurants* S.418

Trocknende Fischnetze
in Yerseke

Fruchtbarer schwarzer Lehmboden

Oosterschelde Stormvloedkering ❶

Die Geschichte der Niederlande ist vom Kampf gegen das Wasser geprägt. Nach der schweren Flutkatastrophe in Zeeland 1953 wurden umfangreiche Maßnahmen umgesetzt, um das Meer zähmen zu können. Mit der Anlage von Deichen und Wehren und dem Eindämmen von Meereszungen scheint die Hochwasser- und Sturmflutgefahr heute gebannt, allerdings veränderte das die ganze Landschaft.

Wenn der Windsack sich bläht, ertönt ein Warnton. Vom Überqueren der Dämme und Brücken zwischen den Inseln wird dann abgeraten. Vorsicht ist hier überlebenswichtig.

Auf dem Damm wurde eine Straße angelegt.

Stürme
Sturm gehört zur Zeeuwsen Landschaft: Sturm am Strand oder über den flachen Poldern, Sturm, der den Kopf frei macht, oder Sturm, der Angst einflößt und lebensgefährlich sein kann.

Die Schieber gehen nur bei Hochwasser zu.

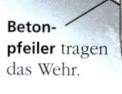

Beton- pfeiler tragen das Wehr.

Unglücksnacht 1953
In der Nacht vom 31. Januar auf den 1. Februar 1953 geschah, was niemand für möglich gehalten hatte. Eine Kombination von Springflut und Sturm ließ die Deiche brechen und spülte sie wie Sand davon. 1835 Menschen kamen um.

Deltapark Neeltje Jans

Die künstlich angelegte Insel Neeltje Jans wurde bis in die 1980er Jahre für den Bau der Oosterschelde-Sturmflutwehr benutzt. Hier wurden u. a. die Stützpfeiler zusammenmontiert, die dann auf Barken zu ihren Positionen gebracht wurden. Heute ist die ehemalige Arbeitsinsel offen für Besucher. Im Deltapark kann man sich über die verschiedenen Delta-Projekte und die Funktionsweise der Sturmflutwehr informieren. Man kann die Sperranlage von innen und bei einer Bootsumrundung von außen besichtigen. Es gibt ein Aquarium, eine Seehundshow und eine »Hurrikan-Maschine«, die eine Sturmflut simulieren kann.

Spielend lernen auf Neeltje Jans

Luctor et emergo
»Ich ringe und komme nach oben« heißt das lateinische Motto von Zeeland – für 1953 sehr passend. Auf dem Wappen steht der Niederländische Löwe halb im Wasser.

Betonpfeiler wurden auf der Arbeitsplattform Neeltje Jans hergestellt, wonach man sie mit Spezialschiffen zu ihrem Bestimmungsort brachte. Die aufwendige Arbeit lockte viele Schaulustige an.

INFOBOX

Straßenkarte A4–5. Deltapark Neeltje Jans, Faelweg 5, Vrouwen- polder. 0111-652 702. 133. Apr–Okt: tägl. 10–17.30 Uhr; Nov–März: Mi, Sa, So 10–17 Uhr. 1. Jan, 25. Dez. www.deltawerken.com

Deltawerke
Das Schutzsystem gegen Hochwasser hatte weitreichende Folgen für Landschaft und Umwelt. Die Zeeuwsen Inseln sind heute mit dem Festland verbunden und so aus ihrer Isolation geholt worden.

Halb offener Pfeilerdamm

Der Bau der Oosterschelde Stormvloed- kering dauerte 13 Jahre und kostete 3,6 Milliarden Euro, zwei Drittel der Ge- samtkosten des ganzen Deltaplans. Nach langem Hin- und Herüberlegen entschied man sich dafür, die Seezunge offen zu halten und das Gezeitenmilieu zu bewah- ren. Man errichtete einen halb offenen Pfeilerdamm mit 62 Schiebern, die im Schnitt einmal im Jahr bei schwerem Sturm geschlossen werden. So blieb das Salzwassergebiet mit seinen Groden und Schlickgebieten erhalten.

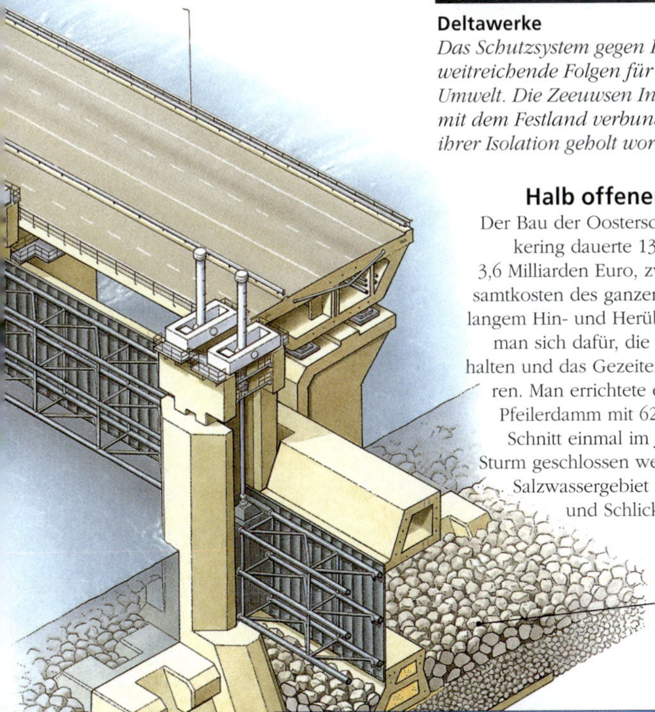

Bodenverstärkung verhindert das Wegspülen des Untergrundes.

Warften
Hügel wie hier bei Borssele wurden schon im 11. und 12. Jahrhun- dert aufge- schüttet, um Gehöfte oder ein Dorf zu schützen.

Die Pfeiler ruhen auf festen Fundamenten.

Im Detail: Middelburg ❷

Details am Rathaus

Middelburg wurde 1940 durch deutsche Bomben schwer beschädigt. Vieles von dem, was heute hier zu sehen ist, wurde wiederaufgebaut, auch das Rathaus und die Abtei. In der Stadt erinnert noch viel an das Goldene Jahrhundert, als die VOC im Hafengebiet am Kai entlang gute Geschäfte machte. Es ist eine liebenswerte Stadt, in der man auf einem Spaziergang viel Schönes entdecken kann. Kinder kommen in Mini Mundi auf ihre Kosten.

★ St. Jorisdoelen
Der Schützenhof wurde 1582 erbaut, 1940 zerstört und 1969 rekonstruiert.

Zeeuws Archief, das Archiv der Provinz, ist heute in einem neuen Flügel des geschichtsträchtigen Van de Perrehuis an der Hofplein untergebracht.

LEGENDE

▬ ▬ ▬ Routenempfehlung

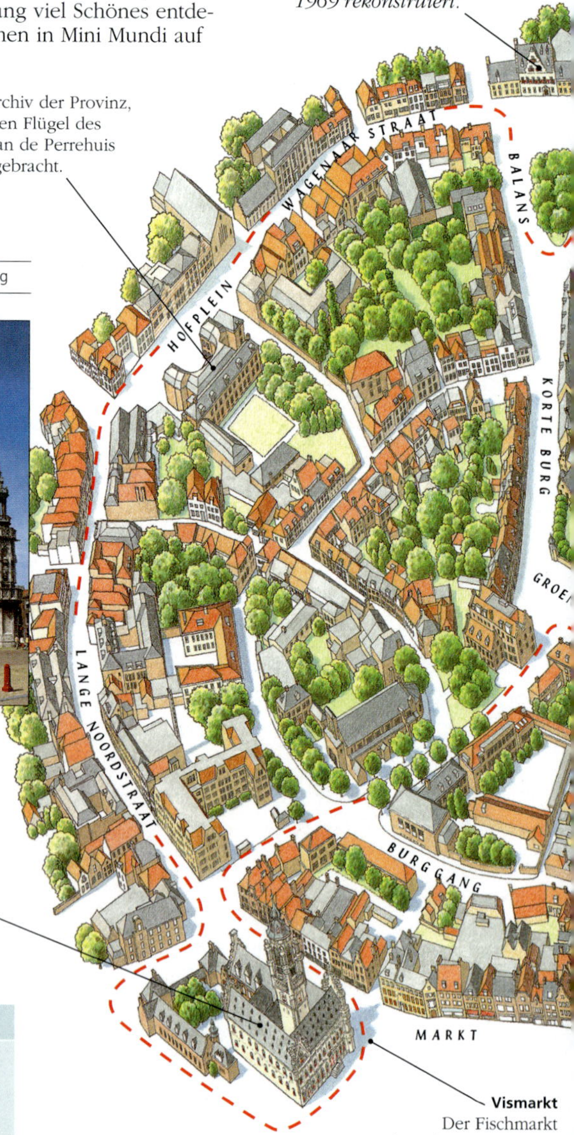

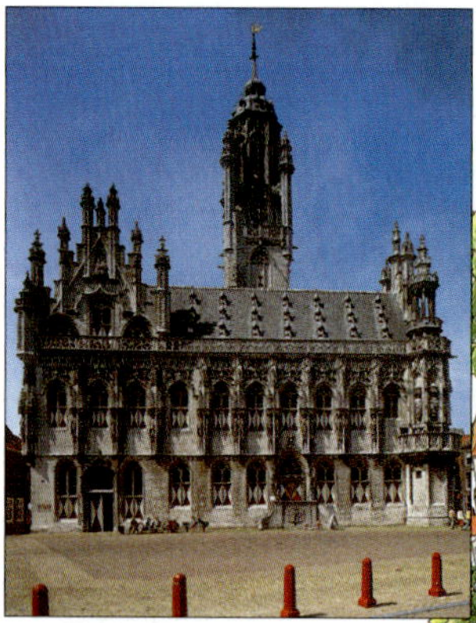

★ Stadhuis
Das Rathaus aus dem 15. Jahrhundert brannte im Mai 1940 völlig aus und wurde teilweise wieder aufgebaut. An der Nordseite steht heute ein moderner Anbau.

0 Meter   50

NICHT VERSÄUMEN

★ Abtei

★ Stadhuis

★ St. Jorisdoelen

Vismarkt
Der Fischmarkt besteht seit 1559. Der Gang mit toskanischen Säulen wurde 1830 erbaut.

Map labels: WAGENAAR STRAAT · BALANS · HOFPLEIN · KORTE BURG · GROE... · LANGE NOORDSTRAAT · BURG GANG · MARKT

Mini Mundi

*Diese Miniatur-
stadt wird seit
1954 gebaut und
kontinuierlich er-
weitert. Sie umfasst
heute mehr als
350 Gebäude.*

INFOBOX

Straßenkarte A5. 47 500.
Markt 51 (0118-
674 300). www.touristshop.nl
Do, Sa. **Stadhuis** Markt.
Abtei (siehe S. 250). **Mini Mundi**
Podium 35, Zep Middelburg.
0118-415 400. Mi, Fr, Sa,
So 10–19 Uhr.
www.minimundi.nl

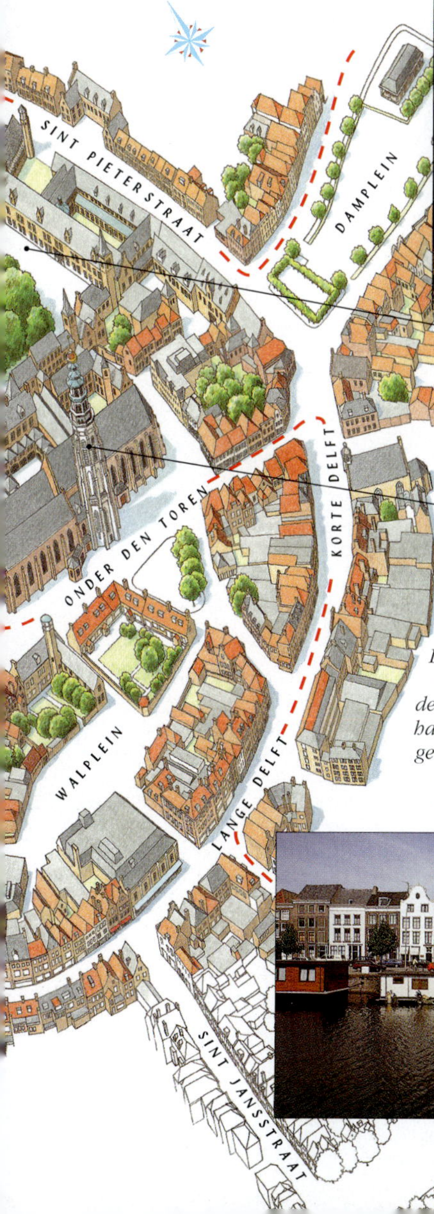

★ Abtei

*Die Restaurierung dauerte Jahrzehnte,
aber das Ergebnis ist auch besonders
gut gelungen.*

Lange Jan

*Der Turm (91 m)
der Nieuwe Kerk
des Abteikomplexes
hat einen achtecki-
gen Grundriss und
stammt aus dem
14. Jahrhundert.*

Londoner Kai

*Die Namen der
kaaien beziehen
sich auf die
Güter, die hier
früher gehan-
delt wurden,
oder auf die
Städte, aus
denen sie
kamen.*

Middelburg: Zeeuws Museum

Das Zeeuws Museum befindet sich in einem renovierten Flügel der Abtei von Middelburg. Die Geschichte der Abtei reicht bis ins Jahr 1100 zurück, als hier Norbertiner aus dem Kloster St. Michiel in Antwerpen lebten. Sie waren sehr mächtig, wurden aber 1574 durch Willem van Oranje verjagt. Danach ließ sich die weltliche Macht hier nieder. Das Museum geht auf die Geschichte der Abtei ein und präsentiert seine erlesenen Sammlungen von Porzellan, Silber, Gemälden und Tapisserien.

Bronzearmreif, um 50 v. Chr.

INFOBOX

Zeeuws Museum. **Straßenkarte** A5. 0118-653 000. Di–So 11–17 Uhr. 1. Jan, 25. Dez. www.zeeuwsmuseum.nl

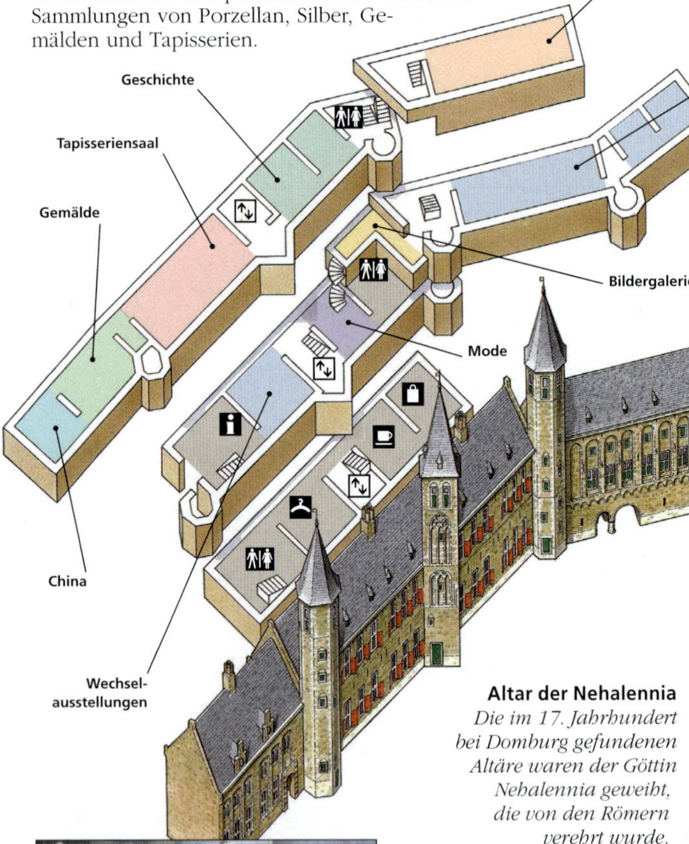

Wunder

Wechselausstellungen

Geschichte

Tapisseriensaal

Gemälde

Bildergalerie

Mode

China

Wechselausstellungen

Altar der Nehalennia
Die im 17. Jahrhundert bei Domburg gefundenen Altäre waren der Göttin Nehalennia geweiht, die von den Römern verehrt wurde.

Trachten
Das Museum hat eine Sammlung von Schmuckstücken, Accessoires und Trachten, die auch mittels von Videos zeitgenössischer Künstler präsentiert wird.

Kurzführer

Das Zeeuws Museum ist in einem der ältesten Flügel der Abtei untergebracht und hat verschiedene Abteilungen, die sich der Geschichte der Region, der Mode und anderen Themen widmen. Außerdem finden hier regelmäßig Wechselausstellungen statt.

Veere ❸

Straßenkarte A5. 🚶 *1500*. 🚌
ℹ️ *Oudestraat 28 (0118-581 342)*.
www.vvvzeeland.nl

Heute und Gestern treffen in Veere aufeinander. Am Kai liegen moderne Yachten gegenüber den gotischen Fassaden von **Het Lammetje** (1539) und **De Struijs** (1561) vor Anker. Die **Schotse Huizen** stammen aus der Zeit, als der Hafen noch ein bedeutender Umschlagplatz für kostbare schottische Wolle war.

Andere Monumente aus der ruhmreichen Vergangenheit sind das **Stadhuis** (1474), der **Campveerse Toren** (um 1500) sowie die **Onze Lieve Vrouwekerk** (15./16. Jh.). Beinahe wäre diese Kirche abgerissen worden, glücklicherweise hat sie als Konzertsaal für zeitgenössische Musik eine neue Bestimmung erhalten.

Domburg ❹

Straßenkarte A5. 🚶 *1600*. 🚌
ℹ️ *Schuitvlotstraat 32 (0118-581 342)*. www.domburginfo.nl

Domburg war einer der ersten Badeorte des Landes. Im 19. Jahrhundert suchte das vornehme Europa in dem Städtchen Entspannung und Genesung. Die noblen Kurhotels in den Dünen sind prächtige Zeugen dieses Elitetourismus. Pieter Cornelius Mondriaan (1872– 1944) hielt sich längere Zeit in Domburg auf und malte hier.

Umgebung: Im Landesinneren liegt zwischen Dünen und Poldern der Ort Oostkapelle. Schön sind hier das Naturschutzgebiet **De Manteling** und Schloss **Westhove**, das bis zum 16. Jahrhundert Landsitz des Abts von Middelburg war. In der ehemaligen Orangerie befindet sich das naturkundliche Museum **Terra Maris**.

Michiel de Ruyter

🏛 **Terra Maris**
Duinvlietweg 6. 📞 *0118-582 620*.
🕐 *Mai–Okt: tägl. 10–17 Uhr; Nov– Apr: Mi–So 12–17, Sa, So 12– 16 Uhr.* 💻 📷 www.terramaris.nl

Im Yachthafen von Vlissingen liegen immer viele Schiffe

Vlissingen ❺

Straßenkarte A5. 🚶 *43 200*. 🚌
🚇 ℹ️ *Spuistraat 46 (0118-715 320)*.
🚢 *Fr*.

Die Häfen in Vlissingen und im Industriegebiet Vlissingen-Oost sowie die **Schiffswerft De Schelde** sind die Wirtschaftsmotoren der größten Stadt Zeelands. Vlissingen war immer eine Militärbasis, viele Kämpfe haben hier im Lauf der Geschichte ihre Spuren hinterlassen. Eines der wenigen erhaltenen Gebäude aus der Zeit Michiel de Ruyters ist das **Arsenaal** von 1649. Ein zweites Arsenal von 1823 ist heute der Freizeitpark **Het Arsenaal** *(siehe S. 434)*, ein kleines Erlebniszentrum mit Piratenpark und Zeeaquarium, das vor allem Kinder anspricht.

Nervenkitzel bieten die Reptilien und Spinnen, die man sich im **Reptielenzoo**

Das schicke Badhotel in Domburg

Iguana ansehen kann. Die Terrarien befinden sich in zwei Herrenhäusern aus dem 18. Jahrhundert. Vlissingens neueste Attraktion ist das **muZEEum**, das sich maritimen Themen widmet.

🎭 **Het Arsenaal**
Arsenaalplein 1. 📞 *0118-415 400*.
🕐 *tägl. 10–19 Uhr (Winter: nur Mi, Fr, Sa, So)*. ⬤ *1. Jan, 25., 31. Dez.*
📷 ♿ www.arsenaal.com

🦎 **Reptielenzoo Iguana**
Bellamypark 35. 📞 *0118-417 219*.
🕐 *Juni–Sep: Di–Sa 10–17.30, So, Mo 13–17.30 Uhr; Okt–Mai: tägl. 13–17.30 Uhr.* ⬤ *1. Jan, 25. Dez.*
📷 www.iguana.nl

🏛 **muZEEum**
Nieuwendijk 11. 📞 *0118-412 498*.
🕐 *Mo–Fr 10–17, Sa, So 13–17 Uhr.*
⬤ *1. Jan.* 📷 www.muzeeum.nl

Westkapelle ❻

Straßenkarte A5. 🚶 *2800*. 🚌
ℹ️ *Markt 69a (0118-571 281)*. 🚢 *Fr*.

Das Beeindruckendste an Westkapelle ist der Deich. Der Ort lag früher hinter Dünen, die im 15. Jahrhundert weggespült wurden. Daraufhin versetzte man Westkapelle landeinwärts und legte bis 1458 einen Deich an. Aus dieser Zeit stammt der Leuchtturm, der bis 1831 als Kirchturm diente. 1944 wurde der Deich von den Engländern bombardiert, um Walcheren zu fluten und zu befreien. 1987 schüttete man den Deich auf Deltaniveau auf.

Hotels und Restaurants in Zeeland *siehe Seiten 398f und 418*

Die mittelalterliche Zuidhavenpoort in Zierikzee

Zierikzee ➐

Straßenkarte A4. 🚶 9900. 🚏
ℹ️ *Nieuwhaven 7 (0900-202 0233).*
🛍️ *Do.*

Mit 558 denkmalgeschütz-ten Häusern liegt Zierik-zee auf der Liste der histori-schen Städte der Niederlande an achter Stelle. Schon aus der Ferne sieht man die im-posanten Stadttore. Die vielen Terrassen am Havenplein bie-ten einen wundervollen Blick auf die zwei Hafentore und die reich dekorierten Patrizier-häuser am Oude Haven, dem Rest der **Gouwe**, eines Priels, dem Zierikzee seinen Reich-tum verdankt.

Inmitten der Stadt liegt das gotische **Gravensteen** (1524–26), früher Residenz des Gra-fen von Holland, heute das **Maritiem Museum**. Das Stadt-panorama wird von dem un-vollendeten **Dikke Toren** be-herrscht, dessen Bau 1454 begonnen wurde. Er sollte mit 130 Metern die Krönung der **St.-Lievenskerk** (12. Jh.) wer-den, die 1832 abbrannte.

Auf einem Spaziergang durch die Straßen am Alten und Neuen Hafen, z. B. durch die Meelstraat oder die Post-straat, findet man viele alte Fassaden, etwa das Haus De Haene (14. Jh.), auch Tempe-liershuis genannt, oder das ehemalige Rathaus (1550–54), heute das **Stadhuismuseum**. An das wichtigste lokalhisto-rische Ereignis, den **Aufstand von Zierikzee** 1472 gegen Karel

de Stoute, wird im Sommer mit einem Umzug erinnert.

🏛️ **Maritiem Museum**
Mol 25. 📞 *0111-454 464.* 🕐 *Apr–Aug: Mo–So 12–17 Uhr.* 📷 🔲
www.museaschouwenduiveland.nl

🏛️ **Stadhuismuseum**
Meelstraat 6. 📞 *0111-454 464.*
🕐 *Apr–Aug: Mo–So 12–17 Uhr.*
📷 🔲
www.museaschouwenduiveland.nl

Umgebung: Das 2001 eröff-nete **Watersnoodmuseum** in Ouwerkerk erinnert an die katastrophale Sturmflut von 1953 und geht auch auf den Deltaplan ein, der 1953–97 umgesetzt wurde.

🏛️ **Watersnoodmuseum**
Weg van de Buitenlandse Pers 5, Ouwerkerk. 📞 *0111-644 382.*
🕐 *Apr–Okt: Di–So 11–17 Uhr;*
Nov–März: Di–So 13–17 Uhr. 📷
www.watersnoodmuseum.nl

Schloss Haamstede wurde in den 1960er Jahren restauriert

Haamstede ➑

Straßenkarte A4. 🚶 3800. 🚏 ℹ️
Noordstr. 45a (0900-202 0233). 🛍️ *Do.*

Haamstede ist ein ruhiger Ort, dessen Häuser sich um die Kirche gruppieren. In der Nähe liegt **Slot Haamste-de** (13. Jh.) mit einem Park.

♣ **Slot Haamstede**
Haamstede, bei der Kirche.
🕐 *nur Park; das Schloss ist für die Öffentlichkeit geschlossen.*

Umgebung: Westerschouwen, fünf Kilometer südwestlich, ist Zeeland wie aus dem Bilder-buch. Im Westen liegen die Dünen, teils nur mit Strand-hafer und Sanddorn, teils mit Nadelhölzern bedeckt. Im Sü-den steht der **Plompe Toren**, Kirchturm des versunkenen Koudekerke. Bei Renesse liegt **Slot Moermond**.

🏛️ **Plompe Toren**
Ecke Plompetorenweg/Koude-kerkseweg. 🕐 *tägl. 10–16.30 Uhr.*

Plompe Toren, Kirchturm des versunkenen Koudekerke

Brouwershaven ➒

Straßenkarte A4. 🚶 1400.
🚏 🛍️ *Mo.*

Brouwershaven hat ein historisches Zentrum und einen neuen Hafen. Am Markt steht das Rathaus (1599). Die **St.-Nicolaaskerk** aus dem 14. Jahrhundert zeugt vom einstigen Reichtum. Eine zweite Blüte erlebte die Stadt bis 1870 als Vorhafen von Rotterdam. **Brouws Museum** präsentiert eine historisch-ma-ritime Sammlung.

🏛️ **Brouws Museum**
Haven Zuidzijde 15. 📞 *0111-691 342.* 🕐 *Mo–Fr 9–17 Uhr.* 📷 🔲
www.brouwsmuseum.nl

In Brouwershaven steht heute Erholung auf dem Wasser an erster Stelle

Bruinisse ⑩

Straßenkarte B4. 👥 3000. 🚐
ℹ️ Brusea Visserijmuseum, Oudestraat 23 (0111-481412). 🚢 Mi.

Bruinisse ist heute vor allem ein Wassersportzentrum. Gleich neben dem alten Dorf liegt am Yachthafen der moderne Bungalowpark **Aqua Delta.**

Umgebung: Wer das Landleben von früher kennenlernen will, sollte in das zehn Kilometer westlich von Bruinisse gelegene Ringdorf **Dreischor** mit seiner Dorfkirche und dem Rathaus fahren. Am Dorfrand erfährt man im Landbaumuseum **Goemanszorg** alles über das Landleben.

🏛 **Goemanszorg**
Molenweg 3, Dreischor. 📞 0111–402 303. 🕐 Ostern–Okt: Di–Fr 10–17, Sa–Mo 12–17 Uhr. ♿ ♿
🌐 www.goemanszorg.nl

St. Annaland ⑪

Straßenkarte B5. 👥 3000. 🚐
ℹ️ siehe St. Maartensdijk.

Die am wenigsten bekannte Zeeuwse Insel ist **Tholen.** Hier wechseln sich Deiche mit Pappeln und Kopfweiden, Äcker und ruhige Orte ab. St. Annaland mit seinem Hafen am Krabbenkreek ist so eine Gemeinde. An die industrielle Vergangenheit Zeelands erinnert das **Streekmuseum De Meestoof.** Bis ins 19. Jahrhundert war

der Anbau und das Vermahlen der Wurzeln der Färberröte zu roter Farbe eine der wichtigsten Einnahmequellen in Zeeland. Die Erfindung von künstlichen Farbstoffen machte dem ein Ende.

🏛 **Streekmuseum De Meestoof**
Bierensstraat 6. 📞 0166-652 901. 🕐 Apr–Okt: Di–Sa 14–17 Uhr. 📷
🌐 www.demeestoof.nl

St. Maartensdijk ⑫

Straßenkarte B5. 👥 3300. 🚐
ℹ️ Haven 10 (0166-663 771).

Seit 1971 ist St. Maartensdijk die »Hauptstadt« der Insel Tholen. In diesem Städtchen erinnert noch viel an seine Schutzherren, die mächtigen Herren von Borssele. In der schlanken Kirche (14./15. Jh.) kann man in der Grabkapelle noch Reste der Gräber von Floris van Borssele, der 1422 starb, und seiner Gattin sehen. Viel Holzschnitzwerk und Fragmente der alten Bemalung sind erhalten.

Außerhalb der Stadt sind die Fundamente und der Graben des 1820 abgerissenen Schlosses der Herren von Borssele zu sehen. Innerhalb der Stadt ist besonders der Markt mit seinen Häusern aus dem 16. Jahrhundert und dem Rathaus sehenswert.

Tholen ⑬

Straßenkarte B5. 👥 6128. 🚐
ℹ️ siehe St. Maartensdijk.

Tholen ist eine Zeeuwse Stadt mit Brabanter Allüren. Zwei Gebäude prägen vor allem das Gesicht der Stadt: das wunderschöne Rathaus (1452) mit seinen robusten Zinnen und die elegante, reich verzierte **Onze Lieve Vrouwekerk** (14. bis 16. Jh.). Gegenüber der Kirche steht die zum Wohnhaus umgebaute **Kapel van het St.-Laurensgasthuis.**

Obwohl Tholen im 16. Jahrhundert zur Festung ausgebaut wurde, hat es seinen alten Charakter nicht verloren. Überall zeugen schöne gotische Fassaden vom früheren Reichtum der Stadt.

Schöpfwerk in ländlicher Umgebung in der Nähe von Tholen

Goes ⓮

Straßenkarte A5. 🚶 24 000. 🚌
🚈 🛈 *Singelstraat 13 (0113-235 990).* 🛍 *Di, Sa.*

Einige historische Städte in Zeeland sind charmant, aber schläfrig. Goes dagegen ist hellwach. Jeden Dienstag wird hier vor der Kulisse des Grote Markt in beinahe Brabanter Atmosphäre ein Markt mit Lebensmitteln und Kleidung abgehalten. An einer Seite des Marktes steht das Stadhuis (1463, umgebaut 1771–75), das mit seiner Größe die Macht des Magistrats versinnbildlichte. Besonders schön ist das Rokoko-Interieur mit seinen Stuckdecken und Grisaillen. Hinter dem Rathaus erhebt sich majestätisch die St.-Maria-Magdalenakerk (15./16. Jh.). Diese Kreuzbasilika wurde vor einiger Zeit aufwendig renoviert.

Yerseke ⓯

Straßenkarte A5. 🚶 6500. 🚌
🚈 🛈 *Kerkplein 1 (0113-571 864).* 🛍 *Fr.*

Auch in Zuid-Beveland ist des einen Tod des anderen Brot. Durch die St.-Felix-Sturmflut von 1530 lag Yerseke plötzlich an der Oosterschelde. So begann die Tradition von Austernzucht und Muschelfischerei, die bis

Das Zierwappen auf dem Rathaus von Goes zeugt vom frühen Reichtum

zum heutigen Tag lebendig ist. Im Naturschutzgebiet Yerseke Moer westlich des Dorfes kann man sehen, wie die Insel früher aussah: ein Flickenteppich aus Böschungen, Gehöften, Äckern, Gräben, Mooren und Wasserstellen. Östlich von Yerseke liegt das Verdronken Land van

Ein Fischerboot in Yerseke lädt seinen Fang aus

Zuid-Beveland, das »ertrunkene Land«, das 1530 überflutet wurde. Mit ihm versank die drittgrößte Stadt Zeelands, Reimerswaal, in den Fluten.

Nisse ⓰

Straßenkarte A5. 🚶 600. 🚌
🛈 *siehe Goes.*

Nisse ist ein typisches Bevelander Dorf mit Kirche, Dorfplatz und Brunnen. Die Kirche wirkt von außen zwar unscheinbar, aber im Innenraum gibt es Fresken aus dem 15. Jahrhundert, auf denen Szenen aus dem Leben Marias, Heilige und auch das Wappen der Herren von Borssele zu sehen sind. Auch die Schnitzereien des Chorgestühls stammen aus dem 15. Jahrhundert.

🔓 Hervormde Kerk
Schlüssel im Sekretariat der Kirche (0113-649 650/649 780).

Umgebung: Der **Zak van Zuid-Beveland**, das Gebiet südlich der Bahnlinie nach Middelburg, ist ein Beispiel für eine harmonische Kulturlandschaft, entstanden aus Poldern, die durch blumenübersäte Deiche getrennt sind. Auf manchen Deichen weiden heute wieder Schafherden.

Hulst ⓱

Straßenkarte B5. 🚶 10 800. 🚌 🛈
Steenstraat 37 (0114-315 221). 🛍 *Mo.*

Sobald man die Westerschelde überquert, ist man in Flandern, aber doch noch in Holland. Das flämische Gefühl beschleicht einen am stärksten in Hulst. Von Wei-

---

Austernzucht

Austernessen will gelernt sein. Der Delikatesse werden allerlei positive Nebenwirkungen nachgesagt, vor allem für die Potenz. Wie dem auch sei, Austern geben jedem Essen etwas Festliches. Die Austernzucht begann in den Niederlanden 1870, als der freien Fischerei geeignete Plätze abspenstig gemacht und an Privatleute vergeben wurden. In der Oosterschelde, vor allem in Yerseke, entwickelte sich die Austernzucht zu einem blühenden Geschäft, das jedoch immer durch harte Winter und Krankheiten bedroht ist. Man fürchtete, dass die Absperrung der Grevelingen die Austernzucht unmöglich machen würde. Das war zwar nicht der Fall, doch die Austern sind jetzt anfälliger für Krankheiten.

Austern, eine geschätzte Delikatesse

---

tem sieht man schon die **St.-Willibrordusbasiliek** aufragen. An dieser Kirche arbeiteten mehrere Generationen des Mecheler Baumeistergeschlechts Keldermans. Eine Besonderheit sind die drei »Refugien« in Hulst. Dies waren Fluchthäuser für die Mönche der flämischen Abteien Ten Duinen, Baudelo und Cambron.

Hulsterloo, das Niederländer aus der mittelalterlichen Tierfabel *Reinaert de Vos* (»Reinicke Fuchs«) kennen, wurde eingemeindet.

Terneuzen ⑱

Straßenkarte A5. 👤 *55 000*. 🚍
ℹ️ *Markt 11–13 (0115-617 960).*
📅 *Mi, Fr.*

T erneuzen ist vor allem wegen des Hafens wichtig. Beeindruckend sind die großen Meeresschleusen im 1825–27 gegrabenen **Kanal von Gent nach Terneuzen**. Im Norden liegen Industriegebiete, im Westen und Osten die Naturschutzgebiete De Braakman und Otheense Kreek.

Sluis ⑲

Straßenkarte A5. 👤 *2300*. 🚍 ℹ️
St.-Annastr. 15 (0117-461 700). 📅 *Fr.*

I n Zeeuws-Vlaanderen zeigen sich die Spuren der Überflutungen wie Narben in der Landschaft. Binnendeiche und Polder zeugen vom Kampf gegen das Wasser. Die Befreiung von Zeeuws-Vlaanderen 1944 war hart erkämpft und führte zur völligen Zerstörung von Ortschaften. Auch Sluis erlitt dieses Schicksal. Das **Stadhuis** (14. Jh.) mit seinem in den Niederlanden einzigartigen Belfried wurde nach 1945 wieder aufgebaut, inklusive des Glockenspiels mit der Figur Jantje van Sluis.

Umgebung: Zwei Kilometer westlich liegt das Künstlerdorf **Sint Anna ter Muiden**, früher eine reiche Stadt am Zwin. Heute stehen hier nur noch wenige Häuser und ein Turmrest. Im Süden liegt **Aardenburg**, die älteste Stadt Zee-

Das flämisch beeinflusste Hulst betritt man durch die Gentse Poort

lands. Hier errichteten die Römer ein Fort gegen die Sachsen. Später wurde Aardenburg eine der mächtigsten Städte in Flandern. Davon zeugt noch die **St.-Baafskerk** (13. Jh.), ein Beispiel für die Scheldegotik und berühmt für ihre bemalten Sarkophage. Das **Gemeentelijk Archeologisch Museum Aardenburg** erzählt mit Ausgrabungsstücken von der Römerzeit.

🏛 **Gemeentelijk Archeologisch Museum Aardenburg**
Marktstraat 18. 📞 *0117-492 888.*
⏱ *Apr–Okt: Di–Fr 10–12,*
13.30–17, Sa, So 13–17 Uhr. 📷 ✔
www.museumaardenburg.nl

Cadzand ⑳

Straßenkarte A5. 👤 *800*. ℹ️ *Boulevard de Wielingen 44d (0117-391 298).* 📅 *Juli, Aug: Mo nachm.*

D er moderne Badeort Cadzand ist vor allem wegen seiner breiten Strände beliebt. Hier kann man noch viele fossile Haifischzähne finden. Hinter den Dünen stehen vornehme Kurhotels, ähnlich denen in Domburg. Kurz hinter Cadzand liegt das Naturschutzgebiet **Het Zwin**, das sich bis nach Knokke-Heist in Belgien erstreckt. Östlich von Cadzand liegt der Badeort Nieuwvliet.

Der breite, weiße Strand von Cadzand ist im Sommer überaus beliebt

Nord- und Ostniederlande

Die Nord- und Ostniederlande im Überblick

Der Norden und der Osten der Niederlande sind relativ dünn besiedelt. Hier liegen die Waddeneilanden und die Provinzen Groningen, Friesland, Drenthe, Overijssel, Flevoland und Gelderland.

Schon immer spielte Landwirtschaft in der Region eine wichtige Rolle. Es gibt viele Naturschutz- und Erholungsgebiete, etwa die Waddenzee, die Friesische Küste, die Lauwersseenplatte, den Hondsrug, den Nationalpark De Hoge Veluwe, den Sallandse Heuvelrug und die Oostvaardersplassen.

WADDENEILANDEN
Seiten 264–275

Leeuwar

FRIESLAND
Seiten 290– 30

Die Elfstedentocht (siehe S. 294f) *konnte im 20. Jahrhundert nur 15 Mal stattfinden. 1997 nahmen ca. 16 000 Schlittschuhläufer teil.*

Im Wattgebiet (siehe S. 268f) *sind viele Vogelarten zu Hause, aber auch für Zugvögel ist es eine wichtige Station auf ihrer Reise. Die Würmer, Weichtiere und Krebse sind die ideale Nahrung für Enten, Möwen und Watvögel.*

Lelystad

FLEVOLAND
Seiten 322– 329

Die *Batavia* (siehe S. 327) *gehörte der VOC. Der Dreimaster war 45 Meter lang und bot 350 Personen Platz. Zwischen 1985 und 1995 wurde diese Replik auf der Bataviawerft in Lelystad gebaut. Jetzt wird hier am Nachbau des Flaggschiffs von Michiel de Ruyter, De Zeven Provinciën aus dem 17. Jahrhundert, gearbeitet.*

0 Kilometer   20

◁ **Mit dem Kahn auf einem der vielen Kanäle in der Nähe von Giethoorn** *(siehe S. 318f)*, Overijssel

GRONINGEN
Seiten 276– 289

Groningen

Assen

DRENTHE
Seiten 302– 311

Zwolle

OVERIJSSEL
Seiten 312– 321

Apeldoorn

GELDERLAND
Seiten 330– 345

nhem

egen

**Das Groninger
Museum** (siehe S. 284f),
*entworfen von Alessandro
Mendini, beherbergt be-
deutende Sammlungen
bildender Kunst und
Archäologie.*

Die Hünengräber (siehe S. 306f)
*wurden vor rund 5000 Jahren
durch die neolithische Trichterbecherkultur errichtet. Es gibt noch
54 dieser Gräber, die fast alle in
Drenthe liegen.*

Giethoorn (siehe S. 318f), *ein
Dorf im Kop van Overijssel, besteht aus einem Kanal, an dem
kleine Bauernhöfe stehen. Es ist
von Wäldern und Seen um-
geben und wird auch das
Grüne Venedig genannt.*

Das Paleis Het Loo,
*heute Nationalmuseum
(siehe S. 334f), wurde
1692 als Jagdschloss
für Willem III erbaut.
Wichtigster Architekt
war Jacob Roman, das
Interieur und die Gär-
ten wurden von Daniël
Marot entworfen. Heute
kann das Paleis Het Loo
zum größten Teil be-
sichtigt werden.*

Umweltschutz

Hermelin

Die niederländische Regierung stellte in den 1990er Jahren Richtlinien auf, mit deren Hilfe die Existenz von Umweltschutzgebieten gesichert werden soll. Für die Nord- und Ostniederlande mit den vielen Seen, Wäldern und Poldern war das sehr wichtig. Mit der Anlage einer ökologischen Hauptstruktur – Kerngebiete, Entwicklungsflächen und Verbindungszonen – strebt man nach dauerhaftem Naturerhalt. Die Verbindungszonen sollen dabei den Übergang zwischen den verschiedenen Gebieten bilden. Mit diesem Plan könnten viele Tier- und Pflanzenarten erhalten bleiben.

LEGENDE

- Kerngebiet
- Naturentwicklungsgebiet
- •••• Bestehende oder geplante Verbindungszone
- ·········· Bestehende oder geplante Verbindungszone zu grenzübergreifenden Schutzgebieten

0 Kilometer   30

WADD
EILAN
VLIELAND
TEXEL

NOORD-
HOLLAND

AMSTERDAM

Haarlem

Die Waterleidingduinen *sind nur teilweise zugänglich.*

Der Fischadler *war lange beinahe völlig aus den Niederlanden verschwunden. Durch den Erfolg der neuen Umweltschutzrichtlinien hat sich der Bestand heute wieder erholt.*

Den Haag
ZUID-
HOLLAND
Rotterdam
Utr
UTREC

Um Kröten *in der Paarungszeit ein sicheres Überqueren der Straßen zu ermöglichen, stellte man Warnschilder (»Kröten queren«) für Autofahrer auf.*

ZEELAND

's-Hertogenbosc

Middelburg

NO

Antwerpen

BELGIE

Schilder beachten!

Die meisten Naturgebiete im Norden und Osten sind (teilweise) frei zugänglich. Manchmal darf ein Gebiet nur von Sonnenaufgang bis -untergang betreten werden. Darum beachten Sie bitte die Schilder. Es ist selbstverständlich, dass man die Ruhe hier nicht stört, nichts kaputt macht und keinen Abfall zurücklässt. Mehr Informationen erhalten Sie bei den VVV-Büros, beim ANWB und bei der Vereniging Natuurmonumenten (Tel. 035-655 9933).

Die Kreuzotter, *die einzige Giftschlange der Niederlande, ist sehr selten geworden. Sie lebt noch in Sandgebieten und Hochmooren. Um genügend Nahrung zu finden, benötigen Kreuzottern einen großen zusammenhängenden Lebensraum.*

Otter *kommen in den Niederlanden nicht mehr vor. Es gibt Pläne, die Art in Friesland und Overijssel wieder auszusetzen, aber die Gebiete, in denen dies geschehen soll, müssen eine ganze Reihe von Bedingungen erfüllen. Otter reagieren sehr empfindlich auf Umweltverschmutzung.*

Für den Goldregenpfeifer, *der durch das Verschwinden der Hochmoore und Heidefelder bedroht war, entwickelte man einen Plan, um für diesen seltenen Graslandvogel wieder Lebensräume zu erschließen.*

Verbindungszonen *wurden in den Poldern von Flevoland zwischen den einzelnen Naturgebieten unter anderem für Gras- und Teichfrosch, Iltis, Wasserspitzmaus, Wasser- und Seefledermaus, Blindschleiche und Biber angelegt. Für Schmetterlinge werden zurzeit spezielle Korridore entwickelt.*

Hamster *und andere geschützte Tiere verursachen Bauherren Kopfzerbrechen. Die Bebauung und Nutzung der von ihnen bewohnten Landstriche ist verboten.*

Verbindungen *zwischen Kerngebieten und Entwicklungsgebieten wurden in manchen Fällen durch die Anlage eines sogenannten »Ökodukts« ermöglicht. Dies ist eine »ökologische Verbindung« zwischen zwei Gebieten, die sowohl der jeweiligen Fauna als auch der Flora zugutekommt.*

Typische Landschaften

Den Nordosten der Niederlande prägen viele verschiedene Landschaftsarten, so zum Beispiel das einmalige Watten- meer, dessen Sand- und Lehmbänke bei Ebbe trockenfallen, das Moorgebiet in Südost-Groningen, die märchenhaften Hei- defelder in Drenthe, die weite Polderland- schaft in Flevoland, die schönen Wälder in Gelderland (Hoge Veluwe und Posbank) und die prächtigen Fluss- und Seenland- schaften im Nordosten von Overijssel.

**Knaben-
kraut**

Die Oostvaardersplassen, *zwischen Lelystad und Almere gelegen, sind ein einmaliges Naturgebiet. Sie sind Nahrungs- und Brutplatz für Hunderte Vogelarten.*

Queller
(nl. zeekraal) ist ein wildes Gemüse, das in Schlick- gebieten am Meer wächst und als Deli- katesse gilt.

Waddeneilanden
Die Waddenzee *(siehe S. 270 f)* ist ein Gezeitengebiet, das bei Ebbe zum größten Teil trockenfällt. Hier leben viele Vogelarten, die im Watt Futter finden und brüten. Auf Texel liegt die alte Kulturlandschaft De Hoge Berg.

Die Wasserranunkel *wächst in stehenden und fließenden Gewässern.*

Raps *wird in den neuen Poldern zur Verbesserung der Böden an- gepflanzt. Schier endlos erstrecken sich die gelben Felder.*

Rohrkolben
waren früher sehr häufig. Sie wachsen nur an kla- rem Wasser und stehen heute unter Naturschutz.

Polderlandschaft
Wälder (der Knarbos), Seen (die Oostvaardersplassen) und Polderseen, sogenannte Randmeren (das Veluwe- meer), kennzeichnen die weite Polderlandschaft der »neuen« Provinz Flevoland *(siehe S. 322– 329)*.

Der Eichblattfarn *gedeiht im Wacholdergestrüpp und auf sandigen Waldböden.*

Der Steinpilz *ist ein besonders wohlschmeckender Speisepilz. Sammeln ist nicht mehr erlaubt.*

Der Adlerfarn *wächst in Wäldern auf kalk- und nährstoffarmen Sand- und Lehmböden und in austrocknenden Hochmooren.*

Moose *wachsen auf feuchten Böden und im Wald. Schattige Plätze mit saurer Erde sind ideal für das Sternmoos.*

Moosbeeren *wachsen zwischen den Moosen in Hochmooren.*

Wälder

Eines der bekanntesten und größten Waldgebiete der Niederlande ist De Hoge Veluwe in der Provinz Gelderland *(siehe S. 330–345)*. Hier leben auch viele Tiere, zum Beispiel Wildschweine und Rothirsche.

Sonnentau *findet man auf nassen Heideböden und auf den Moorböden in Groningen und Drenthe.*

Glockenheide *gedeiht gut auf trockenen, nährstoffarmen Sandböden und in Dünentälern.*

Heidekraut *(Besenheide) wächst vor allem auf nährstoffarmen Sand- und Hochmoorböden.*

Heide

Der Nordosten der Niederlande ist reich an Heidefeldern. Eine der schönsten Heidelandschaften liegt in Drenthe *(siehe S. 302–311)*. Dort grasen auf dem Ellertsveld noch Schafherden.

Waddeneilanden

*W*ie eine Krone spannt sich im Norden des Landes der Bogen der Westfriesischen Inseln von Den Helder bis zur Mündung der Eems. Die Waddeneilanden sind, zusammen mit der Waddenzee, ein einmaliges Naturgebiet und eine der letzten Landschaften in Westeuropa mit noch unberührter Natur.

Die Waddeneilanden sind Bruchstücke eines Uferzugs, der sich nach der letzten Eiszeit von Cap Gris Nez in Frankreich bis zum dänischen Esbjerg in der Nordsee gebildet hatte. Hier findet man in einem Bogen von Den Hoorn über Den Burg nach Oosterend noch Bodenformationen aus der Saaleeiszeit.

In der Römerzeit brach die Nordsee große Stücke aus der Uferlinie, im Mittelalter spülte das Meer den größten Teil des Sumpfgebiets zwischen den Inseln und dem Festland weg. Erst damals erhielt das Gebiet seine heutige Form. Die Inseln Griend und Rottumeroog wurden in dieser Zeit so sehr vom Meer bedroht, dass die Bevölkerung fliehen musste. Durch das Wandern der Inseln in östliche Richtung, verursacht durch die Westwinde und die Meeresströmung nach Osten, versanken im Lauf der Jahrhunderte mehrere Dörfer, die im Westen der Inseln lagen, im Meer.

Seit dem 8. Jahrhundert wurden auf den Inseln Klöster gegründet. Die Mönche lebten von Landbau und Fischfang und bauten auch die ersten Deiche. Im 17. und 18. Jahrhundert wurden die Inseln durch die Ostindienfahrer und den Walfang wohlhabend. Nach einer Periode wirtschaftlichen Niedergangs brach im 20. Jahrhundert mit dem stetig wachsenden Fremdenverkehr eine neue Blütezeit für die Waddeneilanden an. Ihr größtes Kapital ist heute ihre einzigartige Natur.

Ehemaliges Kapitänshaus *(commandeurshuisje)* **auf Ameland**

◁ **Leuchtturm an der Nordspitze der Insel Texel** *(siehe S. 272f)*

Überblick: Waddeneilanden

Die Geschichte der Waddeneilanden (Westfriesische Inseln) wird durch Meer und Wind bestimmt. Erst im 17. Jahrhundert begann man, die großen Inseln durch Deiche zu befestigen. Den Burg (auf Texel), der größte Ort, ist eine alte Festungsstadt mit einem gemütlichen Zentrum. Gleich bei Den Burg liegt die alte Kulturlandschaft Hoge Berg, im Westen sieht man den charakteristischen Turm von Den Hoorn. Im Osten erstreckt sich das Naturschutzgebiet De Slufter. Auf Vlieland, dem Juwel der Waddeneilanden, liegt das schönste Dorf der Inseln. Terschelling, Ameland und Schiermonnikoog haben breite Strände, bewaldete Dünen und Polder auf der Wattenmeerseite.

Cranberry-Likör

Krabbenfischer beim Sortieren

Sehenswürdigkeiten auf einen Blick

Ameland ❾
De Koog ❸
De Slufter ❹
Den Burg ❷
Den Hoorn ❺
Griend ❼
Noorderhaaks ❶

Rottumeroog ⓬
Rottumerplaat ⓫
Schiermonnikoog ❿
Terschelling ❽
Vlieland ❻

Vogelfreund in der Mokbaai, Zuid-Texel

0 Kilometer   10

Ho

TERSCHELLING ⚓ 🏛 ❽ 🏰 ○ Oosterend
West ⛴   Hoorn
Midsland

Oost-Vlieland ⛴   *Richel*

❻ 🏛 ❻
VLIELAND

❼ **GRIEND**

W a d d e n z e e

De Cocksdorp   Harlingen ⛴

DE SLUFTER ❹
🏛

DE KOOG ❸   *T e x e l*
Oosterend

🏛 🏰
DEN BURG ❷
Oudeschild

DEN HOORN ❺
⛴

❶ ⛴
NOORDER-HAAKS   Den Helder

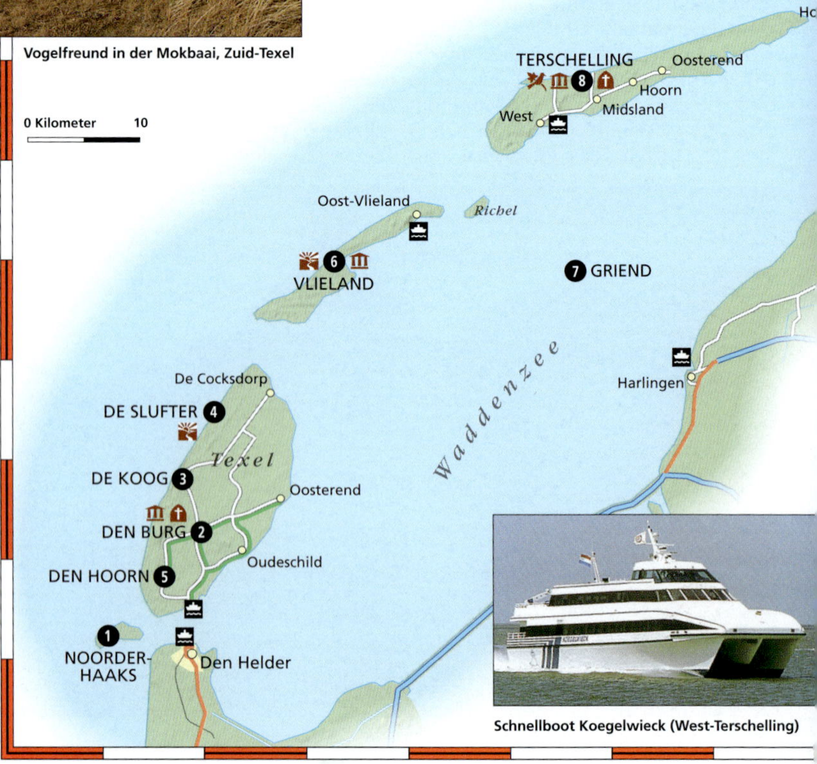

Schnellboot Koegelwieck (West-Terschelling)

Weitere Zeichenerklärungen *siehe hintere Umschlagklappe*

Das Watt – bei Ebbe ideal für Wanderungen

Auf den Waddeneilanden unterwegs

Nach **Texel** fährt die TESO, Tel. 0222-369 600; Mitnahme des Pkw und Reservieren ist nicht möglich. Nicht-Autofahrer können den Bus nach De Koog oder De Cocksdorp via Den Burg nehmen oder beim Kauf des Tickets ein Bustaxi bestellen. **Vlieland**: Reederei Doeksen, Tel. 0900-363 5736; Autos nicht erlaubt. Nach der Ankunft fährt ein Bus die Passagiere nach Posthuis, wo Taxis warten. **Terschelling**: Reederei Doeksen, Tel. 0900-363 5736; Reservieren für Pkw empfohlen. Auf der Insel fahren Busse, Taxis warten bei der Ankunft. **Ameland**: Reederei Wagenborg, Tel. 0519-546 111; Reservieren empfohlen. Zu allen Dörfern fahren Busse. **Schiermonnikoog**: Reederei Wagenborg, Tel. 0519-349 050; Autos nicht erlaubt. Zwischen Hafen und Dorf fährt ein Bus, außerdem gibt es Taxibusse. Auf jeder Insel kann man Fahrräder mieten.

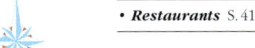

ROTTUMERPLAAT **11**

12
ROTTUMEROOG

SCHIERMONNIKOOG

Schiermonnikoog **10**

ELAND
9
Buren
Nes

W a d d e n z e e

Lauwersoog

Holwerd

Seehunde werden von Helfern von EcoMare auf Texel wieder ausgesetzt *(siehe S. 435)*

LEGENDE

━━━ Autobahn

━━━ Hauptstraße

┄┄┄ Nebenstraße

━━━ Panoramastraße

─── Eisenbahn (Nebenstrecke)

Außerhalb der Saison fast menschenleer: Küste von Vlieland

Vögel der Waddenzee

Brachvogel
Der größte europäische Stelzläufer ist an seinem langen, gebogenen Schnabel leicht zu erkennen.

Lachmöwe

Die weiten Feuchtgebiete der Waddenzee sind ein wichtiger Lebensraum für Zug- und Jahresvögel. Die Nordseeseite der Inseln besteht aus Sand, in dem nur wenige Tiere leben. An der Wattenseite jedoch haben sich feiner Sand und Lehm abgesetzt und einen mineral- und nährstoffreichen Boden gebildet. Die vielen Würmer, Weichtiere und Krebse, die hier leben, sind eine ideale Nahrungsquelle für Enten, Möwen und Watvögel. In der Zugsaison (August) sind sie zu Millionen hier zu sehen.

Vogelbeobachtungsstand
Aus diesen Hütten, von denen es auf den Inseln viele gibt, kann man die Vögel beobachten, ohne die Tiere zu stören.

Vogelliebhaber

Vogelliebhaber haben sich für den Vogel- und Naturschutz zu einer wichtigen Lobby entwickelt, deren Einfluss in den Niederlanden größer ist als der der Jäger. Der Vogelbund der Niederlande, Vogelbescherming Nederland in Zeist (www.vogelbescherming.nl), vertritt ihre Interessen.

Schnabelformen

Viele Menschen sind erstaunt darüber, dass so viele verschiedene Vogelarten nebeneinander im Watt ihr Futter finden. Die Arten scheinen sich keine Konkurrenz zu machen, und das ist in der Tat so. Schnabelformen und -längen sind dem Futter angepasst, das die Vögel im Wasser oder im Boden suchen. Während die Enten ihr Futter von der Wasseroberfläche schnappen, gründeln oder tauchen, suchen die Stelzvögel, abhängig von der Schnabelform, verschieden tief im Boden nach unterschiedlichen Tieren. Andere Vögel (Löffler, Kormoran, Seeschwalbe) wiederum fangen Fische, Muscheln (so die Eiderente) oder Seevögel (Seeadler) oder jagen anderen Vögeln ihr Futter ab (Raubmöwe).

Der Sandregenpfeifer frisst an der Oberfläche.

Der Kiebitz findet auf dem Watt kleine Krebse.

Der Kiebitzregenpfeifer fängt kleine Sandflöhe.

Der Austernfischer holt Schalentiere aus dem Sand.

Die Uferschnepfe frisst tiefer lebende Sandflöhe.

Der Brachvogel holt sich mit seinem gebogenen Dolchschnabel Weichtiere tief aus dem Sand.

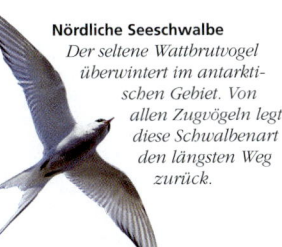

Nördliche Seeschwalbe
*Der seltene Wattbrutvogel
überwintert im antarkti-
schen Gebiet. Von
allen Zugvögeln legt
diese Schwalbenart
den längsten Weg
zurück.*

Große Seeschwalbe
*Dieser Brutkolonievogel hat auf
Griend sein größtes Brutgebiet in
den Niederlanden. Die geringen
Anzahlen machen strengen
Schutz notwendig.*

Austernfischer
*Der Austernfischer ist ein typi-
scher Watvogel. Seine Nahrung
sind Mies- und Herzmuscheln.*

Vogelarten

Der Artenreichtum des Watts ist eigentlich
schon Grund genug, dieses Gebiet besonders zu schützen. Düker, Sturmvögel, Kor-
morane, Löffler, Enten, Möwen, Raubvögel,
Stelzvögel, Raubmöwen, Seeschwalben, Alke
und Singvögel gibt es hier in vielen Unter-
arten. Für einige von ihnen ist das Watt ihr
einziges Brutgebiet in den Niederlanden,
auch weil es das letzte große Feuchtbiotop
hierzulande ist. Darum sind manche Gebiete
im Watt auch nicht zugänglich. Wenn einem
der Vogelreichtum am Herzen liegt, sollte
man sich an diese Vorschriften halten.

Säbelschnäbler
*Er ist eine prächti-
ge Erscheinung im
Watt, mit seinem
hochgebogenen
Schnabel und dem
schwarz-weißen
Federkleid.*

Uferschnepfe
*Der rotbraune Vogel ist
eigentlich ein Zugvogel,
bleibt aber manchmal im
Sommer und im Winter
im Watt.*

Viele Austernfischer
sind im Sommer und
im Winter hier.

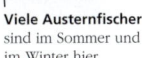

Sandregenpfeifer
*Ein aktiver Vogel, der hier
selten brütet, aber in großer
Zahl durchzieht.*

Eiderente
*Die Eiderente hat auf Texel,
Vlieland und Terschelling Brut-
kolonien. Der Erpel ist viel auf-
fallender gezeichnet als das
Entenweibchen.*

Silbermöwe
*Die Silbermöwe
ist eine der vielen
Möwenarten, die hier leben. Dieser
imposante Vogel erreicht mehr als
eineinhalb Meter Flügelspannweite.*

Knuttstrandläufer
*Ein Zugvogel, der
manchmal auch im
Sommer oder im
Winter im Watt bleibt.
Der robuste Vogel ist
immer in Bewegung.*

Waddenzee

**Herz-
muschel**

Die Waddenzee ist ein Gezeitengebiet, dessen sandige oder lehmige Platten (die eigentlichen Watten) bei Ebbe zum größten Teil trockenfallen und bei Flut wieder unter Wasser stehen. Die Waddenzee ist, mit Teilen der Inseln, das letzte große Stück unberührter Natur in den Niederlanden. Durch das große Nahrungsangebot ist es ein biologisch vielfältiges Gebiet. Es ist Nahrungs- und Brutrevier für viele Vogelarten. Zwei Seehundarten, 30 Fischarten, Garnelen und Krebse leben in der Waddenzee oder kommen zur Fortpflanzung hierher.

Die Herzmuschel (Cardium edule), *die Hauptnahrung vieler Vogelarten, wird im großen Maßstab befischt. Der größte Teil des Fangs wird exportiert.*

Die VVVs *auf den Inseln im Watt informieren über verschiedene Segeltörns um die Inseln. Man kann für einige Stunden unterwegs sein oder sogar eine Luxuskreuzfahrt auf einem romantischen alten Dreimaster buchen. Eines der Unternehmen ist die Rederij Vooruit (Tel. 0515-531 485).*

Meerlavendel (Limonium vulgare) *wächst, zusammen mit der Salzaster und der Salzmelde, auf den höheren Stellen im Deichvorland. Die lilablauen Pflanzen blühen sehr schön.*

Trockengefallene Gebiete im Watt
An vielen Stellen fällt das Watt bei Ebbe trocken. Dadurch liegt dieser kleine Hafen (unten) dann beinahe völlig auf dem Trockenen. Die bei Ebbe trockenfallenden Plätze, an denen Boote anlegen können, werden jedoch immer öfter ausgebaggert.

Ebbe

Flut

Flora im Watt

In der abwechslungsreichen Wattlandschaft gedeihen an die 900 Pflanzenarten. Die Vielfalt beruht auf den vielen verschiedenen Milieus, die es hier auf engstem Raum gibt: Süß- und Salzwasser, kalkreiche und kalkarme Böden, nasse und trockene Gebiete, Lehm- und Sandböden. Ein Großteil der Pflanzen wächst an der Inselseite der alten Dünen, in den Dünentälern. Hier findet man den Dünenenzian und die Kriechweide, aber auch Gräser und Kräuter wie Binsen, Höswurz und Parnassia. In den tieferen Prielen wächst Queller, weiter oben gedeiht unter anderem Meerlavendel.

Queller (Salicornia europaea) *ist eine Pionierpflanze im Watt und in den tiefen Stellen der Priele. Wenn der Boden genug getrocknet ist, siedelt sich diese Pflanze an.*

Risse *im trocknenden Schlick sind der Standort des Quellers.*

Bedrohung der Waddenzee

Unter der Waddenzee oberhalb Noord-Frieslands liegt laut der Ölgesellschaft NAM ein Erdgasvorrat von 70–170 Milliarden Kubikmeter im Wert von vielen Milliarden Euro. Die Waddenvereinigung ist strikt gegen Gasbohrungen in der Waddenzee, weil die volkswirtschaftliche Notwendigkeit nicht erwiesen ist und die Auswirkungen der Gasgewinnung auf die Umwelt – vor allem die Folgen von Bodensenkungen für das Leben in der Waddenzee – noch unklar sind. Die Regierung hat in dieser Frage nach dem »Vorsorgeprinzip« gehandelt: Vorläufig gibt es hier keine Bohrungen, dies hängt von weiteren Untersuchungen über die möglichen Auswirkungen ab. Die Waddenzee ist auch durch die Zucht und Ernte von Mies- und Herzmuscheln bedroht. Seit 1992 haben die niederländischen Behörden hier Mengengrenzen eingeführt. Es gibt auch Überlegungen, die Muschelindustrie in der Waddenzee grundsätzlich zu verbieten.

Wattlaufen (Wadlopen)

Ein organisierter Wattlauf führt oft durchs Deichvorland und über das *wantij*, eine Stelle unter einer Insel, an der sich zwei Flutströme treffen. Mitte der 1970er Jahre wurde Wattlaufen populär. Heute gibt es sechs Wattlaufvereinigungen: De Fryske Waedrinners (Leeuwarden, Tel. 06-5335 96220); Dijkstra's Wadlooptochten (Pieterburen, Tel. 0595-528 345); Lammert Kwant (Ezinge, Tel. 0594-622 029); Stichting Uithuizer Wad (Tel. 0511-522 271; nur auf Rottumeroog), Stichting Wadloopcentrum Friesland (Holwerd, Tel. 0519-242 100) und das Wadloopcentum Pieterburen (Tel. 0595-528 300). Natürlich kann man auch ganz unorganisiert im Watt spazieren.

Verarbeitung von Muscheln

Noorderhaaks liegt auch bei Flut über dem Meeresspiegel

Noorderhaaks ❶

Straßenkarte B2. 🚶 keine. ℹ️ Gemeinde Den Helder (0223-671 333).

Noorderhaaks, auch *razende bol* (rasende Kugel) genannt, ist eine beinahe kahle Sandplatte westlich von Den Helder, 2,5 Kilometer vor der Küste. Die Strömung trägt die Insel Richtung Texel, an derselben Stelle vor Den Helder entsteht dann wieder eine neue *razende bol*. Die Luftwaffe hält hier manchmal Schießübungen ab, aber ein Besuch ist nicht verboten. Sowohl Schwimmen als auch Bootfahren ist wegen der starken Strömung gefährlich. Dennoch kommen immer wieder Besucher mit Booten oder Hubschraubern hierher, denn die *razende bol* ist ein einmaliges Stück Wüste, auf dem man sogar eine echte Fata Morgana erleben kann.

Den Burg ❷

Straßenkarte B2. 🚶 7000. 🚢 🚌 ℹ️ Emmalaan 66 (0222-314 741). 🚢 Mo vorm.

Den Burg ist der zentral gelegene Hauptort von Texel. Um das Jahr 1300 wurde das Dorf mit einem Ringwall und einer Gracht verstärkt, dort, wo heute der Burgwal und die Parkstraat liegen. Auf dem Groeneplaats, dem Mittelpunkt von Den Burg mit dem modernen Rathaus, wurde früher im April und im Mai ein Schafmarkt abgehalten. Heute findet hier am ersten Montag im September der Schafzuchttag statt.

Ganz in der Nähe, an der Binnenburg, steht die spätgotische **Hervormde Kerk** (15. Jh.). In der Kogerstraat findet man die **Oudheidkamer**, ein kleines Museum, das in einem Haus aus dem 16. Jahrhundert untergebracht ist, früher ein Heim für Wohnungslose. Hier gibt es möblierte Salons, einen Ausstellungsraum mit Kunst- und Gebrauchsgegenständen sowie einen Kräutergarten. Rund um den Burgwall liegen hübsche Geschäftsstraßen wie die Weverstraat. In der Warmoesstraat findet man einige sehr gute Restaurants.

> 🏛 **Oudheidkamer**
> Kogerstraat 1, Den Burg.
> 📞 0222-313 135. 🕐 Apr–Okt: Fr 11–17, Sa, So 14–17 Uhr. 🚫

Umgebung: Südlich von Den Burg erstreckt sich eine sanft gewellte Landschaft um den 15 Meter hohen **Hoge Berg**, von dem man eine schöne Aussicht genießt. Ein Spazierweg auf dem Skillepaadje führt vom Friedhof der Georgier (Meuterer, die 1945 im Kampf gegen die Deutschen fielen) vorbei an überwachsenen Gartenmauern und Schafställen über den Hoge Berg zum Fischerdorf Oudeschild.

Treibgutsammler auf Texel

De Koog ❸

Straßenkarte B2. 🚶 1300. 🚢 🚌 ℹ️ Emmalaan 66, Den Burg (0222-314 741). 🚢 Di.

Der frühere Fischerort De Koog bestand um 1900 aus einer Kirche (1415) mit einigen Häusern und Bauernhöfen. Die erste touristische Einrichtung war das Kurhotel, später Hotel Prinses Juliana, auf einer Düne am Meer. Heute kann De Koog rund 20 000 Gäste in Hotels, Pensionen und auf Campingplätzen beherbergen. Mittelpunkt ist die Dorpsstraat mit Cafés, Snackbars und Diskotheken. Attraktionen bei De Koog sind das Badeparadies Calluna und EcoMare, ein Freizeitpark und Infocenter für Waddenzee und Nordsee *(siehe S. 435)*.

Die Hervormde Kerk (1481) in Den Burg

Hotels und Restaurants auf den Waddeneilanden siehe Seiten 399 und 418f

De Slufter ❹

Straßenkarte B2. 🚶 *keine.* 🚌 🚏
🕐 *ganzjährig; März–Aug: nördlicher Teil geschlossen.* ℹ️ *Emmalaan 66, Den Burg (0222-314 741).*

D as einmalige Naturschutz-gebiet De Slufter besteht aus 450 Hektar Deichvorland und ist für viele Vogelarten ein wichtiger Nahrungs- und Brutplatz, auf dem vor allem salzbeständige Pflanzen wie Meerlavendel und Englisches Gras wachsen. De Slufter und das danebenliegende **De Muy**, wo Löffler brüten, sind schöne Wandergebiete.

Den Hoorn ❺

Straßenkarte B2. 🚶 *450.* 🚌 🚏
ℹ️ *Emmalaan 66, Den Burg (0222-314 741).* 🚢 *Do.*

W ie Den Burg liegt Den Hoorn auf einem Ge-schiebelehmbuckel. Charak-teristisch ist die **Hervormde Kerk** von 1425 mit ihrem Spitzturm und dem Kirchhof. Das schön restaurierte Dorf steht unter Denkmalschutz.

Vlieland ❻

Straßenkarte C1. 🚶 *1150.* 🚌
ℹ️ *Havenweg 10 (0562-451 111).*

V lieland ist die schmalste der Waddeneilanden. Der Abstand zwischen Waddenzee und Nordsee beträgt hier manchmal weniger als einen Kilometer. Im Gegensatz zu den anderen Inseln besteht Vlieland nur aus Dünen, über denen wie ein lila Schleier Heidekraut, Strandhafer und Sanddorn wachsen. Im Osten sorgt der um 1900 angelegte Wald für Abwechslung.

Südlich davon liegt das einzige Dorf, **Oost-Vlieland**, wo das Boot aus Harlingen anlegt. An der Hauptstraße stehen viele alte Häuser. Eines davon ist **Tromp's Huys** (1576), das der Admiralität von Amsterdam gehörte. Heute beherbergt es ein Museum mit Antiquitäten und Malerei des 19. Jahrhunderts. Zwischen den Häusern liegen die *gloppen*, die Gassen.

Das Auto kann man nach Vlieland nicht mitnehmen, nur die Insulaner dürfen hier Auto fahren. Vlieland erkundet man am besten mit dem Rad, auf dem man die Insel leicht an einem Tag umrundet. Von Oost-Vlieland aus kann man nach Westen über Dünenpfade oder entlang der Waddenzee zum **Posthuys** radeln, wo im 17. Jahrhundert die Post aus Amsterdam für die auslaufenden Schiffe besorgt wurde. Weiter westlich erstreckt sich das auch für Militärübungen genutzte Naturschutzgebiet **De Vliehors**, wo man Gefahr laufen kann, im tückischen Treibsand wegzusacken. An dieser Stelle lag einst das reiche Dorf **West-Vlieland**, das in den Fluten versank. Im Jahr 1736 verließen die letzten Bewohner das Dorf.

Salzresistente Pflanzen an der Grenze zwischen Meer und Land

🏛 **Tromp's Huys**
Dorpsstraat 99, Vlieland. 📞 *0562-451 600.* 🕐 *Mai–Sep: Di–Fr 10–17, Sa 14–17 Uhr; Okt–Apr: Di–Sa 14–17 Uhr.* 🖥 *www.trompshuys.nl*

Gemeindehaus in Oost-Vlieland

Oerol-Festival auf Terschelling

Griend ❼

Straßenkarte C1. 🚶 *keine*. 📷 *eingeschränkt*. ℹ️ *Vereniging Natuurmonumenten (035-655 9933).*

A uf halbem Weg auf der Überfahrt von Harlingen nach Terschelling oder Vlieland liegt Griend. Diese Insel wurde nach der St.-Luciaflut 1287 von den Bewohnern verlassen. Jahrhundertelang drohte sie in den Wellen zu versinken. Erst 1988 ließ Natuurmonumenten, die Griend seit 1916 in Erbpacht verwalten, einen Damm anlegen, der ein weiteres Abbrechen verhindert. Bei Flut ragt der höchste Punkt nur einen Meter aus dem Wasser. Das Betreten der Insel ist, außer für Vogelwächter und einige Biologiestudenten, verboten. Hier liegen die größten Brutplätze der Großen Seeschwalbe in den Niederlanden.

Terschelling ❽

Straßenkarte C1. 🚶 *4600.* ⛴️ 🚌 ℹ️ *Willem Barentskade 19a, West-Terschelling (0562-443 000).*

T erschelling ist die zweitgrößte Insel im Watt. Der Norden besteht aus Dünen, auf denen früher im Sommer das Vieh weidete, das überall *(oerol)* grasen durfte. So kam das Oerol-Festival, das jeden Juni stattfindet, zu seinem Namen. Bei West, Formerum und Hoorn sind die Dünen mit Laub- und Nadelwäldern bewachsen. Im Süden liegen die Polder und außerhalb des Wattdeichs das Deichvorland. An beiden Enden der Insel liegt ein Naturschutzgebiet, im Westen der Noordvaarder, im Osten die Boschplaat. Wer das Glück hat, an einem sonnigen Tag bei Niedrigwasser von Harlingen zu kommen, entdeckt auf den Sandplatten Richel und Jacobs Ruggen Seehunde beim Sonnenbad.

Die Fahrt endet in West-Terschelling. West ist ein echtes Wattdorf, mit alten Häusern und einem berühmten Leuchtturm, dem **Brandaris** von 1594. Man kann ihn nicht besichtigen, aber man kann auf die hohe Seinpaalduin hinter dem Dorf klettern.

Das **Museum 't Behouden Huys** widmet sich der Ortsgeschichte und berühmten Insulanern wie Willem Barentszoon, das **Centrum voor Natuur en Landschap** der Natur im Watt.

Die beiden anderen größeren Dörfer sind Midsland und Hoorn. Midsland ist von kleinen Gehöften umgeben, die Namen

Strieper Grabstein

aus der Zeit der friesischen Kolonialisierung tragen, zum Beispiel Hee, Horp und Kaart. Beeindruckend ist die Warft mit dem Kirchhof von Striep, wo im 10. Jahrhundert die erste Kirche Terschellings gebaut wurde. Die Umrisse sind noch sichtbar. Weiter östlich liegt Hoorn mit seiner romanisch-gotischen St.-Janskerk.

🏛 **Museum 't Behouden Huys**
Commandeurstraat 32, West-Terschelling. 📞 *0562-442 389.* 🕐 *Apr–Okt: Mo–Fr 10–17, Sa 13–17 Uhr (15. Juni–30. Sep: auch So 10–17 Uhr).* ⬤ *Nov–März, außer Schulferien.* 🖼

🏛 **Centrum voor Natuur en Landschap**
Burg. Reedekerstraat 11, West-Terschelling. 📞 *0562-442 390.* 🕐 *Apr–Okt: Mo–Fr 9–17, Sa, So 14–17 Uhr.* 🖼 ♿

Ameland ❾

Straßenkarte C/D1. 🚶 *3500.* ⛴️ 🚌 ℹ️ *Bureweg 2, Nes (0519-546 546).* www.vvvameland.nl

D ie Dünen im Norden von Ameland sind trocken, bis auf das Vogelreservat **Het Oerd** im Osten, einem nassen Dünental. Am besten erkundet man dieses Gebiet mit dem Rad. Ein Radweg führt auch zum Aussichtspunkt auf einer 24 Meter hohen Düne.

In den südlichen Poldern liegen vier Dörfer. Das größte ist **Nes**, wo das Boot aus Holwerd anlegt. **Commandeurshuizen** im alten Zentrum erinnern an die Zeit, als so mancher Inselbewohner vom Walfang lebte.

Wattrand auf Ameland: das Oerd

Hotels und Restaurants auf den Waddeneilanden *siehe Seiten 399 und 418f*

Das von Pferden gezogene Rettungsboot, der Stolz von Ameland

Wer das echte Ameland erleben will, muss Hollum besuchen. Die Zuider- und die Oosterlaan atmen noch den Geist von früher. Am Südrand des Dorfs liegt die Kirche, umgeben von einem ovalen Friedhof mit Grabsteinen, auf denen Flechten die frommen Inschriften überwuchern.

Hinter Hollum liegt das **Reddingsmuseum Abraham Fock**, das der Erinnerung an Amelands Stolz, das durch Pferde gezogene Rettungsboot, gewidmet ist.

🏛 **Reddingsmuseum Abraham Fock**
Oranjeweg 18, Hollum.
📞 0519-554 243. ⏲ Apr–Nov: tägl. 10–12, 13.30–17 Uhr. 🅿 ♿

Schiermonnikoog ➓

Straßenkarte D1. 🚶 950. ⛴ 🚌
ℹ Reeweg 5, Schiermonnikoog (0519-531 233 oder 531 900).

Schiermonnikoog oder Lytje Pole (»Kleines Land«) gehörte im Mittelalter zu Klaarkamp in Rinsumageest, einem Kloster der Zisterzienser, auch *schiere* (beinahe) Mönche genannt. Auf der Insel liegt der Ort Schiermonnikoog mit vielen schön renovierten Häusern. Die ganze Insel ist ein Nationalpark und wird von Natuurmonumenten verwaltet. Der Strand von Schier ist einer der breitesten in Europa. Vor allem die Ostseite der Insel (Kobbeduinen, Het Balg und das Deichvorland) ist ein wunderschönes Wandergebiet mit reicher Flora (viele Orchideenarten) und einer bunten Vogelwelt.

Rottumerplaat ⓫

Straßenkarte D1. 🚶 keine.
ℹ Staatsbosbeheer (050-520 7247).

Die 900 Hektar große, unbewohnte Insel Rottumerplaat wird der Natur überlassen. Dieses Naturschutzgebiet steht unter der gemeinsamen Verwaltung des Fischereiministeriums, des Ministeriums für Landwirtschaft, der Staatlichen Forstbehörde und der Stiftung Vrienden van Rottumeroog en Rottumerplaat (SVRR). Außenstehende dürfen nur selten auf die Insel, denn sie gehört den Vögeln und Seehunden ganz allein. Auch Wattläufer dürfen sie nicht betreten. Im Gegensatz zu »Oog« tut »Plaat« diese Re-

gelung gut, die Insel wächst schnell. Meterhohe Dünen und ein großes Deichvorland sind entstanden.

Rottumeroog ⓬

Straßenkarte D1. 🚶 keine.
🚤 sehr beschränkt. ℹ Staatsbosbeheer (050-520 7247).

Die östlichste der niederländischen Wattinseln wird über kurz oder lang im Eemsmond verschwinden. Seit 1991 hat die Natur hier freies Spiel. Jahrelange Versuche, die Drift nach Osten zu stoppen, hatten keinen Erfolg. 1998 brachen die nördlichen Dünen durch, wonach die letzten Spuren menschlicher Behausungen von der Forstbehörde entfernt wurden. Die Insel ist kaum 300 Hektar groß, jeder Sturm nagt weiter an ihr. Auch Wattläufer dürfen sie nicht betreten.

Die unbewohnte Insel Rottumerplaat mit ihren meterhohen Dünen

Groningen

D ie nördlichste Provinz der Niederlande zeichnet sich durch ihre abwechslungsreiche Landschaft und ihre interessante Kulturgeschichte aus. Im Nordwesten liegen die alten Warften, Gehöfte oder Dörfer auf Schutzhügeln, an der Küste erstreckt sich Watt. Im Südosten findet man die charakteristischen Moorkolonien.

Westlich der lebendigen Provinzhauptstadt mit ihren prächtigen alten Häusern und vornehmen Grachten erstreckt sich das sogenannte Westerkwartier, eine ruhige Landschaft mit Feldern, Wiesen und kleinen Dörfern. Im Norden liegt das Hoogeland mit den Naherholungsgebieten rund um das Lauwersmeer, östlich davon erstreckt sich das Uithuizer Wad.

Auffallend in der Landschaft sind die vielen *terpen* (Warften), Hügel, die aus der Zeit stammen, als die Bewohner sich gegen das Hochwasser schützen mussten. Oft steht auf so einer Warft noch eine romanische Kirche.

Die beeindruckenden Gutshöfe und *borgen* (Burgen) in diesem Teil Groningens stammen aus der Zeit, als hier mit der Landwirtschaft viel Geld ver-

dient wurde. Im Süden der Hafen- und Industriestadt Delfzijl breiten sich die Moorkolonien aus. Ihr typisches Muster aus geraden Straßen und Kanälen entstand während der Urbarmachung zwischen 1600 und 1900. Die Häuser der Dörfer liegen wie an einer Schnur entlang den Kanälen aufgereiht.

Slochteren wurde durch die Entdeckung eines enormen Erdgasvorkommens 1959 landesweit berühmt. Die südöstliche Ecke von Groningen, Westerwolde, ist eine Gegend mit alten Wäldern, schmalen Sträßchen und alten Bauernhöfen. An der Grenze zu Deutschland liegen mehrere restaurierte Festungsstädte, zum Beispiel das schöne Bourtange.

Heuernte in Westerwolde in der Nähe der Festungsstadt Bourtange

◁ **Wendeltreppe im Groninger Museum** *(siehe S. 284f)*, entworfen von Alessandro Mendini

Überblick: Groningen

Zu den schönsten und historisch interessantesten Burgen in Groningen gehören die mittelalterliche Fraeylemaborg in Slochteren, die Menkemaborg in Uithuizen und das reizende Slot Verhildersum in Leens. Das einmalige Naturschutzgebiet rund um das Lauwersmeer lädt zu schönen Wanderungen ein. Nicht weit davon entfernt, in Pieterburen, liegt das bekannte Seehundasyl. In Ter Apel, an der Ostgrenze, steht ein prächtiges mittelalterliches Kloster. Die Stadt Groningen (siehe S. 280–285) hat viel zu bieten – vom ruhigen Prinsenhof bis zum hypermodernen Groninger Museum (siehe S. 284 f).

Winsum, eines der schönste Dörfer in Groningen

Naturgebiet Lauwersmeer, entstanden durch die Einpolderung der Lauwerszee

In Groningen unterwegs

Die Stadt Groningen ist mit dem Auto aus dem Süden über die Autobahn A28 erreichbar. Die A7 durchquert die Provinz von West (Friesland) nach Ost (Deutschland). Die Stadt Groningen selbst erkundet man am besten zu Fuß. Von Groningen aus fahren Züge nach Roodeschool im Norden, Delfzijl im Nordosten und Nieuweschans im Osten. Die meisten Orte auf dem Land sind mit den Regionalbussen erreichbar. Das Groninger Land eignet sich hervorragend zum Wandern und Fahrradfahren. Vor allem die Gegend um das Lauwersmeer, das Wattgebiet und Westerwolde im Süden bieten sich dafür an.

Sehenswürdigkeiten auf einen Blick

SIEHE AUCH

Am Paterswoldsemeer südlich von Groningen

Vorgebaute Küchen in Appingedam

Oldambtster Bauernhof in Oost-Groningen

0 Kilometer 10

Eemshaven

Roodeschool

7 UITHUIZEN

N46

N363 N33

Spijk

Loppersum

Delfzijl

APPINGEDAM 8

_E e m s_

Termunten

Dollard

N360

Eemskanaal

en Boer

N33

Nieuwolda

GRONINGEN

Siddeburen

RAEYLEMABORG 10

9 SLOCHTEREN

Midwolda

Nieuweschans

A7

Scheemda

A7

Hoogezand-
Sappemeer

Heiligerlee

Zuidlaardermeer

11 WINSCHOTEN

N385

Bellingwolde

VEENDAM 12

14 OUDE PEKELA

N367

Wildervank

N366

14 NIEUWE PEKELA

N33

N365

Westerwolde

Onstwedde

Vlagtwedde

Stadskanaal

Stadskanaal

N365

13 BOURTANGE

N385

Musselkanaal

N366

15 TER APEL

LEGENDE

——	Autobahn
——	Hauptstraße
=====	Nebenstraße
——	Panoramastraße
·····	Eisenbahn (Hauptstrecke)
——	Eisenbahn (Nebenstrecke)
——	Provinzgrenze
——	Staatsgrenze

Im Detail: Groningen ❶

Die Stadt Groningen ist seit Jahrhunderten das kulturelle und wirtschaftliche Zentrum der gleichnamigen Provinz. Groningens Blütezeit war das 15. Jahrhundert, als die Stadt sich vom Bischof von Utrecht lossagte und ihren Einfluss bis in die heutige Provinz Friesland ausweitete. Im Jahr 1614 wurde die Groninger Akademie gegründet, die Vorläuferin der Reichsuniversität, wodurch Groningen, das Handels- und Verwaltungszentrum, auch zum wissenschaftlichen Mittelpunkt der Provinz wurde.

★ Prinsenhof

Im Garten des Prinsenhof, in dem 1568 der erste Groninger Bischof und später der Statthalter residierten, steht eine wunderschöne Sonnenuhr aus dem Jahr 1730. Der Garten sieht heute wieder genauso aus wie im 18. Jahrhundert.

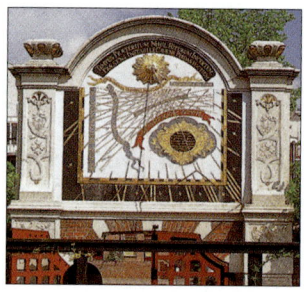

★ Martinitoren

Der Martinitoren (97 m) von 1469 wird, wegen der Farbe des Bentheimer Sandsteins, von den Groningern »d'Olle Grieze« («der alte Graue«) genannt.

Die Martinikerk stammt aus dem 13. Jahrhundert. Teile der alten Basilika sind noch erhalten. Die romanische Kirche wurde im 15. Jahrhundert im gotischen Stil umgebaut.

Stadhuis

Das Rathaus auf dem Grote Markt ist ein monumentaler klassizistischer Bau, der im Jahr 1810 vollendet wurde.

Goudkantoor

Dieser Renaissancebau von 1635 heißt erst seit dem 19. Jahrhundert Goudkantoor («Goldbüro»): Damals hatte die Zertifikatsbehörde für Gold und Silber hier ihren Sitz.

Hotels und Restaurants in Groningen *siehe Seiten 399f und 419*

**Das Pferd von Ome
Loeks**, ein Standbild
von Jan de Baat, ver-
weist auf ein bekann-
tes Volkslied: »'t Peerd
van Ome Loeks is
dood«. Reitlehrer »Loeks«
(Lucas) van Hemmen
(1867–1955) wollte sein
Pferd mit der Heugabel
anspornen, aber es
bekam dadurch
eine Infektion
und starb.

LEGENDE

— — — Routenempfehlung

Die Poelestraat wird von
Cafés und Restaurants
gesäumt.

★ St. Geertruidshofje

*Das Hospiz an der Peperstraat wurde 1405
als Herberge für arme Pilger gestiftet. Um den
ersten Hof liegen die Stiftskirche, der Speisesaal
und die Kammer des Vogts, um den zweiten die
Hospizwohnungen.*

0 Meter   100

NICHT VERSÄUMEN

★ Martinitoren

★ Prinsenhof

★ St. Geertruidshofje

Überblick: Groningen

Groningen hat viele interessante Gebäude und Museen. Das Noordelijk Scheepvaartmuseum liefert eine Übersicht über die Geschichte der Seefahrt. Das Groninger Museum *(siehe S. 284 f)* besitzt eine Kunstsammlung von internationalem Rang. Beim Besuch eines oder mehrerer der Groninger *hofjes* findet man auch in dieser lebhaften Studentenstadt Ruhe.

Das markante Gebäude der Gasunie, im Volksmund »Affenfelsen« genannt

🛡 Martinikerk und Martinitoren

Martinikerkhof 3. 050-311 1277. Ostern–Mai, Sep–11. Nov: Sa 12–17 Uhr; Juni–Aug: Di–Sa 12–17 Uhr. Sa 13.30 Uhr.
Martinitoren Grote Markt.
050-313 5713. Apr–Okt: Mo–Sa 11–17 Uhr (Juli, Aug: auch So 11–16 Uhr); Nov–März: Mo–Sa 12–16 Uhr. 1. Jan, 25. Dez.
Der Grote Markt ist das alte Zentrum der Stadt. Viele Gebäude am Platz wurden durch Bombardements am Ende des Zweiten Weltkriegs schwer beschädigt. Beim Wiederaufbau erweiterte man den Markt an der Nord- und Ostseite im modernen Stil.

Der berühmte Martinitoren war zwar beschädigt, stand aber noch und konnte renoviert werden. Das Glockenspiel von d'Olle Grieze, von den Brüdern Hemony gegossen, hat nach einer Erweiterung heute vier Oktaven und 49 Glocken.

Die Martini- oder St. Maartenskerk zeigt noch Spuren

des ursprünglichen Mauerwerks. Die Nord- und Südfassade des Querschiffs sowie die Steinmetzarbeiten und Gesimse an der Nordseite stammen aus dem 13. Jahrhundert. Im 15. Jahrhundert, der Blütezeit der Stadt, wurde die Kirche im gotischen Stil erweitert. Der Chor mit seinen schönen Wandmalereien von 1530, die Szenen aus dem Leben Christi zeigen, wurde 1425 fertiggestellt. Das Mittelschiff baute man zur Hallenkirche um.

Östlich des Grote Markt liegt die Poelestraat, eine Flaniermeile, die sich bei schönem Wetter in eine einzige große Terrasse verwandelt.

🏛 Gebäude der Gasunie

Concourslaan 17. 050-521 9111. für Besucher.
Das Hauptgebäude der Nederlandse Gasunie wurde von den Architekten Alberts und van Huut gemäß den Ideen der sogenannten organischen Architektur geplant. Hierbei

ist die Natur die wichtigste Inspirationsquelle. Der organische Charakter des 1994 fertiggestellten Gebäudes ist überall sichtbar, auch im speziell entworfenen Mobiliar. Das Gebäude erhielt von den Groningern den Spitznamen »Affenfelsen«.

🌿 St. Geertruidshofje

Peperstraat 22. 050-312 4082.
In Groningen gibt es mehrere zauberhafte *hofjes*, die oft zu Hospizen gehören, karitativen Einrichtungen, die sich der Armen annahmen. Zu den schönsten gehört der *hofje* des Heilige Geest- oder Pelstergasthuis (Pelsterstraat) aus dem 13. Jahrhundert und das St. Geertruidshofje *(siehe S. 281)*. Das angeschlossene Pepergasthuis wurde 1405 gegründet. Später wurde es zu einem *hofje* für alte Menschen. Die Wasserpumpe in der Mitte des Hofs stammt aus dem Jahr 1829.

Poelestraat: die beliebteste Flaniermeile der Groninger Studenten

Hotels und Restaurants in Groningen *siehe Seiten 399f und 419*

🏛 Noordelijk Scheepvaart-
en Tabaksmuseum

Brugstraat 24–26. 📞 050-312 2202.
🔵 Di–Sa 10–17, So 13–17 Uhr.
⚫ Feiertage. 🖼

Das Museum, das in zwei restaurierten Häusern aus dem Mittelalter untergebracht ist, widmet sich der Geschichte der Seefahrt in den nördlichen Provinzen von 1650 bis heute. Die Sammlung ist chronologisch geordnet. Vom Utrechter Schiff geht es über die Hansekoggen, die Amerikafahrer, die Torfschiffe und die Ostseefahrer zu den Groninger Küstenschiffern des 20. Jahrhunderts. Auf dem Dachboden sind einige originalgetreue Werkstätten aufgebaut, darunter die eines Zimmermanns und eine Schmiede. Im selben Gebäude zeigt das Tabakmuseum die Geschichte des Rauchens von 1500 bis heute.

♣ Prinsenhof
und Prinsen-
hoftuin

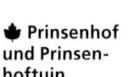

Ornament am Groninger
Provinciehuis

Martinikerkhof 23.
📞 050-318 3688. 🔵 Apr–15. Okt.
Theeschenkerij ⚫ Mo, Di.

Ursprünglich war im Prinsenhof das Fraterhaus des Ordens der Brüder des Gemeinen Lebens untergebracht. Später ließ sich hier der erste Bischof von Groningen, Johan Knijff, nieder, der das Gebäude zu einer prächtigen bischöflichen Residenz umbauen ließ. In der Folgezeit diente es dann bis weit ins 18. Jahrhundert hinein den Statthaltern als Residenz. Der Prinsenhoftuin liegt wie eine Oase der Ruhe

Der Prinsenhof, in dem früher der Statthalter residierte

in der betriebsamen Stadt. Hier gibt es unter anderem einen Kräuter- und einen Rosengarten. Auffällig ist das Beet mit den zwei gekrönten Wappen. In einem prangt das »W« von Willem Frederik, Statthalter von Friesland, Groningen und Drenthe, in dem anderen das »A« von Albertine Agnes, seiner Frau.

An der Gartenseite der Zugangspforte steht eine Sonnenuhr (siehe S. 280) aus dem Jahr 1730. Im Garten kann man den Verlauf der mittelalterlichen Stadtmauer an einigen Stellen noch gut erkennen.

🏛 Hortus Haren

Kerklaan 34, Haren. 📞 050-537
0053. 🔵 Mo–Fr 11–17, Sa, So
11–20 Uhr. ⚫ 1. Jan, 25. Dez. 🖼
♿ 🅿 🔵 www.hortusharen.nl

Ein kleines Stück südlich der Stadt Groningen liegt der vornehme Ort Haren mit dem Hortus Haren. Dieser Park besteht seit 1642 und wurde von

Henricus Munting angelegt. Auf einem gut 20 Hektar großen Gelände steht unter anderem ein Gewächshauskomplex mit verschiedenen klimatischen Abteilungen – vom tropischen Regenwald mit vielerlei Arten exotischer Blumen bis hin zum subtropischen Glashaus mit Korkeichen und Orangenbäumen. Im Wüstenhaus wachsen riesige Kakteen, im Moussonhaus Fleisch fressende Pflanzen. Außerdem kann man ein traditionelles indonesisches Reisfeld (sawah) sehen.

1917 wurde beim Hortus ein Wildgarten angelegt, außerdem gibt es noch einen Heidegarten, ein Rosarium, ein Weidental, ein Pinetum (mit sehr alten Bäumen), ein Arboretum, einen Felsgarten und einen Kräutergarten. Vor Kurzem wurden ein Bambus- und Gräsergarten und ein Garten mit allerlei verschiedenen Wasserpflanzen angelegt. In einem faszinierenden Terrarium kann man unter anderem Vogelspinnen sehen.

Etwas ganz Besonderes ist der Chinesische Garten (»Das geheime Reich von Ming«), in dem einige originale chinesische Gebäude stehen, die von chinesischen Handwerkern hier aufgebaut und mit Löwen und Drachen verziert wurden. Im Teehaus bekommt man chinesische Spezialitäten.

Sehr interessant sind auch die keltischen »Gärten von Ogham«, die unlängst eröffnet wurden. Hier gibt es ein »Baumhoroskop« und »Zauberpflanzen«. Vor allem im Sommer werden im Hortus Haren regelmäßig wechselnde Ausstellungen und verschiedene Veranstaltungen organisiert.

Der Hortus Haren mit seinen zahllosen Attraktionen

Groninger Museum

Spiegel von Jeff Koons

Zwischen dem Hauptbahnhof zur einen Seite und einer Gracht aus dem 19. Jahrhundert, an der Südseite der Stadt, liegt das Groninger Museum auf einer Insel im Verbindungskanaal. Den Museumsbau entwarf der Italiener Alessandro Mendini. Die Sammlung umfasst archäologische Artefakte, Kunsthandwerk (u. a. chinesisches und japanisches Porzellan), alte Bildende Kunst und zahlreiche zeitgenössische Werke.

★ Wendeltreppe
Die Wendeltreppe, über die man zu den Sammlungen hinabsteigt, ist zentraler Orientierungspunkt und zugleich ein eigenständiges Kunstwerk.

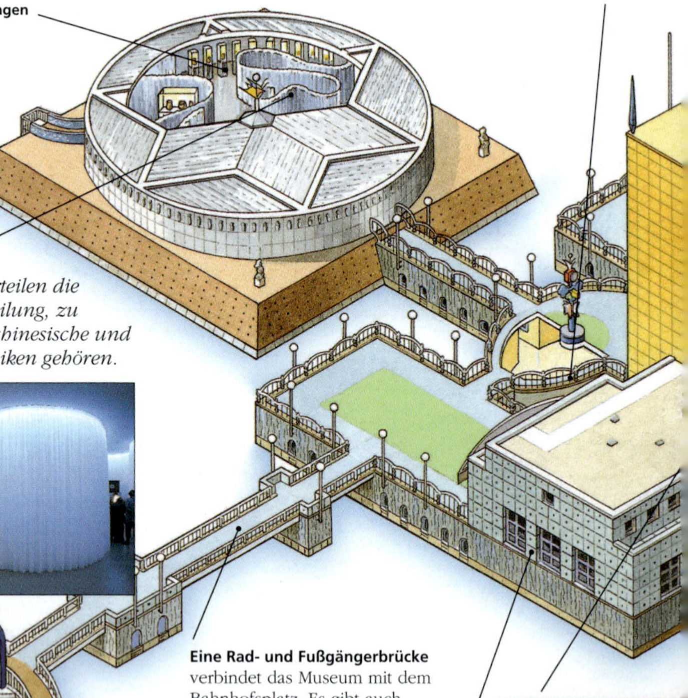

Wechselausstellungen

★ Fernöstliche Keramik
Stoffbahnen unterteilen die Kunstgewerbeabteilung, zu deren Highlights chinesische und japanische Keramiken gehören.

Eine Rad- und Fußgängerbrücke verbindet das Museum mit dem Bahnhofsplatz. Es gibt auch eine direkte Verbindung zur Innenstadt.

Im Museumscafé steht Mobiliar von verschiedenen Designern. Die Einrichtung passt sich so ganz der Sammlung an.

Im Museumsshop (frei zugänglich) kann man Reproduktionen und Bücher über die ausgestellten Künstler kaufen, aber auch hübsche Geschenke und Designartikel.

NICHT VERSÄUMEN

* ★ Fernöstliche Keramik

* ★ De Ploeg

* ★ Wendeltreppe

INFOBOX

Museumeiland 1. ☎ 0900-
821 2132. ☐ Di–So 10–17 Uhr
(Fr bis 22 Uhr). ● 1. Jan, 25. Dez.
🖼 🔲 🍴 🛍
www.groningermuseum.nl

Rembrandt van Rijn (1606–1669)
Die Zeichnung Saskia im Bett *von Rembrandt
ist manchmal im Mendini-Pavillon zu sehen.*

★ De Ploeg
*Die Kunstsammlung De Ploeg
(»Der Pflug«) hat ihren eigenen
Pavillon. Neben Arbeiten von
Mitgliedern der Gruppe sind
auch expressionistische Werke
ausgestellt. Das Bild* Drehtür
des Postamts *des Malers H. N.
Werkman entstand 1941.*

**Den Mendini-
Pavillon** kennzeich-
nen auf den ersten
Blick Willkür und
Chaos. Er ist ein
Musterbeispiel des
Dekonstruktivismus.

Kurzführer

*Das Groninger Museum wurde von
Alessandro Mendini (1931) entworfen.
Ausgangspunkt für den Entwurf war
die Art der Sammlung des Groninger
Museums: Archäologisches, Kunsthandwerk sowie alte und moderne
Bildende Kunst. Als Blickfang dient der
30 Meter hohe Turm in der Mitte,
der das Lager beherbergt.*

**Brücke im Coop
Himmelb(l)au-Pavillon**

Eine wuchtige Betontreppe
im Mendini-Pavillon führt
zum obersten Pavillon,
in dem Teile der Samm-
lung Bildender Kunst
ausgestellt werden.

Dieser Flügel des
Museums wurde
von Wolfgang
Prix und Helmut
Swiczinsky ent-
worfen.

Grootegast ❷

Straßenkarte D1. 👥 *11 500.* 🚌
33, 38, 98, 101, 133. 🛈 *Tolberter-*
straat 39, Leek (0594-512 100). ⛴ *Fr.*

L utjegast, gleich bei Groote-
gast, ist der Geburtsort von
Abel Tasman *(siehe Kasten).*
Im **Abel Tasmankabinet** ist
eine interessante Ausstellung
über seine Entdeckungsreisen
zu sehen. Die spannende
Sammlung umfasst (See-)Kar-
ten, alte Bücher und anderes.

🏛 **Abel Tasmankabinet**
Kompasstraat 1. 📞 *0594-613 576.*
🕐 *Di–Sa 13.30–16.30 Uhr.*

Leek ❸

Hafen des reizvollen Fischerdorfes Zoutkamp

Straßenkarte D2. 👥 *18 000.* 🚌
81, 85, 88, 98, 306, 316. 🛈 *Tolber-*
terstraat 39 (0594-512 100). ⛴ *Do.*

I n Leek steht die Burg Nienoord, die um 1524 von
Wigbold van Ewsum erbaut
wurde. Im 19. Jahrhundert
schien es um die Burg so gut
wie geschehen: 1846 zerstörte
der damalige Besitzer, Ferdi-

nand Folef Kniphausen, genannt »de dolle jonker« (»der
verrückte Junker«), im Rausch
alle Porträts seiner Ahnen.
Später brannten die Orangerie
und ein Teil des Ober-
schosses ab. Im Jahr 1950
kaufte dann die Gemeinde
die Burg und richtete acht
Jahre später hier das **Nationaal Rijtuigmuseum** (»Kut-
schenmuseum«) ein. Die interessante Sammlung des
Museums umfasst königliche
Karossen, Postkutschen und
Eilkutschen, aber auch
schlichte Bauernkarren.

🏛 **Nationaal Rijtuigmuseum**
Nienoord 1. 📞 *0594–512 260.*
🕐 *Apr–Okt: Di–Fr 10–17, Sa, So
13–17 Uhr.* 📷 ♿ 📷 🍴
www.rijtuigmuseum.nl

Landgut Nienoord

Zoutkamp ❹

Straßenkarte D1. 👥 *1200.*
🚌 *36, 63, 65, 69, 163, 165.*
🛈 *Reitdiepskade 11 (0595-401 957).*

D as Fischerdorf Zoutkamp
hat sich nach der Ab-
deichung der Lauwerszee
1969 völlig verändert. Am
Ufer (Reitdiepskade) stehen
noch einige ehemalige Fi-
scherhäuschen. Hier hat der
Ort seinen ursprünglichen
Charme bewahrt.

Lauwersoog ❺

Straßenkarte D1. 👥 *350.*
🚌 *50, 63, 163.* 🛈 *Het Bozewift,
Strandweg 1 (0519-349 133).*

B ei Lauwersoog, wo auch
die Fähre nach Schier-
monnikoog *(siehe S. 275)*
ablegt, erstreckt sich das
2000 Hektar große Natur-
schutzgebiet Lauwersmeer.
Nach dem Einpoldern der
Lauwerszee wurden für das
Gebiet vier Bestimmungen
ausgewiesen: Landbau, Er-
holung, Naturschutz und
Truppenübungsplatz.

Umgebung: Lauwersoog ist
eine gute Basis für die Erkundung der Tuffkirchen, die
im Mittelalter in Orten wie
Doezum, Bedum und Zuid-
wolde erbaut wurden. Man
erkennt sie leicht an dem
grauen oder grünlich schim-
mernden porösen Gestein.

Abel Tasman (1603–1659)

Abel Janszoon Tasman kam 1603 in Lutjegast zur Welt. Schon
als junger Mann ging er nach Amsterdam. 1633 fuhr er als
Steuermann der Vereenigde Oost-Indische Compagnie
(siehe S. 48 f) nach Asien. 1642 unternahm er mit der Yacht
De Heemskerck und der Fleute *Zeehaen* eine
Reise mit dem Ziel, über die Südroute
durch den Ozean das legendäre Südland
zu finden. Tasman erreichte am 24. November 1642 die australische Insel Tasmanien. Er fertigte Karten von einem
Teil der Küste an und erreichte später
die Südinsel von Neuseeland. Am
13. Juni 1643 kam er in Batavia
an, wo er bis zu seinem Tod am
10. Oktober 1659 blieb. In seinem Testament vermachte er
einen großen Teil seines Geldes
den Armen von Lutjegast.

Pieterburen ❻

Straßenkarte D1. 🏰 500. 🚌 65, 67, 68. 🚹 *Waddencentrum, Hoofdstraat 83 (0595-528 522).*

Einer der bekanntesten Orte in Groningen ist Pieterburen. Hier ist das **Zeehondencrèche** («Seehundasyl») zu Hause, ein von Lenie 't Hart und anderen gegründetes Zentrum für kranke und schwache Seehunde aus der Waddenzee. Im Wattenmeer tummeln sich heute ungefähr 1750 Seehunde, von denen die Hälfte ihr Leben diesem Zentrum verdankt.

Het Waddencentrum zeigt eine Ausstellung über das Watt. Hier kann man sich auch über Wattwanderungen informieren.

Seehund in einem der Bassins in Pieterburen

🦭 **Zeehondencrèche Pieterburen**
Hoofdstraat 94a. 📞 0595-526 526. 🕐 tägl. 9–18 Uhr. 📷 ♿ 🖥
www.zeehondencreche.nl

🦭 **Het Waddencentrum**
Hoofdstraat 83. 📞 0595-528 522. 🕐 tägl. 9–18 Uhr. 🖥

Umgebung: In Leens, zehn Kilometer südwestlich von Pieterburen, steht die **Borg Verhildersum** (14. Jh.), eingerichtet im Stil des 19. Jahrhunderts. Die Burg ist von breiten Gräben umgeben, im Park mit dem Gartenpavillon stehen Skulpturen. Im Kutschhaus finden Ausstellungen statt, im Schathuis ist ein Café-Restaurant untergebracht.

🏰 **Borg Verhildersum**
Wierde 40, Leens. 📞 0595-571 430. 🕐 Apr–Okt: Di–So 10.30–17 Uhr. 📷

Uithuizen ❼

Straßenkarte E1. 🏰 5300. 🚌 41, 62, 641, 662. 🚹 *Mennonietenkerkstraat 13 (0595-434 051).* 🛍 *Sa.*

Die außergewöhnlich schöne **Menkemaborg** in Uithuizen stammt aus dem 14. Jahrhundert, erhielt ihr heutiges Aussehen jedoch um 1700. Im Schlafzimmer steht ein Prunkbett aus dem 18. Jahrhundert, in dem König Willem III im 19. Jahrhundert nächtigte. Die Küche im Untergeschoss ist mit Originalmöbeln eingerichtet. Bei einer Renovierung 1926 wurden die Gärten im Stil des 18. Jahrhunderts angelegt. In der Schatzkammer ist heute ein Café-Restaurant. Früher wurden in diesem Raum die Produkte aufbewahrt, die die Pächter zur Burg brachten.

🏰 **Menkemaborg**
Menkemaweg 2. 🚌 61. 📞 0595-431 970. 🕐 März, Apr, Okt–Anfang Jan: Di–So 10–12, 13–16 Uhr; Mai–Sep: tägl. 10–17 Uhr. ⬤ Jan, Feb. 📷 www.menkemaborg.nl

Hochzeit in traditionellen Trachten im Park der Menkemaborg aus dem 14. Jahrhundert

Appingedam ❽

Straßenkarte E1. 🏠 *12 400.*
🚌 *40, 45, 78, 178.* ℹ️ *Dijkstraat 26 (0596-620 300).* 🚢 *Sa.*

Die »hängenden« Küchen von Appingedam, von der Vlinterbrug aus zu sehen, wurden aus Platzmangel in den Häusern so gebaut. Über dem Kanal Damsterdiep sieht man kleine Türen, durch die Wasser geschöpft wurde.

Slochteren ❾

Straßenkarte E1. 🏠 *2600.*
🚌 *78, 178.* ℹ️ *Noorderweg 1 (0598-422 970).* 🚢 *Do.*

Durch die Entdeckung der Erdgasblase 1959 wurde Slochteren landesweit bekannt. Die »Blase von Slochteren« war die größte Europas. Es wird geschätzt, dass sie die niederländische Erdgasversorgung bis 2050 sichert.

Die Geschichte der alten Stadt Slochteren ist eng mit der der Herren von der Fraeylemaborg verbunden. Die Gereformeerde Kerk Slochterens ist das Überbleibsel eines romanisch-gotischen Kreuzkirchenbaus aus dem 13. Jahrhundert.

Der reizvolle Landstrich lädt zum Wandern und Radeln ein, zum Beispiel am nahen Schildmeer. Hier kommen vor allem die Wassersportfreunde voll auf ihre Kosten. In der schönen Landschaft stehen hier und da Gasförderstationen.

Dampfschöpfwerk von 1878 im Polder bei Winschoten, heute Museum

Fraeylemaborg ❿

Straßenkarte E1. 🚌 *78, 178.*
ℹ️ *Noorderweg 1, Slochteren (0598-422 907).*

Die aus dem Mittelalter stammende, erstklassig erhaltene Fraeylemaborg ist eine der imposantesten Burgen in Groningen. In der Küche und im Bankettsaal zeugen Schießscharten von der Verteidigungsfunktion. Im 17. Jahrhundert wurden die beiden Seitenflügel angebaut, im 18. Jahrhundert der monumentale Mitteltrakt. Ein doppelter Graben umgibt die Burg. Der Park ist in einer Kombination von formalem Barockstil (18. Jh.) und englischem Landschaftsstil (19. Jh.) angelegt.

🏰 **Fraeylemaborg**
Hoofdweg 30–32, Slochteren.
📞 *0598-421 568.* ⏰ *März–Dez: Di–Fr 10–17, Sa, So, Feiertage 13–17 Uhr.* 🌐 *www.fraeylemaborg.nl*

Winschoten ⓫

Straßenkarte E2. 🏠 *18 500.* 🚌 *10, 12, 13, 14, 17.* ℹ️ *Israëlplein 6 (0597-412 255).* 🚢 *Sa.*

Die Siedlung entwickelte sich im 13. Jahrhundert an der Handelsstraße von Groningen nach Münster (Westfalen). Heute ist die Stadt vor allem wegen ihrer drei Mühlen bekannt: »Berg«, eine Korn- und Graupenmühle aus dem Jahr 1854, »Dijkstra«, eine 25 Meter hohe Mühle von 1862, und »Edens«, ebenfalls eine Korn- und Graupenmühle von 1761. Im **Museum Stoomgemaal** ist ein Schöpfwerk von 1878 zu sehen, das die überfluteten Polder trockenpumpte.

🏛 **Museum Stoomgemaal**
Oostereinde 4. 📞 *0597-425 070.*
⏰ *Juni–Sep: Mo–Fr 13–17 Uhr (Juli, Aug: auch So 11–17 Uhr).* 🌐

Umgebung: Im Heiligerlee nahe bei Winschoten steht das Denkmal der Schlacht bei Heiligerlee, die 1568 geschlagen wurde. Berühmt ist die Schlacht, weil sie nur zwei Stunden dauerte und weil Graf Adolf van Nassau dabei ums Leben kam. Das **Museum »Slag bij Heiligerlee«** zeigt eine Ausstellung über diese kurze, aber blutige Feldschlacht.

🏛 **Museum »Slag bij Heiligerlee«**
Provincialeweg 55. 📞 *0597-418 199.* ⏰ *Apr: Di–So 13–17 Uhr; Mai–Mitte Sep: Di–Sa 10–17 Uhr; Mitte Sep–Okt: Di–Fr, So 13–17 Uhr.* ⚫ *Feiertage.* 🌐

Die historische Fraeylemaborg in Slochteren

Hotels und Restaurants in Groningen *siehe Seiten 399f und 419*

Veendam ⓬

Straßenkarte E2. 👥 28 500.
🚆 71, 73. ℹ️ Museumplein 5b (0598-
626 255). ⚓ Mo vorm., Do nachm.

Parkstad Veendam, so ge-
nannt wegen der vielen
Grünflächen in der Stadt, war
jahrhundertelang das (indus-
trielle) Zentrum der Moor-
kolonien (*veen* = Moor). Ob-
wohl Ende des 19. Jahrhun-
derts die Torfgewinnung an
Bedeutung verlor und die
Schifffahrt wichtiger wurde –
Veendam bekam sogar eine
Seefahrtsschule –, hat dieser
Ort doch den Charakter einer
Moorkoloniestadt behalten.

Im **Veenkoloniaal Museum**
ist eine Ausstellung über die
Geschichte der Veenkolonien,
der Schifffahrt, der Landwirtschaft und der Industrie in
dieser Gegend zu sehen.

Der berühmteste Veenda-
mer war Anthony Winkler
Prins (1817–1908), dessen
Name in der von ihm begrün-
deten Lexikonreihe fortlebt.

🏛 **Veenkoloniaal Museum**
Museumplein 5. 📞 0598-364 224.
🕐 Di–Do 11–17, Fr–So 13–17 Uhr.
⬤ Feiertage. 🖼
www.veenkolonialmuseum.nl

Bourtange ⓭

Straßenkarte E2. 👥 600. 🚆 70,
72. ℹ️ Willem Lodewijkstraat 33
(0599-354 600). **www**.bourtange.nl

Unweit der Grenze zu
Deutschland liegt die
schöne Festungsstadt Bour-
tange, deren Geschichte bis
ins Jahr 1580 zurückgeht, als
Prinz Willem van Oranje den
Bau einer Schanze mit fünf
Bastionen im Sumpfgebiet an
der deutschen Grenzlinie be-
fahl. Im Lauf der Jahre wurde
Bourtange immer weiter ver-
stärkt und ausgebaut, bis die
Festung ihren militärischen
Zweck verlor.

Nach aufwendigen Restau-
rationen sehen Dorf und Festung heute wieder beinahe so
aus wie im 18. Jahrhundert.
Sternförmig angelegte Felder
unterstützen den Eindruck.
Im **Museum »De Baracquen«**
werden Funde aus der Fes-
tung gezeigt.

Die beeindruckende Festung Bourtange aus der Luft gesehen

Museum »De Baracquen«
Willem Lodewijkstraat 33.
📞 0599-354 600. 🕐 Apr–Okt:
Mo–Fr 10–17, Sa, So 12.30–17 Uhr;
Nov–März: Sa, So 13.30–17 Uhr.
⬤ 25., 26. Dez. 🖼

Oude und Nieuwe Pekela ⓮

Straßenkarte E2. 👥 13 500. 🚆
75. ℹ️ Restaurant Het Turfship, Fles-
singsterrein 3, Oude Pekela (0597-618
833). ⚓ Mi und Do nachm.

Die Pekelas, wie die Gro-
ninger die zwei Gemein-
den nennen, sind typische
Dörfer mit dem Charakter
der Moorkolonien. Seit dem
18. Jahrhundert wurden hier
Kartoffelstärke und Strohpap-
pe hergestellt. Die Wege entlang dem Pekelder Hoofddiep
bieten sich für Spaziergänge an.

Ter Apel ⓯

Straßenkarte E2. 👥 7800.
🚆 26, 70, 73. ℹ️ Hoofdstraat 49a
(0599-581 277). ⚓ Do.

In Ter Apel im Westerwolde-
Gebiet zwischen Drenthe
und Deutschland liegt das
Klooster Ter Apel, das 1465
errichtet wurde. Im Jahr 1933
wurde es gründlich renoviert,
heute dient es als Museum
für kirchliche Kunst und Reli-
gionsgeschichte. Im duften-
den Kräutergarten im Klosterhof wachsen verschiedene
Heilpflanzen wie die Oster-
luzei und die Weinraute.

🏛 **Klooster Ter Apel**
Boslaan 3. 📞 0599-581 370.
🕐 Di–Sa 10–17, So, Feiertage
13–17 Uhr (Juli, Aug: Mo–Sa 10–
18, So 13–18 Uhr). ⬤ 1. Jan. 🖼
♿ 🖼 📷 **www**.kloosterterapel.nl

Restaurierter Kreuzgang im Kloster Ter Apel

Friesland

*F*riesland oder Fryslân, wie der offizielle friesische Name lautet, ist eine Provinz voller Charakter. Weit gestreckte grüne Wiesen und Seen mit schilfbewachsenen Ufern wechseln sich mit sanften Hügeln und Wäldern ab, dazwischen liegen zahlreiche schöne Kleinstädte und Dörfer mit einer reichen Vergangenheit.

Die Provinz Friesland erfreut sich seit einigen Jahren steigender Beliebtheit. Das hat nicht zuletzt mit dem zunehmenden kulturellen und historischen Bewusstsein der Bewohner zu tun.

Um 700 ließen sich die Friesen unter König Radboud in einem Gebiet nieder, das im Süden bis Zeeuws-Vlaanderen und Köln reichte. Geblieben sind bis heute außer der eigenen Sprache ganz eigene Sportarten wie das *skûtsjesilen* (Segeln mit traditionellen Booten), *fierljeppen* (Stabweitspringen über Wasser), *aaisykjen* (Kiebitzeier suchen), *kaatsen* (ein Schlagballspiel) und die Elfstedentocht, die Schlittschuhtour zu den elf friesischen Städten.

Friesisch und frei sind sprichwörtlich miteinander verbunden: Der Schlacht bei Warns im Jahr 1345, bei der die Friesen das holländische Heer schlugen, wird noch heute jedes Jahr gedacht. Ein Symbol der friesischen Freiheit ist der legendäre Grutte Pier aus Kimswerd, ein Volksheld aus dem 16. Jahrhundert, der, um herauszufinden, ob jemand ein Friese war, ihn den Satz sagen ließ: *Bûter, brea en griene tsiis, wa't dat net sizze kin is gjin oprjochte Fries* (Butter, Brot und grüner Käse, wer das nicht sagen kann, ist kein echter Friese). Wer sich dabei verhaspelte, musste das mit dem Leben bezahlen. Heute sind die Friesen gastfreundlicher: Besucher werden mit offenen Armen empfangen: *Jo binne tige wolkom* – Sie sind herzlich willkommen.

Bartlehiem ist im Sommer ein beliebtes Ausflugsziel

◁ Die berühmte Waterpoort in Sneek *(siehe S. 299)* stammt aus dem Jahr 1613

Überblick: Friesland

Friesische Flagge

riesland ist für seine weiten Felder mit mächtigen Kopf-Hals-Rumpf-Bauernhöfen bekannt, und doch gibt es hier große landschaftliche Vielfalt: Im Südwesten liegen die beliebten friesischen Seen, im Norden findet man Binnendeiche, Warftdörfer und Kirchtürme mit Satteldach. Im Gaasterland im Süden wechseln hügelige Wälder mit steilen Tälern ab. De Friese Wouden im Südosten erinnern mit ihren Wäldern und Sandverwehungen ein wenig an Drenthe.

Seedeich bei Wierum

Sehenswürdigkeiten auf einen Blick

Appelscha ⑭
Beetsterzwaag ⑬
Bolsward ⑤
Dokkum ②
Franeker ③
Gaasterland ⑧
Harlingen ④
Hindeloopen ⑦
Leeuwarden ①
Oude Venen ⑫
Sloten ⑨
Sneek ⑩
Thialfstadion S. 300 ⑪
Workum ⑥

0 Kilometer   10

St. Annaparochi

Sexbierum   Menaldu

FRANEKER ③   A31   Dronrijp

HARLINGEN ④

N384   N359

N31

Wommels   Wieuwerd

Wiewuerd

A7

Makkum   ⑤ BOLSWARD

SNEEK ⑩

N359

N354

WORKUM ⑥

⑦ HINDELOOPEN

Fluessen

Koudum   *Sloter Meer*

Balk   ⑨ SLOTEN

Stavoren

⑧

Rijsterbos   GAASTERLAND   N359

Oudemirdum   Lemm

Der Noorderhaven in Harlingen

In Friesland unterwegs

Friesland ist einfach und schnell zu erreichen. Die Autobahnen A7 (Ost – West) und A32 (Nord – Süd) durchkreuzen die Provinz. Zug- und Busverbindungen sind auch kein Problem. Die meisten größeren Orte haben einen Bahnhof, die kleineren sind sehr gut mit dem Regionalbus erreichbar. Von Harlingen, Holwerd oder Lauwersoog kann man mit dem Boot schnell zu den Inseln übersetzen. In der Provinz gibt es viele ruhige Landstraßen, Wanderwege und Fahrradwege.

Häuser an Het Diep in Sloten

Weitere Zeichenerklärungen *siehe hintere Umschlagklappe*

Lauwersoog

Holwerd

Anjum

*Lauwers-
meer*

Ferwerd

DOKKUM ❷

N361

Damwoude

Kollum

N356

N355

Veenwouden

Buitenpost

N361

N355

❶ **LEEUWARDEN**

Bergum

*Bergumer-
meer*

Surhuisterveen

N31

Earnewâld

OUDE VENEN ❿

A32

Drachten

N31

Grou

F R I E S L A N D

❸ **BEETSTERZWAAG**

N381

Donkerbroek

Akkrum

Oosterwolde

A7

Gorredijk

Joure

APPELSCHA ❹

N351

Heerenveen

❶ **THIALFSTADION**

Oldeberkoop

ukemeer

Noordwolde

Wolvega

A32

Die Warft von Hogebeintum ist mit
8,80 Metern die höchste in Friesland

SIEHE AUCH

• *Hotels* S. 400f

• *Restaurants* S. 419f

LEGENDE

═══	Autobahn
───	Hauptstraße
───	Nebenstraße
───	Panoramastraße
───	Eisenbahn (Hauptstrecke)
───	Eisenbahn (Nebenstrecke)
───	Provinzgrenze

Das malerische Lindevallei (Lindental) bei Wolvega

Elfstedentocht

Die Elfstedentocht ist eine 200 Kilometer lange Schlittschuhtour von Leeuwarden über Sneek, IJlst, Sloten, Stavoren, Hindeloopen, Workum, Bolsward, Harlingen und Franeker nach Dokkum und wieder zurück nach Leeuwarden. Die Teilnehmer erhalten das berühmte Elfstedenkreuz am Ende der Tour nur, wenn sie alle Stempel auf ihrer Stempelkarte haben und vor Mitternacht wieder in Leeuwarden ankommen. Auf den Gewinner wartet nichts Geringeres als der ewige Ruhm.

Erste offizielle Tour 1909

Das Elfstedenkruisje *hat die Form eines Malteserkreuzes. Im Kreis in der Mitte sieht man das emaillierte Wappen von Friesland und die Aufschrift »De Friesche Elf Steden«.*

»Tocht der Tochten«

Die Elfstedentocht besteht aus einem Wettstreit und einer offenen Tour und hat in den Niederlanden einen beinahe mythischen Status. Das Ereignis ist ein echtes Medienspektakel, das Millionen an den Fernseher fesselt. Obwohl die Elfstedentocht im vergangenen Jahrhundert nur 15 Mal stattfand (zuletzt am 4. Januar 1997), ist das ganze Land wie elektrisiert, sobald das Thermometer unter null fällt. Bei anhaltendem Frost messen die berühmten Streckenwächter mindestens einmal am Tag das Eis. Es muss wenigstens 15 Zentimeter dick sein, damit die Tour starten kann. Wenn der Vorsitzende dann die erlösenden Worte *It sil heve* (»Es wird tragen«) oder *It giet oan* (»Es geht los«) gesprochen hat, verwandelt sich ganz Friesland in einen Hexenkessel.

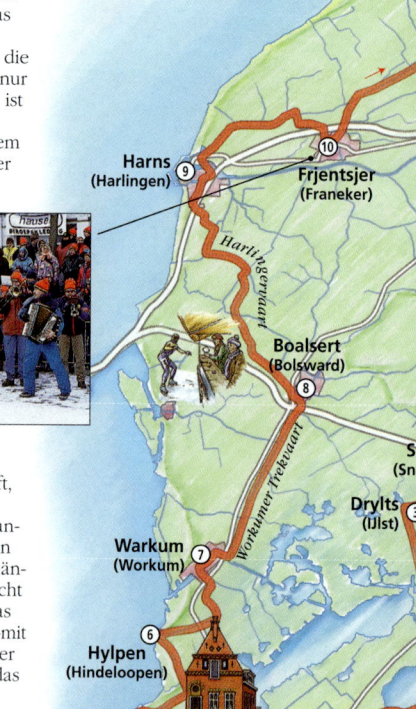

Harns (Harlingen) ⑨
⑩ Frjentsjer (Franeker)
Harlingervaart
Boalsert (Bolsward) ⑧
Sni (Snee)
Drylts (IJlst) ③
Workumer Trekvaart
Warkum (Workum) ⑦
⑥
Hylpen (Hindeloopen)
Sleat (Sloten)
Starum (Stavoren) ⑤

Feststadt Franeker

Die Züge sind überfüllt, die Straßen verstopft, ganze Dörfer sind auf den Beinen, um die 16 000 Teilnehmer mit warmem Tee und Orangen zu verpflegen. Musikkapellen heizen den Enthusiasmus des Publikums an. Die niederländische Sprache wurde durch die Elfstedentocht um das friesische Wort *klûnen* bereichert, das so viel heißt wie »mit Schlittschuhen über Land laufen, wo das Eis nicht trägt«.

Bittere Tränen
Viele Teilnehmer versuchen trotz Schneeblindheit und Erfrierungen doch noch, die Elfstedentocht zu Ende zu laufen. Manch einer bricht in bittere Tränen aus, wenn er hören muss, dass er es nicht geschafft hat, das begehrte Elfstedenkreuz zu erobern.

0 Kilometer   10

Bartlehiem

Das Gehöft Bartlehiem, der bekannteste Eislaufort in den Niederlanden, ist der psychologische Knackpunkt der Tour. Wer noch nach Dokkum muss, dem kommen hier Läufer entgegen, die den Stempel des nördlichsten Punktes der Route schon erobert haben. Viele müssen die Strecke Bartlehiem–Dokkum und zurück außerdem schon bei Dunkelheit zurücklegen. Die Hölle des Nordens zieht Tausende von Zuschauern an. Die berühmte Brücke über die Finkumervaart kennt jeder Niederländer.

Dokkum

Dokkumer Ee

Bartlehiem

FINISH

TART

Ljouwert
(Leeuwarden)

Evert van Benthem

Der Gewinner der Elfste-dentocht ist ein National-held. Evert van Benthem, ein Bauer aus Sint-Jans-klooster, der sogar zwei-mal, 1985 und 1986, als Erster die Ziellinie auf der Bonkevaart in Leeuwarden

Der zweimalige Sieger
Evert van Benthem

passierte, ist nicht nur be-rühmt, er ist eine lebende Legende. Die eher profane Belohnung für so viel Mühe ist sowohl für den Gewinner bei den Frauen als auch bei den Män-nern ein Siegerkranz. Ihre Namen wer-den im Denkmal des Elfstedenläufers in Leeuwaarden eingraviert.

Eerste Friese Schaatsmuseum

Das Erste Friesische Eislaufmuseum in Hinde-loopen *(siehe S. 298)* zeigt außer einer Samm-lung von alten Schlittschuhen, alten Werkstät-ten, Schlitten und historischem Material auch eine einmalige Ausstellung über 90 Jahre Elf-stedentocht. Viele Gewinner, darunter Reinier Paping, Jeen van den Berg und Henk Ange-nent, werden hier in Ehren gehalten. Zu den Höhepunkten der Kollektion gehören die Eis-laufanzüge von mehreren Elfstedenhelden, die Schlittschuhe des zweimaligen Siegers Evert van Benthem und die Stempelkarte von W. A. van Buren. Ein besonders markantes Stück in der Sammlung ist der rechte große Zeh von Tinus Udding. Er verlor das Körperteil durch Erfrierung bei der eisigen *tocht* im Jahr 1963.

Schon vor Sonnenaufgang
starten Zehntausende beim
FEC in Leeuwarden.

LEGENDE

▬ Route der Elfstedentocht

═ Straße

www.elfstedentocht.nl

Willem-Alexander, alias W. A. van Buren, nach der
***tocht* 1985 in den Armen seiner Mutter, Königin Beatrix**

Leeuwarden ❶

Straßenkarte D1. *89 000.* *Achmeatoren, Sophialaan 4 (0900-202 4060).* *Fr, Sa.*

Die Hauptstadt Frieslands, bekannt durch Mata Hari, Pieter Jelles Troelstra und Jan Jacob Slauerhoff, war früher die Residenz des friesischen Zweiges der Nassauer (1584–1747). Der Stadtpark, der Prinsentuin und der Stadhouderlijk Hof erinnern noch an diese Zeit. Wahrzeichen Leeuwardens ist unter anderem das Standbild **Us Mem** (»Unsere Mutter«), ein Ehrenmal für die berühmte friesische Kuh.

Das **Fries Museum** zeigt in einem Patrizierhaus aus dem 18. Jahrhundert Funde aus Warften, Trachten, Kunst und Kunstgewerbe. Im selben Haus befindet sich auch das **Verzetsmuseum Friesland**, das sich der Widerstandsbewegung im Zweiten Weltkrieg widmet. In Friesland wurden mehr als 600 Juden und beinahe 300 Widerstandskämpfer von den Nationalsozialisten ermordet. Die Ausstellung geht chronologisch auf den Zweiten Weltkrieg, aber auch Kriege der neueren Zeit und auf Rassismus allgemein ein.

Friesisches Wappen

Am Oldehoofsterkerkhof zieht der schiefe Turm **Oldehove** alle Blicke an. Als man 1529 mit dem Bau begann, sollte dies der höchste Turm des Landes werden. Leider begannen die Fundamente abzusacken, und so musste man drei Jahre später die Bauarbeiten einstellen. Seitdem ist der Turm unvollendet – dennoch genießt man von oben einen wunderbaren Blick über Leeuwarden bis zur Küste.

Das Museum **Het Princessehof** befindet sich im früheren Wohnhaus von Maria Louise von Hessen-Kassel, die von den Friesen liebevoll Marijke Meu (»Tante Maria«) genannt wird. In ihrem 1731 erworbenen Haus sammelte sie kostbares Porzellan aller Art. Die Kollektion von internationalem Rang umfasst fernöstliches und europäisches Porzellan, moderne Keramik sowie alte Fliesen und ist hier zu bewundern.

Im ehemaligen Stadtwaisenhaus hat heute das **Natuurmuseum Fryslân** ein Zuhause gefunden. Vor allem die Ausstellung »Friesland unter Wasser« lohnt einen Besuch.

Fries Museum
Turfmarkt 11. *058-255 5501.* *Di–So 11–17 Uhr.*
www.friesmuseum.nl

Verzetsmuseum Friesland
Turfmarkt 1. *058-212 0111.* *Di–So.* *1. Jan, 25. Dez.*

Het Princessehof
Grote Kerkstraat 11. *058-294 8958.* *Di–So 11–17 Uhr.* *1. Jan, 30. Apr, 25. Dez.*

Natuurmuseum Fryslân
Schoenmakersperk 2. *058-233 2244.* *Di–So 11–17 Uhr.*

Oldehove, der »Schiefe Turm von Leeuwarden« (1529)

Das romantische Dokkum, schon im 8. Jahrhundert ein wichtiger Hafen

Dokkum ❷

Straßenkarte D1. *13 000.* *Op de Fetze 13 (0519-293 800).* *Mi.*

Die Handels- und Festungsstadt Dokkum war von 1596 bis 1645 Sitz der friesischen Admiralität. Ihre Bekanntheit verdankt sie jedoch dem Mord am Missionar Bonifatius, der hier im Jahr 754 von heidnischen Friesen erschlagen wurde *(siehe S. 44f)*. Das Regionalmuseum im **Admiraliteitshuis**, dem früheren Sitz des Seminars der Admiralität, zeigt eine Ausstellung über das Leben dieses Heiligen, aber auch Warftfunde, Trachten, altes Handwerk und Volkskunst.

Außer der **Bonifatiuskerk** gibt es in Dokkum einen Prozessionsgarten mit Kreuzwegstationen und eine Kapelle. Dem Wasser des **Bonifatiusbron** werden Heilkräfte zugeschrieben. In der Nähe des Brunnens steht eine Statue des Heiligen.

Im Ortszentrum kann man sich im **Natuurmuseum Dokkum** über Geologie, Flora und Fauna Frieslands informieren. In einem Klangkabinett sind die Stimmen der in der Region heimischen Vögel zu hören.

Auf den ehemaligen **Stadtwällen** ist ein Park angelegt. Hier stehen zwei **Mühlen** aus dem 19. Jahrhundert. *De Hoop* und *Zeldenrust* sind typische Holländermühlen *(siehe S. 25)*, auf Niederländisch heißt dieser Typus *stellingmolen*.

🏛 **Admiraliteitshuis**
Diepswal 27. ☎ 0519-293 134.
◯ Apr–Okt: Di–Sa 13–17 Uhr. 📷
www.museumdokkum.nl

🏛 **Natuurmuseum Dokkum**
Kleine Oosterstraat 12. ☎ 0519-
297 318. ◯ Mo 13–17, Di–Fr
10–12, 13–17 Uhr (Juni–Aug: auch
Sa 14–16.30 Uhr). ● Feiertage.
www.natuurmuseumdokkum.nl

Franeker ❸

Straßenkarte C1. 🏘 13 000. 🚌
🚉 ℹ Voorstraat 35 (0517-392 192).
🍴 Mi, Sa.

Franeker war von 1585 bis
1811 Universitätsstadt und
gilt als Zentrum des friesischen Schlagballspiels, des
kaatsen. In der Voorstraat stehen mehrere alte Gebäude,
darunter das Martenahuis
(15. Jh.) und das Botniahuis
(16. Jh.). Das Cammingahuis,
in dem das **Kaatsmuseum**
untergebracht ist, stammt aus
dem 14. Jahrhundert. Das
Museum Martena in einem
Haus aus dem 18. Jahrhundert
besitzt eine Sammlung über
die ehemalige Universität,
eine besondere Kollektion
von Hölzern in Buchform,
Kunst und Kunstgewerbe.
Schräg gegenüber vom Re-
naissance-**Stadhuis** mit seiner
reich verzierten Fassade liegt
das **Planetarium Friesland**
des Wollkämmers Eise Eisinga
von 1781. Seit zwei Jahrhunderten kreisen hier die Planeten mit größter Präzision.
Neben der Wallfahrtsstätte
des friesischen *kaatsen*, der
Sjûkelân, steht *Bogt fen Guné*,

Planetarium Eise Eisinga

das älteste Studentenwohn-
heim der Niederlande aus
dem 16. Jahrhundert.

🏛 **Kaatsmuseum**
Voorstraat 2. ☎ 0517-393 910. ◯
Mitte Mai–Sep: Di–Sa 13–17 Uhr. 📷

🏛 **Museum Martena**
Voorstraat 35. ☎ 0517-392 192.
◯ Di–Sa 10–17 Uhr (Apr–Sep:
auch So 13–17 Uhr). 📷

🏛 **Planetarium Friesland**
Eise Eisingastraat 3. ☎ 0517-393 070.
◯ Di–Sa 10–17 Uhr (Mai–Mitte
Sep: auch So, Mo 13–17 Uhr). 📷

Harlingen ❹

Straßenkarte C2. 🏘 14 500. 🚌
🚉 ℹ Grote Bredeplaats 17b (0517-
430 207). 🍴 Mi vorm., Sa.

Die Hafenstadt Harlingen
hat noch viel Charme.
Vor allem die **Zoutsloot** und

der **Noorderhaven** sind sehr
schön restauriert. Das Standbild **Hans Brinkers**, des Jungen, der mit seinem Daumen
den Deich dichtete, steht bei
den Fähren. Südlich von Harlingen liegt **Pingjum**, bekannt
durch Menno Simons (1496–
1561), der hier seine religiöse
Laufbahn begann. Mennoni-
ten aus der ganzen Welt pilgern hierher.

Bolsward ❺

Straßenkarte C2. 🏘 10 000.
🚌 ℹ Wipstraat 6 (0515-572 701).
🍴 Do.

Das beschauliche Bolsward
entstand im 11. Jahrhun-
dert als Handelswarft und erlebte seine Blüte im 15. Jahrhundert. Aus dieser Zeit
stammt die **Martinikerk**, eine
Pseudobasilika mit Satteldach-

**Stadhuis mit Skulpturen in
Bolsward**

turm. Das **Rathaus** mit der
Oudheidkamer ist der Blick-
fänger in der Stadt.
  Zu **Us Heit Bierbrouwerij**,
der kleinsten Brauerei des
Landes, gehört ein Museum.
Im Rahmen einer Führung
lernt man allerlei übers Bier-
brauen, und in der Kneipe
kann man die verschiedenen
Biere probieren.

🏛 **Oudheidkamer**
Jongemastraat 2. ☎ 0515-578
787. ◯ Mo 14–16, Di–Fr 9–12,
14–16 Uhr. 📷

🏛 **Us Heit Bierbrouwerij**
Snekerstraat 43. ☎ 0515-577 449.
◯ Mo, Di, Do–Sa.

Mata Hari

Margaretha Geertruida Zelle (1876–1917), die als Mata Hari
(malaysisch für »Auge des Tages«) weltberühmt wurde,
wuchs in Leeuwarden auf. In Vincennes bei Paris endete
ihr Leben vor dem Erschießungs-
kommando, nachdem ein französisches Gericht sie wegen Spionage
zum Tode verurteilt hatte. Im
Fries Museum erfährt man mehr
über diese legendäre Frau, die
durch Filme und Bücher über ihr
Leben auf der ganzen Welt berühmt wurde. In der Grote Kerkstraat 212, dem Haus, in dem sie
1883–90 mit ihren Eltern wohnte,
ist heute das Frysk Letterkundig
Museum zu finden.

Workum ❻

Straßenkarte C2. 🚶 4000. 🚌 🚉
ℹ️ Merk 4 (0515-541045).

Das lang gestreckte Zuiderzeedorf Workum erlebte seine Blüte um 1300 und ist bekannt für seine schönen Häuser und die unvollendete **Grote Kerk** oder **Gertrudiskerk** (16. Jh.). In der alten Werft **»De Hoop«** werden noch heute traditionelle Boote gebaut. Die größte Attraktion ist das **Jopie Huisman Museum**, das meistbesuchte Museum Frieslands, das Werke des

Die Fußballschuhe von Abe Lenstra von Jopie Huisman

autodidaktischen Malers und Schrotthändlers Jopie Huisman ausstellt. Die Zeichnungen und Bilder erzählen Geschichten des alltäglichen und armseligen Lebens, der Mühe und Arbeit der Handwerker, der Hausfrauen und all der einfachen Menschen.

Die malerische Stadtwaage aus dem 17. Jahrhundert beherbergt das **Museum Warkums Erfskip**, das auf die Geschichte von Workum mit seiner Schifffahrt eingeht.

🏛 **Jopie Huisman Museum**
Noard 6. 📞 0515-543 131. ◻ Apr–Okt: Mo–Sa 10–17, So 13–17 Uhr; März, Nov: tägl. 13–17 Uhr. 🈲

🏛 **Museum Warkums Erfskip**
Waaggebouw, Merk 4. 📞 0515-541 231. ◻ Apr–Okt: Di–Sa 10–17, So, Mo 13.30–17 Uhr; Nov–März: Do–So 13.30–17 Uhr. 🈲

Hindeloopen ❼

Straßenkarte C2. 🚶 850. 🚌 🚉
ℹ️ Nieuwstad 26 (0514-851 223).

Hindeloopen nimmt auch innerhalb Frieslands eine Sonderstellung ein. Das alte, malerische Seefahrer- und Fischerdorf hat seinen eigenen Dialekt, seine eigene

Bank vor dem KNRM-Schuppen in Hindeloopen

Tracht und seinen eigenen Malereistil. Es gibt schmale Kanäle mit Holzbrücken und schöne Kapitänshäuser mit ihren typischen Fassaden. Sehenswert ist auch das Schleusenhaus (17. Jh.) am Hafen mit seinem hölzernen Glockenturm und einer Lügenbank. Über der Tür prangt ein Giebelstein mit dem Stadtwappen.

Im **Museum Hidde Nijland Stichting** kann man das wohlhabende Hindeloopen des 18. Jahrhunderts kennenlernen. In stilvoll eingerichteten Salons werden farbenfrohe Trachten und die berühmten bemalten Möbel präsentiert. Die vielen Exponate geben einen guten Überblick über die Entwicklung dieser Kunst in Hindeloopen.

Das **Eerste Friese Schaatsmuseum** *(siehe S. 295)* beherbergt eine einmalige Sammlung alter Schlittschuhe. Darüber hinaus gibt es hier eine Ausstellung über die Elfstedentocht *(siehe S. 294 f)*, mehrere alte Werkstätten und eine große Kollektion von Schlitten und anderem historischen Material wie alten Stichen und Fliesen. Dieses Museum ist ein Muss für jeden Eislaufliebhaber.

🏛 **Museum Hidde Nijland Stichting**
Dijkweg 1. 📞 0514-521 420. ◻ März–Okt: Mo–Sa 10–17, So, Feiertage 13.30–17 Uhr. 🈲

🏛 **Eerste Friese Schaatsmuseum**
Kleine Weide 1–3. 📞 0514-521 683. ◻ Mo–Sa 10–18, So 13–17 Uhr. 🈲

Gaasterland ❽

Straßenkarte C2. 🚌 ℹ️ De Brink 4, Oudemirdum (0514-571 777).

Gaasterland ist ein wunderschönes Wald- und Hügelgebiet in der südwestlichen Ecke Frieslands, das zu endlosen Wander- und Radtouren einlädt. Der Name dieser Gegend stammt von dem Wort *gaast*, einer sandigen Hochebene, die in der letzten und vorletzten Eiszeit entstand.

Am Rand von Gaasterland liegen mehrere steile Felsabbrüche, zum Beispiel das **Rode Klif** und das **Oudemirdumerklif**, entstanden durch die Küstenformung der Zuiderzee. Auf dem Rode Klif bei Laaxum liegt ein riesiger Findling mit der Inschrift *Leaver dea as slaef* (»Lieber tot als Sklave«), eine Erinnerung an

Ideal zum Fahrradfahren: Gaasterland

Hotels und Restaurants in Friesland siehe Seiten 400f und 419f den legendären Sieg der Friesen über die Holländer in der Schlacht bei Warns (1345).

Das Waldgebiet **Rijsterbos**, voll von Farnen, stammt aus dem 17. Jahrhundert und bestand früher zum größten Teil aus Eichenbäumen. Auf dem Flüsschen Luts wurde Holz zu den Gerbereien geflößt. Im Angerdorf **Oudemirdum** gibt es eine Herberge, einige Läden und eine alte Dorfpumpe. Im **Informatiecentrum Mar en Klif** lernt man alles über die Entstehung dieser Landschaft und der Flora und Fauna in der Südwestecke Frieslands. Im Naturlehrgarten steht ein Fledermausturm. Die von Linden gesäumte Luts in **Balk** inspirierte Herman Gorter (1864–1927) zu seinem Gedicht *Mei*.

🏕 **Informatiecentrum Mar en Klif**
De Brink 4. 📞 *0514-571 777.*
⭕ *Apr–Okt: Mo–Sa 10–17 Uhr.*

Sloten ❾

Straßenkarte C2. 🏠 *650.* 🚌
ℹ *Museum Stedhûs Sleat, Heerenwal 48 (0900-540 0001).*

Frieslands kleinste Stadt mit ihren schönen Kanälen, Wällen und Wassertoren wurde vom berühmten friesischen Festungsbauer Menno van Coehoorn entworfen. Sie entstand an der Kreuzung von Land- und Seewegen und erlebte ihre Blütezeit im 17. und 18. Jahrhundert. An zwei Sei-

ten der Stadt stehen alte Kanonen. Die Mühle bei der Lemsterpoort, eine achtkantige Kappenwindmühle, stammt von 1755. Das **Museum Stedhûs Sleat** ist ein Heimatmuseum, hier sind auch die Abteilung Laterna Magica sowie eine Sammlung alter Kostüme, Mützen, Fächer und Glocken zu sehen.

🏛 **Museum Stedhûs Sleat**
Heerenwal 48. 📞 *0514-531 541.*
⭕ *Di–Fr 10–12, 14–17 Uhr.* 📷

Sneek ❿

Straßenkarte C2. 🏠 *31 600.* 🚌
ℹ *Marktstraat 8 (0515-414 096).*
🎫 *Di vorm., Sa.*

Das Prunkstück von Sneek ist die **Waterpoort** von 1613. Sneekweek, eine Segelveranstaltung Anfang August, lockt Segel- und Festliebhaber aus dem ganzen Land hierher.

Typische Treppengiebel in Sloten

Mumie in Wieuwerd

Das **Fries Scheepvaart Museum** ist der friesischen Schifffahrt und dem Schiffbau gewidmet. Zur Sammlung gehören ein *skûtsje* und ein Bojer (Segelboote mit flachem Rumpf) sowie über 200 Modellschiffe. Die Zilvercollectie (Silbersammlung) umfasst Stücke aus dem 16. bis 20. Jahrhundert.

🏛 **Fries Scheepvaart Museum**
Kleinzand 14. 📞 *0515-414 057.*
⭕ *Mo–Sa 10–17, So 12–17 Uhr.*
⭕ *Feiertage.* 📷 ♿ *teilweise.*

Umgebung: Der Ort **Wieuwerd** nördlich von Sneek ist für seine Mumien in der St. Nicholaskerk aus dem 13. Jahrhundert bekannt. Sie wurden zufällig im Jahr 1765 entdeckt. Der Grund für die Mumifizierung konnte bis heute nicht geklärt werden.

Skûtsjesilen

Skûtsjesilen, das Segeln mit *skûtsjes* (traditionelle Lastboote, die ab dem 18. Jahrhundert bis ca. 1930 gebaut wurden und inzwischen zum Wahrzeichen Frieslands geworden sind), erfreut sich im Land der vielen Seen großer Beliebtheit. Die Segelwettbewerbe sind große Spektakel, sie finden im Juli und August statt und werden jeden Tag auf einem anderen See ausgetragen. Man kämpft um Tagessiege für sein Dorf oder seine Stadt, am letzten Tag in Sneek wird der Jahressieger ermittelt und gefeiert. Während des 14-tägigen Wettbewerbs gönnen sich die Besatzungen der Boote nur drei Ruhetage.

Thialfstadion ⓫

D as Thialfstadion in Heerenveen ist der Eislauf-
tempel der Niederlande und weit über die Landes-
grenzen hinaus bekannt. 2001 wurde es komplett
renoviert. Ein temperamentvolles Publikum sorgt bei
internationalen Wettkämpfen für eine unvergleichliche
Atmosphäre. Eisschnellläufer wie Marianne Timmer,
Tonny de Jong, Rintje Ritsma und Ids Postma erlebten
hier sportliche, aber auch emotionale Höhepunkte.

INFOBOX

Pim Mulierlaan 1, Heerenveen.
🚉 Heerenveen.
📞 0900-202 0026 (Mo–Sa
9–17 Uhr) oder 0513-637 700.
🕐 Okt–Märs: wechselnde Öffnungszeiten, bitte tel. erfragen
oder auf Website nachsehen.
⏺ Apr–Sep.
📷 💻 www.thialf.nl

Die Kunst des Eismachens

Eine gute Eisbahn zu machen will gelernt sein.
Die Eismeister von Thialf streben nach der opti-
malen Balance von Deformation – dem Maß, in
welchem das Eis sich unter den Kufen verformt –
und Gleitfähigkeit.

Publikum
*Die Zuschauer sind
bekannt für ihre
bunte Aufmachung
und die kreativen
Spruchbänder.*

Unter dem Eis
liegen ca. 70 km
Kühlröhren
verborgen.

Die große Halle
ist 15 000 Quadratme-
ter groß und hat
Platz für 13 000 Zu-
schauer.

Die Eishockeyhalle
mit 1800 Quadrat-
metern bietet
4000 Zuschauern
Platz.

Klappschlittschuhe

*Schlittschuhe mit einem Scharnier zwischen
dem Schuh und der Kufe führen zu deutlich höheren Geschwindigkeiten. Alle Welt-
rekorde wurden durch* klapschatsen *gebrochen.*

Siegerehrung
*Höhepunkt jedes wichtigen Wettbewerbes
im Thialfstadion ist die Ehrenrunde der
Gewinner in einem von einem friesischen
Pferd gezogenen Schlitten.*

Das vornehme Lauswolt, heute ein Luxushotel mit Restaurant

Oude Venen ⑫

Straßenkarte D2. 🚌 **ℹ** *Toeristen-bureau Earnewâld (0511-539 500).*

Das schöne Tiefmoorgebiet mit Schilfdickicht, über-schwemmten Poldern und Sumpfwäldern liegt zwischen Earnewâld und Grou. Die Seen entstanden erst im

Landschaft der Oude Venen

17. und 18. Jahrhundert durch Torfabgrabung und sind heute Heimat von über 100 Vogel- und 400 Pflanzenarten. Hier leben eine große Kormoran-kolonie und auch so seltene Vögel wie die Gefleckte Ralle, der Purpurreiher und die Rohrdommel. Im Frühjahr sieht man auch Nonnengänse, Pfeifenten und Kampfläufer. Im und am Wasser wachsen Seerosen und Wollgras, die feuchten Wiesen leuchten im Frühjahr gelb von all den Sumpfdotterblumen.
Im **Bezoekerscentrum De Reidplûm** von *It Fryske Gea* bei Earnewâld erfährt man Wissenswertes über die Um-

gebung. Das Informations-zentrum ist auch Startpunkt der Wander- und Bootsaus-flüge. Neben dem Zentrum befindet sich das Eibertshiem, eine Zuchtstation für Störche.
In der Gegend wird an der Verbesserung der Wasser-qualität intensiv gearbeitet, denn einmal sollen hier auch Otter wieder zu Hause sein. Selbst im Winter ist das Ge-biet eine Augenweide. Earne-wâld ist darum auch bei Schlittschuhläufern beliebt.

🏛 **Bezoekerscentrum De Reidplûm**
Zugang über Veenweg 7, Earnewâld.
📞 *0511-539 410.* ⏰ *Mitte Apr–Sep: tägl. 13–17 Uhr.*

Beetsterzwaag ⑬

Straßenkarte D2. 🏠 *3700.* 🚌
ℹ *Hoofdstraat 67 (0511-381 955).*

Die Ortschaft war einst eine Festung des friesi-schen Landadels. Darum gibt es hier einige prächtige Land-sitze und vornehme Gärten, Beispiele sind **Lycklamahuis**, **Harinxmastate** und **Lauswolt**.

Beetsterzwaag liegt in einer abwechslungsreichen Land-schaft mit Laub- und Nadel-wäldern, Heidefeldern und Mooren.

Appelscha ⑭

Straßenkarte D2. 🏠 *4500.* 🚌
ℹ *Boerestreek 23 (0516-431 760).*
www.appelscha.nl

Die weiten Wälder, Sand-verwehungen und far-benprächtigen Heide- und Moorgebiete um Appelscha bilden eine wunderschöne Landschaft. Das Dorf entstand im 19. Jahrhundert, als auch hier die Torfstecherei be-gann, und liegt am Rand des 6100 Hektar großen **Nationaal Park Drents-Friese Woud**. Ein beliebtes Ziel hier ist die Sand-verwehung **Kale Duinen**. Auf dem Bosberg, der mit 26 Me-ter über NN den höchsten Punkt der Umgebung bildet, befinden sich ein Aussichts-turm und ein Informations-zentrum der Forstverwaltung.
Typisch für den Südosten Frieslands sind die *klokken-stoelen* (»Glockenstuhl«). Diese »Kirchtürme der Armen« wur-den oft mangels Geldes statt eines echten Kirchturms im Kirchhof errichtet. In Appel-scha steht ein *klokkenstoel* aus dem Jahr 1453. Die wahr-scheinlich älteste Glocke der Niederlande hängt in Lange-dijke – sie stammt aus dem Jahr 1300.

Umgebung: Bei Ravenswoud, fünf Kilometer nordöstlich von Appelscha, hat man von einem 18 Meter hohen Turm eine fantastische Aussicht.

Sandverwehung in der Nähe von Appelscha

Hotels und Restaurants in Friesland *siehe Seiten 400f und 419f*

Drenthe

*D*ass diese Provinz im Mittelalter eine freie Bauernrepublik war, merkt man ihr noch immer an. Es gibt keine großen Städte, aber die Armut des Landlebens ist Vergangenheit. Heute ist Drenthe auf Erholungsuchende eingestellt und bietet wunderschöne Naturgebiete und eine interessante Geschichte.

Die Drenther Seele bestehe aus Jenever, Torf und Misstrauen, sagt man, aber die Menschen hier wissen es besser. Die Provinz hat sich, oft gegen den Trend der Zeit, ihre Eigenheiten bewahrt, aber damit auch ihre Ruhe und ihre schöne Natur geschützt. Hier überlebte ein einmaliges historisches Erbe: 52 Hünengräber aus dem Neolithikum.

In der von der Eiszeit geformten Moränen- und Endmoränenlandschaft Drenthes mit ihren weiten Wäldern und Heidefeldern fühlt man sich oft wie in einer Urlandschaft. Nicht dass der Mensch keine Spuren hinterlassen hätte: Die Hochmoore sind größteils abgegraben, um die Dörfer sind neue Viertel gewachsen. Doch der ländliche Charakter ist nicht verloren gegangen. Moore, Bäche, Äcker und Schafherden bestimmen das Bild der Landschaft, dazwischen manchmal ein Findling oder ein Hünengrab. Und die Naturlandschaft wird nicht nur bewahrt, sondern durch Waldanpflanzungen und Rückbau der Ackerflächen sogar noch erweitert.

Regionalzentren wie Assen, Emmen und Hoogeveen sind aus Angerdörfern gewachsene Kleinstädte, denen ihr ländlicher Ursprung noch anzumerken ist. Die alten Gemeinden an den Moorkanälen mit ihrer bescheidenen Architektur fügen sich in die Landschaft ein. Viele Menschen aus der Randstad suchen hier Ruhe, in der Freizeit oder im Alter. Sie »drenthenieren«, wie der Volksmund spottet.

Der Pferdemarkt von Zuidlaren *(siehe S. 309)* ist der größte seiner Art in Westeuropa

◁ Gewölbeschlussstein in der romanischen Kirche aus dem 13. Jahrhundert im Dorf Norg *(siehe S. 308)*

Überblick: Drenthe

Die schönsten Landschaften Drenthes sind der Hondsrug zwischen Zuidlaren und Emmen und das Ellertsveld zwischen Assen und Emmen. Auch um Dwingeloo, Diever und Norg liegt schönes, grünes Heideland, das sich zur Blütezeit lila färbt. Der Osten mit seinen großen abgegrabenen Mooren und der Wildnis des Amsterdamsche Veld ist für den Fremdenverkehr noch wenig erschlossen. Die Hauptstadt Assen ist ein regionales Zentrum, genau wie Emmen, wo der Zoo Noorder Dierenpark (mitten in der Stadt) zu einer der bestbesuchten Attraktionen der Niederlande zählt. Die Hünengräber liegen rund um Emmen, auf dem Hondsrug und bei Havelte.

Sehenswürdigkeiten auf einen Blick

Assen ❷
Borger ❽
Coevorden ⓭
Diever ⓬
Dwingeloo ⓫
Eelde-Paterswolde ❹
Emmen ⓮
Hondsrug ❻
Norg ❸
Orvelte ❾
Rolde ❼
Westerbork ❿
Zuidlaren ❺

Tour
Hünengräber-Route S.306f ❶

Siepelkerk (14. Jh.) in Dwingeloo

Schafherde in der Heide

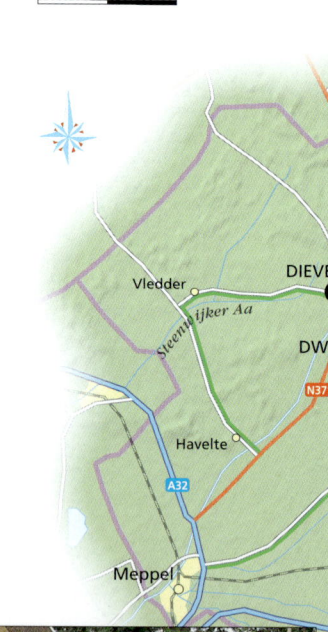

0 Kilometer 10

LEGENDE

═	Autobahn
─	Hauptstraße
═	Nebenstraße
─	Panoramastraße
┄	Eisenbahn (Hauptstrecke)
─	Eisenbahn (Nebenstrecke)
─	Provinzgrenze
▬	Staatsgrenze

Reetdecker bei der Arbeit in Havelte

Weitere Zeichenerklärungen *siehe hintere Umschlagklappe*

SIEHE AUCH

- *Hotels* S. 401
- *Restaurants* S. 420

Das Naturschutzgebiet an der Drentse Aa, ein einsames Wandergebiet

Alter hölzerner Fußweg durch das Moor (Valthe)

Paterswoldse-meer

Zuidlaarder-meer

4 EELDE-PATERSWOLDE

Vries

A28

N34

Anloo

N33

Hunze

5 ZUIDLAREN

HÜNENGRÄBER-

2 ASSEN

Gieten

ROLDE **7**

N33

N376

1

HONDSRUG

8 BORGER

Gasselte

Nieuw-Buinen

Tweede-Exloërmond

6

Exloo

D R E N T H E

Oranje kanaal

N374

ROUTE

N34

len

N381

10 WESTERBORK

Schoonoord

Nieuw-Weerdinge

Odoorn

N391

9 ORVELTE

N376

N34

N381

Zweeloo

14 EMMEN

Emmer-Compascuum

N374

Oosterhesselen

Barger-Compascuum

Klazienaveen

A37

N37

Dalen

Nieuw-Amsterdam

Amsterdamsche Veld

COEVORDEN **13**

N34

N377

Schoonebeek

In Drenthe unterwegs

Jedes Jahr im Juli finden in Drenthe die »Rijwielvierdaagse« statt. Mehr als 25 000 Radler sind dann vier Tage auf den 500 Kilometern ausgeschilderter Fahrradwege unterwegs. Die Autobahn A28 führt quer durch die Provinz, vorbei an Meppel, Hoogeveen und Assen. Parallel dazu verläuft auch die Bahnlinie. Die N371 führt entlang der Drentse Hoofdvaart von Meppel nach Assen, die N37 von Hoogeveen nach Emmen und die N34 von Emmen nach Zuidlaren. Emmen ist auch die Endstation der Bahnlinie über Coevorden nach Zwolle. Busse fahren vor allem abends nur eingeschränkt.

Hünengräber-Route ❶

Von den 54 Megalithen in den Niederlanden liegen 52 in Drenthe und zwei in Groningen. Sie sind die Reste von steinernen Grabkellern, die vom neolithischen Trichterbechervolk vor 5000 Jahren aus Findlingen erbaut wurden. Was man heute sieht, ist eigentlich das Gerüst der Gräber, die alle unter einem Sandhügel verborgen waren. Ob es sich um Massengräber oder die Ruhestätte von Herrschern handelt, ist unklar.

»Weiße Weiber« ① sind Geister, die in Grabhügeln wohnen, zum Beispiel in den **Negen Bergen** bei Norg. Bei Nebel tanzen sie um Mitternacht.

Bei Diever und Havelte *liegen drei Hünengräber außerhalb der hier gezeigten Route. Das größte davon hat 23 Tragsteine, neun Decksteine, zwei Verschlusssteine und ein Portal aus vier Tragsteinen und zwei Decksteinen. Hier fand man 665 Tongefäße. Während des Zweiten Weltkrieges musste dieses Hünengrab einem Flughafen weichen, aber 1950 wurde es rekonstruiert.*

Das große Hünengrab bei Balloo ⑧ erreicht man über einen Sandweg im Tumulibos, einem Gebiet mit vielen Grabhügeln.

0 Kilometer 5

Das Hünengrab bei Loon ⑨, *eines der am besten erhaltenen niederländischen Hünengräber, liegt nordöstlich von Assen. Bis zum Jahr 1870 war über diesem Grab sogar noch der ursprüngliche Deckhügel.*

LEGENDE

▬	Routenempfehlung
═	Andere Straße
─	Eisenbahn
🛏	Hünengrab
🏛	Museum
☼	Aussichtspunkt

Openluchtmuseum ⑦, das Freilichtmuseum in Schoonoord, erzählt unter anderem die Legende von den Rieser Ellert und Brammert.

Hünengräberbau

Bis ins 19. Jahrhundert dachte man, dass die Hünen, unglaublich starke Riesen, die Erbauer der nach ihnen benannten Gräber wären. Heute geht man davon aus, dass die Findlinge auf Rollbalken transportiert wurden. Die Tragsteine wurden in zuvor gegrabene Löcher versenkt, wonach ein flacher Hügel aufgeschüttet wurde, auf dem die Decksteine nach oben geschleppt wurden. Bis heute hat man keine Erklärung dafür, warum die Steinzeitmenschen diese unglaublichen Strapazen auf sich genommen und wie sie diese Projekte organisiert haben.

Bau eines Hünengrabs (Radierung, 17. Jh.)

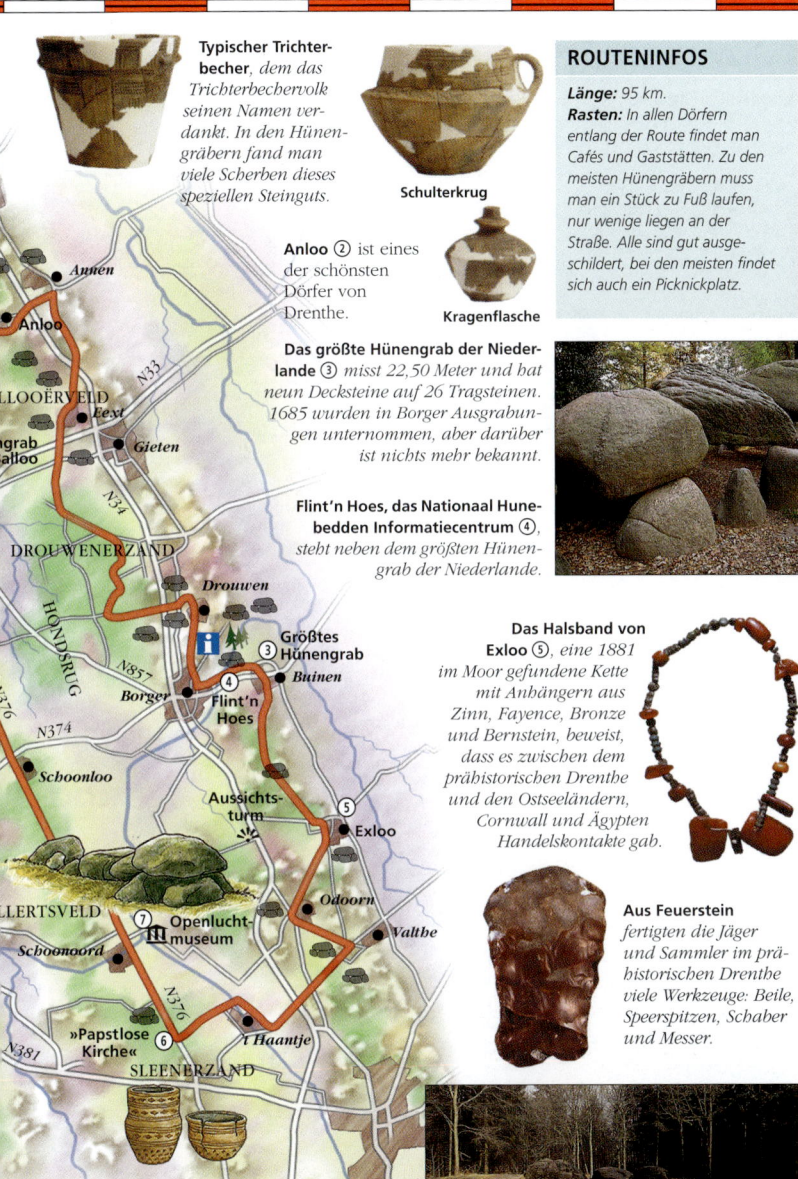

Typischer Trichter-becher, *dem das Trichterbechervolk seinen Namen verdankt. In den Hünengräbern fand man viele Scherben dieses speziellen Steinguts.*

Schulterkrug

Anloo ② *ist eines der schönsten Dörfer von Drenthe.*

Kragenflasche

Das größte Hünengrab der Niederlande ③ *misst 22,50 Meter und hat neun Decksteine auf 26 Tragsteinen. 1685 wurden in Borger Ausgrabungen unternommen, aber darüber ist nichts mehr bekannt.*

Flint'n Hoes, das Nationaal Hunebedden Informatiecentrum ④, *steht neben dem größten Hünengrab der Niederlande.*

Das Halsband von Exloo ⑤, *eine 1881 im Moor gefundene Kette mit Anhängern aus Zinn, Fayence, Bronze und Bernstein, beweist, dass es zwischen dem prähistorischen Drenthe und den Ostseeländern, Cornwall und Ägypten Handelskontakte gab.*

Aus Feuerstein *fertigten die Jäger und Sammler im prähistorischen Drenthe viele Werkzeuge: Beile, Speerspitzen, Schaber und Messer.*

Die »Papstlose Kirche« ⑥ *verdankt ihren Namen den calvinistischen Predigten, die hier im 16. Jahrhundert gegen die päpstliche Macht gehalten wurden. 1959 wurde das Grab in den Originalzustand zurückversetzt, mit einem Deckhügel über der Hälfte der Grabstätte.*

ROUTENINFOS

Länge: 95 km.
Rasten: In allen Dörfern entlang der Route findet man Cafés und Gaststätten. Zu den meisten Hünengräbern muss man ein Stück zu Fuß laufen, nur wenige liegen an der Straße. Alle sind gut ausgeschildert, bei den meisten findet sich auch ein Picknickplatz.

Hünengräber

Ein komplettes Hünengrab gibt es nicht mehr. Bis 1734 der Handel mit Findlingen verboten wurde, waren schon Tausende als Baumaterial gebraucht worden. Von 88 Hünengräbern sind noch Spuren zu sehen, 82 davon stehen in Drenthe. Die heute bestehenden 54 Gräber sind alle restauriert. Hauptsächlich fand man in den Gräbern Tonscherben, manchmal auch Speerspitzen, Beile und Schmuck aus Bernstein oder Kupfer, beides sehr kostbare Handelswaren in der Zeit um 3000 v. Chr.

Assen ❷

Straßenkarte D2. 🚂 *61 500.* 🚌
ℹ️ *Marktstraat 8 (0900-202 2393).*
🎪 *Mi, Sa.*

Assen ist die Hauptstadt von Drenthe, erhielt aber erst 1809 das Stadtrecht. Der **Kreuzgang** der Abteikirche Maria in Campis (1258–1600) ist heute Teil des Reichsarchivs auf der Brink. An der Brink steht auch das **Drents Museum**, untergebracht in der Abteikirche, im Einnehmerhaus (1698), im Truchsesshaus (1778) und im Provinzhaus (1885). Es zeigt viele prähistorische Funde, die Geschichte von Drenthe sowie bildende Kunst, darunter Werke von Bernard von Dülmen-Krumpelmann (1897–1987). Für Kinder gibt es einen »Entdeckerraum«.

Die umstrittenen Funde von Tjerk Vermaning (1929–1987), dem Amateurarchäologen, der in den 1960er Jahren die Geschichte der Besiedlung der Niederlande um Zehntausende von Jahren zurückdatierte, liegen in einer Vitrine. Die Kontroverse über die Echtheit der von ihm gefundenen Feuersteinwerkzeuge hält noch heute an.

Bartje

Vor dem Garten des Truchsesshauses steht das Wahrzeichen der Stadt, das Standbild von **Bartje**, dem Bauernjungen aus dem Buch (1935) des in Assen geborenen Schriftstellers Anne de Vries (1904–1964). Bartje ist der Sohn einer armen Landarbeiterfamilie und will nicht länger für die tägliche Mahlzeit aus braunen Bohnen beten.

An der Vaart und am Markt stehen noch die typischen weißen Häuser von Assen, vornehme Wohnungen aus dem 18. und 19. Jahrhundert. Zwischen dem Markt und der Brink erstreckt sich in der Fußgängerzone die moderne Shopping-Meile. Ende Juni ist die Stadt besonders gut besucht, denn dann finden auf dem **TT Circuit Assen** die TT-Motorradrennen statt. Etwa 100 000 Zuschauer sind dann dabei. Assen ist die einzige Strecke, auf der seit 1949 jedes Jahr ein WM-Rennen ausgetragen wird.

Für Kinder ist der **Verkeerspark Assen** *(siehe S. 435)* konzipiert. Im größten Verkehrspark Europas lernen die Kleineren in Miniautos und Scootern spielerisch Verkehrsregeln und Verkehrszeichen,

Die romanische Kirche (13. Jh.) auf der Brink in Norg

es gibt eine kleine Stadt, Ampeln und sogar eine Verkehrspolizei. Ältere Kinder können Bikes oder Gokarts fahren. Weitere Attraktionen im Verkeerspark sind ein See, auf dem man Boot fahren kann, ein Minigolf-Platz und ein Kletterturm.

🏛 **Drents Museum**
Brink 1–5. 📞 *0592-37 773.*
🕐 *Di–So (in Schulferien auch Mo).*
⭕ *1. Jan, 25. Dez.* ♿ 🅿 📷 🛍
www.drentsmuseum.nl

🚸 **Verkeerspark Assen**
De Haar 1–1a. 📞 *0592-350 005.*
⭕ *Apr, Sep, Okt: Mi, Sa, So und einzelne Tage; Mai–Aug: tägl.*
www.verkeersparkassen.nl

Norg ❸

Straßenkarte D2. 🚂 *3500.* 🚌
ℹ️ *Brink 1 (0592-613 128).* 🎪 *Mi.*

Die romanische Kirche auf der Brink stammt aus dem 13. Jahrhundert. Die schönen alten Fresken im Chorbereich sind heute leider in sehr schlechtem Zustand.

Umgebung: Die Prähistorie liegt um Norg fast zum Greifen nah. Nicht weit vom Ort befinden sich drei Hünengräber, und das Noorderveld weist Grabhügel aus der Bronzezeit auf, die **»Negen Bergen«** (»Neun Berge«). Das Norgerholt ist ein alter Eichenwald, in dem schon im Mittelalter die Bauernschaft zusammenkam.

Von Dülmen-Krumpelmanns *Badende Kinder am Fluss* (um 1935)

Hotels und Restaurants in Drenthe *siehe Seiten 401 und 420*

Eelde-Paterswolde ❹

Straßenkarte D2. 🏃 10500.
🚌 52. 🛈 B. Boermalaan 4
(050-309 2136). 🚗 Mi.

Eelde-Paterswolde liegt zwischen dem See **Paterswoldsemeer** und dem Flughafen **Groningen Airport**, der trotz seines Namens in Drenthe liegt. Der See ist ein Erholungs- und Wassersportgebiet. Den Flughafen nutzen v. a. Zubringerflüge nach Schiphol und Sportflieger.

Eines der auffälligsten Häuser des Ortes ist der backsteinerne Neubau des **Museum voor figuratieve Kunst De Buitenplaats**, entworfen vom Büro Alberts und Van Huut, die damit ist ein schönes Beispiel für ihre organische Architektur geliefert haben. Außer Wechselausstellungen finden hier Konzerte statt. Beim Museum sind ein organischer und ein klassischer Garten angelegt. Der klassische liegt vor dem **Nijsinghuis** (17. Jh.), in dem der Museumsdirektor wohnt. Die Zimmer des Hauses werden seit dem Jahr 1983 von figurativ arbeitenden Künstlern bemalt. Das Haus ist manchmal auf Anfrage zu besichtigen.

In Eelde findet man das **Klompenmuseum Gebr. Wietzes**, benannt nach den letzten beiden Holzschuhmachern, die bis 1977 bzw. 1988 im Ort lebten. Im Museum sieht man Clogs aus vielen Jahrhunderten und aus der ganzen Welt, unter anderem den größten Holzschuh der Welt, der 6,50 Meter lang ist.

Allee im Naturschutzgebiet Hondsrug

🏛 **Museum voor figuratieve Kunst De Buitenplaats**
Hoofdweg 76. ☎ 050-309 5818.
🕐 Di–So, Oster- und Pfingstmontag 11–17 Uhr. ● 1. Jan, 25. Dez. 🏷
www.museumdebuitenplaats.nl

🏛 **Klompenmuseum Gebr. Wietzes**
Wolfhorn 1a. ☎ 050-309 1181.
🕐 Apr–Sep: Di–So 14–17 Uhr.
www.klompenmuseum.nl

Zuidlaren ❺

Straßenkarte E2. 🏃 10000. 🚌
🛈 Stationsweg 69 (050-409 2333).
🚗 Fr.

Der farbenprächtige **Pferdemarkt** in Zuidlaren, heute der größte Westeuropas, ist älter als die Kirche auf der Brink aus dem 13. Jahrhundert. Der Markt findet im Frühjahr und Herbst statt. Jedes Jahr im Oktober steigt auch ein großes Volksfest.

Das **Havezathe Laarwoud** (17. Jh.) wurde auf den Resten einer Festung der Grafen von Heiden erbaut, die im 14. Jahrhundert Herrscher

über das Gebiet waren. Heute dient es als Gemeindehaus.

Das **Zuidlaardermeer** bietet alles für Wassersportler. Für Kinder gibt es das Wasserparadies Aqualaren (www. aqualaren.nl) und den Attraktiepark Sprookjeshof (www. sprookjeshof.nl) mit einem Spielplatz. Auf einer Rundtour kann man beides besuchen.

Hondsrug ❻

Straßenkarte E2. 🚌 🛈 VVVs in Zuidlaren, Rolde, Gieten (0900-202 2393), Exloo (0591-549 182), Borger, Schoonoord (0591-381 242) oder Emmen.

Zwischen dem Drenther Sandplateau im Westen und dem Drents-Groninger Moor im Osten erstreckt sich der Hondsrug. Schon prähistorische Völker fühlten sich hier sicher, hier liegen auch zahlreiche Hünengräber *(siehe S. 306f)*. Besonders schön sind das Flussgebiet der Drentse Aa, die alten Dörfer Gieten, Gasselte, Exloo und Odoorn, die Sandverwehungen im Drouwenerzand und die Heide auf dem Ellertsveld.

Im Zentrum von Exloo ist das kulturhistorische Museum **Bebinghehoes** in einem reetgedeckten Bauernhaus aus dem 18. Jahrhundert zu finden. Präsentiert werden auch alte Pferdewagen und Kutschen. Darüber hinaus gibt es eine Kinderfarm mit Enten, Gänsen und Schafen.

🏛 **Bebinghehoes**
Zuiderhoofdstraat 6. ☎ 0591-549 242. 🕐 Apr: Mi–Sa; Mai, Juni, Sep: Di–Sa; Juli, Aug: tägl.

Bunt präsentiert sich das Klompenmuseum Gebroeders Wietzes

Rolde ➐

Straßenkarte E2. 🏛 6200. 🚌
🛈 Onder de Molen, Grote Brink 22
(0900-202 2393).

Früher war Rolde ein bedeutender Ort. Die Grabhügel im Waldgebiet **Tumulibos** und die drei Hünengräber stammen aus prähistorischer Zeit. Zwei davon liegen auf dem Hügel gleich hinter der Kirche. In der **Ballooërkuil** wurde im Mittelalter Gericht gehalten, später dann in der gotischen Kirche aus dem 15. Jahrhundert. In der Umgebung sieht man Wälder, Moore und Sandverwehungen. Auf dem Ballooërveld grast meist eine Schafherde.

Borger ➑

Straßenkarte E2. 🏛 4700. 🚌 59.
🛈 Grote Brink 2a (0599-234 855).
🚢 Di.

Um den Hauptort des Hünengräbergebiets liegen elf Hünengräber, darunter das größte der Niederlande. Gleich daneben steht auch das **Nationaal Hunebedden Informatiecentrum** ('t Flint'n Hoes) mit einer guten Ausstellung über die Trichterbecherkultur und dem Steinsarg des bisher letzten, 1982 in Groningen (Delfzijl) entdeckten Hünengrabs.

🏛 **Nationaal Hunebedden Informatiecentrum**
Bronnegerstraat 12. 📞 0599-236 374. ⭕ tägl. ● 1. Jan, 31. Dez. 🗙
♿ 🖂 www.hunebedcentrum.nl

Umgebung: Eine besondere Attraktion ist der **Drents Boomkroonpad**, der Baum-

Der einmalige Baumkronenpfad

kronenpfad. Auf der Straße Rode–Borger nimmt man die Abfahrt Staatsbossen und folgt dem Weg zwei Kilometer bis zum Pfad. In dem 23 Meter langen Tunnel wird alles über Baumwurzeln erklärt. Danach geht es 22,50 Meter hoch zu einer schönen Aussicht über die Waldlandschaft.

🔲 **Drents Boomkroonpad**
Bezoekerscentrum, Steenhopenweg 4, Drouwen. 📞 0592-377 305. ⭕ tägl. ● 1. Jan. 🗙 🖂

Orvelte ➒

Straßenkarte E2. 🏛 90. 🚌 22, 23.
🛈 Dorpsstraat 1a (0593-332 335).

Eigentlich ist ganz Orvelte ein Freilichtmuseum. In den restaurierten sächsischen Höfen vom Anfang des 19. Jahrhunderts sind heute kleine Handwerksbetriebe zu Hause. Autos sind hier nicht erlaubt. Rundfahrten sind mit Pferdetrams und Planwagen möglich. Besonders interessant ist die Zinngießerei.

🔲 **Bezoekerscentrum**
Dorpsstraat 3. 📞 0593-322 335.
⭕ Apr–Okt: tägl. 🗙 🔲 ♿ 🍴 🖂

Westerbork ➓

Straßenkarte E2. 🏛 8000.
🚌 22. 🛈 B. G. van Wezelplein 10 (0593-331 381).

An der Hoofdstraat findet man die spätgotische Kirche, das **Museum voor Papierknipkunst** (Museum für Papierschneidekunst) sowie sächsische Höfe – Zeugen der einst blühenden Landwirtschaft. Am **Melkwegpad** stehen die größten Radioteleskope Europas im Dienst der Wissenschaft.

Westerbork bleibt jedoch vor allem der Ort des Durchgangslagers Westerbork aus dem Zweiten Weltkrieg. 107 000 Juden, Zigeuner, Homosexuelle und Widerstandskämpfer wurden von hier aus in die Vernichtungslager deportiert. Eines der Opfer war das Amsterdamer Mädchen Anne Frank (siehe S. 108f).

🎖 **Herinneringscentrum Kamp Westerbork**
Oosthalen 8, Hooghalen.
📞 0593-592 600. ⭕ tägl. 🗙 ♿

Dwingeloo ⓫

Straßenkarte D2. 🏛 1800. 🚌 20.
🛈 Brink 46 (0521-591 331). 🚢 Di.

Als Erstes fällt in dem Ort der Zwiebelturm der **Siepelkerk** aus dem 14. Jahrhundert auf. Die Sage, die dazu gehört, kann man auf einem Schild an der Kirche nachlesen.

Die Natur um Dwingeloo ist beeindruckend. Das **Dwingelderveld** ist ein Nationalpark, in dem ab April/Mai die Johannisbeersträucher blühen. Pflücken kann man die Beeren ab Juli/August. Am Rand der Dwingelose Heide steht ein Radioteleskop.

Vom nahen **Planetron** aus wird der Weltraum beobachtet. Hier kann man selbst ins All schauen, Filme im Raumtheater sehen oder sich mit Computerspielen vergnügen.

🏛 **Planetron**
Drift 11b. 📞 0521-593 535.
⭕ in den Schulferien tägl., sonst Di–So. ● 1. Jan. 🗙 🍴 🖂
🖂 www.planetron.nl

Bauern bei der Arbeit im Freilichtmuseum Orvelte

Diever ⓬

Straßenkarte D2. 🚶 *3700.* 🚌 *20.*
ℹ️ *Bosweg 2a (0521-591 748).*

Von der Prähistorie bis ins
Mittelalter war Diever ein
wichtiger Ort. Davon zeugen
heute noch die Hünengräber,
Grabhügel und die hölzernen
Fundamente der Kirche aus
dem 9. Jahrhundert. Der
romanische Tuffsteinturm
der Kirche stammt aus dem
12. Jahrhundert. Der Ort liegt
im **Nationaal Park Het Drents-
Friese Woud**. Radler und Wanderer sind hier richtig. Im
Sommer finden anlässlich
der Shakespeare-Aufführun-
gen im **Freilichttheater** die
Shakespeare-markten statt.

Umgebung: In **Vledder**, zehn
Kilometer westlich von Diever, ist im ehemaligen Gemeindehaus an der Brink
heute ein Museum für Grafik,
Glaskunst und für Kunst-
fälschungen untergebracht.

Kalköfen bei Diever

🏛 **Museum voor Valse Kunst/
Museum voor Hedendaagse
Grafiek/Museum voor
Glaskunst**
Brink 1, Vledder. 📞 *0521-383 352.*
⏰ *Apr–Anfang Jan: Mi–Mo.* 🎫 🎥

Coevorden ⓭

Straßenkarte E3. 🚶 *34000.* 🚌 🚆
ℹ️ *Kerkstraat 2 (0524-525 150).*
⏰ *Mo.*

Das **Kasteel** stammt aus
dem 13. Jahrhundert. Der
sternförmige Graben, die Bastionen und Stadtwälle prägen
das Stadtbild. Die Fassaden in
der Friesenstraat und Wees-
huisstraat zeugen vom früheren Glanz des Orts. Das

Braunbären im viel besuchten Zoo Noorder Dierenpark

**Stedelijk Museum Drenthe's
Veste** widmet sich der Geschichte Coevordens.

🏛 **Stedelijk Museum
Drenthe's Veste**
Haven 6. 📞 *0591-516 225.* ⏰ *Di–
Fr 10–17, Sa 10–15 Uhr.* 🎫 🎥

Emmen ⓮

Straßenkarte E2. 🚶 *105000.* 🚌
🚆 ℹ️ *Hoofdstraat 22 (0900-202
2393).* 🔄 *Fr vorm.*

Die heute größte Gemein-
de Drenthes wuchs erst
nach dem Zweiten Weltkrieg.
Elf Hünengräber (darunter
das einmalige **Langgraf op de
Schimmer Es**), Urnenfelder
(siehe S. 43) und prähistorische Äcker (die sogenannten
Celtic Fields) um die Stadt
sowie der romanische Kirchturm (12. Jh.) erzählen von
der Frühgeschichte Emmens.
    Attraktiv ist auch der Zoo
Noorder Dierenpark mit Bio-
chron-Museum und Vlinder-
tuin-Schmetterlingsgarten.

🐾 **Noorder Dierenpark**
Hoofdstraat 18. 📞 *0591-850 850.*
⏰ *tägl.* 🎫 🅿️ 🖥 🍴
www.*noorderdierenpark.nl*

Umgebung: Etwa zehn Kilometer östlich von Emmen
liegt das wilde Hochmoor
Amsterdamsche Veld, vielleicht der einsamste Ort der
Niederlande. In Barger-Compascuum erinnert der **Veenpark** an die Zeit, als die Drenther ihr Leben in bitterer Armut als Torfstecher fristeten.
Vincent van Gogh wohnte
während eines Aufenthalts im
Jahr 1883 im Scholte-Fährhaus
von Veenoord (Nieuw-Ams-
terdam). Im **Van Gogh Huis**
wurde sein Zimmer sowie das
Café-Restaurant detailgetreu
im Stil der Zeit nachgebildet.

🏛 **Veenpark**
Berkenrode 4, Barger-Compas-
cuum. 📞 *0591-324 444.* ⏰ *Apr–
Nov: tägl. 10–17 Uhr.* 🎫 🅿️ 🖥

🏛 **Van Gogh Huis**
Van Goghstraat 1, Nieuw-Amsterdam. 📞 *0591-555 600.* ⏰ *Di–Sa
13–17 Uhr.* 🖥 🍴 🎥

Van Goghs Impression aus Drenthe: *Das Torfschiff* **(1883)**

Overijssel

Overijssel ist eine Provinz mit wunderschöner Natur und einladenden alten Dörfern. Auf einer Fahrt durch die Provinz fallen die Höhenunterschiede zwischen den tief gelegenen, wasserreichen Naturschutzgebieten im Westen und den sanft gewellten Hügellandschaften im Osten besonders ins Auge.

Auf den 3420 Quadratkilometern von Overijssel leben mehr als eine Million Menschen. Hauptstadt ist die alte Hansestadt Zwolle. Ihre Blütezeit erlebte sie, wie auch die anderen Städte an der IJssel, zwischen dem 13. und dem 15. Jahrhundert, als die Hanse im Ostseegebiet florierenden Handel trieb.

Die Provinz wird durch den Höhenzug des Sallandse Heuvelrug in das östliche Twente und den Teil westlich von Salland geteilt. Diese Zweiteilung macht sich nicht nur geografisch bemerkbar. Die zwei Gebiete haben je einen eigenen Dialekt und verschiedene kulturelle Traditionen. Auch hinsichtlich der Religion gibt es Unterschiede. Twente ist überwiegend katholisch, der Rest von Overijssel ist protestantisch, manchmal so wie in Staphorst sogar sehr streng protestantisch. Twente, mit seinen größeren Städten, wirkt auch etwas moderner als der Rest von Overijssel. Eine Stadt wie Enschede gleicht mit ihrem kulturellen Angebot mehr den Städten in der Randstad als dem westlicher gelegenen Zwolle oder Deventer.

In Overijssel gibt es viel zu sehen. Hier liegen die schönen Freizeitparks Slagharen und Hellendoorn *(siehe S. 434)*, die alten Innenstädte von Deventer und Kampen, Dörfer wie Ootmarsum und Giethoorn, schöne Naturgebiete wie De Weerribben, der Sallandse Heuvelrug sowie reizvolle Landschaften um Ootmarsum und Ommen. In Enschede erwarten den Besucher Cafés, Kinos und Theater.

Zigarrenhersteller bei der Arbeit im Tabakmuseum in Kampen

◁ **Das wasserreiche Naturgebiet im Nordwesten von Overijssel**

Überblick: Overijssel

Die beeindruckenden Zentren von Deventer und Kampen erinnern an die glorreiche Vergangenheit dieser Hansestädte. Aber nicht nur die Liebhaber alter Gebäude kommen in Overijssel auf ihre Kosten. Auch wer Ruhe sucht, ist hier richtig. In Overijssel liegen einige der schönsten Naturgebiete der Niederlande. Man kann im Sallandse Heuvelrug wandern oder eine Bootstour in den Weerribben machen. Überall findet man schöne Dörfer, etwa Ootmarsum, Delden und Giethoorn.

Ein Paradies für Kinder sind die Parks Slagharen und Hellendoorn. Natürlich gibt es in Overijssel auch viele interessante kleine Museen, beispielsweise das Zinnfigurenmuseum in Ommen.

Hafen von Blokzijl

Sehenswürdigkeiten auf einen Blick

Delden ⑩
Deventer ⑧
Enschede ⑪
Giethoorn S. 318f ⑤
Kampen ②
Nijverdal ⑨
Ommen ⑦
Ootmarsum ⑫
Staphorst ⑥
Vollenhove ③
De Weerribben ④
Zwolle ①

Die IJssel nördlich von Deventer

In Overijssel unterwegs

Overijssel kann man hervorragend mit dem Auto, aber auch mit dem Fahrrad oder zu Fuß erkunden. Große Teile der Provinz sind gut mit öffentlichen Verkehrsmitteln erreichbar. Am Samstag und Sonntag fahren die Busse jedoch deutlich seltener. So ist zum Beispiel das wunderschöne Naturgebiet Weerribben am Wochenende mit dem Bus nicht einfach zu erreichen. Auf manchen Linien fahren die Busse nur tagsüber, abends wird der Verkehr dann eingestellt.

0 Kilometer   10

LEGENDE

Autobahn	
Hauptstraße	
Nebenstraße	
Panoramastraße	
Eisenbahn (Hauptstrecke)	
Eisenbahn (Nebenstrecke)	
Provinzgrenze	
Staatsgrenze	

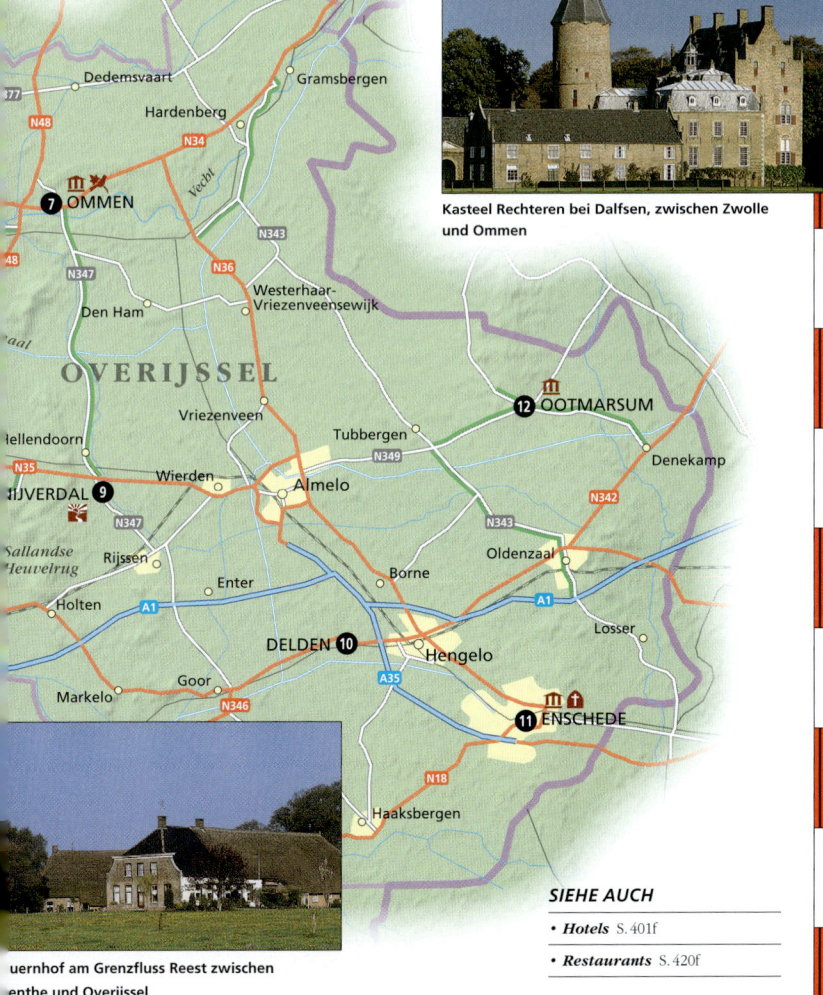

Kasteel Rechteren bei Dalfsen, zwischen Zwolle und Ommen

Dedemsvaart
Gramsbergen
Hardenberg
N48
N34
7 OMMEN
N343
N347
N36
Westerhaar-Vriezenveensewijk
Den Ham
OVERIJSSEL
Vriezenveen
12 OOTMARSUM
Tubbergen
N349
Denekamp
Hellendoorn
N35
Wierden
Almelo
N342
HIJVERDAL 9
N347
N343
Oldenzaal
Sallandse Heuvelrug
Rijssen
Enter
Borne
A1
A1
Losser
Holten
DELDEN 10
Hengelo
11 ENSCHEDE
Goor
A35
Markelo
N346
N18
Haaksbergen

Buernhof am Grenzfluss Reest zwischen Drenthe und Overijssel

SIEHE AUCH

- *Hotels* S. 401f
- *Restaurants* S. 420f

Zwolle ❶

Straßenkarte D3. 🚶 107 000. 🚉
ℹ️ *Grote Kerkplein 15 (0900-112 2375).* 🚢 *Fr (Viehmarkt), Sa.*

Zwolle, die Hauptstadt der Provinz Overijssel, gehörte zusammen mit Städten wie Deventer, Kampen und Zutphen zur Hanse, dem mittelalterlichen Verbund mächtiger Handelsstädte. Das sehenswerte Zentrum von Zwolle, das im Jahr 1230 Stadtrecht erhielt, war früher gut befestigt. Heute sind von den Befestigungsanlagen nur noch einige Teile der Stadtmauer, die mächtige Sassenpoort (1406) und der spätgotische Pelsertoren aus dem 15. Jahrhundert erhalten. Der Stadtgraben umgibt noch wie früher das alte Zentrum.

Wer durch die alte Innenstadt schlendert, findet am Rand des Grote Kerkplein eine Skulptur von Rodin mit dem Titel *Adam*. Sehenswert ist auch das schöne Gebäude der alten Hauptwache am Grote Markt aus dem Jahr 1614. Passenderweise ist hier heute eine Polizeidienststelle untergebracht.

Die **Grote** oder **St.-Michaëlskerk** kann man besichtigen. Die aus dem Jahr 1040 stammende, ursprünglich romanische Kirche wurde zwischen 1370 und 1452 zu einer gotischen Hallenkirche mit drei Schiffen erweitert.

Im Jahr 2005 wurde das **Paleis aan de Blijmarkt** eröffnet, ein Museum für moderne und zeitgenössische Kunst. Es ist in einem neoklassizistischen Gebäude von 1838 untergebracht und besitzt

Blick auf Zwolle in der Hansezeit (anonym, ca. 14. Jh.)

Werke von Picasso, van Gogh und Mondriaan. Im **Stedelijk Museum Zwolle** findet man u. a. eine komplette Küche aus dem 18. Jahrhundert, einen Renaissancesalon aus Blokzijl und ein Kupferstichkabinett aus Overijssel. Auch die Fassade des alten Teils des Museumsbaus von 1741 lohnt einen genaueren Blick.

Ebenfalls lohnend ist ein Besuch des **Ecodrome Park**. Dieser Freizeitpark mit Naturmuseum und subtropischem Gewächshaus widmet sich der Natur und der Umwelt von gestern, heute und morgen.

🏛 **Paleis aan de Blijmarkt**
Blijmarkt 20. 📞 *0572-388 188.*
🕐 *Di–So.*
🏛 **Stedelijk Museum Zwolle**
Melkmarkt 41. 📞 *038-421 4650.*
🕐 *Di–Sa 10–17, So 13–17 Uhr.*
● *Feiertage.* 📷 🖥 🚻
🛶 **Ecodrome Park**
Willemsvaart 19. 📞 *038-423 7030.*
🕐 *Apr–Okt: tägl. 10–17 Uhr; Nov–März: Mi 12–17, Sa, So 10–17 Uhr.* 🚻

Umgebung: Die Kunstwegen sind Kunstinstallationen im Freien, die man sich auf dem fünf Hektar großen Gelände des **Landgoed Anningahof** ansehen kann. Der Sammler Hib Anninga rief den Skulpturenpark ins Leben, und heute findet man hier rund 80 Arbeiten zeitgenössischer niederländischer Bildhauer. Mitten in der Landschaft des schön angelegten Parks stößt man auf bunte Keramikkrieger oder auf ein riesiges Bronzetier – eine schöne Möglichkeit, einen Spaziergang mit Kunst zu verbinden.

🏛 **Landgoed Anningahof**
Hessenweg 9. 📞 *038-453 4412.*
🕐 *Mitte/Ende Mai–Okt: Mi–So.*
www.anninghof.nl

Kampen ❷

Straßenkarte D3. 🚶 50 000. 🚉
ℹ️ *Botermarkt 5 (0900-112 375).*
🚢 *Mo vorm.*

Kampen ist bekannt für seine theologische Universität, an der evangelische Theologen ausgebildet werden. In der schönen, eher gemütlichen Stadt stehen rund 500 denkmalgeschützte Häuser. Den schönsten Blick auf die Stadt hat man vom Ufer der IJssel aus.

Wie gut die Stadt früher befestigt war, sieht man noch heute an den drei erhaltenen Stadttoren, der Koornmanspoort, der Broederpoort und der Cellebroederspoort. In der

Neoklassizistische Fassade des Paleis aan de Blijmarkt

Hotels und Restaurants in Overijssel *siehe Seiten 401f und 420f*

Blick vom Wasser auf die schöne historische Hansestadt Kampen am Fluss IJssel

Innenstadt stehen die prächtige St.-Nicolaaskerk und das sogenannte Gotische Haus, in dem das **Stedelijk Museum Kampen** untergebracht ist. Auffallend ist auch das alte Rathaus, seine Fassade ist mit zahlreichen Skulpturen geschmückt.

Vom 19. Jahrhundert bis ca. 1970 war Kampen ein Zentrum der Zigarrenherstellung, nicht zufällig gibt es hier das **Kamper Tabaksmuseum**. Untypischer ist das **Ikonenmuseum**, das einzige seiner Art in den Niederlanden. Das Museum ist in einem ehemaligen Kloster eingerichtet und besitzt rund 150 Ikonen aus der Zeit zwischen dem 16. und 19. Jahrhundert. Auch Wechselausstellungen werden hier organisiert.

Zum ersten Mal erwähnt wurde Kampen im Jahr 1227. Seine Blütezeit lag in den Jahren 1330 bis 1450. Doch Kampen war politisch nie eine mächtige Stadt, es stand in seiner Geschichte nie unter der Regierung eines mächtigen Landesherrn. Auch dem Hanseverbund schloss es sich erst spät an. Damals herrschte Krieg zwischen Holland und den Hansestädten, Kampen schlug sich 1441 auf die Seite des mächtigen Hansebunds.

Mit der Einpolderung des Nordostpolders und Flevolands in neuerer Zeit hat die Stadt an der Mündung der IJssel in das IJsselmeer wieder an Bedeutung gewonnen und hat sich zu einem regionalen Zentrum entwickelt.

🏛 **Stedelijk Museum Kampen**
Oude Straat 158. 📞 *038-331 7361.*
⬜ *Di–Sa 11–17 Uhr.* ● *Feiert.* ♿

🏛 **Kamper Tabaksmuseum**
Botermarkt 3. 📞 *038-331 5868.*
⬜ *nach tel. Vereinbarung.* ♿

🏛 **Ikonenmuseum**
Buitennieuwstraat 2. 📞 *0527-246 644.* ⬜ *Di, Mi 13–17, Do–Sa 10–17 Uhr.* ♿

Bild im Ikonenmuseum

Umgebung: Fünf Kilometer südlich von Kampen kann man in Kamperveen die **Hertenhouderij Edelveen**, eine Hirschfarm, besichtigen.

🏛 **Hertenhouderij Edelveen**
Leidijk 10a. 📞 *0525-621 564.* ⬜ *nach tel. Vereinbarung.*

Vollenhove ❸

Straßenkarte D2. 🚌 *71, 171.*
ℹ *Aan Zee 2–4 (0900-567 4637).*
✉ *Di.* **www.vv-vollenhove.nl**

Vollenhove ist ein schöner Ort, der früher auch die »Stadt der Paläste« genannt wurde, weil hier viele Adlige wohnten. Die Häuser dieser Adligen nannte man *havezaten*, was eigentlich Hofstellen bedeutet. Der kleine Ort hat eine überraschend große Kirche, die **Grote St.-Nicolaas-** oder **Bovenkerk**, erbaut Ende des 15. Jahrhunderts. Sehenswert ist die Gartenanlage **Tuin van Marnixveld**.

De Weerribben ❹

Straßenkarte D2.

Die Weerribben sind ein wunderschönes, unberührtes, wasserreiches Naturgebiet im äußersten Nordwesten von Overijssel. Hier kann man wandern, Rad fahren oder mit dem Kanu paddeln.

🛶 **Natuuractiveiteitencentrum De Weerribben**
Hoogewerf 27, Ossenzijl.
📞 *0561-477 272.* ⬜ *Apr–Okt: tägl.; Nov–März: Di–Fr, So.* 🍴 🖥

Seerosen im Naturgebiet De Weerribben

Im Detail: Giethoorn ❺

Den Titel »Schönstes Dorf der Niederlande« würde wahrscheinlich das liebenswerte Giethoorn gewinnen. Es besteht hauptsächlich aus einem Kanal, an dem viele kleine Bauernhöfe aufgereiht sind. In vielen dieser Häuser sind heute interessante, manchmal winzige Museen zu finden. Giethoorn kann man zu Fuß, auf dem Fahrrad oder mit dem Boot besichtigen. Das Dorf wurde 1230 von Religionsflüchtlingen gegründet. Sein heutiges Aussehen verdankt es der Torfgewinnung, in deren Folge Tümpel und Seen entstanden. Auf den kleinen Kanälen wurde der Torf verschifft.

Das Grüne Venedig wird Giethoorn nicht zuletzt wegen der vielen schönen Naturgebiete und Seen ringsum genannt. Am besten lässt sich diese Gegend mit einem Boot erkunden, das man vor Ort mieten kann.

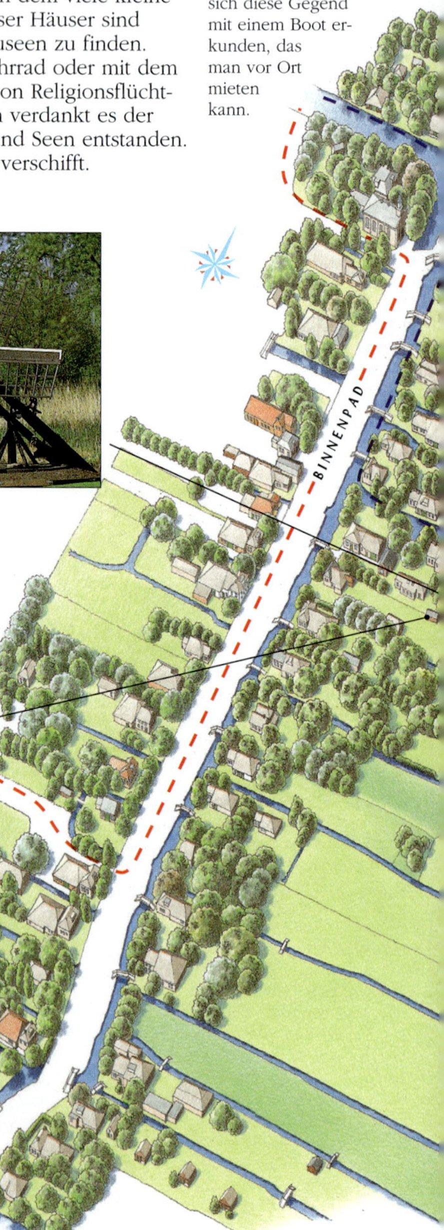

★ Tjaskermühle

Diese Windmühle, die eine Archimedes-Schraube antreibt, steht in Giethoorn-Noord. Eine weitere Windmühle ist im Museum 't Olde Maat Uus zu besichtigen.

★ Olde Maat Uus

Im Bauernhofmuseum, das man bei einem Besuch in Giethoorn nicht versäumen sollte, sieht man, wie die Giethoorner früher lebten.

BINNENPAD

NICHT VERSÄUMEN

★ Olde Maat Uus

★ Punter

★ Tjaskermühle

In vielen der kleinen Häuser von Giethoorn sind Museen oder andere Sehenswürdigkeiten zu besichtigen.

0 Meter 50

Hotels und Restaurants in Overijssel *siehe Seiten 401f und 420f*

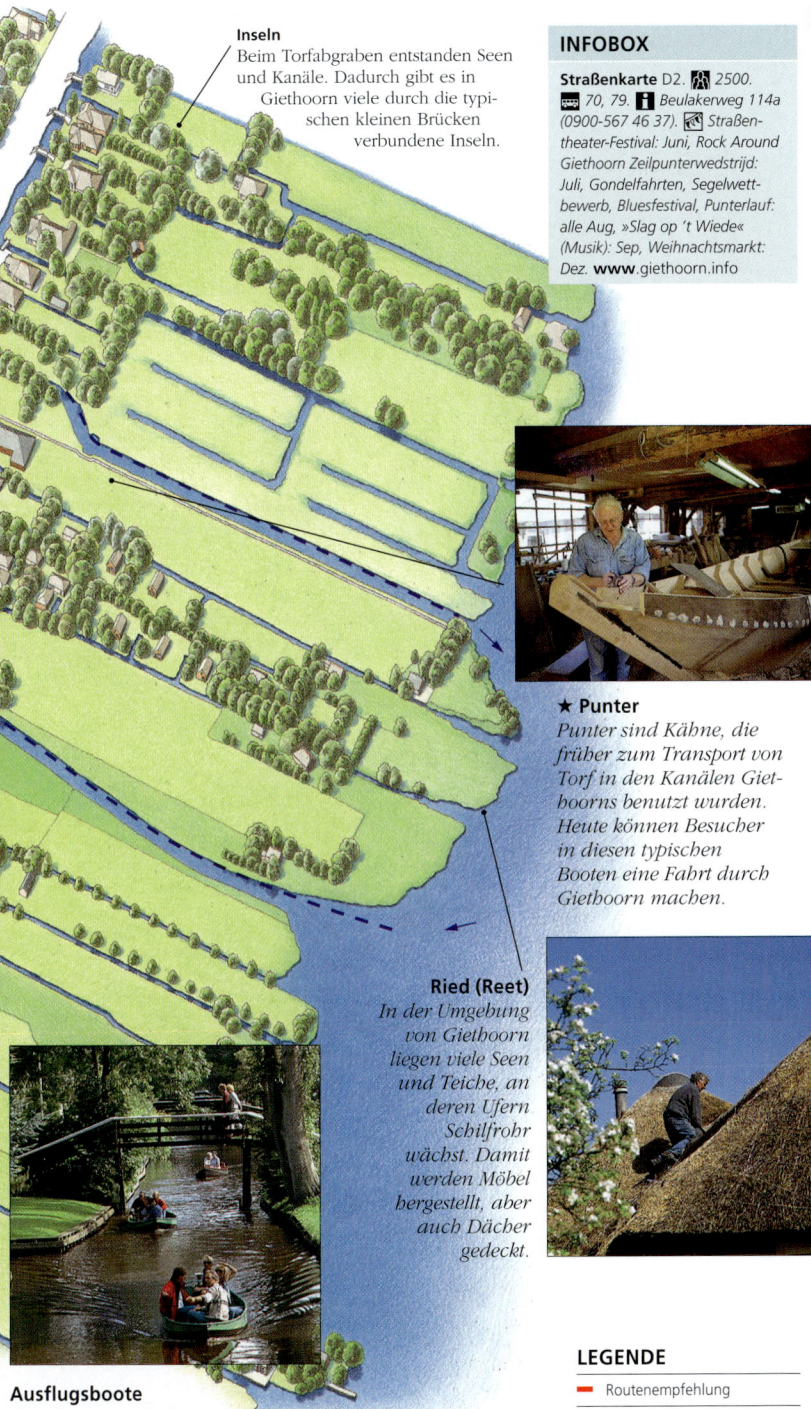

Inseln
Beim Torfabgraben entstanden Seen und Kanäle. Dadurch gibt es in Giethoorn viele durch die typischen kleinen Brücken verbundene Inseln.

INFOBOX

Straßenkarte D2. 🚶 *2500.*
🚌 *70, 79.* ℹ️ *Beulakerweg 114a
(0900-567 46 37).* 🎭 *Straßentheater-Festival: Juni, Rock Around Giethoorn Zeilpunterwedstrijd: Juli, Gondelfahrten, Segelwettbewerb, Bluesfestival, Punterlauf: alle Aug, »Slag op 't Wiede« (Musik): Sep, Weihnachtsmarkt: Dez.* **www**.giethoorn.info

★ Punter
Punter sind Kähne, die früher zum Transport von Torf in den Kanälen Giethoorns benutzt wurden. Heute können Besucher in diesen typischen Booten eine Fahrt durch Giethoorn machen.

Ried (Reet)
In der Umgebung von Giethoorn liegen viele Seen und Teiche, an deren Ufern Schilfrohr wächst. Damit werden Möbel hergestellt, aber auch Dächer gedeckt.

Ausflugsboote
Man kann in Giethoorn auch »Flüsterboote« mieten, die von Elektromotoren angetrieben werden.

LEGENDE
━ Routenempfehlung
━ Bootsfahrt
▮ Wasserstraße

In seiner Glanzzeit war Deventer größer als Amsterdam

Staphorst ❻

Straßenkarte D3. 👥 15 000.
🚌 40. 🛈 Gemeenteweg 44 (0900-
112 2375). 🚫 So. 🛒 Mi vorm.

Staphorst ist im ganzen
Land als Hochburg strengs-
ter Religiosität bekannt. Im
Ort herrscht der Streng Reformierte Bund innerhalb der
Niederländischen Reformierten Kirche, eine der rigidesten
protestantischen Strömungen.
　Die alten Bauernhöfe, aufgereiht an einer Straße, sind
oft monumentale Gebäude
mit der für die Gegend typischen blau-grünen Bemalung.
Wer mehr über das Leben früher auf diesen Höfen wissen
will, der sollte die **Museumboerderij**, das Bauernhofmuseum, besuchen. In Staphorst wird auch, wie sonst
beinahe nirgends mehr im
Land, die typische Tracht getragen. Vor allem ältere Frau-
en sieht man öfters in der
schwarz-blauen Kleidung.

🏛 **Museumboerderij**
Gemeenteweg 67. ☎ 0522-462
526. 🕐 1. Apr.–31. Okt: Mo–Sa
10–17 Uhr. ● Feiertage. 📷

Ommen ❼

Straßenkarte D3. 👥 17 000.
🚉 🛈 Markt 1 (0900-112 2375).
🛒 Di vorm.

Die Gemeinde Ommen, zu
der außer dem Ort selbst
auch einige Dörfer und Gehöfte gehören, liegt in schöner ländlicher Umgebung.
Ein Drittel der Fläche von
18 000 Hektar besteht aus
Naturgebieten und Wäldern.

In der Hansestadt Ommen
selbst gibt es interessante
Museen wie das
**Nationaal Tinnen
Figuren Museum**.

🏛 **Nationaal
Tinnen Figuren
Museum**
Markt 1. ☎ 0529-454 500.
🕐 Apr–Okt: Di–Sa 10–17,
So, Feiertage 13–17 Uhr;
Nov–März: Sa 11–17, So, Feiertage
13–17 Uhr. ● 1. Jan, 25. Dez. 📷

Umgebung: Beim **Natuurinformatiecentrum Ommen**
kann man sich ausführlich
über die Naturgebiete der
Gegend informieren. Hier gibt
es auch eine Ausstellung über
die Geschichte und Natur dieses Landstrichs. Sehenswert
sind auch die Bauernhöfe in
Beerze, Junne, Stegeren,
Besthem und Giethmen.

🌲 **Natuurinformatiecentrum
Ommen**
Hammerweg 59a. ☎ 0529-450 702.
🕐 Mai–Okt: Mi–So 13–17 Uhr;
Nov–Apr: Mi, Sa, So 13.30–16 Uhr.
www.natuurinformatiecentrum.nl

Zinnsoldat

Deventer ❽

Straßenkarte D3. 👥 86 000. 🚉
🛈 Keizerstraat 22 (0570-613 100).
🛒 Fr vorm., Sa.

Die einladende Innenstadt
der alten Hansestadt
Deventer, früher einmal eine
der wichtigsten Handelsstädte
Europas, gehört zu den
schönsten der Niederlande.
Hier sind noch viele Häuser
aus dem Mittelalter bewahrt,
darunter das älteste Steinhaus
des Landes. Sehenswert sind
außerdem die schönen Häu-
ser um die Brink und die
Bergkirche.
　Mitten auf der Brink steht
auch die prächtige Stadt-
waage von 1528, in der
heute das **Historisch
Museum de Waag** zu
Hause ist. Die inter-
essante Ausstellung er-
zählt die Geschichte der
alten Handelsstadt.

🏛 **Historisch Museum
de Waag**
Brink 56. ☎ 0570-693 780.
🕐 Di–Sa 10–17, So 13–17 Uhr.
● Feiertage. 📷

Nijverdal ❾

Straßenkarte D3. 👥 23 500. 🚉
🛈 Willem Alexander Straat 7c (0540-
612 729). 🛒 Sa.

Hauptattraktion von Nijverdal ist die Natur in der
Umgebung, vor allem der
Sallandse Heuvelrug, ein
prächtiges Hügelgebiet mit
wunderschönen Heidefeldern
und Wäldern. In dieser Landschaft kann man wunderbare

Schafherde in der schönen Umgebung des Sallandse Heuvelrug

Hotels und Restaurants in Overijssel siehe Seiten 401f und 420f

Wanderungen unternehmen. Im **Bezoekerscentrum Sallandse Heuvelrug** informiert eine Ausstellung über diesen Hügelzug, im »Laden des Försters« findet man das eine oder andere Andenken.

Bezoekerscentrum Sallandse Heuvelrug

Grotestraat 281. 📞 0548-612 711. ⭕ März–Okt, Weihnachts- und Frühlingsferien: Di–So 10–17 Uhr; Nov–Feb: Sa, So 10–16 Uhr. ⚫ 1. Jan, 25. und 31. Dez.

Umgebung: Der Freizeitpark **Avonturenpark Hellendoorn** *(siehe S. 434)* ist ein Paradies für Kinder.

Delden ❿

Straßenkarte E3. 👥 7000. 🚉 ℹ️ Langestraat 29 (074-376 1363). 🅿️ Fr nachm.

Delden ist ein schönes Dorf in einer grünen Umgebung, die ideal zum Wandern ist. Der Ort hat mehrere Sehenswürdigkeiten, darunter auch das dem Salz gewidmete **Zoutmuseum** und die **Oude Blasiuskerk** (12. Jh.).

🏛 Zoutmuseum

Langestraat 30. 📞 074-376 4546. ⭕ Mai–Sep: Mo–Fr 11–17, Sa, So 14–17 Uhr; Okt–Apr: Di–Fr, So 14–17 Uhr. 🖥 www.zoutmuseum.nl

Umgebung: Zwei Kilometer nordöstlich von Delden liegen die schönen Gärten **Tuinen Kasteel Twickel**.

🏛 Tuinen Kasteel Twickel

Twickelerlaan, Ambt Delden. ⭕ Mai–Okt: Mo–Fr 11–16.30 Uhr. 🖥

Enschede ⓫

Straßenkarte E3. 👥 150000. 🚉 ℹ️ Stationsplein 1a (053-432 3200). 🅿️ Di, Sa.

Enschede, die heimliche Hauptstadt von Twente und zugleich die größte Stadt von Overijssel, wurde 1862 durch einen schweren Brand getroffen, der nicht viel von der alten Stadt übrig ließ. Eines der wenigen erhaltenen alten Gebäude in der einladenden Innenstadt ist die **Grote Kerk** auf dem Oude Markt. Außer einem gemütlichen Ausgehviertel mit Konzertsälen, Theatern und Kinos gibt es in Enschede auch einige Museen, das interessanteste ist das **Rijksmuseum Twenthe**. Die Sammlung umfasst mittelalterliche Handschriften, Skulpturen, Malerei vom Mittelalter bis heute und zeitgenössische Kunst aus den Niederlanden.

🏛 Rijksmuseum Twenthe

Lasondersingel 129–131. 📞 053-435 8675. ⭕ Di–So 10–17 Uhr. ⚫ 1. Jan, 25. Dez. 🖥 🍴 📷

Ootmarsum ⓬

Straßenkarte E3. 👥 4000. 🚌 64 von Almelo. ℹ️ Markt 9 (00541-291 214). 🅿️ Do vorm.

Ootmarsum gehört zu den schönsten Orten in den Niederlanden. Die Ansiedlung wurde im Jahr 900 zuerst erwähnt und erhielt 1300 Stadtrecht, ist aber eigentlich nie wirklich gewachsen, sodass sich hier in den letzten Jahrhunderten wenig verändert

Fenster in der katholischen Kirche von Ootmarsum

hat. Darum ist es auch kein Wunder, dass Ootmarsum beinahe wie ein Freilichtmuseum wirkt. Zu den Sehenswürdigkeiten zählt die katholische Kirche, die einzige Westfälische Hallenkirche in den Niederlanden. Sie wurde zwischen 1200 und 1300 erbaut. Interessant ist neben der reichen Ausstattung vor allem die Gruft. Schön ist auch das frühere Rathaus im Rokoko-Stil aus dem Jahr 1778, in dem heute das Büro der VVV untergebracht ist.

Wer mehr über das Leben der Bauern in Twente wissen will, der sollte sich das **Openluchtmuseum Los Hoes** nicht entgehen lassen.

🏛 Openluchtmuseum Los Hoes

Smithuisstraat 2. 📞 0541-293 099. ⭕ tägl. 10–17 Uhr (Dez, Jan: nur Sa, So). 🖥 www. openluchtmuseumootmarsum.nl

Umgebung: Naturliebhaber sind in der Gegend um Ootmarsum genau richtig. Der Ort liegt in einem der schönsten Teile von Twente. Die Landschaft ist abwechslungsreich, mit kleinen Bächen, alten Wassermühlen, gewundenen Waldwegen, Grabhügeln aus prähistorischer Zeit und schönen Bauernhöfen. Vom Kuiperberg hat man einen fantastischen Ausblick.

Stiephelhoes in Ootmarsum, ein Fachwerkhaus aus dem Jahr 1658

Flevoland

*F*levoland ist die jüngste Provinz der Niederlande. Wo früher die stürmischen Wasser der Zuiderzee die Küste bedrohten, entstand durch ein riesiges Einpolderungsprojekt im Lauf des 20. Jahrhunderts ein ganz neuer Landesteil. Mit seinen Wäldern und Seen hat Flevoland vor allem Naturliebhabern viel zu bieten.

Im Jahr 1918 wurde das Zuiderzeegesetz verabschiedet, mit dem die Eindämmung der Zuiderzee und ihre teilweise Einpolderung beschlossen wurden. Nach dem Bau des Afsluitdijk 1932 begann die Trockenlegung des Noordoostpolders. Zuerst legte man einen Ringdeich an, dann pumpte man 1500 Millionen Kubikmeter Wasser mit Schöpfwerken ab. Auch die Inseln Urk und Schokland wurden Teil des Festlandes. 1942 war der Polder trocken. Der Osten Flevolands wurde zwischen 1950 und 1957 trockengelegt, der Süden von 1959 bis 1968. Diese drei Polder formen seit 1986 offiziell die zwölfte Provinz der Niederlande. Sie ist nach »Flevo Lacus« benannt, dem Namen, den der römische Geschichtsschreiber Plinius der Zuiderzee gegeben hatte.

Eigentlich sollten die Polder der Landwirtschaft dienen, nur kleine Dörfer waren hier geplant. Das Bevölkerungswachstum der Randstad führte jedoch zur Entstehung mehrerer Städte, darunter Almere mit seiner experimentellen Architektur.

Flevoland ist ein wichtiges Naherholungsgebiet für die Einwohner der Randstad geworden. In den Wäldern und an den Seen sind viele seltene Vogelarten heimisch. Größte Attraktion Flevolands ist die Bataviawerft in Lelystad, auf der die Replik des Ostindienfahrers *Batavia* gebaut wurde. Voraussichtlich bis 2015 arbeitet man in der Werft am Nachbau des Zweideckers *De Zeven Provinciën*. Auch das malerische alte Fischerdorf Urk wird viel besucht.

Der exotisch aussehende Löffler, ein Bewohner der »neuen Natur« in Flevoland

◁ Imker bei der Arbeit in einem Rapsfeld in Flevoland

Überblick: Flevoland

Urker Fischer

Der Noordoostpolder, der nördliche Teil von Flevoland, ist eine typische Polderlandschaft mit viel Landwirtschaft, Obst- und Blumenzwiebelanbau. Außerdem wurden hier viele Wälder angepflanzt, in denen man schön spazieren gehen kann. Um das Zentrum von Emmeloord liegen einige kleine, neue Ortschaften und das alte Fischerdorf Urk. Auch im Osten und Süden von Flevoland gibt es nur wenige Ortschaften, aber dafür viel Natur. Zwischen dem modernen Almere, der größten Stadt Flevolands, und der Provinzhauptstadt Lelystad erstrecken sich die Oostvaardersplassen, ein wunderschönes Naturgebiet. Überall an den Seen findet man einladende Strände und schöne Yachthäfen.

Der malerische Hafen des Fischerdorfes Urk

Sehenswürdigkeiten auf einen Blick

Almere **12**	Nagele **3**
Bataviawerf **8**	Oostvaardersplassen **9**
Dronten **6**	Schokland **4**
Emmeloord **1**	Swifterbant **5**
Knardijk **10**	Urk **2**
Lelystad **7**	Zeewolde **11**

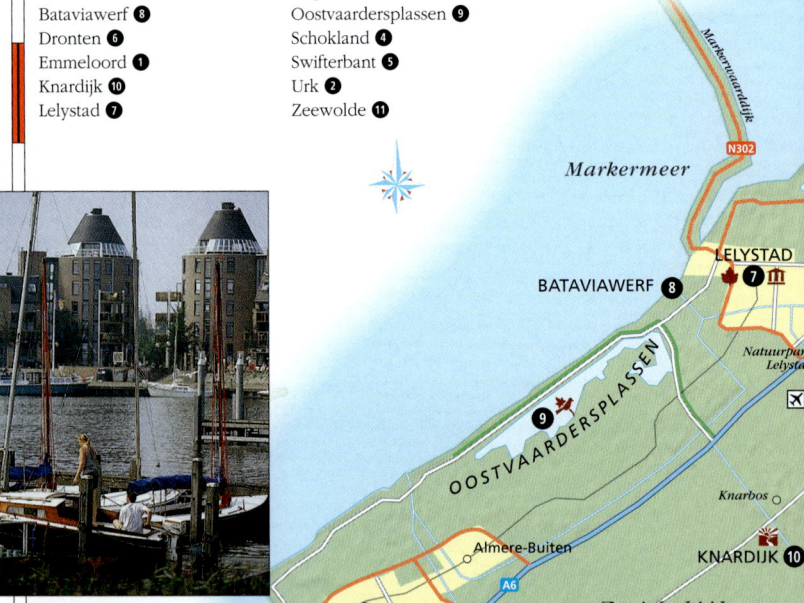

Blick auf den Hafen von Almere

LEGENDE

▬▬	Autobahn
▬▬	Hauptstraße
▬▬	Nebenstraße
▬▬	Panoramastraße
▬▬	Eisenbahn (Nebenstr.)
▬▬	Provinzgrenze

Markerwaarddijk

N302

Markermeer

LELYSTAD 🚩 **7** 🏛

BATAVIAWERF 8

Natuurpark Lelystad

✈

9

OOSTVAARDERSPLASSEN

Knarbos

Almere-Buiten

A6

KNARDIJK 10

ALMERE 12

Zuidelijk-Flevoland

A27

Almere-Haven

N305

ZEEWOLD

Horsterwo

N301

0 Kilometer   10

Weitere Zeichenerklärungen *siehe hintere Umschlagklappe*

Nachbau der *Batavia* bei Lelystad

Rutten

A6

Creil   Bant

Espel

N351

Marknesse

EMMELOORD ❶

Noordoostpolder

N331

URK

N351

❷

N50

N352

N352

❸ **NAGELE**

Schokkerbos   Ens

❹

SCHOKLAND

Zwartemeer

Ketelmeer

Ketelbos

❺ **SWIFTERBANT**

7

LEVOLAND

N307

❻ **DRONTEN**

309

Oostelijk-
Flevoland

N309

Biddinghuizen

N305

Veluwemeer

**Der Poldertoren von
Emmeloord**

Die Ketelbrug über das Ketelmeer

SIEHE AUCH

- *Hotels* S. 402f

- *Restaurants* S. 421

In Flevoland unterwegs

Flevoland besitzt ein gutes Straßennetz.
Alle Orte sind hervorragend mit dem
Auto oder dem Bus zu erreichen. Nach
Almere und Lelystad gibt es außerdem
direkte Zugverbindungen von Amster-
dam aus. Die weite, offene Landschaft
Flevolands lädt zum Radeln und Wan-
dern ein. Mehrere schöne Wander- und
Fahrradrouten sind ausgeschildert.

Weites Ackerland

Emmeloord ❶

Straßenkarte D2. Noordoostpolder.
🏔 24 800. 🚉 **ℹ** De Deel 25a
(0527-612 000). 🚢 Do vorm.

Nach der Trockenlegung des ältesten Polders Flevolands entstand die »Pionierstadt« Emmeloord. Im Lauf der Zeit hat sich Emmeloord, das Zentrum der Gemeinde Noordoostpolder, zu einer sympathischen Stadt gemausert. Wahrzeichen Emmeloords ist der achteckige **Poldertoren** von 1959, ein 65,30 Meter hoher Wasserturm, der von einer fünf Meter hohen Windfahne in Form einer Hansekogge gekrönt wird. Das Glockenspiel mit 48 Glocken ist eines der größten der Niederlande. Im Sommer kann man von der Besucherplattform aus weit über den Polder schauen.

Urk ❷

Straßenkarte C3. 🏔 16 500. 🚢 im Sommer von Enkhuizen. 🚉 **ℹ** Wijk 2–3 (0527-684 040). 🚢 Sa vorm.

Das Fischerdorf Urk mit seinen malerischen Häuschen lockt viele Urlauber an. Bis zur Einpolderung war Urk eine Insel. Vor gut 100 Jahren war diese Insel noch viel größer und zählte fünf Orte, aber Überschwemmungen und Sturmfluten rissen immer

mehr Land weg. Die Bevölkerung drängte sich auf dem höchsten Punkt, einem Lehmhügel, zusammen.

Auch nach der Einpolderung hat die Region ihren Charakter bewahrt. Noch immer tragen ältere Bewohner die traditionelle Tracht. Außer dem alten Dorf sind auch der Fischerhafen, der Leuchtturm (1844) und die Kirche aus dem Jahr 1786 sehenswert. Im **Museum Het Oude Raadhuis** erfährt man alles über die Geschichte von Urk und die Fischerei.

🏛 Museum Het Oude Raadhuis
Wijk 2–3. **☎** 0527-683 262.
🕐 Apr–Sep: Mo–Sa 10–17 Uhr; Frühjahrs-/Herbstferien: 14–17 Uhr.
📷 ♿ 🚻 🛍 nach Vereinbarung.

Nagele ❸

Straßenkarte D3. 🏔 1900. 🚉
ℹ Emmeloord (0527-612 000).

Dieses Dorf wurde um 1950 nach Plänen von »De Acht en de Opbouw« gebaut. Diese Gruppe bekannter Architekten wie Rietveld, van Eyck und van Eesteren stand für das »Nieuwe Bouwen«, das Neue Bauen. Um ein parkähnliches Zentrum mit Läden, Schulen und Kirchen liegen die Wohnanlagen mit ihren Flachdächern. Ein Waldgürtel umgibt das Dorf.

Schokland vor der Einpolderung

Schokland nach der Einpolderung

Im **Museum Nagele** kann man sich über diese besondere Architektur informieren.

🏛 Museum Nagele
Ring 23. **☎** 0527-653 077.
🕐 Do–So 13–17 Uhr. 🔴 1. Jan, 25., 26., 31. Dez. 📷 ♿ 🚻 🛍

Schokland ❹

Straßenkarte D3. 🚉
ℹ siehe Museum.

Schokland ist wie Urk eine ehemalige Insel. Funde belegen, dass es schon in prähistorischer Zeit bewohnt war. 1859 mussten die Bewohner die immer schmaler werdende Insel verlassen. Heute ist die ehemalige Insel ein Hügel in der Landschaft. Das **Museum Schokland**, das in der restaurierten Kirche und in einigen nachgebauten Fischerhäusern untergebracht ist, widmet sich der Geologie der Gegend von der Eiszeit bis zur Einpolderung. Am Südende von Schokland sieht man die Ruine einer mittelalterlichen Kirche. Im Wald Schokkerbos liegt der **Gesteentetuin** mit Findlingen.

🏛 Museum Schokland
Middelbuurt 3, Ens. **☎** 0527-251 396. 🕐 Apr–Okt: Di–So 11–17 Uhr (Juli, Aug: tägl.); Nov–März: Fr–So.
🔴 1. Jan, 25. Dez. 📷 ♿ 🚻

Ingenieur Lely (1854–1929)

Flevoland hat seine Entstehung größtenteils den Plänen und dem Durchsetzungsvermögen des Ingenieurs Cornelis Lely zu verdanken. Von 1885 bis 1891 leitete Lely bei der Zuiderzeevereinigung die Machbarkeitsstudie zur Eindämmung und Trockenlegung der Zuiderzee. 1891 wurde er Minister für Handel, Handwerk und Wasserbau. Als Politiker konnte er Regierung und Parlament von der Notwendigkeit des Projekts überzeugen, wenngleich es bis zu seiner dritten Amtsperiode (1913–18) dauerte, bis das Gesetz zur Eindämmung und Trockenlegung der Zuiderzee verabschiedet wurde. Daneben setzte sich Lely für die Verbesserung des Nordseekanals ein. 1902–05 war er Gouverneur von Surinam. Lely starb 1929, doch sein Name lebt in der Hauptstadt von Flevoland weiter: Lelystad.

Standbild von Lely

Swifterbant ⑤

Straßenkarte C3. 🏠 6500. 🚌 ℹ️
Dronten (0321-318 687). 🎭 *Di nachm.*

D ieses junge Dorf ist bei
Archäologen wegen der
Funde aus dem 4. Jahrtausend
v. Chr. bekannt, der Zeit der
Swifterbant-Kultur (5300–
3400 v. Chr.). Man fand Feuer-
steine, Werkzeuge und Keramik. Im Frühjahr erstrahlt die
Farbenpracht der Blumen-
felder um Swifterbant.

Umgebung: Im nahen Wald
Swifterbos kann man sich gut
erholen. Der Ketelbos ist ein
Schutzgebiet für Wandervögel.

Dronten ⑥

Straßenkarte D3. 🏠 22 500. 🚌
ℹ️ *De Rede 80–82 (0321-318 687).*
🎭 *Mi.*

D ronten liegt inmitten
schöner Natur und hat
Sport- und Freizeiteinrichtun-
gen. Der Meerpaal ist ein
Komplex mit Theater, Kino
und Konzerthalle. Das Air-
gunnersmonument vor dem
Gemeindehaus, ein Propeller,
erinnert an die im Zweiten
Weltkrieg umgekommenen
Piloten.

Umgebung: Um Dronten bieten sich zahlreiche Wälder
und Erholungsgebiete zum
Wandern und Radfahren an.

Lelystad ⑦

Straßenkarte C3. 🏠 67 000. 🚌
🚉 ℹ️ *Stadhuisplein 2 (0320-278 222).*
🎭 *Sa (Gordiaan), Di (Lelycentre).*

L elystad, die Hauptstadt der
Provinz Flevoland, hat ein
modernes Zentrum mit mar-
kanten Gebäuden. Im **Nieuw
Land Erfgoedcentrum** wird
die Geschichte der Landgewinnung und der Zuiderzee-
Kultur erzählt.
Auf dem Gebiet der Airship
Plaza befindet sich heute das
Ballon- und Luftfahrtmuseum
Zepallon. Östlich der Stadt
liegt der **Natuurpark Lelystad**,
in dem man u. a. Wisente
und Biber erfolgreich ausge-
wildert hat. Hier kann man
ein Schiffswrack und ein
nachgebautes prähistorisches
Dorf besichtigen. Der **Nationaal Luchtvaart Themapark
Aviodrome** am Flughafen von
Lelystad zeigt historische Flugzeuge und themenbezogene
Filme. Außerdem steht hier
ein detailgetreuer Nachbau
des Flughafens Schiphol um
das Jahr 1928.

🏛 **Nieuw Land
Erfgoedcentrum**
Oostvaardersdijk 01–13. 📞 *0320-
260 799.* 🕐 *Di–Fr 10–17, Sa, So
11.30–17 Uhr (Juli, Aug: auch Mo).*
⬤ *1. Jan, 25. Dez.* 🅿️ ♿ 🚻 🛍
🚻 🛍 *www.nieuwlanderfgoed.nl*

🌿 **Natuurpark Lelystad**
Vlogtgrasweg 11. 📞 *0320-286 111.*
🕐 *tägl. Sonnenauf- bis -untergang.*
🅿️ *nach Absprache.* 🚻 🛍

🏛 **Nationaal Luchtvaart
Themapark Aviodrome**
Pelikaanweg 50, Luchthaven Lelystad.
📞 *0900-284 6376.* 🕐 *Di–So (Juli,
Aug: tägl.).* ⬤ *25. Dez.* 🅿️ ♿ 🚻 🛍

Bataviawerf ⑧

Straßenkarte C3. Oostvaardersdijk
01–09, Lelystad. 📞 *0320-261 409.*
🕐 *Mo–Fr 10–17, Sa, So 11.30–
17 Uhr.* ⬤ *1. Jan, 25. Dez.* 🅿️
🚻 🛍 *www.bataviawerf.nl*

Z wischen 1985 und 1995
wurde in der Bataviawerf
am Oostvaardersdiep die Replik des Schiffs *Batavia* gebaut. Zurzeit arbeitet man am
Nachbau des Flaggschiffs von
Michiel de Ruyter, *De Zeven
Provinciën.* Die Eintrittskarte
ist auch für das **NISA** gültig,
das Niederländische Institut
für Schiffs- und Unterwasser-
archäologie mit Schiffswracks.

Die *Batavia* ging 1629 mit 341 Menschen an Bord vor der Küste Australiens unter

Beobachtungshütte an den Oostvaardersplassen mit einem überwältigenden Vogelreichtum

Oostvaarders-plassen ❾

Straßenkarte C3. ■ *Bezoekers-centrum, Kitsweg 1, Lelystad (0320-254 585).*

Zwischen Lelystad und Almere erstreckt sich ein international bekanntes, 6000 Hektar großes Sumpfge-biet. Eigentlich war an dieser Stelle ein Industriegebiet ge-plant, doch als der Süden von Flevoland trockenfiel, blieb dieses tiefer gelegene Gebiet noch nass. Die Entwässerungs-pläne wurden nie verwirk-licht, weil hier ein einmaliges Naturgebiet entstand.

Das Schutzgebiet umfasst Seen, Moore, Weidenwälder und Wiesen und ist ein be-liebtes Brut- und Futtergebiet für Hunderte Vogelarten. Manche, die anderswo schon beinahe ausgestorben sind, haben sich hier wieder erholt, zum Beispiel die Weihe, das Wappentier Flevolands, und der Kormoran. Außerdem leben hier Rohrdommeln, Blaukehlchen, Löffler, Reiher, Rallen und seit Kurzem sogar Ibisse. Die vielen Graugänse, die hier ihr Futter suchen, verhindern ein Zuwachsen des Gebietes. Dabei helfen ihnen auch die wilden Rinder und Rothirsche, die hier aus-gesetzt wurden. Das Sumpf-gebiet kann nicht besucht werden, aber von den Dei-chen Knardijk und Oostvaar-dersdijk hat man einen fantas-tischen Ausblick. Außerdem gibt es im Gebiet **De Driehoek** einen fünf Kilometer langen markierten Wanderweg, der von Sonnenaufgang bis -un-

tergang frei zugänglich ist. Der Weg beginnt am Bezoe-kerscentrum und führt durch das Naturgebiet auch zu den Beobachtungshütten.

Knardijk ❿

Straßenkarte C3. ■ *Staatsbosbe-heer (0320–254 585).*

Der Knardijk ist die Grenze zwischen Oostelijk und Zuidelijk Flevoland, dem Osten und Süden der Provinz. Er wurde in den 1950er Jah-ren zwischen der damaligen Arbeitsplatt-form Lely-stad-Haven und Harderwijk angelegt, um nicht das ganze Ge-biet auf einmal einpol-dern zu müssen. Nach dem Trockenfallen des östlichen Teils wurde er zum südwest-lichen Ringdeich dieses Pol-

ders. Heute ist der Knardijk vor allem für Naturfreunde interessant, denn von hier aus hat man eine herrliche Aus-sicht auf die Oostvaarders-plassen. Am Fuß des Deichs leben viele Vögel, unter ande-rem Kornweihen und Rohr-weihen. Über den Deich kann man zwei Beobachtungshüt-ten erreichen.

Im Südosten läuft der Deich am **Wilgenreservaat** entlang, einem wild entstandenen Na-turgebiet aus Wäldern mit Lichtungen. Außer vielen Sing-, Wald- und Raubvö-geln leben hier Rehe, Füchse und Hermeline. Ein Pfad führt durch einen Teil des Reservats.

Kornweihe

In der Nähe liegt der **Knarbos** mit seiner vielfältigen Fauna und Flora. Hier verläuft ein sechs Kilometer langer Wanderweg.

Vom Knardijk aus geht der Blick in ein prächtiges Naturgebiet

Zeewolde ⓫

Straßenkarte C3. 🏘 *19400.* 🚌
🛈 *Raadhuisstraat 15 (036-522 1405).* ⛴ *Fr.*

Die Ortschaft Zeewolde ist dank ihrer Lage am Binnensee Wolderwijd bei Ausflüglern beliebt. Hier gibt es auch einen Bootshafen. Zeewolde gibt es offiziell seit 1984. Es ist die jüngste Gemeinde in Flevoland, das sieht man nicht zuletzt an der fantasiereichen Architektur, besonders am Rathaus, an der Bibliothek und der Kirche. Sehenswert ist auch die Kunstbaan, ein sieben Kilometer langer Wanderweg, den Kunstwerke säumen.

Umgebung: Südlich von Zeewolde liegt der **Horsterwold**, mit 4000 Hektar der größte Laubwald Westeuropas.

Almere ⓬

Straßenkarte C3. 🏘 *185000.*
🚌 🚉 🛈 *Stadhuispromenade 1 (036-548 5041).* ⛴ *Mi, Sa (Almere-Stad), Do (Almere-Buiten), Fr (Almere-Haven).*

Almere ist die am schnellsten wachsende Stadt der Niederlande. Der Ortsname erinnert an den alten Namen der Zuidersee im 8. Jahrhun-

Almere ist ein Laboratorium moderner Architektur

dert. Die ersten Siedlungen standen hier allerdings schon 6000 Jahre früher.

Almere besteht aus drei Wohnkernen: Almere-Stad, wo alle städtischen Einrichtungen liegen und derzeit ein umfangreiches Stadtteilsanierungsprogramm läuft; Almere-Buiten, der grüne Stadtteil; Almere-Haven mit dem schönen Hafen.

Liebhaber außergewöhnlicher moderner Architektur sollten unbedingt die Viertel Muziekwijk, Filmwijk und Stedenwijk in Almere-Stad sowie die farbenfrohe Regenboogbuurt in Almere-Buiten besuchen. Sehenswert ist auch das Rathaus und das Zentrum für zeitgenössische Kunst **ACHK –**

De Paviljoens, in dem es Ausstellungen von in- und ausländischen Künstlern gibt.

Umgebung: Um Almere liegen viele Natur- und Naherholungsgebiete, zum Beispiel das Weerwater, die Leegwaterplas und der Beginbos, alle mit Wander-, Rad- und Reitwegen. Schön sind auch das Buitenhout, der Kromslootpark mit seiner Poldervegetation, die Noorderplassen, die **Lepelaarsplassen**, wo seltene Moorvögel leben, und die Oostvaardersplassen.

ACHK – De Paviljoens
Odeonstraat 3–5. 📞 *036-545 0400.* ⬜ *Mi–So 12–17 (Do, Fr bis 21 Uhr).* ⬤ *1. Jan, 25. Dez.* 📷 💻

Landart

Hier und da stößt man in der Landschaft Flevolands auf *landart*, Kunstwerke, die auf Besonderheiten der Umgebung anspielen. Östlich von Almere-Haven steht die *Groene Kathedraal* (Grüne Kathedrale, 1987, *rechts oben*), entworfen von Marinus Boezem: 178 italienische Pappeln formen den Grundriss der Kathedrale von Reims. Das *Observatorium Robert Morris* (1971, *rechts unten*), auf halbem Weg zwischen Lelystad und Swifterbant, besteht aus zwei runden Erdwällen. Durch drei Einschnitte kann man beim Wechsel der Jahreszeiten den Sonnenaufgang beobachten. Auf dem Ketelmeerdijk steht *Wachters op de dijk* (Wächter auf dem Deich) von Cyriel Lixenberg, ein Kreis, ein Dreieck und ein Quadrat. *Aardzee* (Erdsee, 1982) von Piet Slegers, zwischen Zeewolde und Lelystad, besteht aus einer Reihe künstlicher Hügel, die Wellen darstellen.

Gelderland

G elderland ist mit über 5100 Quadratkilometern die größte Provinz der Niederlande. Ihr Aussehen wird von Wäldern, Flüssen und Schlössern geprägt. Das feudale Erbe ist hier, im sogenannten Achterhoek, noch zu spüren. Die vielen Festungsstädte zeugen vom lebhaften Handel, der diese Gegend wohlhabend machte.

Die Grafschaft Gelre entstand im 11. Jahrhundert nach dem Zerfall des Reichs Karls des Großen. Stammvater des Gelderschen Grafengeschlechts ist wahrscheinlich Gerard de Rossige, der die Stadt Geldern am Fluss Niers in Deutschland eroberte. Sein Enkel Gerard II van Wassenberg nannte sich ab 1104 Graf von Gelre. Die Grafen breiteten ihr Gebiet immer weiter aus, erst um die Betuwe, dann um die Veluwe, später kam auch die Grafschaft Zutphen dazu. Nachdem 1248 die Reichsstadt Nijmegen ebenfalls einverleibt werden konnte, wurde Gelre eine bedeutende Macht. Mehrere seiner Städte schlossen sich der Hanse an, 1339 wurde die Grafschaft vom römisch-deutschen Kaiser zum Herzogtum erhoben. Die wachsende Macht Burgunds bedrohte die Unabhängigkeit Gelres. Unter dem Feldherrn Maarten van Rossum leistete man zwar noch eine ganze Weile Widerstand, aber 1534 fiel das Gebiet an Karl V. Gelderland wurde ein Gau der Niederlande und 1815 eine der Provinzen des Königreichs.

Die Landschaft Gelderlands ist voller Kontraste: die Wälder der Veluwe, Sandverwehungen und Heidegebiete, die Flusslandschaft der Betuwe und das Ackerland im Achterhoek. Die Geschichte lebt noch in Schlössern und Palästen, aber es gibt auch moderne Städte wie Arnhem und Nijmegen mit vielen Sehenswürdigkeiten und Gelegenheiten zum Ausgehen.

Kornspeicher aus dem 17. Jahrhundert in der Nähe von Winterswijk

◁ **Die breite Waal ist einer der wichtigsten Wasserwege der Niederlande**

Überblick: Gelderland

Gelderland ist eine übersichtliche Provinz, die aus drei klar getrennten Gebieten besteht. Im Norden liegt die Veluwe, ein weites Naturgebiet mit Wäldern, Heidefeldern und großen Sandverwehungen. Hier finden Naturfreunde ungestörte Ruhe. Im Osten liegt der Achterhoek. Die Natur hier zeigt ein völlig anderes Gesicht: kleine Äcker mit hölzernen Umzäunungen, alte Bauernhöfe, vornehme Landgüter und Schlösser. Im Südwesten der Provinz, eingeklemmt zwischen Rhein, Maas und Waal, liegt das Flussgebiet der Betuwe. In dieser Gegend mit ihren Deichen und dem grünen Deichvorland kann man herrlich Rad fahren und wandern.

Delfinarium in Harderwijk

Sehenswürdigkeiten auf einen Blick

Apeldoorn **2**
Arnhem S. 338 **12**
Barneveld **8**
Bronkhorst **14**
Buren **26**
Culemborg **25**
Doesburg **20**
Elburg **4**
Gelderse Poort **22**
Groesbeek **23**
Harderwijk **6**
Hattem **3**
's-Heerenberg **18**
Kröller-Müller Museum S. 338f **10**

Lochem **16**
Montferland **19**
Nationaal Park De Hoge Veluwe **11**
Nijkerk **7**
Nijmegen **21**
Nunspeet **5**
Paleis Het Loo S. 334f **1**
Tiel **24**
Vorden **15**
Wageningen **9**
Winterswijk **17**
Zaltbommel **27**
Zutphen **13**

Rothirsch, der König der Veluwe

In Gelderland unterwegs

Gelderland hat ein ausgezeichnetes Straßennetz. Mehrere Autobahnen führen durch die Provinz, darunter die A2 und die A50. Auch das öffentliche Verkehrsnetz ist gut, viele Orte sind mit dem Zug erreichbar. Mit den Regionalbussen kommt man sogar bis weit in den Nationaal Park De Hoge Veluwe hinein. Auch auf den vielen Rad- und Wanderwegen kann man die Provinz gut und angenehm erkunden. Unterschiedlich lange Fahrradtouren sind gut ausgeschildert. Ein System von Wanderwegen, etwa der insgesamt 150 Kilometer lange Maarten van Rossumpad, durchzieht die Provinz.

SIEHE AUCH

- *Hotels* S. 403
- *Restaurants* S. 421f

Große Sandflächen sind typisch für die Veluwe

HATTEM ❸
Wezep
A28
A50
Heerde
Epe
Vaassen
PALEIS HET LOO ❶
APELDOORN ❷
A1
N345   N348
Gorssel
Laren
Voorst
A50
Eerbeek
N348
ZUTPHEN ⑬
N346
LOCHEM ⑯
Needs
Borculo
Eibergen
VORDEN ⑮
Ruurlo
N18
BRONKHORST ⑭
N316
N319
Groenlo
GELDERLAND
Dieren
N314
Hengelo
Rheden
Velp
DOESBURG ⑳
Zelhem
N330
Lievelde
N319
Lichtenvoorde
WINTERSWIJK
ARNHEM
IJssel
N317
Doetinchem
⑰
Duiven
Didam
A18
Varsseveld
N318
Zevenaar
MONTFERLAND ⑲
Aalten
Beek
Zeddam
Terborg
GELDERSE POORT ㉒
's-HEERENBERG ⑱
N317
Dinxperlo
Millingen aan den Rijn
GROESBEEK ❸

LEGENDE

Autobahn	
Hauptstraße	
Nebenstraße	
Panoramastraße	
Eisenbahn (Hauptstrecke)	
Eisenbahn (Nebenstrecke)	
Provinzgrenze	
Staatsgrenze	

Bronkhorst, die kleinste Stadt der Niederlande

Apeldoorn: Paleis Het Loo ❶

Willem III ließ Het Loo 1692 als Jagdschloss erbauen. Generationen von Oranjes diente der Palast als Sommersitz. Die prunkvolle Ausstattung trug Het Loo auch den Beinamen »Versailles der Niederlande« ein. Wichtigster Architekt war Jacob Roman (1640–1716), die Ausschmückung der Innenräume und der Entwurf der Gartenanlage stammen von Daniël Marot (1661–1752). Die strenge klassizistische Fassade verrät nichts von der Pracht im Inneren. Nach einer Renovierung wurde Paleis Het Loo als Museum wiedereröffnet.

Wappen (1690) von Willem und Maria, dem späteren Königspaar von England.

★ **Schlafzimmer von Statthalter Willem III (1713)**
Die Wandbekleidung und die Draperien dieses luxuriösen Schlafzimmers sind aus Damast und Seide.

Schlafzimmer von Willem III

Königsgarten

Kabinett von Statthalter Willem III (1690)
Die Wände der Privaträume Willems sind mit scharlachrotem Damast bedeckt. Hier sind Gemälde und Keramik ausgestellt.

Oldtimer
Dieser Minerva aus dem Jahr 1925 gehörte Prinz Hendrik, dem Ehemann von Königin Wilhelmina. In den 1910 erbauten Stallungen stehen noch viele alte Autos und Kutschen.

NICHT VERSÄUMEN

★ Parkanlage

★ Schlafzimmer von Willem III

★ Speisesaal

INFOBOX

Koninklijk Park 1 (Amersfoortseweg), Apeldoorn.
📞 055-577 2400.
🚉 Apeldoorn, dann Bus 102.
Paleis und Park ⬚ Di–So,
Feiertage 10–17 Uhr. ● 1. Jan.
📷 🎞 nur Park. 🎫 ♿ 🍴 ✕
www.paleishetloo.nl

★ **Speisesaal (1686)**
*1984 wurden sechs Farbschichten
von den Marmorwänden entfernt.
Heute hängen hier Tapisserien.*

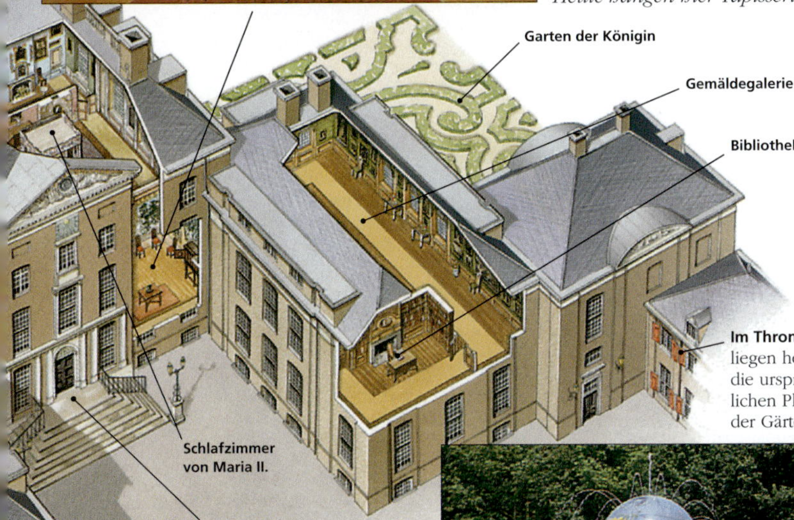

Garten der Königin

Gemäldegalerie

Bibliothek

Im Thronsaal
liegen heute
die ursprünglichen Pläne
der Gärten.

Schlafzimmer
von Maria II.

Haupteingang

★ **Parkanlage**
*Der Park vereinigt Pflanzen,
Skulpturen und Brunnen im
klassizistischen Stil. Der
Brunnen der Himmelsphäre
steht im Unteren Garten.*

Gartenanlagen

Zur Rekonstruktion der Gärten hinter
dem Paleis Het Loo zog man alte
Stiche, Entwürfe und andere Dokumente heran. Anstelle der alten
Ziergärten war im 18. Jahrhundert
Gras gesät worden. Im Jahr 1938
wurden die komplizierten Muster
neu aufgezeichnet und mit der
Wiederanpflanzung begonnen. Die
Gärten sind Ausdruck der im späten
17. Jahrhundert vorherrschenden
Idee, dass Natur und Kunst in Harmonie miteinander existieren sollten.

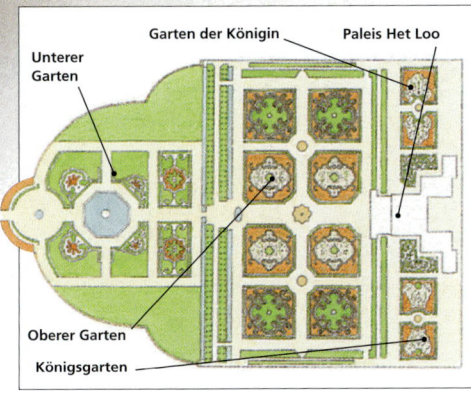

Garten der Königin   Paleis Het Loo

Unterer
Garten

Oberer Garten

Königsgarten

Grundriss der Parkanlage

Apenheul, ein Spaß für alle

Apeldoorn ❷

Straßenkarte D3. 🏃 *152 000.*
🚉 🚌 **ℹ** *Deventerstraat 18 (055 536 0200).*

Ü ber Jahrhunderte war Apeldoorn (793 als Appoldro zum ersten Mal erwähnt) ein kleines Bauerndorf in der Veluwe. Doch als Willem III 1692 sein Jagdschloss Het Loo *(siehe S. 334f)* errichtete, zogen in seinem Gefolge viele wohlhabende Bürger hierher. Das **Historisch Museum Apeldoorn** zeigt einen Überblick über die Geschichte von Apeldoorn und der umliegenden Gegend.

Im Naturpark Berg en Bos liegt der Zoo **Apenheul**. Hier leben mehr als 30 Affenarten, viele der Tiere laufen frei zwischen den Besuchern umher.

🏛 **Historisch Museum Apeldoorn**
Raadhuisplein 8. **ℂ** *055-578 8429.*
🕐 *Di–Sa 10–17, So 13–17 Uhr.*
⬤ *Feiertage.* 🔲 🚻

🐾 **Apenheul**
J. C. Wilslaan 31. **ℂ** *055-357 5757.*
🕐 *Apr–Okt: 9.30–17 Uhr (Juni–Aug: 9.30–18 Uhr).* 🔲 🚻 ❌

Hattem ❸

Straßenkarte D3. 🏃 *12 000.* 🚌
🚢 *Mi nachm.*

D as schöne Hattem (891 zum ersten Mal erwähnt) erhielt 1299 Stadtrecht. Seit dem 15. Jahrhundert gehörte es zur Hanse. Viele prächtige Häuser, etwa das von Herman Willem Daendals, dem späteren Generalgouverneur von Niederländisch-Indien, zeu-

gen noch von Hattems Blütezeit. Sehr schön ist die gotische St.-Andreaskerk, deren ältester Teil aus dem Jahr 1176 stammt.

Das **Anton Pieck Museum** ist dem berühmten Illustrator gewidmet. Es gehört zum **Voerman Museum**, das sich dem Landschaftsmaler Jan Voerman (1857–1941) und seinem Sohn (1890–1976) widmet.

🏛 **Anton Pieck Museum/Voerman Museum**
Achterstraat 46–48. **ℂ** *038-444 2192 und 444 2897.* 🕐 *Di–Sa 10–17 Uhr (Mai–Okt: auch Mo 13–17 Uhr; Juli, Aug: auch So 13–17 Uhr).*
⬤ *Nov–Apr: Mo; 1. Jan, 9.–31. Jan, 30. Apr, 25. Dez.* 🔲 🚻

Elburg ❹

Straßenkarte D3. 🏃 *21 500.* 🚌
ℹ *Jufferenstraat 8 (0525-681 520).*
🚢 *Di.*

E lburg ist die am besten erhaltene Festungsstadt an der Zuiderzee. Vom einstigen Wohlstand zeugt die St.-Nicolaaskerk mit ihrer beeindruckenden Quellhorst-Orgel. Vom 38 Meter hohen Turm sieht man deutlich den regelmäßigen mittelalterlichen Straßenverlauf. Neben dem alten Stadttor **Vischpoort** steht die älteste Seilerei der Niederlande.

Früher lag Elburg viel näher an der Küste, aber im 14. Jahrhundert versetzte man die oft von Überschwemmungen heimgesuchte Stadt einfach ein Stück ins Landesinnere. Das interessante **Gemeentemuseum** ist in einem Kloster

aus dem 15. Jahrhundert untergebracht. Hier kann man auch den Kräutergarten von Alfred Vogel besuchen.

🏛 **Gemeentemuseum Elburg**
Jufferenstraat 6–8. **ℂ** *0525-681 341.* 🕐 *Di–Fr 10–17, Sa 11–17 Uhr.*
🔲 🖥 *www.museumelburg.nl*

Nunspeet ❺

Straßenkarte D3. 🏃 *26 000.*
🚉 🚌 **ℹ** *Stationsplein 1 (0341-274 747).* 🚢 *Do vorm.*
www.nunspeet.nl

Heimatmuseum Nunspeet

N unspeet liegt inmitten eines wunderbaren Waldgebiets. In der **Oudheidkamer**, dem Heimatmuseum, erfährt man alles über die Geschichte des Orts. Das nahe **Veluwemeer** ist ein Paradies für Wassersportler.

Umgebung: 15 Kilometer südlich von Nunspeet liegt das idyllische **Uddelermeer**, entstanden in der letzten Eiszeit.

Marktplatz von Hattem mit dem Rathaus aus dem 17. Jahrhundert

Hotels und Restaurants in Gelderland *siehe Seiten 403 und 421f*

Harderwijk ❻

Straßenkarte C3. 🏛 38 500. 🚉
🚌 ℹ️ *Bleek 102 (0341-426 666).*
🛥 *Sa vorm.*

Die Heringräuchereien sind aus dem Straßenbild verschwunden, doch noch immer ist Harderwijk ein schöner Ort mit einer besonders interessanten Geschichte. Im 13. Jahrhundert war Harderwijk durch Fischfang und Tuchmacherei so wichtig geworden, dass Graf Otto II. von Gelre ihm die Stadtrechte verlieh und es befestigte. Die **Vischpoort** und andere Teile dieser Anlagen stehen noch heute. Zwischen 1647 und 1811 besaß Harderwijk sogar eine Universität, an der 1735 der schwedische Gelehrte Linnaeus promovierte.

Eine große Attraktion ist das **Dolfinarium** *(siehe S. 434)*, der größte Meerestierpark Europas. Wer will, kann am Rochenriff einen Hai oder einen Rochen streicheln. Ebenfalls sehenswert ist das **Veluws Museum** in der Donkerstraat.

Rochen

Nijkerk ❼

Straßenkarte C3. 🏛 27 000.
🚉 🚌 ℹ️ *Barneveld (0342-420 555).*
🛥 *Fr nachm.*

Nijkerk ist ein gemütlicher, alter Ort mit vielen Läden und Restaurants. Die Stadt erlebte im 18. Jahrhundert dank des Tabakhandels eine große Blüte. In der Grote Kerk liegt das Grab von Kiliaen van Renselaer, einem der Gründer New Yorks. Außerhalb Nijkerks, im Polder Arkemheen, steht das Dampfschöpfwerk **Hertog Reijnout**, das einzige noch betriebene Schöpfwerk Europas mit außen liegenden Schöpfrädern. Bei Hochwasser wird dieses Schöpfwerk auch heute noch benutzt.

Umgebung: An der Straße nach Putten liegt das Landgut **Oldenaller** mit einer Burg aus dem Jahr 1655. Das schöne Rad- und Wandergebiet hier ist frei zugänglich. In **Putten**

Einer der beliebten Delfine im Dolfinarium in Harderwijk

selbst sollte man sich Zeit für das Monument **De Gedachtenisruimte** nehmen. Es erinnert an die 600 männlichen Bewohner des Dorfes, die im Oktober 1944 ins Konzentrationslager Neuengamme deportiert wurden. Nur 50 von ihnen kehrten wieder zurück.

🏛 **Stoomgemaal Hertog Reijnout**
Zeedijk 6. 📞 033-245 7757.
🕐 *Mitte Apr – Sep: Di – Fr 10 – 16, Sa 10 – 13 Uhr.* 📷 ✓

Barneveld ❽

Straßenkarte D4. 🏛 47 000. 🚉
🚌 ℹ️ *Langestraat 85a (0342-420 555).* 🛥 *Do, Sa vorm.*

Barneveld verdankt seinen Platz in den Geschichtsbüchern dem General **Jan van Schaffelaar**, der am 16. Juli 1482 lieber vom Turm der Reformierten Kirche sprang, als sich zu ergeben. Im Heimatmuseum **Nairac** wird die Geschichte ausführlich erzählt.

Heute ist Barneveld als Zentrum der Geflügelzucht bekannt. Im **Pluimveemuseum**, dem Geflügelmuseum, kann man alles darüber erfahren.

🏛 **Pluimveemuseum**
Hessenweg 2a. 📞 0342-400 073.
🕐 *Apr – Okt: Di – Sa 10 – 17 Uhr.*
📷 ♿

Wageningen ❾

Straßenkarte C4. 🏛 36 000.
🚌 🛥 *Mi vorm., Sa.*

Wageningen am Südwestrand der Veluwe ist ein gemütliches Städtchen, das durch die landwirtschaftliche Universität geprägt wird. Die botanischen Gärten der Universität sind für alle geöffnet. Im **Hotel De Wereld** unterzeichnete Johannes Blaskowitz für Deutschland am 5. Mai 1945 die Kapitulationsurkunde.

🏛 **Hotel De Wereld**
5 mei Plein. 📞 0317-482 030.
🕐 *5. Mai – 20. Aug und nach tel. Vereinbarung.*

Der Sprung Jan van Schaffelaars

Kröller-Müller Museum ⑩

Das Museum verdankt seine Existenz hauptsächlich Helene Kröller-Müller (1869–1939). Sie begann 1908, zusammen mit ihrem Mann, dem Industriellen Anton Kröller, moderne Kunst zu sammeln. 1935 ging diese Sammlung als Schenkung an den niederländischen Staat, der dafür ein Museum errichten ließ. Das Kröller-Müller Museum ist für seine große Sammlung moderner Kunst – darunter 278 Werke von Vincent van Gogh – ebenso berühmt wie für seinen Beeldentuin (Skulpturengarten).

★ Beeldentuin
Jardin d'Émail von Jean Dubuffet ist eine der modernen Skulpturen, die in dem 25 Hektar großen Beeldentuin (Skulpturengarten) zu sehen sind. Hier stehen Werke von Auguste Rodin, Henry Moore, Barbara Hepworth und Richard Serra.

Mondriaan
Das Kröller-Müller Museum besitzt – neben alten flämischen Meistern – auch eine wichtige Sammlung französischer Bilder aus dem 19. und 20. Jahrhundert sowie viele abstrakte Werke von Mondriaan.

Eingang
Beeldentuin

NICHT VERSÄUMEN

★ Beeldentuin

★ Sammlung Van Gogh

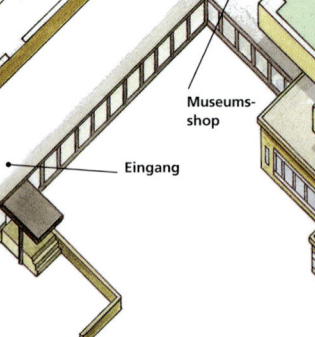

Museumsshop

Eingang

Jachthuis St. Hubertus
Das Jagdhaus wurde im Auftrag der Familie Kröller-Müller zwischen 1914 und 1920 von H. P. Berlage erbaut.

Das Atelierboot (1874)
Claude Monets Bild gehört zur Sammlung neuerer französischer Malerei.

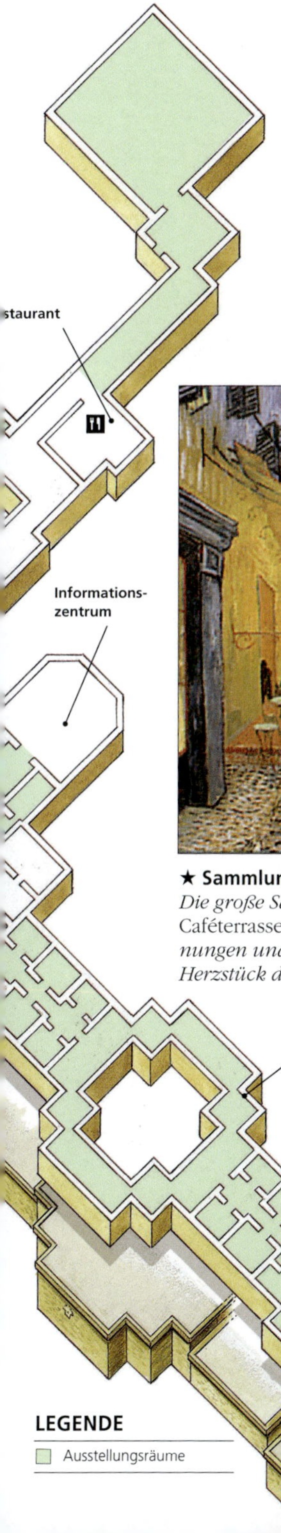

staurant

**Informations-
zentrum**

INFOBOX

Kröller-Müller Museum Houtkampweg 6, Otterlo. ☎ 0318-
591 241. ◷ Di–So, Feiertage
10–17 Uhr; Beeldentuin
10–16.30 Uhr. ● 1. Jan. 🖥 ▨
Jachthuis St. Hubertus 🎫 tägl.
(Jan: nur Sa, So). Reservieren beim
Bezoekerscentrum des Nationaal
Park De Hoge Veluwe (siehe
rechts). ☎ 0900-464 3835 oder
378 8116. **www**.kmm.nl

★ **Sammlung Van Gogh**
Die große Sammlung von Bildern – hier
Caféterrasse am Abend *(1888) –, Zeich-*
nungen und Drucken van Goghs sind das
Herzstück des Museums.

Kurzführer
Das Museum und der
Beeldentuin sind Aus-
druck der Idee, dass
Natur, Architektur und
Kunst eine Einheit
bilden sollen.

Nationaal Park
De Hoge Veluwe ⓫

Houtkampweg, Otterlo. ☎ 0900-
464 3835 (Bezoekerscentrum).
🚌 Ede, Apeldoorn. ◷ Apr–Aug:
tägl. ab 8 Uhr; Sep–März: tägl. ab
9 Uhr. **www**.hogeveluwe.nl

Die Hoge Veluwe ist – wie
das Museum – das Er-
gebnis der Sammelwut des
Ehepaars Kröller-Müller. Sie
sammelten so lange brach-
liegenden Grund auf der
Veluwe, bis sie ein zusam-
menhängendes Naturgebiet
hatten. Dazu wurde 1914
sogar die Staatsstraße Otter-
loo-Hoenderloo gekauft.

Die 5500 Hektar Wald,
Sumpfland, Heide und Sandverwehungen sind heute das
größte Naturschutzgebiet der
Niederlande. Der Park ist ein
Paradies für Klein- und Groß-
wild, seltene Vögel, Schmetterlinge, Pflanzen und Pilze.
Hier leben noch wilde Rothirsche, Rehe und Mufflons. Wer
genug Geduld hat, kann mit
dem Feldstecher die scheuen
Wildschweine und Rehe be-
obachten. Überall sind Rad-
und Wanderwege ausgeschildert, beim Besucherzentrum
kann man sich kostenlos Fahrräder ausleihen.

Unter dem Besucherzen-
trum liegt das erste »Unter-
grund-Museum« der Welt,
Museonder. Hier entdeckt
man den Wurzelstock einer
140 Jahre alten Buche, spürt
simulierte Erdbeben und kann
sogar einen Schluck frisches
Grundwasser aus der Veluwe
trinken.

Im Park gibt es auch zwei
Restaurants: Herberg Rijzen-
burg beim Eingang Schaars-
bergen und das Café-Restaurant De Koperen Kop neben
dem Besucherzentrum.

Museonder: unterirdisches Museum

Arnhem ⑫

Straßenkarte D4. 🏙 *148 000.* 🚉
🚊 **ℹ** *Stationsplein 13 (0900-190
4022).* 🅿 *Fr, Sa (Kerkplein).*
www.vvarnhem.nl

Arnhem (Arnheim), die
Hauptstadt der Provinz
Gelderland, wurde schon
1544 unter Karl V. Verwaltungszentrum der Region. Im
September 1944 wurde die
Stadt bei der Schlacht von
Arnhem, einem der schwers-
ten Kämpfe des Zweiten Weltkrieges, schwer beschädigt.
Alle 98 000 Einwohner mussten ihre Häuser verlassen und
konnten erst nach dem Frie-
densvertrag 1945 zurückkehren. Arnhem wurde aus den
Trümmern wiederaufgebaut,
heute ist es eine moderne

Traditionelle Häuser im Openluchtmuseum

Stadt. Eines der restaurierten
Denkmäler ist die im Krieg
fast völlig zerstörte **Eusebiuskerk** von 1560. Der 93 Meter
hohe Turm bietet eine fantastische Aussicht über das Rhein-
tal. Das **Duivelshuis**, 1545 von
Maarten van Rossum *(siehe
S. 345)* erbaut, ist ein schönes
Beispiel der Renaissance.

   Auch Arnhems Parks sind
berühmt, z. B. **Sonsbeek** oder
Zypendaal. In **Bronbeek**, einem
Altersheim für Soldaten, ist
ein Museum über die ehemaligen Kolonien in Indonesien.
Nicht versäumen sollte man
Burgers' Zoo *(siehe S. 434)*
und das **Openluchtmuseum**

(Freilichtmuseum), das 2005
mit dem Titel »Europäisches
Museum des Jahres« ausge-
zeichnet wurde. Hier führt
das Personal, gekleidet im Stil
der damaligen Zeit, ländliche
Lebensweise und Handwerk
des 19. Jahrhunderts vor.

> 🏛 **Openluchtmuseum**
> Schelmseweg 89. 📞 *026-357 6111.*
> ⏰ *Apr–Okt: tägl. 10–17 Uhr;
> Nov–März: tägl. 11–16.30 Uhr.* 🚫
> **www**.openluchtmuseum.nl

Umgebung: Die **Posbank** bei
Rheden in der Moränenland-
schaft der Veluwe ist ein beliebtes Ausflugsziel.

**Alliierte Truppen landen am
17. September 1944 bei Arnhem**

Zentrum von Arnhem

Eusebiuskerk ③
Historisch Museum ⑨
Koepelkerk ①
Musis Sacrum ⑧
Postkantoor ②
Provinciehuis ⑤
Sabelspoort ④
Stadhuis ⑥
Stadsschouwburg ⑦

0 Meter   200

Zeichenerklärung
siehe hintere Umschlagklappe

Openluchtmuseum
Sonsbeek Park

Centraal Station

JANSBUITENSINGEL
JANSBINNENSINGEL

RHEDEN

GELE RIJDERS
PLEIN

UTRECHTSESTR.

OSTERBEEK

Koepelkerk ①

KOREN-
MARKT

JANSSTRAAT

JANSPLAATS

Historisch
Museum ⑨

Musis
Sacrum ⑧

STEENSTR

VELPERBINNENSINGEL

NIEUWE PLEIN

Postkantoor ②

VIJZELSTRAAT

WALSTRAAT

RIJNSTRAAT

WEVERSTRAAT

KONINGSTRAAT

BEEKSTRAAT

Stadsschouwburg ⑦

ROERMONDS
PLEIN

OEVERSTRAAT KLEINE OORD

BAKKERSTRAAT

KERKSTRAAT

Bibliotheek

BROERENSTR.

WEERDJESTRAAT

Nelson Mandela
Brug

LANGSTRAAT

NIEUWSTRAAT

RODENBURGSTRAAT

KERKPLEIN

Eusebiuskerk ③

Duivelshuis

Stadhuis ⑥

MARKT

NIJMEEGSEWEG

RIJNKADE

Sabelspoort ④ ⑤

Provinciehuis

ORANJEWACHTSTRAAT

Rijn (Rhein)

John Frost
Brug

Burgers' Zoo

De Librije van de St.-Walburgskerk

Zutphen ⓭

Straßenkarte D4. 🏛 *47 000.* 🚆
ℹ️ *Stationsplein 39 (0575-519 355).*
🛒 *Do vormittags, Sa.*

Die ehemalige Hansestadt Zutphen ist eine der am besten erhaltenen alten Städte der Niederlande. Das Besondere dieses 1030 zum ersten Mal erwähnten Orts ist die seit dem Mittelalter unveränderte Straßenführung. Sehenswürdigkeiten Zutphens sind unter anderem die schöne **St.-Walburgskerk** mit dem Kirchplatz und die Reste der Verteidigungsanlagen. Dazu gehört auch der **Drogenapstoren** von 1444.

Zutphen besitzt einige interessante Museen, darunter das **Stedelijk Museum** und das sehr gute **Grafisch Museum**.

Lohnenswert ist auch die in Europa einmalige Bibliothek der St.-Walburgskerk, die **Librije**. Alle ihre 750 Bücher stammen aus der Zeit vor 1750. Es gibt hier 80 Inkunabeln, die vor 1500 gedruckt wurden. Die Bücher der aus dem Jahr 1564 stammenden Bibliothek sind festgekettet, weil dies früher eine öffentliche Bücherei war und es damals keine Aufsicht gab.

Außer dieser gibt es nur in England und Norditalien jeweils zwei vergleichbare Kettenbibliotheken.

> 🔒 **St.-Walburgskerk und Librije**
> Kerkhof 3. 📞 *0575-514 178.*
> ⭕ *Mai–Sep: in der Regel 13.30–16.30 Uhr, auf jeden Fall vorher tel. nachfragen.* ♿

Bronkhorst ⓮

Straßenkarte D4. 🏛 *160.*
🚌 *52 vom Bahnhof Zutphen.*

Bronkhorst ist mit 160 Einwohnern die drittkleinste Stadt der Niederlande. Die Herren von Bronkhorst verliehen ihr 1482 das Stadtrecht. Der ländliche Ort am Fuß des zerfallenen Schlosses der Herren wuchs aber nie und gleicht noch heute einem Bauerndorf. Hier gibt es viele renovierte Bauernhöfe, keinen Neubau und keine Autos. Den Wagen muss man auf dem Parkplatz außerhalb des Orts stehen lassen.

Das einzige Überbleibsel des einst mächtigen Schlosses der Herren von Bronkhorst, das schon im 17. Jahrhundert unbewohnbar war, ist der **Schlossberg** und die 1344 erbaute Schlosskapelle.

Die Herren von Bronkhorst gehörten mit den Geschlechtern Bergh, Baer und Wisch zu den sogenannten Baanderherren, Edlen, die unter ihrer eigenen Fahne ins Feld ziehen durften. Dieses Vorrecht verdankten sie ihrer langen Ahnenreihe.

Vorden ⓯

Straßenkarte D4. 🏛 *8400.* 🚆
ℹ️ *Kerkstraat 1b (0575-553 222).*
🛒 *Fr vorm.*

Das Haus Vorden existiert schon seit dem Jahr 1208, das Geschlecht derer von Vorden wurde 1315 zum ersten Mal erwähnt. Sehenswert ist die **Nederlands-hervormde Kerk**, erbaut um das Jahr 1300. Der berühmteste Vordener war der Dichter **A. C. W. Staring** (1767–1840), der von 1791 bis zu seinem Tod auf Schloss De Wildenborch wohnte.

Umgebung: Um Vorden liegen acht Schlösser in wunderschöner Landschaft. Eine Rad- oder Wandertour entlang den alten Bauernhöfen und Landgütern in diesem Gebiet lohnt sich auf alle Fälle.

Wassermühle bei Vorden

Lochem ⓰

Straßenkarte D4. 🏛 *19 000.* 🚆
ℹ️ *Tramstraat 4 (0573-251 898).*
🛒 *Mi vorm.*

Lochem, eine der ältesten Pfarreien im Achterhoek, erhielt 1233 Stadtrecht. Im Achtzigjährigen Krieg wurde der Ort viele Male belagert und brannte 1615 völlig nieder. Bei diesem Brand blieb nur die **Grote** oder **St.-Gudulakerk** mit ihrem 56 Meter hohen Turm verschont. Diese im 14. Jahrhundert errichtete, heute protestantische Hallenkirche besitzt einige schöne Wandmalereien aus ihrer katholischen Zeit. Das schöne **Stadhuis** aus dem Jahr 1615 ist im Renaissancestil erbaut.

Bronkhorst, die kleinste Stadt der Niederlande

Hotels und Restaurants in Gelderland siehe Seiten 403 und 421f

Ein alter Bauernhof in der Nähe von Winterswijk

sowie die historischen Bauernhäuser entlang dem Langeboomseweg in Velthuizen sind weitere Attraktionen in der Gegend.

Winterswijk ⓱

Straßenkarte E4. 🏠 28 000. 🚂
🛈 *Markt 17a (0543-512 303).*
🔲 *Mi vorm., Sa.* www.winterswijk.nl

Winterswijk erging es im 20. Jahrhundert nicht immer gut. Der große Bahnhof ist Zeuge einer besseren Zeit. Heute verläuft hier nur noch eine Bahnlinie, aber man kann noch immer sehen, dass hier einst viele Züge verkehrten. Sehenswert ist das **Museum Freriks** mit Erinnerungen an die Textilindustrie, die hier nach dem Zweiten Weltkrieg kurz blühte. Das Museum zeigt auch Drucke von Pieter Mondriaan senior, dessen berühmter Sohn Piet hier seine Jugend verlebte.

Am Stadtrand liegt der hübsche Skulpturengarten **Beeldentuin De Stegge**. Zwischen alten Obstbäumen stehen ca. 30 Werke niederländischer Bildhauer – von Pop-Art bis hin zu abstrakten Plastiken. Hier finden auch Wechselausstellungen mit 3-D-Kunst statt.

🏛 **Museum Freriks**
Groenloseweg 86. 📞 0543-533 533.
🔲 *Di–Fr 10–17, Sa, So 14–17 Uhr.*
🏛 **Beeldentuin De Stegge**
Steggemansweg 1. 📞 0543-521 034. 🔲 *Mai–Mitte Sep: Mi, Fr–So 13–17 Uhr.* 🅿

's-Heerenberg ⓲

Straßenkarte D4. 🏠 18 000. 🚌 24. 🛈 *Hof van Bergh 8 (0314-632 822).* 🔲 *Do.*

Die alte Stadt 's-Heerenberg und ihre Umgebung gehören zu den schönsten Gegenden im Achterhoek. Der Ort, der 1379 Stadtrecht erhielt, besitzt ein altes Zentrum mit einigen Gebäuden aus dem 15. und 16. Jahrhundert. **Kasteel Huis Bergh** ist eine der schönsten Burgen der Niederlande. Heute beherbergt sie die Kunstsammlung des Textilfabrikanten J. H. van Heek.

🏛 **Kasteel Huis Bergh**
Hof van Bergh 8. 📞 0314-661 281. 🔲 *Mai–Okt: Di–So 12.30– 16.30 Uhr; Nov–Apr: So 12.30– 16.30 Uhr.* 🅿 www.huisbergh.nl

Montferland ⓳

Straßenkarte D4. 🛈 *Hof van Bergh 8, 's-Heerenberg (0314-632 822).*

Als eines der wenigen hügeligen Gebiete der Niederlande ist Montferland von besonderer Attraktivität. Abgesehen von 's-Heerenberg *(siehe oben)* gibt es Sehenswertes wie die Orte Zeddam und Beek sowie Naturreservate, wo man wandern, Rad fahren, schwimmen und sogar tauchen kann. Die Mineralquelle in Beek, »het Peeske«,

Doesburg ⓴

Straßenkarte D4. 🏠 11 000. 🚌 *27/29 Arnhem und 26/28 Dieren.* 🛈 *Kerkstraat 6 (0313-479 088).* 🔲 *Mi vorm., Sa.*

Doesburg ist eine liebenswerte Hansestadt an der IJssel. Der Ort, dessen Innenstadt seit 1974 unter Denkmalschutz steht, erhielt 1237 Stadtrecht. In Doesburg stehen 150 Denkmäler, darunter das spätgotische Rathaus, eines der ältesten der Niederlande. Sehenswert ist auch die **Grote** oder **Martinuskerk**, eine spätgotische Basilika mit einem 97 Meter hohen Turm. **De Roode Toren** beherbergt das Stadtmuseum.

🏠 **De Roode Toren**
Roggestraat 9–13. 📞 0313-474 265. 🔲 *Di–Fr 10–12, 13.30–16.30, Sa 13.30–16.30 Uhr (Nov–März: nur nachm.).*

Nijmegen ㉑

Straßenkarte D4. 🏠 152 000. 🚂 🛈 *Keizer Karelplein 32h (0900- 190 4022).* 🔲 *Mo, Sa.* www.arnhemnijmegen.nl

Nijmegen (Nimwegen) gehört zu den ältesten Städten der Niederlande und

Huis Bergh, eines der schönsten Schlösser der Niederlande

verdankt seine Entstehung der strategisch günstigen Lage an der Waal. Aus Überlieferungen weiß man, dass die Bataven hier schon vor Christi Geburt eine Festung hatten. Seit 12 n. Chr. siedelten hier die Römer. Eine neue Siedlung westlich des späteren Valkhof erhielt 104 von Kaiser Trajanus das Marktrecht. Der Name Ulpia Noviomagus (»Neuer Markt«) Batavorum stammt aus dieser Zeit.

Nach dem Achtzigjährigen Krieg wurden 1678/79 verschiedene Friedensverträge in Nijmegen unterzeichnet. Im Zweiten Weltkrieg war Nijmegen hart umkämpft, am 22. Februar 1944 ließen Flugzeuge der Alliierten irrtümlich Bomben auf die Stadt fallen – man dachte, es sei eine deutsche Stadt.

Zu den wichtigsten Sehenswürdigkeiten Nijmegens gehören der **Valkhof** und sein neues **Museum**. Hier standen früher die Festung der Bataven, römische Bauwerke und später eine der Pfalzen von Karl dem Großen. Von der durch Friedrich Barbarossa wiederaufgebauten Pfalz sind nur noch die **St.-Maartenskapel** von 1155 und die **St.-Nicolaaskapel**, eines der ältesten Steingebäude der Niederlande, erhalten. Die teilweise aus dem Jahr 1030 stammende Kapelle ist ein in Nordeuropa seltenes Beispiel byzantinischer Architektur.

Ebenfalls sehenswert ist die ab 1254 errichtete St.-Stevenskerk, die **Waag** und der **Kronenburgerpark**, in dem

Nijmegens Stadtwaage aus dem Jahr 1612

Reste von Festungsanlagen zu sehen sind. Einblicke in die niederländische Obsession für alles, was zwei Räder hat, vermittelt das **Velorama**. Auf zwei Stockwerken erfährt man vieles über die Entwicklung des Fahrrads. Das älteste Rad stammt von 1817, unter den modernen Exemplaren im Obergeschoss sind Renn- und Liegeräder. Im Mittelpunkt steht jedoch das Rad, mit dem in den 1940er und 1950er Jahren Königin Wilhelmina fuhr.

Auch zum Ausgehen ist Nijmegen mit seinen vielen Cafés und Bars eine schöne Stadt. Im Juli findet um die **Vierdaagse** *(siehe Kasten unten)* herum das Musikfestival **de-Affaire** statt. Eine Woche lang gibt es dann etwa 100 Veranstaltungen in der ganzen Stadt, die meisten

konzentrieren sich um den Waalpark. Hier kann man internationalen Rock und Pop oder Weltmusik hören. Auch Workshops zu Themen wie lateinamerikanische Musik und Tanz werden veranstaltet.

Museum Het Valkhof
Kelfkensbos 59, Nijmegen. 024-360 8805. Di–Fr 10–17, Sa, So, Feiertage 12–17 Uhr. 1. Jan, dritter Fr im Juli, 25. Dez. www.museumhetvalkhof.nl

Velorama
Waalkade 107. 024-322 5851. Mo–Sa 10–17, So 11–17 Uhr. 1. Jan, 25. Dez. www.velorama.nl

Umgebung: Gleich bei Nijmegen liegt der Ooypolder, eine Oase für Naturfreunde. Hier kann man radeln und wandern – und dann im Hotel-Café Oortjeshekken rasten.

Ruine des Valkhof in Nijmegen

De Nijmeegse Vierdaagse

Jedes Jahr in der dritten Juliwoche findet der Nijmegenmarsch statt, eine viertägige Volkswanderung, die erstmals 1909 durchgeführt wurde. Die Tagesetappen sind zwischen 30 und 50 Kilometer lang, insgesamt kann man also 200 Kilometer zurücklegen. In den letzten Jahren nahmen etwa 40000 bis 50000 Wanderer an dem Marsch teil, die Veranstaltung gilt als die größte ihrer Art. Begehrt ist die Vierdaagse-Medaille, die man allerdings nur erhält, wenn man alle 200 Kilometer zu Fuß zurücklegt. Je nachdem, in welcher Abteilung man startet, kann man dies ohne Gepäck oder mit zehn Kilogramm Gepäck auf dem Rücken tun – der Nijmegenmarsch war nämlich ursprünglich eine militärische Veranstaltung.

Teilnehmer am jährlichen Nijmegenmarsch

Die in der Gelderse Poort ausgesetzten Biber gedeihen prächtig

Gelderse Poort ㉒

Straßenkarte D4. ∎ *Arnhem (0900-112 2344).*

Wo sich der Rhein mit der Waal, der IJssel und dem Niederrhein verzweigt, liegt die Gelderse Poort. Dies ist ein Naturschutzgebiet, in dem Flora und Fauna noch freies Spiel haben. In seiner Mitte liegt die Millingerwaard. Hier strömt der Fluss besonders schnell, Hochwasser überströmt regelmäßig das Gebiet. Die Flussdünen, Wälder und die Sumpfgebiete sind ein ideales Nistgebiet für viele anderswo in den Niederlanden schon selten gewordene Vogelarten.

Bezoekerscentrum De Gelderse Poort
Molenhoek 2, Herwen.
∎ *0316-246 505.*
○ *Apr–Okt: tägl. 9–17 Uhr.*

Groesbeek ㉓

Straßenkarte D4. ㋡ *19000.* ▭
∎ *Dorpsplein 1a (024-397 7118).*

Durch seine waldreiche, hügelige Umgebung ist Groesbeek ein beliebtes Rad- und Wandergebiet. Auch eine Route der »Nijmeegse Vierdaagse« *(siehe S. 343)* führt über den Zevenheuvelenweg von Groesbeek nach Berg en Dal, am kanadischen Soldatenfriedhof vorbei.

Groesbeek lag am Ende des Zweiten Weltkrieges unter schwerem Beschuss. Im **Bevrijdingsmuseum 1944** wird die Geschichte von Operation Market Garden (1944) und Operation Veritable (1945) erzählt, die zur Befreiung der Niederlande führten.

Bei Groesbeek befinden sich noch zwei andere Museen: das **Afrika Museum** und der **Museumpark Orientalis** für Weltreligionen.

🏛 **Bevrijdingsmuseum 1944**
Wylerbaan 4. ∎ *024-397 4404.*
○ *Mo–Sa 10–17, So, Feiertage 12–17 Uhr.* ● *1. Jan, 25. Dez.*

Tiel ㉔

Straßenkarte C4. ㋡ *36 500.*
▭ ▭ ∎ *De Zaak van de Staat, Tolhuisstraat 30 (0900-6336 3888).*
○ *Mo nachm., Sa.*

Tiel an der Waal ist eine alte Handelsstadt, die bereits im Mittelalter von ihrer günstigen Lage am Handelsweg nach Köln profitierte. Eines der schönsten Gebäude ist das **Ambtmanshuis** aus dem Jahr 1525. Im herrlichen Garten steht die älteste Ulme der Niederlande. Ebenfalls sehenswert ist das Heimatmuseum **De Groote Sociëteit** am Marktplatz. In Tiel, das schon immer Zentrum des

---

Die großen Flüsse

Die großen Flüsse haben der Landschaft und der Geschichte Gelderlands ihren Stempel aufgedrückt. Entlang den Ufern entstanden befestigte Handelsstädte, die Wohlstand erlangten. Teils werden immer höhere Deiche errichtet, um das Land vor Überschwemmungen zu schützen, teils lässt man Überflutungen gezielt zu.

›Denk ich an Holland, seh ich breite Ströme träge durch unendliches Tiefland fließen.‹
Hendrik Marsman, 1936

Dijkhuisje an der Linge

Kapstadt gründete. Die große Uhr in der Grote Kerk ist ein Geschenk Südafrikas zur Erinnerung daran. Um 22 Uhr läutet in Culemborg noch die *papklok*: Früher war dies das Zeichen zum Schließen der Stadttore.

Obstbaus in der Veluwe war, findet jedes Jahr am zweiten Samstag im September der **Fruitcorso** *(siehe S. 34)* statt. Dann ziehen mit Früchten verzierte Prunkwagen durch die Straßen der Stadt. Auch die Zinngießerei hat in Tiel Tradition.

Umgebung: In **Asperen** liegt am Deich des malerischen Flüsschens Linge das **Fort Asperen**, Teil der Verteidigungslinie Nieuwe Hollandse Waterlinie. Ein Spaziergang führt zu dem Ort **Acquoy** mit seinem schiefen Turm aus dem 15. Jahrhundert.

Culemborg ㉕

Straßenkarte C4. 🏘 24 000. 🚉
🚌 🛈 *Camping de Hogekuil, Achterweg 4 (0900-6336 3888).* 🚢 *Di.*

Die alte »Dreistadt« Culemborg (der Ort bestand früher aus drei ummauerten Städten und erhielt 1318 das Stadtrecht) liegt schön am Fluss Lek. In Culemborg kann man wunderbar spazieren gehen und vieles entdecken. Wer durch die alte **Binnenpoort** die ehemalige Festung betritt, landet auf dem Marktplatz. Hier steht die spätgotische **Stadhuis** von 1534, vom flämischen Baumeister Rombout Keldermans im Auftrag der Edelfrau Elisabeth von Culemborg (1475–1555) erbaut. Aus ihrem Nachlass wurde auch das Waisenhaus **Elisabeth Weeshuis** (1560) unterhalten, in dem heute ein Museum untergebracht ist.

Gut erhalten ist auch das **Huize de Fonteyn** in der Achterstraat, das Geburtshaus von Jan van Riebeeck, der 1652

🏛 **Museum Elisabeth Weeshuis**
Herenstraat 29. 📞 *0345-513 912.*
🕐 *Di–Fr 13–17, Sa, So 14–17 Uhr.*
♿

Buren ㉖

Straßenkarte C4. 🏘 1800. 🚌
🛈 *Markt 1 (0344-571 922).* 🚢 *Fr.*

An der Straße zwischen Tiel und Culemborg liegt Buren. Der kleine Ort rühmt sich seiner langen historischen Verbindungen zum Haus Oranien. Buren steht als Gesamtensemble unter Denkmalschutz. Das **Koninklijk Weeshuis**, eines der schönsten Häuser, wurde 1613 für Maria van Oranje-Nassau erbaut. Auch die spätgotische **Lambertuskerk** lohnt den Besuch.

Zaltbommel ㉗

Straßenkarte C4. 🏘 11 000. 🚉 🚌
🛈 *Markt 15 (0418-518 177).* 🚢 *Di.*

Bommel, wie die Einwohner selbst es nennen, ist über 1000 Jahre alt. Im Achtzigjährigen Krieg *(siehe S. 49)* war es ein wichtiges Bollwerk der Republik der Sieben Vereinigten Niederlande. Die Stadt ist von nahezu unbeschädigten Festungsanlagen umgeben, in denen heute ein Park angelegt ist.

Innerhalb der Mauern steht die **St.-Maartenskerk** aus dem 15. Jahrhundert, deren charakteristischer Turm ist das Wahrzeichen der Stadt. Auch das Innere ist sehenswert. Dasselbe gilt für das Haus des Hauptmannes **Maarten van Rossum** (1478–1555), der durch die Plünderung von Den Haag im Jahr 1528 berühmt wurde. Heute ist das Haus ein Museum mit einer großen Sammlung von Zeichnungen und Drucken aus der Gegend. Außerdem werden wechselnde Ausstellungen gezeigt.

🏛 **Maarten van Rossummuseum**
Nonnenstraat 5. 📞 *0418-512 617.*
🕐 *Di–Fr 10–12.30, 13.30–16.30 (Apr–Okt: auch Sa 14–16.30 Uhr).* ♿

Das Haus von Maarten van Rossum in der Zaltbommeler Nonnenstraat

Süd-niederlande

Die Südniederlande im Überblick

Südlich der großen Flüsse liegen die Provinzen Noord-Brabant und Limburg, die so ganz anders sind als die nördlichen Provinzen. Hier ist es gemütlich, *gezellig*, wie man sagt, und *bourgondisch* (burgundisch). Was aus dem Süden der Niederlande kommt – vor allem gutes Essen und Trinken –, wird hoch geschätzt. Besucher kommen hierher wegen der historischen Innenstädte von Den Bosch, Breda, Thorn und Maastricht, wegen der schönen Natur in Kempen, Peel und dem Südlimburger Hügelland, wegen der modernen, lebendigen Städte und der ruhigen Dörfer.

Die Kathedrale Sint-Jan (siehe S. 360f) *in Den Bosch wurde vom Ende des 14. bis ins 16. Jahrhundert gebaut.*

's-Hertogenbosch

Eindhoven

Mit dem Bau der Grote Kerk oder Onze Lieve Vrouwekerk (siehe S. 362f) *in Breda begann man 1410. Die Kirche im Stil der Brabanter Gotik hat einen 97 Meter hohen Turm, der eine fantastische Aussicht über die Stadt und das Umland bietet.*

0 Kilometer 20

Das Van Abbemuseum (siehe S. 364) *in Eindhoven wurde umfassend renoviert. Architekt Abel Cahen hat das alte Gebäude erhalten, jedoch einen verwinkelten, lichtdurchfluteten Anbau angefügt. Die große Sammlung moderner Kunst umfasst auch Video-Installationen und andere Raumobjekte.*

◁ Standartenträger in Gemert *(siehe S. 365)* bei einer der vielen Prozessionen im Süden

Der Schlosspark *von Schloss Arcen aus dem 17. Jahrhundert* (siehe S. 370) *erstreckt sich im gleichnamigen Ort an der Maas. Hier findet man unter anderem ein Rosarium sowie subtropische und asiatische Gärten.*

NOORD-BRABANT
Seiten 354–365

LIMBURG
Seiten 366–381

Maastricht

Das Bonnefantenmuseum, *das Limburger Provinzialmuseum* (siehe S. 374f) *in Maastricht, ist in einem auffallenden Bau des Italieners Aldo Rossi untergebracht. Es besitzt eine schöne Sammlung alter und internationaler moderner Kunst.*

Die Route durch das Heuvelland (siehe S. 380f) *führt über Berg und Tal, an kleinen Flüssen entlang und an schönen Schlössern vorbei, etwa an Schloss Eijsden aus dem 17. Jahrhundert oder Schloss Schaloen in Valkenburg.*

Katholizismus und Frömmigkeit

Kruzifix

Eine der Ursachen für den großen Unterschied zwischen den südlichen und nördlichen Provinzen der Niederlande ist der auch heute noch nachdrücklich anwesende Katholizismus im Süden. An den Straßen sieht man immer wieder Kreuze stehen, die Kirchen im Stil der Brabanter Gotik oder der Neogotik sind hier prächtiger, überall finden auch heute noch Prozessionen statt.

Religiöse Statuen, *oft Maria mit dem Kind darstellend, sieht man häufig an den Straßen Limburgs. Diese steht in einer Fassade in Mechelen.*

Die Maria Magdalenakapel *(1695) wird auch Nagelkapelle genannt, weil man hier Nägel opferte, um von Hautleiden erlöst zu werden. Am 22. Juli, dem Namenstag Maria Magdalenas, wird hier eine Messe unter freiem Himmel gefeiert.*

Dekorative Malerei

Kerzen dürfen bei keinem Marienbild fehlen.

Detail des Retabels *der Heiligen Familie in der Basiliek van her Heilig Sacrament in Meerssen, Limburg. Abgebildet sind Maria, Josef und das Jesuskind auf der Flucht nach Ägypten. Der Altar ist mit Szenen aus dem Leben der Heiligen Familie geschmückt. Im Sakramentsturm im Chor werden die Hostien aufbewahrt. Die Kirche ist ein Beispiel für die Maaslander Gotik und stammt zum Teil aus dem 14. Jahrhundert.*

Das Prunkgrab *in der spätromanisch-frühgotischen Onze Lieve Vrouwe Munsterkerk in Roermond stammt aus dem 13. Jahrhundert. Hier liegen Graf Gerard van Gelre und seine Frau Margaretha van Brabant begraben. Roermond gehörte damals zur Grafschaft Gelre.*

St.-Anna-Selbdritt
(Anna, ihre Tochter Maria und das Jesuskind) ist ein beliebtes Motiv in der religiösen Kunst. Diese Statue steht in Mechelen und trägt auch das Wappen der Stadt.

Marienstatue
in der Kapel onder de Linden in Thorn (Limburg)

Die Basiliek van de HH. Agatha en Barbara
in Oudenbosch ist eine Kopie des Petersdoms und der Lateranbasilika in Rom. Rechts sieht man die Fassade, die nach dem Vorbild der Lateranbasilika erbaut wurde. Auch das Innere ist reich verziert, aber der Schein trügt: Was wie Marmor aussieht, ist nur bemaltes Holz.

Kapel onder de Linden, Thorn

Die »Kapelle unter den Linden« im limburgischen Thorn wurde 1673 von Clara Elisabeth van Manderscheidt-Blankenheim gestiftet, die auch hier, in der Pfarrei von Thorn, begraben liegt. Diese der Maria geweihte Kapelle ist reich geschmückt mit prachtvollen Bildhauerwerken und barocken Bildern, die Szenen aus dem Leben der Muttergottes zeigen. Die Kapelle wird auch Loretokapelle genannt, nach der Nazarethkirche im italienischen Ort Loreto, die als Vorbild für den aus dem 17. Jahrhundert stammenden Teil des Baus diente.

Von der Michielskerk
im Nordbrabanter Sint-Michielsgestel steht nur noch der Turm aus dem 15. Jahrhundert. Die Kirche wurde im Mittelalter zu Ehren des Erzengels Michael errichtet. Das ebenfalls nach dem Heiligen benannte Dorf wuchs um die Kirche herum. Wind und Wetter haben zwar das Kirchengebäude vernichtet, doch der mächtige Turm hat alles überstanden.

In der Kirche von Rolduc, *einer ehemaligen Kanonikerabtei bei Kerkrade, die heute als katholische Schule und Priesterseminar dient, steht dieser schöne Altar mit dem Lamm Gottes. Das alte Symbol des Lamms steht für Christus, der sich selbst wie ein Opfertier hingegeben hat, um die Welt von ihren Sünden zu befreien.*

Karneval

Narren im Karneval

Alljährlich in der Woche vor Aschermittwoch bricht in den südlichen Provinzen die närrische Zeit aus. Während im Norden Alltag herrscht, feiert man hier, wie in vielen anderen katholischen Gegenden auch, dieses jahrhundertealte Fest. Überall geht es hoch her, fröhliche Narren ziehen durch die Straßen – vor allem in den Karnevalshochburgen Den Bosch, Bergen op Zoom und Maastricht. Tagelang wird überall in Brabant und Limburg getrunken, gesungen und getanzt.

Karnevalszepter *sind das bunt verzierte Attribut von Prinz Karneval, wenn er auf seinem Prunkwagen durch die Stadt zieht.*

Musik *darf im Karneval nicht fehlen. Jedes Jahr wählen die Vereine ihr offizielles Karnevalslied, das unzählige Male angestimmt wird. Bekannt sind die sogenannten Maastrichtse Zaate Herremienekes, Kapellen, die zu Dutzenden durch die Stadt ziehen. Sie spielen fröhliche Musik – nicht immer ganz richtig, aber laut. Am Faschingsdienstag haben sie einen eigenen Wettbewerb, den Herremienekesconcours.*

Er amüsiert sich königlich – und stellt eine Frage mit möglichem Tiefsinn

Karneval: Die Sorgen vergessen

Die Karnevalssaison beginnt offiziell am 11. November, dem Elften Elften, dem Tag der Narren, an dem der Elferrat Prinz Karneval ernennt. Von diesem Tag an sind die Vereine mit ihren Vorbereitungen beschäftigt. Am Sonntag – in vielen Orten heute auch schon am Freitag – vor Aschermittwoch beginnt das große Fest. Überall in Noord-Brabant und Limburg wird gefeiert, die meisten Ämter und Behörden bleiben geschlossen. Durch die Straßen der Städte ziehen die Umzüge der Prunkwagen. Die Menschen sind verkleidet – je bunter das Kostüm, desto besser. Die Funkenmariechen schwingen die Beine, jeder ist fröhlich. Nach dem Höhepunkt am »Vette Dinsdag«, dem Faschingsdienstag, findet das Fest sein Ende.

Im Karneval wird in und vor den Cafés tüchtig gebechert

Karnevalswagen

Während des Karnevals ziehen lange Umzüge mit fantasievoll geschmückten Prunkwagen durch die Städte und Dörfer. Oft nimmt die liebevolle Ausstattung der Wagen Monate in Anspruch. Manchmal zeigen diese Prunkwagen einfach etwas Witziges oder Fröhliches, aber meist werden auch aktuelle Ereignisse mit viel Fantasie auf die Schippe genommen. Mit beißendem Spott veralbert man dann bekannte Größen aus Politik und Showbusiness als Witzfiguren und stellt Missstände in Form von lebenden Bildern dar.

Karnevalswagen

Der Elferrat hat den Vorsitz über den örtlichen Karnevalsverein. Jedes Jahr ernennt der Rat einen Prinz Karneval, der dann während der tollen Tage die Macht in seiner Gemeinde übernimmt. Die Elf ist natürlich die rituelle Zahl des Rates, denn sie ist die Zahl der Narren. Ab dem 11. November bereitet der Rat die närrischen Festivitäten vor. Und unter vielen »Alaafs!« trinkt manch einer der Elferräte bei den Sitzungen mehr als nur ein Bierchen.

Assistent von Prinz Karneval

Typische Karnevalsmütze mit Federn

Prinz Karneval

Buntes Narrenkostüm

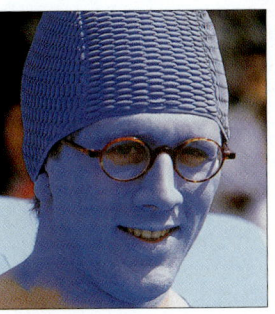

Eine verrückte Aufmachung ist im Karneval Pflicht. Früher trugen die meisten Menschen Masken, heute verkleidet man sich auf alle möglichen Arten, Hauptsache fantasievoll. Über die im Norden verbreitete Idee, dass das Aufsetzen einer Pappnase schon genug wäre, kann man hier nur lachen.

Noord-Brabant

*D*ie zweitgrößte Provinz der Niederlande ist bekannt für ihre schöne Natur. Kempen und Peel im Süden bzw. Südosten liegen relativ hoch, im Nordwesten findet man den wasserreichen Nationaal Park De Biesbosch. Einmalig sind die Sandverwehungen im Nationaal Park De Loonse en Drunense Duinen.

Noord-Brabant wurde früh besiedelt. Im 7. Jahrhundert ließen sich die Kelten hier nieder und blieben für viele Jahrhunderte. Julius Caesar *(siehe S. 43)*, der sie in seinen Schriften »Belgae« nannte, besiegte sie schließlich. Der Rhein war die Nordgrenze des Römischen Reichs, bei Cuijk fand man antike Spuren. Nach der römischen Zeit herrschten die Franken in Toxandrië, wie Noord-Brabant damals hieß. Unter Karl dem Großen *(siehe S. 45)* wurde die Gegend wegen der Städtegründungen an den Flüssen immer wichtiger. Im 12. Jahrhundert fiel das Gebiet an das Herzogtum Brabant. Die Herzöge von Brabant, darunter Godfried III und Hendrik I, waren nicht untätig und breiteten ihr Gebiet ansehnlich aus.

Städte wie 's-Hertogenbosch und Breda wurden gegründet. Sie florierten bis zum Achtzigjährigen Krieg *(siehe S. 49)* im 16. Jahrhundert, als der Süden Brabants unter spanische Herrschaft kam und vom Norden, der durch die Ständevertretung beherrscht wurde, unterdrückt wurde. Erst im 19. Jahrhundert erlebte die Provinz eine neue Blüte. Es war die Zeit der Textilindustrie in Tilburg und Helmond, des Tabakanbaus um Eindhoven, der Schuhindustrie in Waalwijk und später der Elektro- und Autoindustrie. Seit der zweiten Hälfte des 20. Jahrhunderts hat sich in Noord-Brabant dank der abwechslungsreichen Landschaft der Fremdenverkehr entwickelt.

Das wunderschöne Naturgebiet De Grote Peel im Osten von Noord-Brabant

◁ Alte Häuser überspannen die Binnen-Dieze in 's-Hertogenbosch *(siehe S. 358–362)*

Überblick: Noord-Brabant

Noord-Brabant ist sowohl durch seine reiche Geschichte als auch durch seine wunderbare Natur geprägt. Die Altstädte von 's-Hertogenbosch und Breda und die malerischen Festungsstädte Heusden und Willemstad sind wahre Geschichtsbücher. Die Naturschönheiten der Looner und Drunener Dünen, Kempen, Peel und das Biesbosch laden zu Ausflügen ein. Das Van Abbemuseum in Eindhoven, De Wieger in Deurne und viele andere Museen bieten ein großes kulturelles Angebot. De Efteling ist einer der bekanntesten Freizeitparks in Europa.

Die Schleuse bei der alten Festung Willemstad

Markiezenhof von 1511 in Bergen op Zoom

Sehenswürdigkeiten auf einen Blick

Bergen op Zoom **7**
Breda **4**
Deurne **12**
Eindhoven **8**
Gemert **13**
Heeze **9**
Helmond **11**
's-Hertogenbosch S. 358–362 **1**
Heusden **2**

Nuenen **10**
Oudenbosch **5**
Tilburg **3**
Willemstad **6**

Werkendam
Woudrichem
A27

Nationaal Park de Biesbosch

6
WILLEMSTAD
Hollands Diep
Moerdijk
A16
Made
Raamsdonksveer
Waalwijk

A59
Zevenbergen
A59
Oosterhout
Kaatsheuvel
Dongen
N261

Dinteloord
A27

Steenberg
5 OUDENBOSCH
Breda
Rijen
TILBURG

N259
A17
A58
Etten-Leur
A58

Halsteren
Roosendaal
N263
NOORD

7 BERGEN OP ZOOM
A16
Goirle

Zundert
Alphen

A58
Hoogerheide

A4
Baarle-Nassau

4 BREDA

Sandverwehungen und Nadelbäume im Nationaal Park De Loonse en Drunense Duinen

LEGENDE

═══	Autobahn
───	Hauptstraße
═══	Nebenstraße
───	Panoramastraße
───	Eisenbahn (Hauptstrecke)
───	Eisenbahn (Nebenstrecke)
───	Provinzgrenze
▬▬▬	Staatsgrenze

Weitere Zeichenerklärungen *siehe hintere Umschlagklappe*

In Noord-Brabant unterwegs

Noord-Brabant verfügt über eine sehr gute Infrastruktur. Die großen Städte und viele der kleineren Orte sind mit dem Zug erreichbar, ein dichtes Regionalbusnetz bringt den Besucher noch in die kleinsten und abgelegensten Dörfer. Auch mit dem Auto lässt sich die Provinz hervorragend erkunden. Hier verlaufen die Autobahnen A2, A58 und A65, verbunden durch zahlreiche gut ausgebaute Landstraßen. Die vielen schönen Naturgebiete kann man am besten mit dem Fahrrad erkunden.

Schloss Heeswijk aus dem 14. Jahrhundert wurde im 19. Jahrhundert umgebaut

0 Kilometer   10

SIEHE AUCH

- **Hotels** S. 404
- **Restaurants** S. 422

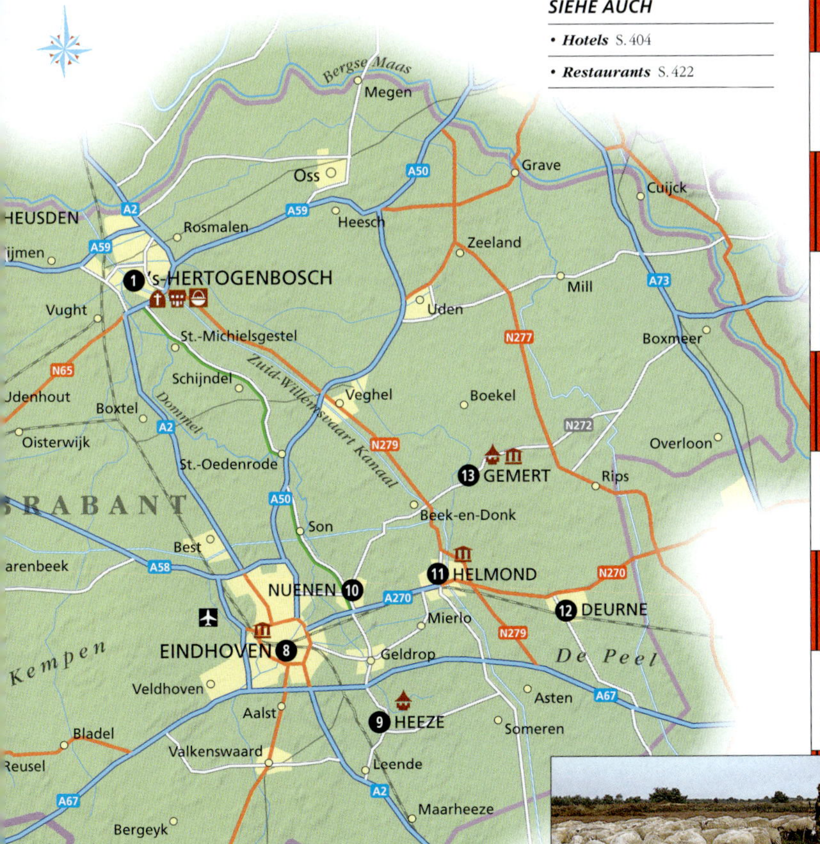

Bergse Maas

Megen

Oss

HEUSDEN

A2

A59

ijmen

Rosmalen

A59

Heesch

A50

Grave

Cuijck

Zeeland

❶ S-HERTOGENBOSCH

Vught

St.-Michielsgestel

Uden

Mill

A73

Boxmeer

N65

Jdenhout

Boxtel

Schijndel

Veghel

Boekel

N277

N272

Overloon

Oisterwijk

St.-Oedenrode

A50

N279

❸ GEMERT

Rips

BRABANT

Son

Beek-en-Donk

Best

A58

arenbeek

NUENEN ❿

❶ HELMOND

N270

❷ DEURNE

Kempen

EINDHOVEN ❽

A270

Mierlo

N279

De Peel

Geldrop

Veldhoven

Aalst

❾ HEEZE

Asten

A67

Bladel

Someren

Reusel

Valkenswaard

Leende

A67

Bergeyk

A2

Maarheeze

Budel

Schafherde auf der Strabrechtse Heide

Im Detail: 's-Hertogenbosch ❶

Herzog Hendrik I. von Brabant gründete im Jahr 1185 's-Hertogenbosch. Die strategisch wichtige Stadt – oft auch Den Bosch genannt – wuchs schnell. Als Brabant im 16. Jahrhundert durch die Regierung im Norden gegenüber den anderen Gauen benachteiligt wurde, endete die Blütezeit. Mit der Ernennung zur Hauptstadt von Noord-Brabant im Jahr 1815 wuchs das Ansehen wieder, heute ist Den Bosch eine lebendige, viel besuchte Stadt.

Statue der Heiligen Lucia

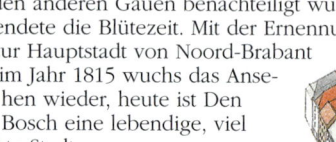

Plakette aus Stein
Zierrat dieser Art sieht man häufig in der Altstadt.

Moriaan
Das mittelalterliche Gebäude De Moriaan mit seinem Treppengiebel ist das älteste Haus der Stadt und heute Sitz des Tourismusbüros.

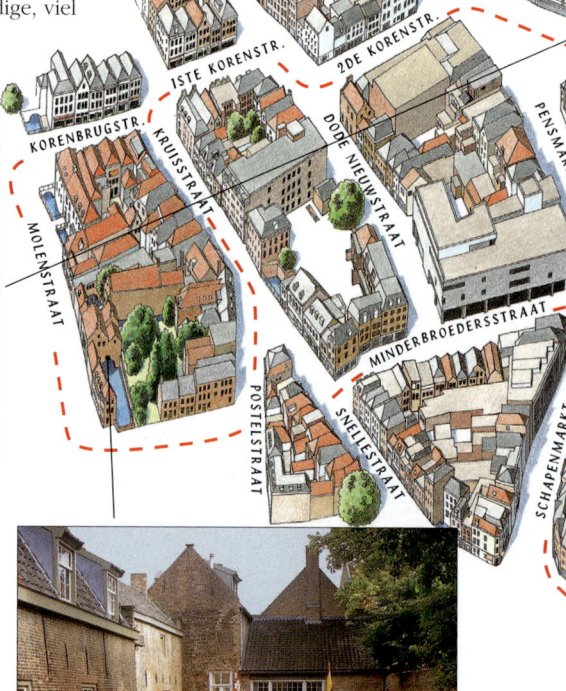

★ Binnen-Dieze
Die Binnen-Dieze fließt zum Teil unterirdisch, aber man kann eine Rundfahrt entlang den restaurierten Häusern machen.

NICHT VERSÄUMEN

- ★ Binnen-Dieze
- ★ Noordbrabants Museum
- ★ Sint-Jan

★ Sint-Jan
Die Stützpfeiler der Kirche (siehe S. 360f) sind mit teils skurrilen steinernen Figuren geschmückt.

Hotels und Restaurants in Noord-Brabant *siehe Seiten 404 und 422*

Statue von Jeroen Bosch
Der Maler (um 1450/1460–1516) ist der größte »Bosschenaar« aller Zeiten. Sein Denkmal steht vor dem Rathaus.

Mittelalterlicher Brunnen
So gut wie neu steht er mitten auf dem Markt.

INFOBOX

Straßenkarte C4. 135000.
's-Hertogenbosch CS.
Stationsplein. Markt 77
(0900-112 2334). Mi 8.30–
13.30 Uhr am Markt. Indoor
Brabant (Reitveranstaltung):
Feb/März, Jazzfestival: Pfingsten.
www.vvvdenbosch.nl
www.s-hertogenbosch.nl

MARKT

HINTHAMERSTRAAT

KERKSTRAAT

KOLPERSTRAAT

RIDDERSTRAAT

FONTEINSTRAAT

ACHTER HET STADHUIS

VERWERSSTRAAT

WATERSTRAAT

Rathaus
Am Markt steht das klassizistische Rathaus von 1670. Die Reiterfiguren unter dem Tympanon erscheinen zweimal stündlich.

De Zwanenbroeders
»Die Schwanenbrüder« waren für ihre Nächstenliebe und für ihre Schlemmereien bekannt. Ihr Haus ist heute ein kleines Museum.

0 Meter   100

★ Noordbrabants Museum
Noordbrabants Museum ist im prächtigen früheren Gouvernementsgebäude untergebracht.

LEGENDE

- - - Routenempfehlung

's-Hertogenbosch: Sint-Jan

Schon Anfang des 13. Jahrhunderts stand in Den Bosch eine romanische Kirche dieses Namens, von der aber fast nichts mehr übrig ist. Die heutige gotische Kirche wurde zwischen dem 14. und 16. Jahrhundert erbaut. Die mächtige Kathedrale hat den Bildersturm (1566; *siehe S. 52*) und einen verheerenden Brand (1584) überlebt, doch die Ausbesserungsarbeiten dauern bis heute an.

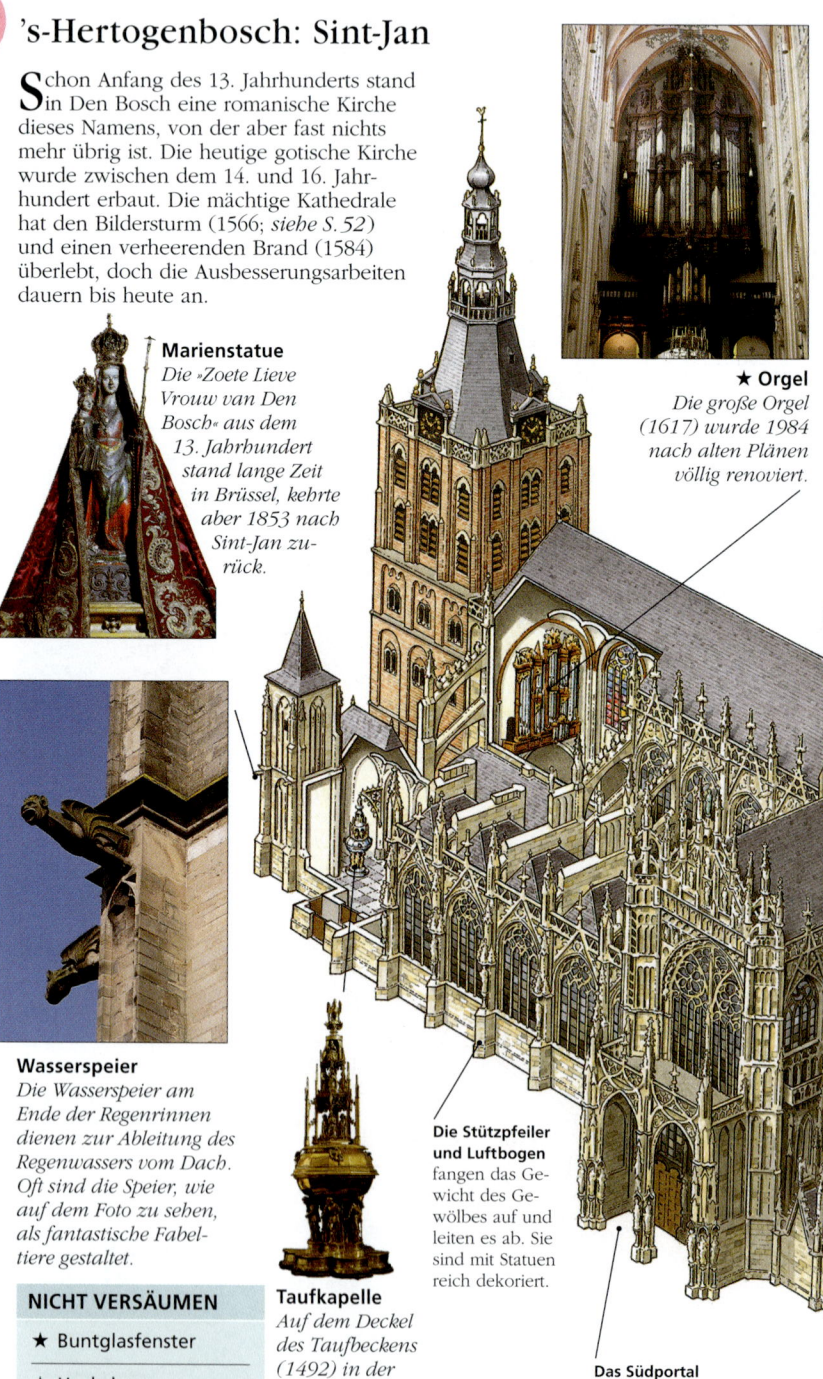

Marienstatue
Die »Zoete Lieve Vrouw van Den Bosch« aus dem 13. Jahrhundert stand lange Zeit in Brüssel, kehrte aber 1853 nach Sint-Jan zurück.

★ Orgel
Die große Orgel (1617) wurde 1984 nach alten Plänen völlig renoviert.

Wasserspeier
Die Wasserspeier am Ende der Regenrinnen dienen zur Ableitung des Regenwassers vom Dach. Oft sind die Speier, wie auf dem Foto zu sehen, als fantastische Fabeltiere gestaltet.

Die Stützpfeiler und Luftbogen fangen das Gewicht des Gewölbes auf und leiten es ab. Sie sind mit Statuen reich dekoriert.

Taufkapelle
Auf dem Deckel des Taufbeckens (1492) in der Taufkapelle ist die Taufe Jesu durch Johannes zu sehen.

Das Südportal ist dem Evangelisten Johannes geweiht.

NICHT VERSÄUMEN

★ Buntglasfenster

★ Hochchor

★ Orgel

Antoniuskapelle

Der Altar in der Antoniuskapelle stammt aus einer Antwerpener Werkstatt. Die Kirche konnte ihn 1901 über Umwege für einen Gulden erwerben.

INFOBOX

Choorstraat 1.
☎ 073-613 0314. ◯ tägl.
8–17 Uhr. ✝ Mo – Fr 9, 12.30,
Sa 9, 12, So 10.15, 12 Uhr.
🚶 Feb – Apr, Juni – Nov: Mo – Sa
10 – 11.30, 13.30 – 16 Uhr, zu buchen bei De Kring Vrienden van
's-Hertogenbosch (073-613 5098).
www.sint-jan.nl

Baldachin

Der drehbare Baldachin inmitten der Kirche wurde wahrscheinlich von Alart Duhameel gebaut. Im Gewölbe darüber befindet sich das Allessehende Auge.

Das Buntglasfenster zeigt *Die Frau und der Drache* aus der Apokalypse.

★ Buntglasfenster
Bei der Renovierung im neogotischen Stil des 19. Jahrhunderts wurde viel verändert. Auch die farbenprächtigen Buntglasfenster stammen aus dieser Zeit.

★ Hochchor
Der Hochchor wurde zwischen 1380 und 1425 von Willem van Kessel erbaut. Die Gewölbe zeigen unter anderem die Krönung Mariens.

Die sieben Chorkapellen sind im Halbkreis um den Chor angeordnet.

Überblick: 's-Hertogenbosch

Die Stadt 's-Hertogenbosch besitzt außer einem historischen Stadtkern und interessanten Museen auch viele gute Restaurants. Noordbrabants Museum zeigt Kunst aus den südlichen Niederlanden von 1500 bis heute. Unbestritten das schönste Wahrzeichen von 's-Hertogenbosch ist die mächtige gotische Kirche Sint-Jan. Auf jeden Fall sollte man das alte Stadtviertel Uilenburg mit seinen vielen einladenden Cafés und Restaurants besuchen.

Vier Putti (Walter Pompe, 1731), Noordbrabants Museum

Die prachtvolle Kirche Sint-Jan *(siehe S. 360 f)* ist das Juwel von Den Bosch, aber die Stadt hat noch mehr zu bieten. Am Markt stehen historische Gebäude wie **De Moriaan** (teilweise aus dem 12. Jh.), das Rathaus (1670) und dazwischen das Standbild des großen Malers Jeroen (Hieronymus) Bosch (um 1453–1516), der in der Stadt zur Welt kam und lange

Zeit hier lebte. Im alten Viertel Uilenburg, gleich hinter dem Markt, wimmelt es von Cafés und Restaurants.

Hier kommt auch die **Binnen-Dieze** an die Oberfläche. Manche Häuser sind über das Wasser gebaut. Gleich neben Sint-Jan stehen das vornehme **Zwanenbroedershuis** *(siehe S. 359)* und das Museum Slager mit Bildern der Künstlerfamilie Slager.

Noordbrabants Museum zeigt alte Kunst, darunter Werke von Pieter Brueghel und Teniers, aber auch moderne Malerei von van Gogh, Mondriaan, Sluyters und anderen. Außerdem gibt es hier eine Ausstellung über die Geschichte der Provinz von der Prähistorie bis heute.

🏛 **Noordbrabants Museum**
Verwersstraat 41. ☎ 073-687 7800.
🕐 Di–Fr 10–17, Sa, So, Feiertage 12–17 Uhr. 📷 ♿ 🅿

Heusden ❷

Straßenkarte C4. 🚶 42.000. 🚌 ℹ
Pelsestraat 17 (0416-662 100). 🚪 Do.

Nach einer Restaurierung, die 1968 begann und viele Jahre dauerte, liegt die romantische Festungsstadt Heusden wieder wie eine glänzende Perle an der Maas.

Beinahe wäre auch Heusden der Erneuerungswut der 1960er Jahre zum Opfer gefallen. Doch die Wälle, die Ravelins, die Wohnhäuser, die **Veerpoort** und die **Waterpoort** – alles wurde im alten Stil wiederhergestellt. Weil in Heusden auch jegliche Außenreklame verboten ist, könnte

man sich beinahe wie in einer anderen Zeit fühlen, wären da nicht die Autos, die man in der alten Festung leider nicht verboten hat.

Tilburg ❸

Straßenkarte C5. 🚶 190.000. 🚉
🚌 ℹ Nieuwlandstraat 34 (0900-202 0815). 🚪 Di–Sa.

Die sechstgrößte Stadt der Niederlande war früher berühmt für die Textilindustrie, die ihre Blütezeit im 19. Jahrhundert hatte. Das **Nederlands Textielmuseum**, passenderweise in einer ehemaligen Textilfabrik unterge-

bracht, erzählt die Geschichte der Textilindustrie und zeigt alte und neue Techniken der Textilverarbeitung.

Die **Kirmes von Tilburg**, die jedes Jahr Ende Juli stattfindet, ist die größte der Niederlande. Von nah und fern kommen die Menschen, um hier ausgelassen zu feiern.

🏛 **Nederlands Textielmuseum**
Goirkestraat 96. ☎ 013-549 4564.
🕐 Di–Fr 10–17, Sa, So 12–17 Uhr.
● 1. Jan, Karneval, 25. Dez. 📷 ♿
📷 nach Vereinbarung. 🅿 🍴 🛍

Umgebung: In Kaatsheuvel liegt der in ganz Europa bekannte Freizeitpark **De Efteling**, in dem man beliebte Märchenfiguren antreffen kann *(siehe S. 435)*.

Breda ❹

Straßenkarte B5. 🚶 157.000. 🚉
🚌 ℹ Willemstraat 17–19 (0900-522 2444). 🚪 Di, Sa.

Die Festung Breda entstand am Zusammenfluss von Aa und Mark am Fuß des **Kasteel van Breda**, in dem heute die Koninklijke Militaire Academie (Königliche Militärakademie) untergebracht ist. 1252 erhielt Breda die Stadtrechte.

Mühlen auf dem Bollwerk der alten Festungsstadt Heusden

Hotels und Restaurants in Noord-Brabant *siehe Seiten 404 und 422*

Bei einem Spaziergang durch die Altstadt kann man die **Grote** oder **Onze Lieve Vrouwekerk** am Grote Markt nicht verfehlen. Der Bau der Kirche im Stil der Brabanter Gotik begann 1410. Von 1995 bis 1998 wurde sie restauriert.

Am **Spanjaardsgat**, dem »Spanierloch« beim Schloss, soll Adriaen van Bergen im Achtzigjährigen Krieg auf einem Torfschiff Soldaten an den Spaniern vorbeigeschmuggelt und anschließend die Stadt befreit haben.

Breda's Museum ist in der alten Chassékaserne untergebracht. Es gibt einen interessanten Überblick über die Geschichte der Gegend.

🏛 **Breda's Museum**
Parade 12–14. 📞 076-529 9300.
⭕ Di–So 10–17 Uhr. ♦♿▯

Oudenbosch ❺

Straßenkarte B5. 🚶 29400 (Gemeinde Halderberge). 🚋🚌
ℹ Parklaan 15 (0165-390 555). 🚌 Di.

In Oudenbosch versammelten sich 1860–70 die Zuaven (Angehörige historischer Infanterie-Einheiten), um nach Rom zu ziehen. Sie wollten den Papst gegen Garibaldi verteidigen. Damit waren sie zwar erfolglos, beauftragten aber nach ihrer Rückkehr den Architekten P. J. H. Cuypers (*siehe S. 371*), eine verkleinerte Kopie des Petersdoms zu erbauen, die **Basiliek van de HH. Agatha en Barbara**. Sie ist 81 Meter lang, 55 Meter breit und am höchsten Punkt 63 Meter hoch – ein Viertel der Maße des Petersdoms.

Willemstad ❻

Straßenkarte B4. 🚶 36500 (Gemeinde Zevenbergen). 🚌 ℹ Hofstraat 1 (0168-476 055). 🚌 Mo.

Die Bastionen von Willemstad ließ 1583 Willem van Oranje bauen. Sie sind nach den sieben Provinzen benannt. Das Jagdschloss von Prinz Maurits, das **Mauritshuis** (1623), ist heute Museum. Sehenswert ist auch die weiße Oranjemolen (1734).

Die Basilika von Oudenbosch, eine verkleinerte Kopie des Petersdoms

Bergen op Zoom ❼

Straßenkarte B5. 🚶 64000. 🚋
🚌 ℹ Korte Meesstraat 19 (0164-277 482). 🚌 Do.

Die alte Stadt Bergen op Zoom ist um eine St. Gertrud geweihte Kapelle entstanden. Im Jahr 1260 erhielt Bergen op Zoom die Stadtrechte. Die **St.-Geertruidskerk** aus dem 15. Jahrhundert mit ihrem markanten Turm steht an der Stelle der früheren Kapelle. Die Herren von Bergen ließen den 1511 vollendeten **Markiezenhof** bauen. Heute ist hier ein Museum. Neben der eleganten Einrichtung der Säle und Galerien kann man hier im Jahrmarktmuseum eine bunte Sammlung rund um die Schausteller bestaunen. Im Markiezenhof ist auch ein Karikaturmuseum.

🏛 **Markiezenhof**
Steenbergsestraat 8. 📞 0164-277 077. ⭕ Di–So 11–17 Uhr.
● 1. Jan, Karnevalsdienstag, Ostersonntag, 25. Dez. ♦♿▯

Die Übergabe von Breda

Im Achtzigjährigen Krieg wurde Breda zehn Monate von den Spaniern belagert und am 2. Juni 1625 vom spanischen General Ambrosio Spinola eingenommen. Es war ein entscheidender Schritt im langwierigen Kampf um die Niederlande, der über die künftige Position Spaniens als Weltmacht entschied. Diego Velázquez hielt den Moment der Übergabe 1635 auf einem Bild fest, das im Madrider Museo del Prado hängt. Der Originaltitel lautet auch *Las Lanzas* – nach den vielen Lanzen, die im Hintergrund aufragen. Velázquez (1599–1660), Hofmaler des spanischen Königs Philipp IV., malte die Szene wohl aus dem Gedächtnis. Sein Bild zeigt den Moment der Schlüsselübergabe. Justinus von Nassau, der unterlegene Gouverneur von Breda, ist gebückt dargestellt. Aufgerichtet, aber auch mit der großzügigen Geste des Schulterklopfens empfängt ihn Spinola. Damit deutet der Maler die Bedingungen der Kapitulation: Die besiegte Armee Bredas durfte die Stadt mit Fahnen und Waffen verlassen. Das Gemälde gilt als erstes Geschichtsbild der neueren historischen Malerei.

Velázquez' Gemälde *Die Übergabe von Breda* (um 1635)

Frau in Grün (1909) von Picasso,
Van Abbemuseum, Eindhoven

Eindhoven ❽

Straßenkarte C5. 🚶 209.000.
🚉 🚌 ℹ️ *Stationsplein 17 (0900-
112 2363).* 🚢 *Mo–Sa.*

Dem alten Marktflecken
Eindhoven wurden im
19. Jahrhundert die Ortschaften Strijp, Woensel, Tongelre,
Stratum und Gestel eingemeindet. Dank des weltweit
erfolgreichen Elektronikkonzerns Philips wuchs die Stadt
im 20. Jahrhundert enorm.

Die markante **Witte Dame**
(1922; Architekt Dirk Rozenberg), das bekannteste Philips-Gebäude, beherbergt
heute eine Designakademie,
eine Bibliothek und ein Zentrum für Künstler. Das frühere
Philips-Gelände in Strijp
wurde in eine Wohnsiedlung
mit Geschäften, Restaurants
und Theatern umgewandelt.

Im Industriegebiet am Rand
von Eindhoven (leicht zu erreichen mit Bus 401 oder 402)
zeigt das **Philipsmuseum** eine
faszinierende Sammlung von
elektrischen Geräten. Die ältesten Exponate stammen aus der
Gründungszeit der Firma. Man
sieht hier originale Glühbirnen
aus dem 19. Jahrhundert,
schöne Bakelit-Radios und
Fernseher der ersten Stunde.

Im Stadtzentrum unterhält
die Firma das Museum **Philips
Gloeilampenfabriekje**. Hier
lernt man, wie früher die
Glühbirnen gefertigt wurden
und wie sie aus der Kleinstadt
Eindhoven ein Industriezentrum machten.

Mitten in diesem Industriezentrum findet man überraschenderweise aber auch das
**Historisch Openlucht Museum
Eindhoven**. Dieses Freilichtmuseum im Genneper Park
versammelt die Rekonstruktion eines Dorfes der Eisenzeit, eine Wikingersiedlung
und eine mittelalterliche
Kleinstadt. Schauspieler in historischen Kostümen bevölkern das Areal und stehen für
Fragen zur Verfügung. Im Restaurant kann man Gerichte
nach sehr alten Rezepten probieren, etwa Getreideeintopf
oder Linsenbrei.

Nahe beim Bahnhof steht
das **Philips Stadion**, die Heimat des Fußballvereins PSV
Eindhoven. Das Stadion ist
zwar ultramodern, doch an
demselben Platz trug die
Mannschaft schon im Jahr
1913 ihre Spiele aus. Im Rahmen von Führungen sieht
man auch die Umkleideräume
der Spieler und die Tunnel
zum Rasen.

Eindhovens wichtiges
Kunstmuseum ist das **Van
Abbemuseum**, das bei moderner Kunst auch international

Beachtung findet. Das ursprüngliche Gebäude wurde
1936 von A.J. Kropholler entworfen. Schnell erhielt es den
Namen »Backsteinburg«. In
den 1990er Jahren erhielt der
Architekt Abel Cahen den
Auftrag für einen Museumsanbau. Auf geschickte Weise

**Das faszinierende Historisch
Openlucht Museum Eindhoven**

integrierte Cahen das Stammhaus in seinen neuen großen
Flügel, vervierfachte die Ausstellungsfläche und integrierte
ein Multimedia-Zentrum
sowie ein Restaurant. Königin
Beatrix eröffnete das neue
Museum im Januar 2003. Die
Sammlung umfasst Werke von
so unterschiedlichen Künstlern wie Chagall, Lissitzky
und Beuys. Eines der berühmtesten Gemälde ist Picassos
Frau in Grün (1909).

🏛 **Philipsmuseum
Eindhoven**
Looyenbeemd 14. 📞 *040-272 3308.*
⭘ *Mo–Mi.* ⬤ *Feiertage.*

🏛 **Philips Gloeilampenfabriekje**
Emmasingel 31. 📞 *040-275 5183.*
⭘ *Di–So.*

🏛 **Historisch Openlucht
Museum Eindhoven**
Boutenslaan 161b. 📞 *040-252 2281.*
⭘ *Apr–Okt: tägl.; Nov–März: So.*

🏛 **Philips Stadion**
Frederiklaan 10a. 📞 *040-250 5505.*
✏️ *vorher buchen.*

🏛 **Van Abbemuseum**
Bilderdijklaan 10. 📞 *040-238
1000.* ⭘ *Di–So 11–17 Uhr (Do bis
21 Uhr).* 📷 ♿ 📖 🛍 🚻
www.vanabbemuseum.nl

Das Philips Stadion, Heimat des Fußballvereins PSV Eindhoven

Hotels und Restaurants in Noord-Brabant *siehe Seiten 404 und 422*

Heeze ❾

Straßenkarte C5. 🚶 *15300.* 🚆
🚌 ℹ️ *Schoolstraat 2 (040-226 0644).* ⚓ *Do vorm.*

Wahrzeichen des Orts ist **Kasteel Heeze** aus dem 17. Jahrhundert. Es wurde von Pieter Post entworfen und steht in schöner Landschaft. In den Sälen des Schlosses sind unter anderem kostbare Gobelins ausgestellt.

⚜ Kasteel Heeze
Kapelstraat 25. 📞 *040-226 4435.*
📅 *März–Okt: So 14, 15, Mi 14 Uhr (Juli, Aug: auch Mi 15 Uhr).* 📷

Nuenen ❿

Straßenkarte C5. 🚶 *23 000.* 🚌
ℹ️ *Berg 29 (040-283 9615).*
⚓ *Mo nachm.*

In Nuenen, nordöstlich von Eindhoven, wohnte von 1883 bis 1885 Vincent van Gogh. Das **Van Gogh Documentatiecentrum** erzählt auf kompetente Weise eine Menge über van Goghs Aufenthalt.

Das schön gelegene Schloss Heeze

Die weite Strabrechtse Heide bei Heeze und Geldrop

🏛 Van Gogh Documentatiecentrum
Papenvoort 15. 📞 *040-263 1668.*
⏰ *Di–So 11–16 Uhr.*

Helmond ⓫

Straßenkarte C5. 🚶 *77600.* 🚆
🚌 ℹ️ *Watermolenwal 11 (0492-522 220).* ⚓ *Mi vorm., Sa vorm.*

Als Erstes fällt in der alten Stadt Helmond das Schloss von 1402 auf, das heute als **Gemeindemuseum** dient. Die Sammlung umfasst historisches Material und eine überraschende Kollektion moderner Kunst, darunter Werke von Breitner und Toorop.

🏛 Gemeentemuseum
Kasteelplein 1. 📞 *0492-587 716.*
⏰ *Di–Fr 10–17, Sa, So 14–17 Uhr.*
📷 ♿ 📷 🖥️

Van Gogh in Brabant

Vincent van Gogh wurde 1853 in Zundert, südlich von Breda, geboren. In Breda informiert das Cultureel Centrum über seine Kindheit. 1883 zog er nach Nuenen, wo sein Vater Pfarrer war. Dort blieb er, bis er 1885 nach Antwerpen ging. Die Zeit in Nuenen war sehr fruchtbar für van Gogh, denn das Leben der Brabanter Bauern inspirierte ihn, er malte Höfe, Landarbeiter und Weber in den blauen und braunen Farbtönen, die so charakteristisch für sein Werk aus dieser Periode sind. Berühmt wurde z. B. *Die Kartoffelesser* (1885).

Standbild van Goghs in Nuenen

Deurne ⓬

Straßenkarte D5. 🚶 *32 000.* 🚆
🚌 ℹ️ *Markt 14 (0493-323 655).*
⚓ *Fr nachm.*

Das gemütliche Deurne ist ein echtes Kunstzentrum. Das Haus (1922) des exzentrischen malenden Arztes Hendrik Wiegersma, der seine Patienten per Motorrad besuchte, ist heute das **Museum de Wieger** mit expressionistischen Werken von Wiegersma und seinen Künstlerfreunden, etwa Ossip Zadkine, der oft bei ihm wohnte. Auch Dichter wie Roland Holst, Nijhoff und Bloem waren hier oft zu Gast.

🏛 Museum de Wieger
Oude Liesselseweg 29. 📞 *0493-322 930.* ⏰ *Di–So 12–17 Uhr.*
● *Feiertage.* 📷 🖥️

Gemert ⓭

Straßenkarte C5. 🚶 *27300 (Gemeinde Gemert-Bakel).* 🚌 ℹ️ *Ridderplein 49 (0492-366 606).* ⚓ *Mo nachm.*

Gemert ist ein historisch vornehmer Ort, nicht umsonst spricht man noch heute von der »Herrlichkeit Gemerts«. Bis 1794 herrschten hier die Deutschordensritter. Ihr Schloss dient heute als Kloster. Das **Boerenbondmuseum** ist ein Bauernhof vom Beginn des 20. Jahrhunderts, in dem eine Ausstellung über das Landleben in jener Zeit gezeigt wird.

Limburg

L imburgs Grenzen sind das Ergebnis vieler Kriege und ebenso vieler Friedensverträge. Mit seiner schönen Landschaft, seinen besonderen geologischen Formationen, der eigenwilligen Sprache und dem südlich anmutenden Lebensgefühl nimmt Limburg unter den Provinzen der Niederlande einen besonderen Platz ein.

Geologisch gesehen ist Limburg, verglichen mit dem Rest der Niederlande, sehr alt. Die Steinkohle, die hier in der Erde liegt, ist 270 Millionen Jahre alt. Im Bergbaumuseum Kerkrade wird gezeigt, wie der Abbau früher vonstattenging. Die Höhlen, die man vielerorts in Südlimburg findet, sind im Mergel entstanden, der 60 bis 70 Millionen Jahre alt ist. Die bekanntesten Höhlenformationen sind die von Valkenburg und die im St.-Pietersberg bei Maastricht. Seit der letzten Eiszeit war Limburg von Jägern und Sammlern bewohnt, später folgten sesshafte Völker der Bandkeramikkultur. Die Römer (50 v. Chr.–350 n. Chr.) eroberten Limburg von den Eburonen. Maastricht und Heerlen waren wichti-ge Verkehrsknotenpunkte der römischen Kolonie, im Thermenmuseum in Heerlen kann man die Relikte der römischen Kultur sehen.

Im Mittelalter war Limburg zwischen dem Deutschen Reich, Gelre, Luik und Brabant aufgeteilt, im 17. Jahrhundert teilten sich die Nördlichen und die Südlichen Niederlande das Gebiet. In dieser geschichtsträchtigen Provinz stehen viele Kirchen im romanischen oder gotischen Stil des Maasgebiets. Die schöne Landschaft Limburgs wird noch attraktiver durch die vielen alten Fachwerkhäuser und Vierseithöfe, die Wassermühlen an den Flüssen sowie die unzähligen Schlösser und Landsitze.

Fachwerkhäuser im südlimburgischen Ort Cottessen

◁ **Die Limburger Landschaft mit ihren sanft gewellten Hügeln ist einzigartig in den Niederlanden**

Überblick: Limburg

Nordlimburg ist das Land der Maas und des Peel. Zwischen Maas und deutscher Grenze liegen Naturgebiete mit Wald, Heide, Mooren und Flussdünen. Das früher so wilde Peelgebiet liegt an der Grenze zu Noord-Brabant. Mittellimburg ist das Gebiet der Baggerseen an der Maas, die heute zu den beliebtesten Wassersportgebieten des Landes zählen. Südlimburg, das ist vor allem Maastricht, das Bergbaurevier und die Kreidelandschaft im Süden – dort, wo Limburg am schönsten ist.

Spargelstechen in Nordlimburg

Nationalpark De Grote Peel

SIEHE AUCH

- *Hotels* S. 405
- *Restaurants* S. 423

In Limburg unterwegs

Limburg ist sowohl mit dem Auto als auch mit dem Zug hervorragend zu erreichen und zu erkunden. Die Autobahnen und Eisenbahnlinien folgen ungefähr derselben Route, nämlich Nijmegen – Venlo – Roermond – Geleen – Maastricht, Weert – (Roermond) – Geleen – Maastricht und schließlich dem Dreieck Maastricht – Geleen – Heerlen. Am Julianakanal und an der Zuid-Willemsvaart sind lange Radwege angelegt. Vor allem der Süden von Südlimburg ist ein ideales Rad- und Wandergebiet. Auf der nostalgischen Eisenbahnlinie von Schin op Geul über Wijlre, Eys und Simpelveld nach Kerkrade fahren von April bis Oktober jeden Mittwoch und Sonntag zweimal täglich eine Dampflok und ein alter Schienenomnibus.

Die St.-Martinuskerk in Weert

Mergelabgrabung mit alten Stollen

Gennep

Nieuw-Bergen

Maas

Well

N270

2 VENRAY

ARCEN **3**

Horst

A73   **N271**

evenum

77

A67   Blerick

Maasbree   **4** VENLO

Panningen   Tegelen

Maas   **N271**

N273   Reuver

U R G

Swalmen

6 ROERMOND

71

7

DE MEINWEG

Posterholt

Sehenswürdigkeiten auf einen Blick

Arcen ❸
De Meinweg ❼
Eijsden ⓰
Elsloo ⓯
Gulpen ⓮
Heerlen ⓬
Hoensbroek ⓫
Maastricht
 S. 372–377 ❽
Mook ❶
Roermond ❻
Sittard ❿
Thorn ❾
Vaals ⓱
Valkenburg ⓭
Venlo ❹
Venray ❷
Weert ❺

Tour
Heuvelland
S. 380f ⓲

Feldkapelle

0 Kilometer   10

LEGENDE

— Autobahn
— Hauptstraße
— Nebenstraße
— Panoramastraße
— Eisenbahn (Hauptstrecke)
— Eisenbahn (Nebenstrecke)
— Provinzgrenze
— Staatsgrenze

Bergbau spielte einst in Limburg eine große Rolle

Brunssum

OENSBROEK
Landgraaf

12 HEERLEN
Kerkrade

Simpelveld

A76

N278

17 VAALS

Schloss Schaloen bei Valkenburg wurde im 17. Jahrhundert umgebaut

Mook ❶

Straßenkarte D4. 🚶 825. 🚌 83.
ℹ️ *Henseniusplein 13, Venray (0900-040 0216).*

Das Dorf Mook liegt an der Maas, im nördlichsten Teil Limburgs. Am 14. April 1574 wurde das Heer des Prinzen von Oranien auf der **Mookerhei** von den Spaniern vernichtend geschlagen. Die Heumense Schans, eine sternförmige Verteidigungsanlage aus dem Achtzigjährigen Krieg, steht auf einer 43 Meter hohen Moräne aus der Saaleeiszeit. Von hier hat man einen fantastischen Ausblick über das Tal der Maas.

Südlich von Mook liegen das Naturgebiet Mookerplas und das Landgut **Sint-Jansberg**, wo eine alte Wassermühle restauriert wurde.

Venray ❷

Straßenkarte D5. 🚶 37000. 🚆 27, 30, 39. 🚌 ℹ️ *Henseniusplein 13 (0900-040 0216).* 🚩 *Mo nachm.*

Nordlimburg war im Zweiten Weltkrieg Schauplatz schwerer Kämpfe. Venray wurde 1944 zum größten Teil zerstört. Bei Venray liegen ein englischer und ein deutscher Soldatenfriedhof, in Overloon steht das Oorlogs- en Verzetsmuseum (Kriegs- und Widerstandsmuseum). Die Basilika **St.-Petrus Banden** (15. Jh.) erhielt bei der Restaurierung einen 80 Meter hohen Turm. Um das Landgut Geijsteren an der Maas, wo man noch Spuren alten Terrassenanbaus sehen kann, erstreckt sich ein schönes Wandergebiet.

Arcen ❸

Straßenkarte D5. 🚶 9000. 🚌 83. ℹ️ *Nieuwstraat 40–42, Venlo (0900-040 0216).*

Größte Attraktion des herrlich an der Maas gelegenen Orts Arcen ist Schloss Arcen (17. Jh.) mit den **Kasteeltuinen** (Schlossgärten). Hier gibt es einen Rosengarten, einen tropischen Garten, einen fernöstlichen Garten

Das prächtige Rathaus von Venlo aus dem 16. Jahrhundert

sowie eine Golfanlage. Ein Bad in dem aus 900 Meter Tiefe gewonnenen Wasser des **Thermalbad Arcen** weckt die Lebensgeister. Ganz andere Genüsse versprechen das Arcener Bier, der Spargel (am Himmelfahrtstag ist Spargelmarkt) und die Wässerchen der Brennerei De IJsvogel in der **Wijmarsche Wassermühle** aus dem 17. Jahrhundert. Oberhalb von Arcen liegt der 1500 Hektar große **Nationaal Park Landgoed De Hamert**.

🌸 **Kasteeltuinen**
Lingsforterweg 26. 📞 077-473 6020. 🕐 Apr, Okt, Nov: tägl. 10–17 Uhr; Mai–Sep: tägl. 10–18 Uhr. 🎫 🅿️ 🚻

Die Kasteeltuinen von Arcen

Venlo ❹

Straßenkarte D5. 🚶 60000. 🚆 ℹ️ *Nieuwstraat 40–42 (0900-040 0216).* 🚩 *Fr nachm., Sa.*

Venlo entstand als römische Siedlung. Im Mittelalter entwickelte es sich zu einer Handelsstadt. Die Altstadt wurde im Zweiten Weltkrieg nahezu vollständig zerstört. Erhalten blieben die St.-Martinuskerk, eine gotische Hallenkirche (15. Jh.), und das Ald Weishoes, eine Lateinschule (1611) im Gelderländer Renaissancestil. Das Rathaus am Marktplatz wurde 1597–1600 nach Plänen von Willem van Bommel erbaut. Das **Museum Van Bommel-Van Dam** zeigt moderne Kunst, das **Limburgmuseum** archäologische Funde.

🏛 **Museum Van Bommel-Van Dam**
Deken van Oppensingel 6. 📞 077-351 3457. 🕐 Di–So 11–17 Uhr. ⬤ 1. Jan, Karneval, 25. Dez.

🏛 **Limburgmuseum**
Keulsepoort 5. 📞 077-352 2112. 🕐 Di–So 11–17 Uhr. ⬤ 1. Jan, Karneval, 25. Dez.

Weert ❺

Straßenkarte C5. 48 000. 31. Maasstraat 18 (0495-536 800). Sa.

Wahrzeichen von Weert ist die **St.-Martinuskerk**, eine der wenigen spätgotischen Hallenkirchen der Niederlande. (In einer Hallenkirche sind die Seitenschiffe genauso hoch und breit wie das Mittelschiff.) Bei der Restaurierung 1975 wurden unter dem Putz Gewölbemalereien aus dem 15. und 16. Jahrhundert entdeckt. Vor dem Altar, den die Italiener Moretti und Spinetti 1790 schufen, liegt die Gruft des Grafen von Hoorne. Er wurde 1568 zusammen mit Egmont auf Befehl von General Alva in Brüssel enthauptet. Unweit der Kirche steht der **Ursulinenhof**, ein Neubau, der sich wunderbar in das alte Stadtbild einfügt.

Limburger Spargel

Um Weert liegen das Waldgebiet Weerterbos und der **Nationaal Park De Grote Peel**, Überbleibsel eines Hochmoors.

Roermond ❻

Straßenkarte D5. 43 000. 30, 77. Markt 17 (0475-335 847). Mi nachm., Sa.

Die älteste Kirche der Bischofsstadt Roermond ist die spätromanisch-frühgotische

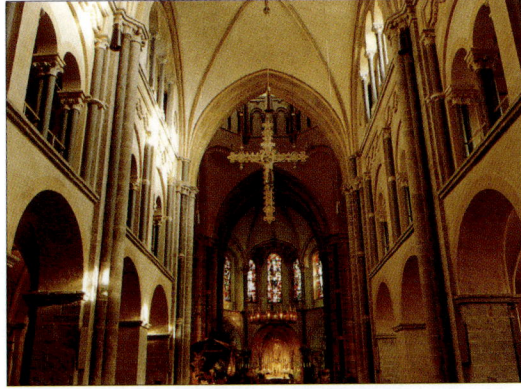

Innenraum der Onze Lieve Vrouwe Munsterkerk in Roermond

Onze Lieve Vrouwe Munsterkerk aus dem 13. Jahrhundert, ursprünglich die Kirche eines Zisterzienserklosters. Der Innenraum ist sehenswert.

Die **St.-Christoffelkathedraal**, eine gotische Kreuzbasilika mit vergoldetem Christophorus auf dem Turm, wurde im 15. Jahrhundert erbaut. Die Buntglasfenster kommen aus der Werkstatt des Roermonders Joep Nicolas.

Roermond liegt an den **Maasplassen**, einem der größten Wassersportgebiete der Niederlande. Das schöne Seengebiet nimmt eine Fläche von mehr als 300 Hektar ein und ist ungefähr 25 Kilometer lang. Die Maasplassen entstanden durch den großflächigen Kiesabbau im Maastal, der sich bis Maaseik in Belgien erstreckte.

De Meinweg ❼

Straßenkarte D6. keine. 78, 79. Bezoekerscentrum, Meinweg 2, Herkenbosch (0475-528 500).

Der 1600 Hektar große Nationaal Park De Meinweg im Osten von Mittellimburg ist einmalig schön und auf sechs ausgeschilderten Wanderwegen zu erkunden. Hier sind auch Rundfahrten mit Pferdewagen möglich.

Dr. P. J. H. Cuypers

Der Architekt Pierre Cuypers wurde 1827 in Roermond geboren und 1921 auch hier bestattet. Er arbeitete vor allem in seiner Geburtsstadt und in Amsterdam. Einer seiner Söhne und ein Neffe waren ebenfalls namhafte Architekten. Cuypers entwarf den Hauptbahnhof und das Rijksmuseum in Amsterdam, rekonstruierte das Schloss De Haar in Haarzuilens und restaurierte zahllose Kirchen, darunter die Roermonder Munsterkerk. Cuypers ist der bekannteste niederländische Vertreter der Neogotik.

Munsterkerk in Roermond

Der 1600 Hektar große Nationaal Park De Meinweg

Im Detail: Maastricht ❽

Vogel Struys

Maastricht entstand in der römischen Zeit an einer Furt in der Maas, dem sogenannten Mosae Traiectum. Die Furt lag am Heerweg, der von Colonia Agrippina (Köln) nach Bononia (Boulogne) führte. Der Gründer des christlichen Maastricht war der heilige Servatius, Bischof von Tongeren, der 384 in Maastricht starb und außerhalb der damaligen Stadt, auf dem Vrijthof, begraben wurde. Über seinem Grab wurde die schöne St.-Servaasbasiliek errichtet. Ebenso sehenswert ist die romanische Onze-Lieve-Vrouwebasiliek.

Die Statue von Pieke und seinem Hund Maoke, Figuren aus einem Buch von Ber Hollewijn, steht in der Stokstraat.

LEGENDE

--- --- --- Routenempfehlung

Generaalshuis
In dem 1809 erbauten klassizistischen Palais ist heute das Theater am Vrijthof. General Dibbets, dem Maastricht den Verbleib in den Niederlanden verdankt, wohnte hier um 1830.

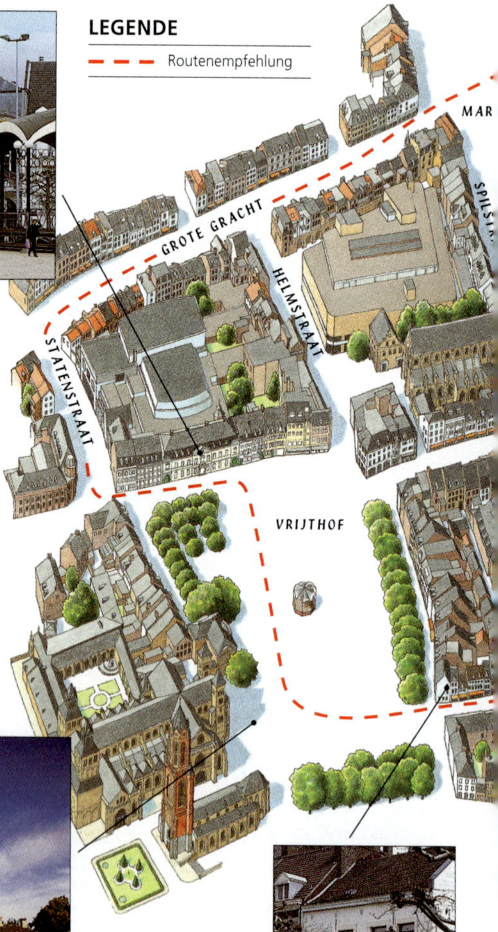

NICHT VERSÄUMEN

★ Onze-Lieve-Vrouwebasiliek

★ Stadhuis

★ Vrijthof

MAR

GROTE GRACHT

HELMSTRAAT

SPILST...

STATENSTRAAT

VRIJTHOF

★ Vrijthof
Der Vrijthof, heute der wichtigste Platz der Stadt, lag außerhalb der Stadtmauern, als mit dem Bau von St.-Servaas begonnen wurde.

In den Ouden Vogel Struys
Das Straßencafé am Vrijthof ist meist gut besucht und ideal, um zu Mittag zu essen.

Hotels und Restaurants in Limburg siehe Seiten 405 und 423

★ Stadhuis

Das Meisterwerk des Nordnieder- länders Pieter Post wurde 1659–64 erbaut. Die Halle kann besichtigt werden.

INFOBOX

Straßenkarte C6. 🚉 118500.
🚂 *Stationsplein.* 🚌 *Stationspl.*
ℹ️ *Kleine Staat 1 (043-325 2121).*
🏛️ *Mo–Sa.* 🚴 *Amstel Gold Race (Radklassiker): April, Kermis Vrijt- hof: Mai, St. Servaasprocessie: Mai, Preuvenemint: Ende Aug.*
www.vvvmaastricht.nl

St.-Servaasbrücke

Die massive Brücke mit den sieben Bogen stammt von 1280. Am Wycker Ufer wurde für die Schifffahrt ein moder- ner Teil angebaut.

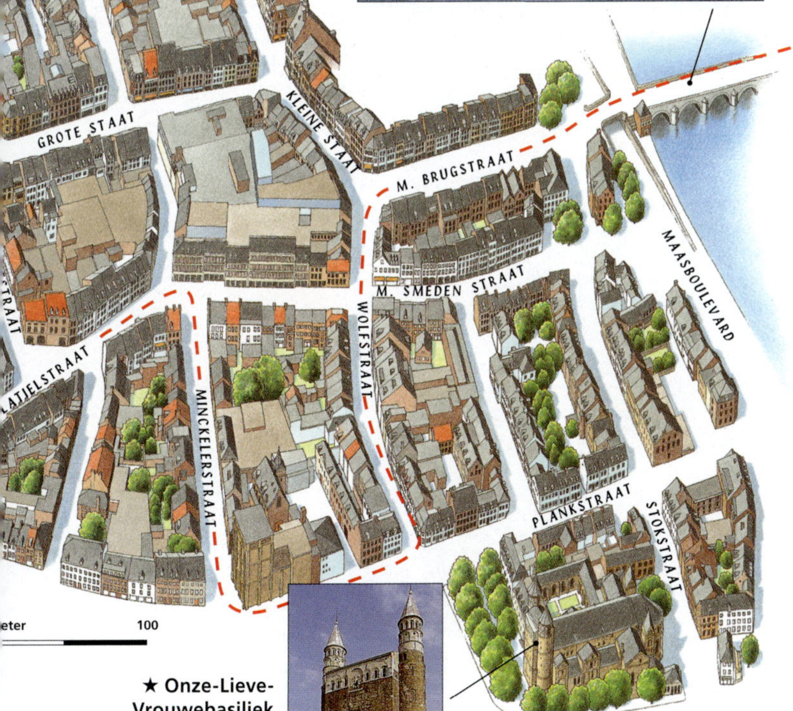

GROTE STAAT

KLEINE STAAT

M. BRUGSTRAAT

M. SMEDEN STRAAT

WOLFSTRAAT

...TJELSTRAAT

...TRAAT

MINCKELERSTRAAT

MAASBOULEVARD

PLANKSTRAAT

STOKSTRAAT

eter 100

★ Onze-Lieve- Vrouwebasiliek

In einer Seiten- kapelle der roma- nischen Kreuz- basilika steht die Statue der Maria »Sterre der Zee«.

Die Mauereidechse hat in Limburg ihr einziges Refugium in den Niederlanden.

Maastricht: Bonnefantenmuseum

Das Bonnefantenmuseum, Limburgs bekanntestes Wahrzeichen, liegt am rechten Maasufer in einem auffallenden, 1995 eröffneten Neubau des italienischen Architekten Aldo Rossi. Die Sammlung umfasst unter anderem alte Kunst (Bildhauerwerke und Malerei aus der Zeit 1300–1650) und eine international bedeutende Kollektion moderner und zeitgenössischer Kunst.

Bounds of Sense

★ Turm von Aldo Rossi
Unten befindet sich ein Restaurant, oben ein Ausstellungsraum.

Kuppelsaal

Terrasse

La Natura è l'Arte del Numero
Die Installation von Mario Merz (1925–2003) ist eine Metapher für den Zusammenhang von Natur und Kultur.

Cimon und Pero
Das Motiv der Pero, die ihren im Kerker verhungernden Vater stillt, hat Peter Paul Rubens (1577–1640) wiederholt gemalt.

★ Schnitzarbeiten
Zur Sammlung mittelalterlicher Werke gehört auch die Heilige Anna Selbdritt, *eine Nussbaumstatue des Maastrichter Holzschnitzers Jan van Steffeswert (1470–1525).*

NICHT VERSÄUMEN

- ★ Schnitzarbeiten
- ★ Treppenstraße
- ★ Turm von Aldo Rossi

Grundrisse
Das Bild Plattegronden *von René Daniels (geb. 1950) zeigt die stark stilisierte Wiedergabe eines Museumssaals. Über rote Flächen setzte Daniels gelbe Quadrate, die gegen die Perspektive laufen und so desorientierend wirken.*

Bonnefantopia
Atelier Van Lieshout (AVL), eigentlich Joep van Lieshout (geb. 1963) mit seinen Mitarbeitern, schuf diese Installation mit Polyester-Figuren und Gewichten 2002.

INFOBOX

Avenue Céramique 250.
☎ 043-329 0190. 🚌 50, 54, 56, 57, 58. ☐ Di–So, Feiertage 11–17 Uhr. ● 1. Jan, Karneval, 25. Dez. 🏷🚻 in den meisten Bereichen. 🍴♿📷🔲
www.bonnefanten.nl

Jan Brueghel d. Ä.
(1568–1625) arbeitete an Gezicht op een stad aan een rivier zwischen 1600 und 1625.

Eingang

Innerer Turm

★ Treppenstraße
Die monumentale Treppenstraße läuft mitten durchs Museum und führt zu den verschiedenen Flügeln und Geschossen.

Kurzführer
Das Bonnefantenmuseum wurde von Aldo Rossi entworfen. Es besitzt eine Sammlung alter und zeitgenössischer Kunst. Außerdem werden viele Sonderausstellungen gezeigt. Ein Highlight ist die Sammlung mittelalterlicher Holzschnitzarbeiten.

Der heilige Stefanus
Wahrscheinlich war das Werk von Giovanni del Biondo (1356–1399) Teil eines Triptychons; am Holz sind Sägespuren sichtbar.

Überblick: Maastricht

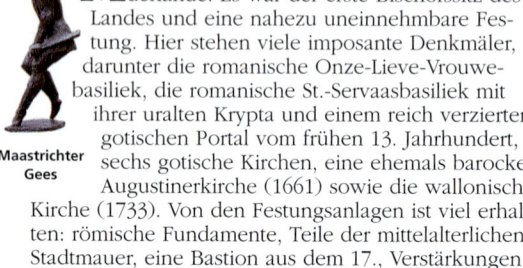

Maastrichter Gees

Maastricht ist eine der ältesten Städte der Niederlande. Es war der erste Bischofssitz des Landes und eine nahezu uneinnehmbare Festung. Hier stehen viele imposante Denkmäler, darunter die romanische Onze-Lieve-Vrouwebasiliek, die romanische St.-Servaasbasiliek mit ihrer uralten Krypta und einem reich verzierten gotischen Portal vom frühen 13. Jahrhundert, sechs gotische Kirchen, eine ehemals barocke Augustinerkirche (1661) sowie die wallonische Kirche (1733). Von den Festungsanlagen ist viel erhalten: römische Fundamente, Teile der mittelalterlichen Stadtmauer, eine Bastion aus dem 17., Verstärkungen aus dem 18. und ein Fort aus dem 19. Jahrhundert.

Die mittelalterliche Helpoort ist das älteste Stadttor des Landes

🏛 Natuurhistorisch Museum

De Bosquetplein 6–7. 📞 043-350 5490. ◷ Mo–Fr 10–17, Sa, So 14–17 Uhr. 🈲 manche Feiertage. ⧉ 🖥 www.nhmmaastricht.nl
Das schöne Museum vermittelt ein Bild der Natur im Süden von Limburg – von der Frühzeit bis heute. Highlights der interessanten Sammlung sind u. a. die Fossilien von gigantischen Mosasauriern und Riesenschildkröten, die in den Mergelschichten des St.-Pietersbergs gefunden wurden.

🏛 Römisches Turmfundament

O. L. Vrouweplein. 📞 043-325 1851. ◷ Ostern–Okt: Mo–Sa 11–17, So 13–17 Uhr.
Im Innenhof der Onze-Lieve-Vrouwebasiliek kann man ein römisches Turmfundament besichtigen, das Überbleibsel eines römischen Kastells. Das

Kastell lag an der Maas, nur ein kleines Stück südlich der St.-Servaasbrücke, dort, wo sich heute das Stokstraat-Viertel erstreckt. In der Pflasterung des Platzes Op de Thermen in diesem Viertel sind die Umrisse der römischen Thermen sichtbar gemacht.

Die erste mittelalterliche Stadtmauer von Maastricht stammt aus dem Jahr 1229. Von dieser beeindruckenden Verteidigungsanlage sind bis heute der Onze-Lieve-Vrouwewal (hier stehen auch einige alte Kanonen) sowie der Jekertoren erhalten geblieben.

🏛 Helpoort

St. Bernardusstraat 24b.
📞 043-321 2586. ◷ Ostern–Okt: tägl. 13.30–16.30 Uhr. ⧉ Spende erbeten.

Mosasaurus hofmanni, die furchterregende Maasechse, im Natuurhistorisch Museum

Auch die Helpoort gehört zur frühmittelalterlichen Stadtmauer von 1229. Sie liegt im Süden der damaligen Stadt und ist das älteste erhaltene Stadttor der Niederlande. Am anderen Ufer der Maas, in Wyck, blieben aus dieser Zeit noch das Waterpoortje, der Stenen Wal an der Maas und der Maaspunttoren erhalten.

Die zweite mittelalterliche Stadtmauer wurde um 1350 angelegt. Hiervon sind der Pater Vinktoren, nicht weit von der Helpoort, und das romantische Mauerstück zwischen der St.-Pieterstraat und der Tongersestraat erhalten. Hier steht auch das Wassertor De Reek over de Jeker (an der Mühle im Heksenhoek). Von der Erweiterung nach 1516 sind eine Ufermauer und die Türme De Vijf Koppen und Haet ende Nijt erhalten.

Der beeindruckende Turm Pater Vink

Hotels und Restaurants in Limburg *siehe Seiten 405 und 423*

🏛 Museum Spaans Gouvernement

Vrijthof 18. 📞 *043-321 7878.*
⭕ *Di–So 13.30–17 Uhr.*
⬤ *Feiertage.* 📷

Das Museum ist in einem Kapitelhaus des 16. Jahrhunderts untergebracht. Zu sehen sind niederländische Gemälde aus dem 17. und 18. Jahrhundert.

🎫 Centre Céramique

Avenue Céramique 50.
📞 *043-350 5600.* ⭕ *Di, Do 10.30–20.30, Mi, Fr, So 10.30–17, Sa 10–15 Uhr.* ⬤ *Feiertage.* 📷 📱
🏠 *www.centreceramique.nl*

Das Zentrum verfügt über eine Bibliothek, ein Archiv und Café, zudem sitzt hier das European Journalism Centre.

⛰ Grotten St.-Pietersberg

Luikerweg. 📱 *wechselnde Zeiten. Infos unter 043-325 2121.* 📷 📱 🚻

Die Grotten entstanden durch den Mergelabbau, im Lauf der Zeit bildete sich ein Labyrinth mit über 20 000 Gängen. An den Grottenwänden sieht man Kunst und alte Inschriften.

Das gotische Bergportal (13. Jh.) der St.-Servaasbasiliek

🔓 St.-Servaasbasiliek

Keizer Karelplein. **Schatzkammer**
📞 *043-321 7878.* ⭕ *tägl. 10– 17 Uhr (Juli, Aug: tägl. 10–18 Uhr; Nov–Apr: So 12.30–17 Uhr).*
⬤ *1. Jan, Karneval, 25. Dez.*

Um das Jahr 1000 begann der Bau der St.-Servaasbasiliek an der Stelle, an der der Heilige begraben lag. Auf dem Grab hatte zuvor schon eine ältere Kirche gestanden. Die ältesten Teile sind das Mittelschiff, die Krypta, das Querschiff und der Chor. Die Apsis und die Chortürme stammen aus dem 12. Jahrhundert. Zur selben Zeit wurde auch das Westwerk erbaut, Anfang des 13. Jahrhunderts dann das Bergportal an der Südseite. Es ist eines der ersten gotischen Bauwerke im Maasgebiet. In diesem Marienportal sind

Krypta an der Ostseite der Onze-Lieve-Vrouwebasiliek

Marias Leben, Tod und Himmelfahrt dargestellt. Die Seitenkapellen und der gotische Kreuzgang entstanden 1475.

Prunkstücke der Schatzkammer sind der Reliquienschrein mit den Reliquien von St.-Servaas und St.-Martinus van Tongeren sowie die goldene Büste von St.-Servaas. Diese bekam die Stadt vom Herzog von Parma nach der Einnahme Maastrichts durch die Spanier 1579 geschenkt.

Im 19. Jahrhundert wurde die Kirche unter der Leitung von Pierre Cuypers umfassend restauriert. Er ließ den romanischen Charakter des Westwerks wiederherstellen sowie neue Wand- und Deckenmalereien anbringen. Auch im 20. Jahrhundert erfolgte eine Restaurierung (bis 1990).

🔓 Onze-Lieve-Vrouwebasiliek

O. L. Vrouweplein. **Schatzkammer**
📞 *043-325 1851.* ⭕ *Ostern–Okt: Mo–Sa 11–17 Uhr (Juni–Aug: Di–Sa 13–17 Uhr).* ⬤ *während Gottesdiensten.*

Auch mit dem Bau der Onze-Lieve-Vrouwebasiliek wurde um das Jahr 1000 begonnen. Ältester Teil ist das beeindruckende Westwerk. Nach dessen Vollendung begann man mit dem Bau des Mittelschiffs und des Querschiffs. Im 12. Jahrhundert folgte der Chor, erbaut auf einer Krypta aus dem 11. Jahrhundert an der Ostseite. Die Säulen der Apsis sind aus Mergelblöcken errichtet und von reich verzierten Kapitellen gekrönt. Eines davon ist das berühmte Heimokapitell.

St.-Servatius-Reliquiar

Die restaurierte sogenannte Noodkist ist ein monumentaler Reliquienschrein, der einen Teil der Gebeine der Heiligen Servatius und Martinus van Tongeren enthält und um 1160 von Maasländer Künstlern hergestellt wurde. Die hölzerne, mit vergoldeten Kupferplatten verkleidete Kiste hat die Form eines Hauses. Auf der Vorderseite ist der Schrein mit dem Bildnis Jesu geschmückt, an den Seiten sieht man die zwölf Apostel, auf der Rückseite Servatius zwischen zwei Engeln und auf der Dachflächen das Jüngste Gericht.

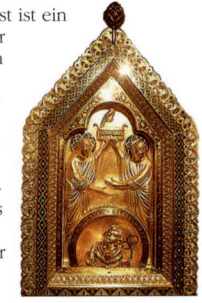

Reliquienschrein (12. Jh.)

Das beeindruckende mittelalterliche Kasteel Hoensbroek

Thorn ❾

Straßenkarte D5. 🏃 *2600.*
🚌 *72, 73, 76.* 🏠 *Wijngaard 14
(0475-561 085).*

Südöstlich von Weert liegt
an der A2 die weiße Stadt
Thorn, die mit ihren malerischen Straßen und Häusern,
den alten Bauernhöfen und
der mächtigen **Abteikirche** an
ein Freiluftmuseum erinnert.
Gut 800 Jahre lang, bis 1794,
war Thorn die Hauptstadt
eines autonomen weltlichen
Stifts, regiert von einer Fürst-
äbtissin. Rund um den Dorfplatz stehen die weiß gekalk-
ten Häuser, in denen die
adligen Damen lebten. Das
Äußere der Kirche aus dem

Haus im weißen Städtchen Thorn

14. Jahrhundert wurde Ende
des 19. Jahrhunderts durch
den bekannten Architekten
Pierre Cuypers restauriert und
erhielt einen neugotischen
Turm. Clara Elisabeth van
Manderscheidt-Blankenheim,
Chorherrin des Stifts, gründete 1673 nördlich von Thorn
die **Kapelle von Onze Lieve
Vrouwe onder de Linden.**

Sittard ❿

Straßenkarte D6. 🏃 *48800.* 🚉
🏠 *Rosmolenstraat 40 (0900-555
9798).* 🛒 *Do vorm., Sa.*

Sittard erhielt im 13. Jahrhundert mit dem Stadtrecht
eine Stadtmauer, die zum Teil,
etwa bei **Fort Sanderbout,**
noch intakt ist. Sehenswert ist
die **St.-Petruskerk** aus der Zeit
um 1300. Der 80 Meter hohe
Turm ist aus Lagen von Backstein und Mergelblöcken errichtet, den sogenannten
Specklagen. Am Markt steht
die barocke **St.-Michielskerk**
aus dem 17. Jahrhundert und
am Oude Markt die Basilika
Onze Lieve Vrouwe van het
Heilig Hart. Das Fachwerkhaus (1530) an der Ecke des
Marktes und De Gats, in dem
das Café De Gats zu Hause
ist, ist das älteste Haus von
Sittard. Das Kritzraedhuis, ein
außergewöhnlich prächtig
verziertes Patrizierhaus,
wurde 1620 im Maasländer
Renaissancestil erbaut.

Hoensbroek ⓫

Straßenkarte D6. 🏃 *25000.* 🚉
🏠 *Hoofstraat 26, Heerlen (0900-555
9798).* 🛒 *Fr vorm.*

Bevor 1908 die staatliche
Zeche Emma begann, war
Hoensbroek ein Bauerndorf.
Im 20. Jahrhundert wurde es
zum Zentrum des Bergbaus.
Aber auch das ist Vergangenheit, denn die Zechen sind
geschlossen. **Kasteel Hoensbroek** stand schon im Mittelalter. Vom ältesten Teil sind
nur der runde Eckturm und
das Hauptgebäude erhalten,
die Anbauten stammen aus
dem 17. und 18. Jahrhundert.
Ein breiter Burggraben mit
Wasser umgibt den Bau, in
dem heute das Kulturzentrum
seinen Sitz hat.

Fundamente im Thermenmuseum

Heerlen ⓬

Straßenkarte D6. 🏃 *72000.* 🚉
🏠 *Oranje Nassaustraat 16 (0900-555
9798).* 🛒 *Di, Do vorm., Fr.*

Unter Heerlen liegen die
Reste der römischen Sied-
lung Coriovallum. Im **Thermenmuseum** sind die Fundamente von Thermen und
antike Funde zu sehen. Die
romanische **St.-Pancratiuskerk**
wurde im 12. Jahrhundert erbaut. Heerlen war im 20. Jahrhundert das Zentrum des Limburger Bergbaus, 1974 wurde
der Kohlebau eingestellt. Der
Architekt F. P. J. Peutz erbaute
in den 1930er Jahren das Rathaus und das *Glaspaleis* genannte Kaufhaus Schunck.

🏛 **Thermenmuseum**
Coriovallumstraat 9. 📞 *045-560
5100.* 🕐 *Di–Fr 10–17, Sa, So, Feiertage 12–17 Uhr.* ⬤ *1. Jan, Karneval,
24., 25. Dez.* 📷🏠

Valkenburg ⑬

Straßenkarte D6. 🏠 *5000.* 🚉
🚌 *36, 63, 47.* 🛈 *Th. Dorrenplein 5
(0900-555 9798).* 🚍 *Mo vorm.,
Di vorm.*

In der Festungsstadt Valkenburg kann man viel besichtigen. Außer Monumenten wie
der Berkelpoort und Grendel-
poort, der romanischen Kirche
aus dem 13. und der Schloss-
ruine aus dem 12. Jahrhundert
gibt es ein Casino, Katakom-
ben, die Samthöhle, die **Gemeentegrot** (Mergelmine aus
der Römerzeit), eine Seilbahn,
die prähistorische Monsterhöh-
le, die **Steinkohlezeche** und
den Kurpark Thermae 2000.

Typische Limburger Sträßchen in Elsloo am Maasufer

🔦 **Gemeentegrot**
Cauberg 4. 📞 *043-601 2271.*
🕐 *Palmsonntag–Okt: Mo–Sa 9–
17, So 10–17 Uhr; Nov–Palmsams-
tag: Sa, So 10–16 Uhr.* ● *1. Jan,
Karneval, 25. Dez.* 🎫 📷

Gulpen ⑭

Straßenkarte D6. 🏠 *7500.* 🚌
🛈 *Dorpsstraat 27 (0900-555 9798).*
🚍 *Do.*

Gulpen liegt am Zusam-
menfluss von Geul und
Gulp. Die Gegend ist mit ihren Obstgärten und Wassermühlen eine der schönsten in
Limburg. Schloss Neubourg
(17. Jh.), auf den Fundamenten eines römischen Tempels

erbaut, ist heute ein Hotel mit
Restaurant. Daneben steht die
alte Neubourger Mühle mit
einer Fischtreppe für Forellen.
Auch die Brauerei kann man
besuchen. In dieser Gegend
ist sogar der seltene Eisvogel
anzutreffen, denn hier findet
er noch das für ihn zum Jagen
notwendige klare Wasser.

Elsloo ⑮

Straßenkarte D6. 🏠 *4000.* 🚉
🚌 *31.* 🛈 *Rosmolenstraat 2, Sittard
(0900-555 9798).*

Bei Elsloo an der Maas fand
man Relikte der Bandkera-
mikkultur. Zu sehen sind sie
im Heimatmuseum De Schip-
persbeurs. Die Waterstaatskir-
che (1848) birgt eine **Maria**

Selbdritt des Meisters von
Elsloo. Bei Niedrigwasser
sieht man Reste der alten
Burg von Elsloo in der Maas.
Vom jüngeren Kasteel Elsloo
steht noch der
Turm, in den
Nebengebäu-
den ist heute
ein Hotel mit
Restaurant.

Eijsden ⑯

Straßenkarte C6. **Eisvogel**
🏠 *12 000.* 🚉 🚌 *58, 59.*
🛈 *Breusterstraat 41, Epen (0900-555
9798).* 🚍 *Do nachm.*

Bei Eijsden, der südlichsten
Gemeinde der Niederlan-
de, fließt die Maas ins Land.
Das Dorf steht unter Denkmalschutz. Schloss Eijsden
wurde 1636 im Maasländer
Renaissancestil erbaut. Das
Schloss selbst ist in Privatbesitz, aber man kann den
schönen Park besichtigen.

Vaals ⑰

Straßenkarte D6. 🏠 *5500.*
🛈 *Landal Hoog Vaals, Randweg 21
(0900-555 9798).* 🚍 *Di vorm.*

In Vaals Umgebung erhebt
sich der Drielandenpunt,
mit 322 Metern der höchste
Berg der Niederlande und
Aussichtspunkt auf drei Länder. Aus dem 18. Jahrhundert
stammen das Kasteel Vaals-
broek und das Von Clermont-
huis. Die einstige Kirche De
Kopermolen ist ein Museum.

Idyllische Natur in Limburg: das mäandrierende Flüsschen Jeker

Tour: Heuvelland ⑱

Das südlimburgische Heuvelland (»Hügelland«) ist eine ganz eigene Gegend. Die Hügel und die durch die Flüsse gegrabenen Täler sind mit Löss bedeckt, der sonst nirgendwo in den Niederlanden zu finden ist. In dieser sanft gewellten Landschaft mit ihren schönen Ausblicken liegen inmitten von Feldern und Streuobstwiesen alte Dörfer und Schlösser. Dazwischen verlaufen Hohlwege, an denen Wegkreuze und Feldkapellen stehen.

Der Orchideengarten ③ *im autofreien Gerendal, einem Trockental (Tal ohne Wasserlauf) zwischen Schin op Geul und Scheulder, ist der Stolz der Gegend. Der Garten mit 20 Arten wilder Orchideen liegt hinter dem Försterhaus.*

Die Basiliek van het Heilig Sacrament ② *in Meerssen, erbaut Ende des 14. Jahrhunderts im Stil der Maasländer Gotik, ist eine der elegantesten Kirchen des Landes. Im Chor steht ein reich verzierter Sakramentsschrein.*

BUNDE

Maastricht

Meerssen

Basiliek van het Heilig Sacrament ②

Rothem

Cadier en Keer

Weinbau ①

Sint-Geertruid

EIJSDEN

Kasteel Eijsden ⑧

Kasteel Eijsden ⑧ *wurde 1636 im Maas-Renaissancestil erbaut. Kennzeichnend für diesen Stil ist die Kombination von Backstein und Naturstein, der hier für die Gesimse und Portale verwendet wurde.*

ROUTENINFOS

Länge: 80 km.
Ein Teil der Tour führt durch das Hügelgebiet mit seinen schmalen Wegen.
Rasten: *Vor allem bei Noorbeek, Slenaken und Epen gibt es schöne Aussichtspunkte.*

Weinbau in Südlimburg ①

In früheren Jahrhunderten wurde in Südlimburg deutlich mehr Wein angebaut als heute. Im 18. Jahrhundert bepflanzte man zum Beispiel rund um den St.-Pietersberg mehr als 200 Hektar mit Weinstöcken. Heute gibt es in Südlimburg noch einige wenige echte Weingüter, das bekannteste ist Apostelhoeve. Auf diesem Weingut, südlich von Maastricht auf dem Lauwerberg über dem Tal der Jeker gelegen, wird aus den Rebsorten Müller-Thurgau, Riesling, Auxerrois und Pinot Gris Weißwein gekeltert.

Weintrauben aus Limburg

Der Amerikanische Soldatenfriedhof ④ bei Margraten hat 8300 mit einfachen weißen Kreuzen gekennzeichnete Gräber von amerikanischen Soldaten, die im Zweiten Weltkrieg fielen.

LEGENDE

▬▬	Routenempfehlung
═══	Andere Straße
▬	Eisenbahn
⁂	Aussichtspunkt

0 Kilometer   2

Valkenburg

uthem

Schin op Geul

Orchideen-garten ③

Sibbe

78

Margraten
daten-dhof

Gulpen

N281

Mechelen

Vijlen ⑤

MHEER

Epen

⑦ Geultal

⑥ Wälder

Vaals

NOORBEEK   Slenaken

In Vijlen ⑤ steht die höchstgelegene Kirche der Niederlande. Die Turmspitze ist schon von Weitem zu sehen.

Ausgedehnte Wälder ⑥ gibt es nicht viele in Limburg, dennoch ist die Provinz sehr baumreich. Größere Flächen bedecken die Wälder bei Vaals, darunter der Vijlenerbos, und die Wälder der Brunsummerheide. Berühmt sind auch die Hangwälder im Süden mit ihren vielen Quellen.

Wanderung im Geultal ⑦ Gehen Sie von Epen Richtung Plaat, nehmen Sie dann den Weg zur Mühle an der Geul. Dort überqueren Sie die Brücke und folgen dem Pfad flussabwärts bis nach Belgien. An der Geul stehen Pappeln, in denen Misteln wachsen. Der Pfad führt entlang der Heimansgrube, wo Gestein aus dem Karbon an die Oberfläche kommt.

Zu Gast in den Niederlanden

Hotels

Die Niederlande bieten Hotels für jeden Geschmack und jeden Geldbeutel – von einfach und billig bis zu luxuriös und teuer. Man kann in den Häusern der großen internationalen Hotelketten übernachten oder in alten Schlössern, auf Bauernhöfen und in historischen Gebäuden, in Privatpensionen oder in Jugendherbergen. Beinahe überall findet man Bed & Breakfast.

Auch Camper kommen in den Niederlanden auf ihre Kosten, denn es gibt viele, oft wunder-

Hotelportier

schön gelegene Zeltplätze und Caravanparks. Wer länger an einem Ort bleiben will, der kann hier schön und nicht zu teuer übernachten.

Wer mit Familie oder Freunden länger an einem Ort bleiben will, sollte auch einen der über 350 Bungalowparks, die es in den Niederlanden gibt, in Erwägung ziehen. An der Küste und in den Städten kann man auch Apartments mieten. Die Hotels in unserer Auswahl *(siehe S. 392– 405)* variieren in der Preisklasse, aber es sind die besten und schönsten Hotels in der jeweiligen Gegend oder Stadt.

Hotelauswahl

Preis, Qualität und Ausstattung der Hotels sind sehr unterschiedlich. Die beste Auswahl bieten Amsterdam und die anderen Großstädte. Hier lässt sich für jeden Geldbeutel etwas finden, aber auch im Rest des Landes ist das Spektrum breit.

Neben Hotels gibt es in den Niederlanden immer mehr Bed & Breakfasts (B&B), in denen man Übernachtung mit Frühstück bekommt. Es sind beinahe immer Privatleute, die B&B anbieten, entsprechend sind die Unterkünfte sehr unterschiedlich – von einfachen Wohnhäusern bis zu stattlichen historischen Gebäuden. **Bed & Breakfast Nederland** hilft bei der Reservierung von Unterkünften in Privathäusern. Traditionelle Pensionen sind nicht mehr so

verbreitet wie noch vor wenigen Jahrzehnten. Größter Unterschied zum B&B ist, dass man in Pensionen alle Mahlzeiten bekommen kann, die Gäste bleiben hier auch meistens länger. Pensionen findet man vor allem im Süden des Landes.

Auch die Übernachtung auf Bauernhöfen ist populär, viele sind Mitglied der **Hoeve-Logies Nederland**. Oft bieten sie auch eine Unterbringung von Pferden an oder die Möglichkeit, einen Tag auf dem Hof mitzuarbeiten. Wer ländliche Romantik mit einem Schuss Luxus kombinieren will, kann dies im **Hotel de Boerenkamer** in Noord-Holland tun.

Das Hotel Groot Warnsborn in Arnhem *(siehe S. 403)* war bis 1950 ein Landgut

Am billigsten übernachtet man in Jugendherbergen. **Stayokay** verwaltet 30 davon im ganzen Land. Sie sind schon lange nicht mehr ausschließlich der Jugend vorbehalten. Zumeist schläft man in einem Schlafsaal für vier bis sechs Personen und bringt sein eigenes Bettzeug mit oder leiht es sich. Mitglieder von Hostelling International erhalten Ermäßigung.

Hotelketten

Zahlreiche große Hotelketten sind in den Niederlanden vertreten. Die meisten findet man in den großen Städten, etwa **Hilton**, **Mercure**, **Golden Tulip**, Marriott, Best Western, **Holiday Inn** und Ramada, manche auch in Naturgebieten, zum Beispiel das **Bilderberg**. Es sind gute bis luxuriöse Hotels mit allen Annehmlichkeiten für Geschäftsreisende und Urlauber.

Das Schlosshotel De Havixhorst in Schiphorst

◁ Die Geschichte des Restaurants d'Vijff Vlieghen in Amsterdam reicht bis ins Jahr 1627 zurück

Hotel Het Schimmelpenninck Huys in Groningen *(siehe S. 400)*

Natürlich ist eine Übernachtung hier etwas unpersönlicher als in den kleinen Hotels, doch dafür bieten diese Luxushotels hervorragenden Service und allen Komfort.

Kategorien

Es gibt verschiedene Systeme, nach denen Hotels in Kategorien eingeteilt werden, so empfiehlt und kategorisiert zum Beispiel auch der niederländische Automobilclub ANWB Hotels. Bei der Beurteilung spielt neben der Qualität der Einrichtungen auch die Gastfreundlichkeit eine Rolle. Die Hotels werden regelmäßig kontrolliert. Man erkennt sie am ANWB-Schild und findet sie in einem vom ANWB herausgegebenen Führer.

Daneben gibt es die Hotels von »Holland Hotels Hartverwarmend«, die sich durch eine persönliche Atmosphäre auszeichnen. Eine Liste mit diesen Hotels bekommt man gegen eine geringe Schutzgebühr bei der VVV.

Alle Hotels in den Niederlanden werden nach dem Benelux-Hotelklassifikationssystem eingeteilt, das zwischen einem und fünf Sterne vergibt. Die Zahl der Sterne entspricht einer bestimmten Ausstattung, je mehr Sterne, desto luxuriöser. Ein Hotel mit einem Stern ist einfach und serviert vielleicht Frühstück. In einem Zwei-Sterne-Hotel hat ein Viertel der

Vom ANWB empfohlenes Hotel

Räume ein eigenes Bad oder Dusche und WC. Es gibt einen Aufenthaltsraum und bei mehr als drei Stockwerken einen Lift. Ein Drei-Sterne-Hotel ist Mittelklasse. Die Zimmer haben Zentralheizung, mindestens die Hälfte hat ein eigenes Bad. Bei vier Sternen gibt es einen Nachtportier, 80 Prozent der Zimmer haben ein Bad und alle Telefon. Ein Haus mit fünf Sternen ist ein Luxushotel mit 24-Stunden-Service, großen Räumen mit Bad, Bar und Restaurant. Meist findet man hier auch andere Annehmlichkeiten, etwa Swimmingpool und Wellnessbereiche.

Leider berücksichtigt das Sternsystem nur die Ausstattung der Hotels und nicht ihre Lage oder die Atmosphäre. Aus diesem Grund sind kleine, einfache, aber dafür umso charmantere Hotels oftmals unterbewertet. Auf einem blau-weißen Schild am Eingang ist zu sehen, wie viele Sterne das Hotel hat.

In Ooij liegt das Hotel Oortjeshekken *(siehe S. 403)*

Apartments

In den Städten ist das Angebot an Apartments, in denen man sich selbst versorgen kann, begrenzt. Sie sind auch nicht gerade billig. Man kann sich bei der VVV oder in den Gelben Seiten informieren, wo man ein Apartment mieten kann. Bei Anmietung eines Apartments über eine Agentur liegt die Mindestaufenthaltsdauer meist bei einer Woche. Auch in einigen Hotels, zum Beispiel dem Renaissance Amsterdam Hotel, kann man Apartments mieten. An der Küste, in Zeeland und auf den Waddeneilanden gibt es viele Apartmenthotels, in denen man zusätzlich zum Apartment auch noch die Vorzüge eines Hotels, etwa ein Schwimmbad, Fitnessanlagen oder eine Bar, genießt.

Preise

Der Zimmerpreis beinhaltet im Regelfall alle Steuern, die Kurtaxe sowie das Frühstück. In den größeren, teureren Hotels wird das Frühstück oft extra berechnet, das Angebot am Buffet ist dann aber auch besonders umfangreich.

Obwohl die Anzahl der Betten in den Städten noch immer wächst, sind Hotels in den großen Städten, vor allem in Amsterdam, teurer als im Rest des Landes. Alleinreisende bezahlen deutlich mehr, denn ein Einzelzimmer ist meist nur 20 Prozent billiger als ein Doppelzimmer. Wer zu mehreren unterwegs ist, kann sich in vielen Hotels ein Mehrbettzimmer geben lassen – diese wiederum sind relativ günstig.

Reservierung

Im Frühling, zur Tulpenblüte, und im Sommer besuchen die meisten Urlauber die Niederlande. Wer in dieser Zeit ein Hotel buchen will, der sollte das schon einige Wochen im Voraus tun, vor allem in den großen

Der Speisesaal im Hotel Van der Werff auf der Insel Schiermonnikoog

Städten und an der Küste. In den beliebten Hotels an den Grachten Amsterdams muss man das ganze Jahr hindurch reservieren. Eine Reservierung kann man direkt telefonisch mit dem Hotel regeln, aber lassen Sie sich die Reservierung auf alle Fälle schriftlich bestätigen.

Natürlich kann man auch über das Internet ein Hotel wählen und buchen. Es gibt mehrere Portale, auch auf Englisch, über die das möglich ist. Neben den allgemeinen Websites mit verschiedenen Hotels haben die meisten Hotelketten auch eine eigene Internet-Seite, auf der man Informationen und ein Reservierungsformular findet.

Nützliche Websites sind etwa **www**.hotels-holland.com, **www**.hotelnet.nl, **www**. booking.com, **www**.anwb.nl (die vom ANWB empfohlenen Hotels) sowie **www**.ase.net, die *accommodation search engine*, mit der man Hotels auf der ganzen Welt suchen kann.

Auch die Jugendhotels haben eine Internet-Adresse, man findet Informationen unter **www**.stayokay.nl.

Besondere Hotels oder große Ketten sucht man am besten unter ihrem Namen. Auch bei der **VVV** (Vereniging voor Vreemdelingenverkeer) kann man Hotelzimmer überall in den Niederlanden reservieren. Die VVV vermittelt auch Privatübernachtungen mit Frühstück, ein Service, für den man eine geringe Gebühr bezahlt. Die erste Nacht bezahlt man bei der VVV, die folgenden im Hotel.

Das **Nederlands Reserverings Centrum** kann jede Unterkunft reservieren, aber arbeitet ausschließlich über Computer. Die Internet-Adresse des Reservierungszentrums lautet: **www**.hotelres.nl.

Die niederländische Fluggesellschaft KLM bietet am Flughafen Schiphol einen eigenen Reservierungsservice an. Selbstverständlich sind auch Reisebüros bei der Suche nach einem Hotel und der Reservierung behilflich.

Bezahlung

Die meisten Hotels akzeptieren die gängigen Kreditkarten. Wenn man seine Kreditkartennummer bei der Reservierung angibt, muss man meistens nicht im Voraus bezahlen. Sehr kleine Hotels, Pensionen, B & Bs und Jugendherbergen akzeptieren im Allgemeinen keine Kreditkarten. Hier muss man bar bezahlen.

Ermäßigungen

Wer frühzeitig bucht, erhält meist eine Ermäßigung auf den Übernachtungspreis, vor allem bei den (amerikanischen) Ketten. Gerade am Wochenende, wenn keine Geschäftsreisenden im Haus sind, wird der Kunde mit Rabatten umworben. Die beliebten Ferienhotels, die am Wochenende meist ausgebucht sind, geben hingegen manchmal unter der Woche Ermäßigung. Kinder unter zwölf Jahren dürfen meist kostenlos im Zimmer der Eltern übernachten oder bezahlen nur einen kleinen Betrag, müssen sich dafür manchmal aber ein Bett mit den Eltern teilen. Für Kinder bis 15 Jahre, deren Eltern Mitglied bei Stayokay sind, ist die Mitgliedschaft umsonst.

Pauschalangebote

Neben den einfachen Übernachtungen bieten viele Hotels, vor allem die großen Ketten, Arrangements mit einer oder mehr Übernachtungen, Frühstück und Abendessen an. Oft wird zusätzlich eine organisierte Wander- oder Radtour inklusive Mietfahrrad angeboten oder ein komplettes Wellnesswochenende mit Massagen, Saunabesuch und einer Behandlung im hoteleigenen Schönheitssalon. Informationen zu diesen Angeboten erhält man bei den Hotels selbst und bei der VVV.

Das Amstel Hotel *(rechts)* in Amsterdam, direkt an der Amstel

Behinderte Reisende

Unsere Hotelauswahl gibt an, ob ein Hotel Lift hat, für Rollstuhlfahrer geeignet und behindertengerecht ist, entsprechend den Informationen der jeweiligen Hotels. Manche Häuser sind für Rollstühle zugänglich, haben aber keinen Lift. Diese Hotels haben dann einige Gästezimmer im Erdgeschoss. Weitere Informationen sollte man telefonisch oder schriftlich bei der Reservierung erfragen. An immer mehr Hotels sieht man das internationale Zeichen »Behindertengerecht«, das vom nationalen Behindertenverband vergeben wird. Diese Hotels sind ohne Hilfe von Dritten voll zugänglich.

Beim ANWB gibt es mehrere Broschüren mit Informationen für Behinderte. Im Hotelführer der VVV sind die behindertengerechten Hotels ebenfalls gekennzeichnet.

Hotelbuchungsseiten wie **www.**booking.com und **www.**laterooms.com bieten Suchfunktionen, um Hotels herauszufiltern, die Zimmer für Behinderte anbieten. Dort findet sich auch eine wachsende Zahl von Hotels in den Niederlanden.

Im Hotel De Kromme Raake in Eenrum, dem kleinsten Hotel der Niederlande, übernachtet man in einer authentischen Bettstatt

Hotels für Schwule und Lesben

Die meisten Hotels dieser Kategorie findet man in Amsterdam. Als Vorteil dieser Hotels, zum Beispiel des **Black Tulip** oder von **The Golden Bear**, erweist sich, dass Gäste hier viele Informationen über Veranstaltungen und Adressen von Kneipen bekommen können.

Außer diesen Hotels gibt es natürlich noch viele andere, die nicht ausschließlich auf homosexuelle Kundschaft spezialisiert sind, aber dennoch manchen Extraservice bieten

oder zumindest besonders aufgeschlossen sind. In diese Kategorie fällt zum Beispiel das **Quentin**, das vor allem bei Frauen sehr beliebt ist. Unter anderem das Pulitzer und The Grand haben von der International Gay and Lesbian Travel Association das Prädikat »homofreundlich« erhalten. Diese Organisation erteilt auch, unter anderem via Internet (**www.**iglta.com), Informationen über homofreundliche Hotels und Pensionen. Auch beim **Gay & Lesbian Switchboard** (ebenfalls im Internet) kann man sich hierüber informieren.

AUF EINEN BLICK

Hotelverbände	Hotelketten	Reservierung	Hotels für Schwule und Lesben
Bed & Breakfast Nederland Hallenstraat 12a, 5531 AB Bladel. **www.**bedandbreakfast.nl	**Bilderberg** ☎ 0900-240 2400. **www.**bilderberg.nl	**VVV (Vereniging voor Vreemdelingenverkeer)** Büros siehe Seite 441. **www.**vvv.nl	**Black Tulip** Geldersekade 16, 1012 BH Amsterdam. ☎ 020-427 0933. FAX 020-624 4281.
Hoeve-Logies Nederland Adressenliste zu bestellen über: **www.**dutch-farmholidays.com	**Golden Tulip** ☎ 033-254 4800. **www.**goldentulip.nl	**Nederlands Reserverings Centrum** Plantsoengracht 2,	**The Golden Bear** Kerkstraat 37, 1017 GB Amsterdam. ☎ 020-624 4785. FAX 020-627 0164.
Hotel de Boerenkamer ☎ 0299-655 726 (tägl. 9–17 Uhr). **www.**hotel-boerenkamer.nl	**Hilton** ☎ 0800-444 66677. **www.**hilton.nl	1441 DE Purmerend. ☎ 0299-689 144. **www.**hotelres.nl	**Quentin** Leidsekade 89, 1017 PN Amsterdam. ☎ 020-626 2187. FAX 020-622 0121.
Stayokay ☎ 010-551 3155. **www.**stayokay.com	**Holiday Inn** ☎ 0800-556 5565. **www.**ichotelsgroup.com **Mercure** ☎ 020-654 5727. **www.**mercure.com	**ANWB** **www.**anwb.nl/hotels/index	**Gay & Lesbian Switchboard** ☎ 020-623 6565 (tägl. 14–22 Uhr). **www.**switchboard.nl

Bungalowparks

Mehr als 350 Bungalowparks sind über die Niederlande verteilt. Hier kann man als Familie oder kleine Gruppe – unabhängig vom Wetter – wunderbar Urlaub machen. Die Parks bestehen aus Dutzenden kleiner Häuser für vier bis acht Personen und bieten außerdem allerlei Einrichtungen wie Supermärkte und Restaurants. Natürlich gibt es viele Möglichkeiten zur Freizeitgestaltung, sowohl draußen als auch drinnen, sollte der Wettergott schlechte Laune haben. Die Parks liegen oft in schönen Naturgebieten und bieten verschiedene Aktivitäten an. Auf diesen Seiten finden Sie eine Auswahl der schönsten Parks.

LEGENDE UND RESERVIERUNGSNUMMERN

- Euroase-parken (0900-8810)
- Zilverberk (0900-8810)
- CenterParcs (0900-660 6600)
- Landal GreenParks (0900-8842)
- Overheemparken (0572-339 2798)
- RCN-recreatiecentra (0343-513 547)
- Hogenboom Vakantieparken (0297-389 180)
- Andere Parks

Port Zélande
Eine CenterParcs-Anlage im südfranzösischen Stil am Grevelingenmeer. Viele Entspannungsmöglichkeiten und komfortable Bungalows.

Spaß für Kinder
Alle Freizeitparks bieten ein großes Unterhaltungsprogramm für Kinder, hier im RCN-Park De Flaasbloem in Chaam.

Terschelling
WADDE
EILAND
Vlieland
SLUFTERVALLEI
KRIM
PARC TEXEL   *Texel*
CALIFORNIË   CREATIEF BEAC
PARK TEXEL

NOORD-
HOLLAND

AMSTERDAM
ZANDVOORT
Haarlem
SOLLASI
'T EEKHOORNNE
Den Haag   UTRECH
KIJKDUINPARK   Utrech
ZUID-
HOLLAND
Rotterdam
TOPPERSHOEDJE
PORT ZÉLANDE
DUINOORD
PARK PORT GREVE
PARC   EFTELING
BURGH-HAAMSTEDE   DROOMRIJK
DE SCHOTSMAN   NOOR
DE ROSE
Middelburg
DE FLAASBLOEM   BRABA
HOF VAN ZEELAND   BOERDERIJD
ZWART
ZEEBAD
PANNENSCHUUR   ZEELAND
HET VENNENBO
BELGIE

0 Kilometer   40

RCN
Die RCN-Erholungsparks bieten Bungalows zu einem relativ günstigen Preis an.

Aqua Mundo
In diesem Südseeparadies von CenterParcs kann sich jeder als Robinson Crusoe fühlen oder seine Schatzinsel finden.

Landal GreenPark Hoog Vaals
Im Limburger Heuvelland (»Hügel-land«) kombiniert Landal die schöne Umgebung mit vielen Möglichkeiten zur Entspannung und sportlichen Be-tätigung.

Map labels:

Schiermonnikoog
JINPARK BLIEKE
Ameland
BOOMHIEMKE
CREATIEF NATUURDORP SUYDEROOGH
GRONINGEN
Groningen
Leeuwarden
IT WIID
FRIESLAND
DE POTTEN
WITTERZOMER
PARC STADSKANAAL
DE ROGGEBERG
Assen
PARC BORGER
BOSMEER
DE NOORDSTER
AELDERHOLT
DRENTHE
HET ZUIDERVELD
VAKANTIEPARK DE WILTZANGH
DE HUTTENHEUGTE
HET STOETENSLAGH
OVERIJSSEL
Zwolle
Lelystad
CREATIEF VILLAPARK DE VLEGGE
EVOLAND
GERNER
HOGE HEXEL
HOOGWOLDE
DE JAGERSTEE
B.C. HELLENDOORN
PARC EPE
ZILVERBERK HELLENDOORN
EEMHOF
SALLANDSHOEVE
LANDGOED 'T LOO
ZEEWOLDE
VAKANTIEPARK DE PRINS
AAS
TWENHAARSVELD
RABBIT HILL
RUIGHENRODE
ELDORADO
MIGGELENBERG
PARC BEEKBERGEN
'T STIEN 'N BOER
HEIDEHEUVEL
GROTE BOS
COLDENHOVE
NKELDUIN
GELDERLAND
Arnhem
'T ZONNETJE
DEUTSCHLAND
SCHUTTERSOORD
ertogenbosch
HET HEIJDERBOS
BANT
ARCEN
LOOHORST
HET MEERDAL
PARC VLIERDEN
KEMPERVENNEN
DE LOMMERBERGEN
WEERTERBERGEN
LIMBURG
HOMMELHEIDE
aastricht
SIMPELVELD
DE MECHELERHOF
HOOG VAALS

Camping

Für viele Menschen ist Camping die schönste Form
von Urlaub. Es ist billig, man ist ungebunden, und
Campingplätze liegen meistens in wunderschönen Naturgebieten. Es gibt zahllose Arten zu campen: das Zelt
jeden Tag woanders aufschlagen oder an einem festen
Ort bleiben, unterwegs mit Wohnwagen oder Wohn-
mobil, Campen in der freien Natur, beim Bauern auf
der Wiese oder auf dem Campingplatz. Die Niederlande bieten für Campingfreunde alle Möglichkeiten.

Campingplatz-Kategorien

Die Campingplätze in den
Niederlanden kann man
in zwei Hauptgruppen unterteilen. Da gibt es zum einen
die Naturplätze, kleine oder
mittelgroße Terrains, die nur

mieten. Der Vorteil hierbei ist,
dass man mit weniger Gepäck
unterwegs ist. In unserer kurzen Beschreibung gehen wir
auf beide Möglichkeiten
näher ein.

**Camping De Roos in Beerze liegt
prächtig an der Vecht**

Campen in freier Natur

Auch Wanderer mit Zelt sind willkommen

Wild zu campie-
ren, ist gesetz-
lich verboten. Doch
es gibt genug legale
Plätze, die »unorga-
nisierte« Lagerfeuer-
romantik garantie-
ren. Dazu zählen
vor allem die soge-
nannten Naturcam-
pings. Sie liegen zu-
meist in prächtigen
Naturgebieten, die
zum Wandern und
Fahrradfahren einla-

das Notwendigste bieten, aber
in wunderschönen Gegenden
liegen. Zum anderen gibt es
die großen Campingplätze mit
allem Komfort, die oft in der
Nähe von Erholungsgebieten
liegen. Beide Arten findet
man überall im Land, bei beiden kann man mit dem eigenen Zelt oder Wohnwagen
stehen oder eine Unterkunft

den. Hier kann man sein Zelt
aufschlagen, aber es sind
auch Wohnwagen und Wohn-
mobile willkommen. Es gibt
hier keine festen Stand- oder
Saisonplätze. Die sanitären
Einrichtungen sind einfach,
aber gut und sauber. Meistens
gibt es einen Spielplatz für
Kinder. Wer auf diesen Plätzen übernachten will, muss

eine *Natuurkampeerkaart*
haben, die man bei der
**Stichting Natuurkampeer-
terreinen** bekommt, zusammen mit einem Heft mit
den Adressen der mehr als
100 Plätze. Die Plätze des Ver-
bands *Gastvrije Nederlandse
Landgoederen en Kastelen*
(**LKC**) bieten eine Kombination von Natur und Kulturgeschichte. Sie werden von
Privatpersonen geführt und
liegen auf Landgütern mit viel
Wald oder bei einem Herrenhaus. Alle 28 angeschlossenen
Plätze sind sehr großzügig angelegt und bieten viel Ruhe
und Atmosphäre.

Camping auf dem Bauern-
hof verspricht einen Aufenthalt in einer ruhigen, ländlichen Umgebung. Die Plätze
liegen meist in der Nähe
eines Naturgebiets, in dem
man wandern, Fahrrad fahren
oder reiten kann. Auch auf

Tagescampingplatz in Zeeland, beliebt bei in- und ausländischen Urlaubern

dem Bauernhof selbst gibt es viel zu erleben, und oft kann man im Stall oder auf dem Feld mithelfen.

Ein Dach über dem Kopf in freier Natur bieten auch die *trekkershutten*, Wanderhütten. Hier kann man auf längeren Touren übernachten. Die einfachen Unterkünfte bieten maximal vier Personen Platz. Sie stehen oft auf Campingplätzen, deren Einrichtungen man benutzen kann, man muss aber sein eigenes Bettzeug mitbringen.

Ruhe inmitten schöner Natur – der Traum aller Camper

Große Familien-Campingplätze

Die großen Familien-Campingplätze findet man überall, sie sind auch bei den Niederländern sehr beliebt für einen Urlaub im eigenen Land. Die *gezelligheid*, die niederländische Form der Gemütlichkeit, ist hier sehr wichtig. Auf diesen Plätzen liebt man die organisierte Unterhaltung, es gibt Grillabende, Karaoke, Spielnachmittage und Sportveranstaltungen. Kontakte kommen schnell zustande. Vor allem Kinder lieben diese Plätze, denn hier finden sie andere Kinder, mit denen sie toben oder den Erwachsenen Streiche spielen können. Diese großen Plätze haben zumeist alle sanitäre Einrichtungen und natürlich warmes Wasser. Für Wohnmobile gibt es Stromanschlüsse und fließend Wasser. Die Geschäfte auf dem Platz bieten so viel Auswahl, dass man das Gelände eigentlich nicht mehr verlassen muss. Wer keine Lust zum Kochen hat, der kann auch die Snackbar, die Kantine oder das Restaurant auf dem Platz besuchen. Natürlich findet man hier auch einen Waschsalon oder sogar eine Reinigung. Sehr viele dieser großen Campingplätze haben zudem ein Schwimmbad, Tennisplätze, Minigolf und andere Sportmöglichkeiten.

Der ANWB, der Automobilclub der Niederlande, hat die besten Campingplätze Europas unter »Eurotopcampings« zusammengefasst. Die Sanitäreinrichtungen sind hervorragend, die Stellplätze sind großzügig, die Ausstattung ist luxuriös. In den Niederlanden findet man 13 solche Plätze. Sie sind im Eurotopcampinggids des ANWB aufgeführt, man findet sie aber auch im Internet unter **www**.anwb.nl/verblijven/campings/home.jsf.

AUF EINEN BLICK

Campen in freier Natur

Kleine Groene Campings
Sparrenbergstraat 37,
Tollem Gaanderen.
www.kgc.nl

LKC
Nevenlandsehof 14,
7312 EX Apeldoorn.
C & **FAX** 0318-578 555.
www.gasturijeland
goederen.nl

NIVON
Hilversumsestraat 332,
1024 MB Amsterdam.
C 020-435 0700.
FAX 020-637 6533.
www.nivon.nl

Stichting Natuurkampeerterreinen
Postbus 413,
3430 AK Nieuwgein.
C 030-603 3701.
www.natuur
kampeerterreinen.nl

Stichting Trekkershutten Nederland
Ruigeweg 49,
1752 HC St-Maartensbrug.
C 0224-563 345.
FAX 0224-563 318.
www.trekkershutten.nl

SVR (Stichting Vrije Recreatie)
Broekseweg 75–77,
4231 VD Meerkerk (ZH).
C 0183-352 741
FAX 0183-351 234.
www.svr.nl

VeKaBo (Vereniging van Kampeerboeren)
Havenstraat 14,
9591 AK Onstwedde.
C 0900-333 6668.
www.vekabo.nl

Große Familien-Campingplätze

Euroase
Zentrale Infonummer:
C 0900-8810.
www.euroase.nl

Zilverberk
Postbus 12,
4493 ZG Kamperland.
C 0900-8810.
www.zilverberk.nl

Campingführer

ADAC Camping-Führer Nordeuropa
Sehr differenzierte Punktebewertung.

ANWB-gids Kleine Campings
Mehr als 1500 kleine Campingplätze in 13 Ländern.
www.campinggids.nl
www.kamperen.nl

EuroCampings.eu
9100 Campingplätze in 29 Ländern.
www.eurocampings.de

Nederlandse Campingwijzer
Erschienen bei Kosmos. Mehr als 1000 Campingplätze in Benelux.

Hotelauswahl

Die Hotels auf den folgenden Seiten wurden in einer weiten Spanne von Preiskategorien ausgewählt – aufgrund ihrer Ausstattung, ihrer Lage oder ihres Preis-Leistungs-Verhältnisses. Die Symbole geben Aufschluss über besondere Einrichtungen. Innerhalb einer Preis-kategorie sind die Hotels alphabetisch geordnet.

PREISKATEGORIEN
Preise für ein Standard-Doppelzimmer pro Nacht, inklusive Frühstück, Service und Steuer.

€ unter 120 Euro
€€ 120–170 Euro
€€€ 170–220 Euro
€€€€ 220–270 Euro
€€€€€ über 270 Euro

Amsterdam

OUDE ZIJDE Stayokay Stadsdoelen   €
Kloveniersburgwal 97, 1011 KB **C** *020-624 6832* **FAX** *639 1035* **Zimmer** *8*   **Stadtplan** *5 A2*

Das Stayokay ist auf junge Leute, Familien und Gruppen eingestellt. Es bietet Themenpakete zu Natur und Archi-tektur an. Das Stadthaus nahe dem Nieuwmarkt hat spartanische Räume mit Platz für acht bis 20 Personen. Hier gibt es einen Innenhof und eine einfache Bar, in der Essen serviert wird. **www.stayokay.com**

OUDE ZIJDE Residence Le Coin   €€
Nieuwe Doelenstraat 5, 1012 CP **C** *020-524 6800* **FAX** *524 6801* **Zimmer** *42*   **Stadtplan** *5 A2*

Das Hotel liegt in einer angenehmen, von Cafés gesäumten Straße nahe der Universität. Es bietet geräumige Zimmer im Apartment-Stil. Sie sind hell und modern eingerichtet und haben große Fenster und Kochnischen. Eine gute Wahl für Familien und für einen längeren Zeitraum (spezielle Monatstarife). **www.lecoin.nl**

OUDE ZIJDE Misc   €€€
Kloveniersburgwal 20, 1012 CV **C** *020-330 6241* **FAX** *330 6242* **Zimmer** *6*   **Stadtplan** *5 A1*

Das unkonventionelle, kleine Hotel liegt zwischen den Cafés und Bars des Nieuwmarkt und ist ideal für Nacht-schwärmer (Frühstück bis Mittag). Die hellen Räume sind individuell nach Themen eingerichtet (z. B. »Afrika«). Die Inhaber organisieren für ihre Gäste alles – vom Spaziergang bis zur Bootsfahrt. **www.hotelmisc.nl**

OUDE ZIJDE Grand Hôtel Amrâth Amsterdam   €€€€
Prins Hendrikkade 108–114, 1011 AK **C** *020-552 0000* **FAX** *552 0900* **Zimmer** *165*   **Stadtplan** *2 E4*

Das Luxushotel oberhalb des alten Hafens liegt im Scheepvaarthuis aus dem Jahr 1913, einem typischen Gebäude der Amsterdamer Schule. Das Hotel bietet große Zimmer, die mit allen Annehmlichkeiten ausgestattet sind. Das Restaurant Seven Seas serviert feine französische Küche. **www.amrathamsterdam.com**

NIEUWE ZIJDE Avenue   €€
Nieuwezijds Voorburgwal 33, 1012 RD **C** *020-530 9530* **FAX** *530 9599* **Zimmer** *80*   **Stadtplan** *5 D4*

Das Hotel liegt ideal, um das Nachtleben der Nieuwe Zijde zu erleben, und ist mit zwei Liften behindertengerecht ausgestattet. Es besteht aus neun Kanalhäusern, von denen eines ein Gewürzlagerhaus der Vereenigde Oost-Indische Compagnie war. Die Zimmer sind gut, aber es gab Klagen über das Frühstücksbuffet. **www.embhotels.nl/avenue**

NIEUWE ZIJDE Rho Hotel   €€
Nes 5–23, 1012 KC **C** *020-620 7371* **FAX** *620 7826* **Zimmer** *170*   **Stadtplan** *2 D5*

Das Rho Hotel liegt nur wenige Meter vom Dam entfernt in einer Seitenstraße mit interessanten Bars, Restaurants und Theatern. Doch nicht nur die Lage fasziniert. Die Art-nouveau-Eingangshalle war einmal Teil eines 1908 erbauten Theaters. Die Zimmer sind einfach gehalten, aber schön und sauber. **www.rhohotel.nl**

NIEUWE ZIJDE Singel Hotel   €€
Singel 13–17, 1012 VC **C** *020-626 3108* **FAX** *620 3777* **Zimmer** *32*   **Stadtplan** *2 D3*

Eines der wenigen preisgünstigen Hotels in der Stadt. Es liegt nahe dem Bahnhof und ist idealer Ausgangspunkt für einen Grachtenspaziergang. Innerhalb des reizvollen Hauses aus dem 17. Jahrhundert ist alles einfach und solide. Die Zimmer haben Duschen, sind sauber und ordentlich. Zur Straße hin kann es laut werden. **www.singelhotel.nl**

NIEUWE ZIJDE Citadel   €€€
Nieuwezijds Voorburgwal 98–100, 1012 SG **C** *020-627 3882* **FAX** *627 4684* **Zimmer** *38*   **Stadtplan** *2 D4*

Das solide Hotel liegt im Zentrum, auf halbem Weg zwischen Jordaan und Altstadt. Von hier aus kann man gut die Stadt erkunden. Das Citadel wurde vor Kurzem renoviert, die Zimmer sind sauber und schlicht. Die öffentlichen Bereiche wie Rezeption und Bar sind in warmen Holztönen gehalten. Hilfsbereites Personal. **www.centrehotels.nl**

NIEUWE ZIJDE Die Port van Cleve   €€€
Nieuwezijds Voorburgwal 176–180, 1012 SJ **C** *020-718 9013* **FAX** *421 0310* **Zimmer** *120*   **Stadtplan** *2 D4*

Bierliebhaber werden sich in diesem Gebäude wohlfühlen – hier begann Heineken in den 1870er Jahren mit dem Brauen von Bier. Die anderen werden von den großen, luxuriösen Zimmern und Suiten begeistert sein. Gourmets genießen das Steakrestaurant im Haus sowie die Restaurantszene vor der Haustür. **www.dieportvancleve.com**

NIEUWE ZIJDE Estherea 🖼️🚹 €€€

Singel 305, 1012 WJ 📞 *020-624 5146* 📠 *623 9001* **Zimmer** *92* **Stadtplan** *1 C5*

Das elegante, familiengeführte Hotel ist seit über 60 Jahren in den gleichen sorgsamen Händen. Die 71 Zimmer verteilen sich auf sechs Grachtenhäuser. Das Augenmerk liegt auf edlen Stoffen und Luxus, zu dem auch die Marmorbadezimmer gehören. Es gibt eine Bibliothek, vom Foyer hat man Blick aufs Wasser. **www.estherea.nl**

NIEUWE ZIJDE Hotel Sint Nicolaas 🖼️ €€€

Spuistraat 1a, 1012 SP 📞 *020-626 1384* 📠 *623 0979* **Zimmer** *27* **Stadtplan** *1 C5*

In der Nähe der Centraal Station liegt das etwas skurrile Hotel (übergroßer Lift und sonderbare Zimmer), das demselben Unternehmen wie das Citadel *(S. 392)* gehört. Das Ambiente der früheren Matratzenfabrik schimmert durch. Die Zimmer sind einfach, aber schön – einige mit Bad. Kabelloser Internet-Zugang. **www.centrehotels.nl**

NIEUWE ZIJDE NH Barbizon Palace 🖼️📇🍴🚹🖼️ €€€

Prins Hendrikkade 59–72, 1012 AD 📞 *020-556 4564* 📠 *624 3353* **Zimmer** *274* **Stadtplan** *2 E4*

Die öffentlichen Bereiche sind in elegantem Schwarz-Weiß-Interieur gehalten, die etwas langweilig wirkenden Zimmer in Beige und Braun. Es gibt exzellentes Frühstück, das Michelin-Sterne-Restaurant Vermeer empfängt Gäste. Eine Kapelle aus dem 14. Jahrhundert dient als einer von acht Konferenzräumen. **www.nh-hotels.com**

NIEUWE ZIJDE Grand Hotel Krasnapolsky 🖼️📇🍴🚹🖼️ €€€€

Dam 9, 1012 JS 📞 *020-554 9111* 📠 *622 8607* **Zimmer** *468* **Stadtplan** *2 D5*

Die Lage des Hotels am Dam und der Blick auf das Koninklijk Paleis sind großartig. Das Angebot reicht vom äußersten Luxus in der Tower Suite bis zu kleinen Zimmern im hinteren Bereich. Die Ausstattung ist erstklassig: Restaurants, Café, Cocktailbar. Im Wintergarten gibt es Sonntagsbrunch. **www.nh-hotels.com**

WESTLICHER GRACHTENGÜRTEL Hotel van Onna €

Bloemgracht 102–108, 1015 TN 📞 *020-626 5801* **Zimmer** *41* **Stadtplan** *1 A4*

Diese kleinere Hotel an der prächtigsten Gracht von Amsterdam liegt nur wenige Gehminuten von der Westerkerk und vom Anne Frank Huis entfernt. Die Zimmer sind über drei Grachtenhäuser (17.–20. Jh.) verteilt und einfach eingerichtet. Eine gute Option für Alleinreisende. **www.hotelvanonna.nl**

WESTLICHER GRACHTENGÜRTEL 't Hotel 🖼️📇 €€

Leliegracht 18, 1015 DE 📞 *020-422 2741* 📠 *626 7873* **Zimmer** *8* **Stadtplan** *1 C4*

Ein schlichter Name für ein großartiges Hotel an einer Gracht im Jordaan-Viertel. Die Zimmer sind nicht voller Luxus, aber sehr stilvoll. Angenehme Farbtöne und eine Einrichtung im Stil der 1920er Jahre prägen das Ambiente. Zimmer Nr. 8 verteilt sich auf zwei Ebenen und bietet Platz für fünf Personen. **www.thotel.nl**

WESTLICHER GRACHTENGÜRTEL Truelove Antiek and Guesthouse €€

Prinsenstraat 4, 1015 DC 📞 *020-320 2500* 📠 *0847-114 950* **Zimmer** *2* **Stadtplan** *1 C3*

Ein niedliches, romantisches Zweizimmer-Schlupfloch über einem Antiquitätenladen (auch Hotelrezeption) im Herzen von Amsterdams interessantestem Shopping-Viertel. Die Ausstattung ist einfach und stilvoll. Es gibt kein Frühstück, aber Aufmerksamkeiten wie Wein, Wasser und frische Blumen im Zimmer. **www.truelove.be**

WESTLICHER GRACHTENGÜRTEL Hotel de Looier €€€

3e Looiersdwarsstraat 75, 1016 VD 📞 *020-625 1855* 📠 *627 5320* **Zimmer** *27* **Stadtplan** *4 D1*

Früher war das Gebäude eine Diamantfabrik. Heute ist hier ein komfortables Hotel eingerichtet – eine guter Stützpunkt, um die Märkte im Jordaan-Viertel zu erkunden. Der De-Looier-Antikmarkt liegt direkt gegenüber, der Noordermarkt nur wenige Schritte entfernt. Die Zimmer sind mit Bad und makellos. **www.hoteldelooier.com**

WESTLICHER GRACHTENGÜRTEL Hotel The Toren 🖼️🚹 €€€€

Keizersgracht 164, 1015 CZ 📞 *020-622 6352* 📠 *626 9705* **Zimmer** *96* **Stadtplan** *1 C4*

Das stilvoll und von Pastellfarben geprägte Hotel blickt auf eine bewegte Geschichte zurück: Zunächst war es ein Kaufmannshaus, später diente es als Hochschule, im Zweiten Weltkrieg fanden hier Juden Unterschlupf. Die günstigen Zimmer sind relativ klein, gönnen Sie sich eines der größeren mit Spa. **www.hotelthetoren.nl**

MITTLERER GRACHTENGÜRTEL Best Western Eden 🖼️📇 €

Amstel 144, 1017 AE 📞 *020-530 7878* 📠 *623 3267* **Zimmer** *218* **Stadtplan** *5 B2*

Das Hotel liegt an der Amstel, nahe dem Rembrandtplein und zahlreichen Sehenswürdigkeiten. Die meisten Zimmer sind für Rollstuhlfahrer geeignet, eines ist komplett behindertengerecht ausgestattet. Die »Kunstzimmer« wurden von Studenten der Kunstschule Rietveld gestaltet. **www.edenhotelgroup.com**

MITTLERER GRACHTENGÜRTEL Hotel Brouwer 🖼️🖼️ €

Singel 83, 1012 VE 📞 *020-624 6358* 📠 *520 6264* **Zimmer** *8* **Stadtplan** *1 C4*

Dieses altehrwürdige Hotel ist schon seit 1917 ein Familienbetrieb. Die acht Zimmer sind alle nach namhaften niederländischen Künstlern benannt, individuell eingerichtet und sehr gepflegt. Der Blick auf die Grachten ist wundervoll. Alle Zimmer haben ein eigenes Badezimmer. **www.hotelbrouwer.nl**

MITTLERER GRACHTENGÜRTEL Amsterdam Wiechmann 🚹 €€

Prinsengracht 328–332, 1016 HX 📞 *020-626 3321* 📠 *626 8962* **Zimmer** *40* **Stadtplan** *4 D1*

Das Wiechmann ist ein behagliches Hotel, das ideal für die Erkundung des Jordaan-Viertels liegt. Es verbindet altmodischen Charme mit modernem Equipment (u. a. kostenloser Wi-Fi-Zugang). Die Zimmer sind gemütlich und ausgefallen eingerichtet. Vom Frühstücksraum hat man Blick auf die Gracht. **www.hotelwiechmann.nl**

Stadtplan Amsterdam *siehe Seiten 150–159*

MITTLERER GRACHTENGÜRTEL Dikker & Thijs Fenice Hotel ♿♿ €€

Prinsengracht 444, 1017 KE ☎ *020-620 1212* FAX *625 8986* **Zimmer** *42* **Stadtplan** *4 E1*

Das von einem Verleger betriebene Hotel ist stolz auf die illustre Liste von Schriftstellern, die hier schon residierten. Das Lagerhaus aus dem 18. Jahrhundert ist prächtig, die Ausstattung elegant, die Atmosphäre exklusiv. Nur wenige Gehminuten vom Leidseplein, viele Sehenswürdigkeiten sind zu Fuß erreichbar. **www.dtfh.nl**

MITTLERER GRACHTENGÜRTEL Mercure Hotel Arthur Frommer ♿ P ♿ €€

Noorderstraat 46, 1017 TV ☎ *020-622 0328* FAX *620 3208* **Zimmer** *93* **Stadtplan** *4 F2*

Das Hotel in Gehweite zu den Sehenswürdigkeiten, dem Rembrandtplein und der Utrechtsestraat mit ihren vielen Restaurants zählt zu den bestgelegenen von Amsterdam. Es ist angenehm um einen Innenhof arrangiert, die gemütlichen, eleganten Zimmer gehen auf eine ruhige Straße hinaus. **www.mercure.com**

MITTLERER GRACHTENGÜRTEL Ambassade Hotel ♿♿ €€€€€

Herengracht 341, 1016 AZ ☎ *020-555 0222* FAX *555 0277* **Zimmer** *59* **Stadtplan** *1 C5*

Mit seiner langen literarischen Tradition ist das Hotel eine gute Wahl für Bücherwürmer: Die Bibliothek umfasst ein Sortiment an Büchern von Autoren, die hier wohnten. Die Zimmer sind über zehn Häuser verteilt und klassisch eingerichtet. Die Bäder sind klein, aber in Marmor gehalten. Aufmerksames Personal. **www.ambassade-hotel.nl**

ÖSTLICHER GRACHTENGÜRTEL Armada €€

Keizersgracht 713–715, 1017 DX ☎ *020-623 2980* FAX *623 5829* **Zimmer** *26* **Stadtplan** *5 A3*

Die Lage in einem ruhigen Teil der Keizersgracht, nahe den großen Läden und Restaurants der Utrechtsestraat und den hellen Lichtern des Rembrandtplein ist optimal. Die Zimmer sind renoviert worden und verfügen nun alle über ein Bad. Ein guter Tipp für Gäste, die ihr Geld lieber anderweitig ausgeben. **www.armada-hotel.com**

ÖSTLICHER GRACHTENGÜRTEL NH Schiller ♿♿♿ €€

Rembrandtplein 26–36, 1017 CV ☎ *020-554 0700* FAX *624 0098* **Zimmer** *92* **Stadtplan** *5 A2*

Der Blick auf den Rembrandtplein lohnt allein schon den Aufenthalt in diesem Hotel. Alle Zimmer sind standardmäßig eingerichtet, die hinteren Zimmer sind weniger laut. Die Brasserie Schiller ist überaus gemütlich, die gleichnamige Bar nebenan ist im Art-déco-Stil gehalten. **www.nh-hotels.com**

ÖSTLICHER GRACHTENGÜRTEL Albus Grand ♿♿♿ €€€

Vijzelstraat 49, 1017 HE ☎ *020-530 6200* FAX *530 6299* **Zimmer** *74* **Stadtplan** *4 F1*

Das frühere Frühstückszimmer dieses zentral gelegenen Hotels wurde inzwischen in ein hippes Café umgewandelt. Die Standardzimmer sind freundlich, doch wesentlich flotter sind die Superior- oder De-luxe-Zimmer. Für längere Aufenthalte wohnt man am besten in einem der drei Apartments. **www.albusgrandhotel.com**

MUSEUMSVIERTEL Hestia ♿ €

Roemer Visscherstraat 7, 1054 EV ☎ *020-618 0801* FAX *685 1382* **Zimmer** *18* **Stadtplan** *4 D2*

Das kleine Privathotel in einer architektonisch schönen Straße zwischen Leidseplein und den Museen ist auf Familien und kleine Gruppen abgestimmt. Die Zimmer für bis zu fünf Personen sind Standard, aber sauber und mit bequemen Betten versehen. Kleiner Garten für die Gäste, Zimmer 15 hat einen Balkon. **www.hotel-hestia.nl**

MUSEUMSVIERTEL Stayokay City Hostel Vondelpark ♿♿ €

Zandpad 5, 1054 GA ☎ *020-589 8996* FAX *589 8955* **Zimmer** *105* **Stadtplan** *4 D2*

Die zweite Außenstelle einer angesehenen Institution in Amsterdam liegt am Rand des Vondelpark und ist ideal für Naturliebhaber. Das Spektrum reicht von Doppelzimmern bis zu Schlafsälen mit 20 Betten. Es gibt ein TV-Zimmer, die Brasserie Backpackers hat eine Terrasse, die zum Park hinausgeht. **www.stayokay.com**

MUSEUMSVIERTEL Owl ♿ €€

Roemer Visscherstraat 1, 1054 EV ☎ *020-618 9484* FAX *618 9441* **Zimmer** *34* **Stadtplan** *4 D2*

In einer schönen Villa in einer ruhigen Straße nahe dem Leidseplein liegt dieses familiengeführte Hotel. Zum Haus gehören eine Bar und ein Wintergarten, von dem man entspannt in den Garten blickt. Die Zimmer sind weder groß noch stilvoll, aber gepflegt. Das Owl rühmt sich vieler Stammgäste. **www.owl-hotel.nl**

MUSEUMSVIERTEL Piet Hein ♿ €€

Vossiusstraat 52–53, 1071 AK ☎ *020-662 7205* FAX *662 1526* **Zimmer** *36* **Stadtplan** *4 D3*

Ein elegantes Hotel, das mit sanften Karamell- und Cremetönen aufgefrischt wurde. Die für Amsterdamer Verhältnisse ziemlich großen Zimmer sind ein wahrer Augenschmaus und angenehm preiswert. Die beliebtesten bieten Blick auf den Vondelpark. Bar und Salon sind schöne Treffpunkte. **www.hotelpiethein.nl**

MUSEUMSVIERTEL Sandton Hotel De Filosoof ♿ P €€

Anna van den Vondelstraat 6, 1054 GZ ☎ *020-683 3013* FAX *685 3750* **Zimmer** *38* **Stadtplan** *3 C2*

Das beliebte Hotel liegt in einer Straße am Vondelpark. Jedes Zimmer ist individuell nach einem Philosophen oder einer Abhandlung dekoriert, Themen sind u. a. Passion, Wittgenstein und Spinoza. Es ist beliebt bei Intellektuellen, die gern den Garten und natürlich die Bibliothek nutzen. **www.sandton.eu/amsterdam**

PLANTAGE Bridge Hotel €

Amstel 107–111, 1018 EM ☎ *020-623 7068* FAX *624 1565* **Zimmer** *43* **Stadtplan** *5 B3*

Das Hotel in einer früheren Steinmetzwerkstatt liegt direkt am Ufer der Amstel mit Blick auf den Rembrandtplein. Alle Zimmer sind einfach und hell, die mit Blick auf den Fluss sind etwas teurer. Für Aufenthalte ab drei Nächten stehen Apartments mit Kochnischen zur Verfügung. **www.thebridgehotel.nl**

Preiskategorien *siehe Seite 392* **Zeichenerklärung** *siehe hintere Umschlagklappe*

PLANTAGE Rembrandt 🏃 €

Plantage Middenlaan 17, 1018 DA 📞 *020-627 2714* FAX *638 0293* **Zimmer** *17* **Stadtplan** *5 C2*

Das Hotel ist eine der billigeren Optionen dieser Gegend und eignet sich für Familien, die den nahe gelegenen Artis Zoo besuchen möchten. Die öffentlichen Bereiche schmücken üppige Wandgemälde und dunkle Holzmöbel. Die Zimmer (alle mit Bad) sind heller und moderner ausgestattet. **www.hotelrembrandt.nl**

PLANTAGE Ibis Stopera 📺 🍽 🏃 €€

Valkenburgerstraat 68, 1011 LZ 📞 *020-531 9135* FAX *531 9145* **Zimmer** *207* **Stadtplan** *5 C1*

Gleich hinter der Oper und an einer Hauptverkehrsstraße steht eine von zwei zentral gelegenen Filialen einer Hotelkette. Das Hotel ist ein guter Ausgangspunkt zur Erkundung des jüdischen Viertels. Die Zimmer (alle mit Klimaanlage und Internet-Zugang) bieten keine Überraschungen, sind aber passabel. Haustiere erlaubt. **www.ibishotel.com**

Noord-Holland

BROEK IN WATERLAND De Schaapskooi 🔲 P €

Molengouw 34, 1151 CJ 📞 *020-403 8317* FAX *403 8318* **Zimmer** *4* **Straßenkarte** *C3*

Das freundliche Hotel liegt am Rand des schönen Städtchens mitten im Waterland und ist Teil einer Schaffarm. Die Zimmer sind funktional und einfach eingerichtet, verfügen aber alle über eine Küchenecke, einen Kühlschrank und einen Whirlpool – ideal zur Entspannung nach einem langen Tag in der Natur. **www.hoteldeschaapskooi.nl**

EGMOND AAN ZEE Hotel de Vassy 📺 P €

Boulevard Ir. de Vassy 3, 1931 CN 📞 *072-506 1573* **Zimmer** *28* **Straßenkarte** *B3*

Von den Balkonen des schönen Hotelgebäudes aus Holz überblickt man den weiten Strand und den Leuchtturm, das Wahrzeichen der Stadt. Guter Ausgangspunkt zur Erkundung der Dünen und der Küste. Die Zimmer sind groß, das Dekor in Pastell gehalten. Im Aufenthaltsraum gibt es kostenlos Kaffee, Tee und heiße Schokolade. **www.vassy.nl**

HAARLEM Haarlem Hotelsuites €€

Kleine Houtstraat 13, 2011 DD 📞 *023-540 7146* FAX *551 8923* **Zimmer** *3* **Straßenkarte** *B3*

Die großzügig geschnittenen und elegant eingerichteten Apartments befinden sich mitten im Herzen der Stadt in einer Straße mit vielen Restaurants. Alle haben Wohnzimmer und Schlafzimmer, einige auch eine Dachterrasse. Das Frühstück wird im Café Boulangerie oder in den Apartments serviert. **www.haarlem-hotelsuites.nl**

HEEMSKERK Stayokay Heemskerk P 🍽 🏃 €

Tolweg 9, 1967 NG 📞 *0251-232 288* FAX *251 024* **Zimmer** *32* **Straßenkarte** *B3*

Das Hostel befindet sich in einem besonderen Gebäude: Schloss Assumburg aus dem 13. Jahrhundert. Zimmer und Schlafsäle sind zwar spartanisch eingerichtet, aber die Umgebung hat natürlich ihren besonderen Reiz. So haben etwa Restaurant und Aufenthaltsräume hohe Balkendecken. Nov–März geschlossen. **www.stayokay.com**

HUIZEN Hotel Newport 📺 P 🍽 📺 🏃 €€€€

Labradorstroom 75, 1271 DE 📞 *035-528 9600* FAX *528 9611* **Zimmer** *61* **Straßenkarte** *C3*

Das exklusive Hotel oberhalb des Yachthafens bietet luxuriöse, in neutralen Farben gestaltete Zimmer und Suiten mit Designermöbeln und modernster Ausstattung (Flachbildfernseher). Alle haben große Badezimmer. Das Penthouse im achten Stock verfügt darüber hinaus über eine eigene Dachterrasse. **www.hotelnewport.nl**

SANTPOORT Hotel Duin en Kruidberg 📺 P 🍽 📺 🏃 €€€€

Duin en Kruidbergerweg 60, 2071 LE 📞 *023-512 1800* FAX *512 1888* **Zimmer** *75* **Straßenkarte** *B3*

Der Landsitz inmitten eines Nationalparks wurde zwischen 1907 und 1909 gebaut und ist der ideale Ausgangspunkt, um die nahen Dünen und Wälder zu erkunden. Die Zimmer sind in einem interessanten Stilmix eingerichtet. Neben dem Fitness-Studio gibt es auch eine finnische Sauna. **www.duin-kruidberg.nl**

VOLENDAM Hotel Restaurant Van den Hogen P 🍽 €

Haven 106, 1131 EV 📞 *0299-363 775* FAX *369 498* **Zimmer** *5* **Straßenkarte** *C3*

Das kleine Hotel liegt direkt am Wasser in der Nähe der Fischerboote, Bars und Restaurants. Von den meisten Zimmern blickt man auf das IJsselmeer. Sie sind sauber und ordentlich, funktional eingerichtet und haben alle ein Bad. Unten gibt es ein gemütliches, traditionelles Fischrestaurant. **www.hogen.nl**

WEESP Boerenhofstede de Overhorn 🔲 P €

's-Gravelandseweg 50–51, 1381 HK 📞 *0294-455 888* FAX *430 830* **Zimmer** *2* **Straßenkarte** *C3*

In dem Bauernhof aus dem 19. Jahrhundert kommt man entweder in einem großen Zimmer im Dachgeschoss mit Holzbalken und schöner Aussicht über das Fluss Vecht unter. Oder man entscheidet sich für den kleineren Raum im Bauernhaus. Beide Zimmer teilen sich ein Bad. **www.overhorn.nl**

ZANDVOORT AAN ZEE Pension Zandvoort aan Zee 🔲 €

Brederodestraat 56, 2042 BH 📞 *06-2697 9645* **Zimmer** *8* **Straßenkarte** *B3*

In der Pension gibt es Zimmer, Apartments und Studios. Die Zimmer sind funktional, aber fröhlich gestaltet und verfügen über Wasserkocher und Kühlschrank. Die größeren Studios sind ähnlich eingerichtet, haben aber eine Küchenzeile, die Apartments eignen sich für einen längeren Aufenthalt. **www.zandvoortpension.nl**

Stadtplan Amsterdam *siehe Seiten 150–159* **Straßenkarte** *siehe hintere Umschlaginnenseiten*

Utrecht

AMERSFOORT Logies de Tabaksplant €

Coninckstraat 15, 3811 WD **033-472 9797** **FAX** *0842-151 030* **Zimmer** *25*   **Straßenkarte** *C4*

Die Zimmer des Stadthotels befinden sich in einer Reihe von Häusern aus dem 17. Jahrhundert. Eines davon wurde für den Besitzer einer Tabakplantage gebaut. Alle Zimmer sind modern eingerichtet, größere verfügen über eine kleine Küche, Luxuszimmer haben auch eine Sauna. Darüber hinaus gibt es Apartments. **www.tabaksplant.nl**

BREUKELEN Hotel Breukelen A2 €€

Stationsweg 91, 3621 LK **0346-265 888** **FAX** *262 894* **Zimmer** *141*   **Straßenkarte** *C3*

Obwohl die Lage nahe einer Hauptstraße nicht so schön ist, hält das Hotel doch eine Überraschung bereit: Es ist eine Kopie des Kaiserlichen Palasts in Beijing. Das Interieur ist weniger extravagant, aber die Zimmer sind in fröhlichen Farben ausgestattet. Restaurant und Frühstück sind gut, das Personal ist zuvorkommend. **www.hotelbreukelen.nl**

BUNNIK Stayokay Utrecht €

Rhijnauwenselaan 14, 3981 HH **030-656 1277** **FAX** *657 1065* **Zimmer** *23*   **Straßenkarte** *C4*

Das Hostel der familienfreundlichen Kette befindet sich in einem Haus aus dem 19. Jahrhundert in der Nähe eines kleinen Flusses im Wald. Die sauberen Zimmer und Schlafsäle sind in drei Gebäuden untergebracht. Bar und Restaurant sind angenehm. Außerdem gibt es eine schöne Terrasse. Nov–Feb geschlossen. **www.stayokay.com**

DRIEBERGEN De Bergse Bossen €

Traaij 299, 3971GM **0343-528 150** **FAX** *521 973* **Zimmer** *65*   **Straßenkarte** *C4*

Das Hotel mit Konferenzzentrum im Herzen des hügeligen Heuvelrug bietet gute Unterbringung nach einem ereignisreichen Tag. Die ruhigen Zimmer sind mit Rattanmöbeln eingerichtet. An den Wänden hängen moderne Drucke. Teurere Zimmer haben eigene Bäder. Freundliches Personal. **www.debergsebossen.nl**

LAGE VUURSCHE De Kastanjehof €€

Kloosterlaan 1, 3749 AJ **035-666 8248** **FAX** *666 8444* **Zimmer** *11*   **Straßenkarte** *C3*

Das Hotel in einem hübschen kleinen Dorf mitten im Wald ist das ideale romantische Refugium. Die Zimmer sind gemütlich eingerichtet mit bequemen Sofas. Viele haben einen Balkon. Teurere erstrecken sich über zwei Stockwerke. Die Badezimmer können allerdings beengt sein. Das Personal ist hilfsbereit. **www.dekastanjehof.nl**

UTRECHT B & B Utrecht €

Lucas Bolwerk 4, 3512 EG **06-504 34884** **Zimmer** *8*   **Straßenkarte** *C4*

Das B & B Utrecht ist bekannt für die günstigen Preise, die freundliche Atmosphäre sowie das kostenlose Frühstück, Mittagessen und (selbst zubereitete) Abendessen. Es gibt Zimmer und Schlafsäle. Küche und öffentliche Bereiche sind sauber. Die Zimmer sind spartanisch und schnörkellos eingerichtet. **www.hostelutrecht.nl**

UTRECHT Hotel Oorsprongpark €

F.C. Dondersstraat 12, 3572 JH **030-271 6303** **FAX** *271 4619* **Zimmer** *38*   **Straßenkarte** *C4*

Das nette alte Haus liegt in einer ruhigen Straße abseits des Zentrums. Besonders schön ist der Garten am Wasser. Obwohl die Zimmer klein und einfach eingerichtet sind, sind sie doch sauber und hübsch. Der Frühstücksraum ist gemütlich, das Frühstück selbst schmackhaft und reichhaltig. **www.oorsprongpark.nl**

UTRECHT NH Utrecht €€

Jaarbeursplein 24, 3521 AR **030-297 7977** **FAX** *297 7999* **Zimmer** *276*   **Straßenkarte** *C4*

Das Hotel nahe dem Bahnhof und dem Zentrum ist Teil der Kette Dutch. Die Zimmer sind groß und schön eingerichtet. Die Bäder haben leistungsstarke Duschen. Das Frühstücksbuffet ist sehr gut und reichhaltig. Außerdem gibt es zwei Restaurants und eine Bar. **www.nh-hotels.com**

UTRECHT Grand Hotel Karel V €€€

Geertebolwerk 1, 3511 XA **030-233 7555** **FAX** *233 7500* **Zimmer** *121*   **Straßenkarte** *C4*

Das beste Hotel der Stadt befindet sich in einem ehemaligen Militärgebäude mit vielen historischen Details. Die luxuriösen Zimmer und Suiten haben große Bäder und befinden sich in verschiedenen Flügeln. Es gibt ein Sterne-Restaurant, eine Brasserie, eine Weinbar und einen riesigen Garten. Exzellentes Frühstück. **www.karelv.nl**

VINKEVEEN Motel Café Restaurant De Plashoeve €

Baambrugse Zuwe 167, 3645 AG **0294-291 381** **FAX** *293 556* **Zimmer** *14*   **Straßenkarte** *C3*

Da das Hotel zu einem belebten Café und Restaurant gehört, kann es manchmal laut werden. Die Lage ist wunderbar direkt an einem See mit einer großen Terrasse (man kann sogar ein Boot ausleihen). Die Zimmer sind einfach, aber gepflegt, ziemlich groß und haben komfortable Betten. **www.plashoeve.nl**

ZEIST Bilderberg Kasteel 't Kerckebosch €€€

Arnhemse Bovenweg 31, 3708 AA **030-692 6666** **FAX** *692 6600* **Zimmer** *30*   **Straßenkarte** *C4*

Das stimmungsvolle Hotel, 15 Gehminuten vom Stadtzentrum entfernt, liegt in einer gotischen Burg – einer der ältesten des Landes. Die öffentlichen Bereiche reflektieren die Geschichte des Gebäudes mit Buntglasfenstern, Kandelabern und schweren Holzmöbeln. Die Zimmer sind hell, modern und stilvoll eingerichtet. **www.bilderberg.nl**

Zuid-Holland

DELFT Hotel de Koophandel €
Beestenmarkt 30, 2611 GC ☎ *015-214 2302* FAX *212 0674* **Zimmer** *25* **Straßenkarte** *B4*

Das schöne Haus aus dem 16. Jahrhundert liegt an einem netten alten Platz in der Nähe aller Sehenswürdigkeiten. Hier wurde der Vater von Vermeer geboren. In den Zimmern mit großen Fenstern und Tee- und Kaffeekochern hängen Gemälde berühmter niederländischer Künstler. Sehr gutes Frühstück. **www.hoteldekoophandel.nl**

DELFT Hotel de Ark €€
Koornmarkt 65, 2611 EC ☎ *015-215 7999* FAX *214 4997* **Zimmer** *38* **Straßenkarte** *B4*

Das Hotel de Ark, das sich über drei Gebäude neben einem Kanal erstreckt, liegt günstig in der Nähe des Bahnhofs und des Stadtzentrums. Die Zimmer sind in fröhlichen, frischen Farben gehalten und haben offene Kamine. Die Hochzeitssuite hat ein Bad und eine Sauna für zwei Personen. Es gibt auch Apartments. **www.deark.nl**

DEN HAAG Hotel Petit €
Groothertoginnelaan 42, 2517 EH ☎ *070-346 5500* FAX *346 3257* **Zimmer** *20* **Straßenkarte** *B4*

Für die, die einen ruhigen Platz jenseits des Zentrums mit persönlichem Flair suchen, ist dieses kleine Hotel im Botschaftsviertel ideal. Die großen Zimmer sind zwar nicht chic, aber sie sind freundlich eingerichtet mit komfortablen Betten und Sesseln oder Sofas. Das Personal ist freundlich. **www.hotelpetit.nl**

DEN HAAG Ibis Den Haag City Centre €
Jan Hendrikstraat 10, 2512 GL ☎ *070-318 4318* FAX *318 4319* **Zimmer** *197* **Straßenkarte** *B4*

Das Hotel liegt mitten im Stadtzentrum in der Nähe einer stimmungsvollen Kirche und eines Platzes. Das Personal ist hilfsbereit und höflich. Die Zimmer sind sauber, komfortabel und gut geschnitten. Und natürlich gibt es auch hier die Ibis-Garantie: Ist ein Problem nicht innerhalb von 15 Minuten gelöst, ist der Aufenthalt frei. **www.ibishotel.com**

DEN HAAG Le Méridien Hotel des Indes €€€€
Lange Voorhout 54–56, 2514 EG ☎ *070-361 2345* FAX *361 2350* **Zimmer** *92* **Straßenkarte** *B4*

Das Hotel ist eines der bekanntesten und besten des ganzes Landes und ein guter Ausgangspunkt zur Entdeckung der Stadt. Die Ausstattung mit dunklem Holz, Marmor und Topfpalmen erinnert an die Kolonialzeit. Die Zimmer sind groß und gut ausgestattet. Einziger Minuspunkt: Das Personal könnte freundlicher sein. **www.hoteldesindes.nl**

DORDRECHT Aan de Haven Bed and Bread €
Achterhakkers 71, 3311 JA ☎ *078-648 3332* FAX *648 3331* **Zimmer** *4* **Straßenkarte** *B4*

In der Nähe des Bahnhofs oberhalb eines lebhaften Hafens bietet das fröhliche B & B freundliche und preisgünstige Unterkunft. Es gibt nur vier Zimmer: Eines hat einen offenen Kamin und Stuckdecke, zwei haben einen schönen Blick auf den Garten und eines einen schönen Blick aufs Wasser. Kühlschrank und Mikrowelle. **www.bedandbread.nl**

GORINCHEM Bed & Breakfast Gorinchem €
Vissersdijk 45, 4201 ZB ☎ *06-3058 6184* **Zimmer** *3* **Straßenkarte** *C4*

Das stimmungsvolle Stadthaus im Zentrum der hübschen Hafenstadt verfügt über zwei Zimmer und ein Studio mit einer kleinen Küche und DVD-Player. Die Zimmer sind in Schokolade- und Beigetönen eingerichtet, groß und komfortabel mit großen Badezimmern. **www.slapeningorinchem.nl**

GOUDA Hotel de Keizerskroon €
Keizerstraat 11–13, 2801 NJ ☎ *0182-528 096* FAX *511 777* **Zimmer** *10* **Straßenkarte** *B4*

In dem Hotel, das in der Nähe aller Sehenswürdigkeiten von Gouda liegt, gibt es luxuriöse und preisgünstige Zimmer. Alle sind sauber und einfach eingerichtet. Die günstigeren teilen sich Badezimmer, die teureren verfügen über eigene. Reichhaltiges, gutes Frühstück. Das Personal ist sehr hilfsbereit. **www.hotelkeizerskroon.nl**

LEIDEN Hotel Mayflower €
Beestenmarkt 3, 2312 CC ☎ *071-514 2641* FAX *512 8516* **Zimmer** *27* **Straßenkarte** *B3*

Das saubere, zentral gelegene Hotel in Gehdistanz zum Bahnhof befindet sich an einem Platz mit vielen Cafés. Die Zimmer in dem guten, bescheidenen und familienorientierten Hotel sind groß, wenn auch etwas altmodisch. In den Zimmern nach vorn raus kann es ein bisschen laut werden. Es gibt auch ein Apartment. **www.hotelmayflower.nl**

LEIDEN Pension De Witte Singel €
Witte Singel 80, 2311 BP ☎ *071-512 4592* **Zimmer** *6* **Straßenkarte** *B3*

Das einfache Gästehaus befindet sich in einem schönen Stadthaus oberhalb eines Kanals. Es gibt nur sechs Zimmer, einige teilen sich ein Bad. Die Zimmer nach hinten führen auf einen Garten mit Kastanienbäumen. Von den vorderen blickt man auf das Wasser. Die Unterbringung ist sauber und ordentlich. **www.pension-ws.demon.nl**

RIJSWIJK The Grand Winston €
Generaal Eisenhowerplein 1, 2288 AE ☎ *070-414 1500* FAX *414 1510* **Zimmer** *252* **Straßenkarte** *B4*

Das Designerhotel in einem ruhigen Vorort südlich von Den Haag ist mit riesigen Bildern von Winston Churchill dekoriert. Trotz einer modernen Ausstattung mit viel Glas vermitteln Ledersessel und hohe Decken die Atmosphäre eines Herrenclubs. Es gibt zwei Restaurants, eine Bar und einen Weinkeller. **www.grandwinston.nl**

Straßenkarte *siehe hintere Umschlaginnenseiten*

ROTTERDAM Hotel Bazar   €

Witte de Withstraat 16, 1073 BL **C** *010-206 5151* **FAX** *206 5159* **Zimmer** *27*   **Straßenkarte** *B4*

Günstig, fröhlich und exotisch – so beschreibt man das Hotel in Rotterdams trendigem Bar- und Galerieviertel wohl am besten. Auch Kinder haben großen Spaß in den nordafrikanisch und südamerikanisch gestalteten Zimmern. Das Restaurant, das Gerichte aus dem Mittleren Osten serviert, ist sehr angenehm. **www.bazarrotterdam.nl**

ROTTERDAM Hotel New York   €€€

Koninginnehoofd 1, 3072 AD **C** *010-439 0500* **FAX** *484 2701* **Zimmer** *72*   **Straßenkarte** *B4*

In dem Gebäude, das zwar nahe dem Zentrum liegt, aber doch abgeschieden ist, befand sich früher die Zentrale einer Schifffahrtsgesellschaft. Die meisten Zimmer sind modern eingerichtet mit schönen Bädern. Die teuersten – die früheren Direktorenzimmer – blieben unverändert mit Holzverkleidung und Kronleuchtern. **www.hotelnewyork.nl**

ROTTERDAM Stroom   €€€

Lloydstraat 1, 3024 EA **C** *010-221 4060* **FAX** *221 4061* **Zimmer** *5*   **Straßenkarte** *B4*

Das flippige Hotel gibt seinen Gästen die Möglichkeit, das Leben in einem Loft nachzuempfinden. Flachbildfernseher, Surround-Sound, Designerbadezimmer und moderne Inneneinrichtung sind hier Standard. Gesundes Frühstück gibt es in einem Café oder auf der Dachterrasse. Es gibt auch ein Restaurant und eine Bar. **www.stroomrotterdam.nl**

Zeeland

DOMBURG Hotel de Burg   €

Ooststraat 5, 4357 BE **C** *0118-581 337* **FAX** *582 072* **Zimmer** *22*   **Straßenkarte** *A5*

Von dem Hotel an der Hauptdurchgangsstraße von Domburg sind es nur wenige Gehminuten zum Strand. Es ist eingerichtet auf Küstenbesucher und verfügt über Fahrradstellplätze und Surf-Equipment. Die Einrichtung in den Gemeinschaftsräumen und Zimmern ist einfach, aber komfortabel. Restaurant. **www.hoteldeburg.nl**

DOMBURG Badhotel Domburg   €€

Domburgseweg 1a, 4357 BA **C** *0118-588 888* **FAX** *588 899* **Zimmer** *116*   **Straßenkarte** *A5*

Das große, etwas altmodische, aber nicht biedere Hotel in der Nähe der Hauptstraße in die Stadt hat einen Innenpool. Das Personal ist zuvorkommend, die Zimmer sind groß und gut ausgestattet. Dank Tischen und Stühlen, Kaffeemaschine und Kühlschrank sind sie ideal für einen längeren Aufenthalt, auch mit Kindern. **www.badhotel.com**

GOES Grand Café Hotel Jersey   €€

Grote Markt 28, 4461 AJ **C** *0113-232 323* **FAX** *251 755* **Zimmer** *12*   **Straßenkarte** *A5*

Das Hotel am Hauptplatz im Herzen der historischen Hafenstadt ist ein guter Ausgangspunkt zur Erkundung der Region Zuid-Beveland. Die zwölf Zimmer sind einfach eingerichtet und sehr sauber, alle befinden sich auf der Rückseite und sind deshalb ruhig. Im Haus gibt es ein nettes Café-Restaurant. **www.grandcafejersey.nl**

KRUININGEN Manoir Restaurant Inter Scaldes   €€€€

Zandweg 2, 4416 NA **C** *0113-381 753* **FAX** *381 763* **Zimmer** *12*   **Straßenkarte** *A5*

Das große Herrenhaus mit einem Restaurant mit zwei Michelin-Sternen ist ideal für einen luxuriösen Aufenthalt. Es liegt abgeschieden auf einem kleinen Landstück zwischen den Mündungen von Ooster- und Westerschelde. Die Zimmer sind groß mit geschmackvollem Dekor. Einige haben Terrassen oder Whirlpool. **www.interscaldes.nl**

MIDDELBURG Hotel het Princenjagt   €

Nederstraat 2, 4332 AZ **C** *0118-613 416* **Zimmer** *8*   **Straßenkarte** *A5*

Das kleine familienfreundliche Hotel liegt am Rand des Yachthafens, nur wenige Gehminuten vom Stadtzentrum entfernt. Die Zimmer sind einfach, aber angenehm möbliert. Die schönsten befinden sich im Dachgeschoss. Jedes Zimmer hat eine Mikrowelle, einen Kühlschrank und eine Kaffeemaschine. **www.hotelhetprincenjagt.nl**

OUDDORP Pension Ouddorp   €

Dorpsweg 26, 3253 AH **C** *0187-681 724* **FAX** *687 335* **Zimmer** *15*   **Straßenkarte** *A5*

Oberhalb eines netten Café-Restaurants befindet sich die kleine, familiengeführte Pension in Gehdistanz zum Dorfzentrum. Die Zimmer sind gemütlich eingerichtet und sauber. Einige verfügen über eigene Badezimmer, andere teilen sich ein Badezimmer auf dem Gang. **www.pensionouddorp.nl**

RENESSE Landgoed Moermond   €€

Stoofwekken 5, 4325 BC **C** *0111-461 788* **FAX** *461 754* **Zimmer** *43*   **Straßenkarte** *A5*

Eine Burg aus dem 13. Jahrhundert auf einem großen Landsitz bildet die Kulisse für ein angenehmes Hotel und Restaurant. Es gibt zweckmäßig eingerichtete Standard- und Luxuszimmer mit schönem Ausblick. Die Hochzeitssuite hat einen großen Whirlpool. Die Gemeinschaftsräume sind sehr stimmungsvoll. **www.slot-moermond.nl**

RILLAND-BATH 't Klooster van Rilland   €

Hoofdweg 60, 4411 NA **C** *0113-551 177* **FAX** *551 021* **Zimmer** *45*   **Straßenkarte** *B5*

In der ehemaligen Abtei gibt es preiswerte Apartments, Zimmer für Familien, die ziemlich uninspiriert sind, und eine scharlachrote Hochzeitssuite mit luxuriösem Badezimmer. Die Gemeinschaftsräume sind beeindruckend und verweisen auf die früheren Bewohner des Gebäudes. **www.kloostervanrilland.nl**

SLUIS D'Ouwe Schuure
St. Annastraat 191, 4524 JH **C** *0117-462 232* **Zimmer** *8*   **Straßenkarte** *A5*

Das traditionelle, familiengeführte Hotel gleich an der belgischen Grenze befindet sich in einem alten Bauernhof in einem historischen Städtchen. Die acht großen Zimmer sind rustikal-gemütlich eingerichtet mit Holzbalkendecken. Einige haben einen offenen Kamin. Frühstück gibt es im gemütlichen Restaurant. **www.ouweschuure.nl**

ZIERIKZEE Hotel Zierikzee
Driekoningenlaan 7, 4301 HK **C** *0111-412 323* **FAX** *413 243* **Zimmer** *15*   **Straßenkarte** *A4*

Das Personal in dem Hotel in einem Stadthaus aus dem 18. Jahrhundert bereitet einen warmen Empfang. Das Hotel ist gut für Familien geeignet mit Zimmern mit bis zu vier Betten. Die Zimmer sind sauber, wenn auch etwas einfach eingerichtet. Das Frühstück ist sehr gut. **www.hotelzierikzee.nl**

Waddeneilanden

AMELAND/HOLLUM Dit Eiland
Burenlaan 1, 9161 AJ **C** *0519-554 405* **Zimmer** *4*   **Straßenkarte** *C1*

Das kleine Hotel ist ideal für Gäste, die Intimität und persönlichen Touch suchen. Die Atmosphäre in dem Haus eines Künstlerpaars ist kultiviert mit Gemälden, Musik und vielen Büchern. Die Zimmer sind minimalistisch eingerichtet, haben handgefertigte Matratzen und Minibar. Die französischen Fenster führen in den Garten. **www.diteiland.nl**

AMELAND/NES Hotel Zeewinde
Torenstraat 22, 9163 HE **C** *051-954 6500* **FAX** *954 6509* **Zimmer** *34*   **Straßenkarte** *D1*

Das Hotel ist nur einen Kilometer vom Strand entfernt und auf sportive Gäste eingestellt. Es gibt Terrassen, Tennisplätze und Einrichtungen für Kinder. Die Zimmer sind groß, komfortabel und in hellem Blau und Weiß gehalten, in jedem stehen eine Mikrowelle und eine Kaffeemaschine. Nette Bar. **www.hotelzeewinde.nl**

SCHIERMONNIKOOG Hotel Van der Werff
Reeweg 2, 9166 PX **C** *0519-531 203* **FAX** *531 748* **Zimmer** *57*   **Straßenkarte** *D1*

Ein Bus bringt die Gäste von der Fähre zu dem Hotel in einem imposanten weißen Gebäude an einer belebten Straße. Hier findet man überall altmodische Eleganz. In den öffentlichen Bereichen werden die 1940er Jahre heraufbeschworen, während die Zimmer modern, doch gemütlich sind. **www.hotelvanderwerff.nl**

TERSCHELLING/WEST AAN ZEE Paal 8 Hotel aan Zee
Badweg 4, 8881 HB **C** *0562-449 090* **Zimmer** *58*   **Straßenkarte** *C1*

Das stimmungsvolle moderne Hotel steht direkt an einem breiten Strandabschnitt. Es ist feudal und sehr stylish mit Pool und Sauna. Von den Zimmern sieht man entweder auf die Dünen oder auf das Meer. Alle haben Designermöbel. Für einen längeren Aufenthalt gibt es Apartments. Fahrradverleih. **www.paal8.nl**

TERSCHELLING/WEST-TERSCHELLING Hotel Pension Buren
Burg. Mentzstraat 20, 8881 AL **C** *0562-442 226* **Zimmer** *13*   **Straßenkarte** *C1*

In einem Haus aus dem 19. Jahrhundert ist das unprätentiöse, aber ziemlich schicke kleine Gästehaus untergebracht. Einige Zimmer gehen über zwei Stockwerke und sind in hellen Farben gehalten, andere befinden sich unter dem Dach. Einige teilen sich ein Badezimmer. Schöner holzgetäfelter Frühstücksraum. **www.hotel-buren.nl**

TEXEL/DE KOOG Hotel Restaurant Cooghen
Dorpsstraat 10, 1796 BB **C** *0222-367 020* **FAX** *367 021* **Zimmer** *27*   **Straßenkarte** *B2*

Mitten im Herzen des lebhaften Dorfs im Norden der Insel ist das moderne Hotel ein stilvolles Refugium. Die Zimmer sind hell und in Blau und Weiß gehalten mit Designermöbeln und extralangen komfortablen Betten. Frühstück gibt es im Restaurant oder auf der Terrasse. In Zimmern über dem Café kann es laut werden. **www.cooghen.nl**

TEXEL/OUDESCHILD Texel Suites
Haven 8, 1792 AE **C** *0222-367 021* **FAX** *310 404* **Zimmer** *3*   **Straßenkarte** *B2*

Hier wurde ein altes Fischereilagerhaus am Kai in große, stilvolle Apartments umgewandelt. Alte Balken kontrastieren mit Designermöbeln und Federkernmatratzen, kleinem Weinkeller, Espressomaschine und LCD-Fernsehern. Das größte Apartment hat darüber hinaus eine Edelstahlküche. **www.texelsuites.com**

Groningen

ADUARD Herberg Onder de Linden
Burg van Barneveldweg 3, 9831 RD **C** *050-403 1406* **FAX** *403 1814* **Zimmer** *5*   **Straßenkarte** *D1*

In einem schönen kleinen Landhaus befindet sich ein nettes Restaurant, das auch Zimmer vermietet. Es gibt Arrangements mit Dinner, das seinen Preis absolut wert ist, Übernachtung und Frühstück. Die Zimmer haben Charakter, niedrige Holzbalkendecken, dunkle Ledersofas und Vasen mit frischen Blumen. **www.slenema.nl**

Straßenkarte *siehe hintere Umschlaginnenseiten*

DELFZIJL Het Eemshotel · € · 🏨

Zeebadweg 2, 9933 AV 📞 *0596-612 636* FAX *619 654* **Zimmer 20**   **Straßenkarte** E1

Das Hotel, das auf Stelzen im Wasser steht, ist eine architektonische Meisterleistung und stellt eine dramatische Kulisse für Übernachtungen. Alle 20 Zimmer in dem modernen Gebäude sind angenehm gestaltet mit komfortablen Betten und Armsesseln. Alle Bäder haben Badewannen. Die Aussicht ist natürlich phänomenal. **www.eemshotel.nl**

DEN HAM Piloersemaborg · € · P 🏨 🅿

Sietse Veldstraweg 25, 9833 TA 📞 *050-403 1362* FAX *403 0755* **Zimmer 5**   **Straßenkarte** D1

Das hübsche Landhaus aus dem 16. Jahrhundert beherbergt ein Konferenzzentrum und einen Tagungsort mit fünf Zimmern und Apartments in einfachem, geschmackvollem Dekor. Man kann auch Räder leihen, um die Umgebung zu erkunden. Fantastisches Frühstück mit selbst gemachten Marmeladen und Brotsorten. **www.piloersema.nl**

EENRUM De Kromme Raake · €€

Molenstraat 5, 9967 SL 📞 *0595-491 600* **Zimmer 1**   **Straßenkarte** D1

Das De Kromme Raake ist mit einem Zimmer das kleinste Hotel der Welt. Doch wenn auch klein, hat es viel Atmosphäre und ist der perfekte Ort für Romantiker. Malereien bedecken fast jede Wand, das Bett befindet sich in einer kleinen Nische. Das Badezimmer mit versenkter Badewanne ist ganz modern. **www.hoteldekrommeraake.nl**

GRONINGEN Pension Café Tivoli · € · 🖥

Gedempte Zuiderdiep 67, 9711 HC 📞 *050-318 0999* **Zimmer 16**   **Straßenkarte** D1

Das Gästehaus in der Nähe von Bahnhof, Stadtzentrum und Universität bietet günstige, einfache Unterkünfte. Die Zimmer haben helle Bettwäsche. Einige teilen sich ein Badezimmer, aber alle haben ein Waschbecken und eine Mikrowelle. Das Frühstück wird im Café serviert. **www.pensioncafetivoli.nl**

GRONINGEN Hotel Het Schimmelpenninck Huys · €€€

Oosterstraat 53, 9711 NR 📞 *050-318 9502* FAX *318 3164* **Zimmer 54**   **Straßenkarte** D1

In einem großen Stadthaus im Herzen des Zentrums befindet sich das große, stilvolle Hotel. Die Zimmer haben alle große Fenster, hohe Decken und Kachelöfen. Die Luxuszimmer bieten Jacuzzis und Marmorbäder. Das Penthouse verfügt darüber hinaus über eine Dachterrasse. In der Lounge steht ein Flügel. **www.schimmelpenninckhuys.nl**

SELLINGEN Herberg Sellingen · € · P 🏨 🅿

Dorpstraat 37 📞 *0599-322 285* FAX *322 026* **Zimmer 5**   **Straßenkarte** E2

Die Zimmer in dem schönen Dorfgasthaus mit Restaurant sind alle mit viel Liebe dekoriert. Alle haben ein Bad, extralange Betten und CD-Player. Im englischen Zimmer steht eine Chaiselounge, im skandinavischen gibt es eine Infrarotsauna. Im größten Zimmer steht ein romantisches Himmelbett. **www.herbergsellingen.nl**

TER APEL Hotel Bosch Huis · € · 🏨

Boslaan 6, 9561 LH 📞 *0599-581 208* FAX *581 906* **Zimmer 10**   **Straßenkarte** E2

Das Gebäude, in dem sich jetzt das schicke Hotel befindet, war früher eine von Mönchen geführte Brauerei. Die zehn Zimmer sind sehr gepflegt, wenn auch ein bisschen karg. Sie sind preisgünstig und ein guter Ausgangspunkt, um die Gegend zu erkunden. Die öffentlichen Bereiche sind mit Kaminen sehr gemütlich. **www.hotelboschhuis.nl**

Friesland

DOKKUM Hotel Café Restaurant 't Raedhûs · € · 🏨

Koningstraat 1, 9101 LP 📞 *0519-294 082* **Zimmer 6**   **Straßenkarte** D1

Das stimmungsvolle Hotel liegt im Stadtzentrum über einem Café, weshalb es in den Zimmern manchmal laut wird. Nehmen Sie deshalb eines, das nach hinten hinausgeht. Das Personal ist freundlich, die Unterkunft preisgünstig. Die Zimmer sind einfach eingerichtet, aber komfortabel, einige teilen sich das Bad. **www.raedhus.nl**

FRANEKER De Stadsherberg · € · P 🏨 🅿

Oude Kaatsveld 8, 8801 AB 📞 *0517-392 686* FAX *398 095* **Zimmer 10**   **Straßenkarte** C1

Das kleine Gasthaus am Rand des Wassers bietet gemütliche, preisgünstige Unterkunft in der Nähe des Stadtzentrums. Die zehn Zimmer sind komfortabel und einfach eingerichtet, eines hat einen Whirlpool. Die Dachterrasse und die Möglichkeit, Videos auszuleihen, machen diesen Ort besonders. **www.stadsherbergfraneker.nl**

HARLINGEN Vuurtoren van Harlingen · €€€€€ · 🖥 P

Dromen aan Zee, Postbus 89, 8860 AB 📞 *0517-414 410* **Zimmer 1**   **Straßenkarte** C2

Buchen Sie im Voraus, wenn Sie in dem Leuchtturm übernachten wollen. Die Einrichtung über mehrere enge Etagen ist stilvoll und der Ausblick über Harlingen unerreicht – vor allem vom Wohnzimmer in der obersten Etage aus. Zu mieten gibt es auch ein luxuriös umgebautes Rettungsboot. **www.vuurtoren-harlingen.nl**

OUDKERK Landgoed de Klinze · €€€

Postbus 71, 9062 ZJ Oenekerk 📞 *058-256 1050* FAX *256 1060* **Zimmer 27**   **Straßenkarte** D1

Das schöne Herrenhaus aus dem 17. Jahrhundert inmitten eines riesigen Parks ist ideal für eine Auszeit. Neben Pool und Restaurant gibt es auch einen Beautysalon von Guerlain. Außerdem werden Bootsausflüge angeboten. Das Zimmerdekor ist herrschaftlich mit geschnitzten Holzbetten und Armsesseln sowie Marmorbädern. **www.klinze.nl**

Preiskategorien *siehe Seite 392* **Zeichenerklärung** *siehe hintere Umschlagklappe*

STAVOREN Hotel De Vrouwe van Stavoren

Havenweg 1, 8715 EM 【 *0514-681 202* 𝔽𝔸𝕏 *681 205* **Zimmer** *21* **Straßenkarte** *C2*

Wer etwas Besonderes sucht, ist hier gerade richtig, denn einige Zimmer sind umgebaute Weinfässer! Dunkles Holz, gebogene Wände und altmodisches Dekor schaffen eine gemütliche Atmosphäre. Kleinere Räume haben nur Dusche, teurere Bäder und Wohnzimmer. Schönes Café im Wintergarten. **www.hotel-vrouwevanstavoren.nl**

TERNAARD Herberg de Waard van Ternaard

De Groedse 3, 9145 RG 【 *0519-571 846* 𝔽𝔸𝕏 *572 218* **Zimmer** *5* **Straßenkarte** *D1*

Es gibt nur fünf Zimmer in der kleinen Villa aus dem 19. Jahrhundert, die in ein sehr modernes Boutique-Hotel umgewandelt wurde. Schlichte, geschmackvolle Eichenmöbel stehen in den stilvollen Zimmern. Das Frühstücksbuffet mit selbst gebackenem Brot ist sehr gut. Spezielle Raten für mehrere Übernachtungen. **www.herbergdewaard.nl**

Drenthe

DWINGELOO Landhotel De Börken

Lhee 76, 7991 PJ 【 *0521-597 200* 𝔽𝔸𝕏 *597 287* **Zimmer** *42* **Straßenkarte** *D2*

Das Hotel ist dank umfangreicher Outdoor-Angebote ideal für Familien. Hinter der schönen alten Fassade befinden sich modern ausgestattete, große und saubere Zimmer. Man kann reiten, Golf spielen und schwimmen. Es gibt sogar einen Laden, in dem Wein und lokale Produkte verkauft werden. **www.deborken.nl/**

EEXT Herberg de Hondsrug

Annerweg 4a, 9463 TA 【 *0592-272 739* 𝔽𝔸𝕏 *273 684* **Zimmer** *5* **Straßenkarte** *E2*

Das bescheidene Gästehaus ist günstig und sehr freundlich. Die Zimmer sind gepflegt und schnörkellos mit großen Betten und bequemen Matratzen. Das Hotel ist ein idealer Standort, um die umgebende Landschaft zu entdecken. Man kann auch Fahrräder und Nordic-Walking-Stöcke leihen. **www.herbergdehondsrug.nl**

NIEUW-AMSTERDAM Hotel Emmen

Verlengde Herendijk 50, 7833 JD 【 *0591-571 800* 𝔽𝔸𝕏 *571 805* **Zimmer** *78* **Straßenkarte** *E2*

Das Hotel am Stadtrand gehört zu der niederländischen Kette Van der Valk. Hinter einer relativ schnöden Fassade verbirgt sich ein schickes Interieur in Schokoladentönen. Alle Zimmer haben ein Jacuzzi. Familienzimmer sind größer als normale. Die Afrika- und Hollywood-Suite sind mit türkischen Dampfbädern ausgestattet. **www.hotelemmen.nl**

ROLDE Camping de Weyert

Balloërstraat 2, 9451 AK 【 *0592-241 520* 𝔽𝔸𝕏 *241 043* **Zimmer** *5* **Straßenkarte** *E2*

Mitten auf dem familienfreundlichen Campinggelände befinden sich fünf ungewöhnliche Heuschober, die in helle Apartments umgewandelt wurden. Ausgestattet sind die hübschen Häuschen mit hohen Decken, langen Sofas, Korbmöbeln und einer kleinen Küche. Übernachten können bis zu vier Personen. **www.deweyert.nl**

WESTERBORK Abdij de Westerburcht

Hoofdstraat 7, 9431 AB 【 *0593-331 238* 𝔽𝔸𝕏 *331 710* **Zimmer** *37* **Straßenkarte** *E2*

Von außen sieht das Hotel ziemlich schlicht aus, aber innen ist es sehr stimmungsvoll. Die Zimmer sind dekoriert wie in einer Abtei, etwa mit gotischen Spiegeln, Holzbalken und fackelartigen Lampen. Luxuszimmer haben Spa-Bäder. Schöner Gemeinschaftsbereich mit großem Café. **www.westerburcht.nl**

WITTEVEEN Hotel Het Witte Veen

K Brokweg 16, 9439 TC 【 *0593-552 429* 𝔽𝔸𝕏 *552 570* **Zimmer** *25* **Straßenkarte** *E2*

Das Hotel liegt im Dreieck zwischen Emmen, Hoogeveen und Assen und ist in einem ehemaligen Bauernhof untergebracht. Die Lage und der erschwingliche Preis machen es ideal für Ausflüge in die Umgebung. Die Zimmer sind einfach, aber gemütlich und teilweise behindertengerecht. Golfplatz und Fahrradverleih. **www.hotelwitteveen.eu**

Overijssel

DE LUTTE Landgoed de Wilmersberg

Rhododendronlaan 7, 7587 NL 【 *0541-585 555* 𝔽𝔸𝕏 *585 565* **Zimmer** *64* **Straßenkarte** *E3*

Der frühere Landsitz einer Industriellenfamilie gehört heute zur Luxushotelkette Bilderberg. Es gibt Standard- und »englische« Zimmer. Alle Zimmer haben große Betten, die Luxusräume verfügen zusätzlich über Terrassen oder Balkone. Es gibt ein Wellnesszentrum und einen Swimmingpool. **www.bilderberg.nl**

ENSCHEDE Hotel Restaurant Rodenbach

Parkweg 35–39, 7513 AR 【 *053-480 0200* 𝔽𝔸𝕏 *480 0299* **Zimmer** *25* **Straßenkarte** *E3*

Das eindrucksvolle Hotel liegt direkt neben einem großen Park – sowohl günstig zum Bahnhof als auch zum Stadtzentrum. Die Zimmer sind schnörkellos in Creme und Braun gehalten, es gibt Pflanzen und Kunstdrucke. Die Penthouse-Suite eignet sich für einen längeren Aufenthalt. Ziemlich formelles Restaurant. **www.rodenbach.nl**

GIETHOORN Hotel De Harmonie · P ⁞ ⛐ · €

Beulakerweg 55, 8355 AB 📞 *0521-361 372* FAX *361 082* **Zimmer** *16* · **Straßenkarte** *D3*

Das De Harmonie ist ein charmantes Hotel direkt am Wasser im berühmten »Holländischen Venedig«. Die Standardzimmer sind sauber und nett ohne übertriebenes Dekor. Die Luxuszimmer haben französische Fenster, die auf eine Terrasse am Wasser hinausführen. Das Hotel verleiht Boote, Kanus und Fahrräder. **www.harmonie-giethoorn.nl**

LATTROP Erfgoed Bossem · ⛶ P ⁞ · €

Dorpsstraat 7, 7635 NA 📞 *0541-221 392* FAX *221 946* **Zimmer** *5* · **Straßenkarte** *D3*

Im Haupthaus des Bauernhofs befindet sich ein Hotel. Das Dekor ist rustikal und doch modern mit viel hellem Holz und zeitgenössischen Lampen. Die Möbel sind von Designern, die Betten groß, außerdem stehen überall Blumen. Das Frühstück gibt es in der Küche des Bauernhauses. In der Lounge ist ein offener Kamin. **www.bossem.nl**

LATTROP Landgoed de Holtweijde · ⛶ P ⁞ ⛱ ⛐ ⛾ ⛐ · €€€€

Spiekweg 7, 7635 LP 📞 *0541-229 234* FAX *229 445* **Zimmer** *76* · **Straßenkarte** *D3*

Auf dem Landsitz stehen unterschiedliche Unterkünfte im Angebot. Junior-, Royal- und Country-House-Suiten sind luxuriös, die Panorama-Suite besticht durch die fantastische Aussicht. Es gibt aber auch sechs familienfreundliche Cottages. Pool und Beautysalon. Das Abendessen ist im Preis enthalten. **www.holtweide.nl**

OOTMARSUM Hotel Restaurant Van der Maas · ⁞ ⛐ · €

Grotestraat 7, 7631 BT 📞 *0541-291 281* FAX *293 462* **Zimmer** *20* · **Straßenkarte** *E3*

Das freundliche Familienhotel mit Restaurant liegt in einem netten Dorf mitten im ländlichen Twente. Die Zimmer sind einfach, aber sehr gemütlich. Alle Doppelzimmer haben Badewannen, Einzelzimmer Duschen. Das hilfsbereite Personal empfiehlt Wander- und Fahrradtouren. **www.vandermaas.nl**

TUBBERGEN Droste's · P ⁞ ⛐ · €

Uelserweg 95, 7651 KV 📞 *0546-621 264* FAX *622 828* **Zimmer** *20* · **Straßenkarte** *E3*

Die Zimmer in dem modernen Boutique-Hotel sind alle individuell gestaltet, aber alle sind hell mit klaren Konturen. Standardzimmer gehen auf den Patio hinaus. Außerdem gibt es drei unterschiedlich große Lofttypen von klein bis groß. Das Frühstück wird im Wintergarten serviert. **www.drostes.nl**

WETERING An't Waeter · ⛶ P ⁞ · €

Wetering West 77, 8363 TN 📞 *0521-371 311* FAX *371 100* **Zimmer** *5* · **Straßenkarte** *D3*

Wie der Name des Hotels (»Am Wasser«) schon sagt, kann man nicht viel näher am Wasser wohnen als in dem preisgünstigen, kleinen Gästehaus mit Café, das direkt am Ufer eines Sees liegt. Die Zimmer sind schlicht, aber sauber und gepflegt. Einige teilen sich ein Bad, andere haben eine Terrasse. **www.antwaeter.nl**

ZWOLLE Hotel Fidder · P ⁞ ⛐ · €€

Kon. Wilhelminastraat 6, 8019 AM 📞 *038-421 8395* FAX *423 0298* **Zimmer** *22* · **Straßenkarte** *D3*

Altmodische Eleganz durchströmt das Art-déco-Hotel im Stadtzentrum von Zwolle. Die Zimmer sind authentisch mit dunklem Holz eingerichtet. Alle haben ein Bad und eine Kaffeemaschine. Das Frühstück, das in einem schönen Speisezimmer serviert wird, schmeckt köstlich. **www.hotelfidder.nl**

Flevoland

BIDDINGHUIZEN Dorhout Mees · P ⁞ ⛾ ⛐ · €€

Strandgaperweg 30, 8256 PZ 📞 *0321-331 138* FAX *331 057* **Zimmer** *42* · **Straßenkarte** *C3*

Das Bauernhaus-Hotel ist ideal für aktive Gäste, da hier viele Aktivitäten angeboten werden: Schießen, Abseilen, Quad-Fahren und Golfspielen. Das Interieur ist auf rustikale Art entspannend mit Sofas und offenen Kaminen in den Aufenthaltsräumen und gedämpften Farben in den Zimmern. Herzhaftes Frühstück. **www.dorhoutmees.nl**

EMMELOORD Hotel Emmeloord · ⛊ P ⁞ ⛾ ⛐ · €

Het Hooiveld 9, 8302 AE 📞 *0527-612 345* FAX *612 845* **Zimmer** *109* · **Straßenkarte** *D2*

Von außen sieht das Hotel am Stadtrand ein bisschen aus wie eine große Scheune, aber innen punktet es mit vielen exzellenten Einrichtungen. Neben einem Konferenzzentrum gibt es einen Fitnessraum, eine Sauna und ein Dampfbad. Zimmer und Suiten sind groß und im Landhausstil eingerichtet. **www.hotelemmeloord.nl**

KRAGGENBURG Van Saaze · ⁞ ⛐ ⛾ · €

Dam 16, 8317 AV 📞 *0527-252 353* FAX *252 559* **Zimmer** *27* · **Straßenkarte** *D3*

In dem großen Gebäude aus der 1950er Jahren gibt es ein Hotel, ein lebendiges Café und ein gemütliches Restaurant. Die preisgünstigen Zimmer sind ruhig und groß, alle verfügen über Bäder und eine Minibar. Die teureren Zimmer haben zusätzlich einen Whirlpool und Platz für bis zu vier Personen. **www.hotelvansaaze.nl**

LELYSTAD Apollo Hotel Lelystad City Centre · ⛊ ⁞ ⛐ · €€€

Agoraweg 11, 8224 BZ 📞 *0320-242 444* FAX *227 569* **Zimmer** *86* · **Straßenkarte** *C3*

Ein großes Hotel und Konferenzzentrum, das sich hervorragend für Geschäftsreisen eignet. Die Räume sind gehoben und von modernem Design. Rollstuhlzugang und exzellenter Zimmerservice runden das Angebot ab. Im Hotel gibt es eine Tapas-Bar sowie ein Steak House und ein orientalisches Restaurant. **www.apollohotelresorts.nl**

Preiskategorien *siehe Seite 392* **Zeichenerklärung** *siehe hintere Umschlagklappe*

URK Pension de Kroon

Wijk 7–54, 8321 TA ◖ *0527-681 216* 🗚 *681 216* **Zimmer** *5*   **Straßenkarte** *C3*

Im Herzen des alten Städtchens ist das schöne Gästehaus ein guter Ausgangspunkt, um die Region zu erkunden. Von den Zimmern blickt man auf das IJsselmeer. Sie sind einfach eingerichtet mit verzierten Lampen und echten Kunstwerken. Einige teilen sich ein Bad, in allen kann man sich Tee oder Kaffee machen. **www.pensiondekroon.nl**

ZEEWOLDE Hotel Restaurant Hardersluis

Harderhaven 32, 3898 LN ◖ *0320-288 093* 🗚 *268 064* **Zimmer** *6*   **Straßenkarte** *C3*

Das hellgelb gestrichene Hotel liegt am Hafen. Die modernen Zimmer sind angemessen groß und verströmen mit Möbeln aus Kiefernholz, Pflanzen und Bildern eine gemütliche Atmosphäre. Alle Zimmer haben bequeme Betten und eine tolle Aussicht. Es gibt eine große Terrasse an der Wasserseite und ein Restaurant. **www.hardersluis.nl**

Gelderland

APELDOORN Bilderberg Hotel De Keizerskroon

Koningstraat 7, 7315 HR ◖ *055-521 7744* 🗚 *521 4737* **Zimmer** *93*   **Straßenkarte** *D3*

Das große populäre Hotel mit guten Einrichtungen liegt schön an einem Park in der Nähe des Königsschlosses. Die Zimmer mit bequemen Betten sind groß und in trendigen Zitrus- und Brauntönen gehalten. In den größeren stehen auch Sofas. Es gibt auch ein Restaurant, eine Bar und einen kleinen Swimmingpool. **www.bilderberg.nl**

ARNHEM Hotel Groot Warnsborn

Bakenbergseweg 277, 6816 VP ◖ *026-445 5751* 🗚 *443 1010* **Zimmer** *40*   **Straßenkarte** *D4*

Das alte herrschaftliche Landgut ist umgewandelt worden in ein gehobenes Hotel inmitten einer üppigen Landschaft. Zimmer gibt es sowohl im Haupt- als auch im ehemaligen Kutschenhaus. Alle sind individuell gestaltet, entweder rustikal oder modern. Es gibt auch ein gutes, formelles Restaurant. **www.grootwarnsborn.nl**

BRUMMEN Kasteel Engelenburg

Eerbeekseweg 6, 6971 LB ◖ *0575-569 999* 🗚 *569 992* **Zimmer** *41*   **Straßenkarte** *D4*

Das weiße Château aus dem 16. Jahrhundert steht unter Denkmalschutz und ist ein erstklassiges Hotel. Aufgrund von Rokoko-Spiegeln und Ledermöbeln fühlt man sich in vergangene Zeiten zurückversetzt. Die Standardzimmer sind im Kolonialstil dekoriert. Luxuszimmer und Suiten sind mit Antiquitäten eingerichtet. **www.engelenburg.com**

DEVENTER Gilde Hotel

Nieuwstraat 41, 7411 LG, Provinz Overijssel ◖ *0570-641 846* 🗚 *641 819* **Zimmer** *29*   **Straßenkarte** *D3*

Das sehr stimmungsvolle Hotel mitten im Stadtzentrum befindet sich in einem alten Ziegelgebäude aus dem 18. Jahrhundert. In der Lobby ist eine beeindruckende Treppe, die Bar verströmt altmodischen Charme. Die Standardzimmer sind freundlich, wenn auch wenig anregend, teurere haben einen Balkon. **www.sandton.eu**

HARDERWIJK Hotel Marktzicht

Markt 6–10, 3841 CE ◖ *0341-413 032* 🗚 *413 230* **Zimmer** *34*   **Straßenkarte** *C3*

Das Marktzicht ist ein charmantes Hotel in einem roten Ziegelhaus am Marktplatz mitten im Stadtzentrum. Die Zimmer sind schön dekoriert, sehr sauber, und man kann von ihnen das Treiben auf dem Markt beobachten. Das Personal ist hilfsbereit und freundlich. Das Frühstück sollte man nicht verpassen. **www.hotelmarktzicht.nl**

HOENDERLOO Golden Tulip Victoria

Woeste Hoefweg 80, 7351 TP ◖ *055-506 2828* 🗚 *506 1605* **Zimmer** *110*   **Straßenkarte** *D3*

In der Mitte von Hoge Veluwe ist das Hotel eine guter Ausgangspunkt, um die Wälder zu erkunden. Die Zimmer sind alle in ebenerdigen Häuschen, einige haben Terrassen. Die Suiten gehen auf den Hof hinaus. Alle sind hübsch eingerichtet. Es gibt Tennisplätze, Swimmingpool, Restaurant und Pub. **www.goldentulipvictoria.nl**

NIJMEGEN Hotel Courage Sionshof

Nijmeegsebaan 53, 6564 CC ◖ *024-322 7727* 🗚 *322 6223* **Zimmer** *17*   **Straßenkarte** *D4*

Das Hotel erweckt den Eindruck, als befinde man sich auf dem Land und nicht weit entfernt vom Zentrum von Nijmegen. Die Zimmer haben alle – wenn auch teilweise kleine – Bäder und sind rustikal eingerichtet mit schweren Holzmöbeln und in herbstlichen Tönen. Unten gibt es ein nettes Café. **www.sionshof.nl**

OOIJ Hotel Oortjeshekken

Erlecomsedam 4, 6576 JW ◖ *024-663 1288* 🗚 *663 3004* **Zimmer** *13*   **Straßenkarte** *D4*

Wer bezahlbar in einem netten kleinen Boutique-Hotel übernachten will, ist hier richtig. Alle Zimmer sind schön umgestaltet worden mit lackierten Holzpaneelen und traditionellen Möbeln. Von den Zimmern blickt man auf den Fluss, den Garten oder Wiesen. Es gibt ein Café und ein Restaurant. Gutes Frühstück. **www.oortjeshekken.nl**

VORDEN Hotel/Restaurant de Gravin van Vorden

Stadionsweg 24, 7251 EM ◖ *0575-546 111* **Zimmer** *16*   **Straßenkarte** *D4*

In einer Stadt mitten in der friedvollen Region Achterhoek offeriert das Hotel Unterbringung im Landhausstil. Die rustikale Note in den Zimmern wird von modernen Bildern aufgelockert. Es gibt eine große Suite und eine Hochzeitssuite mit Jacuzzi. In der Lounge stehen um den Kamin Ledersofas. **www.hotelbloemendaal.nl**

Noord-Brabant

BERGEN OP ZOOM Hotel Old Dutch

Stationsstraat 29–31, 4611 CB **☎** *0164-271 888* **FAX** *271 889* **Zimmer** *11*   **Straßenkarte** *B5*

Das Old Dutch offeriert unkomplizierte Unterbringung, zweckmäßig für eine späte Ankunft oder frühe Abreise, da sich das Hotel direkt gegenüber dem Bahnhof befindet. Alle Zimmer sind sauber und einfach, aber angenehm eingerichtet in einem schnörkellosen Stil. Die nach vorn hinaus können laut sein. Bar. **www.hotel-olddutch.nl**

DEURNE Plein Vijf

Markt 5, 5751 BE **☎** *0493-327 040* **FAX** *327 041* **Zimmer** *25*   **Straßenkarte** *D5*

Das kürzlich gebaute Hotel liegt in der Nähe des Naturreservats De Peel und verfügt über viele Rad- und Wandermöglichkeiten. Die großen Zimmer haben Flachbildschirm-TVs, helle Wände und Designermöbel. Es gibt auch größere Themen-Suiten, etwa Toskana oder Japan. **www.pleinvijf.nl**

EINDHOVEN Corso

Vestdijk 17, 5611 CA **☎** *040-244 9131* **FAX** *245 7399* **Zimmer** *8*   **Straßenkarte** *C5*

Wenn Sie nach einer ungewöhnlichen Unterbringung suchen, sollten Sie in dem Hotel mit Theater und Restaurant absteigen. Die Zimmer sind nicht besonders, Bäder werden geteilt, aber es kommen bis zu acht Leute in ihnen unter. Deshalb eignen sie sich gut für Gruppen. Das Restaurant bietet Specials für Gäste an. **www.theatermetsmaak.nl**

ERP Hotel Het Tramstation

Molentiend 12, 5469 EK **☎** *0413-335 000* **Zimmer** *8*   **Straßenkarte** *D5*

Das Gebäude aus dem 19. Jahrhundert in üppiger Landschaft im Nordosten der Provinz war früher Bauernhof und Straßenbahnstation. Heute ist hier ein nettes Café-Restaurant mit Zimmern darüber. Günstigere Zimmer teilen sich ein Bad, teurere haben eigene. Die Zimmer sind einfach, ordentlich und doch gemütlich. **www.hoteltramstation.nl**

ETTEN-LEUR Herberg het Witte Paard

Oude Bredaseweg 15, 4872 AB **☎** *076-503 8041* **FAX** *503 7530* **Zimmer** *27*   **Straßenkarte** *B5*

Das Landhotel ist Teil eines hübschen Gebäudes aus dem 19. Jahrhundert zwischen Breda und Etten. Die Zimmer mit Bädern sind in einem modernen Anbau und mit hellen Teppichen und Vorhängen dekoriert. Frühstück und Service sind gut, das Café wurde in seinen Originalzustand von 1828 zurückversetzt. **www.hotelhetwittepaard.nl**

GEMERT De Hoefpoort

Ridderplein 37, 5421 CG **☎** *0492-392 008* **Zimmer** *10*   **Straßenkarte** *C5*

Das kleine Hotel in einem Städtchen im Norden der Provinz ist mit viel Liebe zum Detail ausgestattet. Die Zimmer tragen die Namen von historischen Plätzen und sind individuell gestaltet mit schmiedeeisernen Möbeln, hellen Farben und altem Holz. Die Besitzer arrangieren auch ein romantisches Champagner-Frühstück. **www.hoefpoort.nl**

HELMOND Golden Tulip West Ende

Steenweg 1, 5707 CD **☎** *0492-524 151* **FAX** *543 295* **Zimmer** *70*   **Straßenkarte** *C5*

Das imposante weiße Gebäude sieht aus wie ein Landhaus, wurde 1880 aber als Fabrikgebäude gebaut. Der Eindruck setzt sich im Inneren fort: In den Zimmern sieht man geschmackvolle Stoffe, die Möbel sind rustikal, die Bäder gut. Das Personal ist hilfsbereit. Es gibt auch ein Restaurant. **www.goldentulipwestende.nl**

KAATSHEUVEL Hotel Restaurant de Joremeinshoeve

Lage Zandschel 1, 5171 TD **☎** *0416-274 527* **FAX** *282 095* **Zimmer** *11*   **Straßenkarte** *C5*

Das große strohgedeckte Haus inmitten der Dünen war früher ein Bauernhaus, bis die jetzigen Besitzer es in ein Hotel und Restaurant umwandelten. Die Unterkünfte sind beliebt bei Radfahrern. Die Zimmer sind gemütlich, zwei haben ein Schrankbett. Das teuerste verfügt über einen Whirlpool. **www.joremeinshoeve.nl**

ROOSENDAAL Hotel Merks

Brugstraat 55–57, 4701 LC **☎** *0165-533 169* **FAX** *555 536* **Zimmer** *29*   **Straßenkarte** *B5*

Schönes, familiengeführtes Hotel mit Restaurant, das günstig zum Stadtzentrum und zum Bahnhof liegt. Die Zimmer sind spartanisch möbliert, doch die Unterbringung ist günstig. Das Personal ist entgegenkommend, bereitet Lunchpakete für Radfahrer oder ein frühes Frühstück für Geschäftsreisende. **www.hotel-merks.nl**

'S-HERTOGENBOSCH Hotel All-In

Gasselstraat 1, 5211 KJ **☎** *073-613 4057* **FAX** *613 4057* **Zimmer** *5*   **Straßenkarte** *C4*

Das familienfreundliche Hotel im Stadtzentrum liegt in Gehdistanz zu allen Hauptsehenswürdigkeiten. Die Zimmer sind einfach eingerichtet, aber das Gebäude, in dem sie sich befinden, ist ein schönes Beispiel für Art-déco-Architektur, die sich auch durch das ganze Innere zieht. **http://home.wanadoo.nl/hotelallin/index.html**

ZUNDERT De Roskam

Molenstraat 1, 4881 CP **☎** *076-597 2357* **FAX** *597 215* **Zimmer** *25*   **Straßenkarte** *B5*

Im Herzen von van Goghs Geburtsort liegt das günstige Familienhotel. Die Zimmer sind hell und frisch mit Kiefernmöbeln und Drucken von Zunderts berühmtestem Sohn ausgestattet. Die Gästelounge ist mit bequemen Armsesseln und einem Kamin sehr gemütlich. Es gibt auch ein Restaurant und ein Terrassencafé. **www.hotel-de-roskam.nl**

Limburg

ARCEN De Maas Parel
`P` `▯▯` `▯` €

Schans 3–5, 5944 AE ☎ *077-473 1296* FAX *473 1335* **Zimmer 23** **Straßenkarte** D5

Mittelklassehotel über einem unprätentiösen Restaurant. Die Standard- und größeren De-luxe-Zimmer sind schön mit Armsesseln und gerahmten Bildern eingerichtet. Für einen längeren Aufenthalt gibt es ein größeres Apartment mit Küche. Es gibt mehrere Arrangements, u. a. auch für Radfahrer. **www.maasparel.nl**

EPEN Appartementen Hotel Gueldal
`P` €

Wilhelminastraat 21, 6285 AS ☎ *(043) 455 1282* FAX *455 2636* **Zimmer 7** **Straßenkarte** D6

Ein kleines, gemütliches Hotel mit sieben modern eingerichteten Apartments für zwei bis vier Personen, inklusive voll eingerichteter Küche und Balkon. Es gibt auch einen Garten mit Sitzgelegenheiten. Die Gegend ist perfekt zum Wandern und Radfahren. Frühstück ist nicht im Preis enthalten. **www.appartementen-hotelgeuldal.nl**

HERKENBOSCH Landgoed Kasteel Daelenbroeck
`P` `▯▯` `▯` €€

Kasteellaan 2, 6075 EZ ☎ *0475-532 465* FAX *536 030* **Zimmer 18** **Straßenkarte** D5

Exzellenter Service ist ein Hauptelement für das Burghotel aus dem 15. Jahrhundert in den Hügeln von Limburg. Die Zimmer, die sich in einem Anbau befinden, haben Terrassen. Ein Zimmer geht über zwei Stockwerke, ein anderes liegt in einem Turm. Alle sind schnörkellos und exklusiv eingerichtet. Restaurant und Bar. **www.daelenbroeck.nl**

HOUTHEM De Herberg
`P` `▯▯` `▯` €

Vroenhof 148, 6301 KJ ☎ *043-604 0277* FAX *604 2779* **Zimmer 12** **Straßenkarte** D5

Das einfache, biedere Gästehaus bietet preisgünstige Unterbringung in ländlicher Umgebung in der Nähe zu Maastricht, Valkenburg und angrenzenden Ländern. Die Zimmer sind freundlich und frisch mit hellem floralem Dekor. Einige haben Bäder, andere teilen sie. Große Gruppen bekommen einen Nachlass. **www.herberghouthem.nl**

LANDGRAAF Hotel Winselerhof
`P` `▯▯` `▯` €€€

Tunnelweg 99, 6372 XH ☎ *045-546 4343* FAX *535 2711* **Zimmer 49** **Straßenkarte** D6

Der große Landsitz ist in ein schönes Hotel umgewandelt worden. Die Zimmer im Haupthaus sind groß mit schönen, altmodischen Bädern und individuell in rustikalem Stil dekoriert. Die größeren Suiten sind um einen Hof gruppiert. Zum Frühstück im Wintergartenrestaurant gibt es ein Glas Prosecco. **www.chateauhotels.nl**

MAASTRICHT De Hofnar
€

Capucijnenstraat 35, 6211 RP ☎ *06-4968 8189* **Zimmer 3** **Straßenkarte** C6

Besucher, die eine günstige, gepflegte und saubere Unterkunft im Stadtzentrum suchen, sind in dem B & B nur einige 100 Meter von Hauptplatz entfernt richtig. Das nette Cottage steht in einer reizenden Straße. Die Zimmer sind modern und hell. Zehn gibt es auch im Keizer Karelplein. **www.hofnarmaastricht.nl**

MAASTRICHT Hotel Les Charmes
`P` €€

Lenculenstraat 18, 6211 KR ☎ *043-321 7400* FAX *321 7400* **Zimmer 15** **Straßenkarte** C6

Von den Gaslichtern an der Straße bis zu den Kronleuchtern in der Lounge verströmt das freundliche, kleine Hotel einen Alte-Welt-Charme. Die Zimmer sind groß und stilvoll individuell gestaltet mit Bädern mit weißen Fliesen und Badewannen. Vorzügliches Frühstück in der Lounge oder im Wintergarten. **www.hotellescharmes.nl**

MAASTRICHT Kruisherenhotel
`▯` `P` `▯▯` `▯` `▯` €€€€€

Kruisherengang 19–23, 6211 NW ☎ *043-329 2020* FAX *323 3030* **Zimmer 60** **Straßenkarte** C6

Das umwerfendste Hotel im ganzen Land verbindet Elemente einer originalen Kreuzfahrerkapelle mit modernem Design. Stahl und Glas durchbohren alten Stein, die Zimmer haben riesige Kirchenfenster, die Wände sind bedeckt mit zeitgenössischen Wandmalereien. Ebenso Galerie wie Hotel. **www.chateauhotels.nl**

ROOSTEREN Hotel Terborch
`P` `▯▯` `▯` `▯` €

Kasteel Terborchstraat 1, 6116 BV ☎ *046-449 1005* **Zimmer 10** **Straßenkarte** D5

Günstige Unterkünfte in den Niederlanden sind selten so gemütlich. Die Zimmer in dem kleinen Hotel sind mit altmodischen, dunklen Holzmöbeln eingerichtet, was eine nostalgische Atmosphäre vermittelt. Alle haben Bäder, wenn auch etwas veraltet. Es gibt sogar einen kleinen Fitnessraum und eine Sonnenbank. **www.bamby.nl/hotelterborch**

VALKENBURG Hotel Limburgia
`▯` `▯▯` `▯` €

Grendelplein 19, 6301 BS ☎ *043-601 0080* **Zimmer 17** **Straßenkarte** D6

Nur wenige Hotels in Valkenburg liegen zentraler als dieses direkt am malerischen Hauptplatz und in der Nähe aller Sehenswürdigkeiten. Die Zimmer sind zwar nicht extravagant, aber günstig, groß und gemütlich eingerichtet, mit bequemen Armsesseln und großen Betten. Nachlass für mehrere Übernachtungen. **www.hotel-limburgia.nl**

VALKENBURG Château St. Gerlach
`▯` `P` `▯▯` `▯▯` `▯` `▯` `▯` €€€€€

Joseph Corneli Allée 1, 6301 KK ☎ *043-608 8888* FAX *604 2883* **Zimmer 112** **Straßenkarte** D6

Das Château St. Gerlach bietet eine der glamourösesten Unterbringungen im ganzen Land. Ein mittelalterliches Schloss und ein Landgut mit vergoldeten Oberflächen, Kunst und Skulpturen – das ruft nach Dekadenz. Die Zimmer haben alle entsprechenden Einrichtungen. Es gibt ein Kneipp-Spa und ein Sterne-Restaurant. **www.chateauhotels.nl**

Restaurants

Die Niederländer sind einfallsreich – auch auf kulinarischem Gebiet. Immer mehr Köche zeigen ihre Meisterschaft, immer mehr exotische Restaurants werden eröffnet. Gab es früher in den Städten einen Chinesen, einen Italiener und ein indonesisches Restaurant, so findet man heute Spezialitäten aus Spanien, der Türkei, Griechenland, Marokko, Israel, Japan, dem Libanon, Äthiopien, Indien, Thailand, Korea und Vietnam.

In den sogenannten *eetcafés* werden komplette mehrgängige Menüs serviert. Hier kann man in der gemütlichen At-

Chefkoch

mosphäre eines Cafés sein Essen genießen. Viele dieser Lokale kommen in der Qualität traditioneller Restaurants sehr nah. Aber auch die Snackbar, an der man sich sein *broodje kroket*, eine Frikadelle oder Pommes holt, ist aus den Niederlanden nicht mehr wegzudenken.

Auf den *Seiten 410–423* finden Sie eine Übersicht der Restaurants, die wir für diesen Führer ausgesucht haben. Auswahlkriterien waren vor allem die Qualität des Essens, aber auch die Atmosphäre sowie die Freundlichkeit und Kompetenz der Bedienung.

Kaffeepause – in den Niederlanden sehr beliebt

Restaurantkategorien

In den Niederlanden gibt es sehr unterschiedliche Restaurants. Niederländer gehen gern zum Essen, und die Zahl der Lokale mit internationaler Küche wächst. Wegen der alten Bande mit Indonesien gibt es überall indonesische (»indische«) Restaurants. Auch chinesische Lokale und Pizzerien findet man häufig.

Die traditionelle niederländische Küche ist eher bescheiden. Die »Fischnation« bietet natürlich – vor allem an der Küste – eine große Zahl von Fischrestaurants, in denen frische Fischgerichte auf der Karte stehen. Es dominieren aber die Restaurants, in denen französische Küche serviert wird. Deren Zahl wird größer, die Qualität immer besser. Oft verwenden die Köche bei französischen Rezepten frische Zutaten aus niederländischem Anbau, etwa Spargel

oder Fenchel. So kann man hier beispielsweise Wildente auf Endivien finden, ein Gericht, von dem man in Frankreich noch nie gehört hat. Auch ein Salat mit Thunfischtatar, frittierten Sellerieknollen, grünem Spargel und Guacamole ist auf der Karte zu finden – niederländische Köche werden experimentierfreudiger.

Auch gibt es in den Niederlanden immer mehr exotische Restaurants. Von vietnamesisch bis libanesisch, von thailändisch bis griechisch, von indisch bis türkisch, von marokkanisch bis japanisch: Jedes Land der Welt ist mit einem Restaurant vertreten. Alle sind verschieden in ihren Preisen, im Ambiente und der gebotenen Kochkunst. Die meisten exotischen Restau-

rants findet man in den großen Städten, aber auch auf dem Land werden es immer mehr.

Speisecafés

Das Speisecafé ist sehr populär in der niederländischen Esskultur. Anfangs servierte man in einigen Cafés nur einen kleinen Imbiss zu den Getränken. Diese *borrelgarnituur* wurde immer aufwendiger, aus den Happen wurden Mahlzeiten, und so verwandelten sich viele dieser Cafés im Lauf der Zeit in sogenannte *eetcafés*, Lokale, in denen man mittags Sandwiches für den kleinen Hunger in der Mittagspause serviert. Auch abends stehen günstige Mahlzeiten auf der Karte – von einfachen Suppen, be-

Inter Scaldes in Kruiningen – eines der besten Restaurants des Landes

In den *eetcafés* werden immer raffiniertere Gerichte serviert

legten Broten, Salaten, Omeletts und Pommes frites bis zu Drei-Gänge-Menüs.

Für viele *eetcafés* wird ihr Restaurant immer wichtiger, dementsprechend verwendet man besondere Sorgfalt auf die Küche.

»Braune Cafés«

Eine typische Amsterdamer Kneipe ist das *bruine café*, benannt nach der dunklen Holzverkleidung und der gemütlich-schummrigen Atmosphäre, die früher vom Zigarettenqualm stammte. Auch »Braune Cafés« servieren oft Snacks oder Mahlzeiten.

Vegetarische Restaurants

In den meisten Restaurants findet man mehrere vegetarische Mahlzeiten auf der Karte. Das gilt sowohl für die niederländischen/französischen Lokale als auch für exotische Restaurants. Außerdem werden auch in den Niederlanden immer mehr Restaurants eröffnet, in denen ausschließlich vegetarisches Essen angeboten wird.

Öffnungszeiten

Niederländer kannten früher kein großes Mittagessen, aber auch das ändert sich langsam. Immer mehr Restaurants sind heute auch über Mittag offen. Am Abend öffnen die meisten Restaurants gegen 18 Uhr, die Küche schließt meist um 22.30 oder 23 Uhr. Außerdem gibt es, vor allem in den großen Städten,

immer mehr Nachtrestaurants, deren Küche bis nach Mitternacht geöffnet bleibt.

Reservierung

Wer in einem der führenden Restaurants essen gehen will, tut gut daran, einen Tisch zu reservieren,

Snackbar für den kleinen Hunger

eventuell schon am Vortag. In vielen Speisecafés und anderen weniger förmlichen Restaurants kann es im Lauf des Abends auch voll werden, aber hier werden Reservierungen nur für große Gruppen angenommen.

Trinkgeld

Im Preis sind in niederländischen Restaurants 15 Prozent für den Service inbegriffen. Es ist aber durchaus üblich, den Rechnungsbetrag mit etwa zehn Prozent Trinkgeld aufzurunden.

Etikette und Rauchen

Die meisten Restaurants in den Niederlanden bieten ihren Gästen eine ungezwungene Atmosphäre: Zum Essen

gehen kann man im Allgemeinen anziehen, was man will. Es gibt jedoch auch Ausnahmen: In einigen sehr eleganten Restaurants erwartet man auch eine entsprechende Kleidung.

Das Rauchen in öffentlichen Gebäuden ist in den Niederlanden schon seit 1990 untersagt. Seit 2004 gilt eine Nichtraucherverordnung in öffentlichen Gebäuden und seit 2008 Rauchverbot in allen Restaurants, Bars und Cafés.

Preise

Bei den meisten niederländischen Restaurants hängt am Eingang eine Speisekarte mit den Preisen. So kann man schon vor dem Betreten des Lokals abschätzen, ob das Lokal den Möglichkeiten des eigenen Geldbeutels entspricht. Im Preis eingeschlossen sind Mehrwertsteuer und Bedienung.

Es gibt Lokale, in denen man für weniger als 25 Euro ausgezeichnet essen kann, in den Top-Restaurants sollte man sich aber nicht wundern, wenn man für ein Drei-Gänge-Menü 80 Euro auf den Tisch blättern muss – und das ohne den oft auch nicht gerade günstigen Wein.

Behinderte Reisende

Die meisten Restaurants liegen im Erdgeschoss und sind für Rollstuhlfahrer gut zugänglich. Die traditionell engen Toiletten stellen jedoch nach wie vor ein großes Problem dar, denn mit einem Rollstuhl sind viele von ihnen nur äußerst mühsam oder gar nicht zu erreichen.

Getränke

Eine wachsende Zahl von Restaurants schenkt der Weinkarte in der letzten Zeit mehr Aufmerksamkeit. In vielen Lokalen kann man aus einem reichen Angebot von hervorragenden, meist französischen Weinen wählen, die gut zum bestellten Menü passen. Auch die Karte mit exotischen Aperitifs und Digestifs wird in den meisten Restaurants immer umfangreicher.

Niederländische Küche

Die niederländische Küche basiert oft auf solider Hausmannskost: Fisch oder Fleisch mit Gemüse, Schinken und alle Arten von Wurst sind beliebt. Die Nordsee liefert frischen Fisch, etwa Kabeljau, Hering und Makrele sowie Shrimps. Chicorée und Grünkohl sind Bestandteil vieler Speisen, und Kartoffeln scheinen bei kaum einem Essen zu fehlen. Sauerkraut kam vor langer Zeit aus Deutschland und wird heute als heimisch angesehen, Gleiches gilt für belgische Pommes frites mit Mayonnaise. Weltberühmt sind Käsesorten wie Gouda und Edamer.

Edamer Käse

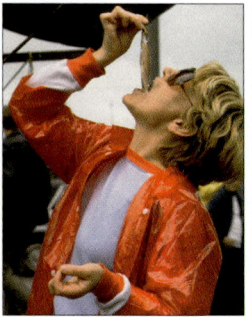

Kostprobe eingelegter Heringe an einem Amsterdamer Fischstand

Amsterdams kulinarische Einflüsse

Die traditionelle niederländische Küche mag einfach und herzhaft sein, aber besonders in Amsterdam machen sich kulinarische Einflüsse aus der ganzen Welt bemerkbar. Von Fish & Chips-Ständen über gemütliche Cafés bis hin zu Gourmetrestaurants findet man in Amsterdam jede erdenkliche gastronomische Variante. Über 50 Nationalitäten pflegen ihre eigenen Kochtraditionen. Dieser multikulturelle Einfluss macht sich überall im Land bemerkbar. Die Niederlande waren einst eine bedeutende Kolonialmacht, Schiffe brachten exotische Zutaten, Ideen und Einwanderer mit. Die Köche probierten neue Varianten aus, Fusion-Gerichte stehen schon lange auf vielen Speisekarten, nicht nur in der Hauptstadt.

Schmelztiegel

Amsterdam ist seit der frühen Neuzeit eine Stadt mit ausgeprägter religiöser und politischer Toleranz. Flüchtlinge, die hierherkamen, brachten aus ihrer Heimat Essgewohnheiten und Rezepte mit. Im 16. Jahr-

Bami Goreng (gebratene Nudeln mit Huhn und Schwein)

Gebratener Tofu mit Sambal Oelek (Chilisauce)

Gedämpfter Reis

Krabbenchips

Gado Gado (Salat mit Erdnusssauce)

Satay Ayam (Huhn-Satay)

Typische Gerichte einer _rijsttafel_

Typische Gerichte und Spezialitäten

Wer in den Niederlanden isst, begegnet garantiert einigen Besonderheiten. Käse, Schinken und Brot sind die Standards zum Frühstück, aber man bekommt auch _ontbijtkoek_ (Ingwerbrot) und _hagelslag_ (Schokoladenstreusel), die man aufs Brot streut. Schinken und Käse isst man – neben anderen, raffinierteren Zusammenstellungen – auch gern als Belag von Sandwiches am Mittag, oft begleitet von einem Glas Milch. Viele Pfannkuchenhäuser bieten den ganzen Tag über süße wie auch pikante Snacks an. Am Abend ist die Auswahl in den Lokalen am größten. Suppen und püriertes Gemüse nach holländischer Bauernart, pikante indonesische Gaumenfreuden und innovative Kochkunst – für jeden Geschmack ist das Richtige dabei.

Braune Shrimps

Erwtensoep _ist eine dicke Erbsensuppe mit geräucherten Würstchen, die mit Brot und Schinken serviert wird._

Körbeweise Pilze auf dem Biomarkt

Indonesisches Erbe

Die Holländer begannen im 17. Jahrhundert mit der Kolonialisierung Indonesiens und lenkten die Geschicke des südostasiatischen Staats bis 1949. Indonesische Einflüsse haben die Essgewohnheiten in den Niederlanden stark verändert. Zutaten, die früher als exotisch galten, sind nun nicht mehr wegzudenken. Heute ist es üblich, Apfelkuchen und Kekse – und manchmal sogar Gemüse – mit Zimt zu würzen. Kokosnuss und Chili sind ebenfalls sehr beliebt. Eine indonesische *rijsttafel* kann zu den kulinarischen Highlights eines Aufenthalts in Amsterdam zählen.

hundert kamen viele Juden, die vor der Verfolgung in Portugal und Antwerpen flohen, nach Amsterdam. Zu den jüdischen Spezialitäten der Stadt gehören *pekelvlees* (Pökelfleisch), eingelegtes Gemüse und eine große Bandbreite von süßem Gebäck, das heute vor allem in altmodisch anmutenden Teestuben angeboten wird.

Im 20. Jahrhundert kam ein Zustrom von Zuwanderern aus der Türkei und einigen nordafrikanischen Ländern. Große arabische und türkische Gemeinden haben sich niedergelassen. In der Folge eröffneten viele Restaurants mit Gerichten aus dem Nahen Osten. Zu ihren Spezialitäten gehören gefülltes Gemüse, kräftige Eintöpfe und Couscous. *Falafel* (frittierte Kichererbsenbällchen) gibt es an jeder Ecke. Äthiopier, Grie-

chen, Thailänder, Italiener und Japaner kamen ebenfalls in großer Zahl und bereicherten die Küche der Niederlande weiter. In letzter Zeit sind auch traditionelle britische Speisen beliebt geworden.

Gouda zum Probieren in einem Amsterdamer Käseladen

RIJSTTAFEL

Holländische Kolonialisten in Indonesien fühlten ihren Hunger durch die in Südostasien üblichen kleinen Portionen nicht gestillt. Um satt zu werden, erfanden sie die *rijsttafel* (»Reistafel«). Sie besteht aus etwa 20 kleinen, pikanten Gerichten, die zusammen mit einer Riesenschüssel voll mit Reis oder Nudeln serviert werden. Zunächst wird Schweinefleisch- oder Huhn-*Satay* (kleine Kebabs mit Erdnusssauce) und *kroepoek* (Krabbenchips) serviert, danach folgen Fleisch- und Gemüsecurrys mit Tofu und diversen Salaten. In Pfannkuchenteig ausgebackene Bananen runden das Ganze ab.

Shrimps-Kroketten *sind Shrimps in Cremesauce, von Panade ummantelt und goldbraun frittiert.*

Stamppot *ist ein herzhaftes Gericht aus Kartoffelpüree, Grünkohl, Chicorée und gebratenem Speck.*

Nasi Goreng, *ein indonesisches Gericht mit gebratenem Reis, Ei, Schwein und Pilzen, ist oft Teil einer* rijsttafel.

Restaurantauswahl

Die hier beschriebenen Restaurants wurden wegen ihrer guten Küche, ihrer günstigen Lage, ihrer besonderen Atmosphäre oder wegen des Preis-Leistungs-Verhältnisses ausgewählt. Sie sind in Amsterdam nach Stadtvierteln, in den Regionen nach Städten aufgeführt und innerhalb der Preiskategorien alphabetisch geordnet.

PREISKATEGORIEN
Preise für ein Drei-Gänge-Menü pro Person mit einer halben Flasche Wein, inklusive Gedeck, Service und Steuer.

€ unter 30 Euro
€€ 30–40 Euro
€€€ 40–50 Euro
€€€€ über 50 Euro

Amsterdam

OUDE ZIJDE Bird
Zeedijk 72–74, 1011 HB 020-620 1442
Stadtplan 2 E4
€

Das beste Thai-Restaurant der Stadt ist groß und authentisch eingerichtet, das überwiegend thailändische Personal ist sehr freundlich. Beliebt sind die grandiosen roten und grünen Currysaucen, die zu Fisch, Rind, Huhn, Schwein und Tofu gereicht werden. Alternativ ist eine Thai-Snackbar gegenüber. Geschlossen: mittags.

OUDE ZIJDE Café Bern
Nieuwmarkt 9, 1011 JR 020-622 0034
Stadtplan 2 E5
€

Nur einen Steinwurf vom Rotlichtviertel entfernt liegt dieses Restaurant mit Bar. Spezialität ist Schweizer Käsefondue, das mit Salat und Nachspeise serviert wird. Das Café Bern wird vor allem von Einheimischen besucht, Reservierung ist anzuraten. Es gibt eine große Auswahl an Spirituosen und Hausweinen. Geschlossen: mittags.

OUDE ZIJDE De Jaren
Nieuwe Doelenstraat 20–22, 1012 CP 020-625 5771
Stadtplan 5 A2
€€

Das große Café-Restaurant bietet im Erdgeschoss einfache Suppen und Sandwiches für zwischendurch an. Im ersten Stock gibt es auch Fleisch, Fisch und vegetarische Gerichte (mit riesiger Salatbar). Beide Stockwerke verfügen über eine ansprechende Terrasse. Allerdings ist es oft ziemlich voll, was sich negativ auf den Service auswirken kann.

OUDE ZIJDE Éenvistwéévis
Schippersgracht 6, 1011 TR 020-623 2894
Stadtplan 5 C1
€€

Das kleine, nette Restaurant ist ein Paradies für Fischliebhaber. Der Küchenchef verwandelt den Fang des Tages – etwa Scholle, Barsch, Austern oder Thunfisch – in schnörkellose Gerichte, die nicht in zu üppigen Saucen ertränkt werden. Im Sommer isst man *al fresco* auf der Terrasse. Geschlossen: mittags; Mo.

OUDE ZIJDE Kilimanjaro
Rapenburgerplein 6, 1011 VB 020-622 3485
Stadtplan 5 C1
€€

Ein absolutes Schmuckstück ist dieses freundliche, panafrikanische Restaurant, das Gerichte des ganzen Kontinents offeriert. Zusätzliche Gaumenfreuden sind der Alligator-Cocktail, Mongozo-Bier und äthiopischer Kaffee, der mit Popcorn serviert wird. Bei gutem Wetter ist die Terrasse geöffnet. Geschlossen: mittags; Mo.

OUDE ZIJDE Hemelse Modder
Oude Waal 11, 1011 BZ 020-624 3203
Stadtplan 2 E4
€€€

Das große, moderne und vor allem bei Schwulen beliebte Restaurant an einer der ältesten Grachten serviert internationale Küche mit starken französischen und italienischen Einflüssen sowie ausgewählte Weine. Besonders gemütlich speist man auf der schönen Terrasse, wofür man reservieren sollte. Geschlossen: Mo.

OUDE ZIJDE Blauw aan de Wal
Oudezijds Achterburgwal 99, 1012 DD 020-330 2257
Stadtplan 2 E5
€€€€

Eines der bestgehüteten Geheimnisse im Rotlichtviertel ist dieses elegante Restaurant am Ende einer kleinen Allee. Feinschmecker werden die fantasievollen, mediterranen Fusion-Gaumenfreuden und die Weine genießen. Reservierung empfehlenswert, vor allem im Sommer für die Terrasse. Geschlossen: mittags; So.

OUDE ZIJDE In De Waag
Nieuwmarkt 4, 1012 CR 020-422 7772
Stadtplan 2 E5
€€€€

In De Waag liegt in einem burgähnlichen Gebäude von 1488. Über dem Restaurant, das von Kerzenlicht erhellt wird, fertigte Rembrandt die Skizzen zu seinem Werk *Die Anatomievorlesung des Dr. Nicolaes Tulp*. Auf der Speisekarte stehen ausgewählte Fleisch- und Fischgerichte sowie vegetarische Speisen. Reservierung empfohlen.

OUDE ZIJDE Vermeer (NH Barbizon Palace Hotel)
Prins Hendrikkade 59–72, 1012 AD 020-556 4885
Stadtplan 2 E3
€€€€

Das von Gebäuden aus dem 17. Jahrhundert umrahmte Michelin-Sterne-Restaurant bietet gastronomische Köstlichkeiten aus Frankreich. Das Abenteuer beginnt in der Cocktaillounge, in der man Hummer mit Cranberries und Steckrüben mit Zitronenstrauch genießen kann. Exzellente Weinkarte. Geschlossen: Sa mittags; So.

Zeichenerklärung *siehe hintere Umschlagklappe*

NIEUWE ZIJDE Keuken van 1870

Spuistraat 4, 1012 TS 📞 *020-620 4018* **Stadtplan 2 D3**

So etwas wie eine Amsterdamer Institution ist diese frühere Suppenküche von 1870. Sie bietet nach wie vor eine Reihe günstiger Gerichte – auch wenn die Gäste mittlerweile vor allem Büroangestellte und nicht mehr Bedürftige sind. Die »niederländische Hausmannskost« ist besonders preiswert. Geschlossen: mittags; So.

NIEUWE ZIJDE Brasserie Harkema

Nes 67, 1012 KD 📞 *020-428 2222* **Stadtplan 4 F1**

Die klassische Pariser Brasserie im eleganten New-York-Stil bietet *haute cuisine* zu erschwinglichen Preisen. Vor allem am Abend ist das Harkema sehr beliebt, weshalb man reservieren sollte. Zu den Schlemmereien gehören gedünstetes Rehsteak auf Toast mit Pfifferlingen, gefolgt von Schokoladentorte auf Bastogne-Biskuit-Basis.

NIEUWE ZIJDE Catalá

Spuistraat 299, 1012 VS 📞 *020-623 1141* **Stadtplan 1 C5**

In der Tapas-Bar in der Nähe des Spui-Platzes werden alle spanischen Gerichte serviert, die man sich vorstellen kann. Die Einrichtung ist rustikal und typisch spanisch. Ein Platz im Außenbereich eignet sich fantastisch, um die Einheimischen zu beobachten. Außerdem liegt das Catalá fast neben dem Harry's, einer der besten Cocktailbars Amsterdams.

NIEUWE ZIJDE 1e Klas

Stationsplein 15, 1012 AB 📞 *020-625 0131* **Stadtplan 2 E3**

Der frühere Warteraum am Bahnsteig 2B der Centraal Station ist jetzt ein Café-Restaurant, dessen atemberaubende Ausstattung die Eleganz des Jugendstils ausstrahlt. Die Speisekarte bietet alles von Standardgerichten bis hin zu traditionellen französischen Gerichten in bester Qualität. Frühstück wird ab 8.30 Uhr serviert.

NIEUWE ZIJDE Kapitein Zeppos

Gebed Zonder End 5, 1012 HS 📞 *020-624 2057* **Stadtplan 4 F1**

In einer engen Gasse findet man das mit Fliesen dekorierte Restaurant mit Bar. Einst befand sich hier eine Kutschenstallung, danach eine Zigarrenfabrik. Die Küche bringt delikate französisch-mediterrane Speisen mit italienischem, marokkanischem und spanischem Einfluss hervor. Ideal für einen romantischen Abend.

NIEUWE ZIJDE Supperclub

Jonge Roelensteeg 21, 1012 PL 📞 *020-344 6400* **Stadtplan 1 C5**

Ziehen Sie in dem geräumigen Restaurant-Club Ihre Schuhe aus, und lehnen Sie sich in die Kissen zurück. DJs sorgen für Musik, während Sie sich fünf Gänge lang den kulinarischen Genüssen der offenen Küche hingeben. Feine Weine, Videos, Massagen und Offbeat-Vorstellungen machen den Sturm auf die Sinne komplett. Geschlossen: mittags.

WESTLICHER GRACHTENGÜRTEL Chez Georges

Herenstraat 3, 1015 BX 📞 *020-626 3332* **Stadtplan 1 C4**

Klein und verlockend ist das Restaurant mit seiner grandiosen burgundischen Küche. Gourmets können sich hier an den Fleisch- und Fischgerichten des Betreibers und Küchenchefs Georges erfreuen. Die Gerichte sind preiswert, doch die erlesenen Weine können die Rechnung leicht in die Höhe treiben. Geschlossen: mittags; Mi, So.

WESTLICHER GRACHTENGÜRTEL De Bolhoed

Prinsengracht 60–62, 1015 DX 📞 *020-626 1803* **Stadtplan 1 B3**

Ein nettes vegetarisches Restaurant mit einer schönen Terrasse an der Gracht – hervorragend für sonnige Nachmittage und laue Abende geeignet. Die Küchenchefs zaubern einfallsreiche internationale Speisen. Das Tagesgericht für Veganer ist grandios. Die Portionen sind groß, lassen Sie Platz für den Nachtisch. Reservierungen empfohlen.

WESTLICHER GRACHTENGÜRTEL Foodism

Oude Leliestraat 8, 1015 AW 📞 *020-627 6424* **Stadtplan 1 C4**

Im Jordaan-Viertel versteckt sich dieses helle Restaurant, das alles vom Frühstück im New-York-Stil über herzhafte Suppen oder Sandwiches zu Mittag bis zu Pasta mit Basilikum am Abend bietet. Am Nachmittag gibt es Kaffee und Kuchen. Kein Alkohol. Ab 11.30 Uhr geöffnet, sonntags ab 12.30 Uhr. Geschlossen: Mo und Di abends.

WESTLICHER GRACHTENGÜRTEL De Gouden Reael

Zandhoek 14, 1013 KT 📞 *020-623 3883* **Stadtplan 1 C1**

In dem 1648 errichteten Gebäude wurden früher Heringe verkauft, im 19. Jahrhundert war hier eine Jenever-Bar. Das in einem der malerischsten Teile Amsterdams gelegene Lokal schätzen Liebhaber der französischen und elsässischen Küche. Gute Weine ergänzen das Essen, von der Terrasse blickt man aufs Wasser. Nur abends geöffnet.

WESTLICHER GRACHTENGÜRTEL Spanjer & Van Twist

Leliegracht 60, 1015 DJ 📞 *020-639 0109* **Stadtplan 1 C4**

Das weniger als eine Gehminute vom Anne Franks Huis entfernte, auf zwei Ebenen verteilte Café-Restaurant öffnet um 10 Uhr zum Frühstück. Es gibt eine saisonal wechselnde Suppenkarte, Sandwiches, Pasta- und Currygerichte. Die Küche schließt um 22.30 Uhr, aber kleine Snacks werden noch länger serviert.

WESTLICHER GRACHTENGÜRTEL Lof

Haarlemmerstraat 62, 1013 ES 📞 *020-620 2997* **Stadtplan 2 D3**

Trotz des harmlosen Erscheinungsbildes ist das Lof ein beständiger Favorit bei den Anspruchsvollsten der Stadt. Die täglich wechselnden Speisen drehen sich um Fisch, Fleisch und Wild. Es gibt keine Speisekarte: Das Personal kommt an den Tisch und beschreibt, was angeboten wird. Geschlossen: mittags; Mo.

Stadtplan Amsterdam *siehe Seiten 150–159*

WESTLICHER GRACHTENGÜRTEL Stout!
     €€€

Haarlemmerstraat 73, 1013 EL 020-616 3664   ***Stadtplan** 2 D3*

Ein angesagtes, aber bescheidenes Restaurant, das kreative, internationale Fusion-Küche mit genialen Geschmacks-kombinationen bietet. Das Spezialgericht (Plateau Stout für mindestens zwei Personen) umfasst zehn kleine Gerichte. Das Stout ist bekannt für seine gute Weinkarte.

WESTLICHER GRACHTENGÜRTEL Toscanini
     €€€

Lindengracht 75, 1015 KD 020-623 2813   ***Stadtplan** 1 C3*

Trotz der Größe ist das italienische Restaurant schnell ausgebucht. Das frühere Kutschenhaus (später als Schmiede genutzt) hat sein Original-Glasdach aus dem 19. Jahrhundert behalten. Die Küchenchefs bereiten in der offenen Küche authentische regionale Gerichte zu. Die Weinkarte bietet edle Tropfen aus Italien. Geschlossen: mittags; So.

WESTLICHER GRACHTENGÜRTEL Bordewijk
     €€€€

Noordermarkt 7, 1015 MV 020-624 3899   ***Stadtplan** 1 C3*

Das Bordewijk gilt als eines der besten Restaurants der Stadt und ist bekannt für seine köstliche französische und internationale Küche sowie für einen Service, bei dem man richtig verwöhnt wird. Der Chefkoch kommt persönlich an den Tisch, um die Tageskarte zu beschreiben. Reservierung empfohlen. Geschlossen: mittags; Mo, So.

WESTLICHER GRACHTENGÜRTEL Christophe
     €€€€

Leliegracht 46, 1015 DH 020-625 0807   ***Stadtplan** 1 C1*

Das Restaurant an der Gracht, betrieben von einem der besten Köche der Niederlande, steht für ein außergewöhn-liches Esserlebnis in freundlicher Atmosphäre. Die einfallsreichen, unverfälschten Gerichte bringen dem Christophe seit über einem Jahrzehnt jedes Jahr den verdienten Michelin-Stern ein. Geschlossen: mittags; Mo, So.

MITTLERER GRACHTENGÜRTEL Wagamama
     €

Max Euweplein 10, 1017 MB 020-528 7778   ***Stadtplan** 4 E2*

Fast Food und entspannten Service gibt es in diesem japanischen Nudelrestaurant mit seiner Designereinrichtung im Kantinenstil. Die Gerichte werden frisch zubereitet. Für ein Mittag- oder Abendessen in der touristisch geprägten Umgebung des Leidseplein gibt es unangenehmere Orte.

MITTLERER GRACHTENGÜRTEL Balthazar's Keuken
     €€

Elandsgracht 108, 1016 VA 020-420 2114   ***Stadtplan** 1 B5*

Ein Durcheinander von Töpfen und Pfannen prägt den Stil der offenen Küche. Doch es ist so gemütlich, dass man sich bei den Besitzern Karin und Alain wie zu Hause fühlt – auch weil es keine Karte gibt: Den Gästen wird jede Woche ein anderes internationales Drei-Gänge-Menü angeboten. Geschlossen: mittags; Mo, Di, Sa, So.

MITTLERER GRACHTENGÜRTEL Los Pilones
     €€

Kerkstraat 63, 1017 GC 020-320 4651   ***Stadtplan** 4 E1*

Eine kleines Lokal, betrieben von einem Brüderpaar aus Mexiko, das authentische Gerichte aus seiner Heimat serviert – mit das beste mexikanische Essen in ganz Amsterdam. Manchmal gibt es ungewöhnliche Kombinationen wie Enchiladas mit Schokoladensauce. Etwa 35 verschiedene Tequilas stehen zur Auswahl. Geschlossen: mittags; Mo.

MITTLERER GRACHTENGÜRTEL Mayur
     €€

Korte Leidsedwarsstraat 203, 1017 RB 020-623 2142   ***Stadtplan** 4 E2*

Authentische Tandoori-Gerichte, die in einem mit Holz befeuerten Tonofen zubereitet werden, sind die Spezialität des großen Restaurants gleich beim Leidseplein. Der Zubereitung des Essens wird große Aufmerksamkeit geschenkt, das Fleisch wird für 24 Stunden in Joghurt mit Kräutern mariniert. Geschlossen: mittags.

MITTLERER GRACHTENGÜRTEL Envy
     €€€

Prinsengracht 381, 1016 HL 020-344 6407   ***Stadtplan** 1 B5*

Die Speisekarte präsentiert kleine italienische Delikatessen, die man sich nach Belieben zusammenstellt. Die Küchen-chefs kombinieren in der offenen Küche in einem ehemaligen Warenhaus die Aromen perfekt. Als absolutes Muss für Feinschmecker zählt es zu Amsterdams besten Restaurants. Geschlossen: mittags; Mo, Di.

MITTLERER GRACHTENGÜRTEL Nomads
     €€€

Rozengracht 133, 1016 LV 020-344 6401   ***Stadtplan** 1 A5*

Ein besonderes Dinner-Vergnügen bietet das von der arabischen Nomadenkultur inspirierte Restaurant. Ziehen Sie die Schuhe aus, und machen Sie es sich auf den Matratzen bequem, während Ihnen das Essen von bronzenen Platten gereicht wird. Küche bis 23.30 Uhr, Bar bis 1 Uhr, am Wochenende bis 3 Uhr. Geschlossen: mittags.

MITTLERER GRACHTENGÜRTEL Proeverij 274
     €€€

Prinsengracht 274, 1016 HH 020-421 1848   ***Stadtplan** 1 B5*

Sowohl bei Einheimischen als auch bei Besuchern der Stadt beliebt. Das zweistöckige Restaurant serviert inter-nationale Gerichte mit Zutaten aus biologischem Anbau. Buchen Sie den runden Tisch, um die schöne Aussicht auf die Gracht zu genießen. Gruppen über 25 Personen werden im Untergeschoss bedient. Geschlossen: mittags.

MITTLERER GRACHTENGÜRTEL Blue Pepper
     €€€€

Nassaukade 366, 1054 AB 020-489 7039   ***Stadtplan** 4 D1*

Zeitgemäße indonesische Küche (mit chinesischem und philippinischem Einfluss) und außergewöhnliche Kombina-tionen an Aromen sind Markenzeichen des Blue Pepper. Die *rijsttafel* des Kochs aus Java ist absolut einzigartig. Kein Wunder, dass das kleine, schicke Restaurant von Feinschmeckern geradezu verehrt wird. Geschlossen: mittags.

Preiskategorien *siehe Seite 410* **Zeichenerklärung** *siehe hintere Umschlagklappe*

MITTLERER GRACHTENGÜRTEL Vinkeles　　　　　🏠　€€€€
Keizersgracht 384, 1016 GB 📞 *020-530 2010*　　　　　　**Stadtplan 4 E1**

Das Gourmetrestaurant in diesem tollen Boutique-Hotel bietet internationale Küche mit einer Auswahl an traditionellen und zeitgemäßen Gerichten. Aufmerksamer Service und vielseitige Weinkarte. Bei gutem Wetter kann man im schönen Innenhof essen. Ein Muss für anspruchsvolle Genießer. Geschlossen: Sa mittags; So.

ÖSTLICHER GRACHTENGÜRTEL Zushi　　　　　🧍　€
Amstel 20, 1017 AA 📞 *020-330 6882*　　　　　　**Stadtplan 5 A2**

Ein großes, helles, modernes Sushi-Restaurant, in dem man sich sein Sushi direkt vom Förderband nehmen kann, während die Küchenchefs dahinter weitere Leckerbissen zubereiten. Die Teller sind farblich nach Preis gekennzeichnet. Zum Essen kann man japanisches Bier wie Sapporo, Kirin oder Asahi trinken.

ÖSTLICHER GRACHTENGÜRTEL Bazar　　　　　🧍　€€
Albert Cuypstraat 182, 1073 BL 📞 *020-675 0544*　　　　　　**Stadtplan 5 A5**

Orientalisches Restaurant in einer ehemaligen Kirche, nicht weit vom Treiben auf dem Albert Cuypmarkt entfernt. Zu speisen gibt es eine Auswahl an nordafrikanischen, iranischen und türkischen Gerichten – zum Frühstück, Mittag- oder Abendessen. Ab 8 Uhr geöffnet, an Wochenenden ab 9 Uhr. Großartig für Vegetarier.

ÖSTLICHER GRACHTENGÜRTEL Bouchon du Centre　　　🖥️🏠　€€
Falckstraat 3, 1017 VV 📞 *020-330 1128*　　　　　　**Stadtplan 5 A4**

Man fühlt sich hier, als ob man bei Freunden zu Gast wäre. Die Chefin Hanneke Schouten bereitet ein Drei-Gänge-Menü zum Festpreis zu und verwendet dafür frische Produkte. Die Küche ist traditionell mediterran. Die biologischen Weine sind sorgfältig zum Essen ausgewählt. Letzte Bestellung 18.30 Uhr. Geschlossen: mittags; So–Di.

ÖSTLICHER GRACHTENGÜRTEL De Waaghals　　　🖥️🧍♿🏠　€€
Frans Halsstraat 29, 1072 BK 📞 *020-679 9609*　　　　　　**Stadtplan 4 F3**

Vegetarisches Restaurant, in dem auch die überzeugtesten Fleischesser satt werden. Jeden Monat zielt die Speisekarte auf ein anderes Land. Überwiegend werden biologische Produkte verwendet, auch die Weine sind aus biologischem Anbau. Im Sommer speist man gepflegt im Garten. Geschlossen: mittags; Mo.

ÖSTLICHER GRACHTENGÜRTEL Rose's Cantina　　　🧍🏠　€€
Reguliersdwarsstraat 38–40, 1017 BM 📞 *020-625 9797*　　　　**Stadtplan 4 F2**

Das alteingesessene mexikanische Restaurant bietet eine nette Atmosphäre und delikates Essen (nur wenig Auswahl für Vegetarier). Der Erfolg ist auf den freundlichen Service und die klassische Speisekarte zurückzuführen: Man kann diverse Füllungen für Tacos, Enchiladas oder Quesadillas wählen. Kleine Terrasse im Innenhof. Geschlossen: mittags.

ÖSTLICHER GRACHTENGÜRTEL Garlic Queen　　　　🏠　€€€
Reguliersdwarsstraat 27, 1017 BJ 📞 *020-422 6426*　　　　　**Stadtplan 4 F2**

Das kleine, urige Restaurant mit dunkler Ausstattung liegt in Amsterdams Schwulenviertel. Spezialität des Hauses ist Knoblauch! Jedes Gericht – von der Vorspeise bis zum Dessert – enthält Knoblauch, auch wenn er den Geschmack eher ergänzt als überlagert. Freundlicher Service. Geschlossen: Mo, Di.

ÖSTLICHER GRACHTENGÜRTEL Beddington's　　　　🔀　€€€€
Utrechtsedwarsstraat 141, 1017 WE 📞 *020-620 7393*　　　　　**Stadtplan 5 B3**

Für Gäste mit guten Geschmacksnerven und für solche auf der Suche nach einem gemütlichen Essen in eleganter Umgebung. In der offenen Küche bereitet der britische Inhaber und Küchenchef Jean Beddington gute französische und asiatische Fusion-Gerichte (auch für Vegetarier). Köstliche Desserts. Geschlossen: mittags; So, Mo.

MUSEUMSVIERTEL Café Toussaint　　　　🧍🏠　€€
Bosboom Toussaintstraat 26, 1054 AS 📞 *020-685 0737*　　　　**Stadtplan 4 D1**

Das absolute Schmuckstück lohnt den fünfminütigen Spaziergang vom Leidseplein. Das kleine, nette Café mit offener Küche bietet gesunde internationale Gerichte, darunter Sandwiches, Suppen und Tapas (viele vegetarische). Gemütlich und romantisch bei Nacht, vor allem auf der ruhigen Terrasse. Mobiltelefone sind nicht erlaubt.

MUSEUMSVIERTEL Pompa　　　　🧍🏠　€€
Willemsparkweg 6, 1017 HD 📞 *020-662 6206*　　　　　**Stadtplan 4 D3**

In einer Gegend, in der Restaurants (vor allem günstige) knapp sind, ist diese Tapas-Bar ein echtes Fundstück – vor allem nach einem Abend im nahe gelegenen Concertgebouw, wenn die meisten Restaurants überlaufen sind. Umfangreiche Speisekarte mit mediterranen Gerichten, Tapas und Salaten.

MUSEUMSVIERTEL Vertigo　　　　🧍🏠　€€
Vondelpark 3, 1071 AA 📞 *020-612 3021*　　　　　**Stadtplan 4 D2**

Das große und komfortable internationale Restaurant im EYE Film Institut ähnelt einem Weinkeller. Warm und von Kerzenlicht erleuchtet ist es im Winter, im Sommer bietet es auch Plätze auf der Terrasse. Hier wird auch alles für ein Picknick verkauft, das man im Vondelpark genießen kann.

MUSEUMSVIERTEL Brasserie van Baerle　　　　🧍🏠　€€€
Van Baerlestraat 158, 1071 BG 📞 *020-679 1532*　　　　　**Stadtplan 4 E4**

Die Brasserie im französischen Stil ist bei Prominenten beliebt, besonders zum Mittagessen und zum Sonntagsbrunch. Leckere Gerichte wie gegrillter Seebarsch mit hausgemachter Mayonnaise und Pfefferdressing stehen zur Auswahl. Gute Weinkarte und wundervolle Gartenterrasse. Reservierung empfohlen. Geschlossen: Sa mittags.

Stadtplan Amsterdam *siehe Seiten 150–159*

MUSEUMSVIERTEL Pulpo   €€€
Willemsparkweg 87, 1071 GT ☎ *020-676 0700*   **Stadtplan 4 D3**

Östlich vom Vondelpark und nahe am Museumplein liegt das beliebte und zwanglose Restaurant. Die mediterrane Küche wird gelegentlich um afrikanische und orientalische Kreationen bereichert. Spezialitäten sind etwa Barsch, geröstete Karotten, Zitronen-Couscous und Desserts wie Dattel-Mango-Chutney. Geschlossen: mittags; So.

MUSEUMSVIERTEL Le Garage   €€€€
Ruysdaelstraat 54–56, 1071 XE ☎ *020-679 71 76*   **Stadtplan 4 E4**

Ein Lieblingsort niederländischer Promis ist dieses elegante Bistro mit roten Plüschsofas und Spiegeln. Das Essen ist französisch-international, bei der Zubereitung werden viele biologische Produkte verwendet. Le Garage ist bekannt für sein Drei-Gänge-Menü und seine ausgezeichnete Weinkarte. Geschlossen: Sa und So mittags.

MUSEUMSVIERTEL The College Hotel   €€€€
Roelof Hartstraat 1, 1071 VE ☎ *020-571 1511*   **Stadtplan 4 E5**

Gehen Sie in dieses Ausbildungshotel für Lehrlinge der Gastronomie vor oder nach einem Shopping-Bummel in der nahen P.C. Hooftstraat. In der renovierten Sporthalle eines Schulgebäudes von 1895 ist ein elegantes Gourmetrestaurant untergebracht, in dem typisch holländische Gerichte serviert werden. Geschlossen:

PLANTAGE Plancius   €€
Plantage Kerklaan 61a, 1018 CX ☎ *020-330 9469*   **Stadtplan 6 D2**

Ein schwulenfreundliches Lokal in einem ehemaligen Feuerwehrhaus gegenüber dem Haupteingang des Artis Zoo. Trotz der steifen Designereinrichtung ist das Ambiente leger und freundlich. Die Speisekarte ist französisch ausgerichtet mit Betonung auf Fleisch und Fisch sowie Gemüsegerichte. Am Wochenende auch Frühstück.

PLANTAGE La Rive (Amstel Hotel)   €€€€
Professor Tulpplein 1, 1018 GX ☎ *020-520 3264*   **Stadtplan 5 B4**

Das Michelin-Sterne-Restaurant im Amstel Hotel ist für Kenner. Die hervorragenden Gerichte aus der französischmediterranen Küche werden von einer exzellenten Weinkarte begleitet. Ein Tisch beim Chefkoch in der Küche (für vier bis acht Personen) bietet ein außergewöhnliches Esserlebnis. Elegante Kleidung. Geschlossen: Sa mittags; So.

ABSTECHER Amsterdam   €€
Watertorenplein 6, 1051 PA ☎ *020-682 2666*

Das große, im Industriestil gehaltene Restaurant befindet sich in einem ehemaligen Pumpenhaus (1897) nahe dem Westerpark. Es bietet einfache und günstige Kost – von Steaks mit Pommes bis zu gegrillten Wildschweinkoteletts. Die Terrasse im Hinterhof eignet sich gut für Familien. Freitags und samstags warme Küche bis 23.30 Uhr.

ABSTECHER Gare de L'Est   €€
Cruquiusweg 9, 1019 AT ☎ *020-463 0620*

In einem ehemaligen Kaffeehaus von 1901 befindet sich das einmalige, romantische Restaurant. Sehr beliebt ist es bei Einheimischen und Besuchern nach einem Spaziergang durch das neu angelegte östliche Hafengebiet. Reservierung für das täglich wechselnde Vier-Gänge-Menü am Abend ist unbedingt erforderlich. Geschlossen: mittags.

ABSTECHER Star Ferry   €€
Piet Heinkade 1, 1019 BR ☎ *020-788 2090*

Benannt nach einer Reederei aus Hongkong und untergebracht im atemberaubenden Muziekgebouw aan 't IJ. Das verglaste Café-Restaurant konzentriert sich auf asiatisch-internationale Küche. Wunderbare Aussicht über das Hafengebiet hinter der Centraal Station. An heißen Tagen ist die unüberdachte Terrasse nicht zu empfehlen.

ABSTECHER De Odessa   €€€
Veemkade 259, 1019 CZ ☎ *020-419 3010*

Besuchen Sie dieses bezaubernde ukrainische Fischerboot bei Sonnenuntergang, genießen Sie beim Verzehr von Austern einen Cocktail an Deck. Die internationale Speisekarte bietet eine große Auswahl an Fisch- und Fleischgerichten. DJs legen in der Lounge im Unterdeck auf. Geschlossen: mittags; Mo, Di im Winter.

ABSTECHER Fifteen   €€€
Jollemanhof 9, 1019 GW ☎ *0900-343 8336*

Das Restaurant von Star-Koch Jamie Oliver befindet sich in einem renovierten Lagerhaus am Wasser. Man kann sich entweder im Voraus ein italienisches Vier-Gänge-Menü bestellen (auch für Vegetarier) oder einfach so vorbeischauen und sich in der günstigeren Trattoria mit Pasta, Risotto oder Ravioli verwöhnen lassen. Geschlossen: So mittags.

ABSTECHER Wilhelmina-Dok   €€€
Noordwal 1, 1021 PX ☎ *020-632 3701*   **Stadtplan 2 F2**

Nehmen Sie die Fähre von der Centraal Station über Het IJ zu diesem großen Restaurant im Stil der 1950er Jahre. Die Terrasse am Wasser verspricht eine tolle Aussicht auf Amsterdams Skyline. Das mediterrane Essen, die gut sortierte Weinkarte und die lange Bar sind ideal für Gruppen und Geschäftsessen. An schönen Tagen gut besucht.

ABSTECHER Yamazato (Okura Hotel)   €€€€
Ferdinand Bolstraat 333, 1072 LH ☎ *020-678 8351*   **Stadtplan 4 F5**

Das Michelin-Sterne-Restaurant bietet traditionelle japanische Spezialitäten. Für weniger abenteuerlustige Gaumen hat die Sushi-Bar mehr als 20 verschiedene Arten von frischem Sushi und Sashimi. Authentizität überall – vom Essen über die Gestaltung der Speiseräume bis zum in Kimonos gekleideten Personal. Frühstück von 7.30 bis 9.30 Uhr.

Preiskategorien *siehe Seite 410* **Zeichenerklärung** *siehe hintere Umschlagklappe*

Noord-Holland

ALKMAAR Rose's Cantina
€€

Fnidsen 107, 1811 NE ☎ *072-515 2606*   **Straßenkarte** *B3*

Das fröhlich bemalte mexikanische Restaurant serviert ein preisgünstiges, sättigendes Menü mit vielen Klassikern. Neben Favoriten wie *tacos*, *enchiladas* und *fajitas* gibt es Burger und andere feine Gerichte wie geschwärzten Fisch und Entenbrust mit Tamarinde. Viele Cocktails und mexikanische Biere. Geschlossen: mittags.

BERGEN Gusto
€€€

Breelaan 2, 1861 GE ☎ *072-582 1800*   **Straßenkarte** *B3*

Stilvolles, in Lila und mit Samt ausgestattetes Restaurant, in dem man auch im Garten speisen kann. Die Küche bereitet ambitionierte, moderne, europäische Küche mit asiatischem Einfluss: Thunfisch mit Soja-*gelée* und Zitronen-Ketchup, Tournedos mit *salsa verde* sowie viel Fisch und Seafood. Gute Weinkarte.

BLOEMENDAAL Restaurant Terra
€€€€

Kerkplein 16a, 2061 JD ☎ *023-527 7856*   **Straßenkarte** *B3*

Sehr beliebt zum Mittag- und Abendessen in vornehmer und doch lockerer Umgebung. Terrakotta-Böden und Rattanstühle verleihen eine mediterrane Atmosphäre. Typische Gerichte sind Safranravioli mit Fenchel und Krebsen sowie Feigen-Mandel-Sabayon. Günstige Menüs. Geschlossen: Sa und So mittags; Mi.

ENKHUIZEN Restaurant De Admiraal
€€€€

Havenweg 4, 1601 GA ☎ *0228-319 256*   **Straßenkarte** *C2*

Von der großen Terrasse blickt man über den schönen Hafen von Enkhuizen. Innen setzt sich das nautische Thema fort mit Schiffslaternen und dunklem, poliertem Holz. Die hauptsächlich französische Karte bietet viel Fisch (Lachs-Mousse mit Estragon), aber auch für Fleischliebhaber gibt es Gerichte (Schweinefleisch mit Pilzen und Trüffel).

HAARLEM De Eetkamer van Haarlem
€€€

Lange Veerstraat 45, 2011 DA ☎ *023-531 2262*   **Straßenkarte** *B3*

Das Restaurant liegt mitten in Haarlems belebter Restaurantgasse nahe dem Grote Markt. Der Chefkoch legt Wert auf die künstlerische Präsentation seiner Speisen. Auf der Speisekarte stehen sowohl französische als auch internationale Küche. Besonders zu empfehlen ist das knusprig gebratene Lammbries. Geschlossen: mittags; Mo, Di.

HAARLEM Lambermons
€€€

Korte Veerstraat 1, 2011 CL ☎ *023-542 7804*   **Straßenkarte** *B3*

Im in einer alten Brauerei gelegenen Lambermons wählt man nicht einfach Gerichte von der Karte – vielmehr handelt es sich um »Koch-Theater«, bei dem die Gäste alle halbe Stunde ein neues Gericht serviert bekommen, wie viele, entscheidet jeder selbst. Es gibt vor allem französisch inspirierte Fleischgerichte und Fisch. Geschlossen: mittags; Mo.

HOORN Brasserie Cosy
€€

Nieuwland 1, 1621 HJ ☎ *0229-215 403*   **Straßenkarte** *C3*

Die einfache, fröhliche und moderne Brasserie nicht weit vom Bahnhof serviert gutbürgerliche, günstige, internationale Gerichte. Fleischesser bestellen einen der Burger, eine gemischte Grillplatte oder *satays*, es gibt aber auch Salate und vegetarische Gerichte wie gefüllte Auberginen. Gutes Kindermenü mit Spaghetti und Eierkuchen.

HUIZEN De Haven van Huizen
€€

Havenstraat 81, 1271 AD ☎ *035-524 0369*   **Straßenkarte** *C3*

Das ungezwungene Restaurant in einer ehemaligen Heringsräucherei liegt direkt am Hafen und hat viele Plätze draußen. Die umfangreiche Karte umfasst internationale Standards wie Carpaccio und Steaks, und natürlich gibt es auch viel Fisch. Fantastische Desserts wie Rosineneiscreme mit Advocaat und Sahne. Leichteres Mittagsmenü.

LOOSDRECHT Dunne Dirk
€€

Oud Loosdrechtsedijk 238, 1231 NH ☎ *035-582 3306*   **Straßenkarte** *C3*

Alteingeführtes und populäres Restaurant in einem traditionellen grün-weißen Gebäude. Das luftige Innere ist mit Rattanstühlen eingerichtet, es gibt auch einen schönen Garten. Die Gerichte sind mediterran beeinflusst wie etwa *paella* und *saltimbocca*. Auch Vegetarier haben eine gute Auswahl. Geschlossen: mittags; Mo.

MUIDEN Restaurant De Doelen
€€

Sluis 1, 1398 AR ☎ *0294-263 200*   **Straßenkarte** *C3*

Authentische französische Küche ist die Spezialität in dem Restaurant direkt am Wasser in Muiden. Kronleuchter, dunkles Holz und Gardinen bilden eine angenehme Atmosphäre für die modernen Gerichte, etwa getrüffelte Entenleber mit Mini-Pizza, Fisch-*pot au feu* und Feigentarte. Im Sommer kann man auf der Terrasse speisen.

NAARDEN-VESTING Het Arsenaal
€€€

Kooltjesbuurt 1, 1411 RZ ☎ *035-694 9148*   **Straßenkarte** *C3*

In dem früheren Waffenlager im befestigten Teil von Naarden liegt eines der besten Restaurants der Region. Chefkoch Paul Fagel bereitet originelle und moderne Gerichte – etablierte Klassiker ebenso wie neue Speisen mit Zutaten wie Kalbsleber, Aal und Pastinaken. Es gibt auch eine Brasserie. Geschlossen: Sa und So mittags.

Stadtplan Amsterdam *siehe Seiten 150–159* **Straßenkarte** *siehe hintere Umschlaginnenseiten*

OUDERKERK AAN DE AMSTEL Ron Blaauw Restaurant   🚹🏠   €€€€

Kerkstraat 56, 1191 JE 📞 *020-496 1943*   **Straßenkarte** *C3*

Das Restaurant außerhalb von Amsterdam hat zwei Michelin-Sterne. Einige halten es für eines der besten in den Niederlanden. Die Gerichte sind französisch, und die Gäste bekommen bei den Menüs einen guten Einblick in die Kreativität des Küchenchefs. Der Sommelier Timo Honig ist sehr hilfsbereit. Geschlossen: Sa mittags; So, Mo.

ZANDVOORT AAN ZEE Vooges Strand   🚹🏠   €€

Boulevard Paulus Loot 1a, 2042 AD 📞 *023-571 6959*   **Straßenkarte** *B3*

Das ungezwungene Strandcafé ist fast das ganze Jahr über geöffnet, obwohl es hier im Sommer natürlich am schönsten ist. Die Gerichte sind leicht, passend für Sommertage: *tabbouleh, bouillabaisse* oder Hühnchen mit *sofrito* sind typische, mediterran beeinflusste Gerichte. Geschlossen: Nov – Jan.

Utrecht

AMERSFOORT Restaurant M   🚹🏠   €€€

Westsingel 48–49, 3811 BB 📞 *033-448 0990*   **Straßenkarte** *C4*

Das »M« steht für »Meat« (Fleisch). Fleisch und Geflügel nehmen auf der Speisekarte einen prominenten Platz ein, aber auch Vegetarier und Fischliebhaber kommen auf ihre Kosten. Die moderne Innenausstattung des Restaurants bildet einen wohltuenden Kontrast zur historischen Umgebung. Geschlossen: mittags; Di.

BREUKELEN 't Boothuys   🚹🚹🏠   €€€

Port Broclede 26, 3621 VP 📞 *0346-265 287*   **Straßenkarte** *C4*

Von dem rustikal aussehenden und doch schicken Restaurant mit dezentem nautischem Dekor blickt man über die Loosdrecht-Seen. Die Gerichte sind französisch beeinflusst. Es gibt viele Fleischspeisen, aber auch lokale Klassiker wie Gorgonzola-*bitterballen* (Fleischbällchen). Große Weinauswahl, guter Service. Geschlossen: mittags; Mo, Di.

DEN DOLDER Anak Dèpok   🚹   €€

Dolderseweg 85, 3734 BD 📞 *030-229 2915*   **Straßenkarte** *C4*

Das elegante Restaurant bietet authentische indonesische Gerichte. Serviert werden Klassiker wie *babi pangang* (mariniertes Schweinefleisch) und *atjar* (eingemachtes Gemüse). Bei großem Hunger sollte man eine der *rijsttafels* oder ein Vier-Gänge-Menü wählen. Die Küche schließt um 21.30 Uhr. Geschlossen: mittags; Mo, Di.

HOUTEN Kasteel Heemstede   🚹🏠   €€€€

Heemsteedeweg 20, 3992 LS 📞 *030-272 2207*   **Straßenkarte** *C4*

Romantiker sind in dem vornehmen Restaurant in einer Burg aus dem 17. Jahrhundert genau richtig. Auf der Karte stehen klassische französische Gerichte wie Bloody-Mary-Austern, Taube mit *foie gras* sowie Tonkabohnen-*crème brûlée*. Preiswerte Menüs. Terrasse mit Blick auf den Burggraben. Geschlossen: So, Mo.

MAARSSEN 3 Vrienden   🚹🏠   €€

Schoutenstraat 5, 3601 BK 📞 *0346-567 390*   **Straßenkarte** *C4*

Das schöne Restaurant am Fluss Vecht offeriert preisgünstige Menüs. Alle Gerichte kosten gleich viel, und Gäste können sich ein vielgängiges Menü von der internationalen Karte zusammenstellen. Serviert werden etwa *confit de canard* und Lachs-Kebab mit *wasabi*-Mayonnaise. Geschlossen: mittags.

MAARSSEN Auguste   🚹🏠   €€€€

Straatweg 144, 3603 CS 📞 *0346-565 666*   **Straßenkarte** *C4*

Chefkoch Karl van Baggems Sterne-Restaurant rühmt sich selbst für die Frische der Zutaten und die Kreativität der Gerichte. Die Karte wechselt täglich und umfasst so delikate Gerichte wie Sellerie mit Wachtelei oder Hummersuppe mit Tomatenschaum. Gute Menüs, aufmerksamer Service. Geschlossen: Sa mittags, So.

MAARTENSDIJK Restaurant Zilt & Zoet   🚹🚹🏠   €€€

Dorpsweg 153, 3738 CD 📞 *0346-212 627*   **Straßenkarte** *C4*

Der Bauernhof in einem Dorf zwischen Utrecht und Hilversum bietet sich an, um hier nach einem Tag im neuen Waldgebiet zu speisen. Die Speisekarte ist von der Mittelmeerküche inspiriert, verweist aber auch nach Asien. Lokale Bio-Produkte, Fisch und Meeresfrüchte machen den Großteil der Zutaten aus. Geschlossen: mittags; So, Mo.

UTRECHT Le Bibelot   🚹🏠   €€

Oudegracht 181, 3511 NE 📞 *030-231 3353*   **Straßenkarte** *C4*

In dem freundlichen, gemütlichen Restaurant mit Blick auf den Kanal im Stadtzentrum von Utrecht wird traditionelle französische Küche serviert. Es gibt Klassiker von Zwiebelsuppe bis *crêpes suzette* und natürlich auch eine gute Auswahl für Vegetarier. Gutes und günstiges Drei-Gänge-Menü. Geschlossen: mittags; Mo.

UTRECHT Goesting   🚹🏠   €€€€

Veeartsenijpad 150, 3572 DH 📞 *030-273 3346*   **Straßenkarte** *C4*

Der frühere Stall ist heute ein vornehmes Restaurant mit niedriger Decke und Tischen, die sich in Nischen schmiegen. Auf der Speisekarte stehen innovative, klassische Gerichte aus besten Zutaten, z. B. luftgetrockneter Schinken aus Ruurlo mit Rhabarbermarmelade, Tournedos mit Fryske-Hynder-Whisky von Bolsward. Geschlossen: So, Mo.

Preiskategorien *siehe Seite 410* **Zeichenerklärung** *siehe hintere Umschlagklappe*

Zuid-Holland

DELFT Malee
Voldersgracht 29, 2611EV **015-212 0781**   €

                                      Straßenkarte B4

Das angenehme Thai-Restaurant im Stadtzentrum ist bei Einheimischen beliebt wegen der frischen, authentischen Küche und der günstigen Preise. Große Auswahl an À-la-carte-Gerichten, etwa scharf gewürztes Schweinefleisch mit grünen Bohnen. Viele halten das Malee für das beste thailändische Restaurant der Region. Geschlossen: mittags.

DELFT Stadscafe de Waag
Markt 11, 2611 GP **015-213 0393**   €€

                                      Straßenkarte B4

In dem schönen mittelalterlichen Wiegehaus am Hauptplatz ist das Café ein guter Platz für einen Snack untertags oder ein Candle-Light-Dinner inmitten von Relikten aus der Geschichte des Hauses. Mittags gibt es *eetcafé*-Klassiker wie Croquettes und Chips, am Abend Garnelen-Mousseline mit Pesto-*gnocchi*.

DELFT Le Vieux Jean
Heilige Geestkerkhof 3, 2611 HP **015-213 0433**   €€€€

                                      Straßenkarte B4

Das schöne unaufdringliche Restaurant in der Nähe der Nieuwe Kerk sieht aus wie ein typisches französisches: Poliertes Holz, weiße Leinentischdecken und feines Geschirr sind die passende Umgebung für klassische Gerichte wie *coquilles St. Jacques*, Lammkoteletts sowie zum Abschluss Käse und ein Glas Port. Geschlossen: Sa mittags; So, Mo.

DEN HAAG Dayang
Prinsestraat 65, 2513CB **070-364 9979**   €

                                      Straßenkarte B4

Viele halten das kleine Dayang für das beste indonesische Restaurant in Den Haag – ein großes Lob, da die Stadt berühmt ist für seine authentischen Lokale. Die authentischen Gerichte sind günstig, aber es gibt keine Abstriche bei der Qualität. Zu empfehlen sind besonders Gerichte mit scharfer Erdnuss-Sauce. Geschlossen: Mo.

DEN HAAG Bistro Mer
Javastraat 9, 2585 AB **070-360 7389**   €€€

                                      Straßenkarte B4

Fisch, Hummer und Austern sind die Spezialitäten des Restaurants in Den Haags Botschaftsviertel. Viele Spiegel und der luftige, helle Wintergarten mit Blick über den Hof verstärken das genussvolle Erlebnis der französisch beeinflussten Küche. Als Dessert sind *crêpes suzette* mit Ingwer zu empfehlen. Geschlossen: Mo; Sa und So mittags.

GEERVLIET Bernisse Molen
Spuikade 1, 3211 BG **0181-661 292**   €€€€

                                      Straßenkarte B4

Man hat nicht oft die Möglichkeit, ein Gourmetessen in einer Windmühle einzunehmen. Das Interieur in Weiß und Creme ist rund, was ein Gefühl von Intimität vermittelt. Der Chefkoch nutzt wenn möglich lokale Bio-Produkte. Die Menüs sind saisonal inspiriert. Geschlossen: Sa mittags; So, Mo.

GORINCHEM Hipper
Torenstraat 1a, 4201 GN **0183-666 695**   €€

                                      Straßenkarte C4

Das Hipper ist ein lustiges, trendiges Restaurant in einer schönen Hafenstadt. Gäste sitzen im pink und lila gehaltenen Speisesaal auf Samtstühlen oder im Sommer unter Bäumen im Garten. Serviert werden internationale Gerichte. Auch an Kinder ist gedacht: Für sie gibt es eine eigene Karte und eine Spielecke. Geschlossen: mittags; Mo–Mi.

GOUDA Tapas
Lange Groenendaal 57, 2801 LR **0182-523 035**   €

                                      Straßenkarte B4

In der legeren Tapas-Bar im Stadtzentrum bekommt man eine gute Auswahl an leckeren, günstigen Gerichten. Die Atmosphäre ist ein bisschen kitschig mit Gitarren an den Wänden, aber das Essen wird ernst genommen. Neben Serrano-Schinken und Sardinen haben auch Vegetarier eine reiche Auswahl. Geschlossen: mittags; Mo.

LEIDEN City Hall
Stadshuisplein 3, 2311 EJ **071-514 4055**   €€

                                      Straßenkarte B3

In dem preisgünstigen Restaurant im Untergeschoss des Rathauses trifft sich ein bunter Querschnitt der Leidener Bevölkerung von Studenten bis Geschäftsleute. Das Essen ist mediterran: Schwertfisch-Carpaccio, *mesclun* und Salat mit Ziegenkäse sowie riesige Profiterole mit Nusseiscreme. Auch beliebt für Frühstück und Mittagessen.

LISSE Il Mulino
Heereweg 194, 2161 BP **0252-625 420**   €€

                                      Straßenkarte B3

Das stilvolle, vornehme Restaurant liegt ideal, um dort nach einem Besuch von Keukenhof einzukehren. Es ist eingerichtet in gedämpften Farben mit gemütlichen Bänken. Die Gerichte sind italienisch, asiatisch und niederländisch inspiriert. Serviert werden etwa Gambas mit Tagliatelle und einer scharfen Thai-Sauce. Geschlossen: mittags; Mo.

RHOON Biggo
Dorpsdijk 63, 3161 KD **010-501 8896**   €€€€

                                      Straßenkarte B4

In der Burg von Rhoon gibt es mehrere Möglichkeiten zu essen, aber nur ein Gourmetrestaurant. Aus frischen Zutaten – viele davon vor Ort biologisch angebaut – zaubert die Küche klassische Gerichte. Dazu werden exzellente Weine gereicht. Menüs ermöglichen einen Einblick in das Können des Chefkochs. Geschlossen: Sa mittags.

Straßenkarte *siehe hintere Umschlaginnenseiten*

ROTTERDAM Kade 4
Spaansekade 4, 3011 ML   010-270 9001   **Straßenkarte** B4

Das Kade 4 liegt schön am Wasser am Oudehaven im Schatten des expressionistischen Würfelgebäudes. Im Sommer ist es besonders schön, wenn man direkt am Wasser essen kann, innen ist es aber auch sehr angenehm. Mittags gibt es leichte Wraps und Salate, abends auch niederländische Spezialitäten wie Senfsuppe und Shrimps.

ROTTERDAM Mastika
Eendrachtsweg 25, 3012 LB   010-214 2463   **Straßenkarte** B4

Obwohl in Rotterdam viele türkische Immigranten leben, gibt es doch nur wenige Restaurants mit erstklassiger türkischer Küche. Eines davon ist das Mastika, ein gepflegtes Restaurant in einem schönen Stadthaus. Hier liegt der Fokus eindeutig auf osmanischer Küche. Geschlossen: Sa und So mittags; Mo.

STREEFKERK De Limonadefabriek
Nieuwe Haven 1, 2959 AT   0184-689 335   **Straßenkarte** B4

Das nach Georges Blancs Restaurant in Südfrankreich benannte Lokal ist stilvoll und modern. Die Gerichte sind von vielen Aromen beeinflusst: Zitronengras und schwarzer Sesam stehen neben Picalilli und Estragon. Günstige Menüs. Terrasse mit Blick über den Lek. Öffnungszeiten telefonisch erfragen. Geschlossen: Mo, Di; Sep–Mai: mittags.

Zeeland

DOMBURG Strandpaviljoen De Boomerang
Strand Domburg 60, 4357 XZ   0118-584 129   **Straßenkarte** A5

Von innen sieht das legere Café-Restaurant mit Blick über den Strand wie eine Blockhütte aus, passend für einen Abend mit niederländischen Klassikern wie Eierkuchen, Hühnchen-Satay und Würste oder italienischen Standards wie Pizza, Pasta und Fleisch- und Fischgerichten. Leckeres *tiramisu*. Geschlossen: Nov–Feb.

KRUININGEN Manoir Restaurant Inter Scaldes
Zandweg 2, 4416 NA   0113-381 753   **Straßenkarte** A5

Das Restaurant des vornehmen Hotels mit eigenem Helikopterlandeplatz hat zwei Michelin-Sterne. Es ist keineswegs spießig, vielmehr fühlt man sich wie in einem Landgasthof. Chefkoch Jannis Brevet erfreut die Gäste mit hervorragenden Gerichten, darunter auch poschierte Eier mit Spinat und Kaviar. Geschlossen: Sa mittags; Mo, Di.

MIDDELBURG Restaurantje Nummer 7
Rotterdamsekaai 7, 4331 GM   0118-627 077   **Straßenkarte** A5

Das hübsche Restaurant liegt in einer Villa aus dem 18. Jahrhundert in der Nähe des Hafens. Das Essen ist günstig und einfach: Eintopf von frei laufendem Limburg-Schwein und *crêpes* mit karamellisierten Äpfeln. Außerdem gibt es Hummer zu erschwinglichen Preisen. Teilweise werden zu kleine Portionen moniert. Geschlossen: mittags; Mo.

SLUIS Oud Sluis
Beestenmarkt 2, 4524 EA   0117-461 269   **Straßenkarte** A5

Gäste kommen aus dem ganzen Land, um Sergio Hermans fantastische Küche zu genießen. Austern und Langustinen werden auf unterschiedliche Weise zubereitet, lokale Zutaten in etwas Himmlisches verwandelt. Die Preise sind einem Haus mit drei Michelin-Sternen angemessen. Geschlossen: Mo, Di.

TERNEUZEN Het Arsenaal
Nieuwstraat 29, 4531 CV   0115-613 000   **Straßenkarte** A5

Das stimmungsvolle Restaurant mit Weinkeller in den alten Befestigungen der Stadt serviert internationale Küche aus saisonalen Zutaten. Es gibt Klassiker wie Scampi mit Sahne und Pernod oder Ente mit Vanille und Gewürznelke. Als Dessert werden Früchte aus dem Garten des Restaurants gereicht. Geschlossen: Sa mittags; So, Mo.

VLISSINGEN Restaurant Waterfront
Boulevard Bankert 108a, 4382 AC   0118-415 555   **Straßenkarte** A5

Das Restaurant mit einem überwältigenden Blick über die Westerschelde und die Nordsee nutzt lokale Produkte und Fisch für die französisch-mediterranen Gerichte mit asiatischem Touch. Probieren Sie das Herings-Tatar, den Wolfsbarsch mit Hummersauce und niederländischen Shrimps und als Dessert Eiscreme mit Schokoladensauce.

Waddeneilanden

AMELAND / HOLLUM The Sunset
Oranjeweg 61, 9161 CB   0519-554 280   **Straßenkarte** C1

Das moderne und doch familienfreundliche Restaurant in den Dünen unter dem Leuchtturm von Hollum ist perfekt für Sommerabende. Auf der Karte stehen viele Fischgerichte sowie leichtes Essen wie Suppen und Salate. Für Fleischesser sind die gemischten Grillplatten ideal. Für Vegetarier und Kinder gibt es eine eigene Karte.

TERSCHELLING/WEST-TERSCHELLING Amsterdamsche Koffijhuis 🍽🚶🔲 €

Willem Barentszstraat 17, 8881 BP 📞 *0562-442 700* **Straßenkarte** *C1*

Die einfache, freundliche Gaststätte mit dunklem Holz, poliertem Messing und vielen Topfpflanzen sieht aus, als stamme sie aus einer anderen Ära. Die Preise sind günstig, das Essen auf dem neuesten Stand: Tapas, vegetarische Gerichte, Speisen aus Südafrika und *tacos*. Es gibt aber auch *liverworst* und riesige Steaks. Geschlossen: Jan.

TEXEL/OUDESCHILD 't Pakhuus 🚶♿🔲 €€€€

Haven 8, 1792 AE 📞 *0222-313 581* **Straßenkarte** *B2*

Das Licht strömt durch ein Glasdach in das schöne ehemalige Lagerhaus mit Blick auf den Hafen im Osten von Texel. Die Einrichtung mit abstrakten Bildern, frischen Blumen und weißen Leinentischdecken passt sehr gut zur modernen und klassischen Küche. Spezialitäten sind saisonale Zutaten, Seafood und besonders Lamm.

Groningen

ADUARD Herberg Onder de Linden 🚶🔲 €€€€

Burgemeester van Barneveldweg 3, 9831 RD 📞 *050-403 1406* **Straßenkarte** *D1*

Das wunderschöne Gasthaus aus dem 18. Jahrhundert tief im Wald ist seit 1991 eine Destination für Gourmets. Die Küche verwendet frische, lokale Zutaten und bereitet Gerichte wie Spargel mit Freilandeiern, *pata negra* und Kerbel oder Chicorée in Karamellsauce. Im Sommer kann man auch auf der Terrasse sitzen. Geschlossen: mittags; So–Di.

GRONINGEN Wagamama 🚶🔲 €

Vismarkt 54, 9711 KV 📞 *050-313 0783* **Straßenkarte** *D1*

Die Zweigstelle der englischen Nudelbar-Kette ist bei Studenten beliebt wegen der günstigen und nahrhaften Gerichte. Serviert wird gesundes Fast Food in gepflegter Umgebung. Kein Platz zum Verweilen. Wenn man an den langen Tischen *ramen*, *gyoza* oder Seetangsalat gegessen hat, zahlt man und geht.

GRONINGEN De Pauw €€€

Gelkingestraat 52, 9711 NE 📞 *050-318 1332* **Straßenkarte** *D1*

Weiße Wände, Tischtücher und Möbel sowie Silberbesteck tragen zu dem klassischen Esserlebnis in dem Restaurant im Stadtzentrum bei. Vor- oder Nachspeisen kann man von einem Wagen wählen. Als Hauptgerichte sind u. a. Lammkotelett mit Frühlingsgemüse sowie Wachtel und Taube mit *tarte tatin* im Angebot. Geschlossen: mittags.

HAREN Villa Sasso 🔲 €€€€

Meerweg 221, 9752 XC 📞 *050-309 1365* **Straßenkarte** *E2*

Auf einer großen Terrasse direkt am Paterswoldsemeer kann man hier in angenehmer Atmosphäre moderne Abwandlungen von klassischen Gerichten aus lokalen Zutaten genießen. Serviert werden Spargel als Mousse und in Tempura oder Lammeintopf. Günstige Menüs, mittags gibt es eine kleinere Karte. Geschlossen: Sa mittags; So, Mo.

Friesland

APPELSCHA Het Volle Leven 🍽🔲 €€

Oude Willem 5, 8426 SM 📞 *0516-430 091* **Straßenkarte** *D2*

In dem einladenden Bauernhaus auf dem Land bereitet Besitzer und Küchenchef Yt van der Ploeg hervorragende vegetarische Gerichte, etwa Rote-Bete-*carpaccio* und Gemüselasagne. Alles ist aus biologischem Anbau, viele Zutaten werden erst kurz vor der Zubereitung geerntet. Täglich wechselnde Menüs. Geschlossen: mittags.

DRACHTEN Koriander ♿🔲 €€€€

Burgemeester Wuiteweg 18, 9203 KK 📞 *0512-548 850* **Straßenkarte** *D2*

In einem hellen, modernen Saal mit Mauervorsprüngen und restauriertem Holz werden wunderschön angerichtete Speisen serviert. Lokale Zutaten, etwa Fisch aus Wergae, spielen eine große Rolle und werden mit mediterranen Kräutern kombiniert. Lassen Sie Platz für Dessert und Käse. Geschlossen: So, Mo.

JOURE 't Plein 🚶♿🔲 €€€€

Douwe Egbertsplein 1a, 8501 AB 📞 *0513-417 070* **Straßenkarte** *D2*

Das stilvolle, in Schwarz-Weiß gehaltene Restaurant mit geschnitzten Spiegeln und Blumen ist eine gute Wahl für Mittag- wie Abendessen. Sehr beliebt bei Einheimischen, die lokale Gerichte wie *skinkespek* und *Fryske sûkerbôle* genießen. Reservieren Sie einen Tisch in der Küche, um bei der Zubereitung zuzusehen. Geschlossen: So, Mo.

LEEUWARDEN Eetcafé Spinoza 🚶🔲 €

Eewal 50–52, 8911 GT 📞 *058-212 9393* **Straßenkarte** *D2*

Preiswertes *eetcafé* mit philosophischem Namen – es gibt in der Stadt ein zweites Lokal mit dem Namen Descartes. Auf der Karte stehen einfache, herzhafte internationale Gerichte mit so humorvollen Namen wie »Italy v. Portugal« (Sardinen mit Pasta) oder »Chop Chop« (pfannengerührtes Rindfleisch mit Gemüse). Geschlossen: mittags.

Straßenkarte *siehe hintere Umschlaginnenseiten*

PIAAM De Nynke Pleats ♿ 🅿️ ⌨️   €€€
Buren 25, 8756 JP 📞 *0515-231 707*   **Straßenkarte** *C2*

Das umgebaute Bauernhaus aus dem 18. Jahrhundert ist ein idealer Halt für Mittag-, Abendessen oder nur Kaffee und einen Snack. Draußen gibt es eine rustikale Terrasse, innen ist die ehemalige Scheune mit Kronleuchtern ein ebenso beeindruckendes Umfeld für die frischen, lokalen Spezialitäten wie Zwiebelsuppe.

SLOTEN Het Bolwerk ♿ 🅿️ ⌨️   €€
Voorstreek 116, 8556 XV 📞 *0514-531 405*   **Straßenkarte** *C2*

Das schöne Restaurant in einem Stadthaus aus dem 18. Jahrhundert hat eine niedrige Balkendecke und eine einfache Einrichtung. Es ist beliebt wegen der günstigen Preise und der reichlichen Portionen traditioneller niederländischer Gerichte. Mittags gibt es u. a. eine große Käseplatte, abends Ente in Himbeer-Bier-Sauce.

Drenthe

ASSEN Pacific Plaza ♿ 🅿️ ⌨️   €
Transportweg 2, 9405 PR 📞 *0592-462 463*   **Straßenkarte** *D2*

Sucht man eine leichte, gesunde Alternative zu Fleisch und der schweren niederländischen Küche, ist man in dem panasiatischen Restaurant richtig. Die Gerichte sind frisch und schmecken gut. Neben japanischem *teppanyaki* (wird am Tisch zubereitet) und Sushi gibt es chinesische Klassiker wie *char sui*-Schweinefleisch. Große Menüauswahl.

DE SCHIPHORST De Havixhorst ♿ ⌨️   €€€€
Schiphorsterweg 34–36, 7966 AC 📞 *0522-441 487*   **Straßenkarte** *D3*

In dem Château wird großer Wert auf Kleinigkeiten gelegt – von der Präsentation bis zum Service. Originelle *amuse bouche* stimulieren die Geschmackssine, es folgt etwa Seeteufel mit pochiertem Ei und Vandouvan-Curry. Danach lockt die Schokoladentorte mit süßer Waldmeister-Mousse und Kardamom. Nur mit Reservierung.

DWINGELOO Hof van Dwingeloo 🍴 ♿ 🅿️ ⌨️   €
Drift 1, 7991 AA 📞 *0521-593 094*   **Straßenkarte** *D2*

Im Herzen des Städtchens befindet sich das legere Café-Restaurant mit einer großen Terrasse, von der aus man auf einen schönen Teich blickt. Das Dekor innen ist ebenso wie die Speisen traditionell holländisch. Eierkuchen, Croquettes und Satay mittags, Beefsteak, Rippchen und Waffeln abends. Geschlossen: Di (außer in den Schulferien).

EMMEN De Kamer ♿ ⌨️   €€
Marktplein 7, 7811 AM 📞 *0591-618 180*   **Straßenkarte** *E2*

In dem schön restaurierten Bauernhaus im Stadtzentrum befindet sich ein Restaurant mit Galerie. Kunst findet sich auch auf der Speisekarte wieder: Gerichte haben so bezeichnende Namen wie »Wasserfarben-Suppe« (Tomatensuppe mit Sauerrahm und Basilikum) oder »Feuer und Flamme« (Schweinemedaillons in Wein-Karamell-Sauce).

NORG Bospaviljoen De Norgerberg 🍴 ♿ ⌨️   €
Langeloёrweg 63, 9331 VA 📞 *0592-614 266*   **Straßenkarte** *D2*

Das Café-Restaurant in einem Wald ist sowohl gut als Rastplatz nach einem langen Spaziergang als auch als Destination an sich. Draußen gibt es eine große Terrasse, innen ist es mit vielen Kerzen sehr romantisch. Das Essen ist herzhaft, aber mit Finesse. Typisch sind etwa Schnitzel und Perlhuhn-*confit*. Geschlossen: Sep–Mai: Mo, Di.

WESTERVELDE De Jufferen Lunsingh ♿ ⌨️   €€€
Hoofdweg 13, 9337 PA 📞 *0592-612 618*   **Straßenkarte** *D2*

Das Restaurant in einem großen, weißen Gebäude sieht sehr französisch aus, und dieser Eindruck setzt sich auch auf der Speisekarte mit vielen lokalen Zutaten fort. Da auf dem Hof Rinder und Schafe gezüchtet werden, bietet es sich auch an, die Umgebung zu erkunden. Es werden auch Picknickkörbe zusammengestellt und Räder verliehen.

Overijssel

ALMELO Dock 19 ♿ ⌨️   €€€
Haven Noordzijde 19, 7607 ER 📞 *0546-578 819*   **Straßenkarte** *E3*

Das Restaurant ist sehr beliebt sowohl wegen seines modernen Interieurs im New-York-Stil mit samtbezogenen Wänden und Panoramafenstern als auch wegen der Fusion-Küche. Beginnen Sie mit einem köstlichen Cocktail, und fahren Sie z. B. fort mit Rind-*sashimi* mit Oliventapenade oder Ceylon-Curry. Geschlossen: So, Mo.

DEVENTER Engel en Bengel 🍴 ⌨️   €
Grote Overstraat 55–57, 7411 JB 📞 *0570-614 754*   **Straßenkarte** *D3*

Die bunte, kleine Gaststätte ist schnell zu einem beliebten Treffpunkt geworden wegen des hellen, blumigen Interieurs und des guten und günstigen Essens. Es gibt Standardgerichte wie *carpaccio*, in Folie gekochte Forelle und einige traditionelle niederländische Klassiker wie Lakritz- und Aniseiscreme. Geschlossen: Di–Fr mittags; Mo.

ENSCHEDE De Fusting Downtown
Zuiderhagen 16–18, 7511 GL ☎ *053-436 7787*
€
Straßenkarte *E3*

Das populäre *eetcafé* in Enschede hat zwei Niederlassungen, die eine befindet sich mitten im Stadtzentrum, die andere in einer der Haupt-Shopping-Straßen. Gäste schätzen das herzhafte Essen und die günstigen Preise. Auf der Speisekarte stehen Suppen, Sandwiches, Salate und Tapas. Geschlossen: So mittags; Mo.

HOLTEN Bistro de Holterberg
Forthaarsweg 1, 7451 JS ☎ *0548-363 849*
€
Straßenkarte *D3*

Das familiäre Bistro in einem schönen Dorf mitten in einem Naturschutzgebiet bietet von der riesigen Terrasse aus einen fantastischen Blick (40 km an einem klaren Tag). Innen ist es sehr gemütlich. Gäste schätzen auch die internationale Küche, etwa Shrimps-Kroketten oder Lachs mit Nudeln und Pesto. Geschlossen: mittags; Mo.

ZWOLLE De Librije
Broerenkerkplein 13, 8011 TW ☎ *038-421 2083*
€€€€
Straßenkarte *D3*

Gäste aus dem ganzen Land kommen ins De Librije, um die kulinarischen Kreationen von Jonnie und Thérèse Boer zu genießen. Geboten wird in dem Sterne-Restaurant, das als eines der besten in den Niederlanden gilt, auch ein vorzügliches vegetarisches Menü. Naschkatzen werden begeistert sein von den Soufflés, eine Spezialität des Hauses.

Flevoland

ALMERE Waterfront
Esplanade 10, 1315 TA ☎ *036-845 5777*
€€€
Straßenkarte *C3*

Das Restaurant ist populär bei Kunstbeflissenen, da es zu einem Theater gehört. Abendessen gibt es nur an Abenden mit Vorstellung und von Donnerstag bis Samstag. Serviert wird Fusion-Küche, etwa Thunfisch mit Meeresalgen und *wasabi* oder Kanincheneintopf mit Kirschbier. Einige könnten die Portionen für zu klein befinden.

ALMERE-HAVEN Brasserie Bakboord
Veerkade 10, 1357 PK ☎ *036-540 4040*
€€€€
Straßenkarte *C3*

Das moderne Restaurant mit Glasfront im Hafen ist sehr beliebt bei Seglern und Bootsausflüglern, die auf der schönen Terrasse in Korbstühlen entspannen und klassische Gerichte genießen, die es sonst in dieser Region eher selten gibt, etwa Hummer Thermidor, Austern und gebratene Entenbrust, und dazu ein schönes Glas Wein.

URK De Kaap
Wijk 1–5, 8321 EK ☎ *0527-681 509*
€
Straßenkarte *C3*

Das *eetcafé* im Herzen eines alten Fischerdorfs ist auf Fisch spezialisiert und auch entsprechend im Fischerstil mit Modellbooten, Lampen und Ankern dekoriert. Auf der Speisekarte (auch in Braille-Schrift) gibt es viele Fischgerichte und Seafood – besonders beliebt ist der geräucherte Aal –, aber auch Steaks und Schnitzel.

Gelderland

AALST De Fuik
Maasdijk 1, 4926 SJ ☎ *0418-552 247*
€€€€
Straßenkarte *C4*

Das Ausflugslokal steht an einem Nebenarm der Maas, von der Terrasse aus hat man einen wunderbaren Blick. Hier zu speisen, ist eine wahre Gourmeterfahrung. Serviert werden französische Klassiker aus niederländischen Zutaten, etwa Trio von *foie gras* oder Heilbutt mit geräucherter Roter Bete. Spezialität ist Käse. Geschlossen: Sa mittags; Mo.

APELDOORN Restaurant Jules Verne
Raadhuisplein 3, 7311 LJ ☎ *055-521 7394*
€€€
Straßenkarte *D3*

Im Jules Verne, das sich an einem belebten Platz im Herzen der Stadt befindet, kann man eine kulinarische Weltreise antreten. Tempura-Garnelen mit *ratatouille* und Pesto ist nur ein Beispiel. Auch Vegetarier haben eine große Auswahl. Es gibt Vier- und Sechs-Gang-Menüs, das monatlich wechselnde Vier-Gang-Menü ist sein Geld wert.

ARNHEM Arnhems Proeflokaal
Spijkerstraat 3, 6828 DA ☎ *026-351 8485*
€
Straßenkarte *D4*

Das heitere und schlichte *eetcafé* ermöglicht einen Einblick in niederländisches Leben von den niedrigen Messinglampen und den dunklen Holzmöbeln bis zu den einfachen, günstigen und doch einfallsreichen Gerichten. Serviert wird etwa Salat mit geräuchertem Hühnchen oder Gemüsesuppe mit Chorizo. Geschlossen: mittags; Mo.

DOESBURG De Waag
Koepoortstraat 2–4, 6981 AS ☎ *0313-479 617*
€€
Straßenkarte *D4*

Das älteste Café der Niederlande ist auch eines der besten 100 des Landes. »Bierhaus«, Bar und Restaurant liegen in einem wunderschönen mittelalterlichen Haus. Das Café ist oben, das Restaurant im Untergeschoss. Serviert werden lokale Klassiker wie Senfsuppe und belgische *waterzooi* (Eintopf) sowie Innovatives wie Lachs-Tempura.

Straßenkarte *siehe hintere Umschlaginnenseiten*

HARDERWIJK 't Nonnetje   €€€

Vischmarkt 38, 3841 BG   **Straßenkarte** C3

Die »Kleine Nonne«, das stimmungsvolle Restaurant an einem schönen Platz in der Nähe des Hafens, wird allseits gelobt. Auf der Karte stehen viele Fischgerichte und niederländische Spezialitäten. Die Köche zaubern aus Wattenmeer-Herzmuscheln und Kamper-Lamm köstliche und überraschende Speisen. Geschlossen: mittags; So.

NIJMEGEN Het Heimwee   €€€

Oude Haven 76–80, 6511 XH   024-322 2256   **Straßenkarte** D4

Wählen Sie in dem schönen Restaurant mit Blick auf den Hafen aus den täglich wechselnden Menüs aus frischen Zutaten. Zuvorkommendes Personal hilft bei der Auswahl. Serviert wird etwa pochiertes Ei mit Trüffel oder Fleischgerichte mit so ungewöhnlichen Beilagen wie Apfel-Chutney und Morellensaft. Geschlossen: mittags; Mo.

Noord-Brabant

BREDA Landgoed Wolfslaar   €€€€

Wolfslaardreef 100–102, 4834 SP   076-560 8000   **Straßenkarte** B5

Am Stadtrand liegt Wolfslaar, ein Landgut aus dem 17. Jahrhundert. Das Restaurant ist im früheren Kutschenhaus untergebracht. Der Chefkoch kommt aus Limburg, und entsprechende Einflüsse – Eintöpfe, Spargel und Wurzelgemüse – sind den Gerichten anzumerken. Das Restaurant hat einen Michelin-Stern. Geschlossen: Sa mittags; So.

EINDHOVEN Taj Mahal   €€

Geldropseweg 27–29, 5611 SC   040-211 9440   **Straßenkarte** C5

In den Niederlanden ist es nicht einfach, gutes indisches Essen zu finden. Deshalb ist das Restaurant auch so beliebt bei Einheimischen wie Gästen. Serviert werden Hühnchen *tikka masala*, Lamm-*jalfrezi* und überbackene Garnelen. Es gibt auch ein reichhaltiges Menü, das seinen Preis wert ist. Geschlossen: mittags.

EINDHOVEN Avant-Garde van Groeningen   €€€

Frederiklaan 10d, 5616 NH   040-250 5640   **Straßenkarte** C5

Beige- und Brauntöne, Leder und Marmor bilden in dem vornehmen Restaurant den opulenten Hintergrund für die Kreationen der Küche. Innovation und Kreativität stehen an erster Stelle, und so gibt es in Vanilleöl gekochten Hummer mit *sabayon*, Schwarzwurzel-*confit* und Ananas mit Kokosnuss-Curry-Sorbet. Geschlossen: Sa mittags; So.

OSS Buitengewoon   €€

Kerkstraat 12, 5341 BK   0412-643 248   **Straßenkarte** C4

Der Name des Restaurants heißt übersetzt »ungewöhnlich«. Und das passt auch, sind hier doch Jungköche am Werk, die das Geschäft lernen sollen. Serviert wird gut gemachte Bistro-Kost, Stammgäste schätzen Gerichte wie Taleggio und Pilz-Lasagne. Rabatt mit einer Theaterkarte vom De Lievenkamp. Geschlossen: So mittags, Mo abends, Di.

'S-HERTOGENBOSCH Brasserie Pilkington's   €

Torenstraat 5, 5211 KK   073-612 2923   **Straßenkarte** C4

Gäste, die unter Schatten spendenden Bäumen sitzen oder innen zwischen Teetassen und Marmeladengläsern, könnten meinen, sie befänden sich in einem englischen Landhaus. Und im Pilkington's gibt es auch englisches Frühstück, Sandwiches mit Pickles, Käse und Salat, Tee mit Scones und Shepherd's Pie. Geschlossen: Mo abends.

SLEEUWIJK Boven de Rivieren   €€€

Hoekeinde 24, 4254 LN   0183-307 353   **Straßenkarte** C4

Das Restaurant in einem schönen Yachthafen treibt eigentlich im Wasser, und obwohl es von außen eher wie ein Schuppen aussieht, überzeugt es innen mit stilvollem Ambiente in tiefen Rottönen. Mittags gibt es Tapas oder Salat, abends viele Fischgerichte oder gegrilltes Fleisch mit saisonalen Gemüsesorten. Geschlossen: Mo.

TILBURG Breexz   €

Spoorlaan 47, 5038 CB   013-542 5255   **Straßenkarte** C5

Die helle, moderne Brasserie im Bahnhof zieht nicht nur Durchreisende an. Es kommen auch viele Einheimische in das schicke Restaurant in Tilburg. Es gibt sowohl ein einfaches Abendmenü mit Nudeln, Steak und Pommes als auch raffiniertes Fingerfood wie Krabbenküchlein und Hühnchen-*yakitori*. Gute Cocktail-Auswahl.

UDEN 't Raadhuis   €€€

Markt 1a, 5401 GN   0413-257 000   **Straßenkarte** C4

Dieses Restaurant befindet sich im ehemaligen Rathaus (»raadhuis«) und bietet neben der normalen Karte noch eine Reihe von saisonal inspirierten Menüs an. In der Spargelsaison ist das entsprechende Menü ein absolutes Muss. Wer draußen essen mag, kann sich auf der geräumigen Terrasse niederlassen. Reservierung wird empfohlen.

WILLEMSTAD Frascati   €

Voorstraat 50, 4797 BH   0168-476 080   **Straßenkarte** B4

Die kleine, schlichte Trattoria in der Nähe des Yachthafens serviert gute italienische Küche. Neben einem köstlichen *vitello tonnato* und einer großen Auswahl an Pasta und Pizza gibt es auch ein paar interessante niederländische Gerichte wie *uitsmijter* mit *brioche*, Entenleber und Wachteleiern. Geschlossen: Di–Fr mittags; Mo.

Limburg

BEEK De Lindenboom
Burgemeester Janssenstraat 13, 6191 JB 046-437 1237   **Straßenkarte** D6

Das seit Langem bestehende Restaurant hat sich neu erfunden als frischer, schicker Ort mit Fusion-Küche aus Zutaten aus aller Welt. Serviert werden etwa schottischer Lachs und bretonische Kartoffeln, Kabeljau aus der Nordsee und Schwein aus Limburg. Auf der Weinkarte stehen 300 Positionen. Geschlossen: Sa und So mittags; Mo, Di.

EPEN Panorama Restaurant Gerardushoeve
Julianastraat 23, 6285 AH 043-455 1722   **Straßenkarte** D6

Von der schönen Terrasse aus kann man auf drei Länder blicken: die Niederlande, Belgien und Deutschland. Mittags gibt es gute Sandwiches aus Limburger Brot, und die lokalen Einflüsse setzen sich auch beim Abendessen fort. Während der Spargelzeit gibt es das Gemüse oft als Beilage. Geschlossen: Jan: Mo, Di.

GULPEN L'Atelier
Markt 9, 6271 BD 043-450 4490   **Straßenkarte** D6

Gäste schätzen das Restaurant an einem schönen Marktplatz wegen des vollendeten Service, des vorzüglichen Weins und des guten französischen Essens. Die Menüs sind ihren Preis wert und aus den besten lokalen Zutaten zubereitet, etwa höhlengereiftem Käse. Geschlossen: Sa mittags; Di, Mi.

HEERLEN Geleenhof
Valkenburgerweg 54, 6419 AV 045-571 8000   **Straßenkarte** D6

Das Landhaus mit einem von Bäumen gesäumten Hof bietet hochwertige Limburger Küche mit mediterranen Einflüssen. Die Speisekarte ist klein und spiegelt die saisonale Ernte wider. Bei jedem Gang kann man zwischen Fisch, Fleisch und vegetarisch wählen. Probieren Sie im Frühling den Spargel. Geschlossen: Sa mittags; So–Di.

MAASTRICHT Rekko
Vrijthof 10, 6211 LC 043-321 9956   **Straßenkarte** C6

In Maastricht gibt es nur wenige günstige und heitere Lokale, deshalb ist das *eetcafé* am Hauptplatz auch so beliebt. Man kann hier frühstücken, zu Mittag und zu Abend essen und später noch kleine Snacks zu sich nehmen. Die Karte hält keine Überraschungen bereit, vielmehr gibt es »ehrliche« Gerichte wie Salate, Steaks und Hühnchen.

MAASTRICHT Ginger
Tongersestraat 7, 6211 LL 043-326 0022   **Straßenkarte** C6

Sucht man nach einer leichten Alternative zum eher schweren limburgischen Essen, ist man in dem schicken panasiatischen Restaurant genau richtig. Es gibt vor allem thailändische, koreanische und japanische Gerichte mit Reis und Nudeln und auch viele Speisen für Vegetarier. Cocktails, Weine und Bier. Geschlossen: Sa und So mittags.

MAASTRICHT Eetkamer de Bissjop
Luikerweg 33, 6212 ET 043-459 9202   **Straßenkarte** C6

Die Bilder, die an den Wänden des kleinen Restaurants hängen, stehen alle zum Verkauf. Das Menü wechselt jeden Tag und besteht aus fünf Gängen. Man kann essen, so viel man will, und wählen zwischen Tomatensuppe mit Bärlauch, Petersfisch mit mariniertem Fenchel und Schokoladenmousse mit Advocaat. Geschlossen: mittags; Mo, Di.

MAASTRICHT Au Coin des Bons Enfants
Ezelmarkt 4, 6211 LJ 043-321 2359   **Straßenkarte** C6

Das vornehme Restaurant ist seit langer Zeit sehr beliebt bei der Maastrichter Gesellschaft. Viele reisen sogar aus Belgien und Deutschland an, um hier zu essen. Kalbszunge mit Kalbsniere und *foie gras*, Kaviar, Bresse-Taube – alle diese Spezialitäten können Sie hier genießen. Fantastische Desserts. Geschlossen: Di, Mi.

ROERMOND L'Union
Markt 21, 6041 EL 0475-317 187   **Straßenkarte** D5

Das L'Union mit einer großen Terrasse an einem schönen Platz mit Bars und Restaurants in der Nähe der Kathedrale ist eine gute Wahl für ein Mittag- oder Abendessen. Innen sieht es ein bisschen aus wie in einem französischen Bistro, und dazu passen auch die Gerichte: *bouillabaisse*, Grillplatte, Lachsmousse. Geschlossen: Mo.

SCHINNEN Aan Sjuuteeänjd
Dorpsstraat 74, 6365 BH 046-443 1767   **Straßenkarte** D6

Gäste aus der ganzen Region kommen hierher, um die hervorragenden, bezahlbaren Gerichte von Chefkoch Jean Thoma zu genießen. Er verpasst traditionellen Speisen einen modernen Touch, z. B. Forelle *zure zult* (in Sülze), Hühnchen-*pot-au-feu* mit Limburger Wein und ungewöhnliche Desserts. Geschlossen: Sa und So mittags; Di, Mi.

VENLO Grand Café Dante
Parade 5e, 5911 CA 077-321 1651   **Straßenkarte** D5

In dem schönen Restaurant in einem roten Backsteinhaus kann man im Sommer auch draußen im Garten essen. Auf der internationalen Speisekarte stehen Klassiker wie Hühnchen-*satay* mit indonesischen Gurken und Pommes, Nudelgerichte und riesige Salate. Probieren Sie zum Dessert das hausgemachte *tiramisu*. Geschlossen: Mo.

Straßenkarte *siehe hintere Umschlaginnenseiten*

Shopping

Die Auswahl an Shopping-Möglichkeiten ist überall in den Niederlanden riesig. Selbst in Kleinstädten findet man die Filialen und Kaufhäuser der großen Ketten, aber daneben gibt es in allen Städten und selbst in vielen Dörfern eine Vielzahl ganz besonderer Läden und Boutiquen, die von Kleidung bis hin zu regionalen Delikatessen alles verkaufen.

Kinderkleidung

Große Fachgeschäfte wie Einrichtungshäuser, Baumärkte und Discounter liegen meistens am Stadtrand. Manchmal findet man mehrere dieser Geschäfte unter einem Dach, mit vielen Parkplätzen, Kinderbetreuung und einer Cafeteria. Die meisten dieser Shopping-Center haben auch an Feiertagen geöffnet, oft sind sie dann sogar besonders voll.

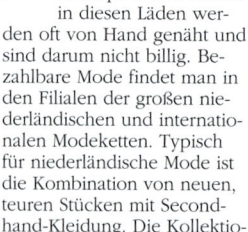

Trödelläden können spannend sein

Märkte

In jeder Stadt und in beinahe jedem Dorf findet zumindest einmal wöchentlich ein allgemeiner Markt statt. Das Angebot reicht von Lebensmitteln über Kleidung bis zu Werkzeug. Daneben gibt es auch Spezialmärkte, etwa Bauernmärkte mit frischen Landprodukten, Antiquitätenmärkte und Büchermärkte. Bekannt sind die Käsemärkte von Alkmaar, Edam und Gouda.

Ein besonderer Fall sind die Flohmärkte, auf denen Händler oder Privatpersonen Gebrauchtes verkaufen. Der größte Flohmarkt der Niederlande findet am Koninginnedag statt, an dem das halbe Land die alten Sachen vom Dachboden auf die Straße loszuschlagen versucht. Auch Jahrmärkte sind beliebt. Sie finden oft mehrmals jährlich statt. Die Handwerker des Viertels bauen dann Stände auf, auch Privatpersonen verkaufen Sachen. Märkte beginnen meist gegen 9.30 Uhr und enden am 16 oder 17 Uhr. Auf allen Märkten findet man auch gute Imbissstände.

Antiquitäten

Liebhaber von Antiquitäten liegen in den Niederlanden richtig. Wer Glück hat, kann in Secondhand-Läden oder auf Flohmärkten für wenig Geld wunderschöne Antiquitäten finden, doch öfter wird man in echten Antiquitätengeschäften fündig. Viele haben sich auf eine bestimmte Periode oder bestimmte Stücke wie Uhren oder Stiche spezialisiert. Wer seine Antiquitäten lieber ersteigert, kann das in den Filialen der internationalen Auktionshäuser wie **Sotheby's** und **Christie's** tun. Auch in kleinen Auktionshäusern kommen ab und zu besondere Stücke unter den Hammer.

Eine andere Möglichkeit zum Antiquitätenkauf bieten die speziellen Märkte, die im ganzen Land regelmäßig stattfinden. In Amsterdam ist die Nieuwe Spiegelstraat die Adresse für Antiquitäten. Hier findet man Spezialisten für Keramik, Glas, alte Stiche, Malerei und Nautika. Auch in Haarlem, Middelburg und 's-Hertogenbosch gibt es viele Geschäfte mit hervorragenden Stücken. Auf dem Land findet man die Antiquitätenhändler oft in alten Bauernhöfen. Hier kann man vor allem alte Fichten- oder Eichenmöbel kaufen. Im **MECC** in Maastricht und in den **Brabanthallen** in 's-Hertogenbosch findet jedes

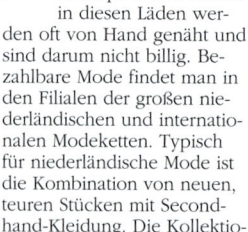

Antiquitätenladen

Jahr eine Antiquitätenbörse statt. Auch viele der renommierten Händler bieten auf diesen Fachmessen Stücke an.

Mode

Es ist schon lange nicht mehr so, dass die Niederländer sich nicht für Mode interessieren, im Gegenteil: Es wird immer mehr Geld für modische Kleidung von guter Qualität ausgegeben. Neben den alteingesessenen Couturiers eröffnen immer mehr junge, gerade mit dem Studium fertige Modedesigner eigene Boutiquen. Die Stücke in diesen Läden werden oft von Hand genäht und sind darum nicht billig. Bezahlbare Mode findet man in den Filialen der großen niederländischen und internationalen Modeketten. Typisch für niederländische Mode ist die Kombination von neuen, teuren Stücken mit Secondhand-Kleidung. Die Kollektionen der großen Couturiers

Die vielen Antiquitätenläden bergen viele Funde

Von Secondhand bis Haute Couture – die Niederländerinnen kombinieren gern

hängen vor allem in Amsterdam, in der P. C. Hooftstraat etwa Kleidung von Hugo Boss, Armani, Yves Saint Laurent u. a. Klassische Kleidung und Schuhe findet man in den Läden am Haagse Noordeinde von Den Haag. Ketten wie etwa Vera Moda verkaufen Mode für jeden Tag.

Kaufhäuser und Shopping-Center

Das luxuriöseste Kaufhaus der Niederlande ist der **Bijenkorf**. Hier findet man Trendmöbel, neueste Mode, zahllose Bücher und Kosmetik. Die Kaufhäuser von Vroom & Dreesmann sind etwas kleiner und die Preise niedriger als im Bijenkorf. Bei Hema, noch etwas günstiger und sehr modern, findet man z. B. Lampen, aber auch Hausrat. In den meisten Shopping-Centern gibt es eine breite Palette von Geschäften, aber es gibt auch welche mit exklusiven Boutiquen. Eines davon ist **Magna Plaza** in Amsterdam,

wo sich viele Modeläden und Juweliere versammeln. In **La Vie** in Utrecht gibt es eine gute Shopauswahl. **De Passage** ist das bekannte Den Haager Shopping-Center. Das Designer-Outlet-Center in Roermond ist für seine günstigen Preise bekannt.

Möbel

Der niederländische Top-Möbeldesigner Jan des Bouvrie hat sein Geschäft in einem früheren Waffenlager, dem **Studio het Arsenaal** in Naarden, eingerichtet. Bei **Van Til Interieur** in Alkmaar werden exklusive Designermöbel angeboten. In den 75 Möbelläden der **Villa ArenA** in Amsterdam-Zuidoost kann man gut und gern einen ganzen Tag stöbern. Auch das **Woonthemacentrum De Havenaar** in Nijkerk und Palazzo Lelystad bieten eine interessante Auswahl an Möbeln und Wohnaccessoires an.

Versteigerungen

Die englischen Auktionshäuser **Sotheby's** und **Christie's** haben Filialen in Amsterdam. Hier werden besonders wertvolle Stücke und Sammlungen auf internationaler Ebene versteigert. Im **Eland De Zon Loth Gijselman** in Diemen wird man in Sa-

chen Kunst und Antiquitäten fündig, ebenso bei **Holbein** in Rijssen. Das **Veilinghuis de Vonst** in Zwolle hat sich auf Briefmarken und Münzen spezialisiert.

Gartencenter

Gartencenter verkaufen nicht nur Pflanzen, Saatgut und Blumenzwiebeln, sondern auch Töpfe und Kübel, Erde, Dünger und Gartenmöbel. Wer auf der Suche nach einer besonderen Pflanze ist, der findet sie bei einer der spezialisierten Gärtnereien, auf die man überall in den Niederlanden stößt. Gartencenter liegen meist am Stadtrand. Oft haben sie auch am Sonntag und an den Feiertagen geöffnet.

Der Garten ist der Niederländer liebstes Kind

Schokolade

Verkade und Droste sind die bekanntesten niederländischen Schokoladenfabriken. Ihre Produkte sind überall erhältlich. Es gibt auch immer mehr Fachgeschäfte. Sehr bekannt sind die Läden der belgischen Kette **Leonidas**. Auch **Puccini Bomboni** macht fantastische Pralinen.

Kaffee und Tee

Die Niederlande importieren schon seit Jahrhunderten Kaffee und Tee. Überall gibt es Fachgeschäfte, die ihren Kaffee oft noch selbst rösten. Die Läden von **Simon Levelt** bieten 25 Sorten Kaffee und 100 Teemischungen an. **Geels & Co** ist ein alter Familienbetrieb mit einer eigenen Kaffeerösterei und einem kleinen Museum.

Magna Plaza *(siehe S. 90)* hat auch am Sonntag geöffnet

Souvenirs

Andenkenläden sind in den großen Städten und Ferienorten überall zu finden. Aber oft gibt es gerade in den kleinen Läden oder selbst im Supermarkt schöne Dinge, mit denen man sich selbst und anderen eine Freude machen möchte. Blumen und Delfter Blau sind Geschenke, über die sich jeder freut. Beispiele von kulinarischen Mitbringseln wie holländischem Käse, Spekulatius oder Genever finden Sie auf Seite 428.

Trachtenpuppen
Trachten werden in den Niederlanden beinahe nur noch von den Puppen im Souvenirladen getragen. Hier ein Dreigestirn aus Volendam.

Steinguthäuschen
Bemalte Steinguthäuser (oftmals in Delfter Blau) sind ein beliebtes Souvenir. Manche sind mit Genever gefüllt, andere dienen nur der Dekoration.

Bemalte Klompen
Die traditionellen Holzschuhe sind das Symbol der Niederlande. Klompen kann man in allen Farben und Größen kaufen, auch übers Internet: www.woodenshoes.com

Holländische Tulpen und Blumenzwiebeln

Blutkorallen
Zu vielen alten Trachten, auch der von Volendam, gehört eine Kette aus Blutkorallen. Natürlich passt so ein Schmuckstück auch zu moderner Kleidung.

Goudse pijpen
Auch für Nichtraucher ein schönes Andenken aus Gouda (siehe S. 239). Gouwenaars, Tonpfeifen mit einem langen Stiel, werden schon seit dem 17. Jahrhundert hergestellt.

Blumen
Zwiebeln und alle Arten von Schnittblumen sind das ganze Jahr über in den zahllosen Blumenläden, in Gartencentern sowie auf Märkten erhältlich.

Stiche von holländischen Mühlen

Alte Karten und Drucke

Amsterdam war immer ein Zentrum der Kartografie. Viele Antiquariate verkaufen Atlanten und alte Drucke.

Reproduktionen von Karten von Amsterdam und Russland

Collier mit Diamanten

Diamanten

Seit dem 16. Jahrhundert werden in Amsterdam Diamanten geschliffen. Bis heute ist die Stadt eines der großen Diamantzentren. Viele Juweliere verkaufen rohe Steine oder gebrauchten Diamantschmuck.

Brosche mit Diamanten

Diamanten in verschiedenen Farben

Neues Delfter Blau

Modernes Delfter Blau, bemalt mit Mühlen oder anderen holländischen Szenen, wird als Geschirr, Statuen, Vasen und sogar als Delfter-Blau-Aschenbecher verkauft. Achten Sie beim Kauf immer auf das Echtheitszertifikat (siehe S. 28).

Tassen aus Delfter Blau

Makkumer Steingut

Im friesischen Makkum wird noch heute dieses bunte Steingut, vor allem Fliesen, Teller und Schalen, in der Fabrik Tichelaar (siehe S. 29) hergestellt.

Spekulatius
Die mit Zimt, Nelken und Ingwer gewürzten Kekse werden vor allem zu Nikolaus gegessen.

Spekulatius

Edamer Käse mit charakteristischer Form

Edamer Käse
Der weltberühmte Käse aus Edam (siehe S. 174) schmeckt herrlich und ist ein schönes Mitbringsel.

Spekulatiusmodel
In diesen hölzernen Modeln kann man selbst Spekulatius backen. Sie sind auch als Dekoration beliebt.

Haagse Hopjes
Diese Kaffeebonbons wurden erstmals Ende des 18. Jahrhunderts nach einer Idee des Den Haager Barons Hop hergestellt.

Zeeuwse boterbabbelaars
Nach Butter schmeckende Zeeuwse Bonbons aus Zucker, Sirup und Butter.

Hopjes

Boterbabbelaars

Niederländisches Bier
Niederländer lieben Bier. Neben diesen drei bekannten Marken gibt es unzählige andere Sorten.

Zaanse Senf
Dieser grobe Senf wird in der Senfmühle De Huisman auf der Zaanse Schans (siehe S. 175) hergestellt.

Junger Korngenever

Sonnema Berenburg

Zwarte Kip Eierlikör

Schnaps
Die bekanntesten Schnäpse der Niederlande sind Genever (schmeckt ähnlich wie Gin, in Flaschen oder Krügen erhältlich als junger und alter Klarer oder mit Kräutern), Berenburg, der friesische Kräuterbitter, und Eierlikör aus Branntwein und Eiern.

Gewürzkuchen

Gewürzkuchen
Die herrlichen Gewürzkuchen schmecken in jedem Landstrich anders. Sie werden zum Frühstück oder einfach zwischendurch mit Butter gegessen.

Dropjes
Urholländische süße oder salzige Bonbons auf der Basis von Süßholz.

AUF EINEN BLICK

Antiquitäten

**Amsterdam
Antiques Gallery**
Nieuwe Spiegelstraat 34,
Amsterdam.
☎ 020-625 3371.

A Votre Servies
Vughtstraat 231,
's-Hertogenbosch.
☎ 073-613 5989.

Brabanthallen
Diezekade 2,
's-Hertogenbosch.
☎ 073-629 3911.
*Antiquitätenmesse
im Frühjahr.*

Le Collectionneur
Damplein 5,
Middelburg.
☎ 0118-638 595.

**E.H. Ariëns
Kappers**
Nieuwe Spiegelstraat 32,
Amsterdam.
☎ 020-623 5356.

**Emmakade 2
Antiek**
Emmakade 2,
Leeuwarden.
☎ 058-215 3464.

**Jan de Raad
Antiquiteiten**
Postelstraat 64,
's-Hertogenbosch.
☎ 073-614 4979.

**Le Magasin Antiek
& Curiosa**
Klein Heiligland 58,
Haarlem.
☎ 023-532 1383.

MECC
Forum 100, Maastricht.
☎ 043-383 8383.
TEFAF im März.

**Paul Berlijn
Antiques**
Amsterdamse Vaart 134,
Haarlem.
☎ 023-533 7369.

De Tijdspiegel
Nieuwstraat 17,
Middelburg.
☎ 0118-627 799.

Kaufhäuser und Shopping-Center

De Bijenkorf
Galerij 152,
Amstelveen.
Dam 1,
Amsterdam.
Ketelstraat 45,
Arnhem.
Wagenstraat 32,
Den Haag.
Piazza 1,
Eindhoven.
Coolsingel 105,
Rotterdam.
Sint Jacobsstraat 1a,
Utrecht.
☎ alle 0900-0919.
www.bijenkorf.nl

Magna Plaza
Nieuwez. Voorburgwal
182, Amsterdam.
☎ 020-626 9199.

De Passage
Passage,
Den Haag.
☎ 070-346 3830.

**La Vie
Shoppingcentre**
Lange Viestraat 669,
Utrecht.
☎ 030-234 1414.

Möbel

**Studio
het Arsenaal**
Kooltjesbuurt 1,
Naarden–Vesting.
☎ 035-694 1144.

Van Til Interieur
Noorderkade 1038,
Alkmaar.
☎ 072-511 2760.

Villa ArenA
ArenA Boulevard,
Amsterdam-Zuidoost.
☎ 0800-845 5227.
www.villaarena.nl

**Woonthema-
centrum
De Havenaer**
Ampèrestraat,
Nijkerk.
☎ 033-246 2622.

Versteigerungen

Christie's
Cornelis Schuytstraat 57,
Amsterdam.
☎ 020-575 5255.

**De Eland De Zon
Loth Gijselman**
Industrieterrein
Verrijn Stuart, Weesper-
straat 110–112, Diemen.
☎ 020-623 0343.

**Holbein Kunst-
en Antiekveilingen**
Jutestraat 31, Rijssen
☎ 0548-541 577.

Sotheby's
De Boelelaan 30,
Amsterdam.
☎ 020-550 2200.

**Veilinghuis
de Vonst**
Voorstraat 23,
Zwolle.
☎ 038-421 1045.

Schokolade

Huize van Wely
Beethovenstraat 72,
Amsterdam.
☎ 020-662 2009.
Hoofdstraat 88,
Noordwijk (ZH).
☎ 071-361 2228.

Leonidas
Damstraat 15,
Amsterdam.
☎ 020-625 3497.
Bakkerstraat 2,
Arnhem.
☎ 026-4422157.
Passage 26, Den Haag.
☎ 070-364 9608.
Fonteinstraat 3,
's-Hertogenbosch.
☎ 073-614 3626.
Pottenbakkersingel 2,
Middelburg.
☎ 0118-634 750.
Beurstraverse 69,
Rotterdam.
☎ 010-413 6034.
Oude Gracht 136,
Utrecht.
☎ 030-231 7738.

Puccini Bomboni

Staalstraat 17,
Amsterdam.
☎ 020-626 5474.
Singel 184,
Amsterdam.
☎ 020-427 8341.

Kaffee und Tee

**Abraham
Mostert**
Schoutenstraat 11,
Utrecht.
☎ 030-231 6934.

Geels & Co
Warmoesstraat 67,
Amsterdam.
☎ 020-624 0683.

Het Klaverblad
Hogewoerd 15,
Leiden.
☎ 071-513 3655.

**In de drij
swarte mollen**
Hinthamerstraat 190,
's-Hertogenbosch.
☎ 073-687 1411.

**Koffiebrander
Blanche Dael**
Wolfstraat 28,
Maastricht.
☎ 043-321 3475.

**Simon Levelt
koffie- en
theehandel**
Prinsengracht 180,
Amsterdam.
☎ 020-624 0823.
Veerstraat 15,
Bussum.
☎ 035-693 9459.
Zwanestraat 38,
Groningen.
☎ 050-311 4333.
Gierstraat 65,
Haarlem.
☎ 023-531 1861.
Botermarkt 1,
Leiden.
☎ 071-513 1159.
Vismarkt 21,
Utrecht.
☎ 030-231 4495.

Unterhaltung

Ausgehen in den Niederlanden beschränkt sich nicht auf die Randstad. Auch außerhalb der großen Städte kann man viel unternehmen. Beinahe jeder Ort hat ein Schauspielhaus oder ein Kulturzentrum, in dem Theatergruppen, Kabarettisten, Orchester und Popgruppen auftreten. Es gibt auch immer mehr große Showbühnen wie ShowBizz City in Aalsmeer oder den Unterhaltungskomplex Miracle Planet in Enschede. Informationen und Karten bekommt man bei den jeweiligen Bühnen oder bei den örtlichen VVV-Büros. Ein zentrales Verkaufsbüro ist AUB Ticketshop *(siehe S. 149)* in Amsterdam. Hier kann man Informationen über Veranstaltungen bekommen und Eintrittskarten kaufen. Eine weitere Quelle für Tickets und Infos ist der telefonische Service Uitlijn (0900-0191). In überregionalen Tageszeitungen findet man jede Woche einen Veranstaltungskalender. Große Städte geben wöchentlich ein Veranstaltungsmagazin heraus. Auch das Internet liefert allerlei Tipps zum Ausgehen.

Logo von De Engelenbak

Theater

In den Niederlanden gibt es viele Theater, die meisten in Amsterdam. Das schönste Theaterhaus dort ist die Stadsschouwburg *(siehe S. 147)*. Hier treten auch tourende internationale Schauspielgruppen auf. Das größte Theaterensemble der Niederlande, die Toneelgroep Amsterdam (TA), hat in der Stadsschouwburg ihre Heimat.

Jährlicher Höhepunkt für Freunde von Theater, Musiktheater und Tanz ist das Holland Festival, bei dem sich die internationale Elite auf kulturellem Gebiet trifft. Während des Internationalen Theaterschulfestivals im Juni werden u. a. in **De Brakke Grond** *(siehe S. 149)* und in **Frascati** experimentelle Stücke gezeigt.

Im **Soeterijn** zeigt man Theater aus Dritte-Welt-Ländern. Die Truppe De Theatercompagnie hat unter der Leitung von Theu Boermans schon viele Preise gewonnen. De Dogtroep macht Straßentheater mit viel Spektakel, die Theatergroep Hollandia erregt Aufsehen mit ihren Vorstellungen in Flugzeughangars und in anderen großen Hallen. Das musikalische Theater von Orkater ist oft in der Stadsschouwburg und auch im **Bellevue** zu sehen. Im **De la Mar** gibt es Boxoffice-Hits, Comedy und Konzerte von niederländischen Solokünstlern und Gruppen zu sehen. Jugendvorstellungen finden in **De Krakeling** statt.

Seit Langem wird ist **Toneelschuur** in Haarlem für außergewöhnliches Theater bekannt. Die Gruppe De Appel zeigt im **Appeltheater** in Den Haag experimentelles und klassisches Theater.

Im ganzen Land gibt es zahlreiche gute Theaterensembles. Volle Säle garantiert das Zuidelijk Toneel aus Eindhoven, aber auch das Theater van het Oosten aus Arnhem und das Noord Nederlands Toneel aus Groningen zeigen spannende Inszenierungen. Beim Festival aan de Werf in Utrecht kann man jedes Jahr im Mai ein Feuerwerk von Theater-, Musik- und Kleinkunstvorstellungen sehen.

Musical, Comedy und Kleinkunst

Die wichtigsten niederländischen Musicaltheater sind das **Fortis Circustheater** in Den Haag, das **Beatrix Theater** in Utrecht sowie das Koninklijk Theater Carré *(siehe S. 147)* in Amsterdam. Hier werden niederländische Versionen großer kommerzieller Musicals wie *Miss Saigon* und *Les Misérables* auf die Bühne gebracht. De Kleine Komedie *(siehe S. 147)*, das in einem schönen alten Haus an der Amstel gegenüber dem Muziektheater liegt, ist ein beliebtes Podium für Komödien und Comedy. Weitere Adres-

Szene aus dem Musical *Oliver!* im Theater Carré

sen für eine leichte Form der Unterhaltung sind in Amsterdam das **Comedy Café**, das **Toomler** und **Boom Chicago** *(siehe S. 149).*

Tanz

Die Niederlande sind stolz auf zwei weltberühmte Ballettensembles: das Nationale Ballet und das Nederlands Dans Theater (NDT). Heimatbühne des erstgenannten Ensembles ist das Muziektheater *(siehe S. 149)*, das von den Amsterdamern »Stopera« genannt wird. Das moderne Haus bietet 1600 Zuschauern Platz und ist eine renommierte Bühne für Tanz und Oper. Vom Foyer aus hat man einen wunderschönen Ausblick über die Amstel.

Heimatbühne des Nederlands Dans Theater ist das **Lucent Danstheater** in Den Haag. Hier stehen viele Choreografien des früheren künstlerischen Leiters Jiří Kylián auf dem Programm. 1999 folgten ihm Marianne Sarstädt und

Das Noord Nederlands Toneel mit
Die Möwe von Anton Čechov

2004 Anders Hellström nach. Das Scapino Ballet tritt vorwiegend in der **Rotterdamse Schouwburg** auf, bereist aber das ganze Land. Die Stücke des Leiters Ed Wubbe und der jungen Choreografin Nanine Linning setzen Trends. Introdans aus Arnhem zeigt eine aufregende Kombination von Jazz, Flamenco und Ethnotanz.

Die wichtigsten Choreografen der Niederlande stellen auf dem Holland Festival ihre neuesten Schöpfungen dem Publikum vor. Während des

De Dogtroep spielt Straßentheater mit viel Spektakel

Internationalen Theaterschulfestivals im Juni werden auch Tanzvorstellungen gezeigt. Sie finden in und um die Theater in der Nes statt, einer der ältesten Straßen Amsterdams. Julidans ist ein Amsterdamer Sommertanzfestival, in dessen Rahmen zeitgenössische ausländische Ensembles auftreten.

Kino

Ein Kinobesuch ist auch in den Niederlanden ein beliebtes Abendvergnügen. In nahezu jedem Ort findet man ein oder mehrere Kinos, allein in Amsterdam gibt es über 45. Filme werden in der Originalfassung mit Untertiteln gezeigt. Das schönste Kino Amsterdams ist das Pathé Tuschinski *(siehe S. 115)*, ein Art-déco-Juwel, das 1918–21 erbaut wurde und seine Einrichtung unverändert bewahrt hat. Hier finden auch die wichtigsten Premieren statt. Wer Stars und Sternchen sehen will, der muss am Mittwochabend am Eingang warten.

Das Kinoprogramm hängt bei jedem Kino an der Kasse aus und wird auch in den Cafés und Restaurants kostenlos verteilt. Das Programm wechselt jeden Donnerstag. In den Abendzeitungen vom Mittwoch oder den Morgenblättern vom Donnerstag wird das aktuelle Programm abgedruckt. Die Fachzeitung *De Filmkrant* erscheint monatlich und bringt neben den

kompletten Programmen auch Hintergrundinformationen über die wichtigsten Filme. Die größten Veranstaltungen rund ums Kino sind das Nederlands Film Festival in Utrecht (Sep/Okt) mit Premieren niederländischer Filme und der Überreichung des Preises »Goldenes Kalb« sowie das Internationale Filmfestival von Rotterdam (Jan). Das International Documentary Film Festival Amsterdam (IDFA; Nov/Dez) ist das größte seiner Art.

Klassische Musik

Das Concertgebouw *(siehe S. 149)* in Amsterdam ist traditionell das wichtigste Haus für klassische Konzerte. Der Große Saal, berühmt für seine Akustik, ist die Heimat des weltberühmten Koninklijk Concertgebouworkest. Jeden Sommer werden spezielle Sommerkonzerte gegeben. In der Beurs van Berlage *(siehe S. 149)* war früher die Börse zu Hause, aber seit einigen Jahren ist sie die Heimat des Nederlands Philharmonisch Orkest. Hier treten auch viele andere gute Orchester und Chöre des Landes auf. In einem schönen Gebäude an der Amstel ist der **De Ysbreker** seit 1079 das wichtigste Podium für moderne klassische Musik in Amsterdam.

Über die Staatsgrenzen hinweg bekannt ist auch das Rotterdams Philharmonisch Orkest, dessen Chefdirigent seit 1995 der Russe Valeri Gergjev ist.

»Goldenes Kalb«

Das Amsterdamer Koninklijk Concertgebouworkest im Großen Saal

Die Heimat des Orchesters ist **De Doelen** in Rotterdam. Das Residentie Orkest – ein beinahe 100 Jahre altes Orchester mit einem großen Repertoire der klassischen Moderne – ist mit dem Haager **Anton Philipszaal** verbunden, nicht zu verwechseln mit dem **Muziekcentrum Frits Philips** in Eindhoven, wo das Brabants Orkest zu Hause ist. Das Gelders Orkest tritt regelmäßig in dem ganz besonderen Musiksaal **Musis Sacrum** in Arnhem auf. Dirigent des Orkest van het Oosten ist Jaap van Zweden, jahrelang Konzertmeister des Koninklijk Concertgebouw Orkest. Das **Muziekcentrum Vredenburg** ist einer der meistbespielten Säle der Niederlande.

Kirchenmusik

Von den vielen Orgeln der Niederlande muss sicher die der **Grote Kerk** in Elburg erwähnt werden. Auf ihr wird jedes Jahr der Wettbewerb der Amateurorganisten ausgetragen.

Die Instrumente in der **Oude Kerk** und der **Nieuwe Kerk** sind die bekanntesten der insgesamt 42 Kirchenorgeln Amsterdams. Auch in der **Waalse Kerk** und in der **Westerkerk** werden regelmäßig Orgelkonzerte gegeben. In der **Engelse Kerk** aus dem 17. Jahrhundert steht verschiedene Musik, von barock bis modern, auf dem Programm. In der **Domkerk** von Utrecht finden ebenfalls regelmäßig Konzerte statt.

Oper

Das 1988 fertiggestellte **Muziektheater** in Amsterdam ist Heimat der Nederlandse Opera. Es ist eines der modernsten Theater Europas, es treten viele international berühmte Ensembles auf, auch Experimentelles ist hier zu sehen. In der Stadsschouwburg (*siehe S. 112*) auf dem Leidseplein wird ebenfalls Oper gespielt, doch wesentlich traditioneller als in der jungen Westergasfabriek.

Zusammen mit der Nationale Reisopera organisiert die **Twentse Schouwburg** in Enschede jedes Jahr im August und September das Twents Opera Festival.

Rock und Pop

Die **Heineken Music Hall** in Amsterdam, das **Ahoy'** in Rotterdam und das Vredenburg in Utrecht sind wichtige Bühnen in den Niederlanden, aber heute treten die großen Popstars auch in anderen Städten auf. Seit 1996 gibt es in Amsterdam ein Stadion für Rock- und Popspektakel, die **Amsterdam ArenA**, in der Ajax spielt (*siehe S. 149*).

Amsterdamer schwören vor allem auf zwei der vielen Bühnen: **Paradiso**, das in einer ehemaligen Kirche beim Leidseplein liegt, ist am bekanntesten. **De Melkweg**, auch nicht weit vom Leidseplein, verdankt seinen Namen der

Molkerei, die früher in diesem Gebäude war. Im Sommer finden jeden Sonntag Freiluftkonzerte im Vondelpark statt, oftmals mit bekannten Bands. Das Programm wird am Parkeingang angeschlagen.

Im Juni ist im Den Haager Zuiderpark Parkpop geboten, das größte Gratis-Popkonzert der Welt. Fans aus aller Welt strömen zum jährlichen Pinkpopfestival in Landgraaf (Limburg).

Jazz

Das Flaggschiff der Amsterdamer Jazzszene ist das **Bimhuis**. Wer zum ersten Mal hier ist, findet die Atmosphäre vielleicht elitär, aber die Musik steht im Mittelpunkt, und das Bimhuis ist weltweit bekannt. In ganz Amsterdam wimmelt es von kleinen Jazzcafés. In den meisten dieser Etablissements treten örtliche Jazzbands auf. In der Gegend um den Leidseplein liegen das **Jazz Café Alto** und **Bourbon Street**, das bis 4 Uhr morgens (am Wochenende bis 5 Uhr) geöffnet hat. Im Alto tritt mittwochs manchmal Hans Dulfer auf, der Pate des Amsterdamer Jazz. Seine Tochter Candy spielt manchmal in **De Heeren van Aemstel**. In **De Engelbewaarder** wird sonntagnachmittags Jazz gespielt.

Im Nederlands Congresgebouw in Rotterdam findet jedes Jahr das hochkarätig besetzte Festival North Sea Jazz statt. Das Jazzcafé **Dizzy** ist ein Begriff in Rotterdam. Hier finden jährlich mehr als 100 Jazzkonzerte statt.

Hans Dulfer

Coffeeshops

In Coffeeshops wird Cannabis öffentlich verkauft und geraucht. Zwar ist der Verkauf weicher Drogen auch in den Niederlanden verboten, er wird aber von den Behörden toleriert. Seit Herbst 2011 dürfen Coffeeshops »weiche« Drogen nicht mehr an Ausländer verkaufen, sondern nur noch an volljährige niederländische Staatsbürger.

AUF EINEN BLICK

Theater

Appeltheater
Duinstraat 6–8, Den Haag.
070-350 2200.

Arsenaaltheater
Arsenaalplein 7,
Vlissingen.
0118-430 303.

Bellevue
Leidsekade 90,
Amsterdam.
020-530 5301/02.

Chassé Theater
Claudius Prinsenlaan 8,
Breda.
076-530 3132.

Compagnietheater
Kloveniersburgwal 50,
Amsterdam.
020-520 5320.

Concordia
Oude Markt 26, Enschede.
053-430 0999.

De Flint
Conickstraat 60,
Amersfoort.
033-422 9222.

Frascati
Nes 63, Amsterdam.
020-623 5723.

De Harmonie
Ruiterskwartier 4,
Leeuwarden.
058-233 0233.

De Krakeling
Nwe Passeerdersstraat 1,
Amsterdam.
020-625 3284.

De la Mar
Marnixstraat 404,
Amsterdam.
0900-335 2627.

Orpheus
Churchillplein 1,
Apeldoorn.
0900-123 0123.

Soeterijn
Linnaeusstraat 2,
Amsterdam.
020-568 8500.

't Spant
Kuyperlaan 3, Bussum.
035-691 3949.

Stadsschouwburg
Leidseplein 26,
Amsterdam.
020-624 2311.

**Theater aan
het Vrijthof**
Vrijthof 47, Maastricht.
043-350 5555.

Toneelschuur
Lange Begijnestraat 9,
Haarlem.
023-517 3910.

Transformatorhuis
Haarlemmerweg 8–10,
Amsterdam.
020-627 9070.

Musical, Comedy und Kleinkunst

Beatrix Theater
Jaarbeursplein 6, Utrecht.
030-244 7044.

Boom Chicago
Leidseplein 12,
Amsterdam.
020-530 0232.

Comedy Café
Max Euweplein 43–45,
Amsterdam.
020-638 3971.

Fortis Circustheater
Circusstraat 4, Den Haag.
070-416 7600.

Toomler
Breitnerstr. 2, Amsterdam.
020-675 5511.

Tanz

Lucent Danstheater
Spuiplein 150, Den Haag.
070-880 0300.

**Rotterdamse
Schouwburg**
Schouwburgplein 25,
Rotterdam.
010-411 8110.

**Schouwburg
Arnhem**
Koningsplein 12, Arnhem.
026-443 7343.

Klassische Musik

Anton Philipszaal
Spuiplein 150, Den Haag.
070-880 0300.

**Concertgebouw
De Vereeniging**
Keizer Karelplein,
Nijmegen.
024-322 8344.

De Doelen
Schouwburgplein 50,
Rotterdam.
010-217 1717.

De Ysbreker
Weesperzijde 23,
Amsterdam.
020-693 9093.

Musis Sacrum
Velperbuitensingel 25,
Arnhem.
026-443 7343.

**Muziekcentrum
Frits Philips**
Heuvelgalerie, Eindhoven.
040-265 5600.

**Muziekcentrum
Vredenburg**
Vredenburgpassage 77,
Utrecht.
030-231 4544.

Kirchenmusik

Domkerk
Domplein, Utrecht.
030-231 0403.

Engelse Kerk
Begijnhof 48, Amsterdam.
020-624 9665.

Grote Kerk
Van Kinsbergenstraat,
Elburg.
0525-681 520.

Nieuwe Kerk
Dam, Amsterdam.
020-638 6909.

Oude Kerk
Oudekerksplein 23,
Amsterdam.
020-625 8284.

Waalse Kerk
Walenplein 157,
Amsterdam.
020-623 2074.

Westerkerk
Prinsengracht 281,
Amsterdam.
030-624 776.

Oper

Het Muziektheater
Siehe Seite 149.

**Twentse
Schouwburg**
Langestraat 49, Enschede.
053-485 8585.

Rock und Pop

Ahoy'
Zuiderparkweg 20–30,
Rotterdam.
010-293 3300.

**Heineken
Music Hall**
ArenA Boulevard 590,
Amsterdam.
0900-300 1250.

De Melkweg
Lijnbaansgracht 234a,
Amsterdam.
020-531 8181.

Paradiso
Weteringschans 6–8,
Amsterdam.
020-626 4521.

Jazz

Bimhuis
Piet Heinkade 3,
Amsterdam.
020-788 2188.

Bourbon Street
Leidsekruisstraat 6–8,
Amsterdam.
020-623 3440.

Dizzy
's-Gravendijkwal 129,
Rotterdam.
010-477 3014.

**De
Engelbewaarder**
Kloveniersburgwal 59,
Amsterdam.
020-625 3772.

**De Heeren
van Aemstel**
Thorbeckeplein 5,
Amsterdam.
020-620 2173.

Jazz Café Alto
Korte Leidsedwarsstraat
115, Amsterdam.
020-626 3249.

Freizeitparks

In den Niederlanden gibt es viele verschiedene Freizeitparks, in denen man einen wunderschönen Tag verbringen kann. Ob man eine Delfinshow erleben will oder wilde Fahrten auf der Achterbahn, ob man eine Autosammlung besuchen will oder ein Badeparadies – für jeden gibt es das richtige Angebot. Und weil das Wetter nicht immer mitspielt, haben die meisten Parks auch überdachte Attraktionen. Aus dem riesigen Angebot können wir Ihnen nur einen Teil vorstellen.

Avonturenpark Hellendoorn

Aqua Zoo Friesland

Im Wasserzoo leben Biber, Nerze, Iltisse und Störche in ihrer natürlichen Umgebung. Besonders stolz ist man auf die Otter, die in den Niederlanden in freier Natur nicht mehr vorkommen. Von einem Glastunnel kann man das possierliche Treiben der Otter unter Wasser beobachten.

Archeon

Der archäologische Themenpark lässt Besucher in die Vergangenheit eintauchen. Im Freiluftmuseum wandelt man durch Frühgeschichte, Römerzeit und Mittelalter. Alle Abschnitte werden durch Schauspieler zum Leben erweckt. Man sieht, wie prähistorische Jäger und Sammler wohnten und Bauern das Feld bestellten, steht in einer Römerstadt mit Badehaus, Tempel und Theater oder kann in einem mittelalterlichen Ort Handwerkern zusehen. Besucher dürfen auch vieles mitmachen, etwa eine Fahrt in einem prähistorischen Kanu.

Het Arsenaal

Het Arsenaal in Vlissingen ist maritim orientiert. In einer Bootsschau sieht man Modelle berühmter Ozeanriesen, darunter die *Titanic*. Eine Sensation ist der Trip im Schiffbruch-Simulator. Für Kinder spannend sind die Piratenhöhle und die Schatzinsel. In der Unterwasserwelt schwimmen Haie, Krebse und andere Meeresbewohner. Vom 64 Meter hohen Turm hat man einen schönen Blick über die Westerschelde.

Avonturenpark Hellendoorn

Abenteuer locken Jung und Alt in diesen Freizeitpark. Beispiele aus dem Angebot: die Wildwasserbahnen Canadian River (mit einem Zwölf-Meter-Sturz) und Sungai Kalimantan, die Achterbahn durch einen Orkan und in die Unterwelt, eine Seilbahn mit Dinosauriern, Jungle Trip und Montezumas Rache. Die Kleineren können das Dreumesland besuchen.

Burgers' Zoo

In Burgers' Zoo leben die Tiere in ihrer naturgetreu nachgebauten Umgebung. In Burgers' Desert spaziert man durch eine Wüste und sieht dabei eine Oase. Burgers' Bush ist ein tropischer Urwald mit Kaimanen, Schildkröten und Vögeln. Auf der Hängebrücke überquert man einen Safaripark mit Giraffen, Nashörnern, Löwen und anderen Savannentieren. In Burgers' Ocean blickt man vom Korallenriff auf Meeresbewohner.

Dolfinarium

Die artistischen Delfinshows und Vorstellungen mit Seelöwen und Walrossen sind ein echter Publikumsrenner. Aber auch die Lagune, in der Delfine, Seelöwen, Seehunde und Fische schwimmen, ist ein Schauspiel. Man kann auch zwischen den Seelöwen herumspazieren oder Rochen streicheln. In Fort Heerewich sieht man, wie gestrandete Delfine versorgt werden. Spannend wird's bei den dreidimensionalen Filmen.

Duinrell

Mitten im schönen Wald- und Dünengebiet von Wassenaar liegt der Freizeitpark Duinrell. Wasserspinne, Rodelbahnen, Froschachterbahn, Splash und eine Einschienenbahn sind nur ein paar der Attraktionen. Im Sommer werden Shows gezeigt, etwa die *Music Laser Light Show*. Für die Kleinsten gibt es das Märchenland. Beliebt ist das **Tikibad**, ein überdachter Wasserpark mit Riesenrutschen und Wellenbad.

Hängebrücke durch den tropischen Regenwald in Burgers' Bush

EcoMare

EcoMare auf Texel ist das Informationscenter für das Wattengebiet und die Nordsee. Hier werden die Entstehung von Texel, die Natur auf der Insel und die Bewohner der Nordsee vorgestellt. Besonders für Kinder spannend ist das große Aquarium mit Hundshaien und das Streichelbassin mit Rochen. Es gibt auch ein Seehundasyl und ein Heim für kranke Seevögel.

De Efteling

Im berühmten Freizeitpark in Kaatsheuvel dreht sich alles um Fantasie. Im Märchenwald begegnet man Rotkäppchen und Schneewittchen, in Fata Morgana betritt man eine

Gestrandete Seehunde kommen in EcoMare wieder zu Kräften

Der Splash in Duinrell

orientalische Märchenwelt und überblickt vom 45 Meter hohen Fliegenden Tempel den ganzen Park. Die Achterbahnen Python, Pegasus und Vogel Rok versprechen Nervenkitzel. Wer länger bleiben will, kann im Efteling Hotel übernachten.

Linnaeushof

Der größte Spielplatz Europas bietet über 350 Attraktionen, darunter eine Superrutsche, Seilbahnen, Trampolins, eine Kletterwand, eine Skatebahn, Wasserfahrräder und Überschlagschaukeln. Wagemutige klettern auf dem »Spinnennetz« übers Wasser bis zum Piratennest. Für die Kleinsten gibt es einen eigenen Spielplatz mit Riesen-

sandkiste und einem Verkehrsspielplatz mit Dreirädern. Falls es regnet, kann man in der überdachten Spielzone immer noch genug erleben.

Noordwijk Space Expo

Die größte Raumfahrtausstellung Europas ist für alle Altersgruppen spannend. Hier sieht man echte Raketen und Satelliten, einen vier Milliarden Jahre alten Mondstein, den Motor einer Steuerrakete, das Modell einer Mondlandefähre und vieles mehr. Man kann eine Raumstation besuchen und spektakuläre Multimedia-Shows sehen. Kinder gehen auf Schatzsuche und können im Simulator Schwerelosigkeit erfahren.

Verkeerspark Assen

Assen hat den größten Verkehrspark Europas. Mittelpunkt ist der Circuit mit Straßen, Kreisverkehr, Ampeln und Verkehrszeichen, in dem Kinder zwischen sechs und zwölf Jahren lernen und spielend lernen können. Auch für die ganz Kleinen gibt es geeignete Gefährte, die Älteren können mit Motorjeeps oder einer Monorail fahren.

AUF EINEN BLICK

Aqua Zoo Friesland
De Groene Ster 2, 8926 XE Leeuwarden. **Straßenkarte** D2. ☎ 0511-431 214. 🕐 Mai–Sep: tägl. 9.30–18 Uhr; Okt–Apr: 10–17 Uhr. **www**.aquazoo.nl

Archeon
Archeonlaan 1, 2408 ZB Alphen a/d Rijn. **Straßenkarte** B4. ☎ 0172-447 744. 🕐 Apr–Okt: tägl. 10–17 Uhr (Dez: einzelne Tage). **www**.archeon.nl

Het Arsenaal
Arsenaalplein 7, 4380 KA Vlissingen. **Straßenkarte** A5. ☎ 0118-415 400. 🕐 tägl. 10–19 Uhr. **www**.arsenaal.com

Avonturenpark Hellendoorn
Luttenbergerweg 22, 7447 PB Hellendoorn. **Straßen-**

karte D3. ☎ 0548-655 555. 🕐 Apr–Aug: tägl. 10–11 Uhr (Juli–Mitte Aug: bis 19/20 Uhr); Sep, Okt: Sa, So 10–17 Uhr. **www**.avonturenpark.nl

Burgers' Zoo
Anton van Hooffplein 1, 6816 SH Arnhem. **Straßenkarte** D4. ☎ 026-442 4534. 🕐 Apr–Okt: tägl. 9–19 Uhr; Nov–März: tägl. 9–17 Uhr. **www**.burgerszoo.eu

Dolfinarium
Strandboulevard Oost 1, 3841 AB Harderwijk. **Straßenkarte** C3. ☎ 0341-467 467. 🕐 Mitte Feb–Okt: tägl. 10–17 Uhr (Juli, Aug: bis 18 Uhr). **www**.dolfinarium.nl

Duinrell
Duinrell 1, 2242 JP Wassenaar. **Straßenkarte** B4. ☎ 070-515 5255. 🕐 **Themenpark:** Apr–Okt: tägl. 10–17 Uhr (Mitte Juli, Aug: bis 18 Uhr). **Tikibad:** 10–22 Uhr (im Winter evtl. kürzer). **www**.duinrell.nl

EcoMare
Ruijslaan 92, 1796 AZ De Koog, Texel. **Straßenkarte** B2. ☎ 0222-317 741. 🕐 tägl. 9–17 Uhr. **www**.ecomare.nl

De Efteling
Europalaan 1, 5171 KW Kaatsheuvel. **Straßenkarte** C4. ☎ 0416-288 111. 🕐 Apr–Okt: tägl. 10–18 Uhr (Sommer länger, auch um Weihnachten offen). **www**.efteling.nl

Linnaeushof
Rijksstraatweg 4, 2121 AE Bennebroek. **Straßenkarte** B3. ☎ 023-584 7624. 🕐 Apr–Sep: tägl. 10–18 Uhr. **www**.linnaeushof.nl

Noordwijk Space Expo
Keplerlaan 3, 2201 AZ Noordwijk. ☎ 0900-8765 4321. 🕐 Di–So 10–17 Uhr (in Ferien auch Mo). ● 1. Jan, 25. Dez. **www**.spaceexpo.nl

Verkeerspark Assen
De Haar 1–1a, 9405 TE Assen. **Straßenkarte** D2. ☎ 0592-350 005. 🕐 Apr–Okt: tägl. 9.30–17 Uhr (teils abweichende Öffnungszeiten). **www**. verkeersparkassen.nl

Sport und Aktivurlaub

Die wasserreichen Niederlande eignen sich natürlich bestens für alle Wassersportarten, etwa Surfen, Segeln, Kanufahren oder Tauchen. Aber auch auf dem Land wird dem Sportsfreund alles geboten: Golf, Tennis, Reiten und vieles mehr. In den meisten *VVV-gidsen (siehe S. 440)* kann man nachlesen, wo man in der betreffenden Provinz einen Golf- oder Tennisplatz findet. Hier stehen auch die Adressen von Angelvereinen, Reitställen, Bootsverleihen sowie Segel- und Tauchschulen.

Wanderer in den Hügeln des Utrechtse Heuvelrug

Die Niederlande sind ein Paradies für alle Sportarten rund ums Wasser

Wassersport

Beliebte Wassersportgebiete sind unter anderem die Friese Meren, die Randmeren, das Holländische Seengebiet, das Delta im Südwesten des Landes, die Vechtplassen, die Maasplassen, das IJsselmeer und natürlich die Nordsee. Überall findet man Yachthäfen und Wassersportzentren, wo man auch die Ausrüstung mieten kann. In den ANWB-*wateralmanakken* für den Tourismus auf dem Wasser, erhältlich beim ANWB, bei der VVV und im Buchhandel, stehen die Wasserverkehrsregeln, die Öffnungszeiten von Brücken und Schleusen, Informationen über Häfen und vieles mehr. Auch die *ANWB/ VVV-waterkaarten* sind bei Wassersportlern sehr beliebt. Informationen über Segel- und Surfschulen erhält man bei der **Commissie Watersport Opleidingen** und beim ANWB.

Surfer finden an der Nordsee- und IJsselmeerküste an vielen Stellen Surfstrände und Materialverleihe. Aber auch auf vielen Seen wird gesurft, zum Beispiel auf den Reeuwijkse Plassen, den Vinkeveense Plassen, den Randmeren, dem Veerse Meer und auf den Friese Meren. Mehr Information übers Segeln, Motorbootfahren und Windsurfen erhält man beim **Koninklijk Nederlands Watersport Verbond**. Gute Stellen zum Tauchen findet man unter anderem an der Oosterschelde und dem Grevelingenmeer (Auskünfte: **Nederlandse Onderwatersport Bond**). Auskünfte rund ums Kanu erteilt der **Nederlandse Kano Bond**. Wer lieber Passagier als Kapitän ist, der findet an den Flüssen und Seen zahllose Rundfahrtunternehmen. Die örtlichen VVVs halten über all diese Möglichkeiten Informationen bereit.

Wandern und Radfahren

Wanderführer und -karten erhält man bei der VVV, beim ANWB und in (spezialisierten) Buchläden. Die VVV erteilt auch Auskünfte über Wandertouren und Wanderveranstaltungen in der Region. Im Büchlein *Er op Uit!* der niederländischen Bahn findet man auch viele Routenvorschläge für Wanderungen zwischen den Bahnhöfen. Karten sind am Startbahnhof erhältlich.

In den Niederlanden sind rund 30 lange Wanderwege ausgeschildert. Diese Routen, mindestens 100 Kilometer

Segeln

Segelkurse gibt es in den Niederlanden wie Sand am Meer. Man findet sie für alle Altersklassen und Niveaus sowie für alle Schiffstypen. Wer einen Kurs bei einer dem CWO angeschlossenen Segelschule belegt, erwirbt auch ein CWO-Segeldiplom, das international anerkannt ist. Wer etwas vom Segeln versteht, der kann sich auf die Nordsee, das IJsselmeer (Vorsicht, tückische Winde!), das Wattenmeer (Vorsicht, Untiefen!) oder die Westerschelde (Vorsicht, Gezeitenströmung!) wagen. Aber es gibt auch ungefährlichere Gewässer wie die Vinkeveense Plassen. Auch eine Kreuzfahrt ist möglich. Hollands Glorie (Tel. 010-415 6600) organisiert Fahrten mit alten Segelschiffen, unter anderem auf dem IJsselmeer, dem Wattenmeer und den Friese Meren.

Segelboot auf der Oosterschelde

Pirat

Golfspieler auf dem Landgut Lauswolt in Friesland

lang, führen oft über unbefestigte Wege. Bekannt ist der Pieterpad (LAW 9) von Pieterburen in Groningen zum Sint-Pietersberg in Maastricht (480 km). Die **Wandelplatform-LAW** gibt Führer für die Routen und Übernachtungsadressen heraus.

In vielen Naturgebieten findet man Wander- und Radwege, so auch im Nationaal Park Hoge Veluwe *(siehe S. 339)*. VVV, ANWB, Forstverwaltungen (Tel. 030-692 6213) oder die Vereniging Natuurmonumenten *(siehe S. 260)* informieren über schöne Routen durch diese Gebiete. Etwas ganz Besonderes ist das Wattlaufen, etwa bei Ebbe zu Fuß auf die Wattenmeerinseln *(siehe S. 271)*. Mehr übers Radfahren finden Sie auf den Seiten 456f.

Golf und Tennis

In den Niederlanden gibt es über 160 Golfclubs, die an die Nederlandse Golf Federatie (**NGF**) angeschlossen sind. Viele Clubs lassen auch Nichtmitglieder auf ihren Plätzen spielen, verlangen aber Auskunft über das Handicap. Oft werden Kurse angeboten. Es gibt Dünen-, Wald- und Polderplätze.

In vielen Orten gibt es außer den Tennisplätzen im Freien auch Tennishallen, in denen man Plätze mieten kann. Die meisten Bungalowparks haben Tennisplätze für ihre Gäste.

Ausritt auf Ameland

Angeln

Angeln ist in den Niederlanden unglaublich beliebt. In den Binnengewässern gibt es unter anderem Brassen, Karpfen und Hechte, an der Küste und auf See Flachfische und Makrelen. Bei den Anglervereinen kann man sich erkundigen, wann man wo fischen darf. Bedingung für die Binnengewässer ist jedoch eine Angelkarte, die man bei Vereinen, in Postämtern, bei der VVV oder in Anglergeschäften bekommt. Für manche Gewässer ist eine spezielle Erlaubnis nötig. An den Küsten der Nordsee und des Wattenmeers werden organisierte Angeltörns angeboten.

Reiten

Nahezu überall in den Niederlanden kann man ein Pferd für einen Ausritt mieten. Manche Reitställe vermieten ihre Pferde nur unter Begleitung, andere verlangen einen »Pferdeführerschein« (Informationen bei Stichting Recreatieruiter – **SRR**). Für Naturgebiete, in denen man reiten darf, muss man manchmal bei der Verwaltung des betreffenden Gebiets eine Karte kaufen. Hier muss man sich strikt an die ausgewiesenen Reitwege halten. Ein ganz besonderes Erlebnis ist das Reiten am Strand. Aber bitte beachten Sie die Schilder, denn manche Abschnitte sind, besonders im Sommer, für Reiter verboten.

AUF EINEN BLICK

Wassersport

Commissie Watersport Opleidingen (CWO)
Postbus 87, 3980 CB Bunnik.
☎ *030-656 6566.*

Koninklijk Nederlands Watersport Verbond
Postbus 87, 3980 CB Bunnik.
☎ *030-656 4783.*

Nederlandse Kano Bond
Postbus 2656, 3800 BD
Amersfoort. ☎ *033-751 3750.*

Nederlandse Onderwatersport Bond
Nassaustraat 12, 3583 XG
Utrecht. ☎ *030-251 7014.*

Wandern und Radfahren

Cycletours
Buiksloterweg 7a, 1031 CC
Amsterdam. ☎ *020-521 8400.*

Fietsvakantiewinkel
Molenveldlaan 110, 6532 RM
Nijmegen. ☎ *024-460 8454.*

Nederlandse Wandelsport Bond
Pieterskerkhof 22, 3512 JS
Utrecht. ☎ *030-231 9458.*

NTFU
Postbus 326, 3900 AH Veenendaal. ☎ *0318-581 300.*

Stichting Landelijk Fietsplatform
Postbus 846, 3800 AV Amersfoort.
☎ *033-465 3656.*

Wandelplatform-LAW
Postbus 846, 3800 AV Amersfoort.
☎ *033-465 3660.*

Golf

NGF
Postbus 221, 3454 ZL De Meern.
☎ *030-242 6370.*

Angeln

Sportvisserij Nederland
Leijensweg 115, Postbus 162,
3720 AD Bilthoven.
☎ *0900-202 5358.*

Reiten

SRR
Postbus 3040, 3850 CE Ermelo.
☎ *0577-408 365.*
www.ruiterbewijs.nl

Grund-
informationen

Praktische Hinweise

Die Niederlande sind nicht übermäßig groß, sie verfügen über ein dichtes Straßennetz und gute öffentliche Verkehrsmittel. Reisezeiten sind hier also nie sonderlich lang. Ob man nach Amsterdam, in die Veluwe, nach Maastricht oder Zandvoort will, von jedem Ort im Land ist man mit dem Zug oder Auto im Nu am Ziel.

Logo des Amsterdamer Fremdenverkehrsverbands

Die flache und wasserreiche Landschaft lässt sich zudem hervorragend mit dem Rad *(siehe S. 456f)* oder vom Boot aus *(siehe S. 455)* erkunden. Oder wie wär's mit einer Fahrt in einer alten Dampflok? In VVV-Büros hilft man Ihnen mit Informationen über Ihre Urlaubsregion, aber auch mit Auskünften über den Rest des Landes weiter.

VVV- und ANWB-Büros befinden sich oft in demselben Gebäude

Information

Für allgemeine Informationen geht man am besten zu Büros der **VVV** (Vereniging voor Vreemdelingenverkeer; Fremdenverkehrsverband). Beinahe überall gibt es ein VVV-Büro, in dem man Tipps und Broschüren über Sehenswürdigkeiten, Veranstaltungen, Wanderrouten, Radwege und Ausflüge bekommt. Hier gibt es auch eine große Auswahl an Karten und Büchern. Sehr praktisch ist die Reihe *VVV-gidsen* mit Wissenswertem über die Provinzen und Landstriche. Auch kann man bei der VVV Ausflüge, Hotels und Arrangements im ganzen Land buchen und Theaterkarten reservieren. Die Museumsjahreskarte kann man hier ebenfalls kaufen. Bei kleineren VVVs erhält man Infos über die Region, das Angebot ist aber nicht so breit gefächert.

Auch bei den Niederlassungen des **ANWB** (eigentlich: Algemeene Nederlandse Wielrijdersbond, heute der niederländische Automobilclub) fin-

Logo von ANWB

det man Rad-, Wander- und Autoführer, Wasserkarten, Campingführer und Atlanten. Oft sind VVV und ANWB in einem Gebäude oder in einer Geschäftsstelle. Man kann sich auch zu Hause vor dem Urlaub beim **Nederlands Bureau voor Toerisme & Congressen** allerlei Informationen besorgen. Eine gute deutschsprachige Quelle ist die Seite des Nederlands Bureau voor Toerisme & Congressen: **www**.niederlande.de.

Sprache

Die Niederländer waren schon immer ein sprachkundiges Volk, die meisten Schüler lernen neben Englisch auch Deutsch und Französisch. Vor allem in den größeren Städten kann man sich gut auf Englisch verständigen. Trotzdem macht es einen guten Eindruck, wenn man ein paar Floskeln in der Landessprache beherrscht. Am besten begrüßt man einen Niederländer mit *goeden dag* (sprich: *guden daach*), bevor man ihn fragt, ob er Englisch

oder Deutsch spricht. Am Ende des Buches *(siehe S. 479f)* finden Sie weitere Sätze, die Ihnen durch den Alltag helfen.

Unterhaltung

Viele VVV-Führer enthalten einen Jahresüberblick über Veranstaltungen in der jeweiligen Region. Aktuelle Infos über Veranstaltungen, Theater- und Kinovorstellungen findet man in den Beilagen der Tageszeitungen *(siehe S. 146)*, oder man fragt bei den örtlichen VVVs nach. Theaterstücke, Konzerte und andere Veranstaltungen werden oft auch an der Straße oder in Cafés auf Plakaten angekündigt. Die regionalen Veranstaltungsblätter, etwa der monatlich in Amsterdam erscheinende *Uitkrant* oder der *Uitloper* aus Utrecht, bieten einen Überblick über alles, was in der Stadt los ist. Die Blätter werden gratis verteilt.

Karten für Konzerte oder andere Veranstaltungen kann man nicht nur an der jeweiligen Kasse reservieren, sondern auch über den landesweiten **Ticket Service** und bei der VVV. Manche Städte haben ein extra Reservierungsbüro. In Amsterdam ist dies das AUB *(siehe S. 149)*

Besucher eines Open-Air-Festivals in Amsterdam

◁ In niederländischen Städten gibt es viele Fußgängerzonen und Straßencafés

Museumkaart

und in Den Haag das Bespreekbureau Haagsche Courant (Tel. 070-365 6806).

Museumskarte

Die *Museumkaart* ist sehr populär. Für Erwachsene kostet sie 39,95 Euro, für alle unter 25 Jahre 19,95 Euro (plus 4,95 Euro Verwaltungskosten). Die Karte bietet ein Jahr lang kostenlosen Eintritt in mehr als 400 Museen in den Niederlanden. Für Sonderausstellungen muss teils extra bezahlt werden. Die Karte ist bei allen angeschlossenen Museen und der VVV erhältlich (Passfoto mitbringen), zu bestellen bei **Klantenservice Museumkaart** oder auch unter **www. museumkaart.nl**.

Behinderte Reisende

Die meisten öffentlichen Gebäude, Museen, Galerien, Kinos und Theater, sind für Rollstuhlfahrer gut zugänglich. Nur einige Säle in alten Gebäuden sind eingeschränkt tauglich, aber man ist immer bereit zu helfen. Am besten erkundigt man sich vorher telefonisch. Infos über die Zugänglichkeit von Hotels stehen auf Seite 387.

In Amsterdam und anderen großen Städten sind alle Ampeln an den Hauptstraßen mit akustischen Signalen ausgestattet. Für Behinderte, die im Zug reisen wollen, hat die niederländische Bahn die Broschüre *Gehandicapten* herausgegeben. Hier findet man eine Übersicht über alle Bahnhöfe und ihre Einrichtungen und auch, in welchen Rollstuhlfahrer Hilfe beim Ein- und Aussteigen bekommen können. Viele Züge haben für Rollstühle geeignete Türen, die meisten Doppeldeckerzüge haben für Rollstühle geeignete Toiletten. Wer Hilfe benötigt, sollte mindestens drei Stunden vor der Reise mit dem **Bureau Assistentieverlening Gehandicapten** Kontakt aufnehmen.

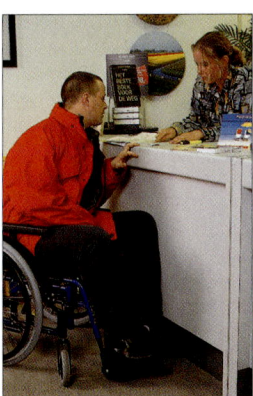

Information für Rollstuhlfahrer

Öffnungszeiten

Früher waren fast alle Geschäfte nur von 9 bis 18 Uhr offen, heute schließen nur noch kleinere Läden um 18 Uhr. Viele Kaufhäuser und Supermärkte haben bis 19 Uhr oder länger geöffnet.

In vielen Orten gibt es einen verkaufsoffenen Abend, die meisten Läden sind dann bis 21 Uhr geöffnet. Meist findet dies am Donnerstag (Amsterdam und Den Haag) oder am Freitag (Utrecht) statt. In immer mehr Städten sind die Läden auch an mindestens einem Sonntag im Monat geöffnet. Viele Geschäfte bleiben, oft montags, an einem Vormittag geschlossen, aber das wechselt von Ort zu Ort.

Die meisten Banken haben werktags von 9 bis 17 Uhr geöffnet. Auch die Büros der VVV sind in der Regel montags bis freitags von 9 bis 17 Uhr besetzt, an verkaufsoffenen Abenden oft bis 21 Uhr. Samstags machen sie oft früher zu, am Sonntag sind die meisten geschlossen. Einige VVVs in Ferienorten schließen in den Wintermonaten.

Fast alle Museen sind am Montag zu und den Rest der Woche von 10 bis 17 Uhr offen. An Sonn- und Feiertagen öffnen sie oft später. Nahezu alle Museen bleiben am 1. Januar und am 25. Dezember zu. Freilichtmuseen und kleinere Museen haben oft während der Wintermonate geschlossen.

AUF EINEN BLICK

Information

ANWB-Hauptbüro
Wassenaarseweg 220,
2596 EC Den Haag.
℡ 0800-0503.
www.anwb.nl

VVV (Vereniging voor Vreemdelingenverkeer)
www.vvv.nl

VVV Amsterdam
Infobüros:
Leidseplein 1; Museumplein;
Stationsplein 10; Centraal
Station; Flughafen Schiphol (Terminal 2).

℡ 0900-400 4040.
www.iamsterdam.com

VVV Den Haag
Hofweg 1.
℡ 0900-340 3505.

VVV Maastricht
Kleine Staat 1.
℡ 043-325 2121.

VVV Rotterdam
Coolsingel 5.
℡ 0900-403 4065.

VVV Utrecht
Domplein 9.
℡ 0900-128 8732.

Nederlands Bureau voor Toerisme & Congressen
PO Box 458, 2266 KA
Leidschendam.
℡ 070-370 5705.
www.holland.com

Postfach 27 05 80,
50511 Köln.
℡ 0221-925 7170.
FAX 0221-925 717 37.
www.niederlande.de

Unterhaltung

Ticket Service
℡ 0900-300 1250.
www.ticketmaster.nl

Museumskarte

Klantenservice Museumjaarkaart
Postbus 5020,
2900 EA Capelle a/d IJssel.
℡ 0900-404 0910.
www.museumkaart.nl

Behinderte Reisende

Bureau Assistentieverlening Gehandicapten
Postbus 2429,
3500 GK Utrecht.
℡ 030-230 5522
(Mo–Fr).

Blumenzwiebeln und Saatgut (mit Zertifikat) darf man frei ausführen

Einreise und Zoll

R eisende aus Ländern der EU dürfen in die Niederlande ungehindert ein- und ausreisen, sofern sie im Besitz eines gültigen Reisepasses oder eines Personalausweises sind. Kinder ab 14 Jahren benötigen einen eigenen Ausweis. Bürger der EU dürfen unbeschränkt Waren für den eigenen Gebrauch in die Niederlande einführen. Für Tabak und Alkohol gelten jedoch Höchstgrenzen für die Menge, die für den Eigenverbrauch zugestanden ist: 800 Zigaretten bzw. 400 Zigarillos bzw. 200 Zigarren bzw. 1 kg Tabak, 10 l Spirituosen bzw. 20 l Likör bzw. 90 l Wein (davon maximal 60 l Schaumwein) und 110 l Bier. Wer mehr einführt, muss Zoll bezahlen.

Zollfreier Einkauf ist bei Reisen innerhalb der EU nicht mehr möglich. Wer die EU verlässt, kann sich die Mehrwertsteuer rückerstatten lassen. Das **Douanetelefoon** gibt weitere Informationen über die genauen Zollbestimmungen. Sie können sich auch beim Zoll in Ihrem Heimatland informieren.

Zeit

I n den Niederlanden gilt – wie in fast ganz Europa – die Mitteleuropäische Zeit (MEZ). Die Sommerzeit beginnt am letzten Wochenende im März und dauert bis zum letzten Wochenende im Oktober.

Trinkgeld

T axifahrer erwarten ein Trinkgeld von ungefähr zehn Prozent, außer nach langen Fahrten. In Restaurants ist es üblich, die Rechnung mit einem Trinkgeld von fünf bis zehn Prozent aufzurunden *(siehe S. 407)*.

In Hotels kann man nach einem längeren Aufenthalt etwas Geld für den Zimmerservice hinterlassen, aber wirklich üblich ist das in den Niederlanden nicht.

Öffentliche Toiletten

D ie Zahl der öffentlichen Toiletten in den Niederlanden ist beschränkt. In manchen großen Städten gibt es eine Anzahl öffentlicher Toiletten, die man gegen Bezahlung benutzen kann. Dass man das nächste Café oder Restaurant aufsucht, um dort die Toilette zu benutzen, wird in den Niederlanden im Allgemeinen akzeptiert. In manchen Lokalen gibt es eine Toilettenfrau, der man dann ein kleines Trinkgeld geben sollte.

Ein kleines Trinkgeld ist immer willkommen

In den großen Kaufhäusern und in den Bahnhöfen gibt es ebenfalls Toiletten, auch hier muss man in der Regel eine Kleinigkeit bezahlen. Oft gibt es hier auch entsprechend ausgestattete Wickelräume. Entlang den Autobahnen findet man bei allen Tankstellen Toiletten und Wickelräume.

Strom

D ie Netzspannung in den Niederlanden beträgt – wie überall in Europa – 230 Volt. Zweipolige flache Euro-Stecker passen in niederländische Steckdosen. Für Besucher aus Ländern mit anderen Steckern sind Adapter erhältlich. Auch größere Hotels halten für ihre Gäste meist Adapter bereit.

Radio und Fernsehen

D as Angebot an Fernsehprogrammen hat sich auch in den Niederlanden sehr stark verändert. Früher hatten alle Rundfunkverbände, die jeweils eine religiöse oder politische Richtung repräsentierten, Anspruch auf eine gewisse Sendezeit in

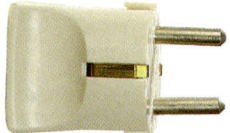

Standard-Stromstecker

den drei öffentlichen Programmen Nederland 1, 2 und 3. Seit einigen Jahren gibt es auch in den Niederlanden zahlreiche private Sender, die Hilversum, die traditionelle Fernsehstadt des Landes *(siehe S. 191)*, aus ihrem Schlaf aufgeweckt und zu einer neuen Blüte verholfen haben. Neben den landesweiten Sendern gibt es in den Niederlanden auch viele regionale und lokale Fernsehstationen, darunter den Omrop Fryslân in Friesland, den Omroep Flevoland, Omroep Gelderland und den Amsterdamer Sender AT5. Außerdem kann man übers Kabel viele ausländische Sender empfangen, darunter auch ARD und ZDF. Das Angebot der verschiedenen Netzbetreiber ist unterschiedlich.

In den Niederlanden gibt es fünf staatliche Radiosender, die alle ein eigenes Profil haben. Radio 1 sendet vor allem Nachrichten und Sport, Radio 2 leichte Musik und Unterhaltungsprogramme, Radio 3 Rock- und Popmusik, Radio 4 klassische Musik, und Radio 5 747 AM bringt Hintergrundberichte.

Zeitungen und Zeitschriften

In den Niederlanden gibt es fünf landesweite Tageszeitungen (*De Telegraaf, de Volkskrant, Algemeen Dagblad, NRC Next* und *Trouw*) sowie zwei große Abendzeitungen (*Het Parool* und *NRC Handelsblad*). Diese sind vor allem im Westen des Landes weitverbreitet.

Daneben gibt es viele Regionalblätter, zum Beispiel *Nieuwsblad van het Noorden, Friesch Dagblad, Tubantia, De Gelderlander, Utrechts Nieuwsblad, Provinciale Zeeuwsche Courant, Brabants Dagblad* und *Dagblad De Limburger*, die Informationen über regionale und lokale Veranstaltungen und Ereignisse bringen. Zu den bekanntesten Nachrichtenmagazinen gehören *HP/De Tijd, Elsevier* und *Vrij Nederland*.

In den größeren Städten der Niederlande sind in den meisten Buchläden und an den Bahnhöfen die wichtigsten ausländischen Zeitungen und Zeitschriften erhältlich.

Haustiere

Wer seinen Hund oder seine Katze in die Niederlande mitnehmen will, braucht den Europäischen Heimtierausweis, der nur mit gleichzeitiger Identifikation durch Tätowierung oder Mikrochip gültig ist. Auf dem Ausweis muss eingetragen sein, wann das Tier das letzte Mal gegen Tollwut geimpft wurde. Weitere Informationen zur Einreise mit Tieren in die Niederlande erhalten Sie auf der Website der Botschaft der Niederlande in Berlin.

Die Katze ist Haustier Nummer eins

Große Zeitungsauswahl

Botschaften und Konsulate

Besucher sollten den Verlust oder Diebstahl ihres Reisepasses oder Ausweises unverzüglich ihrer Botschaft oder ihrem Konsulat melden. Dort finden sie auch Hilfe in Notfällen. Die meisten Botschaften befinden sich in Den Haag, dem politischen Zentrum der Niederlande, einige Länder, darunter auch Deutschland und Österreich, unterhalten jedoch auch Konsulate in Amsterdam und Rotterdam.

AUF EINEN BLICK

Botschaften und Konsulate in den Niederlanden

Deutschland
Botschaft
Groot Hertoginnelaan 18–20,
2517 EG Den Haag.
☎ 070-342 0600.
FAX 070-365 1957.
www.den-haag.diplo.de
Generalkonsulat
Honthorststraat 36–38,
1071 DG Amsterdam.
☎ 020-574 7700.
FAX 020-676 6951.
Honorarkonsulat
Theemsweg 35,
3197 KM Rotterdam.
☎ 010-494 9555.
FAX 010-495 2959.

Österreich
Botschaft
Van Alkemadelaan 342,
2597 AS Den Haag,
☎ 070-324 5470.
FAX 070-328 2066.
www.aussenministerium.at/denhaag
Honorarkonsulat
c/o Fresacher Advocaten,
De Boelelaan 7,
1083 HJ Amsterdam.
☎ 020-471 2438.
FAX 020-471 2439.
Honorarkonsulat
Eversheds Faasen
Bahialaan 400,
3012 CN Rotterdam.
☎ 010-248 8000.
FAX 010-248 8099.

Schweiz
Botschaft
Lange Voorhout 42,
2514 EE Den Haag.
☎ 070-364 2831/32.
FAX 070-365 1238.
www.eda.admin.ch/denhaag

Niederländische Botschaften

In Deutschland
Klosterstraße 50,
10179 Berlin.
☎ 030-209 560.
FAX 030-209 56 441.
www.niederlandeweb.de
Generalkonsulat
Kennedydamm 24
(Sky Office, 7. Stock),
40476 Düsseldorf.
☎ 0211-179 3010.
FAX 0211-179 301 47.

Generalkonsulat
Nymphenburger Straße 20a (5. Stock),
80335 München.
☎ 089-2060 267 10.
FAX 089-2060 267 30.

In Österreich
Opernring 5 (7. Stock),
1010 Wien.
☎ 01-589 39.
FAX 01-589 39 265.
www.mfa.nl/wen

In der Schweiz
Seftigenstrasse 7,
3007 Bern.
☎ 031-350 8700.
FAX 031-350 8710.
www.nlembassy.ch

Douanetelefoon

☎ 0800-0143.
🕐 Mo–Do 8–22 Uhr,
Fr 8–17 Uhr.

Sicherheit und Gesundheit

Wer sich mit gesundem Menschenverstand an die üblichen Sicherheitsmaßnahmen hält, wird in den Niederlanden keine Probleme haben. Es ist selbstverständlich, dass man möglichst keine großen Bargeldbeträge bei sich trägt und auf seine Wertgegenstände achtet. Nie verkehrt ist der Abschluss einer Reiseversicherung, die auch Diebstahl abdeckt, und einer Versicherung für eventuelle Mehrkosten ärztlicher Behandlung und Reiserücktransport. Für Notfälle gibt es in den Niederlanden sehr gute Erste-Hilfe-Einrichtungen.

Logo der Polizei

Notfälle

Die **Notfallnummer** für Polizei, Feuerwehr und Krankenwagen ist **112**. Diese Nummer sollte man nur in Notfällen wählen. In weniger schweren Fällen wendet man sich direkt an die nächste Polizeiwache, Klinik oder den nächsten Arzt. Im Fall einer Autopanne kann man rund um die Uhr die **ANWB Wegenwacht** über die Notrufsäulen an der Straße oder über eine kostenlose Telefonnummer erreichen. Die Kosten werden Mitgliedern des ADAC und anderer ausländischer Schwesterorganisationen des niederländischen Automobilclubs teilweise rückerstattet.

Für Sie da: Polizisten

selten vor, aber dennoch sollte man in der Nacht dunkle Gegenden und Parks besser meiden. Frauen können am Abend ohne Risiko allein ausgehen.

Anzeige erstatten

Opfer eines Diebstahls oder eines Überfalls sollten bei der nächstgelegenen Polizeiwache Anzeige erstatten (kleinere Gemeinden haben nicht immer eine eigene Wache). Es wird ein Protokoll erstellt, in dem gestohlene Sachen oder Verletzungen festgehalten werden. Viele Versicherungen bestehen auf diesem Protokoll und auch darauf, dass ein Diebstahl binnen 24 Stunden bei der Polizei gemeldet wird.

Wertsachen

Wie überall in Europa gilt auch in den Niederlanden: Gelegenheit macht Diebe. Tragen Sie in belebten Einkaufsstraßen und in öffentlichen Verkehrsmitteln niemals Ihre Brieftasche in der Gesäßtasche. Nehmen Sie, wenn Sie im Zug oder im Restaurant auf die Toilette gehen, Ihre Tasche mit. Lassen Sie keine wertvollen Dinge sichtbar im Auto liegen. Sperren Sie den Wagen immer und überall ab.

In den großen Städten, vor allem in Amsterdam, werden viele Fahrräder gestohlen, ein stabiles Schloss ist unerlässlich. Raubüberfälle kommen

Medizinische Versorgung und Versicherung

Bei kleineren Problemen kann man sich an den Apotheker wenden, aber die Verschreibung von Medikamenten unterliegt strengen Regeln. Die meisten Mittel sind rezept- und apothekenpflichtig. Apotheken sind am Logo mit dem Äskulapstab zu erkennen. Sie haben werktags von 8.30 oder 9 Uhr bis 17.30 oder 18 Uhr durchgehend geöffnet und haben turnusmäßig nachts und am Wochenende Dienst. Sollte man einmal vor einer verschlossenen Türe stehen, dann hängt eine Liste der nächsten diensthabenden Apotheken aus. In den lokalen Zeitungen findet man eine Übersicht der diensthabenden Ärzte und anderer Hilfsdienste in der Stadt oder Region.

In Notfällen wendet man sich an die Ambulanz der Krankenhäuser. Diese sind rund um die Uhr geöffnet. Besucher aus dem Ausland, die regelmäßig Arzneien nehmen müssen, können bei ihrem Hausarzt einen Patientenpass bekommen. Darin sind, neben der Art der Krankheit, auch die benötigten Medikamente aufgeführt. Am Zoll kann man mit diesem Dokument nachweisen, dass mitgeführte Medikamente für den Eigengebrauch bestimmt sind.

Reisende aus Deutschland und anderen EU-Ländern soll-

Feuerwehr

Polizei

AMBULANCE

Krankenwagen

ten ihre Europäische Krankenversicherungskarte EHIC mitführen bzw. bekommen die Kosten einer Behandlung in den Niederlanden in der Regel von ihrer Versicherung zurückerstattet.

Fundsachen

Beim Verlust von Gegenständen kann man bei der Polizei nachfragen, ob jemand die Sachen dort abgegeben hat. Die nächstgelegene Polizeiwache verwahrt Fundsachen einige Tage lang, bevor sie zum Hauptbüro der Stadt oder Region weitergeschickt werden. Den Verlust eines Ausweises sollte man auch bei der Botschaft oder dem Konsulat *(siehe S. 443)* seines Heimatlands melden.

Wer im Zug etwas verliert, kann sich zuerst am Bahnhof erkundigen. In kleinen Bahnhöfen werden Fundsachen einen Tag aufbewahrt, bevor sie erst zum nächstgelegenen großen Bahnhof und schließlich zum **Centraal Bureau Gevonden Voorwerpen**, dem zentralen Fundbüro in Utrecht, gebracht werden. Mit

Im dichten Gedränge sollte man auf seine Brieftasche aufpassen

SPOED-EISENDE HULP OPNAME

Erste Hilfe

einem speziellen Formular, das man an jedem Bahnhof erhält, kann man nachfragen, ob verlorene Sachen abgegeben wurden. Wer im Bus, in der Tram oder in der Metro etwas verloren hat, wendet sich an das Büro des betreffenden örtlichen oder regionalen Nahverkehrsunternehmens (schauen Sie in den Gelben Seiten unter »openbaar vervoer« nach).

Der Flughafen **Schiphol** hat eine spezielle Telefonnummer für Fundsachen.

Drogen

In den Niederlanden sind »weiche« Drogen nicht legal, auch wenn die Polizei bisher den Besitz kleiner Mengen und deren Verkauf in den Coffeeshops tolerierte. Seit Herbst 2011 greifen Anti-Drogen-Maßnahmen: Coffeeshops sollen in Clubs umgewandelt werden, in denen nur volljährige Niederländer Mitglieder werden dürfen. Wer mit harten Drogen angetroffen wird, wird in jedem Fall strafrechtlich verfolgt. Versuchen Sie nie, Drogen auszuführen, es finden überall Kontrollen statt.

AUF EINEN BLICK

Notrufnummer

Krankenwagen, Feuerwehr, Polizei
📞 *112.*
Für Schwerhörige:
📞 *0800-8112.*

Sicherheit

Polizei
Sammelnummer für nicht dringende Fälle:
📞 *0900-8844*
(Ihr Anruf wird an das zuständige Polizeirevier weitergeleitet).
Für Schwerhörige:
📞 *0800-1844.*

Politie Amsterdam-Amstelland
Hauptwache
Elandsgracht 117,
1016 TT Amsterdam.
📞 *0900-8844.*

Krankenhäuser in Großstädten

Amsterdam:

Academisch Medisch Centrum
Meibergdreef 9.
📞 *020-566 9111.*

Onze Lieve Vrouwe Gasthuis
1ste Oosterparkstraat 297.
📞 *020-599 9111.*

Sint Lucas Andreas Ziekenhuis
Jan Tooropstraat 164.
📞 *020-510 8911.*

Slotervaart Ziekenhuis
Louwesweg 6.
📞 *020-512 9333.*

VU Medisch Centrum
De Boelelaan 1117.
📞 *020-444 4444.*

Den Haag:

Bronovo Ziekenhuis
Bronovolaan 5.
📞 *070-312 4141.*

MCH Ziekenhuis Westeinde
Lijnbaan 32.
📞 *070-330 2000.*

Rotterdam:

Erasmus Medisch Centrum
Sgrabendijkval 230.
📞 *010-463 9222.*

Utrecht:

Academisch Ziekenhuis Utrecht
Heidelberglaan 100.
📞 *030-250 9111.*

Fundsachen

Zentrales Fundbüro der niederländischen Bahn
2de Daalsedijk 4,
3551 EJ Utrecht.
📞 *030-235 3923 (Mo–Fr 8–20, Sa 9–17 Uhr).*

Schiphol – Fundbüro
📞 *0900-SCHIPHOL,*
0900-7244 7465.

Pannendienst

ANWB Wegenwacht
📞 *0800-0888.*
www.anwb.nl

ADAC
📞 *0592-390 560*
(Notrufstation Assen; 24-Stunden-Dienst, deutschsprachig).
www.adac.de

Banken und Währung

Bargeld ist in den Niederlanden die gebräuchlichste Art des Bezahlens, auch wenn sich das Bezahlen mit der Geld- oder Kreditkarte immer mehr durchsetzt. In vielen Hotels, Läden und Restaurants kann man mit den bekannten Kreditkarten bezahlen. Seit 2002 gilt auch in den Niederlanden der Euro. Reiseschecks in Euro werden in Hotels in der Regel akzeptiert (nur mit Ausweis). Geldautomaten sind überall im Land zu finden. Zum Geldwechseln geht man am besten zu einer Bank oder zum GWK. Besucher können Geldbeträge in jeder Währung in beliebiger Höhe mitnehmen.

Geldautomat mit Karten-Logos

Öffnungszeiten der Banken

Banken sind in der Regel montags bis freitags von 9 Uhr bis 16 oder 17 Uhr offen. Manche Banken haben an Kaufabenden länger geöffnet.

Kreditkarten und Geldautomaten

Mit einer Kreditkarte kann man bei jeder Bank, die das Logo dieser Karte führt, Geld abheben. Hierfür wird in der Regel eine recht hohe

In den meisten Telefonzellen (siehe S. 448) kann man auch mit einer der gängigen Kreditkarten telefonieren.

Falls Ihnen Ihre Kredit- oder Bankkarte(n) abhandenkommt/en, sollten Sie sie unverzüglich bei Ihrem Kreditkarten-Institut oder bei Ihrer Bank sperren lassen. Die Notrufnummern der Kreditkarten-Unternehmen lauten: **Allgemeine Notrufnummer** 0049-116 116; **American Express** 020-504 8000; **Diners Club** 020-654 5511; **MasterCard** 0800-022 5821; **Visa** 0800-022 3110; **girocard** 0049-69-740 987.

In manchen Fällen ist es auch sinnvoll, die EU-Standard-Überweisung in Betracht zu ziehen, z. B. bei der Reservierung eines Hotels oder Leihwagens. Mit dem Formular können Sie kostengünstig Beträge bis zu 50 000 Euro innerhalb der EU überweisen. Dafür brauchen Sie lediglich IBAN (International Bank Account Number) und BIC (Bank Identifier Code, BLZ) des Empfängers.

Reiseschecks

Mit Reiseschecks kann man in fast allen Hotels und in vielen Restaurants bezahlen. Schecks bekannter Unternehmen wie American Express können Sie in den meisten Banken in Bargeld eintauschen, sie werden auch in vielen Einzelhandelsgeschäften akzeptiert.

Niederländer bezahlen häufig mit den Schecks der Postbank. Generell werden in den Niederlanden große Scheine nur ungern angenommen.

Der GWK (Grenswisselkantoor) hat stark an Bedeutung verloren

Geldwechsel

Geldwechsel ist nur für Besucher aus Nicht-Eurostaaten notwendig. Fremde Währungen können bei Banken, in Postämtern, Wechselstuben und bei **American Express** eingewechselt werden. Man bezahlt hierfür in der Regel eine Gebühr, die sich nach dem Betrag richtet. In kleinen Wechselstuben bekommt man bei Währungen mit freiem Wechselkurs oft einen schlechteren Kurs.

GWK (Grenswisselkantoor) bietet in der Regel angemessene Kurse und verlangt keine überzogene Provision. Büros des GWK findet man an den Grenzübergängen, am Flughafen Schiphol und in den größeren Bahnhöfen.

Provision berechnet. Mit Kreditkarten und oft auch mit der **girocard** (Maestro-/EC-Karte) kann man rund um die Uhr Geld am Automaten abheben. Beinahe alle Geldautomaten akzeptieren **MasterCard**, **Visa**, **American Express** und **Diners Club**. Der blaue Giromaat ist der Geldautomat der Postbank. Geldautomaten sind fast überall zu finden, etwa an Postämtern, Banken, GWK-Büros und in Bahnstationen.

In Läden, Restaurants und Hotels sieht man an den entsprechenden Logos, mit welchen Karten man bezahlen kann. Oft wird die Bezahlung mit Kreditkarte allerdings erst ab einer bestimmten Mindestsumme akzeptiert. Sie sollten also immer etwas Bargeld bei sich tragen.

Euro

Die europäische Gemeinschaftswährung Euro (€) gilt in 17 EU-Staaten: Belgien, Deutschland, Estland, Finnland, Frankreich, Griechenland, Irland, Italien, Luxemburg, Malta, Niederlande, Österreich, Portugal, Slowakei, Slowenien, Spanien und in der Republik Zypern. Alte Guldenscheine und -münzen sind ungültig. Scheine können bei der Niederländischen Staatsbank bis zum 1.1.2032 umgetauscht werden (www. dnb.nl). Alle Euroscheine sind einheitlich gestaltet. Bei den Münzen prägt jedes Land unterschiedliche Rückseiten. Seit 2004 kann jeder Eurostaat einmal jährlich eine Zwei-Euro-Gedenkmünze bedeutender Ereignisse herausgeben. Alle diese Münzen gelten in jedem Staat der Eurozone.

Euro-Banknoten

Euro-Banknoten gibt es in sieben Werten (5, 10, 20, 50, 100, 200 und 500 €). Die unterschiedlich großen Scheine wurden vom Österreicher Robert Kalina entworfen und zeigen Architekturelemente und Baustile verschiedener Epochen, eine Europakarte und die EU-Flagge mit den zwölf Sternen.

5-Euro-Schein (Baustil: Klassik)

10-Euro-Schein (Baustil: Romanik)

20-Euro-Schein (Baustil: Gotik)

50-Euro-Schein (Baustil: Renaissance)

100-Euro-Schein (Baustil: Barock & Rokoko)

200-Euro-Schein (Eisen- und Glasarchitektur)

500-Euro-Schein (Moderne Architektur des 20. Jh.)

2-Euro-Münze   **1-Euro-Münze**   **50-Cent-Münze**   **20-Cent-Münze**   **10-Cent-Münze**

Euromünzen

Euromünzen gibt es in acht Werten (2 €, 1 € sowie 50, 20, 10, 5, 2 und 1 Cent). Die einheitlichen Vorderseiten entwarf der Belgier Luc Luycx; die Rückseiten sind in jedem Land anders gestaltet. Auch San Marino, der Vatikanstaat und Monaco prägen eigene Münzen.

5-Cent-Münze   **2-Cent-Münze**   **1-Cent-Münze**

Kommunikation

KPN-Telefon

Bis 1989 lag die Hoheit über Post und Telefon in Händen des Staatsbetriebs PTT. Die beiden daraus hervorgegangenen unabhängigen Firmen – KPN Telecom und TNT Post – gehören zu den modernsten und effizientesten Dienstleistern Europas. Seit einigen Jahren gibt es in den Niederlanden außer den KPN-Zellen auch öffentliche Telefone des privaten Anbieters Telfort. Sie sind vorwiegend auf Bahnhöfen zu finden.

Öffentliche Telefone

Die gläsernen, grün eingerahmten öffentlichen Telefonzellen der KPN findet man an der Straße, in Postämtern und vor Bahnhöfen. In den meisten kann man sowohl mit Telefonkarten als auch mit Kreditkarten telefonieren (beachten Sie die Logos am Telefon). Kreditkarten muss man schon am Beginn des Gespräches wieder aus dem Schlitz ziehen (Telefonkarten erst am Ende), und man bezahlt einen Zuschlag von 1,15 Euro.

KPN-Telefonzellen, die mit Münzen funktionieren, gibt es inzwischen praktisch überhaupt nicht mehr. In KPN-Zellen kann man außer mit einer Telefonkarte oder Kreditkarte auch mit einer niederländischen Geldkarte mit sogenannter Chipperfunktion telefonieren. ANWB-Mitglieder können hier mit ihrer Clubkarte den Pannendienst anrufen (*siehe S. 445*).

KPN-Telefonkarten bekommt man unter anderem bei Postämtern, Kiosken, in Kaufhäusern, Bahnhöfen und GWK-Büros (*siehe S. 446*).

Telekommunikationsladen in Amsterdam

In Bahnhofsgebäuden und auf Bahnsteigen mussten die Telefonzellen der KPN den blau-orangen Zellen und Säulen der Firma Telfort weichen. Bei diesen Telefonen kann man nicht nur mit Telefonkarten und mit den gängigen Kreditkarten telefonieren, sondern auch mit Münzen. Nicht angebrochene Münzen erhält man nach Ablauf des Gesprächs wieder zurück. Telfort-Telefonkarten sind an den Bahnhofsschaltern der Niederländischen Bahn, in den Bahnhofsläden von Wizzl und in GWK-Büros erhältlich.

Beachten Sie, dass Telfort-Telefone keine KPN-Karten akzeptieren und KPN-Telefone keine Telfort-Karten. Die Gebrauchsanweisungen der KPN- und Telfort-Telefone stehen auch auf Deutsch zur Verfügung.

Mobiltelefone

In den Niederlanden ist die Netzabdeckung so gut wie lückenlos, GSM-Mobiltelefone funktionieren problemlos.

Erfreulicherweise wurden die maximalen Roaming-Gebühren im Gebiet der Europäischen Union (EU) in den letzten Jahren schrittweise gesenkt: Der Minutenpreis für ein abgehendes Telefonat beträgt demnach ab Juli 2012 maximal 0,31 Euro, für ein ankommendes Gespräch 0,08 Euro. Eine SMS kostet maximal 0,11 Euro, Datenübertragung pro MB maximal 0,50 Euro (alle Angaben zuzüglich Mehrwertsteuer).

Bei längeren Aufenthalten in den Niederlanden ist ein preiswertes niederländisches Prepaid-Handy eine günstige Alternative. Sie können sich auch lediglich eine SIM-Karte

Wichtige Nummern
- Vorwahl Niederlande: **0031**.
- Auskunft Niederlande: **0900-8008** oder **118** (nur eine Nummer pro Anruf). www.detelefoongids.nl
- Auskunft Ausland: **0900-8418**.
- Deutschland Direkt: **0800-022 0049**.
- R-Gespräch Niederlande oder Ausland: **0800-0101**.
- In- oder Auslandsgespräch über die Vermittlung: **0800-0410**.
- Landesnummern (dann Ortsvorwahl ohne erste 0): Deutschland **0049**, Österreich **0043**, Schweiz **0041**.

kaufen, die mit einem Guthaben aufgeladen wird. Wenn Sie eine neue SIM-Karte kaufen, kann es bis zu 24 Stunden dauern, bis diese freigeschaltet wird.

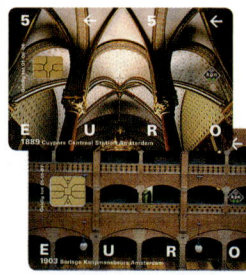

Verschiedene niederländische Telefonkarten

Telefonieren ins Ausland

Von den Niederlanden aus kann man beinahe in die ganze Welt direkt telefonieren, auch von Telefonzellen aus. Wählen Sie erst die internationale Vorwahl 00, dann die Vorwahl des jeweiligen Landes, die Ortsvorwahl (in der Regel ohne die erste 0) und danach die Telefonnummer des Teilnehmers. Die meisten Landesvorwahlen hängen in den Telefonzellen aus. Telefonieren vom Hotelzimmer ist meist teurer als von einem öffentlichen Telefon.

Rechner mit Internet-Zugang in Amsterdams öffentlicher Bibliothek OBA

Internet

Da die meisten Niederländer inzwischen Internet zu Hause haben, hat sich die Anzahl der Internet-Cafés stark verringert. Viele Hotels bieten für Gäste mit Notebooks auch Wi-Fi an, was aber nicht immer kostenlos ist.

Trotzdem gibt es in den Touristenvierteln immer noch genug Orte, von denen aus man E-Mails lesen und verschicken kann. Meistens handelt es sich dabei um Bars oder Cafés, in denen Computer mit Internet-Anschluss stehen. Die Öffnungszeiten sind unterschiedlich, gehen aber oft bis in den späten Abend hinein. Nicht überall gibt es Headsets, sodass die Benutzung von Skype oder anderen VoIPs beschränkt ist. Die Website www.easyinternetcafe. com bietet die aktuellsten Adressen von Internet-Cafés auf der ganzen Welt zusammen mit Erfahrungsberichten und Bewertungen.

Die neueste Entwicklung sind große Kaffeeketten wie Coffee Company oder Bagel and Beans, die den Kunden Wi-Fi zur Verfügung stellen, wenn sie ihr Notebook mitbringen. Man kann entweder Minuten kaufen oder bekommt für jedes Getränk, das man bestellt, eine bestimmte Zeitspanne umsonst. Der benötigte Code steht auf der Quittung.

Für Amsterdam-Besucher kann sich die Website www. iamsterdam.de als nützlich erweisen. Auf der vom Amsterdamer Stadtrat finanzierten Seite findet sich eine Zusammenstellung von kulturellen Events und anderen nützlichen Informationen, etwa

Adressen von Ärzten und Zahnärzten. *Time Out Amsterdam* ist eine monatliche Zeitschrift, die auf Englisch erscheint und über alle relevanten Events in der Stadt informiert. Daneben findet man auch Adressen von Ärzten. Das Magazin ist in fast allen Zeitschriftenläden in der Innenstadt erhältlich.

Post

Postämter erkennt man am TNT-Logo. Hier bekommt man Briefmarken, verschickt Telegramme und holt postlagernde Sendungen ab. Man kann Geld und Reisechecks wechseln, telefonieren und ein Fax oder ein Telex schicken. In großen Postämtern kann man auch fotokopieren und Schreibwaren kaufen. In kleineren Orten gibt es oft nur Postagenturen (z. B. in Supermärkten), die ein eingeschränktes Angebot haben.

Briefe

Die meisten (roten oder orangefarbenen) TNT-Briefkästen haben zwei Schlitze. Der rechte ist für regionale Sendungen (achten Sie auf die Postleitzahlen über dem Schlitz), der linke für die

übrige Post, auch für internationale. Auf einem Schild über dem Briefkasten steht, wann er geleert wird (bei einem roten Schild ist dies 17 oder 18 Uhr, bei einem blauen 19 Uhr). Samstags und sonntags wird nicht geleert.

Postkarten und Briefe bis zu 20 Gramm kosten innerhalb der Niederlande 0,44 Euro (»Nederland 1«-Marke) und innerhalb Europas 0,77 Euro (»Europe 1«-Marke). Diese neuen Briefmarken *(postzegels)* sind fast überall erhältlich, etwa auch in Läden, die Ansichtskarten verkaufen. Für alle anderen Sendungen sollte man auf ein Postamt gehen und sich in die – leider oftmals lange – Schlange der Wartenden einreihen. Die meisten Postämter haben werktags von 9 bis 17 Uhr geöffnet, die großen sind auch samstags bis 13 Uhr offen.

TNT betreibt auch einen Kurierdienst, der Sendungen jeder Größe und jedes Gewichts abholt und innerhalb Europas meist am nächsten Tag ausliefert.

Postlagernd

Wenn man nicht weiß, wo man in den Niederlanden unterkommt, kann man sich seine Post auch *poste restante* an ein Postamt schicken lassen. Die Adresse erfährt man bei der zuständigen VVV. Zum Abholen der postlagernden Sendungen braucht man einen gültigen Ausweis mit Lichtbild oder Pass.

Schlitz für alle anderen Destinationen

Schlitz für lokale Sendungen

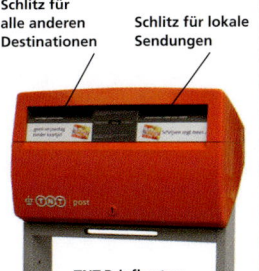

TNT-Briefkasten

Reiseinformationen

Von fast jedem größeren Flughafen in Europa gibt es direkte Flüge nach Schiphol, auch aus anderen Teilen der Welt ist der moderne Flughafen südwestlich von Amsterdam hervorragend zu erreichen. Die Niederlande haben außerdem sehr gute Zugverbindungen zu den Nachbarländern.

**Parking Hopper
auf Schiphol**

Internationale Züge, darunter der Hochgeschwindigkeitszug Thalys aus Paris, laufen mehrere größere Bahnhöfe an. Das überaus dichte Straßennetz bietet sich an, die Niederlande im eigenen oder gemieteten Auto zu erkunden, aber auch mit öffentlichen Verkehrsmitteln kommt man schnell an jeden gewünschten Ort.

Autovermietung in Schiphol

Mit dem Flugzeug

Auf dem Flughafen Schiphol starten und landen jährlich rund 175 000 Maschinen aller großen internationalen Fluggesellschaften. Damit hat Schiphol die Grenzen seiner Belastbarkeit und vor allem die der Anwohner erreicht und auch teilweise überschritten. Verschiedene Pläne für die dringend notwendige Er-

weiterung werden entworfen. Ein möglicher Neubau des Flughafens in Flevoland ist vom Tisch.

KLM (Königlich Niederländische Luftfahrtgesellschaft, seit 2004 mit Air France fusioniert) bietet Linienflüge in alle Metropolen der Welt an. Von Deutschland aus fliegen u. a. Lufthansa und KLM von jedem größeren Flughafen täglich nach Amsterdam.

Flughafen Schiphol

Schiphol hat nur einen Terminal. Die Hinweisschilder haben unterschiedliche Farben. Gelbe Schilder führen zu den Schaltern und Flugsteigen, grüne zu Cafés, Restaurants und Läden. Lounge South ist für Reisende innerhalb der Schengen-Länder bestimmt. An der Schiphol Plaza kann man einkaufen, ein Hotel reservieren, ein Auto mieten und Fahrkarten kaufen. Darunter liegen die Bahnsteige des Bahnhofs Schiphol. Von den Parkplätzen gehen Pendelbusse zum Terminal. Vom Langzeitparkplatz fährt ein automatisch gesteuerter Bus, der Parking Hopper, zu den anderen Pendelbussen.

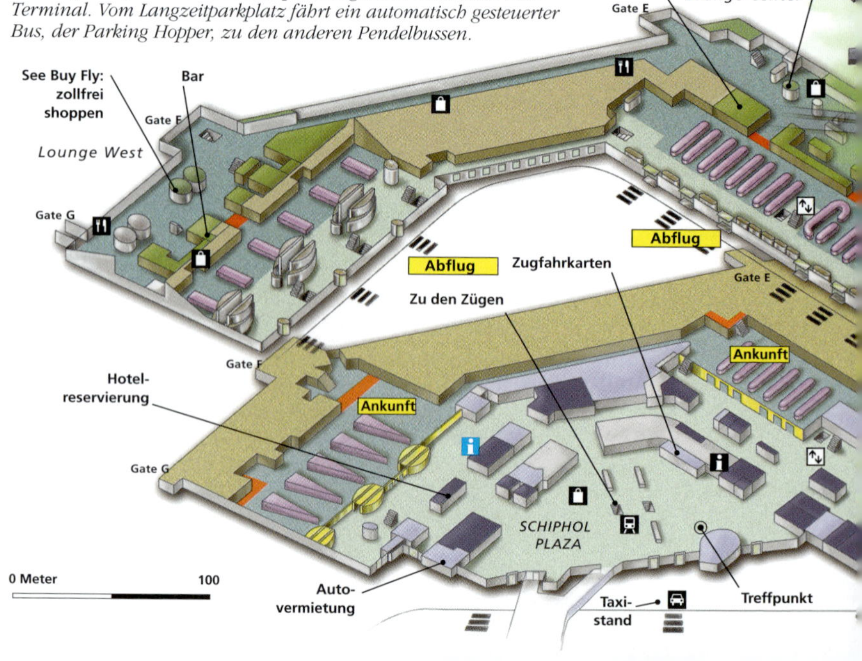

See Buy Fly: zollfrei shoppen

Bar

Lounge Center

Gate E

F2/F9

See Buy Fly: zollfrei shoppen

Bar

Gate E

Lounge West

Gate G

Abflug

Abflug

Zugfahrkarten

Zu den Zügen

Gate E

Gate F

Ankunft

Ankunft

Hotel-reservierung

Gate G

i

SCHIPHOL PLAZA

0 Meter   100

Auto-vermietung

Taxi-stand

Treffpunkt

Schiphol: wichtige Drehscheibe des internationalen Flugverkehrs

Shopping in Schiphol

Wer die Niederlande mit dem Flugzeug verlässt, kommt nach der Zollkontrolle in ein großes Shopping-Zentrum: **See Buy Fly**. Obwohl es Reisenden innerhalb der EU nicht mehr erlaubt ist, auf den Flughäfen zollfreie Waren zu erwerben *(siehe S. 442)*, können sie hier noch immer zu niedrigen See-Buy-Fly-Preisen einkaufen. Nur Spirituosen und Tabakwaren werden zum regulären Preis verkauft. Passagiere, die in Länder außerhalb der EU fliegen, können diese Waren noch immer zollfrei kaufen. Das zentral gelegene Shopping-Zentrum **Schiphol Plaza** steht jedermann offen, hier gelten aber nicht die See-Buy-Fly-Preise.

Von und nach Schiphol

Vom Bahnhof Schiphol ist jede große Stadt in den Niederlanden in wenigen Stunden erreichbar. Schiphol ist Teil des Netzes von Nachtzügen in den westlichen Niederlanden *(siehe S. 454)*. Es gibt auch gute Busverbindungen in viele niederländische Städte. Detaillierte Angaben über alle Bahn- und Busverbindungen finden Sie auf **www**.schiphol.nl.

Vom Flughafen zum Hauptbahnhof Amsterdam dauert die Fahrt mit dem Zug 20 Minuten. KLM bietet einen Bus-

Shopping in Schiphol

transfer (KLM Hotel Shuttle) zwischen Schiphol und gut 20 Hotels im Zentrum von Amsterdam an. Natürlich stehen am Flughafen Schiphol auch immer genug Taxis bereit, die eine bequeme, aber nicht immer ganz billige Fahrt anbieten.

Kleinere Flughäfen

Rotterdam, Eindhoven, Enschede, Groningen und Maastricht-Aachen sind kleinere Flughäfen in den Niederlanden, die für Inlandsflüge, aber auch für einige wenige internationale Verbindungen genutzt werden.

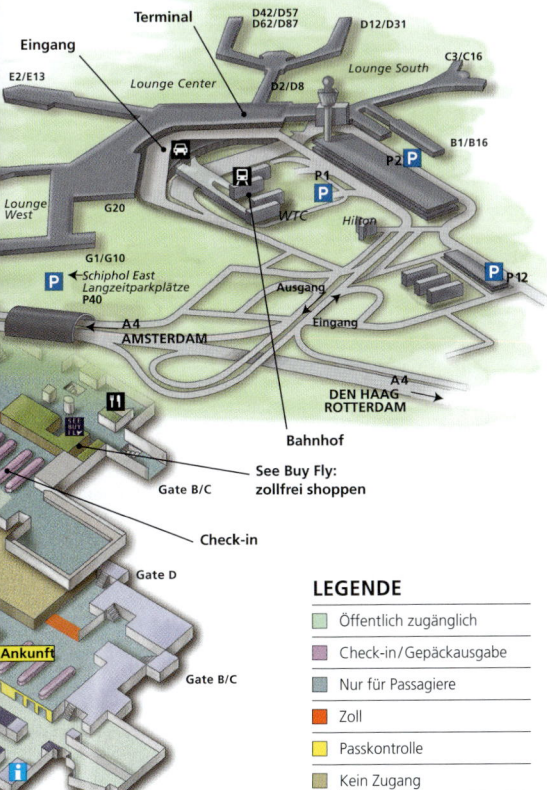

Flugauskunft in Schiphol

LEGENDE

- 🟩 Öffentlich zugänglich
- 🟪 Check-in/Gepäckausgabe
- 🟦 Nur für Passagiere
- 🟧 Zoll
- 🟨 Passkontrolle
- 🟫 Kein Zugang

Mit dem Zug

Die Niederlande sind von den allermeisten europäischen Ländern aus hervorragend mit dem Zug zu erreichen. Von vielen Großstädten in Europa gibt es durchgehende Züge in die Niederlande, so zum Beispiel von Berlin, Brüssel, Köln, Mailand, München, Paris, Wien und Zürich.

Die meisten Züge kommen in den Hauptbahnhöfen von Amsterdam und Utrecht an. Viele internationale Züge laufen auch den Bahnhof des Flughafens Schiphol an, darunter auch der Hochgeschwindigkeitszug Thalys über Brüssel, Antwerpen, Rotterdam und Den Haag. Auch andere Orte, vor allem in den Grenzgebieten, sind von Belgien und Deutschland aus gut mit dem Zug zu erreichen. In Hoek van Holland sind die Verbindungen der ankommenden und abfahrenden Züge auf die Zeiten der Fährboote von und nach Harwich in England abgestimmt.

Günstige Fahrkarten

Für Urlauber aus EU-Ländern sind Ermäßigungs-Zugpässe erhältlich. Mit dem InterRail-Ticket für junge Menschen bis 26 Jahre oder dem etwas teureren Ticket für über 26-Jährige kann man 22 Tage bzw. einen Monat günstig durch ganz Europa reisen. Der InterRail Benelux Pass für Zugfahrten innerhalb der Benelux-Staaten (Niederlande, Belgien, Luxemburg)

Thalys

Fähren legen in Rotterdam, Hoek van Holland und IJmuiden an

ist für drei, vier, sechs oder acht frei wählbare Tage im Zeitraum eines Monats erhältlich. Auch hier gelten für Reisende unter 26 Jahren günstigere Preise.

Der Eurail-Pass ist das Inter-Rail-Pendant für alle Nicht-Europäer.

Mit dem Bus

Die vielen europäischen Linienbusse sind die preiswerteste Art, um in die Niederlande zu reisen. Die meisten dieser Busse haben Toiletten und legen regelmäßige Pausen ein. Vor allem im Sommer kommen täglich Busse aus vielen Städten Europas in allen größeren Orten der Niederlande an. Eines der größten Busnetze unterhält **Eurolines**. Deren Busse fahren von vielen europäischen Großstädten mindestens einmal wöchentlich in die Niederlande. Innerhalb der Niederlande gibt es, abhängig von der Route, verschiedene Haltestellen. Von Deutschland kann man u. a. von Berlin, Köln, Frankfurt, Stuttgart und München aus direkt nach Amsterdam und Utrecht fahren.

Bus von Eurolines

Fähren

Viele besuchen die Niederlande auf ihrem Weg nach Großbritannien, verschiedene Reedereien unterhalten Fährdienste über den Kanal. **P & O Ferries** fährt zwischen Rotterdam/Europoort und Hull, **Stena Line** zwischen Hoek van Holland und Harwich mit dem Katamaran, **DFDS Seaways** zwischen IJmuiden und Newcastle. Andere Häfen für Reisen nach England sind Zeebrugge (nach Hull) und Oostende in Belgien (nach Dover) sowie Calais und Boulogne in Frankreich (nach Dover und Folkestone). Die Überfahrt dauert zwischen 35 Minuten (Calais–Dover mit dem Tragflügelboot) und 16 Stunden (IJmuiden–Newcastle). Im Sommer sollten Sie Fähren auf jeden Fall reservieren, vor allem, wenn Sie mit dem Auto unterwegs sind.

Mit dem Auto

Dank des dichten Autobahnnetzes sind alle Teile der Niederlande gut mit dem Auto erreichbar. Jedoch kann man in der Stoßzeit vor allem in der Randstad leicht im Stau stecken.

Um in den Niederlanden zu fahren, muss man nur einen gültigen nationalen Führerschein besitzen, viele Autoverleiher bevorzugen jedoch einen internationalen Führerschein. Für das eigene Auto muss man den Fahrzeugschein bei sich haben. Die Grüne Versicherungskarte wird empfohlen.

Die Straßen sind in den Niederlanden in drei Kategorien aufgeteilt. Provinzstraßen sind mit einem »N« und einer Nummer gekennzeichnet, die nationalen Autobahnen mit einem »A« und einer Nummer und die internationalen Routen mit einem »E« und einer Nummer. An allen Autobahnen stehen Notrufsäulen, über die man im Fall einer Panne die **ANWB** Wegenwacht *(siehe S. 444)* verständigen kann.

Falls nicht anders angegeben, beträgt die Höchstgeschwindigkeit für Pkw in den Niederlanden 120 km/h auf Autobahnen, 100 km/h auf Schnellstraßen, 80 km/h auf Landstraßen außerhalb geschlossener Ortschaften und 50 km/h innerorts. Die zulässige Alkoholgrenze liegt bei 0,5 Promille, für Autofahrer mit weniger als fünf Jahren Fahrpraxis bei 0,2 Promille.

An Kreuzungen gleichberechtigter Straßen haben Autos von rechts

Notrufsäule

Vorrang vor Autos und Motorrädern von links, außer von Trams, die immer Vorfahrt haben (außer man befindet sich auf einer Vorfahrtsstraße). Innerhalb von Orten muss man von der Haltestelle abfahrenden Bussen Vorrang gewähren.

Vor allem in den großen Städten sind die Parkplätze rar. Am besten versucht man sein Glück in Parkhäusern. Wer an der Straße parkt und kein gültiges Parkticket hat, muss mit einem Bußgeld rechnen. Neben gelben Streifen an der Bordkante darf man nicht parken, eine unterbrochene gelbe Linie markiert absolutes Halteverbot. Entlang den blauen Linien muss man eine Parkscheibe benutzen.

Mietwagen

Um ein Auto zu mieten, muss man mindestens 21 Jahre alt und im Besitz eines gültigen Führerscheins sein. Viele Firmen verlangen mindestens ein Jahr Fahrpraxis. Ohne Kreditkarte wird eine beträchtliche Kaution fällig. Die bekannten internationalen Firmen **Avis**, **Budget**, **Europcar** und **Hertz** haben Büros am Flughafen Schiphol und in allen wichtigen Städten. Einheimische Firmen sind in der Regel preiswerter.

So reist das Fahrrad mit

AUF EINEN BLICK

Schiphol

Information und Service
📞 0900-7244 7465.
www.schiphol.nl

Kleinere Flughäfen

Eindhoven Airport
📞 040-291 9818.

Groningen Airport Eelde
📞 050-309 7070.

Maastricht Aachen Airport
📞 043-358 9999 oder 358 9898.

Rotterdam Airport
📞 010-446 3444 oder 446 3454.

Fluggesellschaften

Austrian
📞 05 1766 1000 (Österreich).
📞 0900-265 8920 (Niederlande).
www.aua.com

KLM
📞 020-474 7747 (Niederlande).
📞 01805-214 201 (Deutschland).
📞 0810-310 890 (Österreich).
📞 0900-359 556 (Schweiz).
www.klm.com

Lufthansa
📞 01805-838 426 (Deutschland).
📞 0900-123 4777 (Niederlande).
www.lufthansa.com

Swiss
📞 0848-700 700 (Schweiz).
📞 0900-202 0232 (Niederlande).
www.swiss.com

Bahn

Zugauskunft Inland
📞 0900-9292.
www.9292ov.nl

Zugauskunft international
📞 0900-9296 (von den Niederlanden aus).

Günstige Fahrkarten
www.bahn.de
www.interrailers.net

Reisebusunternehmen

Eurolines Nederland
📞 020-560 8788.
Amstelbusstation
Julianaplein 5,
1097 DN Amsterdam.
Rokin 10,
1012 KR Amsterdam.
www.eurolines.com

Eurolines Deutsche Touring
Am Römerhof 17,
60486 Frankfurt am Main.
📞 069-790 350.
www.deutsche-touring.de

Fähren

DFDS Seaways
📞 01805-30 43 50 (D).
www.dfdsseaways.de

P&O Ferries
📞 020-201 3333 (NL).
📞 01805-007 161 (D).
www.poferries.de

Stena Line
📞 01805-916 666 (D).
www.stenaline.de

Mit dem Auto

ANWB (Allgemene Nederlandse Wegenbond)
Zentrale Information:
📞 0800-0503.
24-Std.-Notdienst:
📞 0800-8888.
www.anwb.nl

ADAC
📞 0592-390 560 (NL).
www.adac.de

Mietwagen

Avis
📞 020-654 5409 (NL).
📞 01805-55 77 55 (D).

Budget Rent a Car
📞 0900-1576 (NL).
📞 01805-355 105 (D).

Europcar
📞 0900-0540 (NL).
📞 01805-8000 (D).

Hertz
📞 020-502 0240 (NL).
📞 01805-938 814 (D).

Öffentliche Verkehrsmittel

Die Niederlande verfügen über ein effizientes Netz öffentlicher Verkehrsmittel. Die großen Städte sind hervorragend mit dem Zug zu erreichen, die kleineren mit dem Regionalbus. Vor allem in der Randstad kommt es auf den Hauptverkehrsadern in den Stoßzeiten immer wieder zu Staus. Dann sollte man das Auto lieber stehen lassen und den Zug oder, auf Strecken ohne schnelle Zugverbindungen, einen der luxuriösen Interliner-Busse nehmen.

Logo der NL-Bahn

In den Niederlanden immer häufiger zu sehen: Interliner

Bus

Das Netz der Regional- und Stadtbusse umspannt das ganze Land. In allerlei Broschüren kann man sich über Strecken, Fahrzeiten und Tarife informieren. Unter der Nummer 0900-9292 bekommt man von **Openbaar Vervoer Reisinformatie** Fahrplanauskünfte.

Interliner sind grüne Luxusbusse, die auf langen Strecken eingesetzt werden. Sie fahren ohne Umweg und halten seltener als andere Regionalbusse. Am Abend fahren sie oft nicht so lange wie die Regionalbusse. Für viele Interliner-Strecken gilt die *OV-chipkaart*, ansonsten erhält man Tickets an den Interliner-Verkaufsstellen, an Bahnhöfen, Busstationen oder telefonisch bei **Interliner Services**: 0900-899 8998. Interliner-Haltestellen sind grün, an jeder steht eine Informationssäule mit Fahrplaninformationen.

Trams

In Amsterdam, Rotterdam, Utrecht und Den Haag gibt es Straßenbahnen. Trams fahren in der Regel zwischen 6 Uhr morgens und Mitternacht, am Sonntag beginnen sie später. An den Haltestellen stehen der Name der Haltestelle, die Nummern der Linien auf dieser Route und die Haltestellen entlang der Strecke. An den Wartehäuschen hängt ein Plan des Straßenbahnnetzes aus. Ein- und aussteigen kann man an allen Türen, bei Trams mit Schaffner nur an der hinteren Tür.

Bahn

Die niederländische Bahngesellschaft Nederlandse Spoorwegen (NS) betreibt eines der besten Bahnnetze der Welt. Die Züge sind sauber und im Allgemeinen pünktlich, die Tickets günstig. Die Abfahrtszeiten stehen auf gelben Tafeln in den Bahnhöfen. Karten kauft man in den Wizzl-Läden, an Automaten im Bahnhof oder, mit einem kräftigen Zuschlag, im Zug beim Schaffner. Die NS bieten verschiedene Ermäßigungen an, unter anderem für Kinder *(Railrunner)* und für Pendler. Außerdem gibt es Kombitickets für Bahn und Bus. Informationen erhält man an den Schaltern oder bei **Openbaar Vervoer Reisinformatie**: 0900-9292.

Viele Bahnlinien in Friesland, Groningen und im Achterhoek werden von den Gesellschaften NoordNed und

Dampflok Dieren–Apeldoorn

Dampfloks

Es fahren noch viele alte Dampflokomotiven, zum Beispiel auf den folgenden Strecken: Dieren–Apeldoorn (22 km), Kerkrade–Schin op Geul (die »Millionenbahn«, 16 km, *siehe S. 368*), Goes–Oudelande (15,5 km), rund um das Valkenburgse Meer (Südholland) und im Hochofengebiet bei IJmuiden (21 km, Abfahrt Bahnhof Beverwijk, *siehe S. 188*). Zwischen Hoorn und Medemblik *(siehe S. 178)* fährt im Sommer eine Dampftram (20 km). Auskünfte über Fahrpläne und die verschiedenen Saisonregelungen erhält man bei der örtlichen VVV.

Syntus betrieben. Auch hier sind NS-Karten gültig. Auf der Strecke Utrecht CS–Amsterdam CS–Schiphol–Leiden Centraal–Den Haag CS–Delft–Rotterdam CS fahren durchgehende Nachtzüge.

U-Bahn (Metro)

Amsterdam und Rotterdam sind die einzigen niederländischen Städte mit U-Bahn. Beide Netze sind nicht sehr umfangreich. In Amsterdam beginnen die meisten Linien

Ein NS-Doppeldecker fährt durch die Tulpenfelder

am Hauptbahnhof (51 Richtung Overamstel, 53 Richtung Gaasperplas, 54 Richtung Gein und 26 Richtung IJburg). Auf der Linie 50 zwischen Isolatorweg im Norden und Gein im Südosten liegt der Südbahnhof, die Linie 52 fährt vom Buikslotermeerplein im Norden über die Centraal Station (Hauptbahnhof) zur Station Zuid (Südbahnhof).

In Rotterdam gibt es zwei sich kreuzende Linien, die Nord-Süd-Linie vom Hauptbahnhof nach Spijkenisse und die West-Ost-Linie vom Marconiplein nach Capelle, mit einem Abzweig in Richtung Ommoord-Zevenkamp.

Die erste Metro verlässt den Hauptbahnhof wochentags gegen 6 Uhr, am Sonntag gegen 7.45 Uhr, die letzte U-Bahn erreicht die Endhaltestelle zwischen 0.15 und 0.30 Uhr.

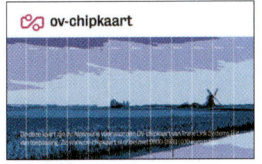

Vor Besteigen der Metro müssen Sie Ihre OV-chipkaart entwerten

Tickets für Tram, Bus, Metro und Zug

Um die öffentlichen Verkehrsmittel in den Niederlanden nutzen zu können, benötigt man eine OV-chipkaart. Bei jeder Fahrt wird das aufgeladene Guthaben entsprechend reduziert. Man kann die Karte auch für Zugfahrten verwenden, obwohl es dafür noch Extratickets gibt.

Es gibt Karten, die für eine (2,60 Euro) oder zwei (5 Euro) Stunden gelten, aber auch Wochenkarten für ein bis sieben Tage (7 – 29 Euro), die man an den Haltestellen und bei den Fahrern kaufen kann. Für 7,50 Euro bekommt man einen aufladbaren Pass, der fünf Jahre gültig ist und je nach Bedarf mit Guthaben versehen werden kann. Diesen bekommt man an den Haltestellen, in VVV-Büros und an Kiosken. Aufladen kann man ihn an den Verkaufsstellen.

Um für eine Fahrt zu bezahlen, hält man die OV-chipkaart beim Einsteigen vor den grauen Card-Reader. Achtung: Das Prozedere muss beim Aussteigen wiederholt werden, da sonst die Gebühr bis zur Endstation berechnet wird. Kinder unter vier Jahren fahren umsonst, Rentner und Kinder von vier bis elf Jahre zahlen einen ermäßigten Preis, wenn sie Karten im Voraus kaufen.

Touristen, die über Schiphol nach Amsterdam kommen, können das Ticket Amsterdam All-in-One kaufen. Es enthält die Rückfahrt zum Flughafen sowie einen Pass für 24, 48, 72 oder 96 Stunden für alle öffentlichen Verkehrsmittel.

Taxi

Wenn Sie ein Taxi benötigen, können Sie zu einem Standplatz gehen oder die Taxizentrale anrufen (die Nummer steht im Telefonbuch und in den Gelben Seiten). Ein Taxi auf der Straße anzuhalten, ist nicht so üblich. Der Fahrpreis erscheint auf dem Taxameter und setzt sich aus dem Grundpreis, den gefahrenen Kilometern und der Dauer zusammen. Nachttarife liegen höher als der Tagestarif.

Zugtaxi

Zugtaxis

An rund 100 NS-Bahnhöfen kann man sich mit dem treintaxi billig vom Bahnhof zu einem Ziel in der oder etwas außerhalb bringen oder von dort zum Bahnhof fahren lassen. Für diesen Service bezahlen Sie einen Einheitspreis im Bahnhof (4,60 Euro) oder direkt beim Fahrer (5,50 Euro). Die Taxis sind Sammeltaxis und fahren nicht immer den kürzesten Weg. Treintaxis fahren von 7 Uhr (an Sonn- und Feiertagen von 8 Uhr) bis zur Ankunft des letzten Zuges. Bestellen kann man telefonisch (0900-873 4682) oder am Bahnhof per Knopfdruck an der blau-gelben Säule. Im NS-Folder Treintaxi-stations op een rijtje stehen alle Strecken und die Nummern der Zentralen.

Besondere Ausflüge

Das Museumsboot in Amsterdam (Tel. 020-622 2181) hält in der Nähe aller wichtigen Sehenswürdigkeiten der Stadt. Das Boot legt in der Sommersaison zwischen 10 und 17 Uhr jede halbe Stunde gegenüber dem Hauptbahnhof ab, den Rest des Jahres alle 55 Minuten. Karten kauft man im VVV-Büro am Hauptbahnhof oder an einem der Anlegeplätze. Mit einer Museumsboot-Tageskarte erhält man bei den meisten Museen zehn bis 50 Prozent Eintrittsermäßigung. Vom Hauptbahnhof aus

Museumsboot in Amsterdam

kann man auch mit dem Artis Express zum Artis Zoo (siehe S. 138f) fahren. Das Boot legt jede halbe Stunde ab (Tel. 020-530 9010). Touristische Rundfahrten durch die Grachten von Städten wie Amsterdam, Utrecht, Leiden und Delft sind ein einmaliges Erlebnis. Die Boote haben zumeist Glasdächer, die bei schönem Wetter geöffnet werden. In verschiedenen Orten in den Niederlanden kann man eine Stadtrundfahrt in einer Pferdetram unternehmen, zum Beispiel in Delft (Apr–Sep, Abfahrt am Markt). In Gouda werden zwischen Ende Juni und August Stadtrundfahrten mit Kutschen organisiert (Abfahrt bei der Agnietenkapel hinter dem Waag). Mehr Informationen bei der jeweiligen VVV.

Fahrrad fahren

Die flache Landschaft der Niederlande ist wie geschaffen zum Radfahren, und darum besitzen auch 85 Prozent der Niederländer ein Fahrrad. Es gibt Hunderte von Karten und Führern für schöne Radtouren. Mit dem Netzwerk von LF-Routen *(siehe S. 457)* kann man seinen eigenen Tagesausflug oder einen ganzen Radurlaub selbst planen, oder man schließt sich einer der organisierten Radtouren an, die überall im Land angeboten werden.

Führer mit Fahrradtouren

Sicherheit

Auf den vielen Radwegen kann man in den Niederlanden gut und sicher Rad fahren. Achten Sie aber darauf, dass manchmal auch Mofas auf den Radwegen unterwegs sind. In einem kleinen Dorf fährt es sich natürlich ganz anders als in einer hektischen Stadt. Vor allem in Amsterdam scheint der Verkehr – gerade durch die vielen Radler, die sich wenig um Verkehrsregeln kümmern – sehr chaotisch. Wer das nicht gewohnt ist, der sollte hier besonders vorsichtig fahren.

Vorder- und Rücklicht, ein Rückstrahler und reflektierende Bereifung sind am Abend vorgeschrieben. Viele Radler fahren allerdings auch bei Dunkelheit ohne all dies, wodurch sie für die übrigen Verkehrsteilnehmer beinahe unsichtbar sind.

Fahrrad mieten

Beinahe in jedem Ort der Niederlande kann man ein Rad mieten. Außer bei den normalen gewerblichen Fahr-

radverleihen gibt es auch an rund 100 Bahnhöfen beim *Rijwielshop* oder beim *Fietspoint* Fahrräder zu mieten.

Der Preis liegt in der Regel um die 6,50 Euro am Tag. Mit einer gültigen Fahrkarte bezahlt man bei den Bahnhofsverleihen etwas weniger. Alle Verleihe bieten auch Wochen-

An rund 100 NS-Bahnhöfen vermietet der Rijwielshop Fahrräder

tarife an, die meist günstiger sind. Viele Verleihe verlangen eine Kaution zwischen 50 und 150 Euro, meist muss man auch einen Ausweis vorlegen.

Nahezu überall kann man auch Tandems ausleihen, aber damit sollten sich nur Geübte in den Stadtverkehr wagen, denn diese Gefährte sind alles andere als wendig.

Man kann mit seiner Zugfahrkarte zusammen gleich ein Ticket für den Radverleih kaufen, um damit am Zielbahnhof ein Rad zu mieten.

Dieses sollte man jedoch unbedingt zuvor telefonisch reservieren. Im NS-Folder *Fiets en Trein* findet man eine Liste mit den Bahnhöfen, an denen man Räder mieten kann. Auch die Büros der VVV und des ANWB haben Listen mit den Adressen von Unternehmen, die Mieträder anbieten.

Absperren

Auch wenn Ihr Fahrrad mit einem Speichenschloss ausgerüstet ist, sollten Sie es, vor allem in großen Städten, stets mit einem Extraschloss an einem Radständer oder an einem Pfahl festsperren. Die Fahrradverleihe geben meistens ein solches Extraschloss mit, sicherlich in Amsterdam, wo leider sehr viele Räder gestohlen werden. Bei den meisten Bahnhöfen kann man sein Fahrrad für etwa einen Euro in einem bewachten Fahrradkeller abstellen. Lassen Sie kein Gepäck auf dem Gepäckträger, wenn Sie Ihr Rad abstellen.

Fahrräder in öffentlichen Verkehrsmitteln

Man kann sein Rad gegen Bezahlung auch im Zug mitnehmen, außer zu Stoßzeiten (Sep–Juni: Mo–Fr 6.30– 9 Uhr und 16.30–18 Uhr). Dafür kauft man am Bahnhof ein Tagesticket für den Drahtesel. Diese Fahrkarte kostet sechs Euro, ungeachtet der Strecke. Eingeklappte Klappfahrräder dürfen kostenlos mitgenommen werden. Auch in der Metro und der Sneltram darf das Rad mit, dafür wird auf der *OV-chipkaart* gesondert ein Betrag abgezogen. In Busse und Trams darf man das Rad nicht mitnehmen.

Organisierter Radausflug auf der Zaanse Schans

Fahrradtouren

Bei einer Radtour hält man gern für ein Eis an

Wer eine Radtour macht oder ohne bestimmtes Ziel in eine schöne Gegend radeln will, der kann sich an den weiß-roten ANWB-Wegweisern und an den ANWB-Pilzen orientieren. Bei der VVV, beim ANWB und in vielen Buchhandlungen bekommt man verschiedene Karten und Führer mit interessanten kurzen oder längeren Radtouren. In diesen findet man außerdem touristische Hinweise, Übernachtungsmöglichkeiten wie Pensionen, Campingplätze oder Wanderhütten (siehe S. 391) und auch die Adressen der örtlichen Fahrradverleihe.

Praktisch sind zum Beispiel die regionalen *ANWB/VVV-Toeristenkaarten* mit schönen Routen und die *Dwarsstapfietsmappen* mit topografischen Karten und Beschreibungen von Radtouren in der Umgebung der Großstädte. In den regionalen *ANWB/VVV-fietsgidsen* findet man Karten und Beschreibungen abwechslungsreicher Rundfahrten von 25 bis 50 Kilometern Länge. Hunderte solcher Routen sind – meist mit sechseckigen Wegweisern – ausgeschildert, von der *Amelandroute* bis zur Limburger *Maasdalroute*.

Rund 45 Routen werden als *NS-fietstocht* angeboten. Am Bahnhof, an dem so eine Tour beginnt, kann man auch eine Karte erwerben. Touren

Schild für Radweg

sind auch im NS-Büchlein *Er op Uit!* beschrieben.

Lange Touren von mindestens 200 Kilometern sind u. a. in den Führern *ANWB/VVV Lange Fietsronde* beschrieben (so die *Elfstedenroute* in Friesland, 230 km). Auch diese Touren sind ausgeschildert.

Außerdem hat die **Stichting Landelijk Fietsplatform** (siehe S. 437) in den Niederlanden ein etwa 6500 Kilometer langes Netz von nummerierten Fahrradtouren zusammengestellt. Diese Routen, die meist über ruhige Seitenstraßen und Radwege führen, sind in den zwei *LF-basisgidsen* beschrieben. Auch sie sind zumeist mit rechteckigen Wegweisern ausgeschildert. Bei der VVV und beim ANWB ist für etwa vier Euro auch das Büchlein *Fietsideenkaart* erhältlich. Es erscheint jährlich neu und bietet eine aktuelle Übersicht über die LF-Routen und andere

ausgeschilderte Touren in den Niederlanden.

Wer einen organisierten Radurlaub vorzieht, der kann u. a. bei **Cycletours**, dem **Fietsvakantiewinkel** (siehe S. 437), den großen VVVs und beim ANWB (nur für Mitglieder) gut geplante Radtouren in schönen Gegenden buchen, inklusive Unterkunft und auf Wunsch mit Gepäckservice. Informationen über Touren in Naturgebieten finden Sie auf Seite 437.

Radveranstaltungen

Das größte Rad-Event des Jahres ist *Meimaand Fietsmaand*: Der ganze Mai ist vollgepackt mit Radtouren, -treffen und -rennen durch die ganzen Niederlande. 2010 haben etwa 570 000 Radfahrer teilgenommen. Informationen bietet die Nationale Radfahrvereinigung unter www.fietsplatform.nl

Örtliche Fahrradvereine organisieren gegen geringe Teilnahmegebühren regelmäßig Ausflüge durch schöne Gegenden oder zu interessanten Orten, an denen auch Nichtmitglieder teilnehmen können. Mehr Informationen erhält man bei der Nederlandse Toer Fiets Unie (**NTFU**, siehe S. 437). Von Mai bis Oktober finden überall im Land Dutzende von Mehrtagestouren statt, etwa die Drentse Rijwielvierdaagse im Juli. Die Teilnehmer dieser *fietsmeerdaagsen* können aus Tagesrouten von 25 bis 100 Kilometer Länge wählen. Eine Übersicht findet man im NTFU-Folder *Fietsmeerdaagsen*, erhältlich bei VVV-Büros.

Die Fähre bei Wijk bij Duurstede am Wijkseveerweg setzt auch Räder über

Textregister

Danksagung und Bildnachweis

Dorling Kindersley bedankt sich bei allen, die an der Herstellung dieses Buches mitgewirkt haben.

Dorling Kindersley London
Publisher Douglas Amrine
Publishing Manager Jane Ewart
Managing Editor Helen Townsend
DTP Design Jason Little, Conrad van Dyk
Mitarbeit Redaktion und Design Jo Cowen, Jacky Jackson, Ian Midson, Conrad van Dyk, Stewart Wild
Übersetzung aus dem Niederländischen Mark Cole

Hauptautor
Gerard M. L. Harmans studierte Biologie und Philosophie an der Vrije Universiteit in Amsterdam. Er war Lexikonredakteur bei Het Spectrum, bevor er im Jahr 1989 mit Paul Krijnen *de Redactie* gründete. *De Redactie* hat sich in wenigen Jahren zum tonangebenden Reiseführerspezialisten der Niederlande entwickelt. Von Harmans kundiger Hand erschienen bisher unter anderem die Bücher *Weet je (nog) wel: De jaren 60* und *Rustiek kamperen in de Benelux*, ferner Überarbeitungen des deutschsprachigen Reiseführers *Holland* (Marco Polo) und der *ANWB Reisgids Nederland*.

Weitere Autoren
Alle Mitarbeiter arbeiten in *de Redactie*, Amsterdam. Dieses Team von Autoren, Übersetzern und Redakteuren betreut Bücher aus den Gebieten Natur, Umwelt, Geschichte und Wirtschaft bis hin zu Büchern über Kunst, Kinderbüchern und Romanen, wobei sich *de Redactie* besonders auf Reiseführer spezialisiert hat.
Anneliet Bannier studierte Übersetzungswissenschaften an der Universität von Amsterdam. Sie arbeitet als Übersetzerin und Redakteurin von Reiseführern. Seit einigen Jahren wohnt sie in der Zaanstreek.
Hanneke Bos ist Redakteurin und Übersetzerin. Ihre Fachgebiete sind Linguistik, Kulturgeschichte und Reiseliteratur.
Jaap Deinema ist gebürtiger Eindhovener und studierte Niederländisch. Er hat als Autor, Redakteur und Übersetzer an zahlreichen Reiseführern, Sachbüchern und Nachschlagewerken mitgewirkt. Von ihm erschien auch die ATO/VVV-Ausgabe *Infopocket Amsterdam*.
Jérôme Gommers, geboren in Paris, ist freier Autor und ein großer Liebhaber der niederländischen Landschaft. Er leitete unter anderem eine Studie über Anlage und Entwicklung des Noordoostpolders.
Ron de Heer studierte Philosophie in Amsterdam. Seit zehn Jahren arbeitet er als Übersetzer und Redakteur von Reisebüchern, Romanen und Büchern rund ums Kochen. In seinem *Eetkalender 1996* hat er alle diese Vorlieben vereinigt.
Marten van de Kraats schreibt und übersetzt Texte über Reisen und Computertechnik. Jedes Jahr bearbeitet er die niederländische Ausgabe des Rough Guide *Reisen im Internet*, des meistverkauften Internetbuches der Niederlande und Belgiens.
Paul Krijnen hat sich als Sozio-Geograf in die mittelalterlichen Marke-Verbände der Niederlande vertieft, zum Beispiel den Bund der Erfgooier. Er arbeitete unter anderem an der zehnteiligen *Spectrum Encyclopedie van de Wereld* und *De Balans van de 20ste eeuw* mit. Seine große Liebe aber sind Grenzgebiete aller Art.
Frans Reusink studierte Niederländisch an der VU in Amsterdam. Er begann als Copywriter und hat sich in den letzten Jahren auf das Schreiben von Reisereportagen und die Redaktion von Reiseführern spezialisiert.
Theo Scholten studierte Niederländisch. Er hat viele literarische Publikationen betreut. Zurzeit arbeitet er vor allem als Redakteur und Übersetzer. Er schrieb auch Beiträge für Reiseführer über Belgien und Frankreich.
Ernst Schreuder, Redakteur und Friese, errang das Elfstedenkreuz 1986 und 1997. Reisen und Reisebücher sind für ihn Beruf und Hobby zugleich.

Catherine Smit studierte in Utrecht Niederländisch und hat als Redakteurin und Übersetzerin an zahlreichen Büchern rund ums Thema Reisen mitgearbeitet.
Jacqueline Toscani belegte Europäische Studien an der Universität von Amsterdam. Seit 1992 arbeitet sie als Redakteurin und Übersetzerin von Reiseführern, unter anderem aus den Capitool- und Marco-Polo-Reihen. Sie ist außerdem Co-Autorin des Marco Polo *Vakantieplanner*.
Willemien Werkman ist Historikerin und hat sich, nach einer Arbeit über die Geschichte der Landsitze an der Vecht, auf Übersetzungen und Redaktion spezialisiert.

Ergänzende Beiträge
Paul Andrews, Hedda Archbold, Christopher Catling, Jaap Deinema, Marlene Edmunds, Adam Hopkins, Marten van de Kraats, David Lindsey, Fred Mawer, Alison Melvin, Robin Pascoe, Catherine Stebbings, Richard Widdows, Stewart Wild. Des Weiteren wurden Beiträge aus dem Vis-à-Vis *Amsterdam* von Robin Pascoe und Christopher Catling übernommen.

Zusätzliche Illustrationen
Peter de Vries, Mark Jurriëns, Hilbert Bolland, Gieb van Enckevort, Armand Haye und Stuart Commercial Artists: Jan Egas und Khoobie Verwer.

Zusätzliche Fotografien
Ian O'Leary

Mitarbeit Redaktion und Design
Louise Abbot, Willem de Blaauw, Frank Bontekoning, Lucinda Cooke, Emer FitzGerald, Willem Gerritze, Martine Hauwert, Peter Koomen, Catherine Palmi, Ron Putto, Sadie Smith, Susana Smith, Inge Tijsmans, Sylvia Tombesi-Walton, Pascal Veeger, Erna de Voos, Willeke Vrij, Gerard van Vuuren, Martine Wiedemeijer.

Bildrecherche
Harry Bunk; Corine Koolstra; Dick Polman; *de Redactie*, boekverzorgers; Rachel Barber; Ellen Root.

Weitere Mitarbeit
John Bekker; Wim ten Brinke; Bert Erwich; Niek Harmans; Frits Gommers; Hans Hoogendoorn; Cathelijne Hornstra; Petra van Hulsen; Frank Jacobs; Chris de Jong; Nina Krijnen; Mies Kuiper; Louise Lang; Frank van Lier; Bas de Melker; Miek Reusink; Dick Rog; Joske Siemons; Erika Teeuwisse; Wout Vuyk, Douglas Amrine.

Bildnachweis
o = oben; m = Mitte; u = unten; l = links; r = rechts.

Wir haben uns bemüht, alle Urheber zu recherchieren und zu nennen. Sollte dies in einigen Fällen nicht gelungen sein, bitten wir, dies zu entschuldigen. In der nächsten Auflage werden wir es selbstverständlich nachholen.

Dorling Kindersley bedankt sich bei allen Personen und Institutionen, die uns die Wiedergabe von Fotografien aus ihrem Besitz und ihren Archiven gestattet haben. Unser Dank geht an:

4corners images: SIME/Pavan Aldo 147ur.
Van Abbemuseum, Eindhoven: © Pablo Picasso *Lady in Green*, 1909, 1999 © Beeldrecht Amstelveen 364ol.
AKG, London: 64ul, 101or, 122mo, 217or.
Alamy Images: Ingolf Pompe 2 148ul; Bertrand Collet 409ol; Keith Erskine 146ur; f1 online 11or; Michiel Fokkema 11ur; Owen Franken 409m; Peter Horree 12or, 13mr, 13or; David Noble 10mro; Werner Otto 13ul; Paul M. Thompson 364ul; Raymond Wijngaard 12ul.
Algemeen Rijksarchief, Den Haag: 57mro.
Amsterdam Tourism & Convention Board: 107ur, 110ol, 440ur, 440om, 455ml.

Amsterdams Historisch Museum: 47mro, 47mru, 64/65m, 65ul, 66mlo, 92ol, 92ml, 92um, 93ol, 93ru, 93mr, 93ur, 110u, 114ul.
AFF/Anne Frank Foundation, Amsterdam: 108ml, 108u, 109ur, 109mr (Miep Gies).
ANP: 17u, 59mro, 72or, 135ol.
ANWB Audiovisuele Dienst: 23or, 30mlu, 35ur, 48ul, 59ol, 136or, 136mlo, 136u, 137ol, 137or, 137ur, 138ur, 141or, 163or, 166ul, 166ur, 167u, 168ul, 169ul, 180ul, 185u, 188ol, 188ul, 191ol, 207mo, 207u, 210or, 218ol, 220m, 224o, 224ur, 230ol, 230or, 230ul, 232ur, 239or, 245or, 249um, 251or, 251m, 251um, 252um, 253 ol, 279or, 289ur, 315ul, 332or, 338ul, 353ul, 356ur, 360or, 361mro, 361mru, 366, 377ur, 378mr, 390ml, 390u, 438o, 438mlo, 438ur, 439u, 440mlo, 440mlu, 442r, 442m, 442ur, 443or, 444m, 445ul, 447m.
Archeologisch Instituut VU/F Kortlang, Amsterdam: 42/43m.
Ardea: Duncan Usher 10om.
Armando Museum, Amersfoort: 206ul.
The Art Archive: Museo del Prado Madrid *Die Übergabe von Breda* (1635) Diego Velázquez 363ur.
Atlas Van Stolk: 41mlu, 47ul, 48ur, 49or, 52/53m, 53ol, 53mr, 54ml, 55ol.
B&U International Picture Service: 101ul, 105ur, 163ul, 212ml.
Aart de Bakker: 349o, 349ur, 370or, 373o, 373mr, 376or, 424mlo.
Bonnefantenmuseum, Maastricht: 374ol, 374or, 374ml, 374ul, © René Daniels *Platte Gronden*, 1986, 1999 c/o Beeldrecht Amstelveen 374ur; 375ol, 375mro, 375ul, 375ur.
Boijmans Van Beuningen Museum, Rotterdam: 234ml.
Henk Brandsen: 45um, 306mlo, 307ol, 307or, 307mo.
Bridgeman Art Library: Christie's London, *Grote Markt, Haarlem*, Gerrit Berckheijde 182l; Stapleton Collection Delfter Kachel aus dem 19. Jahrhundert 226ol; Privatsammlung *Selbstporträt* © Kazimir Malevič 129ur.
Quinta Buma: 34o.
Harry Bunk: 33ml, 69or, 138mlu, 139ru, 139mr, 143ol, 146o, 202u, © Ossip Zadkine *De verwoeste stad* 1947, 1999 c/o Beeldrecht Amstelveen 230ml; 231mro, 231mru, 231um, 232ol, 237mr, © Mari Andriessen *Cornelius Lely*, 1983, 1999 c/o Beeldrecht Amstelveen 326um; 407lu, 424o, 425ul, 446m, 448m.
Cees Buys: 23ol, 47mo, 191m, 244um, 280mlu, 283m, 287u, 299m, 302, 304mlo, 309ol, 315mr, 317o, 320ol, 321or, 321ul, 325or, 325mr, 339ur, 367u, 381mo, 381mru, 388mlu.
George Burggraaff: 1, 18o, 21ul, 28or, 32mr, 32mlu, 42ml, 166or, 168or, 168mlo, 189ol, 197mo, 200mlo, 216or, 237ol, 246or, 246ur, 249mru, 254or, 255or, 255ur, 258mr, 260mlu, 261mro, 261ur, 278ur, 281or, 297mr, 301ml, 314ml, 317ur, 318mo, 318ml, 319mr, 319mru, 325ur, 333ul, 336ur, 343ul, 343or, 345ur, 353ol, 353or, 358ur, 361mo.
Catharijneconvent, Utrecht: 45mro, 46ol, 50ul, 52or, 201mro, 351ol.
Centraal Museum, Utrecht: Ernst Moritz 202ur; 204ol, 204mlo, 205ol, 205or, 205ur.
Cleveland Museum, Cleveland: 50/51m.
Cobra Museum, Amstelveen: © Karel Appel Foundation, Karel Appel *Frau, Kind, Tiere* 1949, 1999 c/o Beeldrecht Amstelveen 189ur.
Het Concert Gebouw: Hans Samson 146mlo.
Corbis: Arcaid/Alex Bartel 148or; Dave Bartruff 408ml.
Jan Derwig: 99or, 141u.
Jurjen Drenth: 2/3, 16, 28mlo, 30lu, 30/31m, 32mo, 35ul, 43mru, 53ul, 60/61, 67or, 68or, 68mlo, 68ul, 68ur, 69mro, 69mr, 74u, 79ul, 86or, 108mr, 116u, 118or, 136mlu, 386ur, 407m, © Hildo Krop *Berlage*, 1999 c/o Beeldrecht Amstelveen 142ul; 144ml, 145mr, 146mr, 147or, 160/161, 163or, 166ml, 166/167m, 169ur, 170, 171u, 173mr, 174ul, 192, 193u, 194mlu, 196ul, 197u, 198ml, 198ur, 199ur, 200um, 201um, 203ol, 203ur, 208, 209u, 210mlo, 210mlu, 211ul, 213mlu, 219mru, © Peter Struycken *Lichtkunstwerk NAI* 1994, 1999 c/o Beeldrecht Amstelveen 233o; 236or,

237or, 237ur, 240mo, 243u, 244ol, 246um, 247um, 249ol, 252ol, 252mr, 256/257, 259mru, 263ul, 264, 266or, 266ur, 267ol, 267ur, 270/271m, 272mro, 275ur, 276/277, 277u, 282u, 284or, 284mlu, 286or, 287or, 290, 292or, 292ur, 297mo, 299or, 304u, 305mr, 307mro, 310ul, 312, 313u, 320ur, 323u, 324ol, 324mlu, 330, 338mlo, 341ol, 345ol, 348or, 352ol, 352ml, 352ul, 353mr, 353mo, 354, 355u, 358ol, 358m, 362or, 363or, 364m, 365um, 369mr, 371m, 372ul, 376mr, 380ur, 382/383, 386ol, 386or, 391or, 406ml, 432/433, 444ol, 446mro, 446ul, 448ul.
Drents Museum, Assen: 42ur, 308ul, *Badende Kinder am Fluss* ca. 1905 © von Dülman-Krumpelmann 309ur, 311ur.
Dro-Vorm: Mirande Phernambucq 142mlo, 143ur.
Dutch National Ballet: Angela Sterling 146om.
Robert Eckhardt: 288ul, 368m.
Joop van de Ende Producties: 428ur.
Escher in Het Paleis, Den Haag: 218mlo.
Mary Evans Picture Library: 40um.
Gert Fopma: 271ur, 273ul.
Foto Natura: 164ul (B. van Biezen), 291u (J. Vermeer), 309or, 310o (F. de Nooyer), 328o (J. Sleurink).
Frans Hals Museum, Haarlem: 65om, 186o, 186ml, 186ur, 187ol, 187or, 187ur, 187ul.
Fries Museum, Leeuwarden: 44ol.
Gemeentearchief Amsterdam: 99ol, 99ml, 100mlu, 101ur, 102ul, 103or, 103mr, 104or, 105or, 105mr.
Gemeentemuseum, Den Haag: © Piet Mondriaan/Holtzman Trust *Victory Boogie Woogie* (unvollendet), 1942–44, 1999 c/o Beeldrecht Amstelveen 224ml.
Getty Images: Louis-Laurent Grandadam 10ul; Vincent Jannink 343ul; Martin Rose 148mr.
Groninger Museum, Groningen: 259or, 284ol, 284mlo, 284um, 284ur, 285ol, 285or, 285ul.
Tom Haartsen, J. Holtkamp collection: 28ur, 28/29m.
Vanessa Hamilton: 101m.
Robert Harding Picture Library: 14ul.
Martine Hauwert: 447ol.
Jan den Hengst: 3m, 91ur.
Hollandse Hoogte: 303u, 428o, 429or, 429u; P. Babeliowsky 295ol, 295mro; Gé Dubbelman 296um; B. van Flymen 32ur, 300mro, 300ul; Vincent van den Hoogen 364mr; Rob Huibers 206ur; Jaco Klamer 317m; M. Kooren 18ul, 18ol, 33m, 34mr, 35or, 41mro, 41ur, 59um; M. Pellanders 59ur; Berry Stokvis 181um; Lex Verspeek 178ul; G. Wessel 274ol, 294m, 295ur.
Hortus Botanicus, Leiden: 214mlo.
Hulton Getty Collection: 66o.
Iconografisch Bureau: 103ol.
Internationaal Bloembollencentrum: 31mr, 212ur, 213ol, 213mlu, 213ml, 213mlo, 213ul.
Internationaal Instituut voor Sociale Geschiedenis, Amsterdam: 55mru.
Wim Janszen: 256ml, 262ml, 266ml.
Wubbe de Jong: 59mlu, 109ol.
Joods Historisch Museum, Amsterdam: 67ur.
Jopie Huisman Museum, Workum: 298mlo.
Hugo Kaagman: © Hugo Kaagman *Flügel in Delfter Blau* 1996/97, 1999 c/o Beeldrecht Amstelveen 29or.
Anne Kalkhoven: 283ul, 311or, 344ol.
Jan van de Kam: 19u, 37or, 37mro, 37mru, 37ur, 169or, 169mro, 169mru, 260ol, 260ml, 260um, 261or, 261mr, 262ol, 262mlo, 262mro, 262ur, 262ul, 263ol, 263olm, 263orm, 263or, 263mru, 263mro, 263ur, 268ol, 268or, 269ol, 269om, 269or, 269mro, 269mm, 269mlu, 269ul, 269ur, 269ol, 269or, 269mlu, 269ul, 270ur, 271mo, 271mro, 273or, 274ur, 278ml, 293or, 314u, 323, 328m, 328ur, 332ur, 333mru, 342ol, 346/347, 348ur, 350or, 350mlo, 350mlu, 350ur, 350/351m, 351or, 351mru, 351ul, 357mo, 358or, 358mlo, 359mo, 359mr, 360mlu, 365ml, 368mlo, 369or, 371ul, 372ol, © Joep Nicolas, *Pieke* 1995/96, 1999 c/o Beeldrecht Amstelveen 372or; 372mlo, 372ur, 373or, © Mari Andriessen *Maastreechter Gees* 1961-1962, 1999 c/o Beeldrecht Amstelveen 376ol, 376ul, 377ml, 378ul, 379mr, 380or, 380mlo, 380mru, 381um.

Sprachführer Niederländisch

Im Notfall

Hilfe!	Help!	[hɛlp]
Stopp!	Stop!	[stɔp]
Rufen Sie einen Arzt!	Haal een dokter!	[haːl ən 'dɔktər]
Rufen Sie einen Krankenwagen!	Bel een ambulance!	[bɛl ən amby'laːnsə]
Rufen Sie die Polizei!	Roep de politie!	[ruˑp də pɔˑliˑsiː]
Rufen Sie die Feuerwehr!	Roep de brandweer!	[ruˑp də 'brantveːr]
Wo ist das nächste Telefon?	Waar is de dichtstbijzijnde telefoon?	[vaːr ɪs də dɪxtst bɛˈzɛɪndə teˑleˈfoːn]
Wo ist das nächste Krankenhaus?	Waar is het dichtstbijzijnde ziekenhuis?	[vaːr ɪs ət dɪxtst bɛˈzɛɪndə 'ziːkənhœys]

Grundwortschatz

ja	ja	[jaː]
nein	nee	[neː]
bitte	alstublieft	[alstyˈbliˑft]
danke	dank u	[daŋk yˑ]
Entschuldigung	pardon	[parˈdɔn]
hallo	hallo	[haˈloː]
auf Wiedersehen	(goeden) dag	[yuˑtən dax]
gute Nacht	slaap lekker	[slaːp 'lɛkər]
Morgen	morgen	['mɔryən]
Nachmittag	middag	['mɪdax]
Abend	avond	['aːvənt]
gestern	gisteren	['yɪstərən]
heute	vandaag	[fan'daːx]
morgen	morgen	['mɔryən]
hier	hier	[hiːr]
dort	daar	[daːr]
was?	wat	[vat]
wann?	wanneer?	[vɑˈneːr]
warum?	waarom?	[vaːˈrɔm]
wo?	waar?	[vaːr]
wie?	hoe?	[huː]

Nützliche Redewendungen

Wie geht es Ihnen?	Hoe gaat het ermee?	[huˑ yaːt ət ɛrˈmeː]
Wie geht's?	Hoe maakt u het?	[huˑ maːkt yˑ ət]
Sehr gut, danke.	Heel goed, dank u.	[heːl yuˑt daŋk yˑ]
Bis bald.	Tot ziens.	[tɔt ziːns]
Das ist gut.	Prima.	['priːmaˑ]
Wo ist/sind …?	Waar is/zijn …?	[vaːr ɪs/zɛɪn]
Wie weit ist es bis …?	Hoe ver is het naar …?	[huˑ fɛr ɪs ət naːr]
Wie komme ich nach …?	Hoe kom ik naar …?	[huˑ kom ɪk naːr]
Sprechen Sie Deutsch?	Spreekt u Duits?	[spreːkt yˑ dœyts]
Sprechen Sie Englisch?	Spreekt u Engels?	[spreːkt yˑ 'ɛŋəls]
Ich verstehe nicht.	Ik snap het niet.	[ɪk snap ət niːt]
Könnten Sie langsamer sprechen, bitte?	Kunt u langzamer praten, alstublieft?	[kənt yˑ 'laŋzaˑmər 'praːtən alsty'bliˑft]
Tut mir leid.	Sorry.	['sɔˑrɪ]

Nützliche Wörter

groß	groot	[yroːt]
klein	klein	[klɛɪn]
warm	warm	[vɑrm]
kalt	koud	[kɑʊt]
gut	goed	[yuˑt]
schlecht	slecht	[slɛxt]
genug	genoeg	[yəˈnuˑx]
offen, geöffnet	open	[oːpən]
geschlossen	gesloten	[yəˈsloˑtən]
links	links	[lɪŋks]
rechts	rechts	[rɛxts]
geradeaus	rechtdoor	[rɛɣˈdoːr]
nah	dichtbij	[dɪxtbɛɪ]
weit	ver weg	[fɛr vɛx]

oben	omhoog	[ɔmˈhoːx]
unten	naar beneden	[naːr bəˈneˑdən]
früh	vroeg	[fruːx]
spät	laat	[laːt]
Eingang	ingang	['ɪŋɑŋ]
Ausgang	uitgang	['œytxɑŋ]
Toilette	wc	[veːˈseː]
besetzt	bezet	[bəˈzɛt]
frei (nicht besetzt)	vrij	[frɛɪ]
frei (kostenlos)	gratis	['yraˑtɪs]

Telefonieren

Ich möchte ein Ferngespräch führen.	Ik wil graag interlokaal telefoneren.	[ɪk vɪl yraːx ɪntərloˈkaːl teˑleˈfoˑnerən]
Ich probiere es später noch einmal.	Ik probeer het later nog wel eens.	[ɪk proˑbeˑr ət 'laˑtər nɔx vɛl eːns]
Kann ich eine Nachricht hinterlassen?	Kunt u een boodschap doorgeven?	[kənt yˑ ən 'boˑtsxap 'doˑryeˑvən]
Können Sie etwas lauter sprechen?	Wilt u wat harder praten?	[vɪlt yˑ vat hardər 'praˑtən]
Ortsgespräch	lokaal gesprek	[loˑkaˑl yəˈsprɛk]
R-Gespräch	collect call	[kɔˈlɛkt kɔːl]

Shopping

Wie viel kostet das?	Hoeveel kost dit?	[huˈfeˑl kɔst dɪt]
Ich möchte gern …	Ik wil graag …	[ɪk vɪl yraːx]
Haben Sie …?	Heeft u …?	[heˑft yˑ]
Ich schaue mich nur um, danke.	Ik kijk alleen even, dank u.	[ɪk kɛɪk aleːn eːvən daŋk yˑ]
Akzeptieren Sie Kreditkarten?	Accepteert u credit cards?	[aksɛpˈteˑrt yˑ kreˈdɪt kaːrts]
Wann öffnen Sie?	Hoe laat gaat u open?	[huˑ laːt yaːt yˑ oːpən]
Wann schließen Sie?	Hoe laat gaat u dicht?	[huˑ laːt yaːt yˑ dɪxt]
dies hier	deze	['deˑzə]
das da	die	[diː]
teuer	duur	[dyːr]
billig	goedkoop	['yuˑtkoːp]
Kleidergröße	maat	[maːt]
weiß	wit	[vɪt]
schwarz	zwart	[zvɑrt]
rot	rood	[roːt]
gelb	geel	[yeːl]
grün	groen	[yruːn]
blau	blauw	[blɑʊ]

Läden

Antiquitätenladen	antiekwinkel	[anˈtiˑkʊŋkəl]
Apotheke	apotheek	[apɔˈteːk]
Bäckerei	bakker	['bakər]
Bank	bank	[bɑŋk]
Buchhandlung	boekwinkel	['buˑkʊɪŋkəl]
Feinkostgeschäft	delicatessen	[deˑliˑkaˈtɛsən]
Fischgeschäft	viswinkel	[fɪsʊɪŋkəl]
Friseur	kapper	['kapər]
Gemüseladen	groenteboer	['yruntəbuˑr]
Käseladen	kaaswinkel	['kaːsʊɪŋkəl]
Kaufhaus	warenhuis	['vaˑrənhœys]
Konditorei	banketbakkerij	[baŋˈketbaksˈrɛɪ]
Markt	markt	[mɑrkt]
Metzgerei	slager	['slaˑyər]
Pommes-frites-Imbiss	patatzaak	[pataˈtzaːk]
Postamt	postkantoor	['pɔstkantoːr]
Reisebüro	reisbureau	['rɛɪsbyˈroˑ]
Schuhgeschäft	schoenenwinkel	['sxuˑnənʊɪŋkəl]
Supermarkt	supermarkt	['syˑpərmarkt]
Tabakladen	sigarenwinkel	[siˑɣaˈrənʊɪŋkəl]
Zeitungsladen	krantenwinkel	['krantənʊɪŋkəl]

Sightseeing

Bahnhof	station	[staˈsjɔn]
Bibliothek	bibliotheek	[biˑbliˑoˈteːk]
Busbahnhof	busstation	[bʊstaˈsjɔn]
Garten	tuin	[tœyn]
Haus	huis	[hœys]
Kathedrale	kathedraal	[kateˈdraːl]

Deutsch	Niederländisch	IPA
Kirche	kerk	[kɛrk]
(Kunst-)Galerie	galerie	[ɣalaˈriː]
Museum	museum	[myˈzeːjəm]
Platz	plein	[plɛɪn]
Rathaus	stadhuis	[statˈhœys]
Straße	straat	[straːt]
Tourismusbüro	VVV	[veːveːveː]
an Feiertagen	op feestdagen	[ɔp ˈfeːstdaxən]
geschlossen	gesloten	[ɣəˈsloːtən]

Im Hotel

Haben Sie freie Zimmer?	Zijn er nog kamers vrij?	[zɛɪn ɛr nɔx ˈkaːmərs frɛɪ]
Doppelzimmer	een tweepersoonskamer	[ən tʋeːpɛrˈsoːnzkaːmər]
mit Doppelbett	met een tweepersoonsbed	[mɛt ən tʋeː pɛrˈsoːnzbɛt]
mit zwei Betten	met twee bedden	[mɛt tʋeː ˈbɛtən]
Einzelzimmer	eenpersoonskamer	[eːnpɛrˈsoːnz kaːmər]
Zimmer mit Bad	kamer met bad	[ˈkaːmər mɛt bat]
Dusche	douche	[ˈduːʃə]
Schlüssel	sleutel	[ˈsløːtəl]
Ich habe reserviert.	Ik heb gereserveerd.	[ɪk hɛp ɣərəzərˈveːrt]

Im Restaurant

Haben Sie einen Tisch frei?	Is er een tafel vrij?	[ɪs ɛr ən taːfəl frɛɪ]
Ich möchte einen Tisch reservieren.	Ik wil een tafel reserveren.	[ɪk ʋɪl ən taːfəl rəzərˈveːrən]
Die Rechnung, bitte.	Mag ik afrekenen.	[max ik ˈafrɛkənən]
Ich bin Vegetarier/in.	Ik ben vegetariër.	[ɪk bɛn feːɡəˈtaːriˑjər]
Kellnerin	serveerster	[sɛrˈveːrstər]
Ober	ober	[ˈoˑbər]
Speisekarte	de kaart	[də kaːrt]
Gedeck	het couvert	[ət kuˈfɛːr]
Weinkarte	de wijnkaart	[də ˈʋɛɪnkaːrt]
Glas	het glas	[ət ɣlɑs]
Flasche	de fles	[də flɛs]
Messer	het mes	[ət mɛs]
Gabel	de vork	[də fɔrk]
Löffel	de lepel	[də ˈleːpəl]
Frühstück	het ontbijt	[ət ɔndˈbɛɪt]
Mittagessen	de lunch	[də lønʃ]
Abendessen	het diner	[ət diˑˈneː]
Hauptgericht	het hoofdgerecht	[ət ˈhoːftɣərɛxt]
Vorspeise	het voorgerecht	[ət foːrɣərɛxt]
Nachspeise	het nagerecht	[ət ˈnaːɣərɛxt]
Tagesmenü	het dagmenu	[ət ˈdɑxmənyˑ]
Café/Bar/Kneipe	het café	[ət kɑˈfɛː]
Café	het eetcafé	[ət ˈeːdkɑfɛː]
blutig	rare	[raːr]
medium	medium	[ˈmeːdɪjũm]
durchgebraten	doorbakken	[ˈdoːrbɑkən]

Auf der Speisekarte *(siehe auch S. 408f)*

aardappels	[ˈaːrdɑpəls]	Kartoffeln
azijn	[aˈzɛɪn]	Essig
biefstuk	[ˈbiˑfstøk]	Steak
bier/pils	[biːr/pɪls]	Bier
boter	[ˈboˑtər]	Butter
brood/broodje	[broːt/ˈbroːtjə]	Brot/Brötchen
chocola(de)	[ʃɔkoˈlaːdə]	Schokolade
citroen	[siˈtruˑn]	Zitrone
cocktail	[ˈkɔktɛːl]	Cocktail
droog	[droːx]	trocken
eend	[eːnt]	Ente
ei	[ɛɪ]	Ei
garnalen	[ˈɣarˈnaːlən]	Garnelen
gebakken	[ɣəˈbakən]	gebacken
gegrild	[ɣəˈɣrɪlt]	gegrillt
gekookt	[ɣəˈkoːkt]	gekocht
gerookt	[ɣəˈroːkt]	geräuchert
geroosterd brood	[ɣəˈroːstərt broːt]	Toastbrot
groenten	[ˈɣruːntən]	Gemüse
ham	[hɑm]	Schinken
haring	[ˈhaːrɪŋ]	Hering
hutspot	[ˈhɛtspɔt]	Eintopf
ijs	[ɛɪs]	Eis, Eiscreme
jenever	[jəˈneˑfər]	Gin
kaas	[kaːs]	Käse
kabeljauw	[kaˈbəlˈjɑu]	Kabeljau
kip	[kɪp]	Huhn
knoflook	[ˈknɔfloːk]	Knoblauch
koek/taart/gebak	[kuˑk/taːrt/ɣəˈbak]	Kuchen/Torte/Gebäck
koffie	[ˈkɔfiˑ]	Kaffee
kool, rode/witte	[koːl ˈroːdə/ˈʋɪtə]	Kohl, roter/weißer
kotelet	[kɔtəˈlɛt]	Kotelett
kreeft	[kreˑft]	Krebs, Hummer
lamsvlees	[lɑmsfleːs]	Lamm
lekkerbekje	[ˈlɛkərbɛkjə]	frittierte Schellfischfilets
mineraalwater	[miˑnəˈraːlʋaːtər]	Mineralwasser
mosterd	[ˈmɔstərt]	Senf
olie	[ˈoːliˑ]	Öl
paling	[ˈpaːlɪŋ]	Aal
pannekoek	[ˈpanəkuˑk]	Pfannkuchen
patates frites	[patɑtˈfriˑt]	Pommes frites
peper	[ˈpeˑpər]	Pfeffer
poffertjes	[ˈpɔfərtjəs]	kleines halbkugeliges Gebäck
rijst	[rɛɪst]	Reis
rijsttafel	[ˈrɛɪstaˑfəl]	Reisgerichte (indonesisch)
rookworst	[ˈroːkʋɔrst]	geräucherte Wurst
rundvlees	[ˈrøntfleːs]	Rindfleisch
saus	[saus]	Sauce
schaaldieren	[ˈsxaːldiːrən]	Schal(en)tiere
scherp	[sxɛrp]	scharf
schol	[sxɔl]	Scholle
soep	[suˑp]	Suppe
stamppot	[ˈstampɔt]	Wursteintopf
suiker	[ˈsœykər]	Zucker
thee	[teː]	Tee
tosti	[ˈtoˑsti]	Käsetoast
uien	[ˈœyən]	Zwiebeln
varkensvlees	[ˈfarkənsfleːs]	Schweinefleisch
vers fruit	[fɛrs frœyt]	frisches Obst
vis	[fɪs]	Fisch
vlees	[fleːs]	Fleisch
wijn, witte/rode	[vɛɪn ˈʋɪtə/ˈroːdə]	Wein, weiß/rot
worst	[ʋɔrst]	Wurst
zout	[zaut]	Salz

Zahlen

1	een	[eːn]
2	twee	[tʋeː]
3	drie	[driˑ]
4	vier	[fiˑr]
5	vijf	[fɛɪf]
6	zes	[zɛs]
7	zeven	[ˈzeˑvən]
8	acht	[axt]
9	negen	[ˈneˑɣən]
10	tien	[tiˑn]
11	elf	[ɛlf]
12	twaalf	[tʋaːlf]
13	dertien	[ˈdɛrtiːn]
14	veertien	[ˈfeˑrtiːn]
15	vijftien	[ˈfɛɪftiːn]
16	zestien	[ˈzɛstiːn]
17	zeventien	[ˈzeˑvəntiːn]
18	achttien	[ˈaxtiːn]
19	negentien	[ˈneˑɣəntiːn]
20	twintig	[ˈtʋɪntəx]
30	dertig	[ˈdɛrtəx]
40	veertig	[ˈfeˑrtəx]
50	vijftig	[ˈfɛɪftəx]
60	zestig	[ˈsɛstəx]
70	zeventig	[ˈseˑvəntəx]
80	tachtig	[ˈtaxtəx]
90	negentig	[ˈneˑɣəntəx]
100	honderd	[ˈhɔndərt]
1000	duizend	[ˈdœyzənt]
1000000	miljoen	[mɪlˈjuːn]

Zeit

eine Minute	een minuut	[eːn miˑˈnyˑt]
eine Stunde	een uur	[eːn yːr]
eine halbe Stunde	een half uur	[eːn half yˑr]
Montag	maandag	[ˈmaːndɑx]
Dienstag	dinsdag	[ˈdiːnzdɑx]
Mittwoch	woensdag	[ˈʋuːnzdɑx]
Donnerstag	donderdag	[ˈdɔndərdɑx]
Freitag	vrijdag	[ˈfrɛɪdɑx]
Samstag	zaterdag	[ˈzaːtərdɑx]
Sonntag	zondag	[ˈzɔndɑx]

Straßenkarte Niederlande

LEGENDE

✈ Internationaler Flughafen
⛴ Fährhafen
━━ Autobahn
━━ Hauptstraße
═══ Nebenstraße
┈┈ Tunnel

0 Kilometer 20